8·9급 대비
관리
운영
직군
전직시험
행정학개론

Preface

지속되는 경기불황과 취업난 속에 공무원시험의 경쟁률과 합격선이 꾸준히 증가하고 있음에도 불구하고 공무원시험의 인기는 더욱 치솟고 있는 추세입니다.

관리운영직군 공무원의 전직임용은 국가공무원법에 따른 전직시험을 통하여 해당 기관의 직제 개정으로 감축하는 관리운영직군 직렬에 속하는 공무원의 정원에 상응하여 증원되는 정원이 배정되는 직렬에 속하는 공무원으로 전직할 수 있도록 시행하는 것으로서, 공무원시험에 새로이 응시하는 것이 아니라 경력자 가운데 시험을 통해 행정직 또는 기술직 공무원으로 전환하는 것입니다.

국가공무원법에 따른 선택형 필기시험에서는 각 과목에서 40% 이상 득점하고 전 과목 총점의 60% 이상 득점한 사람으로 합격자를 결정합니다. 학습의 목표가 고득점이 아닌 합격이기 때문에 무엇보다 전략을 잘 세우는 것이 중요합니다. 시험에 나올 만한 핵심이론을 파악하고 최근 출제경향을 익혀 짧은 시간 내에 보다 효과적인 학습을 완성해야 합니다.

본서는 광범위한 내용을 체계적으로 간추려 수험생으로 하여금 단기간에 보다 효율적으로 학습할 수 있도록 핵심이론을 정리하였습니다. 또한 출제가 예상되는 다양한 유형의 문제를 수록하여 학습내용을 점검하고 부족한 부분을 보충할 수 있도록 하였습니다.

신념을 가지고 도전하는 사람은 반드시 그 꿈을 이룰 수 있습니다.
서원각이 수험생 여러분의 꿈을 응원합니다.

Structure

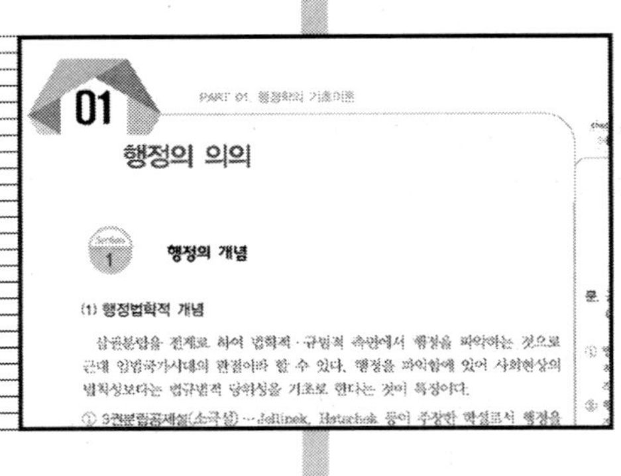

핵심이론정리

행정학개론 전반에 대해 체계적으로 편장을 구분한 후 해당 단원에서 필수적으로 알아야 할 내용을 정리하여 수록했습니다. 출제가 예상되는 핵심적인 내용만을 학습함으로써 단기간에 학습 효율을 높일 수 있습니다.

출제예상문제

그동안 치러진 국가직 및 지방직 기출문제를 분석하여 출제가 예상되는 문제만을 엄선하여 수록하였습니다. 다양한 난도와 유형의 문제들로 연습하여 시험에 확실하게 대비할 수 있습니다.

④ 시민의 참여와 사회적 형평성 등을 추구하는 실증주의적 연구

Advice ④ 실증주의 행태론의 특징이다. 신행정론은 가치중립적 · 현상유지적 비판하고, 개선방향으로 규범주의를 지향한다.
  ※ 신행정론의 특징
  ㉠ 적극적 행정인의 중요성
  ㉡ 수익자 지향성과 참여의 확대
  ㉢ 사회적 형평성 > 효과성 > 능률성(3E)
  ㉣ 고객지향적 행정과 고객의 참여
  ㉤ 중립성의 지양과 행정책임의 강화
  ㉥ 합의에 의한 의사결정
  ㉦ 반계층제적 입장과 새로운 조직론 모색
  ㉧ 현상학적 접근법의 중시
  ㉨ 탈행태론, 후기행태론, 제2세대 행태론, 가치지향적

인식공동체(Epistemic Community) 특정 분야의 정책문제에 대한 전문과 지식을 가진 것으로 인정되는 전문직업인의 연계망이다.

신공공관리론과 신국정관리론의 비교

구분	신공공관리론	신국정관리론
인식론적 기초	신자유주의	공동체주의
관리기구	시장	연계망
관리가치	결과	신뢰
정부역할	방향잡기	방향잡기
관료역할	공공기업가	조정자
작동원리	경쟁(시장메커니즘)	협력체제
서비스	민영화, 민간위탁	공동공급(시민기업 참여)
관리방식	고객지향	임무중심
분석수준	조직 내	조직 간

Contents

공무원의 구분 변경에 따른 전직임용 등에 관한 특례규정

[시행 2014.11.19.] [대통령령 제25751호, 2014.11.19., 타법개정]

제2장 관리운영직군 공무원의 전직임용

제3조(관리운영직군 공무원의 전직) ① 다음 각 호의 어느 하나에 해당하는 공무원은 「국가공무원법」(이하 "법"이라 한다) 제28조의3에 따른 전직시험(이하 "전직시험"이라 한다)을 통하여 해당 기관의 직제의 개정으로 감축하는 관리운영직군 직렬에 속하는 공무원의 정원에 상응하여 증원되는 정원이 배정되는 직렬(관리운영직군 및 우정직군의 직렬은 제외한다. 이하 같다)에 속하는 공무원으로 전직할 수 있다.

    1. 대통령령 제24852호 공무원임용령 일부개정령 부칙 제7조 제1항에 따라 관리운영직군 공무원으로 임용된 것으로 보는 공무원

    2. 다른 법령에서 관리운영직군 공무원으로 임용된 후 법 제28조 제2항 제7호에 따라 국가공무원으로 임용되거나 법 제28조의2에 따라 전입한 공무원

② 제1항에 따른 직제의 개정으로 증원되는 일반직공무원의 직위에는 해당 기관의 일반직공무원의 초과현원에 관계없이 해당 기관의 관리운영직군 공무원 중 전직시험에 합격한 공무원을 인사혁신처장이 정하는 시기에 임용(이하 "전직임용"이라 한다)하여야 한다.

③ 해당 기관의 관리운영직군에 감축할 정원이 없는 직렬에 대해서는 「행정기관의 조직과 정원에 관한 통칙」 제24조 제2항에도 불구하고 전직시험의 합격 인원에 해당하는 정원이 전직예정 직렬에 있는 것으로 보고 전직임용할 수 있다. 이 경우 해당 직렬 일반직공무원의 현원이 정원과 일치될 때까지 그 초과현원에 상응하는 정원이 해당 기관에 따로 있는 것으로 본다.

④ 제1항에 따른 관리운영직군 직렬에 상응하는 직렬의 범위 및 전직임용 등에 관하여 필요한 사항은 인사혁신처장이 정한다.

제4조(전직시험 실시기관) 「공무원임용령」(이하 "임용령"이라 한다) 제2조 제3호에 따른 소속 장관(이하 "소속 장관"이라 한다)은 전직시험을 직접 실시하거나 인사혁신처장에게 위탁하여 실시할 수 있다.

[대통령령 제24856호(2013.11.20) 부칙 제2조의 규정에 의하여 이 조는 2016년 12월 31일까지 유효함]

제5조(전직시험의 요건 및 방법 등) ① 전직예정 직급에 상당하는 관리운영직군 공무원으로 6개월 이상 근무한 공무원은 「공무원임용시험령」(이하 "시험령"이라 한다) 제18조에 따른 자격증 소지 여부와 관계없이 전직시험에 응시할 수 있다.

② 전직시험은 다음 각 호의 어느 하나의 방법에 따른다.

    1. 선택형 필기시험. 이 경우 소속 장관이 필요하다고 인정하는 경우에는 실기시험을 병과(倂科)할 수 있다.

    2. 서류전형과 면접시험(전직예정 직렬 관련 분야 석사 학위 이상 소지자만 해당한다)

    3. 서류전형(인사혁신처장이 정하는 자격증 소지자만 해당한다)

③ 제2항 제1호에 따른 필기시험의 과목은 별표 1과 같다. 다만, 소속 장관이 해당 기관의 업무 특성 등을 고려하여 필요하다고 인정하는 경우 인사혁신처장과 협의하여 시험령 별표 1을 적용할 수 있다.

[대통령령 제24856호(2013.11.20) 부칙 제2조의 규정에 의하여 이 조는 2016년 12월 31일까지 유효함]

관리운영직군에서 행정 · 기술직군으로 전직할 경우 시험과목

직렬 \ 직류 \ 계급		6 · 7급		8 · 9급	
교정	교정	헌법	교정학	형사소송법개론	교정학개론
보호	보호	헌법	형사소송법	사회	형사소송법개론
출입국관리	출입국관리	영어	행정법	영어	국제법개론
행정	일반행정	행정학	행정법	사회	행정학개론
세무	세무	행정법	세법	사회	세법개론
관세	관세	행정법	관세법	사회	관세법개론
사서	사서	행정법	자료조직론	사회	자료조직개론
공업	일반기계	물리학개론	기계공작법	물리	기계일반
	전기	물리학개론	전기자기학	물리	전기이론
	화공	화학공학개론	화공열역학	화학	유기공업화학
농업	일반농업	재배학	식용작물학	생물	식용작물
임업	전 직류	생물학개론	조림학	생물	조림
해양수산	선박항해	선박개론	항해학	물리	항해
	선박기관	선박개론	선박기관학	물리	선박기관
보건	보건	보건학	보건행정학	생물	공중보건
시설	일반토목	물리학개론	응용역학	물리	응용역학개론
	건축	물리학개론	건축계획학	물리	건축계획
전산	전산개발	소프트웨어공학	자료구조론	컴퓨터일반	소프트웨어공학
방송통신	전송기술	물리학개론	통신이론	물리	무선공학개론

제6조(전직시험의 합격 결정) ① 제5조 제2항 제1호에 따른 선택형 필기시험에서는 각 과목 만점의 40퍼센트 이상, 전 과목 총점의 60퍼센트 이상 득점한 사람을 합격자로 한다.

② 제5조 제2항 제2호에 따른 면접시험에서는 시험령 제13조 제1항에 따라 임명된 시험위원의 과반수가 같은 영 제5조 제3항의 평정요소 5개 항목 중 2개 항목 이상을 "하(미흡)"로 평정하였거나, 시험위원의 과반수가 어느 하나의 동일한 평정요소를 "하(미흡)"로 평정하였을 때에는 불합격으로 한다.

[대통령령 제24856호(2013.11.20) 부칙 제2조의 규정에 의하여 이 조는 2016년 12월 31일까지 유효함]

제7조(관리운영직군 공무원으로 신규채용된 공무원) 기능직공무원으로 재직 하던 중 특수경력직공무원이 되기 위하여 퇴직한 사람 등이 인사혁신처장과 협의를 거쳐 종전 기능직공무원의 직급에 상응하는 관리운영직군 공무원으로 신규채용된 경우 해당 공무원의 전직시험 및 전직임용 등에 관하여는 제3조부터 제6조까지의 규정을 준용한다.

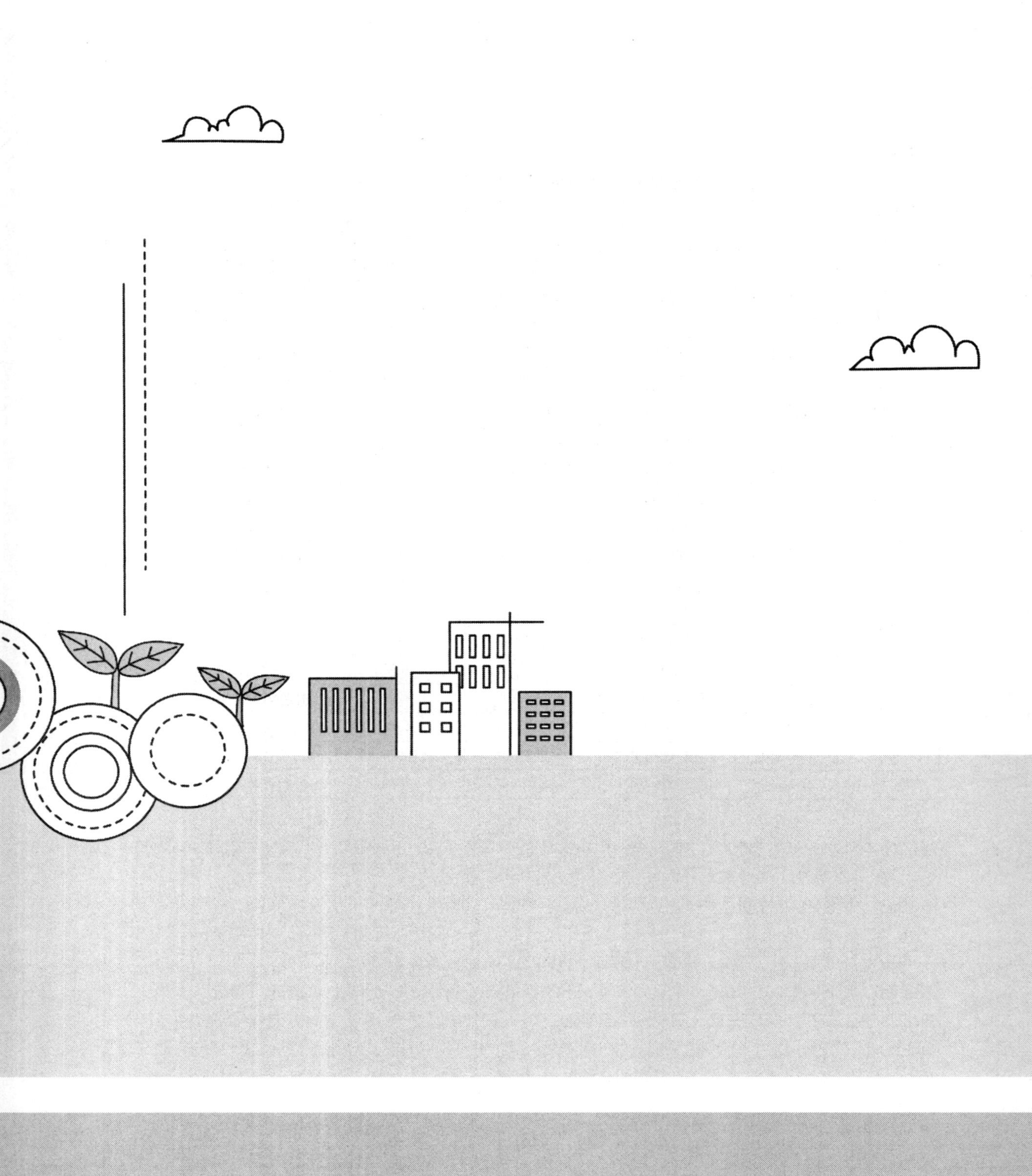

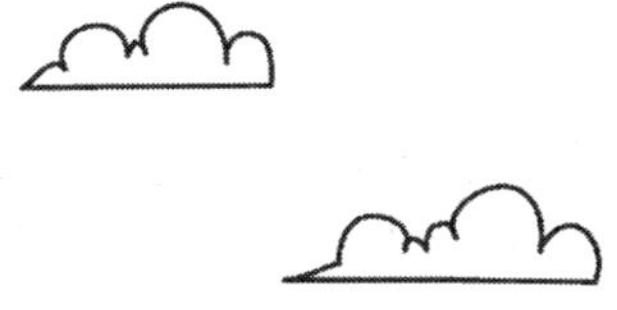

행정학의 기초이론

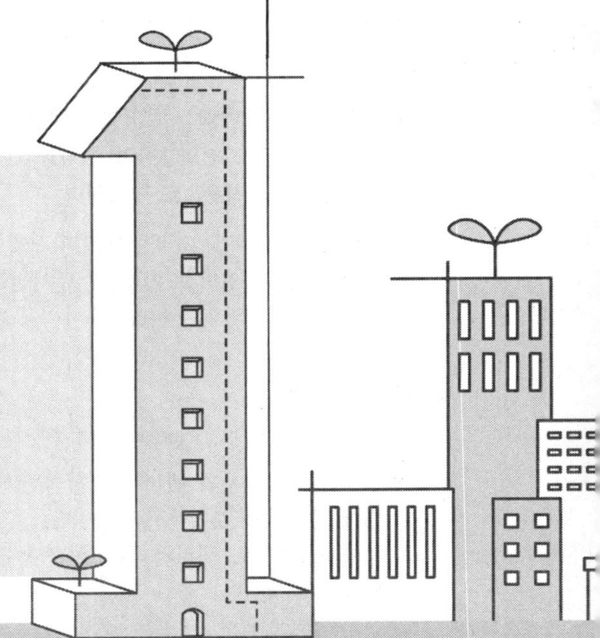

행정의 의의

행정의 개념

(1) 행정법학적 개념

삼권분립을 전제로 하여 법학적·규범적 측면에서 행정을 파악하는 것으로 근대 입법국가시대의 관점이라 할 수 있다. 행정을 파악함에 있어 사회현상의 법칙성보다는 법규범적 당위성을 기초로 한다는 것이 특징이다.

① **3권분립공제설(소극설)** ··· Jellinek, Hatschek 등이 주장한 학설로서 행정을 입법과 사법이 제외된 일체의 국가활동으로 보는 견해이다.

② **국가목적실현설(적극설)** ··· O. Mayer, G. Meyer 등이 주장한 학설로서 행정은 이미 제정된 법질서 아래에서 국가목적인 공익을 적극적이고 구체적으로 실현하기 위해 행하는 일체의 작용으로 본다.

③ **법함수설(부정설)** ··· Kelsen, Merkl 등이 주장한 견해로서 입법, 사법, 행정의 구별을 부인하고 법이 만들어 놓은 규범이나 정책을 단지 구체화·개별화시키는 법적 작용을 행정으로 파악한다.

④ **기관양태설(결과실현설, 긍정설)** ··· Fleiner 등이 주장한 견해로서 국가목적실현설로부터 더욱 진일보하여 행정을 법률의 범위 안에서 국가목적을 실현하려는 능동적인 작용으로 파악한다.

⑤ **행정과정설** ··· 19세기 미국 행정법학계에서 제기된 것으로 독립규제위원회 등이 수행하는 준입법적 기능 및 준사법적 기능의 작용을 행정으로 파악하며 주로 규제작용을 강조한다.

(2) 행정학적 개념

① 행정관리설(1887년 ~ 1930년대 이전)
  ㉠ 행정을 공공사무의 관리라는 사회적 기술의 과정 및 체계로서 정치영역 밖에 존재하는 것이라고 주장한다.
  ㉡ 능률지상주의로 원리와 법칙을 적용함으로써 최고의 능률을 도모할 수 있다고 주장한다.
  ㉢ 정치·행정이원론 : 행정은 정치권력을 의미하는 것이 아니라 공공사무의 관리·기술적 과정임을 강조하여 행정의 가치판단적인 성격을 배제한다.

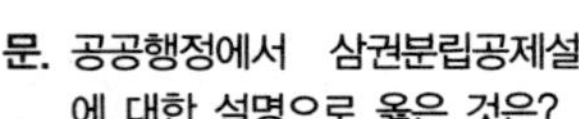

문. 공공행정에서 삼권분립공제설에 대한 설명으로 옳은 것은?
▶ 2003. 4. 20 부산광역시
① 법질서 아래서 국가목적을 적극적으로 실현하기 위해서 행하는 작용을 행정이라 한다.
② 행정을 법규범을 개별화하는 법적 작용으로 파악한다.
③ 행정은 준입법적·준사법적 기능을 수행하는 규제의 작용이다.
④ 입법과 사법을 제외한 일체의 국가작용을 행정으로 파악한다.
☞ ④

문. 고전적 조직이론 중 상위층을 중심으로 하여 하향적이고 기계적이며 관리적 측면에 관심을 가진 이론은?
▶ 2002. 3. 24 부산광역시
① 관료제 ② 인간관계론
③ 행정관리설 ④ 과학적 관리론
☞ ③

문. 1887년 행정학의 기원이 된 '행정의 연구(The Study of Pubic Administration)라는 논문을 발표한 학자는?
▶ 2003. 3. 16 중앙선거관리위원회
① W. Willson ② L. White
③ H.A. Simon ④ F. Goodnow
☞ ①

  ② 공·사행정일원론 : 행정이 가치중립적 기능을 수행하므로 행정과 경영의 동질성을 강조하는 공·사행정일원론적 입장을 취한다.

  ⑩ X이론적 인간관 : 전통적 행정이론에서 인간은 대체로 비관적으로 인식하는 X이론적 인간관, 합리적 경제인관에 입각한다.

  ⑪ 학자 : W. Wilson, L.D. White, L.H. Gulick, L.F. Urwick, W.F. Willoughby, F.J. Goodnow

   🗂 포인트팁 W. Wilson의 「행정의 연구」 … 행정은 정치 밖의 고유한 영역에 있고 이는 사무의 영역이다.

② **통치기능설**(1930년대 후반 ~ 1940년대 중반)

  ㉠ 개념 : 행정을 통치과정을 수행하여 정책을 결정·집행하는 일련의 작용으로 이해하여 단순한 기술적 관리과정으로 한정하지 않고 정책결정 및 입법기능까지 담당하는 것으로 본다.

  ㉡ 정치·행정일원론 및 공·사행정이원론의 입장을 취한다.

  ㉢ 행정의 기능을 입법·정책결정과 집행·관리기능으로 인식하여 행정과정을 정치과정의 부분요소로 파악한다.

  ㉣ 사회적 능률성의 강조 및 정책, 목적, 규범, 가치 등을 중시한다.

  ㉤ 학자 : M.E. Dimock, P.H. Appleby

   🗂 포인트팁 M.E. Dimock … 통치는 정책형성과 정책집행으로 이루어졌는데 둘은 상호 배타적이 아니라 상호 협조의 과정이다.

③ **행정행태설**(1940년대 ~ 1960년대 초반)

  ㉠ 개념 : 행정을 설정된 목표를 달성하기 위해서 계산된 인간의 합리적·협동적인 집단행동이자 의사결정과정의 연속으로 보는 논리실증주의적 이론이다.

  ㉡ 행정에 정치기능이 내포되어 있음을 인정하면서 '행정학의 과학화'를 위하여 가치판단을 배제하고 사실명제만을 연구대상으로 삼아야 한다고 주장한다.

  ㉢ 연구의 초점은 인간의 행동과 행태에 둔다.

  ㉣ 의사결정을 파악하는 경우 사회심리학적 방법을 취한다.

  ㉤ 가치판단을 배제하고 순수한 과학성을 추구한다.

  ㉥ 새정치·행정이원론이며 공·사행정일원론의 입장을 취한다.

  ㉦ 학자 : H.A. Simon, C.I. Barnard, F. Nigro, D. Waldo

   🗂 포인트팁 H.A. Simon … 행정과 경영의 차이는 단지 양적인 차이에 불과하며 질적인 차이는 없다.

④ **발전기능설**(1960년대)

  ㉠ 개념 : 발전도상국의 행정기능의 다양화에 따라 나타난 발전을 위한 행정개념으로 행정을 국가발전목표를 달성하기 위하여 발전정책의 형성, 관리집행, 발전기획의 관리기능을 주도하는 것으로 파악한다.

문. 디목(Dimock)이 제창한 사회적 능률에 해당하지 않는 것은?
  ▶ 2011. 4. 9 행정안전부

① 인간적 능률
② 합목적적 능률
③ 상대적 능률
④ 단기적 능률

      🗨 ④

  ⓛ **행정우위론** : 근대화 과정에 있는 신생국 등 대부분의 발전도상국가에서 국가발전사업을 추진하는 데 있어서 효율적인 조직이 행정관료조직 밖에 없다는 점 등을 근거로 행정우위론을 제시하였다.

  ⓒ **행정의 능동성 강조** : 사회변화에 대처하여 사회를 의도적·계획적으로 변화시키는 주체로 인식하여 행정의 능동성을 강조한다.

  ⓔ **새정치·행정일원론과 공·사행정이원론** : 행정인의 발전지향성과 사회에 대한 변화주체로서의 입장을 강조함으로써 행정우위론적 정치·행정일원론과 공·사행정이원론의 입장을 취한다.

  ⓜ 행정이념으로서 효과성을 강조한다.

  ⓗ **학자** : M.J. Esman, E.W. Weidner, E. Braibanti

⑤ **정책화기능설(1970년대)**

  ㉠ **개념** : 행정을 공공정책의 형성에 있어 중요한 역할을 하는 정치과정의 일부로 보는 학설이다.

  ⓒ 정책결정과정에서 나타나는 갈등현상의 연구를 중시한 점에서 통치기능설과의 차이점이 있다.

  ⓒ 새정치·행정일원론과 공·사행정이원론의 입장을 취한다.

  ⓔ **학자** : D. Allensworth, I. Sharkansky, J. Davis

  포인트팁   D. Allensworth … 행정이란 정책형성과정의 집행부분에 해당하나 실제로는 전체정치적 과정에 관계된다.

⑥ **공공관리설(1980년대 ~ 현재)** … 행정을 시장메커니즘에 의한 국가경영으로 파악하며, 지역사회로부터 국제사회에 걸치는 여러 공공조직에 의한 행정서비스 공급체계의 복합적 기능에 중점을 두는 포괄적 개념으로 인식될 수 있으며, 통치·지배보다 경영의 의미가 강하다.

(3) 현대행정의 개념 및 특징

① **개념** … 정치권력을 배경으로 국가발전목표를 설정하고 이를 효율적으로 달성하기 위해 정책을 결정·형성하며 형성된 정책을 구체화하는 사무·관리·기술체계로, 집단적·협동적인 복수의 의사결정과정이라고 볼 수 있다.

② **특징**

  ㉠ **안정성, 계속성** : 안정성, 계속성을 바탕으로 국가사회의 변화에 대응하고 그 발전을 촉진하며 관리하는 것이다.

  ⓒ **공익성, 공공성** : 공익을 추구하기 위한 작용이어야 하며 공공적 성격에 따라 특징지어 진다.

  ⓒ **정치성, 정책성, 권력성** : 정치적 환경 속에서의 정치권력을 배경으로 한 공공정책의 형성 및 구체화로 이를 위해 정치권력에 의한 강제력이 수반되어야 한다.

  ⓔ **합리성** : 합리적이며 합리적 결정을 추구하는 것으로 최소의 비용과 노력으로 최대의 목표달성을 기하는 것이다.

문. 다음 중 행정의 특징으로 볼 수 없는 것은?

▶ 2005. 5. 8 광주광역시

① 비정치성   ② 권력성
③ 합리성   ④ 기술성

☞ ①

ⓜ **협동성, 집단성** : 협동적 집단행위를 통하여 그 목적을 구체화하는 과정이다.

ⓑ **기술성(처방성)** : 공공사무의 관리 및 집행에 있어서 체계적인 기술을 필요로 한 것이다.

Section 2 행정과 환경

(1) 공행정과 사행정

① **의의** … 공행정이란 국가 또는 공공기관이 공익이나 특정 목표를 달성하기 위해서 행하는 활동을 의미하며, 사행정이란 사기업이나 민간단체가 조직목표를 달성하기 위해서 행하는 활동을 의미한다. 시대적·사회적 배경에 따라 양자의 유사점을 강조하는 공·사행정일원론 또는 양자의 차이점을 강조하는 공·사행정이원론이 주장되어 왔다. 오늘날은 양자 간의 차이를 강조하는 공·사행정이원론이 주류를 차지하고 있지만 그 차이는 상대적·양적 차이에 불과한 것으로 본다.

정치·행정·경영의 관계

시기	행정개념	정치·행정관계	공·사행정관계
1880~1920년대	행정관리설	정치·행정이원론	공·사행정일원론
1930년대	통치(정치)기능설	정치·행정일원론	공·사행정이원론
1950년대	행정행태설	새 정치·행정이원론	새 공·사행정일원론
1960년대	발전기능설	새 정치·행정일원론	새 공·사행정이원론
1980년대	신공공관리론	탈정치화	새 공·사행정일원론

② **유사점**

㉠ **목적달성수단** : 목표달성을 위한 수단이다.

㉡ **관료제적 성격** : 전문화, 분업, 계층제, 일반적인 법규체계 등을 구조적 특성으로 하는 대규모의 조직체이다.

㉢ **협동행위** : 목표달성을 위한 협동적이고 집단적인 노력이 필요하다.

㉣ **관리기술** : 행정은 어떻게 하면 인적·물적 자원을 효율적으로 이용·관리하느냐 하는 것이 주된 임무이기 때문에 관리기술성을 지니게 되며 이러한 광범위한 관리적 행위는 공·사행정의 구분없이 이루어지게 된다.

㉤ **의사결정** : 조직의 목표를 효율적으로 달성하기 위하여 여러 대안 중에서 최선을 선택하는 행위를 하게 된다.

㉥ **봉사성** : 행정은 국민에게, 경영은 소비자에게 서비스를 제공한다.

㉦ **개방체제** : 개방체제로서 외부환경과의 유기적인 상호의존작용관계를 유지하여야 한다.

문. 공행정과 사행정은 유사한 면과 차이점이 있다. 다음 중 공행정과 사행정의 유사점이 아닌 것은?

▶ 2003. 6. 15 충청북도

① 관리기술
② 관료제적 성격
③ 권력성
④ 목적달성을 위한 수단

☞ ③

③ 차이점

    ㉠ **주체** : 공행정의 주체는 정부, 사행정의 주체는 사인이나 기업(법인)이다.

    ㉡ **목표** : 공행정은 공익을 최고의 궁극적인 목표가치로 삼고 질서유지·공공복지·봉사 등 다원적인 목표를 추구하고 있으나, 사행정은 이윤의 극대화라는 일원적 목표를 추구한다.

    ㉢ **독점성, 경쟁성** : 공행정은 독점성을 지니고 있어 경쟁성이 없거나 극히 제약된다. 이에 반해 사행정은 독점성을 지니기 어렵고 경쟁성이 강하기 때문에 상대적으로 능률성이 높으며 따라서 봉사의 질이 높다.

    ㉣ **능률성과 성공의 척도** : 공행정은 능률성과 성공 여부에 대한 단일의 척도가 없으나, 사행정은 이윤이 그 척도로서 이용된다. 더 나아가 공공행정은 능률을 측정하고 성과를 계량화할 수 없는 경우가 많으나 사행정은 능률측정이 용이하고 계량화가 가능하다.

    ㉤ **권력수단의 유무** : 행정은 강제적·정치적 권력을 가지지만, 경영은 원칙적으로 그러한 권력을 지니지 않으며 공리적 권력을 주된 통제수단으로 삼는다.

    ㉥ **정치적 성격** : 행정은 정당·의회·이익단체·국민 등의 참여·비판·통제를 직접적으로 받아들이게 된다는 점에서 정치적 성격을 강하게 내포하지만, 경영은 행정만큼 정치적 성격이 강하지 않다.

    ㉦ **법적 규제** : 행정은 경영에 비해 엄격한 법적 규제를 받게 된다. 이에 반해 경영은 직접적으로는 자체의 정관이나 회사규칙에 의하여 운영되므로 법적 규제를 직접적으로 받지는 않는다.

    ㉧ **평등성** : 행정은 '모든 국민은 법률 앞에 평등하다'는 이념에 입각하여 모든 국민에게 평등하게 적용하지만, 경영은 이윤의 극대화를 추구하여야 하므로 고객에 따라 달리 취급한다.

    ㉨ **자율성과 획일성** : 행정은 법규의 엄격한 준수가 요구되며 행정기관은 상하관계를 이루고 있어 고도의 획일성과 일관성을 유지하나 경영은 고도의 자율성과 행동의 자유를 보유한다.

    ㉩ **공개성** : 민주주의국가인 경우 행정은 공개성의 원칙에 따라 공개적으로 행해지지만, 경영은 경영상의 노하우가 기업기밀로서 유지된다.

    ㉪ **활동의 규모와 영향력의 범위** : 행정은 활동의 규모와 그 영향력의 범위가 거대하고 포괄적이지만, 경영은 경제분야에 국한된다.

    ㉫ **활동·업무의 긴급성** : 행정기관의 활동은 경영에 비하여 긴급성을 강하게 지니며 따라서 우선권을 가진다.

    ㉬ **신분보장** : 행정은 구성원의 신분을 법으로 보장하기 때문에 경영에 비해 모집, 임용, 승진, 배치에 관리자의 주관을 배제할 수 있다.

    ㉭ **노동권의 제약** : 행정은 공무의 특수성 등으로 인하여 경영에 비해 노동권의 제약을 많이 받게 된다.

문. 다음 중 공행정과 사행정의 비교설명으로 옳지 않은 것은?

▶ 2005. 5. 8 경상북도

① 양자 모두 목표달성을 위한 수단이라는 점에서 유사하다.
② 정치행정이원론, 전통적 행정학에서는 공사행정의 유사점을 강조했다.
③ 공·사행정은 정도상의 차이뿐만 아니라 본질적 차이가 있다.
④ 공행정은 국가나 공공기관의 행정이고, 사행정은 사기업의 경영이다.

☞ ③

행정과 경영의 차이점

구분	행정	경영
목적	공익, 질서유지 등 다원적 목적(공익)	이윤 극대화라는 일원적 목적(사익)
주체	국가 또는 공공기관	기업
정치적 성격	강함	상대적으로 약함
권력수단	강제적·정치적 권력수단 이용	공리적 권력(권력수단 없음)
법적 규제	엄격	완화
규모, 영향력	광범위	협소
독점성 등	독점성, 비경쟁성, 비능률성	비독점성, 경쟁성, 능률성
활동의 긴급성	있음	없음(약함)
노동권의 제약	많음	적음
기대수준	높음	낮음
신분보장	강함	약함
기타 성격	공개성, 평등성, 획일성, 타율성	비밀성, 비평등성, 자율성

④ **행정과 경영의 상호관계** … 공행정과 사행정에 대하여는 양자 간의 유사성을 강조하는 입장(공·사행정일원론)과 차이점을 강조하는 입장(공·사행정이원론)이 대립되어 왔는데 양자 간의 차이를 인정하는 입장이 통설이라 할 수 있다. 그러나 오늘날 대규모 기업체의 출현, 민간기업의 정치성 및 영향력 증대, 기업의 사회적 책임성·윤리성의 강조, 제3의 영역의 대거 출현, 위탁 또는 계약에 의한 위임행정의 대두 등으로 인하여 공행정과 사행정, 또는 행정과 경영은 점점 융합·접근하는 경향이다.

(2) 정치와 행정

① **정치·행정이원론(기술적 행정학)**

　㉠ 성립배경 : 1829년 이후 계속되어 온 엽관주의로 인해 집권당이 행정을 지배하게 되어 행정의 독자성과 자주성 및 전문성이 저하되어 행정의 비능률을 초래했다. 행정의 전문성과 자주성을 보장하기 위해 행정과 정치를 분리시킬 필요성이 대두되었고, 이 시기에 태동한 과학적 관리론의 영향을 받아 행정은 정치적으로 중립적이고 비권력적인 관리기술로 발전하게 되었다.

　㉡ 내용 : 행정에서 정치성을 분리하여 사무와 관리기술로서 파악하고, 과학적 관리론을 도입하여 조직관리의 보편적인 방법론을 등장시켰으며, 능률성을 행정의 지도이념으로 인식하였다.

문. 행정과 경영과의 관계에 대한 설명으로 옳지 않은 것은?

▶ 2002. 6. 23 경상북도

① 법적인 제재면에서 동일하다.
② 계층제와 같은 관료제적 공통성이 있다.
③ 적용하는 관리기술적 성향에서 유사성을 띤다.
④ 목표달성을 위한 협동적 노력에서 유사하다.

☞ ①

문. 정치·행정이원론과 관련된 설명으로 옳은 것은?

▶ 2000. 7. 23 서울특별시

① 행정관리의 능률성을 이념으로 한다.
② 행정의 정책결정기능을 강조한다.
③ 관리의 효율보다 정치적 대응성을 선호한다.
④ 행정의 가치지향성을 강화한다.
⑤ 대내관리보다 대외지향성을 지향한다.

☞ ①

   ⓒ **영향** : 합리성과 능률성을 제고한 행정기구 및 관리의 개선과 행정학의 독자적 영역구축에 필요한 이론적 기초를 제공하였고, 직업공무원제와 실적주의의 수립에 관한 이론적 정당성을 제공하였다.

   ⓔ **비판** : 현대에 이르러 정치와 행정을 분리하는 것은 무의미하고, 행정을 관리기술로만 파악할 경우 현대행정을 이해하기 어려우며, 지나치게 능률과 효율을 강조한 나머지 인간적 측면을 경시하는 결과를 초래한다는 비판을 받았다.

② **정치 · 행정일원론**(기능적 행정학)

   ㉠ **성립배경** : 1929년 대공황을 극복하기 위해 시행한 New Deal정책과 제2차 세계대전 이후 행정권과 행정기능의 전문화 증대로 인해 행정의 정책결정기능은 점진적으로 강화되어 일반적 현상으로 인식되면서 정치 · 행정이원론에 대한 회의와 비판이 심화되었다.

   ㉡ **내용** : 행정과정을 포괄적인 정치과정의 부분적 요소로 파악하고 행정기능을 정책결정과 관리 및 집행으로 인식한다.

   ㉢ **영향과 비판** : 행정현상을 보다 포괄적으로 파악하여 행정이론의 범위가 확대되는 계기가 되었으나, 행정의 지나친 비대화를 초래하여 부작용이 발생하게 되었다.

③ **새정치 · 행정이원론**(행정행태론)

   ㉠ **성립배경** : 1940년대 이후 H.A. Simon을 중심으로 한 행태론자들에 의해 행정학의 과학화를 추구하기 위해 제기되었다.

   ㉡ **내용** : 연구의 초점을 인간의 행태에 두어 이를 경험적 · 실증적으로 연구하고 논리적 실증주의의 입장에서 가치와 사실을 이원화하여 행정은 사실명제만을 다루고 가치판단을 배제하였다. 과학적인 연구방법론의 탐색과정에서 나타났으며, 행정을 정책형성기능과 가치판단의 부정이 아닌 연구대상 자체로서 분리하여 파악해야 한다고 하였다.

④ **새정치 · 행정일원론**(발전행정론)

   ㉠ **성립배경** : 1960년대 신생독립국들의 발전문제가 당시 사회과학계의 주요 관심이 되었으며 Esman, Weider 등은 기존의 통설을 뒤집는 행정우위론을 내세우게 된다.

   ㉡ **내용** : 정치부문이나 민간부문이 취약한 신생국의 경우 행정이 발전의 주도역할을 수행해야 한다는 점을 들어 행정우위의 정치 · 행정일원론을 제시하였다.

   ㉢ **비판** : F.W. Riggs는 행정기능의 우위를 인정하고 이에 지나치게 의존할 경우 행정독재의 우려가 있으므로 정치발전의 우선이 필요하다고 하였다.

문. 다음 중 정치 · 행정일원론에 관한 설명으로 옳지 않은 것은?
▶ 2001. 6. 24 경기도
① 기능적 행정학이다.
② 행정의 중요성이 증가한다.
③ 공익의 중요성이 강조된다.
④ 행정의 영향력의 범위가 작아진다.
☞ ④

(3) 행정의 과정과 변수

① **행정의 과정** … 목표의 합리적인 달성과정을 말하며, 행정체제의 행동적 · 능동적 측면으로서 사회적 요구를 충족시키는 일련의 연쇄적 과정을 의미한다. 행정은 행정과정을 통해 합리성을 확보하고 사회적 요구의 충족 및 발전을 실현한다.

    ㉠ **전통적 행정과정**: Gulick이 제시한 POSDCoRB를 중심으로 최고관리자의 기능에 집중하여 행정의 기능을 파악하였다.
- 기획(Planning) : 정해진 목표나 정책의 합리적 운용을 위한 사전준비활동이다.
- 조직화(Organizing) : 인적 · 물적 자원 및 구조를 편제하는 과정이다.
- 인사(Staffing) : 조직내 인적 자원을 임용 · 배치 · 관리하는 활동이다.
- 지휘(Directing) : 목표달성을 위한 지침을 내리는 과정이다.
- 조정(Co-ordinating) : 행정통일을 이룩하도록 집단적 활력을 도모하는 활동이다.
- 보고(Reporting) : 보고하고 보고받는 과정이다.
- 예산(Budgeting) : 예산을 편성 · 관리 · 통제하는 제반활동이다.

    ㉡ **현대적 행정과정**
- 일반적 단계 : 목표설정(Goal Setting) → 정책결정(Policy Making) → 기획화(Planning) → 조직화(Organizing) → 동작화(동기부여, Motivating) → 통제(Controlling) → 환류(시정조치, Feedback)
- 특징 : 행정의 목표성을 중시하여 행정을 목표와 수단의 연쇄과정으로 파악하고, 목표설정 및 정책결정과정을 중시하여 전통적 행정과정보다 그 내용과 폭이 다양하다. 또한 행정의 결과를 분석 · 검토하는 평가와 환류의 과정을 새로이 추가하여 환경과의 상호작용을 고려하고, 강제적인 지시 · 명령보다는 동기부여에 의한 자발적인 동작화과정을 중시하게 되었다.

② **행정의 변수**

    ㉠ **개념** : 행정행위 또는 행정현상을 야기하는 독립변수이다. 행정목표나 문제해결에 있어서 활동의 성패를 좌우하는 요인은 무엇이며, 어떤 요인의 고려가 문제해결의 유효성을 제고시키는가 하는 것이다.

    ㉡ **내용**
- 구조(1920년대)
  - 법제, 목표, 직책, 절차, 역할 등이 이에 해당된다.
  - 과학적 관리론, 고전적 조직론, 관료제, 초기행정학, 공식조직에서 중시했다.
- 인간 · 행태(1930년대)
  - 행동, 동기, 태도, 가치관, 성격 등이 이에 해당된다.
  - 인간관계론, 신고전적 조직론, 비공식조직에서 중시했다.

- 환경(1950년대)
- 정치, 경제, 사회, 문화 등 조직 외적 요인을 말하며 행정조직을 사회의 하위체제로 보고 각 하위체제들 간의 관계를 변수로 한다.
- 생태론, 체제론, 비교행정론에서 중시했다.

포인트탑 J.M. 가우스의 행정에 영향을 미치는 환경적 요인
- ㉠ 장소(place)
- ㉡ 주민(people)
- ㉢ 물리적 기술(physical technology)
- ㉣ 개성(personality)
- ㉤ 사회적 기술(social technology)
- ㉥ 욕구와 이념(wish and ideas)
- ㉦ 재난(catastrophe)

- 가치관(1960년대 이후)
- 환경에 대한 변동대응능력을 지닌 미래지향적, 성취지향적, 쇄신적, 창조적 성격 등이 이에 해당한다.
- 발전행정론과 신행정학에서 중시했다.
- D.C. McClelland는 발전의 가장 중요한 인자가 성취동기라고 지적했다.
- 파이의 팽창성(constant pie) : J.S. Scott에 의하면 '파이'가 고정되어 있다고 생각하는 가치관은 소극적·침체적 가치관이며, '파이'가 확대된다고 생각하는 가치관은 적극적·진취적 가치관이라고 하였다.

포인트탑 행정변수의 변천
- ㉠ 과학적 관리론(제1기) : 구조
- ㉡ 인간관계론·행태론(제2기) : 인간·행태
- ㉢ 생태론·체제론(제3기) : 환경
- ㉣ 발전행정론·신행정론(제4기) : 가치관

문. 가우스(J.M. Gaus)가 지적한 행정에 영향을 미치는 환경요인에 포함되지 않는 것은?

▶ 2012. 4. 7 행정안전부

① 국민(people)
② 장소(place)
③ 대화(communication)
④ 재난(catastrophe)

답 ③

01

행정의 의의

1 경영과 구분되는 행정의 속성이라고 보기 어려운 것은?

① 행정은 사익이 아닌 공익을 우선적으로 추구한다.
② 행정은 모든 시민을 평등하게 대우하여야 한다.
③ 행정조직 구성원은 원칙상 법령에 의해 신분이 보장된다.
④ 행정은 효과적인 업무수행을 위해 관리성이 강조된다.

   Advice　④ 효과적인 업무수행을 위해 관리성은 경영과 행정 모두에서 강조된다.

2 다음 중 공행정과 사행정, 즉 행정과 경영을 비교·설명한 것으로 옳지 않은 것은?

① 공행정의 목표는 단일성을 띠는 반면, 사행정은 다원적이다.
② 공행정은 집행방법에 있어서 강제성이나 권력수단과 연계되며, 사행정은 권력수단을 가지고 있지 못하다.
③ 공행정은 가치함축적이며 규범적인 성향이 강하기에 능률측정상의 계량화가 어려우나 사행정은 구체성과 사실성에 본질을 두기에 능률측정이 매우 용이하다.
④ 공행정은 사행정에 비해 정당, 의회, 이익단체나 압력단체 등에 의한 영향력이 보다 엄격하고 직접적인 반면, 사행정은 정치적 성격이 약하며 외부압력에 대해 강하게 저항할 수 있다.

   Advice　국가나 공공단체가 공익을 위한 활동을 공행정이라 하고, 대부분의 기업체가 사적 이익을 추구하는 활동을 사행정이라 한다.
① 공행정의 목표는 다원적인 데 비해 사행정은 단일성을 띤다.

1.④　2.①

3 정치 · 행정이원론과 관련된 설명으로 옳은 것은?

① 행정관리의 능률성을 이념으로 한다.

② 행정의 정책결정기능을 강조한다.

③ 관리의 효율보다 정치적 대응성을 선호한다.

④ 행정의 가치지향성을 강화한다.

> ☝Advice **정치 · 행정이원론** … 행정의 능률을 강조한 행정관리론에서 강조한 이론으로, 통치기능을 정치와 행정으로 분리시켜 행정영역에 과학적 연구방법을 적용함으로써 조직과 관리의 원리를 발견하려고 하였다. 또한, 능률을 행정의 최고지도이념으로 생각하였고, 행정의 정치적 중립과 실적주의 확립으로 행정의 전문화와 관리의 능률성을 추구했다.

4 Gulick이 제시한 POSDCoRB에서 최고관리층의 기능이 아닌 것은?

① 통제   ② 조직

③ 기획   ④ 보고

> ☝Advice L. Gulick의 POSDCoRB이론 … 기획(Planning), 조직(Organizing), 인사(Staffing), 지휘(Directing), 조정(Coordinating), 보고(Reporting), 예산(Budgeting)

5 아래 표에서 행정학적 행정개념에 따른 시기와 정치, 행정, 경영 간의 관계가 옳게 연결된 것은?

	행정개념	시기	정치행정관계	공사행정관계
①	행정관리설	1880~1920년대	정치 · 행정이원론	공 · 사행정이원론
②	행정과정설	1930년대	정치 · 행정일원론	공 · 사행정이원론
③	통치기능설	1930년대	새정치 · 행정이원론	새공 · 사행정일원론
④	행정행태설	1940년대	새정치 · 행정이원론	새공 · 사행정일원론

> ☝Advice ① 행정관리설 – 공 · 사행정일원론
> ② 행정과정설 – 행정법학적 행정개념
> ③ 통치기능설 – 정치 · 행정일원론, 공 · 사행정이원론

6 정치 · 행정이원론, 기술적 행정학에서 중시된 변수로 Gulick, Urwick, Taylor 등이 주장한 행정변수는?

① 인간   ② 구조

③ 가치관   ④ 환경

> ☝Advice 구조란 법제 · 목표 · 직책 · 절차 · 역할 등을 말하는 것으로, 정치 · 행정이원론, 기술적 행정학에서 중요한 행정변수로 파악하였다.

7 다음 중 행정권 강화요인의 근거로 옳지 않은 것은?

① 대중 민주주의가 출현하였다.
② 의회기능의 강화로 전문적 지식을 가진 행정관료가 필요하게 되었다.
③ 행정부가 입법부와 사법부의 권한을 흡수하였다.
④ 행정수요의 증가로 적극적인 행정이 중요시 되었다.

⑨Advice ② 의회기능의 상대적인 약화로 인해 현명한 판단을 위해서는 전문적 지식을 가진 행정관료가 필요하게 되었다.

8 사이먼(H.A. Simon)의 행정이론과 관계가 있다고 보기 어려운 것은?

① 행정은 사회적 집단현상이다.
② 행정은 의사결정과정을 핵심으로 한다.
③ 행정이란 목표 달성을 위한 인간의 합리적인 협동행위이다.
④ 행정은 기능적 행정이론의 입장에서 연구될 필요가 있다.

⑨Advice ④ Simon의 행태론은 가치와 사실을 구분하여 객관적 사실을 중심으로 연구하였다. 행정의 가치판단기능을 중시하는 기능적 행정이론과는 무관하다.

Answer 3.① 4.① 5.④ 6.② 7.② 8.④

현대행정의 특징

행정국가의 성립

(1) 행정국가의 의의

① 개념 … 입법이나 사법에 비하여 행정이 우월한 지위에 있는 국가 즉, 행정권이 강화된 국가로서 19세기 유럽의 입법국가와 상대되는 개념이다.

② 등장시기 … 서구의 경우 산업혁명(1765) 이후로 보고 행정국가화의 적극적 계기가 된 사건은 1929년의 세계경제대공황으로 본다. 신생국의 경우 제2차 세계대전 이후, 한국의 경우 6·25 이후부터 본격적으로 행정국가가 성립되어 갔다.

③ 국가관의 변천

  ㉠ 18세기
- 절대왕정의 강력한 중상정책으로 부국강병을 달성하였다.
- 근세국가, 절대국가, 중상국가, 군주국가, 통치(경찰)국가의 개념이다.

  ㉡ 19세기
- A. Smith의 자유주의 사상의 대두로, 국가권력의 극소화를 강조하였다.
- 근대국가, 입법국가, 자유국가, 소극국가, 야경국가의 개념이다.
- 시장실패를 초래하였다.

  ㉢ 20세기
- 1929년 대공황 이후 Keynes의 수정자본주의 주창으로 국가가 시장경제에 개입하게 되었다.
- 현대국가, 행정국가, 복지국가, 적극국가, 봉사국가의 개념이다.
- 정부실패를 초래하였다.

  ㉣ 최근
- Osborne의 기업가형 정부가 대두되었다.
- 신공공관리, 신자유주의에 입각한 행정이 이루어졌다.
- 민간화, 감축관리가 실시되었다.

④ 행정권의 강화요인

  ㉠ 대의제 정치와 현실 간의 괴리 : 사회·경제적인 변화로 행정의 양적 증가, 질적 전문화가 이루어지고 입법부와 사법부가 대처하기 힘든 변화로 인해 위임입법이 증가되어 행정부가 준입법적·준사법적 기능까지 담당하게 되었으며 행정국가화를 초래하게 되었다.

ⓛ **행정의 자유재량권 확대** : 산업혁명 이후 경제발전, 인구증가, 도시화, 기술발달 등으로 인한 행정수요의 증가로 적극적인 행정이 중요시되었다.

ⓒ **의회기능의 상대적 약화** : 의회정치는 사라지고 정당정치와 다수결의 원리만 남았으며, 사회기능의 변화로 인해 현명한 판단을 위해서는 전문적 지식을 가진 행정관료가 필요하게 되었다.

ⓔ **대중민주주의의 출현** : 정부의 기능강화를 원하는 국민의 요구에 따라 복지국가의 적극적인 정부로 변화되었다.

ⓜ **입법부와 사법부의 권한 흡수** : 행정이 준입법·준사법의 기능을 수행하게 되었고 예산제도와 행정재판권도 흡수하였다.

(2) 행정의 기능

① **범위**

　ⓐ **선진국**
- 소극적·수동적·사후적·수정적·보완적·부분적·간접적 개입을 원칙으로 한다.
- 행정기능의 범위와 한계가 가장 좁다.
- 사회변동기능보다 사회안정기능이 중심을 이루고 있다.

　ⓑ **공산국가**
- 적극적·능동적·사전적·선도적·우위적·전면적·직접적 개입이 원칙이다.
- 행정기능의 범위와 한계가 가장 넓다.
- 전면적인 사회변동과 사회개혁기능이 중심을 이루고 있다.

　ⓒ **신생국**
- 적극적·능동적·사전적·부분적·간접적 개입이 원칙이다.
- 안보와 경제발전기능이 중심을 이루고 있다.

② **M.E. Dimock의 이론**

　ⓐ **보호기능** : 전쟁·질병·풍속·교통·소음 등으로부터의 개인의 안전보호, 외교, 국방상의 대책 등이다.

　ⓑ **규제기능** : 물가통제, 오염규제, 통화규제, 증권규제 등의 인허가 문제이다.

　ⓒ **원호기능** : 구호, 보험, 연금, 보호, 사업보조 등의 구제기능이다.

　ⓓ **직접봉사기능** : 교육사업, 체신, 철도, 주택, 병원, 도서관 등의 직접적인 서비스 기능이다.

③ **일반적 기능**

　ⓐ **소극적 기능** : Pigors가 제시한 기능으로 치안, 외교, 질서, 국방, 조세징수 등의 사회안정기능이다.

　ⓑ **적극적 기능** : Adams가 제시한 기능으로 도로건설, 경제·사회개발, 공원, 교육사업 등의 사회변동촉진기능과 관련된 기능이다.

④ **활동영역에 의한 분류**
  ㉠ 직접적 기능
  • 법·질서 유지기능(행정자치부, 법무부 등) : 국가의 가장 기본적인 기능으로 다른 모든 기능들은 법과 질서가 유지된다는 조건하에서만 이루어질 수 있다.
  • 국방 및 외교기능(국방부, 외교부 등) : 국민의 생명과 재산을 외부의 위험으로부터 보호하고 외국과의 외교관계를 유지하는 기능으로서, 법·질서유지기능과 함께 주권적 기능에 해당한다.
  • 경제적 기능(기획재정부) : 제반 경제정책을 통하여 경제성장, 촉진, 발전 등의 계획수립 및 집행하는 기능을 말한다.
  • 사회적 기능(보건복지부, 국가보훈처 등) : 국민들의 사회적 욕구를 충족시켜주는 기능으로서 최저생활 수준의 제시, 국민보건의 향상, 각종 사회보장제도 실시 등의 기능을 말한다.
  • 문화·교육적 기능(교육부, 문화체육관광부, 문화재청 등) : 국민들의 문화적 욕구를 충족시켜주기 위한 기능을 말한다.
  ㉡ 간접적 기능(행정자치부, 기획재정부, 조달청, 통계청 등) : 공무원 및 행정을 위해 존재하는 기능이다.

⑤ **활동과정의 성질에 의한 분류**
  ㉠ 기획·집행기능 : 정책과정의 측면에서 분류한 것으로 기획기능은 정책결정이나 계획수립을 위한 기능을 말하며, 집행기능은 이미 결정된 정책이나 계획을 시행하기 위한 기능을 말한다.
  ㉡ 규제·조장·중재기능
  • 규제기능 : 법령에 근거하여 국민생활을 일률적으로 금지하거나 제한하는 기능으로서 정부기능 중 가장 많은 부분을 차지하고 있다.
  • 조장·지원기능 : 특정분야의 사업이나 활동을 적극적으로 장려하는 기능으로, 특정분야를 위하여 지원법령을 제정하고 재정 및 금융상의 지원을 하며 정부가 사업주체가 되기도 하는 기능이다.
  • 중재·조정기능 : 정부가 사회 내 이해당사자들의 이해관계를 조정하고 양측의 합의를 도출해 내는 기능이다. 노동쟁의의 중재, 대기업과 중소기업간의 조정, 환경분쟁에서의 갈등조정 등이 그 예이다.

(3) 현대행정국가의 특징

① **양적 측면**
  ㉠ 행정기능의 확대·강화 : 1930년대 이후 사회문제 해결을 위해서 국가의 적극적 기능이 요구되었다. 이는 행정수요의 복잡·다양화, 전문화, 기술화에 기인하였다.
  ㉡ 행정기구의 증가 : 행정기능의 확대로 이를 담당할 기구가 증가하는 추세이다.

문. 정부의 개입활동 중에서 외부효과, 자연독점, 불완전 경쟁, 정보의 비대칭 등의 상황에 모두 적절한 대응방식은?
▶ 2010. 4. 10 행정안전부
① 공적공급 ② 공적유도
③ 정부규제 ④ 민영화
☞ ③

문. 공무원 정원과 관련한 다음의 서술 중에서 옳은 것은?
▶ 2013. 9. 7 서울특별시
① 공무원 숫자가 지속적으로 늘어나는 현상과 관련해 싸이먼(Simon)은 '공무원 팽창의 법칙'을 주장하였음
② 김영삼 – 김대중 – 노무현 – 이명박 정부를 거치면서 우리나라 공무원 정원은 매번 일관되게 증가해왔음
③ 정부 규모 팽창과 관련하여 '부하배증의 법칙'과 '업무배증의 법칙'은 각각 별개로 작용하며 서로 영향을 주지는 않음
④ 행정기구의 팽창과 더불어 공무원 숫자가 증가하는 현상은 우리나라에만 해당하는 독특한 것임
⑤ '부하 배증의 법칙'은 A라는 공무원이 과중한 업무에 허덕이게 될 때 자기의 동료 B를 보충받기보다는 자기를 보조해줄 부하 C를 보충받기를 원한다는 것임
☞ ⑤

ⓒ **공무원 수의 증가** : 행정기능의 확대와 행정기구의 증가는 공무원수의 증가를 가져왔다.

ⓔ **재정규모의 팽창** : 행정기능의 확대 및 공무원수의 증가는 재정규모의 팽창을 가져왔다.

ⓜ **공기업수의 증가** : 사회 · 경제적 문제해결과 경제발전의 수단으로 공기업이 증가하고 있다.

> **포인트탑** 파킨슨의 법칙(Parkinson's Principle)
> ㉠ 개념 : 본질적인 업무량과는 직접적인 관련이 없이 공무원의 수는 일정한 비율로 증가한다는 사회심리학적 법칙이다.
> ㉠ 부하배증의 법칙 : 공무원은 업무 과중시 동료보다는 그를 보조해 줄 부하를 보충받기를 원한다. 동료는 승진에 경쟁자가 될 가능성이 높고 부하는 서로 경쟁시킴으로서 통솔도 용이하고 자신의 권위를 보존할 수 있기 때문이다.
> ㉡ 업무배증의 법칙 : 부하가 배증되면 지시, 보고, 승인, 감독 등의 파생적 업무가 발생하여 본질적 업무와 관계없이 업무량이 증가한다. 그리고 배증된 업무량 때문에 다시 부하배증 현상이 나타나고 이는 다시 업무배증 현상이 창조되는 순환과정을 거치면서 정부규모가 확대된다.

② **질적 측면**

㉠ **행정의 전문화 · 기술화** : 사회문제의 복잡 · 다양화에 따라 행정이 직업화 · 전문화가 되어가고 있다.

㉡ **행정의 조정 · 통합의 중시** : 행정의 전문화 · 분업화로 인해 행정의 조정 · 통합기능이 중시되고 강조되고 있다.

㉢ **행정조사 · 행정통계의 적극적 활용** : 행정실태의 정확한 파악과 그에 따른 행정운영의 합리적 개선을 위하여 행정조사 및 행정통계가 적극적으로 활용되고 있다.

㉣ **정책결정 및 기획의 중시(정치 · 행정일원론)** : 행정의 적극적인 사회변동의 유도역할이 강조되면서 정책결정 역할이 중시되고 사전적(事前的) 행정, 예방행정, 기획행정이 강조되고 있다.

㉤ **컴퓨터 및 관리과학의 이용** : 문제해결 · 의사결정 · 정책분석의 효율화를 위하여 컴퓨터 및 제관리과학기법 등이 적극적으로 이용되고 있다.

㉥ **행정조직의 동태화(adhocracy)** : 조직의 경직화를 막고 문제해결 위주의 신축적인 조직을 확보하기 위하여 동태적 조직을 활용하는 경향이 현저해지고 있다.

㉦ **예산의 기획지향성** : PPBS, MBO, ZBB 등의 예산제도의 발달에 힘입어 과거의 통제지향성의 예산제도를 탈피하고 사업계획의 효율성을 높이기 위해 기획지향성으로 변모되고 있다.

㉧ **행정책임의 중시 및 행정평가제도의 발달** : 행정관료제의 권한확대경향에 따라 행정평가제도의 발달과 행정책임의 중시경향이 나타나고 있다.

㉨ **신중앙집권화** : 중앙정부에 의한 지방자치사무의 흡수와 지방자치에 대한 중앙통제의 강화라는 모습으로 신중앙집권화 현상이 보편적으로 나타나고 있다.

    ⓩ 행정의 광역화(광역행정) : 교통·통신의 발달, 도시화, 산업경제의 발달 등에 따라 생활권역과 행정권역의 괴리가 초래됨으로써 그러한 괴리를 막고자 하는 행정의 광역화 현상이 두드러지게 나타나고 있다.

    ⓚ 민주화·인도주의화 : 정치·행정수준의 고도의 발달에 따라 민주화·인도주의화 경향이 두드러지고 있다.

    ⓣ 인사행정의 적극성 : 소극적인 실적주의와 폐쇄적인 직업공무원제가 수정·보완되고 대표관료제, 개방관료제, 공무원단체 등이 중시되어 왔다.

(4) 행정국가의 한계

① 국민의 정부에의 의존경향이 확대되어 국민의 피동화를 초래할 우려가 크며 이러한 경향은 결국 더욱 행정권을 강화하게 될 것이다.

② 자유민주주의의 저해, 시민적 자유의 제약, 행정권의 집중화·과대화를 가져온다.

③ 이익집단이 직접 행정에 밀착되어 공익을 저해할 우려가 크다. 즉, 행정의 특수 이익화가 우려된다.

④ 이외에도 신중앙집권화와 광역행정으로 인해 지방자치가 위기를 맞고 있고, 자원난의 시대에 대두된 감축관리론(cutback management)과 상충된다고 볼 수 있다.

Section 2   시장실패와 정부실패

(1) 시장실패

① 정부개입의 근거로서의 시장실패 ⋯ 자원의 효율적인 배분은 완전경쟁에서만 가능하지만 현실적으로는 불완전경쟁이 존재하고 공공재, 외부효과 등이 존재하므로 자원의 비효율적 배분이 나타나게 되는데, 이와 같이 시장이 자원의 효율적 배분에 실패하는 것을 시장실패라고 한다. 이러한 시장실패는 사회적 유의성은 고려하지 않고, 개인의 사적 이익만을 추구하는 이기주의에서 출발한다. 이는 개인의 합리적 선택이 사회적 합리적 선택을 보장하지 않는다는 '죄수의 딜레마'이론에 근거한다.

 죄수의 딜레마(prisoner's dilemma) ⋯ A와 B가 공모하여 특정범죄를 저지른 것을 각각 취조할 때 A, B가 겪게 되는 상황에 대한 논리적 구조를 의미하는 것이다. 즉 A와 B가 모두 자백하면 각각 중간형, 한 사람만 자백하면 나머지 한 사람이 최고형, 둘 다 자백하지 않으면 둘 다 가벼운 형을 받게 되는데, A와 B는 서로 믿지 못하여 모두 자백하고 중간형을 받게 되어 최적의 결과를 가져오지 못한다는 것이다.

문. 다음 중 행정국가하에서 행정기능이 확대되고 있는 현상과 가장 관련이 없는 것은?

▶ 2005. 3. 6 인천광역시

① 위임입법이 날로 증가하고 있다.
② 민영화가 확대되고 있다.
③ 정부가 준입법적·준사법적 기능을 수행한다.
④ 시장에 대한 정부규제가 늘어나고 있다.
⑤ 실업대책을 포함한 사회보장정책이 증가하고 있다.

☞ ②

문. 다음 중 시장실패에 따른 정부개입의 근거로 옳지 않은 것은?

▶ 2003. 6. 1 전라남도

① 불완전한 정보
② 공공재의 비경합성·비배제성
③ 능률의 제고
④ 배분적 형평성의 확보

 ☞ ③

② 시장실패의 요인

  ㉠ 공공재의 문제 : 공공재는 국가가 생산하여 불특정 다수인이 혜택을 보는 재화로서, 비배제성·비경합성·비시장성의 속성을 지니므로 그 충분한 공급을 위하여 정부가 개입하게 된다.

  ㉡ 외부효과의 문제 : 외부효과가 존재하면 시장은 자원을 효율적으로 배분하는 역할을 하지 못하므로 정부의 개입이나 규제가 필요하다.

  ㉢ 불완전경쟁문제 : 소수생산주체에 의해 과점체제가 형성되는 경우 이들에 의하여 상품가격이 좌우되므로 이에 대한 규제의 필요성에 의해 정부개입이 요구된다.

  ㉣ 불완전정보문제 : 거래에 참여하는 양쪽 중 한쪽만 정보를 가지고 있을 경우에는 정보의 편재로 시장이 효율적으로 작동할 수 없기 때문에 정부개입이 요구된다.

  ㉤ 소득분배의 불공평성 : 시장메커니즘은 능률성을 추구하므로 소득분배를 보장할 수 없다. 그러므로 빈부 격차의 심화를 완화시키기 위해 정부는 규제를 통하여 경제적 약자의 생존권을 보호해야 한다.

> **이익집단에 의한 포획이론** … 규제기관이 피규제기관 입장에 동조되는 현상으로, 이익단체가 자기들의 권익을 위해서 뇌물로써 규제기관을 매수하는 행위이다. 양 기관 간의 인사교류에서도 나타나며 주로 경제적 규제에서 나타난다. 그러나 공공재의 특성이라고 볼 수는 없다.

(2) 정부실패

① 작은 정부의 근거로서의 정부실패 … 시장실패가 정부개입의 필요조건은 될 수 있지만 충분조건은 되지 못한다. 왜냐하면 재선가능성을 중시하는 정치인의 단기적 결정, 파킨슨 법칙에 의해 설명될 수 있는 정부의 팽창과 관료권력의 증대, 정치적 보상체계의 왜곡 등은 필연적으로 민간부문에서의 자유로운 의사결정을 교란하게 되고, 이에 따라 또 다른 효율성 상실을 초래할 수도 있기 때문이다. 다시 말해 시장의 실패가 일어난 바와 같이 정부의 실패가 일어날 수도 있으며, 이와 같은 정부실패의 존재는 작은 정부의 근거가 된다.

② 정부팽창요인

  ㉠ 도시화 : 경제성장에 따른 공공부문의 확대, 도시화의 진전, 사회의 상호의존관계 심화는 정부개입의 강화를 촉구하게 된다. 19세기 독일의 경제학자 Wagner는 이러한 현상을 정부성장요인으로 파악하는 와그너의 법칙을 제시했다.

  ㉡ 전쟁·재난의 영향과 대체효과 : Peacock과 Wiserman은 비상시에 한 번 증액된 재정수준은 위기가 끝난 후에도 소비성향이 줄어들지 않는 단속적 효과(ratchet effect)가 발생하여 새로운 재원이 새로운 사업계획을 추진하는 데 이용되는 대체효과(displacement effect)가 작용한다고 하였다.

ⓒ **정부서비스의 노동집약적 성격**: 정부서비스는 노동집약적 성격이 강하며 정책결정자는 징세에 의해 공공지출을 증대시키거나 혹은 공공서비스를 감축시켜야 하는 선택을 해야 한다. 정부서비스는 노동집약산업이므로 자본지출을 통한 생산성 향상을 거의 이루지 못하는 경향이 있다.

ⓔ **이익집단의 영향**: 각종 이익집단이 정부로부터 더 많은 서비스를 요구하여 정부규모가 팽창되며, 공공지출이 사적 목적에 나가게 된다. 이에 따라 개인과 집단의 합리적인 행동이 사회에 대해서는 역기능적인 공유지의 비극을 초래할 수 있다.

> 📌 **포인트팁** 공유지(公有地)의 비극… 개인적 합리성과 집단적 합리성 간의 갈등은 공유지에서 농민이 양을 많이 사육할수록 개인의 이익을 늘어나지만 과중한 방목으로 목초지가 모두 황폐화되어 버린다는 것이다.

ⓜ **관료제의 발달**: 공공관료제는 일단 확립되면 강력한 자기팽창세력으로 변신하여 공익을 내세우고 옹호하지만 세력팽창요구에 부딪치게 된다.

ⓗ **사회복지제도의 확산**: 경제여건이 좋을 때 행해졌던 사회복지를 위한 각종 공공지출은 경제불황시에도 폐지될 수 없으며, 특히 목적세에 의하여 지출되는 경우 삭감이 곤란하다.

ⓢ **과학기술의 비약적 발달**: 새로운 과학기술의 발전에 필요한 막대한 투자요구를 민간부문이 감당하기 어렵기 때문에 정부가 주요 투자자, 소비자, 구매자의 역할을 담당하게 된다.

③ **정부실패원인**

㉠ **행정기구의 내부성과 조직내부목표**: 정부조직은 이윤, 매상 등의 명확한 성과기준이 없으므로 자기활동의 행동기준으로서 조직내부목표를 필요로 하며, 이를 내부성(internalities)이라 한다. 이러한 행정활동에 관한 목표·기준을 설정하는 데 있어서 관료 자신의 개인적 이익이나 소속기관의 이익을 우선적으로 고려함으로써 사회전체의 목표와 조직내부목표 사이에 괴리가 있게 된다. 이러한 논리는 Niskanen의 예산극대화설이나 Parkinson의 부처제국주의 등과도 관련된다.

> 📌 **포인트팁** 정부조직의 내부성의 특성
> ㉠ 관료의 예산증액 추구성향
> ㉡ 공공재의 높은 기술수준을 나타내기 위한 기술적 과잉반응성향
> ㉢ 정보수집·관리기능의 역이용성향
> ㉣ 정부규제기관과 피규제산업의 밀착과 같은 이익집단의 옹호성향

㉡ **조직 내 비능률과 서비스 제공비용의 계속적 증가**: 정부공급 서비스의 수요는 정치과정을 통하여 표출되므로 비통합적이며 계속 증가되는 경향이 있다. 공공조직에서는 서비스생산의 한계비용이 한계편익을 훨씬 상회하여도 서비스의 제공이 계속되며, 또한 행정조직도 독점기업과 동일하게 시장의 경쟁압력에 노출되는 기회가 적기 때문에 조직 내의 최적 자원배분에 실패할 가능성이 있다.

문. 다음 보기 내용의 시장실패에 대한 설명으로 옳지 않은 것은?
▶ 2015. 6. 27 제1회 지방직

한 마을에 적당한 크기의 목초지가 있었다. 그 마을에는 열 가구가 오순도순 살고 있었는데, 각각 한 마리의 소를 키우고 있었고 그 목초지는 소 열 마리가 풀을 뜯는 데 적당한 크기였다. 소들은 좋은 젖을 주민들에게 공급하면서 튼튼하게 자랄 수 있었다. 그런데 한 집에서 욕심을 부려 소 한 마리를 더 키우면서 문제가 시작되었다. 다른 집들도 소 한 마리, 또 한 마리 등 욕심을 부리기 시작하면서 목초지는 풀뿌리까지 뽑히게 되었고, 결국 소가 한 마리도 살아갈 수 없는 황폐한 공간으로 바뀌고 말았다.

① 위에서 나타나는 시장실패의 주된 요인은 무임승차자 문제이다.
② 보기의 사례에 나타난 재화는 배제불가능성과 함께 소비에서의 경합성을 특징으로 한다.
③ 보기의 사례는 '공유지의 비극(tragedy of the commons)'에 대한 설명이다.
④ 이러한 시장실패를 해결하기 위한 방법의 하나는 재화의 재산권을 명확히 하는 것이다.

정답 ①

문. 다음 중 정부실패의 원인으로 묶인 것은?
▶ 2008. 4. 11 행정안전부

㉠ 행정조직 내부목표와 사회적 목표의 불일치
㉡ 행정관료의 도덕적 해이
㉢ 소득분배의 불평등성
㉣ 정부부문의 공공서비스 공급 독점

① ㉠ㄴㄷ   ② ㉠ㄴㄹ
③ ㄴㄷㄹ   ④ ㉠ㄴㄷㄹ

정답 ②

ⓒ **정부개입의 파생적 효과** : 정부는 거대조직이므로 외부에 영향을 미치는 수단에 유연성이 결여되고 관련기술이 불확실하므로 정책효과가 광범함에도 불구하고 미리 예측하기 어렵다.

ⓔ **소득분배에의 관여와 권력분배의 불평등** : 분배정의를 실현하기 위한 정부의 직접개입이 각종 보조금이나 세제상의 우대조치, 특정산업의 보호·육성 등으로 오히려 분배의 불공평을 초래할 수도 있고 부당한 소득격차나 소득불평등을 초래할 가능성이 있을 뿐만 아니라 권력의 편재 내지 불평등의 원인이 될 수 있다.

ⓜ **정치적 보상체계의 왜곡** : 어떤 경제·사회적 문제가 있을 때 정치인이나 관료들이 그 문제에 대한 효율적이고 합리적인 접근방법과 해결책을 구체적으로 모색, 검토하기보다는 문제의 해악만을 강조하고 문제해결의 당위성만을 강조함으로써 얻을 수 있는 정치인의 보상 때문에 무책임하게 정부활동을 확대하는 경향이 있다.

ⓗ **정치인의 단견** : 정치인들은 장기적으로는 커다란 부작용과 손실을 초래하더라도 단기적 이익을 제공하는 정책을 추진하는 반면, 장기적으로는 이익이지만 단기적으로 손해를 초래하는 바람직한 정책의 추진은 기피하거나 연기하는 경향이 있다.

ⓢ **비용과 편익의 분리** : 정부정책은 수익자(소수의 집단)와 비용부담자(다수의 국민)가 서로 분리되어 있는 경우가 많아 이익을 노리는 소수집단이 정치적 조직화와 로비를 통해 자신의 주장을 관철하려 노력하게 된다.

ⓞ **정부산출의 정의 및 측정 곤란성** : 정부정책의 최종목표는 정의·측정이 곤란하다. 이러한 한계는 산출물 중심의 성과측정을 유도하여 목표의 전환을 유발할 위험이 있다.

ⓩ **최저선과 종결메커니즘의 결여** : 정부부문에 있어서는 민간기업의 손익계산서와 같은 최저선을 판단할 기준이 존재하지 않는다. 또한 활동이 부진하고 효과성이 없는 기관을 해체시킬 수 있는 종결메커니즘도 없다.

ⓩ **더 많은 예산·인력의 확보** : 명확한 조직목표 달성의 평가기준이 없는 정부조직은 얼마나 많은 예산과 인력을 확보하느냐에 따라 중요도와 영향력을 평가하고자 한다.

ⓚ **정보의 불충분** : 국민은 정부활동에 대한 정보가 불충분하여 대리인인 정부의 활동에 대한 적정한 개입과 통제가 확보되지 못하고, 정부는 시장에 대한 정보의 불충분으로 시장에 대한 적정한 개입과 통제가 이루어지지 못하기도 한다.

ⓣ **행정의 경직성** : 적정시기에 정책개입이 이루어지지 못한다.

④ 정부실패의 대응

㉠ 소정부화

- 권력의 통제 : 권력의 민주화를 위해서는 민간의 행정에 대한 참여와 통제를 강화시켜야 하며, 입법부의 법적·현실적 통제기능을 강화시키고 사법부의 독립을 이루는 것이 중요하다.
- 행정관리의 효율화
- 행정영역의 감축 : 민영화를 추진하고 경쟁의 원리를 도입하며, 준공공조직의 역할을 재조정하고 합리화해야 한다.
- 내부관리의 효율화 : 결정권자의 역량의 향상 및 참여의 확대와 신축적이고 탈관료제적인 조직운영이 필요하다.
- 행정기능의 재정립 : 관료제에 의한 민간부문에 대한 간섭과 규제의 최소화 또는 합리화를 통해 민간부문의 창의성과 능력을 향상시켜 경쟁력을 확보해야 하고 정부기능의 재조정이 필요하다.

㉡ 민영화

- 개념 : 공공부문의 역할을 축소하고 민간부문의 역할을 증대시켜 작은 정부를 지향하는 것으로서, 일반적으로 정부재산의 임대·매각, 업무의 민간위탁, 공기업의 민영화 등을 의미하고, 광의로는 정부규제의 완화도 포함한다.
- 민영화의 필요성과 이점
- 효율성의 제고
- 정부규모의 적정화와 작은 정부 실현
- 근린행정의 구현
- 업무의 전문성 제고
- 행정서비스의 질 향상
- 민간경제의 활성화
- 정부재정의 건전화
- 보수인상요구의 자제
- 방법
- 공기업의 민영화 : 공기업을 민간에 매각하는 것으로서 주식회사 형태로 전환하여 주식을 매각하는 것도 포함한다.
- 계약에 의한 민간위탁 : 정부가 필요로 하거나 공급해야 하는 재화나 서비스를 계약에 의해 민간에서 공급하게 하는 것을 말한다.
- 생산보조금 : 보조금을 주어 민간에서 공공부문의 기능을 수행할 수 있게 하는 방법을 말한다.
- 독점판매권 : 정부가 설정한 업무기준하에서 특권을 부여받은 민간조직이 일정한 서비스를 생산, 공급하게 하는 방법을 말한다.
- 구매권(Voucher) : 소비자에게 재화, 서비스를 구입할 수 있는 구매권을 주는 바우처제도이다.

문. 다음의 정부실패 중 민영화를 통해 효과적으로 해결하기 어려운 유형은?

▶ 2011. 6. 11 서울특별시

① 사적 목표의 설정
② 비용체증
③ 권력의 편재
④ 파생적 외부효과
⑤ X−비효율

답 ④

문. 최근 쓰레기 수거와 같이 전통적으로 정부의 고유영역으로 간주되어온 서비스를 민간에 위탁하는 경우가 있는데, 그 목적이라고 보기 힘든 것은?

▶ 2015. 4. 18 인사혁신처

① 행정의 효율성 향상
② 행정의 책임성 확보
③ 경쟁의 촉진
④ 작은 정부의 실현

답 ②

- 공동생산 : 종래에는 정부만이 담당하던 서비스 제공 업무에 전문가인 공무원과 민간이 공동으로 참여하는 것으로 자원봉사활동에 의해 정부 활동을 보완하는 경우를 말한다.
- 규제완화 : 시장경제 주체의 활동에 대한 제한의 완화 및 폐지를 말한다.

• 민영화의 폐단과 한계
- 책임성의 저하 : 민간위탁이나 준정부조직의 경우 공공의 관심사가 민간부문의 책임으로 전가되어 사적으로 이익화 할 수 있고, 서비스에 대한 책임소재가 불분명해진다.
- 도덕적 해이(역대리인이론) : 민간부문이 도덕적·기술적으로 성숙되어 있지 않은 경우 정치권이나 관련 공무원과의 결탁이나 이권에 연루될 소지가 크며, 소비자나 국가가 민간 기업에 대한 정보 부족으로 최적업체를 선정하지 못하거나 통제가 곤란하다는 역대리인이론의 폐단도 생길 수 있다.
- 안정성의 저해 : 도산우려가 있는 기업과 이윤추구가 이뤄지지 않으면 사업을 포기할 수 있는 민간은 서비스의 안정적 공급을 저해한다.
- 형평성의 저해 : 구매력이 없는 저소득층은 서비스를 기피하는 형평성의 문제를 불러일으킨다.
- 저렴한 서비스의 제약 : 시장에서는 원가계산에 기초하거나 수익자부담주의에 입각하게 되므로 서비스제공비용이 정부에 의한 공급 때보다 상승할 우려가 높다.

> **포인트업** 민영화의 저해요인
> ㉠ **Cream Skimming 현상** : 정부는 수익이 나지 않는 적자사업만 민영화하려하고, 민간기업은 흑자기업만 인수하려 한다.
> ㉡ **주무관청의 반대** : 공기업의 경우 관료들의 퇴직 후 자리를 보장해주는 등 공무원의 잠재적 이해관계를 반영하므로 정부부처는 공기업의 민영화를 꺼려한다.
> ㉢ **노조의 반대** : 민영화가 될 경우 구성원은 극단적인 노조활동을 할 수 없어 임금인상요구의 억제가 생길 수 있으며, 구성원들 간 경쟁의 압력에 시달려 대체로 민영화를 원치 않는다.

ⓒ 규제완화
• 의의 : 시장경제 주체의 활동에 대한 제한의 완화 또는 폐지를 의미하며, 이러한 규제완화를 통하여 종래 규제를 받았던 산업에 경쟁체제를 도입하여 신규기업의 진입으로 가격·서비스·요금체계의 다양화를 이룩하며 소비자의 수요에 탄력적으로 대응할 수 있다.
• 특성 : 사회적 규제는 경제적 규제와 달리 어느 정도 범위를 축소하거나 적용을 완화시킬 수 있으나 완전히 이루어지기는 어려우므로 주로 경제적 규제완화를 의미한다.

문. 전통적으로 정부는 시장실패의 교정수단으로 간주되었으나 수입할당제, 가격통제, 과도한 규제 등 정부의 지나친 개입은 오히려 시장을 악화시킬 수 있다는 주장이 대두되었다. 이러한 정부실패의 요인에 대한 설명으로 옳지 않은 것은?

▶ 2014. 3. 22 사회복지직

① 공공조직의 내부성(internality)
② 비경합적이고 비배타적인 성격의 재화
③ 정부개입으로 인해 의도하지 않은 파생적 외부효과
④ 독점적 특혜로 인한 지대추구행위

☞ ②

Section 3 복지행정과 사회보장제도

(1) 의의

① **복지(Welfare)** … 누구나 잘 살고 공평한 대우를 받는 상태를 의미한다. 이를 위해서 행정은 자유·민주·참여가 실현되어야 하고 완전고용이 이루어져야 하며, 일에 참여한 사람들이 공정한 분배와 정당한 보상을 받는 제도가 정착되어야 하고, 지역 간 균형발전과 교육 보편화가 실현되어야 한다.

② **사회보장제도** … 1935년 미국의 사회보장법에서 시작하여 1942년 영국의 Beveridge보고서에 의해 법률로 제정됨으로써 본격화되었다. 국민의 최저생활을 보장하는 장치로서 국민의 생활불안을 미연에 방지 내지 해소하는 역할을 하는 것이다.

(2) 복지국가 실현방안

① **사회보험제도** … 관리주체는 국가로서 고용보험, 국민연금, 산재보험, 건강보험 등이 그 대표적인 예이며 주로 선진국에서 발달하였다.

② **공공부조** … 극빈자나 노동능력이 결여된 자, 또는 원호보호대상자에 한해 원호, 구호, 구제하는 사업이다.

 사회보험과 공공부조의 차이점

구분	사회보험	공공부조
재원조달	수혜자와 고용주 및 국가의 보조금	조세수입
적격조건	사전의 노동이나 기여금에 의한 실적	개인의 요구와 이에 대한 자격조사
대상	노동능력이 있는 자	노동능력이 없는 자, 원호보호 대상자
성격	빈곤화 방지를 위한 사전적 성격	빈곤에 대처하는 사후적 성격
기초	능력주의	평등주의

Section 4 정보화사회

(1) 의의

① **개념** … 산업사회 이후에 나타난 사회로서 어떠한 물질, 재화, 에너지(산업사회)보다도 정보의 가치, 지식, 기술이 중시되는 사회를 말한다.

② **특성**
　㉠ 규격화, 정형성, 획일성이 아닌 다양성을 갖는다.

ⓛ 가치의 다원화와 권력의 분산화를 통해 탈계층성이 강조된다.

ⓒ 전문적인 지식과 기술이 강조되어 신지식인이 등장한다.

ⓔ 전자정부가 나타난다.

ⓜ 행정서비스의 질(신속성, 정확성, 능률성)이 향상된다.

ⓗ 공급자가 아닌 고객수요자가 중심이 된다.

ⓢ 산업사회의 소품종 대량생산체제에서 다품종 소량생산체제로 전이한다.

ⓞ 비표준화된 서비스의 요구가 많아진다.

(2) 정보화사회가 추구하는 가치

① **인간성의 중시** … 개성을 강조하고 인간성을 중시하는 방향으로 나아가야 한다.

② **민주화** … 민주화는 정보화를 통해 달성될 수 있으며 동시에 정보화 사회를 위해 반드시 필요한 가치이다.

③ **형평화** … 정치 · 경제 · 사회 · 문화의 각 부문에 있어 평등화의 방향으로 진행되어야 한다.

④ **합리화** … 상품의 고부가가치화, 의사결정상의 불확실성과 위험을 감소시킨다는 의미에서 합리화에도 기여된다.

⑤ **창조화** … 각 사회영역에 존재하는 경직성과 관료성을 타파하고 쇄신, 혁신, 창조성을 사회전체에 확신시켜줄 수 있다.

⑥ **국제화** … 국가 간의 정보유통이 활발하게 이루어지고 상호관계가 확대되는 세계주의적 가치관이 중시된다.

(3) 정보화사회의 역기능

① 인간성 상실, 윤리감의 상실과 소외현상이 발생할 수 있다.

② 관료들의 문제불감증 현상이 초래될 수 있다.

③ 마타이 효과 발생이나 정보의 그래샴 법칙 등의 정보독점에 따른 기업, 지역, 국가 간 격차증대 및 집권화의 위험이 나타날 수 있다.

④ 컴퓨터 보안문제와 개인의 사생활 침해문제가 나타난다.

문. 다음 중 전자정부의 등장과 가장 관련이 없는 것은?

▶ 2006. 4. 8 중앙인사위원회

① 정부서비스의 수요 민감성과 신속성에 대한 시대적 요청

② 고객중심, 성과중심, 인력감축의 서비스를 제공하기 위한 신공공관리론적 개혁의 필요성

③ 시장실패로 인하여 정부가 정보화를 주도할 수밖에 없는 정부개입의 필요성

④ 공공재의 비시장적 특성에 기인한 과다투입과 관료조직의 비효율성을 극복하기 위한 정부의 재창조 필요성

☞ ③

문. 정보화 사회의 특징으로 가장 옳지 않은 것은?

▶ 2010. 4. 10 행전안전부

① 피라미드형 조직구조에서 수평적 네트워크구조로 전환되고 있다.

② 관료가 정보를 독점하여 권력의 오 · 남용 문제가 없어진다.

③ 전자정부가 출현하고 문서 없는 정부가 구현될 수 있다.

④ 정보통신기술을 활용한 원스톱(one – stop) · 논스톱(non – stop) 행정서비스가 가능해진다.

☞ ②

02 현대행정의 특징

1 일반적으로 정부에 의한 시장개입의 정당성은 해당 재화를 시장에 맡겨 놓았을 때 나타나는 부작용, 즉 시장실패에 있다. 시장실패가 발생하는 경우로 옳지 않은 것은?

① 외부효과가 발생하는 산업
② 불완전한 정보가 제공되는 식품의 유통
③ 비경합성과 비배제성의 특성을 갖는 공공재의 생산
④ 계약에 의한 민간위탁산업

♀Advice ④ 정부실패에 대한 정부 대응정책에 해당한다.

2 다음 중 현대행정의 특성으로 옳지 않은 것은?

① 정치권력을 배경으로 한다.
② 목적달성을 위한 수단의 적합화를 추구하는 합리성을 가진다.
③ 공공성과 공익성을 추구한다.
④ 광의로 조직일반에 작용할 수 있는 인간 개개인의 측면에 초점을 맞추는 개념이다.

♀Advice ④ 현대행정은 광의적으로 인간 협동의 측면에 초점을 맞추는 개념으로 예를 들어 공공단체, 사기업체, 민간단체, 군사단체 등을 들 수 있다.
　　　　　 ※ 현대행정의 특징
　　　　　　　⊙ **안정성, 계속성** : 안정성, 계속성을 바탕으로 국가사회의 변화에 대응하고 그 발전을 촉진하며 관리하는 것이다.
　　　　　　　ⓒ **공익성, 공공성** : 공익을 추구하기 위한 작용이어야 하며, 공공적 성격에 따라 특징지어진다.
　　　　　　　ⓒ **정치성, 정책성, 권력성** : 정치적 환경 속에서의 정치권력을 배경으로 한 공공정책의 형성 및 구체화로, 이를 위해 정치권력에 의한 강제력이 수반되어야 한다.
　　　　　　　② **합리성** : 합리적 결정을 추구하는 것으로, 최소의 비용과 노력으로 최대의 목표달성을 기하는 것이다.
　　　　　　　⑩ **협동성, 집단성** : 협동적 집단행위를 통하여 그 목적을 구체화하는 과정이다.
　　　　　　　ⓗ **기술성**(처방성) : 공공사무의 관리 및 집행에 있어서 체계적인 기술을 필요로 하는 것이다.

3 행정국가에 대한 설명으로 가장 적절한 것은?

① 행정의 팽창은 시장실패의 가능성을 증가시킨다.
② 행정의 과부하는 행정수요의 감소를 가져온다.
③ 정책이 정책을 낳는 관성은 행정의 팽창을 가져온다.
④ 행정국가는 삼권분립을 전제하지 않는 국가구성 원리이다.

4 다음 중 정부규제기관의 포획현상에 관한 설명으로 옳지 않은 것은?

① 포획현상을 경제규제보다 사회규제에서 잘 나타난다.
② 규제기관이 피규제기관의 입장에 동조하는 것이다.
③ 규제기관에 대한 관심이 낮아지면 포획현상이 촉발되기 쉽다.
④ 규제행정의 공평성을 저해하게 된다.

5 정부기능과 업무의 재구축을 위해 도입한 시장성 검증(Market testing)에서 적용하는 원칙으로서 옳지 않은 것은?

① 반드시 정부가 책임지지 않아도 되는 업무는 민영화
② 반드시 정부가 직접 수행해야 하는 기획업무는 기획화
③ 반드시 정부가 직접 수행해야 하는 집행업무는 내부경쟁촉진
④ 반드시 필요하지 않는 업무는 폐지

6 다음 중 시민공동생산에 대한 설명으로 가장 옳지 않은 것은?

① 재정확대를 수반하지 않으면서 지역사회가 필요로 하는 공공서비스를 확보할 수 있게 한다.
② 시민들의 무임승차자 문제를 해결하기 위한 대안이다.
③ 관료제의 비효율성에 대한 비판적 시각을 기초로 하고 있다.
④ 모든 서비스영역에 시민공동생산이 가능한 것은 아니다.

1.④ 2.④ 3.③ 4.① 5.② 6.②

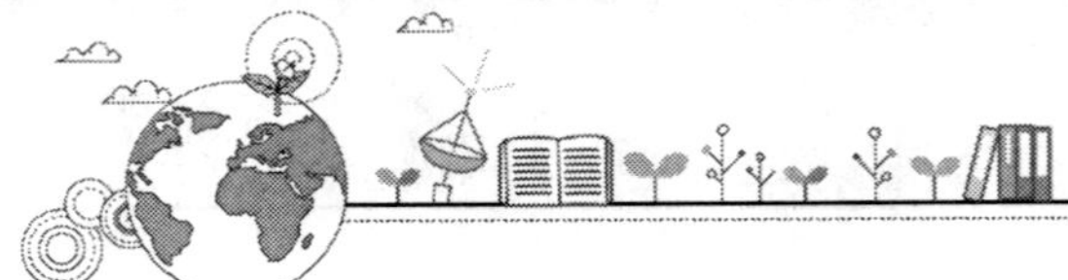

7 민간이양에 관한 설명으로 옳지 않은 것은?

① 시장실패 보완을 위해서는 민간이양이 적절하다.
② 정부독점기업을 민영화하는 것도 민간이양의 한 방법이다.
③ 비대한 정부영역을 줄임으로써 작은 정부를 실현하게 된다.
④ 정부보유주식을 민간에게 매각하는 방법이 있다.

♥Advice ① 민간이양은 정부실패의 보완방법이다. 시장실패를 보완하기 위해서는 정부규제(개입)가 강화되어야 한다.

8 다음은 무엇에 대한 설명인가?

> 공무원 수는 업무량의 증감과는 관계없이 일정비율로 증가하며, 심지어는 업무량이 감소해도 공무원 수는 증가한다.

① 파킨슨의 법칙　　　　　　　　② 피터의 법칙
③ X-비효율성　　　　　　　　　④ 와그너의 법칙

♥Advice **파킨슨의 법칙**…"공무원의 수는 해야 할 일의 많고 적음이나 경중에 관계없이 책임자 공무원이 상급 공무원으로 올라가기 위해서 많을수록 좋기 때문에 항상 일정한 비율로 증가한다."는 것이다. 즉, 공무원 집단의 조직과 운영은 합리성보다는 비합리적 심리작용에 의해 더 많이 좌우된다.

9 다음 중 정부팽창의 원인으로 옳지 않은 것은?

① 경제성장에 따른 공공부문의 확대, 도시화의 진전, 사회의 상호의존관계 심화
② 전쟁·재난의 영향과 대체효과
③ 인사행정의 소극성
④ 이익집단의 영향

♥Advice 정부팽창의 원인으로는 ①②④ 외에도 관료제의 발달, 정부서비스의 노동집약적 성격, 사회복지제도의 확산, 과학기술의 비약적 발달 등을 들 수 있다.

10 정보화사회의 역기능으로 옳지 않은 것은?

① 인간성, 윤리성의 상실과 소외현상 발생
② 행정의 특수이익화 우려
③ 개인의 사생활 침해문제
④ 정보독점에 따른 기업, 지역, 국가간 격차 증대 및 집권화의 위험

※ **정보화 사회의 역기능**
  ㉠ 인간성 상실, 윤리감의 상실과 소외현상이 발생할 수 있다.
  ㉡ 관료들의 문제불감증 현상이 초래될 수 있다.
  ㉢ 마타이 효과 발생이나 정보의 그레샴 법칙 등의 정보독점에 따른 기업, 지역, 국가간 격차 증대 및 집권화의 위험이 나타날 수 있다.
  ㉣ 컴퓨터 보안문제와 개인의 사생활 침해문제가 나타난다.

11 복지국가의 실현방안으로서 평등주의에 기초하는 제도로 극빈자나 노동력이 결여된 자 또는 원호보호대상자에 한해 원조·구호·구제하는 사업은?

① 공공부조 ② 건강보험
③ 노후보험 ④ 국민연금

🔅Advice **공공부조** … 스스로 생활유지능력이 없는 사람들에게 국가나 지방자치단체가 인간다운 생활을 영위할 수 있도록 지원하는 사회복지제도의 하나이다. 우리나라 사회보장기본법에서는 공공부조를 '국가 및 지방자치단체의 책임 하에 생활유지능력이 없거나 생활이 어려운 국민의 최저생활을 보장하고 자립을 지원하는 제도'라고 규정하고 있다.

12 사회보험과 공공부조에 대한 설명으로 잘못된 것은?

	구분	사회보험	공공부조
①	재원조달	수혜자와 고용주 및 국가의 보조금	조세수입
②	적격조건	사전의 노동이나 기여금에 의한 실적	개인의 요구와 이에 대한 자격조사
③	성격	빈곤에 대처하는 사후적 성격	빈곤화 방지를 위한 사전적 성격
④	대상	노동능력이 있는 자	노동능력이 없는 자, 원호보호 대상자

🔅Advice ③ 두 설명이 바뀌었다. 사회보험이 빈곤화 방지를 위한 사전적 성격이라면, 공공부조는 빈곤에 대처하는 사후적 성격을 가진다.

Answer 7.① 8.① 9.③ 10.② 11.① 12.③

03 행정학의 발달

Section 1 관방학과 슈타인 행정학

(1) 관방학(官房學)

① 개념 ··· 국내의 자원 개발을 통하여 관방재정의 충실화를 기함으로써 근대 민족 통일국가의 형성 및 강대화를 도모하였던 일종의 정책학이다.

② 의의 ··· 16세기 중엽부터 18세기 말까지 독일 및 오스트리아를 중심으로 발달한 절대군주국가의 통치·행정의 사상을 담고 있는 행정학의 기원이다.

③ 성립 및 발달배경
  ㉠ 정치적 배경 : 경찰국가체제의 절대주의적 지배시대에 성립되었다.
  ㉡ 사회적 배경 : 영국, 프랑스 등의 유럽국가들은 중상주의 정책을 중심으로 식민지 건설에 주력했다. 그러나 독일과 오스트리아는 절대국가로의 시작이 뒤쳐졌기 때문에 국내에서의 부의 축적을 위해 당시 봉건영주를 포섭하기 위한 통치기술의 일환으로 등장했다.
  ㉢ 사상적 배경 : 봉건영주들의 국가활동에 대한 협력을 얻기 위해 그 근본사상을 행복촉진주의적 복지국가관에 기초한 것으로 계몽사상 및 인도주의 사상의 영향을 받았다.

④ 평가 ··· 경찰국가·절대군주국가의 수립에 공헌하였으나 절대군주를 위한 정치적 시녀로서의 역할을 강조하여 복지에 기여하지는 못했다. 또한 정치와 행정을 분화해주지 못하여 독자적인 학문으로서의 행정학체계의 정립에도 기여하지 못했다.

(2) 슈타인(Stein) 행정학

① 의의 ··· Justi의 경찰개념을 헌정과 행정으로 구분하고 서로 상대적 우위를 점하는 관계라는 독자적인 행정이론을 구성하였다.

② 내용 ··· 당시 관방학의 근본개념이었던 경찰을 헌정과 행정의 두 개념으로 분리시켜, 헌정은 가치판단적인 정책결정, 형성기능으로 행정을 사실적인 정책집행기능으로 파악하고 양자의 관계를 상호우위라는 개념으로 설정하였다. 헌정은 개인이 국가의사의 결정에 참여하는 대국가적 권리로, 행정은 국민 개개인의 복리향상을 촉진할 임무를 수행하기 위한 국가의 행위 또는 활동수단으로 보았다.

문. 다음 중 관방학에 대한 설명으로 옳지 않은 것은?

▶ 2003. 4. 12 강원도

① 봉건 영주를 포섭하기 위한 것이다.
② 국가권력이 미분화되었다.
③ 정치학의 시녀 역할을 수행하였다.
④ 헌정과 행정으로 분리되었다.

☞ ④

③ **평가**… 행정법학의 발전에 이바지했고, 한편으로 독자적인 행정학 체계를 이루었으나 보수주의적 사회개량주의의 입장에서 고찰된 것이나 초기 행정법학은 행정의 법적 적합성의 집중에 주력했다는 점과 헌법 등 여러 공법이 제정되어 학자들이 필연적으로 공법의 해석에 전념하지 않을 수 없게 되었다는 점 등으로 비판을 받았다.

Section 2 미국 행정학의 발달

(1) 성립과정

① **사상적 배경**

　㉠ 해밀턴 주의 : 중앙집권화에 의한 능률적 행정방식을 강조했다.

　㉡ 제퍼슨 주의 : 제퍼슨은 미국 독립선언의 천부인권사상과 국민주권설의 강력한 주창자로서 민주주의 사상과 행정의 분권화를 강조했다. 그는 최소의 행정이 최선의 정부라는 신념으로 지방분권을 주장했다.

　㉢ 잭슨주의 : 모든 관직의 정치적 임명과 공직경질제에 의한 철저한 민주주의 이념을 추구했으며 엽관주의 행정을 주장했다.

② **발달요인**

　㉠ 행정기능의 확대 : 남북전쟁과 산업혁명을 계기로 미국 자본주의는 매우 빠른 발전을 거듭하여 독점자본주의를 성립시켰다. 이에 따라 빈부 격차, 노동운동의 발전, 도시화, 사회악의 증가, 자원고갈 등의 사회문제가 발생하여 정부의 행정기능이 확대·강화되었다.

　㉡ 과학적 관리론 : F.W. Taylor에 의해 사기업에서 큰 성과를 거둔 과학적 관리론은 능률주의적·기술적 행정학의 발전에 기여하고, 행정개혁운동과 행정조사운동을 자극하여 행정능률의 향상을 촉진했다.

　㉢ 엽관제의 폐해 극복 : 엽관제를 배격하는 공무원제도 개혁운동이 전개되었고, 1883년에는 실적주의에 입각한 인사제도를 확립하게 된 펜들턴법(Pendleton Act)이 제정되었다.

　㉣ 행정조사운동 : 1906년 뉴욕 시정연구소에서 시작되어 1912년 절약과 능률에 관한 대통령연구회(Taft위원회) 등의 활동이 행정학 이론의 발전에 크게 기여했다.

(2) 기술적 행정학(정치·행정이원론)

① **의의**… 행정은 정치권력이 아닌 공공사무의 관리·기술·수단을 의미하며 정치분야가 아닌 경영의 분야이다(공·사행정일원론).

② **내용**… 행정에 있어서 능률성을 강조한다. 이를 위해 상의하달식 의사전달 방식을 택하여 권위적 지배·복종관계를 중시하고, 권한·책임한계의 명확

문. 미국의 행정학 성립과 관련이 없는 것은?

▶ 2005. 4. 16 강원도

① 기능적 행정학의 대두와 행정기능의 확대
② 엽관주의 극복과 진보주의 운동
③ 윌슨의 저서 '정치와 행정'
④ 테일러, 과학적 관리론

☞ ③

문. 다음 기술 중 옳은 것은?

▶ 2007. 4. 14 중앙인사위원회

① 실적주의와 행정의 능률은 관계가 없다.
② 실적주의는 그 기본이념에 있어서 계급제와 일치한다.
③ 엽관주의는 그 폐해가 크기 때문에 오늘날은 어디에서도 도입되지 않고 있다.
④ 19세기 전반 미국의 엽관주의는 재정낭비를 방지하는 데 중요한 기여를 하였다.
⑤ 엽관주의는 행정의 민주화와 관계가 깊다.

☞ ⑤

문. 정치·행정이원론과 가장 거리가 먼 것은?

▶ 2004. 5. 2 경상북도

① 대두된 배경은 행정국가화 추진이다.
② 행정연구의 과학화를 촉진시켰다.
③ 과학적 관리법을 행정에 적용하였다.
④ 실적주의 확립을 촉진시켰다.

☞ ①

화와 공식성·표준화 수준을 높이기 위해 공식구조를 강조하며 외부환경에 대한 문제보다는 내부의 관리절차와 수단만을 중시한다.

③ **평가** … 정치에 대한 행정의 독자성을 중시하고 행정학 발달의 토대를 마련했다는 점에서 의의가 있으나 비공식조직의 중요성을 간과했고, 사회적 능률성을 무시했으며 외부환경변수를 고려하지 못했다. 또한 인간의 심리적 감정적 요인에 대한 중요성을 인식하지 못했다는 한계가 있다.

(3) 기능적 행정학(정치·행정일원론)

① **의의** … 기술적 행정학의 한계를 극복하기 위해 나온 이론으로 행정은 정책결정기능과 형성기능을 적극적으로 수행해야 한다고 본다.

② **성립배경** … 1929년 세계대공황을 극복하기 위해 등장한 뉴딜정책은 행정의 정책결정기능을 강조하게 된 배경이 되었고, 이때부터 행정을 정치적 기능이라는 차원에서 이해하기 시작했다.

③ **내용** … 사회문제의 적극적인 해결을 위해 가치중립성을 벗어나 가치지향성을 추구하게 되었고 이를 행정의 정책결정기능과 형성기능을 통해 구체화하였으며, 투입된 비용과 산출이 인간과 사회의 이익을 위해 얼마나 기여했는가를 판단기준으로 하는 사회적 능률성을 강조하게 되었다.

과학적 관리론과 인간관계론

(1) 과학적 관리론의 의의

① **개념** … 19세기 말 이후 주로 미국에서 발전된 산업경영과 관리의 합리화와 능률화를 위한 체계로서, 최소의 투입으로 최대의 산출을 확보할 수 있는 최선책을 찾기 위해 과학적 관리기술을 적용하려는 이론이다.

② **성립배경** … 19세기 말 초기 자본주의의 발달로 인한 공장의 난립, 비능률·비과학적 운영, 개인주의와 적자생존의 원리는 경쟁과 대립을 격화시켜 결국 경제공황을 초래했다. 이러한 위기를 타개하기 위한 경영합리화의 요청으로 과학적 관리론이 대두되었다.

③ **특징**
  ㉠ 전문화·분업의 원리 중시를 통한 행정의 전문성을 강조하였다.
  ㉡ 계층제 형태의 공식구조와 조직을 중시하였다.
  ㉢ 경제적·합리적 인간관(X이론적 인간관)과 기계적 능률성을 중시하였다.
  ㉣ 폐쇄체제적 환경(환경변수 무시)이다.
  ㉤ 상의하달식 의사전달체계이다.
  ㉥ 시간과 동작의 연구를 통해 일일 과업량을 설정하였다.

문. 다음은 과학적 관리론에 관한 설명이다. 가장 타당하지 않은 것은?

▶ 2004. 5. 30 국회사무처(8급)

① 조직 내의 인간을 경제적 유인에 의해 동기가 유발되는 타산적 존재로 가정한다.
② X이론의 인간형에 입각한 것이다.
③ 과학적 분석에 의하여 유일최선의 방법(one best way)을 발견할 수 있다고 가정한다.
④ 과학적 관리학파의 연구활동은 고전적 행정학의 기틀을 다지는 데 기여하였다.
⑤ 조직이 추구하는 가치로서 사회적 능률성을 가장 중요시한다.

☞ ⑤

(2) 주요 내용

① 테일러 시스템(Taylor System)

　㉠ 기업관리의 4대 원칙
- 주먹구구식 관리를 지양하고 과학적 관리법을 발견해야 한다.
- 과학적인 방법으로 종업원 선발해야 한다.
- 과학적인 방법으로 종업원의 교육훈련을 실시해야 한다.
- 노동자와 경영자 간에 업무를 명확히 구분해야 한다.

　㉡ 과업관리의 4대 원칙
- 요소별 시간과 동작연구 : 과학적 방법으로 생산공정의 요소단위를 발견하고 연구 · 분석한다.
- 업무의 표준화 : 발견된 최선의 방법을 통해 모든 공정과정 및 작업조건을 표준화한다.
- 일일과업의 부여 : 표준화된 공정에 따라 개개인에게 적절한 일일과업을 부여한다.
- 성과급제도의 확립 : 과업의 성공에는 높은 임금이, 실패에는 손해의 부과가 따르는 경제적 유인으로서의 동기부여가 강조된다.

② 포드 시스템(Ford System) … 작업공정을 Gilbreth의 기본동작연구를 이용하여 세분화 · 전문화 · 표준화하고 이를 기계로 대치하여 이동조립법을 실시했다. Ford는 경영을 이윤추구의 수단이라기보다는 사회대중에 대한 봉사의 수단이 되어야 한다고 주장하였다. 즉, 일상품의 저가격과 임금수준의 향상을 통해 대중의 생활수준 향상을 경영을 통한 봉사로 보았다.

(3) 과학적 관리론의 영향과 비판

① 영향

　㉠ 정치 · 행정이원론(기술적 행정학)의 성립에 기여했다.

　㉡ 행정의 과학화를 강조했다.

　㉢ 행정의 능률화에 기여했다.

　㉣ 행정조직의 구조, 분업화, 직제에 관심을 유발시켰다.

　㉤ 직위분류제의 도입으로 과학적 인사관리 발전에 기여했다.

　㉥ 행정개혁의 원동력이 되었다.

② 한계

　㉠ 공익을 우선으로 해야 하는 행정에 있어서는 기계적인 능률원리를 적용하는 데 일정한 한계가 있다.

　㉡ 조직과 인간을 기계로 간주하여 인간의 부품화, 인간성의 상실, 종속변수로서의 인간이라는 인식을 초래하였다.

　㉢ 폐쇄형의 이론으로서 조직과 환경과의 상호의존작용을 무시하고 있다.

　㉣ 합리적 경제인관에 입각하여 경제적 동기의 지나친 강조로 인간의 사회적 · 심리적 요인 등을 간과하였다.

문. 행정개혁수단 가운데 테일러(F. Taylor)의 과학적 관리법 내용을 가장 잘 반영하고 있는 것은?

▶ 2012. 4. 7 행정안전부

① 다면평가제(360-degree appraisal)
② 성과상여금제(bonus pay)
③ 고위공무원단제(Senior Civil Service)
④ 목표관리제(MBO)

☞ ②

문. 다음의 학자별 행정이론과 그 특징에 대한 설명 중 옳지 않은 것은?

▶ 2005. 5. 1 전라남도

① Taylor의 과학적 관리론 – 능률성
② E. Mayo의 호손실험 및 인간관계론 – 궁극적으로 행정의 민주화
③ Simon의 행태론 – 가치와 사실을 구분, 제한된 합리성
④ Gaus의 생태론 – 환경과 조직의 상호작용

☞ ②

문. Hawthorne 실험의 공헌이라고 볼 수 없는 것은?

▶ 2007. 4. 8 대구광역시

① 조직외부환경과 조직 간의 관계를 잘 이해하게 되었다.
② 비공식집단의 중요성을 알게 되었다.
③ 면접기법이 이 실험으로 인해 발전되었다.
④ 제2차 세계대전 이후의 행태과학 이론에 기초를 제공하였다.

☞ ①

ⓤ 정치가 개입되는 행정을 경영과 동일시하고 있다.

ⓗ 비공식 조직을 무시하고 있다.

ⓢ 기계적 능률관, 즉 능률을 기계적·물리적으로만 인식하고 있다.

ⓞ 관리자 행태의 연구·분석이 없었다.

(4) 인간관계론

① **개념** … 조직의 생산성 향상을 위하여 현실적인 상호 관계, 사회적·심리적·비합리적·비공식적 요인에 요점을 두어 인간을 관리하는 기술 내지 방법에 관한 이론·관리체계이다. 과학적 관리론의 한계를 보완해준다는 데 의의가 있으며 E. Mayo의 호손실험이 대표적이다.

② **성립배경**

ⓐ 호손실험으로 발견된 과학적 관리법에 대한 모순과 세계대공황으로 새로운 관리기법이 요구되었다.

ⓑ 과학적 관리법 적용에 따른 대규모 조직의 비인격성 및 인간의 기계화 심화가 초래되자 이러한 문제를 해결할 수 있는 새로운 관리기법이 필요하였다.

③ **내용 및 특징**

ⓐ **사회심리적 요인의 중시** : 조직구성원의 근무의욕은 사회심리적 요인에 따라서 좌우된다고 본다.

ⓑ **비합리적·감정적 요소의 중시** : 인간관계는 일련의 비합리적·감정적인 요소에 따라 작용한다.

ⓒ **비합리적·사회적 존재의 강조** : 인간은 합리적·경제적 존재가 아니라 비합리적·사회적 존재로 간주된다.

ⓓ **비공식집단의 중시** : 비공식집단의 사회적 규범에 의해 생산성의 수준이 결정된다.

ⓔ **조직관리의 민주화·인간화 강조** : 원활한 의사전달, 민주적 리더십, 참여의 확대에 의한 심리적 욕구의 충족 등이 능률향상에 크게 기여한다.

④ **영향**

ⓐ 비공식조직의 중요성을 인식하는 계기가 되었다.

ⓑ 합리적 경제인관에서 사회인관으로, X이론적 인간관에서 Y이론적 인간관으로 변화하였다.

ⓒ 인간을 사회·심리적 욕구를 지닌 전인격적 존재로 파악하게 되었다.

ⓓ 인간 자체가 아닌 인간 행태를 독립변수화시켰다.

ⓔ 인간관리의 민주화·인간화가 이루어졌다.

ⓕ 적극적 인사행정의 등장배경이 되었다.

⑤ **한계**

ⓐ 합리적 경제인관을 과소평가하였다.

ⓑ 지나친 비합리주의와 감정지향적 성향을 가진다.

문. 인간관계론에 대한 설명으로 타당하지 않은 것은?

▶ 2004. 5. 2 경상북도

① 환경적 요인을 경시하고 경제적 요인을 중시한다.

② 공식조직과 비공식조직의 조화가 필요함을 주장한다.

③ 협동주의, 집단주의를 강조한다.

④ 생산성 향상을 위해 조직의 팀웍을 중시한다.

☞ ①

문. 다음 중 인간관계론에 관한 일반적 평가에 대한 내용으로 옳지 않은 것은?

▶ 2002. 1. 27 중앙선거관리위원회

① 조직구성원들의 사회적·심리적 욕구와 조직 내의 비공식집단을 중시하여 조직의 목표와 조직구성원들의 목표가 서로 일치하지 않음을 지적하였다.

② 조직의 기술적·구조적 측면을 중시함으로써 조직의 전체적인 현상을 설명하는 데 실패하였다.

③ 조직을 폐쇄체제적 관점으로 바라보았다.

④ 인간의 사회적·심리적 측면을 밝힘으로써 인간에 대한 이해의 폭을 넓혔으나, 인간의 복잡한 측면을 설명하는 데는 실패하였다.

☞ ②

    ⓒ 공식조직·외부환경과의 관계를 경시하였다.

    ⓔ 합리성과 비합리성, 공식조직과 비공식조직의 지나치게 대립적인 이원론적 도식이다.

    ⓜ 자아실현인관에 대한 인식이 미약하다.

    ⓗ 보수주의적 성향을 가진다.

    ⓢ 연구대상으로 관리층을 경시하였다.

(5) 과학적 관리론과 인간관계론의 관계

① 유사점

    ㉠ 외부환경적 요인을 무시하는 폐쇄체제적 관점을 갖는다.

    ㉡ 생산성과 능률의 향상을 궁극적 목적으로 제시한다.

    ㉢ 관리계층을 연구대상에서 제외한다.

    ㉣ 하층 작업관리를 위한 기술로서 고안되었다.

    ㉤ 조직과 개인을 궁극적으로 조화관계로 인식한다.

    ㉥ 정치·행정이원론(공·사행정일원론)의 입장이다.

    ㉦ 인간행동의 피동성을 전제로 한다.

    ㉧ 동기부여의 외재성을 중시한다.

    ㉨ 인간을 수단화한다.

② 차이점

과학적 관리론	인간관계론
기계적 능률관	사회적 능률관
기계적, 기술적, 합리적, 경제적 모형	사회체제모형
합리적 경제인관	사회적 인간관
공식적 구조 중심	비공식구조, 소집단 중심
경제적 유인	사회심리적 유인
하향적 의사전달	상향적·하향적 의사전달
여건조성으로 자동적 균형	적극적 개입전략으로 균형

Section 4 행태론적 접근법

(1) 의의

  이념·제도·구조가 아닌 인간적 요인에 초점을 두는, 인간행태의 과학적·체계적 연구방법을 말한다. H.A. Simon의 「행정행태론」이 대표적이며 다양한 인간행태를 객관적으로 수집하고 경험적 검증을 거친 후 인간행태의 규칙성을 규명하고 이에 따라 종합적인 관리를 추구한다.

<hr>

문. 행정학의 주요 이론과 그에 대한 비판이 바르게 연결되지 않은 것은?

▶ 2014. 3. 22 사회복지직

① 공공선택론 – 인간을 이기적이고 합리적인 존재로 가정한 것은 지나친 단순화이다.

② 거버넌스론 – 내재화된 변수가 많고 변수 간의 유기적 관계를 강조하기 때문에 모형화가 어렵다.

③ 신제도론 – 제도와 행위 사이의 정확한 인과관계를 설명하는 데 한계가 있다.

④ 과학적 관리론 – 인간을 지나치게 사회심리적이고 감정적인 존재로 인식한다.

            ☞ ④

(2) 내용

① **논리적 실증주의** … 과학적 방법과 경험주의적 방법에 입각하여 행정현상을 사실명제와 가치명제로 구분하고 행정학은 경험적으로 검증 가능한 사실문제만을 연구대상으로 할 것을 주장한다.

② **새정치 · 행정이원론** … 행정을 목적을 설정 · 집행하는 의사결정과정의 연속체로 보고 권위, 갈등, 의사전달 등을 중시한다.

③ **객관화와 계량화** … 개념의 조작적 정의를 통해 객관적인 측정방법을 사용하며, 자료를 계량적 방법에 의해 분석한다.

④ **과학성** … 사회현상도 엄밀한 과학적 연구가 가능하다.

⑤ **인간행태의 규칙성** … 행태의 규칙성 · 상관성 및 인과성을 경험적으로 입증하고 설명할 수 있다고 본다.

⑥ **방법론적 개인주의** … 집단의 고유한 특성을 인정하지 않고, 연구의 기초단위가 인간의 개인적인 가시적 행태가 된다.

⑦ **종합과학적 성격** … 종합과학적 성격을 강조하고 행정문화를 중시한다.

(3) 평가

① **공헌**
  ㉠ 행정연구에 광범위하게 적용되어 행정의 과학화에 기여하였다.
  ㉡ 인간행태를 연구하는 사회학, 사회심리학, 행정학 등 사회과학분야에 영향을 미쳤다.

② **비판**
  ㉠ 연구방법이나 기술의 신뢰성 확보에 지나치게 치중하여 연구대상과 범위를 지나치게 제약하고 있다.
  ㉡ 정책결정은 가치선택의 문제임을 간과하고, 가치판단을 배제하여 결과적으로 현상유지적인 보수주의적 행정에 빠지게 되었다.
  ㉢ 사회심리학적 접근방법을 적용하여 조직과 환경과의 작용을 무시했다.
  ㉣ 개도국이나 신생국에 적용하기 곤란한 보편화의 문제점 등이 있다.

Section 5 생태론적 접근법

(1) 의의

① **개념** … 행정을 일종의 유기체로 파악하여 행정체제와 환경 간의 상호작용관계에 연구의 초점을 둔다. 행정체제의 개방성을 강조하고, 환경에 대한 행정의 종속변수적 측면을 강조한 거시적 접근법이다.

문. F. Heady가 각국 행정을 비교하기 위해 제시한 접근방법 중 관료제적 모형을 적용하기 가장 적합한 접근방법은?
▶ 2005. 4. 3 경기도

① 구조기능론적 접근
② 중범위이론적 접근
③ 일반체제 접근
④ 개인가치 중심의 접근

☞ ②

② 대두배경(1940년대 후반~1950년대 초) ··· 전통적 행정연구방법은 제도중심의 기술적 연구방법으로서 실제적인 행정현실과 괴리가 있었고, 선진국의 제도는 신생국에 기대한 성과를 거두지 못하고 역기능이 심화되었다.

(2) 내용

① Gaus의 생태론

　㉠ 행정에 영향을 미치는 환경적 요인 : 주민, 장소, 물리적 기술, 사회적 기술, 욕구와 이념, 재난, 지도자의 인품이 행정에 영향을 미치는 요인이라 하였다.

　㉡ 평가

　　• 행정의 외부적 요소를 고려한 폭넓은 시도라는 점에 의의가 있다.

　　• 내부적인 관리적 · 기술적인 국면에 주의를 기울이지 않은 한계가 있다.

　　• 미국에 국한된 지역학문적 성격이 강하다.

② Riggs의 생태론

　㉠ 농업사회와 산업사회모형

구분	농업사회	산업사회
정치적 요인	• 정치권력의 근거는 천명 • 형식상 권력은 작으나 실제 개인 권력은 큼	• 정치권력의 근거는 국민 • 형식상 권력은 크나 실제 행사되는 권력은 미약
사회적 요인	• 배타성 강한 혈연적 집단구조 • 폐쇄적	• 실적 중심의 2차적 집단 중심 • 개방적
경제적 요인	• 자급자족적 경제체제 • 질서 유지 · 징세에만 관여하는 소극적 행정	• 시장경제 중심의 상호의존적 경제체제 • 적극적 · 최대의 행정
이념적 요인	• 육감이나 직관에 의한 인식 • 지식의 단순성	• 경험에 의한 인식 • 지식의 다양성
의사전달	• 의사소통의 미약 • 하의상달의 제약 • 동화성 · 유동성이 낮음	• 의사전달의 원활 • 하의상달 · 수평적 전달 원활 • 동화성 · 유동성이 높음

　㉡ 프리즘적 사회의 특징 : Riggs는 이후 사회이원론을 수정 · 보완하여 농업사회와 산업사회의 중간 영역에 프리즘적 사회를 설정하고 이를 통해 신생국의 사회를 설명하였다.

　　• 고도의 이질성 : 전통적 요인과 현대적 · 분화적 특징이 고도로 혼합되어 있는 현상이 뚜렷하고 현대적인 도시 · 행정 장치와 역할이 미분화된 족장 · 원로 등에 의하여 지배되는 촌락과 혼재하면서 기형적 행정현상이 일어나고 있다.

- 기능 및 행태의 중복 : 분화되지 않은 기능과 분화된 기능이 공존·중첩되고 있으며 공존·양립되기 어려운 공식적·합리적 행정행태와 비공식적·비합리적 행정행태가 중복되고 있다.
- 다분파주의와 파벌도당 : 씨족적·종파적·지역적 연대에 의하여 결속되는 공동체의 존재로 말미암아 대립·투쟁이 심한 다분파 작용이 만연되고 있고 이러한 영향으로 겉으로는 현대적인 조직·결사이지만 파벌도당의 성격을 띠고 있다.
- 연고우선주의 : 가족관계·친족관계 등의 작용에 의한 관직임용방식이 널리 답습되고 있다.
- 형식주의 : 공식적 행동규범과 실제 적용 사이에 불일치현상이 나타나고 있다.
- 다규범주의 : 현대적 규범과 전통적 규범·관습이 충돌하여 의견일치가 잘 이루어지지 않으며, 상황에 따라 적용되는 규범의 성격에도 차이가 심하다.
- 가격의 불확정성 : 상품교환수단으로서 가격메커니즘이 사용되고 있으나 전통사회의 보답성·의리성이 잔재하여 가격이 불확정성·신축성을 띠고 있다.
- 가치의 응집현상 : 사회가치·권력가치가 통합되어 소수엘리트가 이를 독점하는 현상이 현저하다.
- 양초점성 : 관료의 권한이 법제상으로는 상당히 제약되고 있으나 현실적으로는 큰 영향력을 행사하는 이중적 특징을 가지고 있다.
- 권한과 통제의 불균형 : 권력구조는 고도로 집권화되어 있는 데 반하여 통제는 분산되어 있다.
- 상·하향적 누수체제와 전략적 지출 : 관료는 세출예산을 횡령하고 세입 중 일부는 국고에 들어가지 않으며, 따라서 상납과 위로금 전달 등 불법적 지출이 있게 된다.
- 신분·계약관계의 혼합 : 공식적·형식적으로는 계약이 법적 권리의무관계의 기초이나 현실적으로 개인적 신분·사회적 지위 등 신분적 질서가 강하게 작용한다.
- 의존증후군 : 권력자가 생산에 공헌도는 낮으면서 권력을 이용하여 생산자로부터 재화를 수탈하여 이들의 노력에 의존하는 현상이 뚜렷이 나타나고 있다.
- 정부기구와 관직의 증대 : 근대화의 포부와 복지에 대한 열망에 의하여 촉진되는 정부기구의 확대와 관직의 증대현상이 현저하게 나타나고 있다.
- 총체적 불안정 : 정치·경제·사회·문화적 불안정을 보이고 있다.

✎ F.W. Riggs의 사회삼원론

구분	농업사회(융합사회)	프리즘적 사회	산업사회(분화사회)
사회구조	농업사회	전이 · 과도 · 굴절사회	산업사회
관료제 모형	안방모형	사랑방 모형	사무실 모형
특징	이원론의 농업사회와 동일	고도의 이질성 · 다분파성, 형식주의, 가격의 부정가성 등	이원론의 산업사회와 동일

(3) 생태론의 평가

① 공헌

  ㉠ 개방체제적 연구 : 행정체제를 개방체제로 파악하여 문화적 · 환경적 요인과의 상호관련성 속에서 행정을 고찰함으로써 행정행태의 특징을 보다 더 생생하게 파악할 수 있게 하였다.

  ㉡ 비교행정의 방향제시 : 행정을 보편적 이론으로 보지 않고 정치 · 경제 · 사회 · 문화적 조건에 따라 특수성이 다르게 나타나는 것으로 보게 되어 비교행정의 기초가 되었고, 중범위이론의 구축에 자극을 주어 행정학의 과학화에 기여하였으며, 학제적 교류를 촉진시켰다.

  ㉢ 종합과학적 연구를 촉진 : 제도에 치중했던 전통적 방법론 대신 행정의 종합적 연구를 촉진시켰다.

② 비판

  ㉠ 정태적 균형이론 : 근본적으로 구조 – 기능적 분석에 입각한 정태적 균형관계를 유지하는 체계로서 보았을 뿐 동태적 관계로 보지 않았으므로 사회의 역동적인 변화를 설명할 수 없다.

  ㉡ 결정론적 견해 : 행정체제를 사회체제에 종속된 하위체제에 불과하다고 본다.

  ㉢ 신생국 발전의 비관 : 행정의 운명론적인 환경과의 순환적 인간관계에 따라 매우 비관적 · 패배주의적인 입장을 취한다.

  ㉣ 독립변수적 인간의 역할 무시 : 문화의 역사를 창조하는 인간의 독립변수적 역할을 무시하고 있다.

6 체제론적 접근법

(1) 의의

① **체제(system)의 개념** … 복수의 구성요소가 상호 의존작용관계 속에서 질서와 통일성을 유지하면서 환경과 끊임없이 영향을 주고받는 집합체 내지 실체를 의미한다.

② **체제론적 접근방법**(Parsons, Bertalanffy, Scott, Etzioni) … 행정현상을 하나의 유기체로 보아 행정을 둘러싸고 있는 다른 환경적 제요소와의 관련 속에서 행정현상을 연구하려는 개방체제적 접근법이다.

(2) 체제의 특징과 기능

① **특징**
  ㉠ **전체성** : 각 구성요소와 환경과 구분되는 하나의 집합체로서 전체성을 지녀야 한다.
  ㉡ **경계의 존재** : 각 하위체제는 다른 하위체제와 구별되는 경계를 가지며 전체 체제는 그 상위체제인 환경과 구별되는 경계를 지닌다.
  ㉢ **계층성** : 모든 체제는 하위체제를 가지며 계층적인 성격을 띤다.
  ㉣ **등종국성·상호관련성** : 전체체제와 하위체제는 각기 그들의 목표달성을 위한 자원·정보·에너지 등을 가지며, 각각은 전체 체제의 공통된 목표달성을 지향하여 기능적으로 연결되어 작용해야 한다.
  ㉤ **동적 항상성** : 체제는 균형을 유지하고자 하는 속성을 지닌다.
  ㉥ **개방체제와 폐쇄체제** : 체제는 환경과 상호작용을 하는 개방체제와 그렇지 않은 폐쇄체제가 있다.
  ㉦ **투입 – 전환 – 산출 – 환류** : 사회체제는 투입 – 전환 – 산출 – 환류의 기능적 구조를 가진다.
  ㉧ **부정적 엔트로피** : 사회체제는 소멸을 극복할 수 있으므로 반영구적으로 존속이 가능하다.
  ㉨ **환류기능** : 동태적 균형을 유지하기 위해서는 환류기능·환류작용장치를 가지고 있어야 한다.
  ㉩ **순기능·역기능 보유** : 체제는 목표달성에 기여하는 순기능과 상반되는 역기능을 보유한다.
  ㉪ **분화 경향** : 사회적 체제는 점점 분화·특수화되어가는 경향이 있다.

② **기능**(T. Parsons의 AGIL 기능)
  ㉠ **적응기능**(Adaptation) : 환경의 변동에 적응하기 위한 기능으로 인적·물적 자원의 조달, 국민의 요구에 대한 반응, 사회적 지지와 정당성의 획득 등이 이에 해당된다.
  ㉡ **목표달성기능**(Goal Attainment) : 행정체제가 달성하고자 하는 목표를 설정하고 이를 구체화하는 기능이다.

   ⓒ **통합기능**(Integration) : 각 하위체제의 노력·활동을 원활하게 조직화하고 상호 조정하는 기능으로서 행정지도·기획조정·행정질서의 유지·제재 등이 이에 해당된다.

   ⓔ **체제유지기능**(Latent Pattern Maintenance) : 잠재적 형상유지 및 긴장관리기능이라고도 하며 교육·문화 등과 같이 세대를 계승하면서 창조와 재생산을 가능케 하는 기능이다.

(3) 행정체제(Sharkansky)

① **환경**(Environment) … 행정체제의 외부환경으로, 정치적·사회적·문화적 현상을 포괄하며 고객, 수혜자, 압력단체 등으로 구성된다.

② **투입**(Input) … 환경으로부터 행정체제의 전환과정에 전달되는 것을 의미하며 이러한 투입으로서는 국민의 요구·이해·지지·반대·무관심, 정부부문·입법부·사법부의 요청·판단·지시·법규 등의 형태로 제기되는 요구 등이 있다.

③ **전환**(Conversion) … 투입물을 산출물로 변형시켜 가는 과정으로서 공식구조나 정책결정절차, 행정인의 개인적 성향·경험과 가치관의 갈등 및 이러한 현상을 조정하고 해결하는 과정에서 이루어진다.

④ **산출**(Output) … 행정활동의 결과를 환경으로 보내는 것으로서 공공 재화·서비스, 법령·정책·계획, 사회구성원에 대한 행동규제 등이 있다.

⑤ **환류**(Feedback) … 투입에 대한 산출의 결과가 다음 단계의 환경요소에 연결되는 과정, 즉 산출의 결과가 다시 투입과정에 미치는 영향을 말하며 행정책임문제, 행정평가제도, 행정통제, 행정개혁 등을 통해 이루어진다.

(4) 체제론적 접근법의 유형

① **일반체제이론** … 복잡하고 역동적인 현상을 이해할 수 있는 거시적이고 종합적인 틀을 발전시키며, 다양하고 전문화된 여러 영역의 지식을 통합시키는 기초를 마련한다.

② **체제철학적 접근방법** … 문제해결에 체계적인 사고를 할 수 있도록 체제적 사고능력을 개발시켜 주는 접근방법으로, 개방체제나 체제의 규모가 크고 비합리적 규범이 작용하는 인간중심조직에 적합하다.

③ **체제관리** … 조직을 하나의 체제로 보고 상위체제나 하위체제와의 상호작용이나 투입에 대한 산출관계를 규명한다.

④ **체제분석적 접근방법** … 문제해결이나 효과적인 의사결정을 위한 과학적 의사결정방식으로 계량적 기법을 통해 체제운영의 효율성을 높이려 한다. 따라서 폐쇄체제이거나 규모가 작고 합리적 규범이 지배하는 기계중심조직에 적합하다.

(5) 체제론의 평가

① 공헌
- ㉠ 다양성을 띤 여러 행정체제나 행정단위의 비교분석을 위한 일반이론의 정립이 가능하다.
- ㉡ 체제 간의 기능적인 관계규명에는 규범적인 것이 배제되므로 행정이론의 과학화에 기여한다.
- ㉢ 거시적 분석하에 구성요소 간의 상호 의존작용관계를 밝혀준다.
- ㉣ 문제해결과 의사결정의 합리화에 기여한다.

② 한계
- ㉠ 균형이론에 치중한 결과, 정태적·현상유지적 성격 때문에 사회의 변동을 설명하기 곤란하며 사회개혁 및 발전지향성이 미약하여 발전도상국의 경우에는 부적합하다.
- ㉡ 사회과학적 지식의 종합으로 체제론의 본질적 독자성이 희석되고 있다.
- ㉢ 전환과정에 대한 구체적 설명이 부족하다.
- ㉣ 독립변수로서의 개인을 과소평가하기 쉽다.
- ㉤ 제도적·구조적 접근방법에 비해 관찰과 연구의 실제적 가능성에 문제가 있다.

Section 7 비교행정

(1) 비교행정의 의의

각국의 행정의 특수성을 형성하는 역사적·정치적·사회적 조건을 규명하고, 행정에 영향을 미치는 환경의 변동상황을 비교하여, 일반적으로 적용될 수 있는 행정이론을 검증·확장하기 위한 일련의 체계적·과학적 행정연구를 의미한다. 구조·기능적 분석에 입각하여 사회의 분화정도에 따라 융합사회, 분화사회로 나누고 그 중간단계로 프리즘적 사회를 제시하였다.

(2) 발달요인

① **신생국 원조의 성과 미흡** … 제2차 세계대전 종전 이후 후진국 및 신생국에 대한 미국의 대외원조정책이 강화되었으나 실패로 돌아가고 이에 대한 반성이 제기되었다.

② **행정학의 과학화 필요성과 전통적 방법론에 대한 비판** … 전통적 행정이론은 일부 선진국에만 적용되는 특수지역적 학문에 불과하다는 인식을 갖게 되어 세계 여러 나라에 보편타당하게 적용될 수 있는 행정이론의 과학화를 추구하게 되었다.

③ **영향** … 제2차 세계대전 이후 비교정치론은 종래의 제도중심적 접근방법에서 기능 중심으로, 일부 서구선진국 중심에서 신생국·후진국에도 많은 비중을 두는 연구경향을 갖게 되었으며 이러한 연구경향은 비교행정론에 큰 영향을 미쳤다.

(3) 비교행정의 접근방법

① **Riggs의 분류** … Riggs는 비교행정의 접근방법 경향이 종래의 규범적 접근방법에서 경험적 접근방법으로, 개별적 접근방법에서 일반법칙적 접근방법으로, 비생태적 접근방법에서 생태적 접근방법으로 전환하고 있다고 지적했다(생태론적 접근방법 참조).

② **Heady의 분류**
　㉠ **수정된 전통적 접근방법** : 주로 조직이나 제도에 중점을 두어 비교론적으로 서술하는 데 그친다.
　㉡ **발전지향적 접근방법**(Weidner, Esman) : 비교행정의 연구모형이 사회적 변화를 충분히 고려하지 않고 있으며, 지나치게 추상적·포괄적이라고 비판하고 발전행정을 별도의 연구대상으로 할 것을 주장했다.
　㉢ **일반체제 접근방법** : 특정한 부문의 행정을 하나의 체제로 간주하여 이에 영향을 미치는 인사행정, 재무행정, 지방행정 등은 물론 환경적 요인 등을 고려하여 행정의 모든 측면을 연구하려는 방법이다.
　㉣ **중범위이론모형** : 일반체제이론이 지나치게 포괄적인 까닭에 실증적인 자료에 의한 뒷받침이 어려우므로 연구대상 및 범위를 좁혀 집중적으로 연구하는 것이 효과적이라는 관점에서 제기된 방법이다.

(4) 평가

① **공헌**
　㉠ 후진국 및 신생국의 행정행태를 개방체제적 관점에서 고찰하여 행정행태의 특성형성에 관련되는 사회·문화적 환경요인을 규명했다.
　㉡ 일반체제모형의 정립으로 비교행정론의 발전에 크게 기여했다.
　㉢ 행정의 종합과학적 연구를 촉진시켰다.
　㉣ 발전행정론의 대두에 교량 역할을 했다.

② **비판**
　㉠ 정태적 균형이론으로 사회의 변동과 발전을 충분히 다루지 못했고 발전적 엘리트 기능의 파악이 불충분하다.
　㉡ 환경을 지나치게 강조하여 신생국의 발전과 근대화에 비관적이다.
　㉢ 정신적·인간적 요인을 과소평가한다.
　㉣ 서구적 편견·준거기준에만 의존하고 있으며 프리즘적 행태의 부정적 측면만 지나치게 강조했다.

발전행정

(1) 의의

① **개념** … Weidner, Esman, Diamant, Eisenstadt 등이 주장한 이론으로 국가발전사업의 관리에 선도적 역할수행을 통해 신속한 국가발전을 이루기 위해서 행정을 질적 변동과 양적 성장을 내포하는 가치지향적·인위적·의도적·동태적인 방향으로 발전시키는 것을 말한다.

② **발달배경**
　㉠ 정태적인 비교행정론이 처방성이 부족하다고 비판을 받게 되자 1960년대에는 실용적인 목표지향적이고 규범적인 행정이론이 모색되었다.
　㉡ 포드 재단, 하와이대학 부설 동서문화센터, 비교행정연구회 등의 활동이 발전행정의 발달에 크게 기여했다.

③ **특징**
　㉠ 행정 우위의 새정치·행정일원론의 입장이다.
　㉡ 행정의 과학성보다 기술성과 처방성을 강조하고 이를 위해 체제분석과 정책분석을 활용한다.
　㉢ 독립변수로서 미래지향적이고 쇄신적인 발전인을 중시한다.
　㉣ 목표지향적 이론으로 효과성과 기획기능을 중시한다.
　㉤ 문제해결을 위해 계획적으로 사회변동을 유도, 관리, 촉진한다.
　㉥ 기관형성을 중시하고 쇄신적 관료제를 강조한다.
　㉦ 하의상달적 의사소통과 리더십을 중시한다.
　㉧ 심사분석과 환류기능을 중시한다.

(2) 접근방법

① **행정체제적 접근방법**(행정체제 자체의 발전전략)
　㉠ **균형적 접근방법** : 발전은 행정전반에 걸쳐 동시에 이루어질 수 있도록 해야 한다고 본다.
　㉡ **불균형적 접근방법** : 행정의 중요한 국면부터 먼저 발전시킨 후, 이를 기반으로 전체적인 발전을 도모하는 것이 보다 현실적이라고 본다.

② **사회체제적 접근방법**(타 체제와의 전체적인 발전전략)
　㉠ **균형적 접근방법**(Riggs, Eisenstadt) : 전체 사회체제의 균형적 발전을 동시에 추진해야 한다고 본다.
　㉡ **불균형적 접근방법**(Esman, Weidner) : 행정체제와 기타 체제와의 상호의존적 관계를 도외시하는 것은 아니지만, 행정이 발전의 주도적 역할을 담당해야 한다고 본다.

문. 다음 신행정학(New Public Administration)에 대한 설명으로 옳지 않은 것은?
▶ 2011. 4. 9 행정안전부

① 왈도(Waldo), 마리니(Marini), 프레드릭슨(Frederickson) 등이 주도하였다.
② 기업식 정부운영을 주장하면서 신자유주의적 행정개혁에 앞장섰다.
③ 행태주의의 한계를 지적하면서 가치문제와 처방적 연구를 강조하였다.
④ 고객인 국민의 요구를 중시하는 행정을 강조하고 시민참여의 확대를 주장하였다.

☞ ②

문. 신행정학 운동과 관련된 내용으로 옳지 않은 것은?
▶ 2007. 7. 8 서울특별시

① 사회적 형평
② 전문직업주의
③ 정책지향적 행정학
④ 가치중립적 관리론 비판
⑤ 행정학의 실천적 성격과 적실성 회복

☞ ②

문. new public administration(신행정학)에서 중시했던 가치에 해당하지 않는 것은?
▶ 2008. 5. 24 상반기 지방직

① 정치적 중립성
② 조직의 인간화
③ 행정의 대응성
④ 사회적 형평성

☞ ①

(3) 비판

① **행정의 비대화** … 행정 주도의 국가발전으로 행정의 비대화와 독주를 초래할 우려가 많으며, 피동적 국민의 양산, 정치발전의 저해, 의회·정당·이익단체·비관료세력의 정책투입기능 약화, 독재정치의 강화 등을 야기할 수 있다.

② **서구적 편견** … 발전도상국의 발전모형과 전략을 모색함에 있어서 지나치게 서구적 편견에 사로잡혀 있다.

③ **공정성의 문제** … 관료의 자원·가치배분권의 공정성 확보에 어려움이 있으며 부정과 부조리를 초래할 우려가 많다.

④ **다양한 발전의 경로 봉쇄** … 행정주도의 발전전략은 결과적으로 다른 발전경로를 봉쇄하게 된다.

⑤ **과학성의 결여** … 가치판단을 지나치게 강조하고 있고 이론의 성격도 처방적·규범적이라 과학적 이론의 형성이 곤란하다.

비교행정과 발전행정의 비교

구분	비교행정	발전행정
행정이념	1950년대의 패러다임, 보편성, 일반성, 합법성, 민주성	1960년대의 패러다임, 특정성, 전문성, 합법성, 능률성, 민주성, 효과성, 생산성
합목적성	정태적, 일반법칙의 모색	동태적, 목표지향적
방법론적 가치관	기능주의, 체제의 특징을 중시	실용주의, 체제의 능력을 중시
변수로서의 행정	종속변수로서의 행정, 발전에 대한 비관주의	독립변수로서의 행정, 성장에 대한 낙관주의
이론의 성향	균형이론	변동이론, 불균형이론
분석지침	체제분석	체제분석 + 정책분석
사회변동과 행정	전이적 변화의 행정	계획된 변화의 행정
행정형태	지식·정보의 양만을 중시	쇄신, 성취지향성을 요구
행정학의 초점	과학성, 진단차원	기술성, 처방차원

Section 9 신행정론

(1) 의의

① **개념** … 기존의 전통적 행정이론이나 행태론 등의 보수성과 정태성에 대한 반발과 미국 후기산업사회의 현실을 배경으로 적절한 행정이론의 정립과 이론의 현실적 적용을 내용으로 하는 행정이론의 새로운 사조로서 후기행태주의, 정책과학, 공공선택이론, 현상학, 행위주의, 비판행정학 등과도 긴밀한 관계를 가지며 발전했다. 사회적 형평성·인본주의적 경향 등을 특징으로 한다.

포인트당 후기행태주의

　㉠ **의의** : 가치중립적인 과학적·실증적 연구보다 가치평가적인 정책연구를 지향하는 입장이며 정책과학(1970년대)의 발전에 견인차 역할을 했다.

　㉡ **대두** : 정치체계론자 D.Easton에 의해 행정학에 도입하여 행정의 정책지향성 또는 가치지향성, 실행과 적실성을 강조하고 정책과학, 현상학 등과 함께 신행정학의 중심이 되었으며, 그 후 비판행정학이나 담론이론 등 후기산업사회 행정이론의 계기가 되었다.

　㉢ **특징**
　　• 주의주의(主意主義), 주관주의 표방
　　• 지식과 기술을 급박한 사회적 문제 해결에 사용할 것을 주장
　　• 정치학자와 행정학자들이 공공정책이 취해야 할 기본방향에 의견제시 주장

② **발달배경**

　㉠ 1970년대 전후 미국의 사회적 혼란기를 극복하기 위해 나타났다.

　　• 정치적 상황 : 월남전 패전, 워터게이트 사건 발발
　　• 경제적 상황 : 풍요 속의 빈곤, 스태그플레이션
　　• 사회적 상황 : 인종 갈등, 신·구세대 갈등

　㉡ Johnson 대통령이 '위대한 사회 건설'이라는 슬로건과 큰 정부론을 제시하였다.

　㉢ 미노브룩회의 : 1968년 Syracuse 대학에서 Waldo 등 소장파 학자들에 의해 개최되어 새로운 행정학의 방향을 모색함으로써 신행정학의 기원이 되었다.

③ **특징**

　㉠ **사회적 평등 강조** : 탈계층제를 강조하였고, 가치판단적이며, 현실적합성을 추구하였다.

　㉡ **가치주의 중시** : 가치와 규범을 중시하고 인본주의를 추구하였다.

　㉢ **사회변화에 대한 대응성** : 현실적합성과 처방성을 중시하였다.

(2) 내용

① **주요 접근방법**

　㉠ **현상학적 접근방법**

　　• **개념** : 현상세계에 대한 개개인의 지각으로부터 야기되는 인간의 행동을 철학적·심리학적으로 연구하는 것으로 객관적인 경험·사실보다는 인간의 내면적인 의식·경험세계를 연구하는 분야이다.

　　• **특징** : 인간중심적 접근으로서 기술문명과 물질주의, 관료제화 등에 의하여 초래되는 인간소외의 본질에 관심을 가지며 실증주의적·계량주의적 방법을 비판하고, 의도가 결부된 의미있는 행동과 타인과의 사회적 상호작용을 중시해야 한다고 주장한다. 철학, 도덕 등도 엄격한 경험과학으로 재정립될 수 있다고 보며 상호인식작용을 중시한다.

문. 다음은 행정학의 접근방법 중 하나에 대한 설명이다. 다음 설명에 가장 가까운 접근방법은?
▶ 2008. 7. 20 서울특별시

• 각종 정치·행정제도의 진정한 성격과 그 제도가 형성되어온 특수한 방법을 인식하는 수단을 제공한다.
• 그 결과 이들 연구는 일종의 사례연구가 된다.
• 소위 발생론적 설명방식(genetic explanation)을 주로 사용하게 된다.

① 관리기능적 접근방법
② 행태론적 접근방법
③ 생태론적 접근방법
④ 법률적·제도론적 접근방법
⑤ 역사적 접근방법
☞ ⑤

문. 다음 중 현상학적 접근방법에 대한 설명으로 옳지 않은 것은?
▶ 2005. 6. 5 울산광역시

① 인간의 행동을 철학적, 심리학적으로 연구하는 것을 말한다.
② 인간의 주관적이고 내면적인 의식세계를 연구한다.
③ 행동이 아니라 행태를 관찰한다.
④ 개별문제 중심적인 연구에 치중한다.
⑤ 조직은 간주관적으로 공유된 의미의 집합으로, 행위자들의 의미있는 상호작용의 활동으로 구성된다는 것을 강조한다.
☞ ③

ⓛ 역사주의적 접근방법
- 개념 : 과거 특정 시점에서 행정체제의 발달을 이해하려고 노력하는 입장으로 법적 접근법과 어느 정도 유사하며 1960년대 이후 미국에서 강조되었다.
- 특징 : 인간존재의 순환론에 입각하여 과거를 이해하는 것을 현재의 문제를 능률적으로 해결하는 방법으로 제시한다.

② 주요 내용
㉠ 문제해결능력이 없는 가치중립적·현상유지적인 행태론과 실증주의를 비판했다.
㉡ 규범적·사회적 형평을 강조했다.
㉢ 대외적 효과성, 변화와 대응성을 강조했다.
㉣ 정책문제해결과 정책분석을 중시했다.
㉤ 행정의 독립변수역할과 적극적 행정인의 역할을 강조했다.
㉥ 수익자·고객 중심의 행정지향과 참여확대를 추구했다.
㉦ 사회적 적실성을 갖추기 위해 처방적·수익자지향적·목적지향적인 행정 연구방향을 제시했다.
㉧ 비계층적·탈관료제적인 협력체제를 모색했다.

(3) 평가

① 너무 급진적인 면을 내포하고 있다.
② 관료들의 가치지향적 행동을 지나치게 강조·의존하고 있으며 이로 인한 행정의 통일성·능률성의 저해와 관료의 과도한 권한확대가 우려된다.
③ 사회적 형평성의 구체적 기준이 불명확하며, 후진국과 신생국에의 적용과 참여의 확보 또한 곤란하다.
④ 비계층제적 조직의 모색은 현실적으로 불가능하다.
⑤ 행정인의 적극적이며 공정한 자세의 확보는 어렵다.
⑥ 시민, 특수이익과 행정목표, 공익과의 대립이 있는 경우에 해결이 곤란하다.

발전행정과 신행정론의 비교

구분	발전행정	신행정론
공통점	행정인의 적극적 역할중시, 정치·사회문제의 처방성 및 적절성 강조, 과학성 부족, 변화지향적, 행정일원론, 가치지향성, 효과성·효율성	
차이점	• 1960년대 개발도상국에 적용 • 공무원 위주의 행정성장 • 발전 위주 • 기관형성 중시	• 1970년대 선진국에 적용 • 참여 위주의 행정분배 • 윤리 위주 • 기관형성 비판

문. 현상학적 접근방법에 관한 설명으로 옳지 않은 것은?
▶ 2005. 3. 6 인천광역시
① 인간의 내면세계를 중시한다.
② 구조보다는 구조 안의 가치·행동을 중시하기 때문에 주관적 접근방법이라 할 수 있다.
③ 존재론적 입장에서 행정학은 유명론에 근거한다.
④ 합의적 규칙을 가장 좋은 결정규칙으로 보며, 개인적 책임을 강조한다.
⑤ 인간의 행동이 환경에 의해서 좌우된다고 본다.
☞ ⑤

문. 행정학의 접근방법 중 현상학적 접근방법에 관한 설명으로 옳지 않은 것은?
▶ 2009. 4. 11 행정안전부
① 행정현실을 이해하는 데 과학적 방법보다 해석학적 방법을 선호한다.
② 조직을 인간의 의도적인 행위에 의해 구성되는 가치함축적인 행위의 집합물로 이해한다.
③ 인간행위의 가치는 행위 자체보다 그 행위가 산출한 결과에 있다.
④ 조직 내외의 인간들은 자신 또는 다른 사람의 행위에 의미를 부여함으로써 조직을 설계한다.
☞ ③

반실증주의 철학

① **현상학**
  - ㉠ **의의**: 현상에 대한 개개인의 내면적인 의식으로부터 행태가 나오며, 외면적인 행태보다는 내면적인 의도가 연관된 '의미있는' 행태를 연구해야 한다는 접근방법이다.
  - ㉡ **특징**
    - 인본주의(인간중심적 접근법): 인간을 목표달성의 도구로 보지 않고 인간소외의 본질을 파악하려 했으며, 인간을 능동적이고 자발적인 자아로 간주하였다.
    - 행위(action) 중시: 의도가 결부된 '의미있는 행동(행위)'과 '타인과의 사회적 상호작용(사회성)'의 연구성을 강조하였다.
    - 철학적 연구방법: 철학, 도덕, 가치 등도 경험과학으로 재정립이 가능하다고 주장하였다.
    - 주관주의 및 간주관성: 주관적 내면세계나 자유로운 의사소통, 대면적 접촉에 의한 상호인식작용을 중시하였다.

② **비판행정학** … 인간의 자유를 구속하는 관료제, 법률 등을 규명하고 사회개선과 인간해방, 의미있는 인간생활의 조건을 규정하고 설계하려는 것이다.
  - ㉠ **인식론적 관점**: 도구적 이성이 아닌 비판적 이성을 강조한다.
  - ㉡ **특징**
    - 사회는 고립된 '부분'이 아니라 전체적인 '연관'이며 주관적 세계와 객관적 세계를 망라해야 한다.
    - 인간의 내면적인 '이성(reason)'을 중시한다.
    - 인간소외를 극복하려는 것이다.
    - 이성의 획일화·절대화·타율화를 부정하고 기존의 진리가 최고불변의 진리라는 고정관념을 배격하며 '비판적 이성'을 중시한다.
    - 왜곡 없는 자유로운 의사소통과 담론으로 참여배제, 인간소외, 권력과 정보의 비대칭성, 왜곡된 의사소통을 극복해야 한다고 주장한다.

③ **담론이론** … 행정을 시민들의 의견을 수렴하여 시민들의 의도를 반영하는 담론적 행위로 보는 주장이다.
  - ㉠ **이론적 기초**: 구성주의, 현상학, 해석학
  - ㉡ **이념적 기초**: 의사소통에 의한 행정의 민주성, 정당성, 대응성 확보

 Section **10**

공공선택이론

(1) 의의

① **의의** … 공공재와 공공서비스를 시장과 같이 시민 개개인이 선호를 표현하고 스스로 선택할 수 있도록 하여 공공재에 대한 선호를 어떻게 조정해야 바람직한 선택이 될 수 있는지를 연구하는 이론이다.

② **공공선택이론의 성립배경과 문제의식**
  - ㉠ 파레토 최적의 실현 및 공공부문의 시장경제화
  - ㉡ 계층구조의 한계
  - ㉢ 시민 개개인의 선호 중시

문. 다음 중 공공선택이론의 특징이 아닌 것은?

▶ 2005. 4. 16 강원도

① 방법론적 개인주의에 입각하여 개인을 분석의 기초단위로 삼는다.
② 정책결정에 참여하는 관료, 정치인은 자기이익의 극대화를 추구한다.
③ 자원의 효율적 배분이 이루어진다는 파레토 최적기준의 존재를 인정한다.
④ 행정기관의 효율성에 정책대안의 초점을 맞춘다.

☞ ④

포인트탑 공공선택이론의 기본가정과 특징

- ㉠ **방법론적 개체주의**: 개인들을 연구대상으로 하는 개체 중심의 방법론을 취한다.
- ㉡ **합리적인 이기주의자**: 모든 개인은 효용의 극대화전략에 의한 의사결정을 하며, 수단적·공식적 합리성을 추구한다.
- ㉢ **민주주의적 방법에 의한 집단적 결정 중시**: 소비자 중심의 민주적 행정패러다임에 의한 집합적인 정책결정을 중시한다(비용의 극소화, 동의의 극대화).
- ㉣ **재화와 용역의 공공성 및 정책의 파급효과 강조**: 공공재의 비배제성·공공성, 정책의 효과를 중시하며, 따라서 정책분석기능도 중시한다.
- ㉤ **제도적 정치 마련 강조**: 제도적 정치는 의사결정에 영향을 끼치게 되므로 공공재의 공급과 생산에 적절한 제도적 정치가 마련되어야 한다.

(2) 공공선택이론의 모형

① **뷰캐넌(Buchanan)과 털록(Tullock)의 비용극소화모형** … 정책결정에 있어 동의의 극대화를 위해 참여자를 증가시킬 경우 비용도 증가되므로 비용의 극소화와 동의의 극대화를 조화시켜 적정한 수의 참여자를 찾으려는 모형이다.

② **오스트롬(Ostrom) 부부의 모형**

- ㉠ 행정을 수행하는 개인(관료 포함)도 타인처럼 부패할 수 있다. 전문관료는 더 이상 윤리인으로서 최선의 공공재 공급자가 아니다.
- ㉡ 권한이 분산되지 않거나 다른 기관들 간에 견제와 통제가 이루어지지 않는다면 권력은 남용될 가능성이 커진다.
- ㉢ 행정은 정치영역이므로 공공서비스의 공급은 정책결정자에 의해 결정된다.
- ㉣ 다른 기관과의 조정은 계층체제 내의 제한된 명령권뿐만 아니라 상호이익, 경쟁, 판결 등에 의한 계약에 의해 이루어진다.
- ㉤ 계층적인 단일의 명령계통은 여러 환경에 의해 다양한 공공재나 공공서비스를 요구하는 주민들의 다양한 선호에 거대한 행정조직이 대응하지 못할 뿐만 아니라 능률성도 떨어진다.
- ㉥ 안정적인 정치적 질서의 유지를 위해서는 거부권을 가진 여러 기관에 권위가 배분되어야 하며, 복합적 명령관계와 다수기능을 내용으로 하는 중첩적·동태적 조직구조를 형성하여야 한다.

③ **다운즈(Downs)의 이론** … 정당에 물적·인적자원을 제공할 수 있는 기업 등을 위한 정책 수립은 결과적으로 일반 국민들의 이익에 반하게 되는 정책들로 정책실패가 발생된다는 것이다.

④ **니스카넨(Niskanen)의 관료예산극대화가설** … 관료의 이익을 극대화하기 위하여 예산을 극대화하는 형태를 보이는데, 그 결과 정부의 산출물은 적정생산수준보다 2배의 과잉생산이 이루어진다고 주장한다.

문. 공공선택론(public choice theory)의 접근방법에 관한 설명으로 옳지 않은 것은?

▶ 2008. 5. 24 상반기 지방직

① 방법론적 개인주의에 입각하고 있으며, 인간은 철저하게 자기 이익을 추구한다고 가정한다.

② 인간은 모든 대안들에 대하여 등급을 매길 수 있는 합리적인 존재라고 가정한다.

③ 정당 및 관료는 공공재의 소비자이고, 시민 및 이익집단은 공공재의 생산자로 가정한다.

④ 뷰캐넌(J. Buchanan)과 털력(G. Tullock)이 대표적인 학자이다.

답 ③

⑤ **투표정치모형** … 공공서비스를 선택함에 있어 투표방식을 통해서는 최선의 사회적 선택이 이루어질 수 없다는 '정부실패'현상을 설명하는 이론이다.

   ㉠ **K.J. Arrow의 불가능성정리** : 투표행위가 그 역설적 현상으로 인해 바람직한 사회적 선택을 확보해 주지 못하다는 이론이다.

   ㉡ **중위투표자정리**(median voter Theorem) : 양대 정당체제하에서 시민의 선호가 서로 다른 다수의 대안적 사업(정책)이 존재할 때 두 정당은 집권에 필요한 과반수의 득표를 얻기 위해 극단적인 사업보다는 주민의 중간수준의 선호사업에 맞춘 정책을 제시하게 된다.

   ㉢ **투표의 교환**(Logrolling) : 담합에 의해 자신의 선호와는 상관 없는 대안에 투표하는 집단적 의사결정행태이다.

   ㉣ **티보가설**(Tievout Hypothesis) : 공공재의 적정공급은 국민의 선호와 관계없이 정치적 과정을 통하여 공급될 수밖에 없다는 이론이다.

(4) 공공선택론의 유용성과 한계

① 유용성

   ㉠ 시민들의 다양한 요구와 선호에 민감하게 응할 수 있는 제도적 장치 마련의 계기가 되었다.

   ㉡ 관할구역을 배타적으로 설정하지 않고 다중관료장치에 의해 지역이기주의나 외부효과문제에 대응할 수 있는 가능성을 제시하였다.

② 한계

   ㉠ **시장실패 우려** : 경제학적 가정의 편협성과 시장논리에 의한 경제적 동기만을 중시하여 시장실패의 논란이 제기되고 있다.

   ㉡ **국가역할에 대한 보수적 견해** : 국가의 역할을 경시하고 정부기능이나 역할의 억제, 자유의 극대화만을 중시한다.

   ㉢ **현실적합성의 부족** : 공공선택론에 기초를 둔 해결책도 현실적합성이 높지 않다는 비판이 제기된다.

Section 11 **신제도론적 접근법**

(1) 의의

① 제도와 인간의 행태 사이의 동태적인 관계를 설명하는 새로운 제도이론이다.

② 제도는 인간이 창조한 종족변수인 동시에 인간의 행동을 구속하는 독립변수이다.

구제도론과 신제도론

구분	구제도론	신제도론
개념	공식적인 법령	공유하고 있는 규범
형성	외생적 요인에 의해 일방적으로 결정	제도와 행위자 사이의 상호작용으로 형성
특성	공식적 · 구체적 · 정태적	비공식적 · 상징적 · 도덕적 · 문화적 · 동태적
접근법	거시주의	거시와 미시의 연계

(2) 유파

① **사회학적 신제도주의(문화적 신제도주의)**

  ㉠ 의의
  - 제도의 범위를 가장 넓게 정의한다. 제도를 공식적 규칙이나 절차, 규범뿐 아니라 '문화'라는 차원으로 이해한다.
  - 조직과 환경과의 관계를 중시하는 '조직이론'을 토대로 하며, 형이상학적 신비주의나 현상학, 민속학, 인지심리학 등에 기초를 두고 있다.

  ㉡ 특징
  - 제도의 비공식적 측면과 인지적 측면을 중시한다.
  - 제도의 변화를 제도적 동형화의 과정으로 파악한다.
  - 구조적 동질화의 과정을 증명하기 위해 해석학 및 귀납적 방법론을 사용한다.

  ㉢ 한계
  - 조직 간 제도의 차이점 설명이 곤란하다.
  - 제도적 압력에 대한 조직의 다양한 전략적 대응을 무시한다.
  - 권력관계와 갈등을 무시한다.
  - 제도화의 이유로서 기술적 능률성을 무시한다.

② **합리적 신제도주의**

  ㉠ 의의
  - 행위자들은 일반적으로 자신의 고정된 선호의 집합을 지니고 있고, 개인은 이러한 선호를 극대화하기 위한 수단으로 전략적 · 계산적 행동을 취한다고 가정한다.
  - 공공선택이론, 주인 – 대리이론, 거래비용경제학, 공유재이론 등이 이에 속한다.

  ㉡ 특징
  - 집단행동의 딜레마를 해결하기 위한 장치로서 제도를 인식한다.
  - 개인의 선호체계는 주어진 것으로 가정한다.
  - 행위자의 전략적 행위와 안정적 균형을 중시한다.
  - 개인의 전략적 선택의 결과로서의 제도를 중시한다.

문. 신제도주의에 대한 설명으로 옳은 것은?

▶ 2015. 3. 14 사회복지직

① 비공식적인 제도나 규범도 넓은 의미에서 '제도'로 규정한다.
② 행태주의적 접근방법을 지지한다.
③ 역사적 신제도주의는 분석수준 면에서 방법론적 개체주의의 입장을 취한다.
④ 사회학적 신제도주의는 다양한 요인들이 결합되는 역사적 우연성과 맥락을 중시한다.

☞ ①

ⓒ 한계
- 행위자의 선호 형성에 대한 설명이 없다.
- 제도의 동태적이고 비공식적인 측면을 소홀히 한다.
- 이론의 실제 적용과 현실에 대한 설명이 미흡하다.

③ 역사적 신제도주의
ⓐ 의의
- 제도를 '장기간에 걸친 인간행동의 정형화된 유형' 또는 '정치체제나 경제체제의 구조에 내포된 공식·비공식적 절차, 규칙, 규범, 판례' 등으로 본다.
- 인류의 보편적 제도는 없으며 국가가 제도형성의 주체라는 입장으로 정치적 신제도주의라고도 한다.

ⓑ 특징
- 독립변수와 종속변수로서의 제도 인식
- 정치적 영역의 상대적 자율성의 중시
- 정책연구에서의 역사와 맥락에 대한 강조
- 권력관계의 불균형과 정책
- 역사발전의 비효율성, 제도의 지속성과 경로의존성

ⓒ 한계
- 사화과학의 연구결과의 축적과 이에 기반 한 체계화·일반화된 이론의 발달을 기대하기 어렵다.
- 제도와 행위 간의 정확한 인간관계를 제시하지 못한다.
- 제도의 변화보다 제도의 지속성에 대한 설명에 치중하였다.

신제도론의 유파별 비교

구분	사회학적 신제도주의	합리적 신제도주의	역사적 신제도주의
개념	개인의 행위를 제약하는 의미구조, 상징, 인지적·도덕적 기초, 사회문화	개인들의 전략적 상호작용에 의하여 제도가 구조화	동일 목적의 제도가 나라마다 다르게 형성되는 역사적 특징
범위	제도 자체를 분석	개인의 거래행위 분석	국가, 정치체제 = 제도
선호	제한, 내생적(사회적 제약이 개인선호를 결정)	고정, 외생적(사회적 제약을 받지 않음)	내생적(집단의 선호를 결정하는 '정치체제'가 개인선호를 재형성)
접근법	귀납적(경험적, 현상학)	연역적, 방법론적 개체주의	귀납적(사례연구, 비교연구)

(3) 공유재이론

① 의의 … 경제적 생산활동의 결과는 경제활동과 사회를 지배하는 규칙에 크게 달려 있다고 보고 행위규칙을 중시하였다.

② 신제도론의 적용 … 시장실패의 요인을 막으려면 국가가 관여하던지, 이해당사자의 합의를 통해 행위규칙을 형성해야 한다.

Section 12 신공공관리론(New Public Management)

(1) 의의

① 개념 … 종래의 권력적 행정작용에서 벗어나 주민에게 효율적으로 공공서비스를 제공하는 작지만 강하고 효율적인 정부로 가기 위한 행정개혁의 시도로 볼 수 있다.

② 등장배경

　㉠ 역사적 배경 : 정보화사회에서 계층제 중심의 체제는 비효율적이었으며, 사회복지정책의 후퇴, 정부규모의 비대화 비판 등 정부에 대한 불신이 심화되면서 작은 정부를 지향하게 되었다.

　㉡ 이론적 배경 : 신관리주의, 신자유주의, 공공선택이론, 신제도론 등에 이론적 기반을 둔다.

포인트업 신보수주의 · 신자유주의 · 제3의길

구분	신보수주의	신자유주의	제3의길
시기	1960년대	1990년대	1990년대 중반이후
강조점	감축관리	총체적 행정개혁	공동체정신

(2) 주요 내용

① 신공공관리론의 패러다임 … 거버넌스(국정경영)를 중시하고 분권화와 민영화, 시장화 등에 의하여 정부와 국민을 동반자적 관계로 보고 국민의 복지증진, 질서유지를 위한 방향키의 역할을 정부의 주된 임무로 인식한다.

　㉠ 시장주의 : 공공서비스의 생산에서 공공적인 결정과 집행에 의존하지 않고 가격에 따라 움직이는 시장의 원리에 의존하려는 것이다. 정부의 관여없이 중요한 경제문제를 해결한다는 의미에서 신공공관리론을 신자유주의적 관리라고 부르기도 한다.

　㉡ 신관리주의 : 인사 · 예산 등 내부통제의 완화를 통해 일선관료에게 재량권과 책임을 부여하여 성과향상을 꾀하자는 것으로 경영의 부분을 도입한 것이다. 가장 좁은 의미의 신공공관리론이다.

문. 신공공관리론의 특징으로 옳지 않은 것은?

▶2009. 4.11 행정안전부

① 효율적 감시와 통제를 위하여 측정 가능한 성과목표와 기준을 제시하고 이의 달성을 중시한다.

② 관리자들에게 자율적 권한을 부여하여 혁신과 창의를 고취시키고 책임을 완화시킨다.

③ 집행적 성격의 사업기능은 전문적 책임운영기관으로 분리 · 이관시키고 정부는 조정역할 및 정책능력을 강화한다.

④ 납세자가 제공하는 돈(세금)의 가치를 높이기 위하여 공공부문 내 내부공급에 대하여 가격책정을 하기도 한다.

답 ②

문. 신공공관리론에 대한 다음 설명 중 가장 옳은 것은?

▶ 2015. 6. 13 서울특별시

① 신공공관리론은 정부의 역할(steering)을 시장에 맡겨야 한다는 이론이다.

② 신공공관리론의 고객중심 논리는 국민을 능동적인 존재로 만들 수 있다.

③ 신공공관리론은 행정 효율성을 향상시키기 위해 기업가적 재량권을 선호하므로 공공책임성의 문제를 야기할 수 있다.

④ 신공공관리론은 수익자부담 원칙 강화, 경쟁 원리 강화, 민영화 확대, 규제 강화 등을 제시한다.

답 ③

② **특징**

　　㉠ **정부기능의 감축 및 공공부문의 시장화** : 계약에 의한 민간위탁, 공기업화 등에 의한 감축관리를 한다.

　　㉡ **정부와 민간의 공동생산체제 확대** : 개인도 공동생산자로서 인식한다.

　　㉢ **행정조직을 비롯한 인사 · 재정의 신축성 · 탄력성 추구** : 조직의 재구축, 기술 및 과정의 재설계, Re-Orientation 등 조직의 분권화 및 책임운영기관을 도입한다.

　　㉣ **개방형 임용제** : 경력직 공무원을 축소하고 유능한 인재를 계약제에 의하여 임용한다.

　　㉤ **절차 · 과정보다 결과 · 성과에 중점** : 목표의 명확화, 결과달성을 위한 명확한 책임 할당, 목표치의 설정, 적절한 인센티브 제공, 성과의 측정 및 보고, 필요한 사후관리 및 조치 등을 중시한다.

　　㉥ **고위관리자의 개인적 책임 · 역할 강조** : 조직과 관리자에게 권한을 부여함으로써 혁신과 창의성을 고취시킨다.

　　㉦ 성과급을 도입하고 근무성적평정제도를 강화한다.

　　㉧ **기업형 정부 구현** : 벤치마킹 등을 통한 국내 · 외 기업의 우수한 경영방식 등을 수용함으로써 행정에 경영마인드를 도입하여 정부의 생산성을 극대화한다.

　　㉨ **총체적 품질관리(TQM) 등에 의한 고객지향적 행정관리** : 소비자 주권의 행정을 구현하기 위해 종래 효과성 등의 행정이념이 지배하던 양의 개념 대신 고객에 대한 행정서비스의 질의 제고에 초점을 둔다.

　　㉩ **예산회계규정의 완화** : 절약예산의 이월 허용, 총액예산제도 도입, 발생주의 회계제도 도입 등 예산회계 규정을 완화한다.

　　㉪ **정부규제의 개혁** : 규제의 비용과 효과를 면밀히 검토하여 규제 이외의 다른 대안을 탐색한다.

(3) 방법

① **TQM(총체적 품질관리)** … 고객만족을 목표로 서비스의 질을 향상시키기 위하여 전 생산공정과정에서의 하자여부를 총체적으로 재검토하는 기법으로 조직전체의 책임이 강조되고 팀워크가 중시되며 전체적 입장에서 투입과 과정의 계속적인 개선을 모색하는 장기적 · 전략적인 품질관리를 위한 원칙 또는 관리철학이다.

② **Downsizing** … 정부의 비대 · 비효율에 대응한 정부인력 · 기구 · 기능의 감축을 의미하고 일선으로의 권한위임이나 업무의 분산처리방법을 강조한다.

③ **Benchmarking System** … 국내외 우수한 기업이나 조직의 성공사례를 그대로 모방하여 유사한 조직이나 기업에 적용시킴으로써 불확실성을 감소시키고 성공확률을 높이는 경영방식이다. 각국에서는 사행정의 이러한 관리기법을 공행정에 도입하여 적극활용하고 있다.

문. 행정서비스헌장에 대한 설명으로 가장 적절한 것은?
▶ 2005. 10. 16 서울특별시

① 공공서비스 공급의 경쟁화를 통한 서비스 질 향상을 목적으로 한다.
② 공공서비스의 내용, 수준, 제공방법 불이행시 조치와 보상을 명문화하고 있다.
③ 국민의 행정서비스 이용 시간대를 확대하고자 하는 노력이다.
④ 책임운영기관에서 주로 작성되고 있다.
⑤ 정보통신기술을 활용한 고객지향적 서비스 제공방법 중 하나이다.

☞ ①

문. 총체적 품질관리(TQM)에 대한 설명으로 옳지 않은 것은?
▶ 2003. 5. 11 행정자치부

① 사실자료에 기초를 두나 과학적인 품질관리기업과는 거리가 멀다.
② 고객이 품질을 주도하도록 한다.
③ 지속적으로 이루어지는 개혁이다.
④ 조직의 분권화를 강조하며, 계획과 문제해결에 있어 집단적 노력도 중시한다.

☞ ①

④ Restructuring … 유형·무형의 사회간접자본을 재구축하자는 것으로, 경영관리상태를 개선하기 위해 조직의 사업구조나 업무재구축 등의 과감한 조처를 통해 관리향상을 모색하는 의도적·체계적인 관리기법이다.

⑤ Reengineering … 재공정이라고도 하는데 조직의 업무과정을 근본적으로 재설계하는 것을 말한다. 즉, 점진적 개선보다는 극적인 업무성과의 향상을 도모하기 위하여 업무프로세스(process)를 기본적으로 처음부터 재공정하여 현재의 조직구조나 절차를 버리고 근본적인 재설계를 하는 관리기법이다.

⑥ Reorientaion … 자유경제의 시장원리와 성과지향적 경제원칙을 수용해서 '보호보다는 경쟁, 규제보다는 자유'를 지향하는 새로운 관리목표의 재설정을 의미한다.

⑦ Outsourcing … 외주화 또는 민간위탁이라고도 말하며 정부행정기관이 행정서비스를 제공함에 있어서 민간공급자의 경쟁을 통한 상업적인 계약에 의해 행정업무를 대신 수행하도록 하는 방식이다.

⑧ 시장성 검정(market testing) … 공공부문 내의 기존 사업들을 전반적으로 검토하여 폐기하는 것으로 전략적 외부위탁, 시장성평가, 민영화, 내부구조조정 등을 판단하는 기능검토과정이다.

⑨ 시민헌장제도(Citizen's Charter) … 공공서비스의 기준과 내용, 제공절차와 방법, 잘못된 서비스의 시정 및 보상 등을 구체적으로 정하여 이를 시민의 권리로 공표하고 실현을 국민에게 약속하는 것이다.

(4) 한계

① 공공서비스의 공급을 정부기관 밖에서 하면 심각한 윤리적·관리적 책임문제가 제기될 수 있다.

② 계층 간의 형평성이 약화될 수 있다.

③ 성과의 측정이 어렵다.

④ 정부와 관료제에 대한 계속적 비판은 공무원의 사기저하를 부르고 공직에 대한 불신을 초래한다.

⑤ 공공부문과 민간부문의 환경 간의 근본적 차이를 도외시하고 있다.

Section 13 신공공서비스론(New Public Service)

(1) 등장

① 신공공관리론의 지나친 시장 지향성과 고객 의존성에 대한 한계 인식

문. 신공공서비스론(New Public Service)에 대한 설명으로 적절하지 않은 것은?
▶ 2012. 5. 12 상반기 지방직

① 민주주의이론, 비판이론, 포스트모더니즘 등이 인식론적 토대이다.
② 공익은 공유하고 있는 가치에 대하여 대화와 담론을 통해 얻은 결과물이다.
③ 시장의 가격 메커니즘과 경쟁의 원리를 적극적으로 도입한다.
④ 내외적으로 공유된 리더십을 갖는 협동적인 구조가 바람직하다.

☞ ③

② 대의민주주의의 실패를 극복하는 대안으로서의 신공공관리론의 한계를 인식하고, 대리인체제 극복을 위해 시민의 직접참여를 유도, 국정수행방식을 개혁하려는 입장

(2) 의의

① 개념
- ㉠ 행정과정에서 시민참여를 바탕으로 한 대화, 담론 등을 통해 행정업무 수행을 주장
- ㉡ 국가의 주인인 시민의 권리를 회복시키고 지역공동체 의식의 복원을 강조

② 배경
- ㉠ 이론적 배경: 지역공동체와 시민사회모델, 시민 재창조론, New Govermance 등
- ㉡ 현실적 배경: 기존 관료제에 대한 거부와 신공공관리론의 공공성 및 형평성 손상 문제 등

(3) 내용

① 행정의 역할 … 행정은 정책과정에서 여러 이익집단들의 협상을 촉진, 중재하는 역할을 한다.
② 행정의 방식 … 전략적 사고와 민주적 행동
③ 시민 … 봉사의 대상으로 신뢰와 협동의 관계
④ 관료 … 조직인간주의를 바탕으로 서민정신과 민주담론을 촉발시키는 역할

(4) 평가

① 긍정적 측면
- ㉠ 민주주의의 규범적 모델 제시 → 능률성 위주의 개혁에 대한 근거 제공
- ㉡ 공무원이 지녀야 할 규범적 방향 제시
- ㉢ 합의, 담론, 공론 등 민주행정의 모습을 제시

② 부정적 측면
- ㉠ 구체적 대안 부족
- ㉡ 시민 참여의 불평등성
- ㉢ 참여를 위한 비용적 측면

 Section 14

국정관리(Governance)

(1) 의의

종래의 일방적 통치가 아니라 분권화 · 민영화 · 시장화 등에 의해 정부와 국민을 동반자적 관계로 보고 국민의 복지, 질서유지를 정부의 주된 임무로 인식하는 것이다.

문. 다음 중에서 신공공관리론(NPM)의 오류에 대한 반작용으로 대두된 신공공서비스론(NPS)에서 주장하는 원칙에 해당하는 것은?
▶ 2013. 9. 7 서울특별시

① 지출보다는 수익 창출
② 노젓기보다는 방향잡기
③ 서비스 제공보다 권한 부여
④ 고객이 아닌 시민에 대한 봉사
⑤ 시장기구를 통한 변화 촉진

☞ ④

문. 신공공서비스론의 기본원칙에 대한 설명으로 옳지 않은 것은?
▶ 2015. 3. 14 사회복지직

① 관료역할의 중요성은 시민들로 하여금 그들의 공유된 가치를 표명하고 그것을 충족시킬 수 있도록 도와주는 데 있다.
② 관료들은 시장에만 주의를 기울여서는 안 되며 헌법과 법령, 지역사회의 가치, 시민의 이익에도 관심을 기울여야 한다.
③ 예산지출 위주의 정부 운영 방식에서 탈피하여 수입 확보의 개념을 활성화하는 것이 필요하다.
④ 공공의 욕구를 충족시키기 위한 정책은 집합적 노력과 협력적 과정을 통해 효과적으로 달성될 수 있다.

☞ ③

(2) 전통적 관료제와 국정관리의 비교

전통적 관료제(Bureancracy)	국정관리(Governance)
노젓기(rowing) 역할	방향키(steering) 역할
직접 봉사(service)	장려와 촉진(empowering)
서비스의 독점적 공급	경쟁 도입
규칙중심관리	임무중심관리
관료중심	고객중심
집권적 계층제	참여와 협의
투입중심 예산	성과지향적 예산
지출지향	수익창출
사후 처방	예측과 예방
행정메커니즘	시장메커니즘

(3) 국정관리의 주요 모형(Peters)

① **시장지향모형** … 정부의 '독점성'을 문제삼아 공공부문에서도 시장운영기법이 동일하게 적용될 수 있다고 보고 공공부문의 시장화를 지향하며 저비용과 고효율을 목표로 한다.

② **참여정부모형** … 대내외 구성원들의 광범위한 참여를 중시하는 모형이다.

③ **유연한 정부(연성정부)모형** … 조직구조, 인력관리, 예산관리 등에 있어 탈항구성과 유연성, 융통성을 추구한다(정규직의 축소, 성과중심의 예산 등).

④ **탈규제적 정부모형** … 정부에 대한 통제(내부규제)를 축소하여 공무원의 자율성과 창의력을 제고시키려는 것이다.

Section 15 신국정관리론(New-Governance)

(1) 의의

① **개념** … 국정관리 이후의 개념으로 서비스연계망을 관리하는 정부의 활동을 의미한다.

② **구성요소**
  ㉠ 정부 및 비정부조직에 의한 다양한 공공서비스의 제공
  ㉡ 신뢰를 기반으로 하는 상호작용
  ㉢ 네트워크(연계망)에 의한 공공서비스 공급을 담당

(2) 공동체이론

① **이슈공동체(Issue Network)** … 공통의 기술적 전문성을 가진 다양한 참여자들을 묶는 지식공유집단이며, 경계가 정해져 있지 않은 광범위한 정책연계망이다.

② **정책공동체**(Policy Community) ··· 대립하는 신념과 가치를 가진 전문가들이 특정분야의 정책에 관심을 가지는 가상적 공동체이다.

③ **인식공동체**(Epistemic Community) ··· 특정 분야의 정책문제에 대한 전문성과 지식을 가진 것으로 인정되는 전문직업인의 연계망이다.

신공공관리론과 신국정관리론의 비교

구분	신공공관리론	신국정관리론
인식론적 기초	신자유주의	공동체주의
관리기구	시장	연계망
관리가치	결과	신뢰
정부역할	방향잡기	방향잡기
관료역할	공공기업가	조정자
작동원리	경쟁(시장메커니즘)	협력체제
서비스	민영화, 민간위탁	공동공급(시민기업 참여)
관리방식	고객지향	임무중심
분석수준	조직 내	조직 간

문. 신공공관리론과 뉴 거버넌스론에 대한 설명으로 옳은 것은?

▶ 2013. 8. 24 제1회 지방직

① 신공공관리론에서 관료의 역할은 조정자이며, 뉴 거버넌스론에서 관료의 역할은 공공기업가이다.

② 신공공관리론과 뉴 거버넌스론에서는 정부의 역할로서 노젓기(rowing)보다는 방향잡기(steering)를 강조한다.

③ 신공공관리론과 뉴 거버넌스론에서는 산출(output)보다는 투입(input)에 대한 통제를 강조한다.

④ 신공공관리론에서는 부문 간 협력에, 뉴 거버넌스론에서는 부문 간 경쟁에 역점을 둔다.

답 ②

03

행정학의 발달

1 정부의 역할에 대한 입장을 바르게 설명하는 것만 모두 고른 것은?

> ㉠ 진보주의 정부관에 따르면, 정부에 대한 불신이 강하고 정부실패를 우려한다.
> ㉡ 공공선택론의 입장은 정부를 공공재의 생산자로 규정하고, 대규모 관료제에 의한 행정의 효율성을 높이는 것이 중요하다고 본다.
> ㉢ 보수주의 정부관은 자유방임적 자본주의를 옹호한다.
> ㉣ 신공공서비스론 입장에 따르면, 정부의 역할은 시민들로 하여금 공유된 가치를 창출하고 충족시킬 수 있도록 봉사하는 데 있다.
> ㉤ 행정국가 시대에는 최대의 봉사가 최선의 정부로 받아들여졌다.

① ㉠㉡㉢　　　　　　　　　　② ㉡㉢㉣
③ ㉢㉣㉤　　　　　　　　　　④ ㉠㉣㉤

🔦**Advice**　㉠ 진보주의 정부관이 아닌 보수주의 정부관에 대한 설명이다.
　　　　　㉡ 공공선택론의 입장은 정부를 공공재의 생산자로 규정하고 있으며 대규모 관료제에 의한 행정보다 관료제를 타파하고 관할권의 중첩 및 다양한 의사결정단위의 잠재적 거부권 행사가 행정의 효율성을 증진시킨다고 본다.

2 신공공관리와 뉴거버넌스의 특징 중 가장 유사성이 높은 것은?

① 관리기구　　　　　　　　　　② 정부역할
③ 관료역할　　　　　　　　　　④ 서비스

🔦**Advice**　신공공관리론과 뉴거버넌스

구분	신공공관리론	뉴거버넌스
인식론적 기초	신자유주의	공동체주의
관리기구	시장	연계망
관리가치	결과	신뢰
정부역할	방향잡기	방향잡기
관료역할	공공기업자	조정자
작동원리	경쟁(시장메커니즘)	협력체제
서비스	민영화, 민간위탁	공동공급(시민기업 참여)
관리방식	고객지향	임무중심
분석수준	조직 내	조직 간

Answer　1.③　2.②

3 신제도주의 행정학에 대한 설명으로 가장 거리가 먼 것은?

① 합리선택적 제도주의는 제도의 발생을 거래비용개념으로 설명한다.
② 사회문화적 제도주의는 인류의 보편적 제도를 강조한다.
③ 정부활동의 성과에 영향을 미치는 제도적 장치를 규명한다.
④ P. Hall은 신제도주의를 역사적 · 합리선택적 · 사회문화적 제도주의로 구분한다.

♥Advice　신제도주의
　㉠ **합리적 제도주의** : 거래비용의 최소화가 제도발생의 원인이라고 본다.
　㉡ **역사적 제도주의** : 개별국가의 역사적 맥락이나 경로의존성에 의한 특수한 제도 형성을 강조한다.
　㉢ **사회문화적 제도주의** : 현상학이나 민속방법론, 인지심리학에 기초하여 특정사회의 문화적 제약을 제도
　　로 인식하므로 모든 상황에 적용되는 인류의 보편적 제도를 추구할 수 없게 된다. 제도가 특정사회로
　　부터 정당성을 인정받는 것이 내부적인 기술적 합리성보다 더 중요하다.

4 다음 중 정부에 대한 이해를 달리하는 제도는?

① 공립학교의 운영　　　　　　　② 성과연계예산
③ 법규중심의 통제　　　　　　　④ 계층제 조직

♥Advice　② 성과연계예산은 신공공관리론에 입각한 기업형 정부에 대한 특징이며 나머지는 전통적 정부모형의 특징에
　해당한다.
　※ 전통적 정부모형과 기업형 정부의 특징

전통적 정부	기업형 정부
노젓기(rowing)	방향키(steering) 역할 : 촉진적 정부
직접 해줌(service)	권한 부여(empowering) : 지역사회가 주도하는 정부
독점 공급	경쟁 도입 : 경쟁적 정부
규칙중심 관리	임무중심 관리 : 임무지향 정부
투입중심	성과중심 : 결과지향 정부
관료중심	고객중심 : 고객지향 정부
지출지향(지출절감)	수익창출 : 기업가 정신 가진정부
사후치료	예측과 예방 : 미래에 대비하는정부
집권적 계층제(명령과 통제)	참여와 팀워크(협의와 네트워크 형성) : 분권화된 정부
행정 메커니즘	시장 메커니즘 : 시장 지향적 정부

5 진보주의 정부관을 설명하고 있는 내용 중 가장 적절한 것은?

① 적극적 자유 강조　　　　　　　② 합리적 · 경제적 인간관
③ 낙태금지를 위한 정부규제 찬성　④ 기회의 평등 강조

 진보주의와 보수주의

구분	진보주의	보수주의
인간관	욕구, 협동, 오류의 가능성 인정	합리적 · 경제적 인간관
평등	결과적 평등 강조(정부개입 인정)	기회의 평등과 경제적 자유 강조
자유	적극적 자유	소극적 자유
시장 – 정부평가	자유시장의 효율성 신뢰 정부 불신	발전에 대한 자유시장의 잠재력 인정 정부개입에 의한 시장실패 치유
선호정책	경제적 규제 완화 시장 지향 조세 감면	소외집단을 위한 정책 공익 목적의 정부 규제 조세제도를 통한 부의 재분배

6 다음 중 신행정론에 대한 설명으로 옳지 않은 것은?

① 가치중립적이며 효율성을 강조하는 이론을 비판한다.

② 행정의 책임성과 능동적인 대처를 강조한다.

③ 고객에 대한 관심과 서비스를 강조한다.

④ 시민의 참여와 사회적 형평성 등을 추구하는 실증주의적 연구방법을 사용한다.

💡Advice ④ 실증주의 행태론의 특징이다. 신행정론은 가치중립적 · 현상유지적 · 보수적인 행태론이나 논리적 실증주의를
비판하고, 개선방향으로 규범주의를 지향한다.
※ **신행정론의 특징**
㉠ 적극적 행정인의 중요성
㉡ 수익자 지향성과 참여의 확대
㉢ 사회적 형평성 > 효과성 > 능률성(3E)
㉣ 고객지향적 행정과 고객의 참여
㉤ 중립성의 지양과 행정책임의 강화
㉥ 합의에 의한 의사결정
㉦ 반계층제적 입장과 새로운 조직론 모색
㉧ 현상학적 접근법의 중시
㉨ 탈행태론, 후기행태론, 제2세대 행태론, 가치지향적

7 미국행정학의 발달배경에 대한 설명으로 옳지 않은 것은?

① 행정기능의 확대　　　　② 해밀턴주의

③ 엽관주의의 도입　　　　④ 과학적 관리론

💡Advice ③ 엽관제의 폐해를 극복하고자 공무원제도의 개혁운동이 전개되었고, 1883년에는 실적주의에 입각한 인사제
도를 확립하게 된 펜들턴법이 제정되었다.

3.② 4.② 5.① 6.④ 7.③

8 다음 중 TQM에 대한 설명으로 옳지 않은 것은?

① 고객지향적 성격을 띠고 있다.
② 직원들에게 권한이 부여되어야 한다.
③ 형평성 증진이 목표이다.
④ 최고관리자의 리더십과 지지가 필요하다.

💡 Advice TQM(총체적 품질관리) … 고객만족을 목표로 서비스의 질을 향상시키기 위하여 전 생산공정과정에서의 하자 여부를 총체적으로 재검토하는 기법으로, 조직전체의 책임이 강조되고 팀워크가 중시되며 전체적 입장에서 투입과 과정의 계속적인 개선을 모색하는 장기적·전략적인 품질관리를 위한 원칙 또는 관리철학이다.

9 행정에 사기업의 효율성을 접목시켜 시장기제의 과감한 도입을 강조한 이론은?

① 행정행태론
② 발전행정론
③ 공공선택이론
④ 신관리주의

💡 Advice **신관리주의** … 인사·예산 등 내부통제의 완화를 통해 일선관료에게 재량권과 책임을 부여하여 성과향상을 꾀하자는 것으로 가장 좁은 의미의 신공공관리론이다.

10 과학적 관리론과 인간관계론에 대한 비교 설명으로 옳지 않은 것은?

① 과학적 관리론은 폐쇄체제적 관점을 인간관계론은 개방체제적 관점을 갖는다.
② 과학적 관리론과 인간관계론 모두 생산성과 능률성의 향상을 궁극적 목적으로 한다.
③ 과학적 관리론과 인간관계론은 상호보완적 관계라고 할 수 있다.
④ 과학적 관리론과 인간관계론 모두 정치·행정이원론의 입장을 취한다.

💡 Advice ① 과학적 관리론과 인간관계론 모두 외부환경적 요인을 무시하는 폐쇄체제적 관점을 갖는다.

11 다음은 행정학의 여러 이론들이다. 시대순으로 옳게 연결한 것은?

㉠ 통치기능설	㉡ 행정관리설
㉢ 신행정론	㉣ 행정행태론
㉤ 신공공관리론	㉥ 발전행정론

① ㉠ - ㉣ - ㉡ - ㉢ - ㉥ - ㉤
② ㉠ - ㉣ - ㉡ - ㉥ - ㉢ - ㉤
③ ㉡ - ㉣ - ㉠ - ㉥ - ㉢ - ㉤
④ ㉡ - ㉠ - ㉣ - ㉥ - ㉢ - ㉤

💡 Advice 행정관리설(1880) → 통치기능설(1930 ~ 1940) → 행정행태론(1940) → 발전행정론(1960) → 신행정론(1970) → 신공공관리론(1980)

12 '인간의 행위는 합목적적이고 의도적이라고 설명하는 하몬(M.M. Harmon)의 행위이론과 가장 부합하는 접근방법은?

① 체제론적 접근방법

② 역사적 접근방법

③ 현상학적 접근방법

④ 기능적 접근방법

　Advice　③ 현상학이란 현상세계에 대한 개인의 지각으로부터 행태가 나타난다는 것으로, 이는 E. Husserl이 정립하였고 Harmon 등이 행정학에 도입하였다.

13 다음 중 리그스가 제시한 일반체제모형에서 프리즘사회의 특징으로 옳지 않은 것은?

① 현대적 요인의 집중

② 분화와 미분화의 존재

③ 연고우선주의

④ 가격의 불확정성

　Advice　① 프리즘사회는 전통적 요인과 현대적 요인이 공존하는 이질혼합성을 나타낸다.

※ F.W. Riggs의 사회삼원론

구분	농업사회(융합사회)	프리즘적 사회	산업사회(분화사회)
사회구조	농업사회	전이 · 과도 · 굴절사회	산업사회
관료제 모형	안방 모형	사랑방 모형	사무실 모형
특징	이원론의 농업사회와 동일	고도의 이질성 · 다분파성, 형식주의, 가격의 부정가성 등	이원론의 산업사회와 동일

14 다음 설명 중 행태론적 접근방법과 가장 관계가 없는 것은?

① 행정의 실체는 제도나 법률이다.

② 가치중립성을 지킨다.

③ 연구의 초점은 행정인의 형태이다.

④ 사회현상도 자연과학과 같이 과학적 연구가 가능하다.

　Advice　**행태론적 접근방법** … 이념 · 제도 · 구조가 아닌 인간적 요인에 초점을 두는, 인간행태의 과학적 · 체계적 연구방법을 말한다. H.A. Simon의 「행정행태론」이 대표적이며, 다양한 인간행태를 객관적으로 수집하고 경험적 검증을 거친 후 인간행태의 규칙성을 규명하고 이에 따라 종합적인 관리를 추구한다.

Answer　8.③　9.④　10.①　11.④　12.③　13.①　14.①

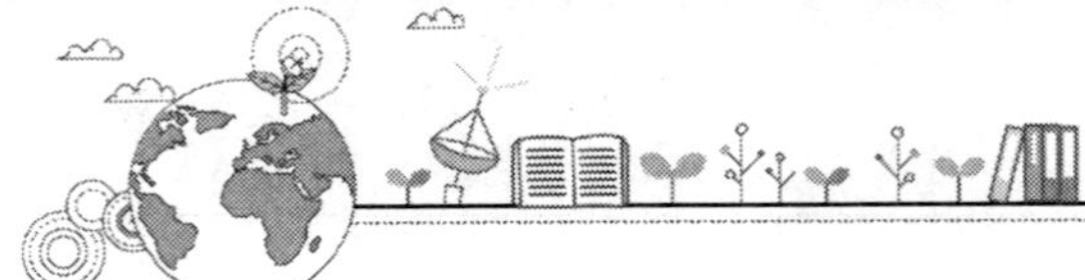

15 다음 중 개방체제의 특징에 해당하지 않는 것은?

① 엔트로피(Entropy)　　　　　　　　② 동적 균형 유지

③ 항상성　　　　　　　　　　　　　④ 투입 · 전환 · 산출과정

🔮Advice　① 엔트로피(Entropy)란 모든 폐쇄체제 내에서는 에너지 손실이 발생하고 에너지를 획득할 수 없으므로 결국
　　　　　그 체제는 소멸해 버린다는 법칙으로 개방체제는 부정적 엔트로피이다.
　　　　※ 개방체제의 특징
　　　　　㉠ '환경→투입→전환→산출→환류'라는 역동적 과정
　　　　　㉡ 안정상태, 동적 항상성 유지
　　　　　㉢ 정보투입 · 제어피드백(진로에서 이탈 방지) · 부호화 과정(투입의 수용은 선택적으로 이루어짐)
　　　　　㉣ 통합과 조정
　　　　　㉤ 분화(동질적인 것을 이질화)
　　　　　㉥ 정보처리 메카니즘
　　　　　㉦ 등종국성

16 행정체제 중 투입에 대한 내용으로 옳지 않은 것은?

① 행정평가제도　　　　　　　　　　② 국민의 요구

③ 행정인의 행동에 대한 무관심　　　④ 자원

🔮Advice　① 환류의 대표적인 예이다.

17 발전은 행정전반에 걸쳐 동시에 이루어질 수 있도록 해야 한다는 입장으로, 인사 · 재무 · 기획 · 조직관리
등이 상호 연관되어 합리화됨으로써 발전이 이루어질 수 있다고 보는 발전행정의 접근방법은?

① 사회체제적 접근방법　　　　　　　② 사회규범적 접근방법

③ 행정체제적 접근방법　　　　　　　④ 조직관리적 접근방법

🔮Advice　발전행정론에 있어서 행정체제적 접근방법은 행정의 모든 부분이 골고루 발전해야만 국가발전이 가능하다는 입
　　　　　장이다.

18 Gaus가 생태론에서 제시한 행정에 영향을 미치는 환경요인으로 옳지 않은 것은?

① 주민　　　　　　　　　　　　　　② 장소

③ 재난　　　　　　　　　　　　　　④ 의사소통

🔮Advice　가우스(J.M. Gaus)는 「행정에 관한 고찰」의 '통치에 생태'에서 정부기능은 환경과의 유기적 상호관계를 고려하
　　　　　면서 분석되어야 한다는 생태학적 접근법을 시도하였다. 그는 행정에 영향을 미치는 환경적 요인으로서 '국민
　　　　　(주민), 장소, 물리적 기술(과학기술), 인물의 개성, 사회적 기술, 욕구와 관념(희망과 사고능력), 재난'을 제시
　　　　　하였다.

19 행정학의 생태론적 접근을 한 리그스 이론에서 프리즘적 사회의 관료제 모형은?

① 안방 모형
② 사랑방 모형
③ 시장 모형
④ 사무실 모형

♀Advice 리그스의 발전도상국 행정체제에 대한 '프리즘적 사랑방 모형'은 비교행정연구의 대표적인 성과이다.

20 T. Parsons가 체제론적 접근방법에서 제시한 행정체제의 기능으로 옳지 않은 것은?

① 적응기능
② 목표달성기능
③ 통합기능
④ 통제기능

♀Advice Parsons은 체제론적 접근방법에서 행정체제의 기능으로 적응, 목표달성, 통합, 체제유지의 4가지를 제시하였다.

Answer
15.① 16.① 17.③ 18.④ 19.② 20.④

04 행정의 가치

Section 1 행정이념

(1) 의의

행정이 지향하는 최고가치, 이상적인 미래상 또는 행정철학, 행정의 지도정신, 나아가 공무원의 행동지침 및 방향을 의미한다. 행정이 추구하는 가치는 행정활동에서 직면하게 되는 의사결정과정에서의 합리적인 가치판단기준으로서 작용한다. 행정이념은 그 우선순위를 엄격히 구별할 수 있는 것이 아니라 상호보완적이고 상대적인 성격을 띠고 있으며, 역사적·정치적·상황적 요인에 따라 평가기준이 달라진다.

(2) 주요 내용

① 합법성(Legality)

　㉠ 의의 : 주관적 자의성을 배제한 법률에 의한 행정행위의 원리를 의미하며 행정과정의 법률 적합성이라고도 할 수 있다. 행정의 안정성과 계속성을 확보하며, 자의적인 권력의 행사로부터 시민의 자유와 권리를 최대한 보장해 준다는 데 그 의의가 있다.

　㉡ 한계 : 오늘날 행정의 전문성·기술성·기동성 등으로 행정인의 재량권이 증대되는 과정에 있기 때문에 엄격한 의미에 있어서의 합법성의 달성은 매우 곤란해졌을 뿐 아니라, 발전적 역할이 강조됨에 따라 합목적성에 의한 법의 신축적 운용 및 해석이 요청되고 있어 합법성의 비중이 저하되고 있다.

② 능률성(Efficiency) … 최소의 투입으로 최대의 산출을 추구하는 가치로서 과학적 관리론이 행정에 도입되면서 강조되기 시작했다.

　㉠ 기계적 능률성

　　• 의의 : 과학적 관리론과 행정관리설 등에서 행정의 최고 이념으로 제시된 가치로서, 행정의 투입과 산출의 계량적 비율을 의미한다.

　　• 한계 : 목적보다 수단을 중시하고 능률지상주의를 강조하여 인간의 수단화 현상을 초래하며, 행정활동은 계량적 측정이 곤란하고, 행정목표의 다원적인 성격 등으로 인해 공공행정의 적용에는 한계가 있다.

ⓛ 사회적 능률성

- 의의 : 사회목적의 실현, 인간존엄성의 구현 등 사회적 유용성의 차원에서 능률이 인식되는 것을 의미한다. 즉, 대외적으로 사회의 목적과 발전에 기여하고 사회의 기대수준에 부응하며, 대내적으로는 인간의 가치를 실현하는 이념으로서 Dimock에 의해 제시되었고 기계적 능률관에 대한 반성을 촉구했다.
- 한계 : 행정이 지향하는 모든 가치나 이념은 사회적 능률에만 국한시킬 수는 없고 계량적 측정이 곤란하므로 개념의 유용성·실용성에 제약이 따르며, 복합적 요소를 포괄하여 이론적 정밀성이 결여된다는 한계점을 가지고 있다.

③ 민주성(Democracy)

ㄱ 의의 : 국민의 의사와 요구를 수용하여 정책을 결정·집행하고, 행정이 국민의 통제를 받고 국민에 대하여 책임을 지며, 행정인이 민주적 가치관을 확립하고 행정과정의 민주화를 추구하는 과정에서 확보될 수 있다.

포인트탭 대외적·대내적 민주성
ㄱ 대외적 민주성 : 행정과정의 민주화를 통하여 국민의사가 우선 존중·반영되는 행정, 국민에 대하여 책임을 지는 국민을 위한 행정, 국민에의 최대 봉사 등
ㄴ 대내적 민주성 : 행정인의 능력발전, 자기실현욕구의 충족 등에 의한 인간관리의 민주화·인간화

ㄴ 행정의 민주성 확보방안

- 대외적 측면 : 제도, 환경, 행태 등의 제반여건을 민주성의 측면으로 개선하는 것으로서 책임행정의 구현, 행정통제의 확립, 행정윤리의 확립, 사전행정절차 등 시민참여의 확대, 공개행정의 구현, 관료제의 대표성 확보 등을 목표로 행정절차법에 따른 적정절차의 확립, 국민권익위원회의 효율적 운영, 정보공개법의 비공개영역의 축소, 독립인사위원회의 설립, 규제완화, 실적제 확립, 인사제도 개선, 지방자치의 활성화와 정치발전 등의 방안이 있다.
- 대내적 측면 : 공무원의 민주적 행정행태·가치관의 형성, 행정기구의 민주화, 행정체제의 분권화를 통한 참여와 하의상달의 촉진, Y이론적 인간관리, 자기실현욕구의 충족, 교육훈련 등을 통한 행정인의 능력발전, 민주적 리더십의 확립, MBO의 도입 등이 필요하다.

ㄷ 민주성과 능률성의 상호관계 : 양자는 모순되는 점이 있을 수 있으나 민주성은 목적가치로서 능률성은 수단가치로서 상호보완적인 관계이며 이는 민주적 능률성으로 구체화 될 수 있다.

④ 효과성(Effectiveness)

ㄱ 의의 : 행정목표의 달성도를 의미하며 발전행정론에서 중시된 개념으로 목표에 치중하여 그 달성도를 나타내는 계량적·질적 개념이다. 효율성과 함께 고려되며 능률성과 효과성을 포괄하는 생산성의 개념이 발달하였다.

문. 모든 국민의 복지증진을 통한 삶의 질 향상에 국정운영의 목표를 둘 경우, 이에 가장 부합되는 행정이념은?
▶ 2005. 6. 5 경상남도

① 합법성　　　② 효율성
③ 민주성　　　④ 효과성

☞ ③

문. 행정의 민주성 확보방안과 관계가 없는 것은?
▶ 2005. 10. 16 서울특별시

① 행정정보 공개
② 행정과정의 민주화
③ 행정통제 강화를 통한 책임성 확보
④ PPBS의 도입
⑤ 행정구제제도의 확립

☞ ④

문. 다음의 행정이념과 정부의 역할 및 방향에 관한 내용이 잘못 짝지어진 것은?
▶ 2005. 6. 5 부산광역시

① 민주성 – 외부통제를 강화하고 민관협동체제를 모색해야 한다.
② 생산성 – 국민의 요구나 사회의 환경변화에 대해 적절히 대응해 나가야 한다.
③ 효율성 – 정부는 사회문제를 능숙하게 해결할 수 있는 기술적 능력을 갖추어야 한다.
④ 공평성 – 정부는 서비스 배분과 비용부담을 위한 조세의 형평을 기해야 한다.

☞ ②

     ⓛ 효과성 증진방안 : 조직목표의 명확한 설정 및 주지, 목표달성방법의 구체적 제시, 목표에 의한 관리(MBO)의 도입, 상하 간의 갈등제거, 구성원의 발전적·쇄신적 태도의 확립, 환경변동 대응능력의 향상과 안정성의 조화방안 마련 등이 있다.

⑤ 생산성(Productivity)

     ㉠ 의의 : 효율성과 같은 맥락으로, 최소의 투입으로 최대의 산출을 기하되(능률성) 그 산출이 원래 설정한 목표 내지 만족기준에 대비하여 얼마나 바람직한 효과를 미쳤는가(효과성)를 나타내는 개념이다.

     ㉡ 생산성 제고방안

      • 인적 측면
      - 행정인이 자신의 능력을 최대한으로 발휘하도록 한다.
      - 인사권을 각 부처와 지방에 위임하고, 적극적 인사제도의 도입으로 유능하고 숙련된 인력을 흡수한다.
      - 교육훈련의 강화, 인사배치의 합리화 등에 의하여 인적자원의 능력을 개발한다.
      - 합리적 인사관리를 통해 생산성 향상의 동기를 부여한다.
      - 성과급제도의 부분별 도입을 통해 생산성 향상을 위한 자극유인을 제공해야 한다.

      • 관리적 측면
      - 행정전산화 등을 통해 업무처리절차를 개선한다.
      - 행정기술의 개선을 위한 새로운 경영기법을 도입한다.
      - 새로운 의사결정기법을 도입하고 정책정보시스템 구축하여 의사결정능력을 향상시킨다.
      - 감축관리방안의 모색, MBO, 질적 관리 등의 활용을 통해 관리방법을 개선한다.
      - 시설과 장비를 현대화한다.

      • 구조적 측면
      - 조직형태의 평면화, 애드호크라시구조의 활용 등을 통해 조직의 동태화를 추구한다.
      - 관리중심적인 관리체계를 고객지향적인 체제로 개편하고 결과중심의 관리체계를 도입한다.
      - 중복되고 불필요한 위원회 조직 등의 통폐합, 공공서비스 공급주체의 다원화 또는 민간위탁, 공기업의 민영화 등의 조직개편을 단행한다.

포인트팁 생산성 측정의 저해요인
    ㉠ 공공산출의 개별적 단위가 존재하지 않는다.
    ㉡ 정부활동의 다양성과 다목적성 때문에 생산성 측정이 어렵다.
    ㉢ 상호적 외부요인으로 인해 한 기관 자체의 생산성을 추출하여 측정하기 어렵다.

     ⓔ 공공부문에는 민간부문과 달리 명확한 생산함수가 없기 때문에 생산요소와 생산량과의 인과관계를 파악하기 곤란하다.

     ⓜ 적절한 자료와 정보의 입수가 용이하지 않아 생산성 지표의 질과 신뢰도가 떨어지게 된다.

⑥ **사회적 형평성(Social Equity)**

  ㄱ **의의** : 효과성(effectiveness), 효율성(efficiency)과 함께 신행정론의 3E로 일컬어지며 비용의 부담자와 효과의 향유자가 누구인가의 문제를 중점적으로 다루고 있다.

  ㄴ **이론적 기준**

- **사회정의론(J. Rawls)** : 사회정의란 사회기관들이 기본적인 의무를 배분하고 사회적 협조체제 간의 이익분할을 결정하는 것으로, Rawls는 절차적 정의관을 제시하였다. 정의의 원리는 자유와 기회, 소득과 부, 인간존중 기반 등의 제1차적 사회재는 평등하게 분배되어야 하며, 그 불평등한 배분은 사회의 최소수혜자에게 유리한 경우에만 정당하다고 보았다.

   포인트탑 정의의 두 원리

    ㄱ **제1원리** : 평등한 자유원리로서 모든 사람은 다른 사람의 동일한 자유와 상충되지 않는 한도 내에서 최대한 동등한 권리를 갖는다.

    ㄴ **제2원리** : 사회적 불평등의 조정에 관한 원리로서 불평등이 가장 불리한 입장에 있는 사람에게 최대의 이익이 되도록 해야 한다는 차등의 원리와, 직무와 직위는 모든 사람에게 공정하게 개방되어야 한다는 기회균등의 원리를 말한다.

- **실적이론**
  - 의의 : 자유주의자들의 주장으로서, 기회균등의 보장이라는 전제하에 능력과 실적에 입각한 대우를 받고 가치배분·상대적 평등(수직적 공평)을 중시하여, 능력의 차이에 따라 야기되는 가치·자원의 배분이 각자의 공과에 비례하여 차등적으로 이루어져야 한다는 것이다.
  - 한계 : 사회적·경제적 약자와 빈곤계층의 복지를 도외시하게 되고, 삶의 질을 저하시킬 우려가 있으며, 기여도와 배분량 간의 상관관계를 정확히 평가하기 어렵고 기여도에 상응하는 충분한 대가를 받지 못한다는 비판을 받고 있다.
- **욕구이론**
  - 의의 : 사회주의자들의 주장으로서, 부나 가치가 인간의 능력 또는 실적에 관계없이 욕구에 따라 배분될 때 사회적 형평이 가능하다고 한다. 즉 최저욕구의 충족확보가 완전평등의 첫 단계라는 것이며, 절대적 평등(수평적 공평)을 추구한다.
  - 한계 : 욕구 자체의 정의가 곤란하고 각 욕구의 상대적 비교·평가가 어렵다는 점과, 무한한 인간의 욕망에 비해 재화나 가치는 한정되어 있다는 점을 간과하고 있다.

문. 롤스(Rawls)가 주장한 사회 정의의 원리에 대한 설명으로 옳지 않은 것은?

▶ 2015. 3. 14 사회복지직

① 정의의 제1원리는 '기본적 자유의 평등 원리'로서, 개개인에 대해 다른 사람의 유사한 자유와 상충되지 않는 범위 내에서 최대한의 기본적 자유에의 평등한 권리가 인정되어야 한다는 원리이다.

② 정의의 제2원리의 하나인 '차등 원리'는 저축 원리와 양립하는 범위 내에서 가장 불우한 사람들의 편익을 최대화해야 한다는 원리이다.

③ 정의의 제2원리의 하나인 '기회 균등의 원리'는, 사회·경제적 불평등은 그 모체가 되는 모든 직무와 지위에 대한 기회 균등이 공정하게 이루어진 조건하에서 직무나 지위에 부수해 존재해야 한다는 원리이다.

④ 정의의 제1원리가 제2원리에 우선하고, 제2원리 중에서는 '차등 원리'가 '기회 균등의 원리'에 우선되어야 한다.

☞ ④

문. 형평성에 대한 설명으로 옳은 것은?

▶ 2008. 9. 27 중앙선거관리위원회

① 대표관료제는 수평적 형평성을 확보하기 위함이다.

② 롤스(J.Rawls)는 원초적 상태하에서 합리적 인간은 최대극소화 원리에 따른다고 한다.

③ 정부의 환경보존사업에 필요한 비용을 공채발행으로 조달하여 다음 세대에게 그 부담을 전가하는 것은 수직적 형평성에 해당한다.

④ 형평성은 총체적 효용개념을 강조한다.

☞ ③

- 평등이론
  - 의의 : 인간의 가치와 존엄성은 개인의 능력·자질의 차이에 관계없이 동등하게 존중되어야 하므로 재화나 가치도 균등하게 배분되어야 함을 주장하며, 절대적 평등과 상대적 평등의 조화를 추구한다. 사회적 형평은 상대적 평등으로서 정당한 근거가 있는 사회적 불평등은 허용되어야 한다고 한다. 최저임금제, 사회보장제, 의무교육제, 최저생계비 지급, 누진세제 등은 이러한 상대적 평등이론을 전제로 이룩된 정책이다.
  - 한계 : 인간의 다양한 욕구와 선호, 도덕관, 가치관을 도외시한다는 비판이 있다.
- ⓒ 유형
  - 수평적 형평성과 수직적 형평성
  - 수직적 형평성 : 각 개인의 특성, 예컨대 성별·연령·거주지역이나 재산 등에 정도의 차이가 있는 시민에게 공공서비스배분의 형평성을 기하려는 경우 제기된다.
  - 수평적 형평성 : 공공서비스 제공의 결정기준이 되는 특성에 상응하는 같은 양의 서비스를 받도록 한다는 것을 의미한다.
  - 배분적 형평성과 보상적 형평성
  - 배분적 형평성 : 심한 빈부의 격차가 나타나 가치배분이 바람직하지 않은 경우 공공기관이 이를 바로잡아야 한다는 입장에서 제기되며 수직적·수평적 형평성과 관련된다.
  - 보상적 형평성 : 가치배분이 불공평하여 그 잘못에 대한 보상을 하거나 이에 대한 처벌이 잘못의 정도에 비례해야 한다는 데 초점을 둔다.
- ⓔ 평가 : 사회적 형평성은 사회적·경제적으로 소외되거나 불우한 계층의 편에서 사회정의를 실현하고자 하는 이념으로서 도덕성·윤리성을 바탕으로 하는 개념이다. 아울러 배분적 정의와 상대적 평등론(수직적 평등론), 실적이론, 욕구이론 등이 그 이론적 근거 및 기준이 된다.

⑦ 가외성(Redundancy)
  - ㉠ 의의 : 초과분·잉여분을 의미하는 것으로, 특정한 체제가 장래에 발생할지도 모를 적응의 실패를 방지함으로써 특정체제의 환경에 대한 신뢰성을 제고시키는 데 기여한다.
  - ㉡ 특징
    - 중첩성(overlapping) : 문제가 발생하거나 사업, 과제가 부여된 경우 여러 기관들이 상호의존적으로 공동관리하는 것을 말한다. Neumann은 이러한 중첩성이 오류의 진단과 이미 발생한 오류의 효과 최소화에 기여한다고 주장한 바 있다.
    - 반복성(duplication) : 동일한 기능을 여러 기관이 독립적 상태에서 수행하는 것으로서 여러 기관에서의 환경단속 등이 그 예에 속한다.

- 동등잠재력(equipotentiality) : 기관 내의 주된 조직단위의 기능이 작동하지 않을 때에 동일한 잠재력을 지닌 보조적인 단위기관에서 수행하는 것으로, 이를 통해 기관은 고도의 적응력을 발휘한다. 병원·실험실의 자가발전시설을 그 예로 들 수 있다.

ⓒ 정당화 근거

- 정책결정의 불확실한 상황 : 미래에 일어날 어떤 사건에 정확한 예측이 불가능한 경우 가외성이 필요하게 되며, 여러 정책대안의 제시가 그 예이다.
- 정보체제의 위험성과 미비점 보완 : 오늘날의 조직은 아주 광범위하고 복잡한 통신망으로 엮어진 신경조직망을 지닌 정보체제라 할 수 있으므로, 가외성을 통해 정보체제의 위험성과 미비점을 보완하여 단일 라인을 통한 정보수집에 의한 왜곡을 방지할 수 있다.
- 체제의 조직성 : 조직은 여러가지 요소와 부품들이 서로 조화적 작동관계를 유지하는 통일적 체제라고 할 수 있고, 그 체제를 구성하는 부품이나 요소의 불완전성과 이탈 가능성에 대한 보완조치로서 가외성이 요구된다.
- 협상의 사회 : 민주사회에서 협상을 할 때, 명확한 가치의 표명은 오히려 갈등과 의견의 불일치를 확장시키고 심화시킬 수 있으므로 가외성을 통한 반복적인 대화의 자세가 요구된다.

ⓡ **효용** : 조직의 신뢰성 증진, 위험에 대한 적응성, 상호작용을 통한 창조성, 정보의 정확성 확보, 목표전환 현상의 완화, 수용범위의 한계 극복 등의 효용이 있다.

(3) 행정이념의 발달순서와 우선순위

① 발달순서

19세기 초	19세기 말	1930년대	1960년대	1970년대
입법국가시대	과학적 관리론	인간관계론	발전행정론	신행정론
합법성	기계적 능률성	사회적 능률성 (민주성)	효과성, 생산성	사회적 형평성

② **우선순위** … 국가적인 상황과 시대적인 요청에 따라 다를 수밖에 없으므로 시대와 장소를 불문한 엄격하고 절대적인 우선순위란 있을 수 없다. 그러나 우리나라의 행정현실을 감안해 볼 때 우선순위를 민주성, 효과성, 능률성, 합법성의 순으로 설정하는 것이 바람직하다는 견해가 일반적이다.

문. 행정에 있어서 가외성(redundancy)을 통하여 조직이 추구하고자 하는 것으로 옳지 않은 것은?

▶ 2007. 7. 8 서울특별시

① 신뢰성 확보　② 안정성 증진
③ 적응성 증진　④ 경제성 제고
⑤ 창조성 제고

☞ ④

문. '비용의 최소화 논리'와 상반된 행정개념은?

▶ 2005. 5. 8 광주광역시

① 가외성　② 대응성
③ 합법성　④ 중립성

☞ ①

문. 행정에 있어서 가외성에 대한 설명으로 옳은 것은?

▶ 2010. 05. 22 상반기 지방직

① Landau는 권력분립 및 연방주의를 가외성 현상으로 보았다.
② 정보체제의 안전성을 증진시키기 위해서는 초과분의 채널이나 코드가 없는 비가외적 설계가 필요하다.
③ 불확실성이 커질수록 가외성의 필요성은 줄어든다.
④ 조직내외에서 가외성은 기능상 충돌의 가능성을 없애는 역할을 한다.

☞ ①

문. 다음 중 가외성에 대한 설명으로 옳지 않은 것은?

▶ 2005. 5. 1 전라남도

① 불확실한 상황하에서 행정의 신뢰성을 제고시킨다.
② 환경에 대한 적응성을 높인다.
③ 비용절감과 갈등감소에 기여한다.
④ 창의성을 높이며, 협상과 타협을 유도한다.

☞ ③

Section 2 공익

(1) 의의

① **개념** … 국민에 대한 책임 있는 의사결정행위로서, 일반적인 불특정다수인의 배분적 이익, 사회전체에 공유된 가치로서의 사회일반의 공동이익이라고 정의할 수 있다.

② **중요성**
- ㉠ 행정의 이념적 최고가치이다.
- ㉡ 행정인의 활동에 관한 최고의 규범적 기준이 된다.
- ㉢ 국민에 대한 행정의 책임성을 판단하는 기준이 된다.
- ㉣ 정책결정의 가장 중요한 기준이 된다.

③ **관심의 대두요인**
- ㉠ 정치·행정일원론의 대두 : 정책결정기능이 중요시되자 정책결정기준으로서의 공익이 중시되기 시작했다.
- ㉡ 행정의 정책결정권, 자원배분권의 역할 강조 : 행정국가화 경향과 함께 강조되는 것으로 결정권 남용방지의 기준이 필요했다.
- ㉢ 행정행태의 윤리적·철학적 준거기준의 필요 : 집단이기주의의 재해석 및 시민참여의 확보와 관련하여 기준의 필요성이 요구되었다.
- ㉣ 신행정론의 대두 : 행정의 규범적 성격과 가치지향성, 즉 사회적 형평 내지 사회정의의 실현을 강조하게 되었다.

(2) 공익의 특성

① **특징**
- ㉠ 사회의 일반적 가치 : 선험적인 것이 아닌 경험적·역사적으로 확립된 기본가치이다.
- ㉡ 역사성과 동태성 : 역사적·시대적 상황의 변동에 따라 그 의미와 내용이 변동한다.
- ㉢ 규범적 성격 : 행정인이 준수하여야 할 최고의 행동규범이다.
- ㉣ 개념의 불확정성 : 공익에 대한 국민의 광범위한 동의를 지속적으로 확보하기 위해 노력해야 한다.

② **기능**
- ㉠ 결정자의 주관적이고 편협한 가치를 객관적이고 보편적 가치로 환원하는데 기여한다.
- ㉡ 다양하고 대립되는 이익의 공존체계를 구축하도록 하여 시민사회 형성의 기초를 마련해 준다.
- ㉢ 국가권력 발동근거의 정당성을 제공한다.
- ㉣ 행정관료에게 규범적·윤리적 기준을 제시하여 행정의 책임성 확보에 기여한다.

문. 다음 중 공익에 대한 설명으로 옳지 않은 것은?
▶ 2005. 5. 8 경상남도

① 공익은 공공의 이익으로 행정이 지향하는 최고의 가치이다.
② 공익을 설정하는 데 있어서 공익을 이상적인 규범으로 간주하는 실체설과 공익을 개인이익의 총합으로 간주하는 과정설이 있다.
③ 공익은 사회의 기본적 가치로서 정태적 성격을 가진다.
④ 공익을 위해서 정부는 Rawls의 사회정의인 제1의 원리와 제2원리를 모두 보장한다.

☞ ③

문. 민주행정은 그 최고의 목표를 공익(公益)의 증진에 두고 있으나 공익의 의미에 관해서는 서로 다른 견해를 가지는 경우가 많다. 다음 중 공익의 의미를 지칭하는 내용으로 옳지 않은 것은?
▶ 2006. 4. 22 경기도

① 절충설은 공익은 사익의 단순한 집합체도 아니고 사익 간의 타협의 소산도 아니지만 사익과 별개의 차원도 아니다는 입장이다.
② 실체설은 공익은 사익의 단순한 집합 이상의 의미를 지닌 실체가 있다는 입장이다.
③ 과정설은 공익은 사익 또는 집단이익의 합계에 불과하다는 입장이다.
④ 절차적 공익설은 개체주의 입장보다는 신비주의적 전체성을 강조한다.

☞ ④

문. 다음 중 공익의 개념으로 옳지 않은 것은?
▶ 2005. 5. 8 광주광역시

① 절대적·확정적 개념이다.
② 현대국가에서는 특수이익이 공익과의 경쟁 속에서 우세할 수도 있다.
③ 문화와 정치체제가 다른 곳에서는 공익도 다르게 규정될 수 있다.
④ 공익은 사회구성원 모두에게 좋은 것이며, 구성원 대다수의 이익추구와 모순되지 않는다.

☞ ①

ⓜ 개인과 집단의 특정행위에 대한 제한의 근거가 되어 경쟁적이고 대립적인 사회집단 간의 공존체제 확립에 기여한다.

(3) 공익의 본질

① 실체설(적극설)
  - ㉠ 의의 : 공익의 실체를 인정하며 도덕적·규범적이며 사익에 우선한다고 본다. 또한 집단의 이익을 우선시하는 단체주의적 입장으로 공익의 구체적 내용을 관료가 적극적으로 결정해야 한다는 비민주적 개입을 인정한다.
  - ㉡ 비판 : 실제 결정자에 따라 내용이 달라지며, 결정된 후에도 갈등을 내포하기 쉽다. 또한 공익의 구체적 내용을 소수의 관료가 결정하므로 비민주적이 되기 쉽다.

② 과정설(소극설)
  - ㉠ 의의 : 공익과 사익은 상대적인 개념으로서 다원화된 특수이익의 조정과 타협의 결과가 공익이라는 입장이다. 공익의 내용을 결정하는 데에 관료의 역할은 소극적이며 의사결정의 점증모형과 관련된다.
  - ㉡ 비판 : 이기적인 사익이 갈등의 조정·타협 과정에 의하여 자동적으로 공익으로 승화된다는 기계적인 관념을 받아들임으로써, 국익 또는 사회전체의 공동이익의 존재를 간과하고 공익의 사전평가기준을 제시하고 있지 않다.

③ 절충설
  - ㉠ 의의 : 실체설과 과정설의 조화가 공익의 확보에 가장 유리하다고 보는 관점으로서 공익이 사익과 전혀 별개의 것은 아니라고 보며, 특수이익을 초월한 공익의 존재를 인정하고, 공익과 사익 간의 상호관련성을 제시했다.
  - ㉡ 비판 : 사회 전체의 일반이익을 구분하는 기준과 공익과 특수이익을 구별하는 기준이 명확하지 못하다.

(4) 공익결정의 변수

① 정치이념 … 실체설의 입장이었으나, 점차 개인주의적 이념의 보급에 따라 과정설로 중점이 옮겨지고 있다.

② 정치발전의 수준 … 정치발전의 수준과 같은 역사적·사회적 요인에 의해 전문직업적 관료제, 일반시민, 이익집단 등의 공공이익 결정과정에 대한 다원적 참여의 폭이 결정된다.

③ 정책의 유형 … 대외적인 외교·국방정책 등 전문성을 요하는 정책은 소수의 행정인이 국가 전체의 이익과 부합되도록 결정한다. 그러나 대내적인 교육 및 교통정책과 같이 국민욕구가 많이 관련되는 정책은 다원적 이익집단이 결정한다.

④ 가치관 … 공익관은 개인의 동기, 인격의 특성이나 집단의 지배적 가치관에 의하여 형성될 가능성이 높다.

문. 공익을 보는 관점으로 옳지 않은 것은?
▶ 2007. 7. 8 서울특별시
① 실체설에 의하면 공익결정은 다수에 의해 민주적으로 이루어진다.
② 과정설에 의하면 공익은 사익간의 협상과 조정을 통한 집단과정의 결과이다.
③ 실체설에 의하면 공익은 집단주의적 성격을 띤다.
④ 과정설에 의하면 협상과 조정과정에서 약자가 희생되는 결과를 초래한다.
⑤ 실체설에 의하면 사회나 국가는 개인과 구별되는 스스로의 인격을 가진다.
☞ ①

문. 공익의 실체설의 내용이 아닌 것은?
▶ 2004. 5. 1 강원도
① 과정 중심적이다.
② 공익의 결정에 있어서 관료의 역할이 적극적이다.
③ 사익과 공익은 구별된다.
④ 집단주의나 개발도상국의 공익관이다.
☞ ①

문. 다음 중 공익에 대한 견해가 다른 것은?
▶ 2003. 4. 12 강원도
① 공익은 사익과 구별되는 실체가 있다.
② 선험적인 것을 포함하지 않는다.
③ 개인이나 이익집단의 이익을 중시한다.
④ 정책결정과정의 결과적 산출이다.
☞ ①

 행정문화

(1) 의의

① 개념 … 행정인의 가치관, 태도, 사고방식, 의식구조, 신념체계로서 행정인들의 행동지침이나 행동규제의 틀로서 작용한다. 또한 전체 사회문화 속에 존재한 하위문화로서 사회문화의 상호 유기적인 의존작용을 하게 되며 역사적·상황적 제약성이 존재하여 자연히 동태성과 상대성을 지니게 된다.

② 변동요인과 항구적 요인
    ㉠ 변동요인 : 행정인의 의지, 기술의 발달, 경제적 요인, 외래문화의 접촉·수용 등이 있다.
    ㉡ 항구적 요인 : 역사적·전통적 요인이다.

(2) 선진국과 후진국의 행정문화

선·후진국 간 행정문화의 차이는 경제, 사회구조, 이념, 환경적·생태적인 요인에 의하여 나타난다. 선진국의 행정문화는 후진국보다 분화적이며 개인주의적이고 합리성을 추구하고 목표지향적인 반면, 후진국의 행정문화는 가치의 분화가 덜 되어 있고 전통적인 인습에 얽매인 비합리적인 요인이 많이 나타나고 있다.

(3) 우리나라 행정문화의 개선방안

① 가치의 다원화 … 가치관념이 권력 이외의 경제·예술·사회사업·교육 분야 등을 높이 평가함으로써 행정이 다른 분야와 평등관계를 이루어야 한다.

② 엘리트의 분산 … 엘리트의 다원화와 분야별 교류를 촉진시켜 행정관료의 우월의식을 불식시켜야 다른 사회문화의 발전도 도모할 수 있다.

③ 교육과 훈련의 강화 … 사실지향적·개방적·과학적 사고에 기초한 교육·훈련을 통해 관료들의 의식구조를 변화시켜야 한다.

④ 공공부문의 축소 및 민간부문의 확대 … 민간부문에 대한 행정의 간섭을 최소화함으로써 부정부패를 막고 행정의 독선을 방지하며, 민간의 자율적인 발전을 꾀할 수 있다.

⑤ 제도의 개선 … 번문욕례(red tape)를 지양하고 행정절차를 간소화하여야 한다.

문. 다음 중 행정문화의 특성이라고 볼 수 없는 것은?
▶ 2001. 6. 24 인천광역시
① 학습과 전통
② 상징이나 습관
③ 의식 및 믿음의 총체
④ 집단적인 행동기준
⑤ 개인의 보편적인 가치나 신념
☞ ⑤

문. 다음 중 선진국 행정문화의 특징으로 옳은 것은?
▶ 2004. 5. 2 경기도
① 권위주의　② 온정주의
③ 상대주의　④ 공직사유주의
☞ ③

Section 4 사회지표

(1) 의의

① **개념** … 사회적 상태를 총체적으로 나타내어 생활의 양적·질적인 측면을 측정하여 인간생활의 전반적인 복지수준을 파악 가능하게 해주는 척도로서 사회적 상태의 해석과 판단지침이 되도록 하는 자료의 역할을 한다.

② **대두요인**
　㉠ **경제지표의 한계** : 물량중심의 경제지표로는 총체적인 삶의 질을 측정할 수 없었다.
　㉡ **사회개발의 추진** : 사회개발정책의 추진이 일반화됨에 따라 총체적인 정보체계로서의 사회지표개발의 필요성이 나타났다.
　㉢ **정확한 사회정보에 대한 관심 증대** : 학자 및 여러 기관의 사회현상 파악과 미래상황의 예측 및 연구를 위해 정확한 사회정보조사의 필요성이 대두되었다.
　㉣ **행정의 생산성의 분석·평가의 필요성** : 사회복지정책은 사회지표에 크게 의지하는 바가 크고 또한 성과평가의 평가기준으로 사회지표가 활용된다.

③ **기능**
　㉠ 국민생활수준의 측정 및 변동의 분석·판단의 지침이 된다.
　㉡ 사회상태의 종합적 측정과 국민복지수준의 측정에 이용된다.
　㉢ 사회적 욕구·수요·문제점의 발견 및 분석에 도움을 준다.
　㉣ 행정목표 설정의 구체적 기준으로서의 역할을 한다.
　㉤ 정책목표·정책·기획 등을 설정·평가하는 기준이 된다.

④ **성격**
　㉠ **인본주의적 성격** : 인간중심의 삶의 질을 높이기 위한 정보를 중시한다.
　㉡ **규범적 성격** : 특정 사회가 지향하는 가치·목표에 관한 정보로서의 성격을 갖는다.
　㉢ **종합성** : 사회상태를 종합적으로 파악하도록 체계화되어야 한다.
　㉣ **변동성** : 사회개발의 규범적 목표와 관심의 변화에 따라 사회지표의 정의와 개념은 변화한다.
　㉤ **사회상태의 종합적 측정** : 사회상태의 전체적·종합적인 정보와 아울러 개별적인 개인수준의 정보를 포함한다.
　㉥ **성과정보적 성격** : 투입보다는 산출, 원인보다는 결과·효과면의 정보를 가급적 중시한다.
　㉦ **시차적 적응성** : 생활의 질 등의 일반적 추세와 시차적 변동을 측정하고 비교할 수 있어야 한다.

(2) 문제점

① 수량적 측정이 곤란한 경우가 많다.

② 객관적 지표와 주관적 지표가 일치하지 않는 경우가 많다.

③ 사회지표를 구성하는 항목, 범위, 변수 등을 설정함에 있어 합의가 도출되지 않았다.

④ 주관적 만족도와 욕구충족도는 개인의 입장이나 문화에 따라 상이하다.

⑤ 사회조사는 상당한 시간과 노력, 비용이 필요하며 지표와 조사 자체의 정확한 설계가 어렵다.

⑥ 중복계산되거나 누락되는 경우가 많다.

⑦ 계량적 수치에 집착하여 지나치게 일방적인 판단을 할 우려가 크다.

04

행정의 가치

1 행정의 대외적 민주성을 확보하기 위한 것과 가장 거리가 먼 것은?

① 행정인의 행정윤리 확립　　　　② 책임행정의 확보
③ 일반국민의 행정 참여　　　　　④ 파레토 최적

💡Advice ④ 대외적 민주성 확보가 아닌 자원배분의 효율성을 판단하는 기준이다.
　　　　※ **파레토 최적**(Pareto's Optimum) … 다른 사람의 효용을 감소시키지 않고서는 어떤 사람에게 이득이 되는 변화를 만들어 내는 것이 불가능한 상태를 말한다.

2 다음 중 공익의 개념에 대한 관심이 대두하게 된 요인과 관련이 가장 적은 것은?

① 행정이론의 윤리적 기초에 대한 관심　　② 행정행태의 논리적 준거기준의 필요성
③ 정치행정이원론의 대두　　　　　　　　④ 쇄신적 정책결정의 중요성

💡Advice **공익** … 국민에 대한 책임 있는 의사결정행위로서, 불특정다수인의 배분적 이익, 사회전체에 공유된 가치로서의 사회일반의 공동이익이라고 정의할 수 있다.
　　　　※ **관심의 대두요인** … 정치 · 행정일원론의 대두, 행정의 정책결정권, 자원배분권의 역할 강조, 행정행태의 윤리적 · 철학적 준거기준의 필요, 신행정론의 대두를 들 수 있다.

3 다음 중 우리나라 행정문화의 개선방안으로 옳지 않은 것은?

① 행정이 다른 분야와 평등관계를 이루어야 한다.
② 민간부문에 대한 행정의 간섭을 최소화하여 부정부패를 막고 행정의 독선을 방지하여 민간의 자율적인 발전을 이루어야 한다.
③ Red tape을 지양하고 행정절차를 세분화하여야 한다.
④ 엘리트의 다원화와 분야별 교류를 촉진시켜 행정관료의 우월의식을 불식시켜야 한다.

💡Advice ③ 행정절차를 간소화하는 방향으로 제도개선이 이루어져야 한다.

1.④　2.③　3.③

4 다음 중 행위의 바탕을 의식적인 사유나 인지력과 결부하여 설명하는 합리성은 무엇인가?

① 내용적 합리성   ② 절차적 합리성

③ 기술적 합리성   ④ 기능적 합리성

> **Advice** ② 합리성이란 어떤 행위가 궁극적인 목표달성에 있어 최적의 수단이냐의 여부를 가리는 개념으로, 절차적 합리성은 결정 과정이 이성적인 사유에 따라 이루어졌을 때 존재한다고 말한다.
>
> ※ 합리성의 유형
>
> ㉠ H. A. Simon의 합리성의 유형
> - 내용적 합리성 : 역사의 흐름 속에서 일관된 가치체계를 찾으려는 거시적 현상
> - 절차적 합리성 : 인간 내부에서 인식상의 질서체계를 찾겠다는 미시적 현상
>
> ㉡ K. Manheim의 합리성의 유형
> - 기능적 합리성 : 조직목표 달성을 지향하는 목표 지향적이고 일관성 있는 행태의 속성
> - 실체적 합리성 : 개개인의 목표 달성을 지향하는 행태의 속성

5 행정의 민주성 확보와 관련한 설명으로 옳지 못한 것은?

① 행정조직 내부의 관리가 민주적이어야 한다.

② 행정에 능률적 수단을 도입한다.

③ 국민과의 관계가 민주적이어야 한다.

④ 행정책임의 보장을 위하여 주민의 통제가 필요하다.

> **Advice** 행정의 민주화 방안
>
> ㉠ 대외적 측면 : 제도, 환경, 행태 등의 제반여건을 민주성의 측면으로 개선하는 것으로서 책임행정의 구현, 행정통제의 확립, 행정윤리의 확립, 사전행정절차 등 시민참여의 확대, 공개행정의 구현, 관료제의 대표성 확보 등을 목표로 행정절차법에 따른 적정절차의 확립, 국민고충처리위원회의 효율적 운영, 정보공개법의 비공개영역의 축소, 독립인사위원회의 설립, 규제완화, 실적제 확립, 인사제도 개선, 지방자치의 활성화와 정치발전 등의 방안이 있다.
> ㉡ 대내적 측면 : 공무원의 민주적 행정행태·가치관의 형성, 행정기구의 민주화, 행정체제의 분권화를 통한 참여와 하의상달의 촉진, Y이론적 인간관리, 자기실현욕구의 충족, 교육훈련 등을 통한 행정인의 능력발전, 민주적 리더십의 확립, MBO의 도입 등이 필요하다.

6 행정이념에 대한 설명으로 옳은 것은?

① 중립성은 공무원 개인의 사회적 욕구의 포기를 요구한다.

② 가외성은 최악의 상황에 대비하자는 것이다.

③ 절차로서의 민주주의는 사회정의를 보장한다.

④ 민주성과 합법성은 항상 조화의 관계에 있다.

> **Advice** ① 중립성은 정치적 중립을 요구하는 것이지 공무원 개인의 사회적 욕구의 포기까지 요구하지는 않는다.
> ③ 민주성을 실질적 개념으로 보면 형평성과 부합되나 절차적 개념으로 보면 형평성의 정의와 충돌의 소지가 있다.
> ④ 민주성을 절차적 개념으로 보면 합법성과 조화가 가능하나 실질적 개념으로 보면 합법성이 동조과잉을 유발할 가능성이 있기 때문에 충돌의 소지도 있다.

7 행정행태론과 비교행정론에서 중시된 개념으로 우수한 행정이론이나 제도는 시대와 상황이 다른 곳에 적용되어도 그 효용성이 감소되지 않는다는 것을 전제로 한 행정이념은?

① 특수성   ② 형평성

③ 보편성   ④ 효과성

♀Advice   보편성은 행정행태론과 비교행정론에서 중시되었다.

8 롤스(J. Rawls)의 사회 정의의 원리와 거리가 먼 것은?

① 원초상태(original position) 하에서 합의되는 일련의 법칙이 곧 사회정의의 원칙으로서 계약 당사자들의 사회협동체를 규제하게 된다.

② 정의의 제1원리는 기본적 자유의 평등원리로서, 모든 사람은 다른 사람의 유사한 자유와 상충되지 않는 한도 내에서 최대한의 기본적 자유에의 평등한 권리를 인정하는 것이다.

③ 정의의 제2원리의 하나인 차등 원리(difference principle)는 가장 불우한 사람들의 편익을 최대화해야 한다는 원리이다.

④ 정의의 제1원리가 제2원리에 우선하고, 제2원리 중에서는 차등원리가 기회균등의 원리에 우선되어야 한다.

♀Advice   롤스(J. Rawls)는 그의 저서 「정의론」에서 정의의 제1원리가 제2원리에 우선하고 제2원리 중에서는 '기회균등의 원리'가 '차등원리'에 우선한다고 주장한다.

Answer   4.②   5.②   6.②   7.③   8.④

정책론 · 기획론

01 정책론

Section 1 정책의 본질

(1) 정책의 의의

① 개념 … 바람직한 사회를 달성하기 위해 권위있는 정부기관이 공식적으로 결정한 중요한 행동의 지침이다.

② 특성
- ㉠ **목표지향적 · 규범적 성격** : 공익을 위해 구체적인 목표를 가지고 집행된다.
- ㉡ **강제성 · 구속성** : 결정 및 집행주체는 권위있는 정부기관이기 때문에 집행에 있어서도 공식적인 강제력과 구속력을 가진다.
- ㉢ **복합성** : 정책의 결정은 정치적 · 사회적 이해관계가 복잡하게 얽혀있는 상태에서 이루어진다.
- ㉣ **행동지향성, 지침성, 변화유발성** : 정책은 공익이라는 당위적인 가치를 구체적인 행동으로서 현실화한다. 따라서 행정행위의 지침이 되고 행동화를 통해 변화를 초래한다.
- ㉤ **거시성 · 총체성** : 가치와 규범을 내포하기 때문에 하위의 지침, 계획 등에 비해 거시적이고 총체적인 성격을 갖는다.
- ㉥ **인본주의** : 인간의 삶의 질에 대한 관심이 증가됨에 따라 정책에도 인본주의적 성격이 강화되고 있다.

③ 정책의 3대 구성요소
- ㉠ **정책목표** : 정책을 통하여 실현하고자 하는 바람직한 상태로서 추상적 목표와 구체적 목표로 나눈다.
- ㉡ **정책수단** : 목표달성을 위한 행동방안으로서 정책의 실질적 내용을 구성하는 가장 중요한 요소이다.
- ㉢ **정책대상집단** : 정책집행으로 인해 영향을 받는 집단으로서 재화와 서비스를 제공받는 집단을 정책수혜자, 비용을 부담하게 되는 집단을 정책비용부담자로 분류한다.

(2) 정책의 유형

① 학자들의 분류
- ㉠ Almond와 Powell : 추출정책, 분배정책, 규제정책, 상징정책

문. 정책과 정책유형이 바르게 짝 지어진 것은?
▶ 2011. 4. 9 행정안전부

㉠ 영세민을 위한 임대주택 건설
㉡ 재정경제부와 기획예산처를 기획재정부로 통합
㉢ 기업의 대기오염 방지 시설 의무화
㉣ 광화문 복원

① ㉠ 분배정책 ㉡ 구성정책
  ㉢ 추출정책 ㉣ 상징정책
② ㉠ 상징정책 ㉡ 추출정책
  ㉢ 규제정책 ㉣ 구성정책
③ ㉠ 규제정책 ㉡ 재분배정책
  ㉢ 추출정책 ㉣ 상징정책
④ ㉠ 재분배정책 ㉡ 구성정책
  ㉢ 규제정책 ㉣ 상징정책
☞ ④

문. '국 · 공립학교를 통한 교육서비스의 제공'은 로위(T. J. Lowi)의 정책유형 중 어느 정책에 해당하는가?
▶ 2014. 3. 22 사회복지직

① 배분정책 ② 규제정책
③ 재분배정책 ④ 구성정책
☞ ①

    ⓛ Lowi : 분배정책, 재분배정책, 규제정책, 구성정책

    ⓒ Salisbury : 분배정책, 재분배정책, 자율규제정책, 규제정책

    ⓓ Ripley and Franklin : 분배정책, 재분배정책, 경쟁적 규제정책, 보호적 규제정책

② **정책의 성격에 의한 분류**

    ㉠ **분배정책** : 특정한 개인이나 집단에 공공서비스와 편익을 배분하는 것이다. 수출 특혜금융, 지방자치단체에 대한 국가보조금 지급, 주택자금대출, 농어촌 지원대책, 철도 · 체신사업 등이 해당된다.

    ㉡ **규제정책** : 특정한 개인이나 집단의 사유재산과 경제활동에 통제 및 제한을 가하여 행동이나 재량권을 규제하는 정책이다. 환경오염과 관련된 규제, 독과점 규제, 기업활동 규제 등이 있다.

    • 경쟁적 규제정책 : 많은 이권이 걸려있는 서비스나 용역을 특정 개인이나 집단에 부여하고 특별한 규제를 가하는 정책이다. 각종 자격의 인 · 허가와 관련된다.

    • 보호적 규제정책 : 사적인 활동에 제약을 가하여 일반 대중을 보호하려는 정책이다. 기업의 독과점을 규제하여 다수의 일반 소비자들을 보호하는 것이 대표적인 예이다.

    • 자율적 규제정책 : 규제대상이 되는 당사자에게 규제기준 설정과 집행을 위임하는 정책이다. 변호사협회 등이 이에 속한다.

    ㉢ **재분배정책** : 부와 재화를 많이 가진 집단으로부터 그렇지 못한 집단으로 이전시키는 정책이다. 누진과세, 영세민 취로사업, 임대주택의 건설 등이 해당된다.

    ㉣ **구성정책** : 정부기관의 기능 · 구조 변경 또는 신설 등과 관련된 정책이다.

    ㉤ **추출정책** : 국내 · 외의 환경으로부터 인적 · 물적자원을 확보하는 것으로 조세, 병역 등이 해당된다.

    ㉥ **상징정책** : 국가의 정당성 확보 또는 국민의 자긍심을 높이기 위한 정책으로 경복궁 복원, 군대 열병 등이 그 예이다.

(3) 정책과정과 참여자

① **정책과정** … 정책의 형성부터 종결에 이르기까지의 일정한 과정이다. 정책과정은 학자에 따라 다르나 대체로 정책의제 형성→정책분석과 결정→정책집행→정책평가→정책종결과 환류(Feed Back)의 과정을 갖는다.

> **포인트팁** 정책과정에 관한 제 견해
> ㉠ T. Dror : 기본정책결정단계 ⋯ 정책결정단계 ⋯ 정책결정 이후단계
> ㉡ Anderson : 의제형성 → 정책결정 → 정책집행 → 정책평가
> ㉢ Jones : 확인 → 형성 → 합법화 → 집행 → 평가 → 종결
> ㉣ Lasswell : 정보 → 건의 → 처방 → 발동 → 적용 → 평가 → 종결

문. 정책유형과 그 사례를 바르게 연결한 것은?

▶ 2013. 8. 24 제1회 지방직

① 분배정책(distribution policy) – 사회간접자본의 구축, 환경오염방지를 위한 기업 규제

② 경쟁적 규제정책(competitive regulatory policy) – TV · 라디오 방송권의 부여, 국공립학교를 통한 교육서비스

③ 보호적 규제정책(protective regulatory policy) – 작업장 안전을 위한 기업 규제, 국민건강보호를 위한 식품위생 규제

④ 재분배정책(redistribution policy) – 누진세를 통한 사회보장지출 확대, 항공노선 취항권의 부여

☞ ③

문. 정책을 규제정책, 분배정책, 재분배정책, 추출정책으로 분류할 때 저소득층을 위한 근로장려금제도는 어느 정책으로 분류하는 것이 타당한가?

▶ 2015. 6. 27 제1회 지방직

① 규제정책
② 분배정책
③ 재분배정책
④ 추출정책

☞ ③

② 정책과정의 참여자

　㉠ 정책결정담당자(공식적 참여자)

　　• 행정수반 : 대통령은 실질적으로 정부의 중요한 정책결정을 주도하며, 고위직공무원의 임명권을 통하여 정책결정에 간접적으로 큰 영향력을 행사한다.

　　• 입법부 : 의회의 관계위원회는 관계행정기관, 이익집단과 더불어 철의 삼각관계를 형성하여 정책형성에 큰 영향력을 발휘할 수 있다.

　　• 공무원 : 정책문제의 기술적 성격과 복잡성, 관료조직의 고도의 전문성과 지속성 · 안정성, 입법부의 정보부족에 의한 위임입법의 확대, 정보화 · 전문화 추세에 의한 관료의 영향력 강화와 정보에 대한 기술과 조직의 독점 등에 의하여 정책의 전 과정에 광범하고 깊이 개입하게 되었다.

　　• 사법부와 지방자치단체도 분권화와 지방화에 따라 정책결정과정에서의 역할이 점차 커져가고 있다.

　㉡ 비공식적 참여자

　　• 이익집단 : 특정 문제에 관하여 이해관계 및 관심을 공유하는 자발적인 집단을 말하며, 압력단체라고도 한다.

　　• 정당 : 이익결집기능을 담당하며, 정책결정단계에서도 집권 여당은 정부에 영향력을 행사하고, 정당의 정책을 직접 입법부에 제출하여 실질적으로 정책형성을 주도한다.

　　• 일반시민과 전문가 : 최근에는 시민이나 전문가가 직접 정책과정에 참여하여 자신의 이익을 정책에 반영하고자 하는 경우가 늘어나고 있다.

　　• 정책공동체 : 정부가 정부 외부의 전문가를 고용하여 함께 정책을 결정하는 의사결정체계를 말한다. 전문성과 객관성의 확보에 유리하고 정부가 비대화 되는 것을 방지할 수 있으며, 유동적으로 전문가를 채용할 수 있도록 하는 장점이 있다.

Section 2 정책의 형성

(1) 정책형성의 개념

정책문제를 해결하기 위한 최적행동대안을 탐색, 설계, 설득하여 정책을 공식적으로 채택하는 일련의 과정으로서 분석(탐색, 설계)과 정치(설득, 채택)의 통합과 가치판단, 사실판단, 전략판단의 통합을 통해 이루어진다.

(2) 정책의제형성

① 의의 … 정부가 사회문제를 정책적으로 해결하기 위하여 검토하기로 결정하는 행위 또는 과정을 말한다.

문. 정부가 국민에게 영향을 미치는 정책산출은 정책결정 과정을 통해서 이루어진다. 이러한 정책결정 과정에서 정책의제에 영향을 미치는 공식적 참여자에 해당되지 않는 것은?

▶ 2014. 3. 22 사회복지직

① 지방자치단체장
② 대통령 비서실장
③ 정당 사무국장
④ 국회의원

☞ ③

문. 정책 메카니즘에 대한 설명으로 옳지 않은 것은?

▶ 2013. 7. 27 안전행정부

① 정책은 편파적으로 이익과 손해를 나누어주는 성격도 갖고 있다.
② 모든 사회문제는 정책의제화된다.
③ 정책목표와 정책수단 사이에는 인과 관계가 있어야 한다.
④ 정책대안 선택의 기준들 사이에는 갈등이 있을 수 있다.

☞ ②

문. 다음 중 정책의제설정순서로 옳은 것은?

▶ 2005. 5. 8 광주광역시

① 사회문제 – 공중의제 – 사회적 이슈 – 정부의제
② 사회문제 – 사회적 이슈 – 공중의제 – 정부의제
③ 공중의제 – 사회문제 – 사회적 이슈 – 정부의제
④ 공중의제 – 사회적 이슈 – 사회문제 – 정부의제

☞ ②

② 정책의제의 유형

  ㉠ **공중의제와 공식의제** : 공중의제는 공식적으로 채택하기 이전의 의제로서 체제의제·환경의제 등으로 불리며, 공식의제는 공식적으로 채택한 의제로서 정부의제·기관의제·제도의제 등으로 쓰이기도 한다.

  ㉡ **강요의제와 선택의제** : 강요의제는 선거나 국회심의사항 등 재량의 여지가 없이 정책결정자가 고려해야 하는 의제이며, 선택의제는 재량권이 인정되는 것이다.

  ㉢ **문제정의의제·제안의제·협상의제·계속의제** : 문제정의의제는 문제정의의 대상이 되는 의제, 제안의제는 문제정의단계를 지나 해결책과 관련하여 제기되는 의제, 협상의제는 지지가 적극적이고 강력하게 요구되고 있는 정책적 협상을 위한 의제, 계속의제는 정기적으로 제기되는 습관적 의제이다.

③ 정책의제 형성과정

  ㉠ **Eyestone** : 정책의제 형성과정에 정부기관 외에 비공공부문과 제3부문의 의제설정도 포함시켰다.

    • 사회문제의 인지 : 사회의 많은 성원이 문제를 인지하고 해결이나 시정을 요구

    • 사회쟁점화 : 해결방안에 관해 이견을 가진 관련집단이 참여

    • 공중의제화 : 일반대중이 정부가 해결방안을 강구해야 한다고 공감하는 단계

    • 공식의제화 : 공적 권한을 가진 정부당국이 검토하기로 결정한 단계

  ㉡ **R. Cobb** : 사회문제 → 사회적 이슈 → 공중의제(체제의제) → 공식의제(정부의제)

  ㉢ **Johnson** : 사건의 인지 → 문제정의(문제내용분석) → 결집 및 조직화(공동의 이해관계자들의 조직화) → 대표(정부에 귀속시키고자 하는 노력) → 의제채택

④ 정책의제형성의 이론적 관점

  ㉠ **의사결정론** : 의사결정과정을 주의집중단계 → 설계 → 선택단계로 나누고 정책의제형성은 주의집중단계로 보았다.

  ㉡ **체제이론** : 정치체제에는 능력상 한계가 있기 때문에 채택할 문제의 수를 줄여야 한다고 주장했다. 사회적 요구나 이슈가 정치체제나 그 하위체제에의 진입여부를 결정하는 과정을 gate-keeping이라 하고, 진입여부를 결정하는 개인, 기관을 문지기(gate-keeper)라고 규정했다. 그러나 어떤 문제를 문지기가 선호하는가에 대한 설명이 없다는 비판을 받았다.

  ㉢ **엘리트이론** : 정책과정에 참여하는 특정 소수에 의해 국가의 정책이 좌우되는 것으로 보는 관점이다.

문. 다원주의적 민주국가의 정책과정에 대한 설명으로 옳은 것은?

▶ 2011. 4. 9 행정안전부

① 정책의제설정은 대부분 동원모형에 따라 이루어진다.

② 사법부가 정책결정과정에서 담당하는 역할이 미미하다.

③ 엘리트가 모든 정책영역에서 지배적인 권력을 행사한다.

④ 각종 이익집단은 정책과정에 동등한 정도의 접근기회를 갖는다.

☞ ④

문. 다음은 엘리트이론과 다원론에 관한 설명이다. 내용적으로 타당한 것끼리 짝지어진 것은?

▶ 2006. 3. 19 대구광역시

㉠ 무의사결정론은 신엘리트이론이라고도 한다.

㉡ 엘리트이론은 소수엘리트가 다수의 대중을 지배한다는 전제를 가진다.

㉢ 다원론의 엘리트는 대중의 선호나 요구에 민감하게 반응한다.

㉣ 고전적 엘리트는 그들에게 유리한 의제만을 채택하여 논의한다.

① ㉠㉡㉢   ② ㉠㉡㉣
③ ㉡㉢㉣   ④ ㉠㉡㉢㉣

☞ ④

문. 다음 중 무의사결정의 내용으로 옳지 않은 것은?

▶ 2007. 3. 25 인천광역시

① 결정자의 무능력과 무관심으로 인하여 일어나는 것이다.

② 정치권력은 권력의 두 얼굴을 지닌다는 주장과 관련된다.

③ 의사결정자의 이해나 가치에 대한 도전을 억압하려는 결정이라고 정의했다.

④ 신엘리트론자들의 주장과 관련 있다.

⑤ Bachrach와 Baratz는 무의사결정이 정책과정의 전 영역에서 나타난다고 보았다.

☞ ①

- 고전적 엘리트이론(19세기 말 유럽)
  - 사회는 권력을 가진 소수 엘리트와 가지지 못한 일반대중으로 구별되고, 소수의 동질적이고 폐쇄적인 정치지도자(엘리트)가 다수의 일반대중을 지배
  - 엘리트들은 자율적이고, 다른 계층에 책임을 지지 않으며 자신들의 이해관계를 고려하여 정책 결정
  - 미국의 고전적 민주주의에 대한 비판적 견해인 과두제의 철칙에 기반
- 미국의 엘리트이론(1950년대)
  - C.W. Mills의 지위접근법 : 미국사회 전체를 지배하는 권력엘리트는 정치적으로 중요한 기관의 지도자로서 군 – 산업엘리트복합체가 정책결정에서 중요한 역할을 수행한다는 입장
  - F. Hunter의 명성접근법 : 사회적 명성이 있는 소수자들이 담배연기 자욱한 방에서 결정한 정책을 일반대중은 조용히 수용한다는 입장

ⓐ 다원론 : 형식적으로는 소수가 정채과정을 좌우하고 있지만, 실질적으로는 선거 등의 방법으로 시민에 의해 실현된다고 파악했다.

- 고전적 다원론(이익집단론, 초기의 다원론)
  - 엘리트가 대중의 요구에 민감하게 움직인다.
  - 사회의 각종 이익집단은 정부의 정책과정에 동등한 접근기회를 가지고 있다.
  - 이익집단 간에는 영향력의 차이는 있으나 게임의 규칙을 준수하여 전체적으로 권력균형을 유지한다.
  - 정부는 이익집단과 동등한 하나의 집단으로서 중개인이나 심판관 역할만 수행한다.
- R. Dahl의 다원론
  - 부와 명예, 권력을 가진 집단은 서로 다르다고 보고 사회가치는 다양한 세력에게 분산되어 있다고 전제한다.
  - 다수에 의한 정치가 이뤄지고 어떠한 사회문제든지 정치체제로 침투할 수 있다고 전제한다.
  - 정책문제는 특정세력의 의도와는 무관하게 외부에서 무작위적으로 채택된다고 간주한다.

ⓐ 신엘리트이론(무의사결정론) : 정책의제설정에서 지배엘리트의 이해관계와 일치하는 사회문제만 정책의제화된다는 이론이다.

- 다원론의 반발로서 어떤 문제는 정책의제로 채택되고 어떤 문제는 왜 방치·기각되는가에 대한 물음에서 출발한 이론으로 대규모 흑인폭동(1960년대)을 계기로 발전된 이론이다.
- 주로 의제채택과정에서 나타나지만 결정·집행·평가 등 정책과정 전반에 걸쳐 나타난다.
- 무의사결정은 의도적인 현상으로 은밀하게 나타난다.

ⓑ 신다원론 : 순수다원주의를 부분적으로 비판하면서 무의사결정론 등의 신엘리트이론 요소를 부분적으로 수용하는 관점이며, 정부가 좀 더 능동적·전문적으로 기능한다고 본다.

문. 다음은 피터 메이의 정책의제 설정모형에 관한 설명이다. 보기 중 다음의 설명에 가장 부합하는 모형은?

▶ 2007. 4. 28 경기도

사회문제 → 공중의제 → 정부의제

① 외부주도형　② 내부주도형
③ 굳히기형　④ 내부접근형

☞ ①

문. 다음은 정책과정을 바라보는 이론적 관점들 중 하나를 제시한 것이다. 그 내용과 부합하는 것은?

▶ 2013. 7. 27 안전행정부

사회의 현존 이익과 특권적 분배 상태를 변화시키려는 요구가 표현되기도 전에 질식·은폐되거나, 그러한 요구가 국가의 공식 의사결정 단계에 이르기 전에 소멸되기도 한다.

① 정책은 많은 이익집단의 경쟁과 타협의 산물이다.
② 정책 연구는 모든 행위자들이 이기적인 존재라는 기본 전제 하에서 경제학적인 모형을 적용한다.
③ 실제 정책과정은 기득권의 이익을 수호하려는 보수적인 성격을 나타낼 가능성이 높다.
④ 정부가 단독으로 정책을 결정·집행하는 것이 아니라 시장(market) 및 시민사회 등과 함께 한다.

☞ ③

- 자본주의 국가에서는 기업집단에 특권을 부여할 수밖에 없다.
- 정부는 중립적 조정자가 아닐 수도 있으며 전문화된 체제를 갖춘 능동적 개입자로 전제한다.
- 국가관료 간의 내적 견제, 정부기구의 분화를 통한 민주주의 확립 필요성을 강조한다.
- ㉼ **정책네트워크모형** : 다원론과 엘리트이론, 조합주의에 대한 대안으로 등장한 것으로 정책을 다양한 공식, 비공식참여자들 간의 참여와 상호작용의 산물로 보고 사회학이나 문화인류학의 네트워크 분석을 이용, 정책과정을 포괄적·체계적으로 설명하기 위한 모형이다.
- 하위정부모형(3자 연합, 철의 삼각, 정책망모형) : 의원, 정부관료, 이익집단 대표의 3자 연합을 정책과정에서 핵심세력으로 간주하며, 다원주의와 엘리트주의의 절충적 중간입장에 있다.
  - 포획이론 : 정책당국이 공익보다는 이익집단의 요구와 주장에 호응하고 동조하게 되는 현상을 설명한 것이다.
  - 지대추구이론 : 특정 개인이나 기업이 자신의 독점적 권한을 보장받을 목적으로 적극적 로비를 하여 정부의 시장개입을 유도하고, 관료는 공익의 추구를 위한 정책결정이 아닌 특정 개인과 기업의 이익을 보장하게 되어 결과적으로 공익에 반하는 결과를 초래한다는 것이다.
- 이슈공동체모형 : 공통의 기술적 전문성을 가진 다양한 견해의 대규모 참여자들을 함께 묶는 불안정한 지식공유 집단이며, 특정한 경계가 존재하지 않는 광범위한 정책연계망이다.
  - 사회가 점차 다원화되면서 철의 삼각 같은 결정체제가 더 이상은 곤란해졌다는 인식에서 등장했다.
  - 이슈를 제기하는데 치중하고 구성원 간 인식에 대한 공유나 책임감이 없고 갈등을 증폭시키기도 한다.
- 정책공동체모형 : 정책결정에 필요한 전문지식은 전문가, 학자, 행정관료들의 공식·비공식 상호 접촉과 의견교환에 의해 획득되며 이것이 이루어지는 장소가 정책공동체이다.
  - 뉴거버넌스와 연관된 개념으로 정책공동체는 하나의 가상적 공동체로서 사안별로 구성된다.
  - 정책공동체는 이슈공동체에 비해 내부에서 Zero-Sum Game이 발생하지 않아 갈등이 적고 기본인식을 같이한다.
  - 정책의 합리성 제고, 다양한 요구의 반영, 정책혼란 감소, 인재의 검증과 발탁의 장점이 있다.

⑤ **정책의제 설정을 좌우하는 요인** … 정책의제 설정에 영향을 미치는 변수로는 일반적으로 의제설정 주도집단의 힘, 정치체제의 구조, 정치이념 등의 정치적 요소 및 문제의 특성 등을 들 수 있다.

> 포인트팁 Cobb & Elder의 정책의제 설정기준 … 전례의 유무, 시기적 적합성, 복잡성 또는 단순성, 구체성 또는 일반성, 사회적 유의성

문. 미래에 대한 불확실성을 주어진 조건으로 보고 그 안에서 결과를 예측하는 방법으로, 미래에 발생할 수 있는 최악의 상황을 전제하고 정책대안의 결과를 예측하는 방법은?
▶ 2010. 04. 10 행정안전부

① 중복적 또는 가외적 대비 (redundancy)
② 민감도 분석 (sensitivity analysis)
③ 보수적 결정 (conservative decision)
④ 분기점 분석 (break-even analysis)

답 ③

문. 정책결정 때의 합리성의 제약요인으로 보기 어려운 것은?
▶ 2000. 7. 23 서울특별시

① 과다한 비용
② 집권화와 분권화
③ 매몰비용의 집착
④ 선례답습적 보수주의
⑤ 집단사고의 작용

답 ②

⑥ 정책의제형성모형

　㉠ 외부주도형

　　• 정부 외부의 집단에 의해 이슈가 제기되는 경우로서 다원화되고 평등한 사회일수록 외부주도형에 의존할 가능성이 크다.

　　• 사회문제 → 공중의제 → 정부의제의 순서를 따른다.

　　• 정책과정 전반을 외부집단이 주도하고, 외부집단 간의 경쟁으로 인하여 점진적인 해결에 머무르는 수가 많다는 특징을 갖는다.

　㉡ 내부주도형(동원형)

　　• 정부 내의 정책결정자들에 의하여 주도되어 거의 자동적으로 정책의제가 채택되는 경우로 정부의제가 된 이후 공중에게 알려지게 되므로 행정 PR을 필요로 한다.

　　• 발전전략을 채택한 개발도상국이나 후진국에서 볼 수 있다.

　　• 사회문제 → 정부의제 → 공중의제의 순서를 따른다.

　　• 전문가의 영향력이 크고, 정책결정과정과 내용이 좀 더 분석적이다.

　㉢ 내부접근형(음모형)

　　• 동원형과 같이 정책결정자들에 의해 자발적으로 정책의제화가 진행되지만, 외부 국민들과는 관계없이 정부관료제 내부에서만 이루어진다는 차이가 있다.

　　• 권위적이고 불평등한 사회일수록 이에 의존할 가능성이 크다.

　　• 사회문제는 곧바로 정부의제가 된다.

　　• 무기구입계약과 같은 외교·국방 등의 문제이거나 일반 대중에게 알려지면 곤란한 사안을 다루어야 할 때 이용하기도 한다.

(3) 정책결정

① 의의 … 정부기관이 정책을 동태적 과정을 거쳐 공적 문제의 해결을 위하여 미래의 바람직한 정부의 대안을 탐색·선택하는 과정을 말한다.

② 의사결정과의 비교

구분	정책결정	의사결정	유사점
주체	정부	정부, 기업, 개인	• 문제해결이나 목표달성을 위해 여러 대안 중 하나 또는 복수의 최선의 대안을 선택·결정
결정사항	정부활동지침	모든 합리적 대안 선정	
성격	공적 성격	공·사적 성격	
근본이념	공익성	공익 또는 사익	• 주로 정치적·행정적 의사결정을 정책결정이라 함
계량화	곤란	용이	

③ 유형

　㉠ 비정형적 정책결정과 정형적 정책결정(H. Simon)

　　• 정형적 의사결정 : 의사결정과정이 신속하고 원활하며 합리성을 명확히 추구하여, 행동의 조정과 통제를 수월하게 한다.

문. 정책결정의 권력모형에 대한 설명으로 옳지 않은 것은?

▶ 2008. 4. 12 행정안전부

① 신베버주의에 속하는 Krasner에 의하며, 국가가 다른 나라와의 경제관계에 관한 정책결정을 할 때 기업의 이익이 아니라 국가이익을 옹호하는 결정을 내렸다고 한다.

② Bentley와 Truman으로 대표되는 이익집단론에 따르면, 정치과정의 핵심은 이익집단활동이며, 정책과정에서 관료들의 소극적인 역할을 상정하고 있다.

③ 정책네트워크모형에 의하면, 국가는 자신의 정책이해를 가지고 이를 정책과정에서 관철시키고자 하는 하나의 행위자이다.

④ 이슈네트워크모형에 따르면, 국가와 이익집단을 포함한 다양한 행위자 간에는 빈번한 상호작용이 발생하고, 이러한 상호작용은 안정적이고 협력적이라고 본다.

☞ ④

문. 정책결정요인론 연구에 대한 설명으로 옳지 않은 것은?

▶ 2008. 9. 27 하반기 지방직

① 초기 연구에서는 정치적 요인보다 사회경제적 요인이 정책내용에 더 큰 영향을 미치는 것으로 나타났다.

② 후기 연구에서는 사회경제적 요인과 함께 정치적 요인도 정책내용에 영향을 미치는 것으로 나타났다.

③ 정책환경이 정책의 주요한 내용을 규정한다는 것을 규명해 주었다는 점에서 정책 연구에 큰 기여를 하였다.

④ 정책결정과정을 연구함으로써 정책유형을 도출하는데 커다란 기여를 하였다.

☞ ④

- 비정형적 의사결정 : 적응적이고 창의적인 의사결정을 가능하게 한다.
  ⓛ 가치결정과 사실결정
    • 가치결정 : 윤리적·당위적인 가치판단에 근거하는 결정이다.
    • 사실결정 : 경험적 사실을 바탕으로 한 결정이다.
  ⓒ 전략적 결정과 전술적 결정
    • 전략적 결정 : 조직의 목표설정이나 존속, 발전과 같은 추상적이고 근본적인 문제에 대해 무엇을 하는가에 관한 결정이다.
    • 전술적 결정 : 전략적 결정을 실현하기 위한 구체적인 수단을 결정하는 것이다.
  ⓔ 개인적 결정과 집단적 결정
    • 개인적 결정 : 관리자 개인의 판단에 의해 대안을 선택하는 것이다.
    • 집단적 결정 : 관계자와 전문가 등이 참여하여 대안에 대한 분석을 거쳐 결정하는 것이다.

④ 과정(G. B. Galloway)
  ⓐ 정책문제의 인지 : 정책문제는 공공성을 띠며, 복잡하고 동태적이며 상호의존적이다. 또한 과거 정책상의 역사적 산물인 경우가 많은데, 필요한 정보가 부족하게 되거나 문제의 중요성을 파악하는 데 편견이나 선입견이 작용하는 경우, 잘못된 정책목표의 설정으로 연결되는 현상인 '제3종 과오'를 범할 수 있다.
  ⓑ 목표의 설정 : 문제를 현실적으로 계획기간 동안 달성하고자 하는 상황을 명확히 하는 것을 말한다. 설정기준은 적합성과 적절성을 들 수 있다.
  ⓒ 정보수집 및 분석 : 정책대안의 설계에 필요한 정보를 수집하고 분석하는 과정으로서 주로 MIS(정보관리체계)를 활용한다.
  ⓓ 대안의 작성 및 비교·분석 : 수집한 정보의 분석을 토대로 구성요소의 대안적 내용을 작성하고, 체제분석이나 관리과학기법을 활용하여 대안들을 비교·분석한다. 체제분석은 관리과학보다 분석범위나 활용범위가 넓으며 PPBS, 비용 – 편익분석, 비용 – 효과분석 등이 체제분석의 주된 기법이다.
  ⓔ 최선의 대안 선택 : 대안평가 후 가장 적절한 대안을 선택한다. 그러나 대안은 언제나 합리적으로만 이루어질 수는 없으며, 여러가지 요인에 의해 제약이 따르기도 한다.

⑤ 미래예측기법
  ⓐ 미래예측기법의 유형
    • 투사 : 역사적 경향을 장래로 연결하여 미래를 예측하는 기법으로, 미래에 대해 결정론적 입장에 있으며 방법론적 진술이나 유사한 사례로써 이루어진다.
    • 예견 : 과학적·이론적 근거에 의한 예측으로 유사한 과정이나 관계에서 나타나는 인과관계의 유추를 통해 탐색한다. 대표적인 기법으로 경로분석, 선형계획, 회귀분석 등이 있다.

문. 정책결정의 주요 모형에 대한 설명으로 옳지 않은 것은?
▶ 2007. 7. 8 서울특별시
① 뷰케넌과 털록의 공공선택모형은 공공재의 결정이 정치적 표결에 의해 이루어짐을 설명하고 있으며 결정참여자들은 자신의 이익을 극대화하는 방향으로 결정에 참여한다고 주장한다.
② 회사모형은 느슨하게 연결된 조직의 결정을 다루는 연합모형으로 조직학습, 불확실성 회피, 문제중심탐색, 갈등 준해결을 특징으로 한다.
③ 엘리슨의 관료정치모형은 현실적인 결정이 결정과정에 참여하는 관료들의 홍정, 타협, 연합, 대결에 의해 이루어진다고 보았다.
④ 쓰레기통모형에서는 문제, 정치, 정책의 흐름이 독자적으로 흘러 다니다가 어떤 계기로 모일 때 결정이 이루어진다고 한다.
⑤ 잘못된 정책에 대한 악순환이 일어날 소지가 큰 모형은 점증모형이다.
☞ ④

문. 다음 중 "순수한 합리성이 아닌 주관적인 합리성에 따라 대안이 선택될 수밖에 없다"고 보는 의사결정이론모형은?
▶ 2005. 4. 3 경기도
① 만족모형　　② 최적모형
③ 점증모형　　④ 타협모형
☞ ①

- **추측** : 미래상태에 대한 주관적 판단으로 이루어지며 직관적인 진술의 형태를 취한다. 정책기획집단의 내재적 통찰력과 창의력 및 암묵적 지시 등의 미래에 대한 지시적 주장에 의존하며, 대표적인 것으로 델파이 기법 등이 있다.

ⓛ **주관적 · 직관적 방법**(질적 예측)

- **브레인 스토밍(Brain Storming)** : 특정 문제에 대하여 비판을 자제하고 자유분방한 토론으로 광범위한 아이디어를 수집하는 집단토의기법으로, 모든 아이디어를 거르지 않고 수집한 다음 실현가능성이 없는 의견을 제거해 나가면서 결론이나 대안을 마련한다.

- **델파이 기법**
  - **의의** : 주제에 대하여 경험과 판단을 체계적으로 유도 · 대조하는 방법으로 문제의 예측 · 진단 · 결정에 있어 의견의 일치를 볼 때까지 전문가 집단으로부터의 반응을 체계적으로 도출하여 분석 · 종합하는 조사방법이다.
  - **방법** : 각 전문가들에게 개별적으로 설문서와 종합된 결과를 전달 · 회수하는 과정을 거듭하여 독립적이고 동등한 입장에서 의견을 접근해 나갈 수 있도록 한다.
  - **장점**
  - 응답자의 익명성이 유지되므로 외부적인 영향력으로 결론이 왜곡을 방지할 수 있다.
  - 통제된 환류과정을 반복함으로써 주제에 대한 관심을 높일 수 있다.
  - 응답의 결과가 통계적으로 처리됨으로써 비교적 객관적인 결론을 도출할 수 있다.
  - **단점**
  - 델파이 과정에서 응답자가 불성실한 응답을 하거나 조작될 가능성이 있다.
  - 응답집단인 전문가들의 자질과 역량이 부족할 경우 문제가 된다.
  - 설문의 작성방법에 따라 응답이 좌우될 수 있고, 형식적 응답이 등장할 수 있다.
  - 소수 의견이 묵살될 가능성이 있다.
  - 정치적 의사결정상 이해관계의 개입이 불가피하다.

포인트탑 일반델파이와 정책델파이의 비교

구분	일반델파이	정책델파이
개념	일반문제에 대한 예측	일반델파이를 정책문제에 도입
대상자	일반전문가	정책전문가 · 정책관계자
익명성	철저한 격리성과 익명성 보장	선택적 익명성 보장(중간에 상호교차토론 허용)
분석방법	의견의 평균치(중위값) 중시	극단적이거나 대립된 견해도 존중하고 이를 유도

문. 집단적 의사결정방식으로 익명성을 유지하면서 아이디어를 교환하여 문제를 해결하는 방식은?
▶ 2008. 5. 24 상반기 지방직
① 전통적 델파이기법
② 브레인 스토밍
③ 정책 델파이기법
④ 변증법적 토론기법
🖙 ①

문. 다음 중 델파이기법에 관한 설명으로 옳지 않은 것은?
▶ 2005. 3. 6 인천광역시
① 정성적인 미래예측기법이다.
② 의견수렴시 토론결과가 외부의 영향을 적게 받는다.
③ 과정 중 의견이 왜곡될 염려가 있다.
④ 익명성을 유지하여 솔직한 답변을 유도한다.
⑤ 응답자가 불성실하게 응답하거나 조작될 가능성이 있다.
🖙 ③

문. 정책델파이에 대한 설명으로 옳지 않은 것은?
▶ 2012. 5. 12 상반기 지방직
① 일반적인 델파이와 달리 개인의 이해관계나 가치판단이 개입될 수 있다.
② 정책문제 해결을 위한 정책대안을 개발하고 그 결과를 예측하기 위해 만들어진 방법이다.
③ 대립되는 정책대안이나 결과가 표면화되더라도 모든 단계에서 익명성이 보장되어야 한다.
④ 정책문제의 성격이나 원인, 결과 등에 대해 전문성과 통찰력을 지닌 사람들이 참여한다.
🖙 ③

  © 과학적 계량적 방법(양적 예측)
- 선형계획(LP) : 관리결정의 계량적 기법(관리과학)의 일종으로 확실한 상황하에서 한정된 자원을 경쟁적 활동에 가장 적절한 방법으로 배분하여, 생산량을 심플렉스기법(간단한 일차부등식)을 이용하여 극대화시키려는 의사결정분석기법이다.
- 민감도 분석 : 선형계획으로 도출된 결과를 분석하고 해석을 내리는 데 분석의 수단을 제공해 주고 통찰력을 높여 줄 수 있는 방법이다.
- 시계열 분석 : 시간의 흐름에 따라 변화를 예측하는 기법으로 시간을 독립변수로 하여 과거로부터 현대까지의 변화를 분석함으로써 미래를 예측하는 기법으로 투사법, 경향분석이라고도 한다.
- 회귀분석 : 하나의 변수와 다른 변수들 간의 상관관계를 설정함으로써 하나의 계량적 변수의 값을 예측하는 데 이용하는 통계적 기법의 하나이다.
- 목적계획법 : 다수의 상충되는 목표 가운데 우선순위에 따라 순차적으로 설정된 목표들과 실현된 목표 간의 편차의 합이 극소화되도록 하는 대안을 식별해 내는 방식이다.

⑥ 정책결정의 합리성 저해요인

  ㉠ 정책결정자
- 권위주의적 성격 : 상호 간 의사전달이 무시되어 민주적 토의가 불가능하여 비합리적인 결정을 할 우려가 높다.
- 전근대적 가치관 : 정책결정자의 전근대적 가치관으로 인해 갈등과 대립이 발생할 가능성이 많다.
- 정보와 지식의 부족 : 정책내용과 필요성에 대한 몰이해로 비합리적인 결정이 야기된다.
- 병리적 관료행태 : 변동에 대한 거부감, 무사안일주의, 형식주의 등은 합리적인 결정의 방해요소가 된다.
- 개인적 성향 : 정책결정자 자신의 경력과 성향 및 선입견이 영향을 미친다.

  ㉡ 정책결정구조
- 의사전달의 장애 : 부처할거주의와 관료제의 역기능으로 인해 의사전달이 왜곡되거나 순조롭지 못하여 합리적인 정책결정을 어렵게 한다.
- 지나친 집권화 : 참여기회의 제한과 적은 수의 대안으로 일방적인 정책결정이 이루어지기 쉽다.
- 행정참모기능의 약화 : 정책전담능력의 한계로 체계적인 정책분석이 어렵다.
- 복잡한 절차와 문서주의 : 절차적 비합리성과 비능률성을 초래한다.
- 표준운영절차의 작동 : 행정선례와 절차의 중시로 쇄신적 결정에 한계가 있다.

ⓒ 환경적 요인
- 목표와 문제의 다양성 : 타 정책과의 상충 또는 우선순위의 문제가 생긴다.
- 투입기능의 취약성 : 여론에 의한 투입기능의 약화는 합리적 정책결정을 저해한다.
- 매몰비용(sunk cost)의 작용 : 이미 시행된 정책이나 환경적 요인으로 인해 회수가 불가능한 비용이 존재하여 선택의 범위가 제한된다.
- 정치 · 사회적 요인 : 국민의 의식수준 미달, 연고주의, 부정부패 등의 문제가 있다.

ⓔ 분석기법상의 약점
- 평가기준 간의 모순이 발생할 가능성이 많다.
- 양적 측정의 어려움이 있다.
- 정책평가의 주관성을 배제하기 어렵다.

⑦ 정책결정 이론모형

ⓐ 합리모형
- 의의 : 합리적인 경제인인 정책결정자는 전지전능한 존재라는 가정하에 목표달성의 극대화를 위한 합리적 대안을 탐색 · 추구하는 이론으로 종합성, 합리성, 체계성, 완전분석성, 근본적 검토 등을 특징으로 하는 이상론적인 정책결정과정을 가리킨다.
- 내용 : 의사결정자는 문제를 분명히 인식하고, 명확한 목표를 세워, 문제해결을 위한 모든 대안들을 체계적 · 포괄적으로 탐색하고, 각 대안들의 결과를 가능한 모든 정보를 동원하여 분석 · 예측한 후, 각 대안들의 결과를 B/C분석 등에 의해 체계적으로 비교 · 평가하여, 그 중에서 최적의 대안을 선택한다. 이때 목표 · 가치와 수단 · 사실은 엄격히 구분되며, 정책결정이 합리적으로 이루어지는 결정체제가 존재하고, 인적 · 물적 자원은 풍부하다고 전제한다.
- 비판(Lindblom & Braybrook)
  - 의사결정자의 능력이 전능하다는 가정은 오류이다.
  - 완전한 정보와 지식 동원은 현실적으로 불가능하다.
  - 정보의 수집과 대안의 탐색과정 및 비교과정에 소요될 비용을 고려하지 않았다.
  - 평가의 기준과 우선순위는 언제나 명확하지 않다.
  - 현실에서 목표 · 가치와 수단 · 사실은 구분이 어렵다.

ⓑ 점증모형(Lindblom & Wildavsky)
- 의의 : 인간의 지적 능력의 한계와 정책결정수단의 기술적 제약을 인정하고, 정책대안의 선택은 종래의 정책이나 결정의 점진적 · 순차적 수정이나 부분적인 약간의 향상으로 이루어진다고 보며, 정치적 합리성을 중요시한다.

문. 정책결정의 유형 가운데 린드블럼(Lindblom)과 윌다브스키(Wildavsky) 등이 주장한 점증주의(Incrementalism)에 대한 설명으로 옳지 않은 것은?

▶ 2014. 3. 22 사회복지직

① 합리적인 요소뿐만 아니라 직관과 통찰력 같은 초합리적 요소의 중요성을 강조한다.
② 기존의 정책에서 소폭의 변화를 조정하여 정책대안으로 결정한다.
③ 정책결정은 다양한 정치적 이해관계자들의 타협과 조정의 산물이다.
④ 정책의 목표와 수단은 뚜렷이 구분되지 않으므로 목표와 수단 사이의 관계 분석은 한계가 있다.

☞ ①

- **내용**
  - 기존정책의 수정·보완 : 정책결정자는 모든 대안을 포괄적으로 분석·평가하기보다 현존정책에 비하여 약간 향상된 정책에만 관심을 가지며, 비교적 한정된 수의 정책대안만 검토하고, 장래의 사회목표추구보다 현재의 구체적 결함의 보완을 목적으로 한다.
  - 계속적 정책결정 : 상황변화를 고려해서 여러 차례 결정을 수행해 나간다.
- **비판**
  - 안정된 사회를 위한 모형 : 기존정책의 결과가 만족스러운 것이어야 하고, 해결해야 할 문제와 수단도 안정성을 지녀야 하므로 개발도상국에는 적합하지 않다.
  - 쇄신의 저해 : 과감한 개혁과 쇄신이 필요해지는 경우 점증주의의 보수적 성격으로 인해 대응이 늦어지거나 거부될 수 있다.
  - 안이한 정책결정의 조장 : 무사안일을 정당화할 우려가 있고 결과적으로 사회가치의 근본적인 재배분을 필요로 하는 정책보다 임기응변적 정책을 모색하는 데 집중하게 된다.
  - 강자의 과대대표 : 당파 간의 협상과 상호 조절을 강조하나 이러한 과정은 현실적으로 강자에게 유리하다. 그러므로 모든 정책은 강자를 과대대표하고 약자를 과소대표하게 된다.
  - 정책의 축소 및 종결의 곤란 : 기존 정책의 존폐 필요성의 여부와 무관하게 점차 규모가 커질 수 있다.

ⓒ **만족모형**(Simon & March)

- **의의** : 인간의 인지능력·시간·비용·정보 등의 부족으로 최적 대안보다는 현실적으로 만족할 만한 대안을 선택하게 된다는 제한된 합리성을 가정한다.
- **내용** : 몇 개의 대안만을 무작위적이고 순차적으로 탐색하고, 복잡한 상황을 단순화시켜 대안의 중요한 결과만을 예측하여, 만족할 만한 대안을 선택한다.
- **평가** : 실제 의사결정에 대한 비교적 정확한 설명을 하고 있으며, 의사결정에 있어서 비용의 중요성을 지적하고 있다. 그러나 중요한 대안이 무시될 수 있고, 쇄신적·창조적 대안의 탐색을 포기하기 쉽다는 단점이 있다.

ⓓ **혼합주사모형**(Etzioni)

- **의의** : 규범적·이상적 접근방법인 합리모형과 현실적·실증적 접근방법인 점증모형을 혼용함으로써 현실적이면서도 합리적인 결정을 할 수 있다고 본다.
- **내용** : 모든 정책결정이 동일한 성격을 가진 것이 아니라 기본적 결정과 부분적 결정이 있다고 전제하고 기본적 결정은 합리모형으로, 부분적 결정은 점증모형으로 한다.

문. 다음 설명에 해당하는 정책결정모형은?

▶ 2015. 3. 14 사회복지직

- 정책결정은 부분적, 순차적으로 이루어진다.
- 집단의 합의를 중시하는 특징이 있다.
- 정책을 축소하거나 종결하기 어렵다.

① 합리모형　　② 최적모형
③ 점증모형　　④ 만족모형

☞ ③

• 평가 : 이론적 독자성이 없고 단순한 절충혼합의 성격을 띠고 있어 합리 모형과 점증모형의 결함을 극복하지 못하고 있다.

ⓛ **연합모형**(Cyert & March)

• 의의 : 만족모형을 발전시켜 조직에 있어서의 의사결정에 확대 · 적용시킨 모형이며, 회사조직의 행태를 조직의 구조 · 목표의 변동이나 기대의 형성과 선택의 관점에서 파악하려고 하므로 회사모형이라고도 한다.

• 내용

– 갈등의 준해결 : 조직은 하위조직들로 구성된 연합체이며 각각의 목표를 가지고 있어서, 이들 목표 간의 갈등은 협상을 통한다 해도 완전 해소될 수는 없고 항상 납득할 수 있는 수준에서 불완전하게 해결된다.

– 불확실성의 회피 : 조직의 환경은 유동적이므로 대안이 가져올 결과를 불확실한 것으로 보고, 조직은 단기적 전략에 치중하고, 관련자들과 타협을 하며, 예측 가능한 결정절차를 선호한다.

– 문제중심적 탐색 : 조직은 시간과 능력의 제약으로 인해 모든 상황을 고려하기보다는 문제가 발생한 경우에 탐색을 시작하여 적절한 해결방안을 찾는다.

– 표준운영절차(SOP)의 중시 : 경험이 축적되어감에 따라 가장 효율적이라고 생각되는 결정절차를 마련해 두고 이를 활용하여 의사결정을 한다.

• 비판 : 연합모형의 준거대상은 사기업 또는 자율성이 강한 조직이기 때문에, 공공부문의 의사결정에 적용하는 데에는 한계가 있으며 권위적 조직의 의사결정에는 적용에 한계가 있다.

ⓗ **최적모형**(Dror)

• 의의 : 합리모형의 비현실적인 측면과 점증주의의 보수적인 측면을 모두 비판하고 규범적이고 처방적인 입장에서 제시된 것으로, 계량적인 면과 질적인 면을 적절히 결합시키고 합리적인 요소와 초합리적인 요소를 함께 고려하여야 함을 강조했다.

• 내용

– 질적 측면의 강조 : 계량적 분석도 중요하지만 질적 분석도 고려하여 개선할 필요가 있다.

– 초합리적 요인의 강조 : 계량화가 곤란한 불확실성 하에서는 결정자의 직관 · 영감 · 육감 등의 초합리성을 동시에 다룬다.

– 경제적 합리성 강조 : 대안의 탐색과 선택에 있어서 경제성을 감안한 합리성을 중요시한다.

– 환류의 강조 : 정책결정능력의 향상을 위해 계속적인 검토 · 개선을 강조한다.

– 정책결정의 3단계 : 광의의 정책결정은 정책을 어떻게 결정할 것인가에 관한 초정책결정, 일반적 의미의 정책결정, 환류에 의해 일어나는 정책변동을 위한 후정책결정 등의 3단계로 이루어진다.

• 평가 : 초합리성의 개념을 도입하여 사회적 변동상황하에서의 혁신적 정책결정이 거시적으로 정당화될 수 있는 이론적 근거를 제시하였으나, 초

문. 정책결정모형 중에서 회사모형에 대한 설명으로 옳지 않은 것은?

▶ 2015. 4. 18 인사혁신처

① 회사조직이 서로 다른 목표를 지닌 구성원들의 연합체(coalition)라고 가정한다.

② 연합모형 또는 조직모형이라고 불리기도 한다.

③ 조직이 환경에 대해 장기적으로 대응하고 환경 변화에 수동적으로 적응한다고 한다.

④ 문제를 여러 하위문제로 분해하고 이들을 하위조직에게 분담시킨다고 가정한다.

☞ ③

문. 다음 중 Cyert와 March의 회사모형(연합모형)의 특징이 아닌 것은?

▶ 2007. 3. 25 인천광역시

① 개인차원의 의사결정모형이 집단차원에 모두 적용되는 것은 아니다.

② 거래관행 또는 표준운영절차를 통하여 불확실성을 회피한다.

③ 목표가 장기적이다.

④ 대안이 가져 올 결과를 문제 삼지 않는다.

⑤ 모순되는 목표는 순차적으로 해결하며 갈등은 준해결 상태에 머문다.

☞ ③

문. 정책결정모형 중에서 합리적인 요소와 초합리적인 요소의 조화를 강조하는 모형은?

▶ 2013. 8. 24 제1회 지방직

① 최적모형(Optimal Model)

② 점증주의(Incrementalism)

③ 혼합탐사모형(Mixed−Scanning Model)

④ 만족모형(Satisficing Model)

☞ ①

합리성은 구체적으로 규명하기가 매우 난해하고 기본적으로 경제적 합리성을 중시하므로 정책결정에 있어 다원화된 사회적 과정에 대한 고찰이 불충분하다.

ⓐ **공공선택이론모형**(Vincent Ostrom & Elinor Ostrom)
- 의의 : 행정을 근본적으로 공공재의 공급과 소비로 파악하고, 국민의 투표를 통한 선호를 표출시킴으로써 공공재를 스스로 선택할 수 있도록 하는 공공선택을 주장하였다.
- 가정 : 개인의 행동을 기본적 분석단위로 보고 합리적으로 자기의 이익을 추구하며 효용을 극대화하려는 목표를 실천한다는 홉스적 인간관을 전제로 하고 있다. 또한 공공재의 효율적인 생산과 공급은 제도적 장치의 마련을 통해 가능하다는 입장을 기본으로 하고 있다.
- 내용 : 종래의 엄격한 계층제하의 관료는 변화하는 환경조건에 부응하지 못하고 대규모 행정체제의 능력을 감소시키며, 전문화 및 정치기능을 경시하고, 서비스의 형평을 고려하지 못하여 정부실패의 원인을 야기하므로, 다양한 권력층 사이에 권한을 분산시키고 선호가 동질적인 집단별로 관할권을 중첩시키는 것이 필요하다고 본다.
- 평가 : 행정의 분권화와 자원배분의 효율성 및 행정의 민주화에 기여할 수 있으나, 사회적 불평등 방지를 위한 정부의 역할을 과소평가하고 시장의 순기능만을 지나치게 강조한 한계가 있다.

ⓑ **Allison의 의사결정모형**
- 의의 : Allison은 국가의 정책결정이 이루어지는 상황은 획일적이지 않아 정책결정이 전개되는 상황적인 특성에 따라 그에 적합한 결정모형을 복합적으로 적용해야 한다는 대안을 제시했다.
- 내용

구분	합리모형(모형 Ⅰ)	조직모형(모형 Ⅱ)	관료정치모형(모형 Ⅲ)
조직관	조정과 통제가 잘된 유기체	하위조직들의 연합체	독립적인 개인적 행위자들의 집합체
권력소재	최고지도자	반독립적인 하위조직들이 분산소유	개인적 행위자들의 정치적 자원에 의존
행위자의 목표	조직전체의 목표	조직전체의 목표와 하위조직들의 목표	조직전체·하위조직·개별적 행위자들의 목표
목표의 공유	매우 강함	약함	매우 약함
정책결정의 양태	최고지도자가 직접 명령하고 지시	SOP와 프로그램	목록에서 대안 추출

ⓒ **기타**
- 사이버네틱스모형 : 합리모형과 극단적으로 대립되는 적응적·관습적 의사결정모형으로, 불확실한 상황하에서 시행착오를 거쳐 정보를 지속적으로 제어하고 환류하는 가운데 점진적인 적응을 해나간다고 본다. 적응적 의사결정, 불확실성의 통제, 집단적 의사결정에의 도입, 도구적 학습 등이 특징이다.

문. 앨리슨(G. T. Allison)의 세 가지 의사결정모형에 대한 설명으로 옳지 않은 것은?

▶ 2015. 4. 18 인사혁신처

① 집단적 의사결정을 국가의 정책결정에 적용하기 위해 합리적 행위자모형, 조직과정모형, 관료정치모형으로 분류하였다.
② 관료정치모형은 조직 하위계층에의 적용가능성이 높고, 조직과정모형은 조직 상위계층에의 적용가능성이 높다.
③ 실제 정책결정에서는 어느 하나의 모형이 아니라 세 가지 모형이 모두 적용될 수 있다.
④ 원래 국제정치적 사건과 위기적 사건에 대응하는 정책결정을 설명하기 위한 모형으로 고안되었으나, 일반정책에도 적용 가능하다.

☞ ②

- **쓰레기통모형** : J. March, M. Cohen, Olsen 등이 주장한 모형으로서 문제·해결책·선택기회·참여자의 흐름이 우연히 동시에 한 곳에서 모여질 때 의사결정이 성립된다고 파악한다. 즉 의사결정은 조직화된 환경, 참여자, 목표수단의 불확실상태에서 우연한 계기로 인해 정책결정이 이루어진다고 본다는 것이다.

(4) 정책분석

① **의의** … 넓은 의미로서 의사결정자의 판단의 질을 높여주기 위한 각종 대안에 대한 과학적인 비교 및 체계적인 검토와 분석을 뜻하며 대체로 분석의 차원과 유형에 따라 정책분석, 체제분석, 관리과학의 세 차원으로 구분된다.

② **관리과학**

   ㉠ **의의와 특징** : 과학적·계량적 기법을 이용한 접근방법으로, 과학적 원리와 기법 및 절차를 강조하고 폐쇄체제를 전제로 한 체계적 접근방법을 취한다. 수리적 모형구성과 계량적 분석을 강조하며 사회심리적 측면보다 경제적이고 기술적 측면에 관심을 가진다. 현실적이고 실증적 모형보다는 규범적 모형을 추구한다.

   ㉡ **한계**

- 가치문제, 질적 분석을 경시한다.
- 최근의 정책결정에 집중하여 정책문제의 제도적 맥락성을 경시한다.
- 비합리적 요소와 현상 등을 무시한다.
- 고도의 판단이나 쇄신을 필요로 하는 대안의 탐색은 기대할 수 없다.
- 전체사회목표, 기본정책 등의 문제를 경시한다.
- 수리적 모형에 의존하므로 복잡한 사회문제를 적절히 다루기 어렵다.
- 수리적 모형과 과학적 방법으로는 사회의 기본적 동향을 예측하기 곤란하다.

   ㉢ **관리과학기법**

- 관리정보체제(MIS) : 행정의 기획, 조직, 동작화 및 통제의 기능을 효율화시키고 의사결정에 필요한 정보를 수집·가공·축적하여 필요한 정보를 제공해 주는 체제이다.
- EDPS : 컴퓨터 등에 의해 자료처리를 행하는 것으로서 대량의 자료를 신속하게 연산할 수 있고, 기억용량이 무한에 가까우며, 논리적·객관적 판단능력을 구비했다.
- 사이버네틱스(인공두뇌학) : 불확실한 외부환경 변화에 대응하면서 최적의 동작을 얻기 위한 환류와 제어의 반복으로 이루어져 있다. Net-working, Feedback, 정보의 처리로 구성되어 있다.
- 운영연구(OR) : 시스템 운영개선에 관한 문제들의 최적의 해답을 제공하는 방법이다. 수학적 개념과 계량적 모형을 행정과정에 적용하여 조직 전반에 걸쳐 개혁하려는 방법으로서 주로 재고관리·자원배분·대기결정·우선순위결정·대체결정 등에 적용된다.

문. 쓰레기통 모형에 대한 설명으로 옳지 않은 것은?
▶ 2015. 3. 14 사회복지직
① 명확하지 않은 인과관계를 토대로 해결책이 제시되는 경우가 많다.
② 이해관계자들의 지속적인 의사결정 참여가 어렵다.
③ 목표나 평가기준이 명확하지 않은 경우가 많다.
④ 현실 적합성이 낮아 이론적으로만 설명이 가능한 모형이다.
☞ ④

문. 정책분석기법에 대한 설명으로 옳지 않은 것은?
▶ 2008. 9. 27 하반기 지방직
① 빈도함수는 소득계층별 인구특성이 비선형이고 저소득층에 비하여 고소득층이 적은 상황에서 인구와 소득수준간의 관계를 설명하는데 유용한 분석기법이다.
② 로렌츠곡선은 소득의 계층별 분포 혹은 지역소득의 차별적 분포특성을 설명하는데 유용한 분석기법이나, 특정지역에 대한 특성만을 중요시한다는 한계점이 있다.
③ 로렌츠곡선이 45° 대각선이 되고, 지니계수가 0인 경우 완전한 소득균등배분이 이루어지고 있음을 의미한다.
④ 지니계수는 로렌츠곡선의 상태를 계수화한 것으로 대각선 아래의 면적을 대각선과 로렌츠곡선 사이의 면적으로 나눈 값으로 다른 지역의 복합적 특성을 동시에 고려할 수 있는 분석기법이다.
☞ ④

- **PERT와 CPM** : 비정형적인 신규사업이나 비반복사업의 성공적 달성을 위한 계획 또는 시간공정기법이다.
- **선형계획(LP)** : 주어진 일정 제약조건하에서 최적분배점을 알아냄으로써 한정된 자원을 효율적으로 이용하기 위한 수리계획모형의 하나이다.
- **대기행렬이론** : 서비스를 기다리는 집단에 대해 서비스를 제공하는 데 필요한 직접비용과 그 집단들의 대기에 필요한 간접비용의 합을 최소화 하는 데 목적을 둔 분석기법이다.
- **게임이론** : 어떠한 상황에 대해 복수의 의사결정자가 존재하고, 각자가 복수의 대체적인 행동안을 가지고 있는 경우, 특정의 의사결정자에 의한 특정의 행동안의 선택결과가 다른 의사결정자의 행동안의 선택에 좌우될 때의 이론적 분석체계이다.
- **동적 계획법(DP)** : 시간적 변수를 중시하며 둘 이상의 단계에 걸쳐 있는 한 체계의 가장 효율적인 운영을 탐색해 내는 기법이다.
- **모의실험** : 현실의 불확실성, 가변성, 동적 상호관계, 복잡한 상호의존성을 중요한 요소로 분리하여 이들을 하나의 가상적 체계로 모형화하여 실험을 거쳐 최적 해를 얻는 방법이다.

③ **체제분석**(System Analysis : SA)

㉠ 의의
- **개념** : 의사결정자가 최적대안을 선택하는 데 도움을 주기 위한 체계적이고 과학적인 접근방법으로, 계량평가를 전제로 질적 가치문제에 대한 평가를 하게 된다.
- **과정** : 관리과학보다는 활용범위가 넓으며 문제의 명확한 과정(개념적 단계) → 탐색(조사 · 연구 단계) → 평가(분석적 단계) → 해석(판단 단계) → 검증 단계의 과정을 거쳐 이루어지게 된다.

㉡ 특징
- 문제를 체제적 관점에서 조직적 · 체계적으로 분석한다.
- 계량적 · 미시적 방법을 주로 활용한다.
- 대안 및 행동방안을 검토하는 기준으로서 경제적 합리성을 중시한다.
- 모든 문제를 동시에 분석하기보다 부분적 분석으로 해결책을 모색하려는 부분적 최적화를 추구한다.

㉢ 장점
- 과학적 · 체계적 분석으로 합리적 의사결정이 가능하다.
- 자원의 합리적 배분으로 목표달성에 기여한다.
- 객관적이고 과학적인 의사결정에 공헌한다.
- 미래의 불확실한 상황을 분석 및 판단하여 의사결정의 위험도를 줄일 수 있다.

㉣ 한계
- 목표의 계량적 측정이 어렵다.

- 시간과 비용 등의 제약요인과 목표 및 목표달성수단의 유동성 등의 제약이 수반된다.
- 불확실하고 복잡한 문제의 분석에 있어서의 객관성과 과학성에는 한계가 있다.
- 계량적 분석의 중시로 질적 요인과 질적 분석이 경시될 우려가 있다.

ⓗ 비용편익분석

- 의의 : 투입되는 비용과 산출량의 상관관계를 고려하여 편익이 큰 것을 기준으로 대안선택의 여부를 결정하거나 또는 우선순위를 명백히 하는 기법을 말한다.
- 특징
  - 비용편익분석은 공공프로그램이 사회에 가져오는 무형적인 것을 포함한 모든 종류의 비용과 편익을 측정한다.
  - 전통적인 비용편익분석은 경제적 합리성을 반영한다. 즉 공공투자의 기회비용은 흔히 민간부문에 투자했을 때 얻을 수 있는 순편익을 근거로 계산된다.
  - 현대적인 비용편익분석은 사회적 비용편익분석이라고도 일컬어지며 재분배편익의 측정에도 사용된다.
- 평가기준(Net Present Value)
  - 순현재가치방법 : 편익과 비용들이 모두 금전적 단위로 측정되었을 경우에는 순현재가치의 순서로 결정하는 방법이 경제적 능률성에 대한 최선의 척도이다.

> **포인트업** 순현재가치방법의 종류
> ㉠ 순현재가치(NPV) = (편익의 현재가치) − (비용의 현재가치) : 순현재가치(NPV) > 0일 때 사업을 채택한다.
> ㉡ 한계순현재가치(MNPV) = (△편익의 현재가치) − (△비용의 현재가치) : 편익의 증분 − 비용의 증분, 즉 한계순현재가치(MNPV) > 0일 때 사업을 지속한다.

  - 비용편익비율기법 : 가장 널리 이용되는 경제적 능률성의 척도이며 비용편익비가 1보다 큰 투자사업은 편익의 현재가치가 비용의 현재가치보다 큰 것을 의미하기 때문에 일단 선택가능한 대안으로 본다.

> **포인트업** 비용편익비율 기법의 종류
> ㉠ 비용편익비(B/C) = 편익의 현재가치/비용의 현재가치 : 가장 일반적인 기준으로 비용편익비(B / C) > 1일 때 사업을 채택한다.
> ㉡ 한계편익비용비(MB/MC) = △편익의 현재가치/△비용의 현재가치 : 한계편익비용비(MB/MC) > 1일 때 사업을 지속한다.

  - 내부수익률(IRR)방법 : 비용편익비율이 1이 되거나 또는 순현재가치가 0이 되도록 하는 할인율로서 내부수익률이 가장 큰 대안이 능률적인 것으로 판단될 수 있다.
- 장점
  - 가치의 공통단위인 화폐로 측정되며 수치비교가 가능하다.

문. 다음 중 비용편익분석에서 순현재가치법에 대한 설명으로 옳지 않은 것은?
▶ 2007. 3. 25 인천광역시

① 순현재가치법보다 내부수익률법이 오류가 크다.
② 순현재가치가 0보다 클 때 그 사업은 가치가 있다.
③ 순현재가치가 큰 값을 가질수록 좋은 대안이다.
④ 편익의 총 현재가치에서 비용의 총 현재가치를 뺀 것이다.
⑤ 높은 시간적 할인율은 장기투자에 유리하다.

☞ ⑤

문. 비용편익분석에서 대안을 비교·분석하는 기준에 해당하지 않는 것은?
▶ 2008. 4. 12 행정안전부

① 편익비용비(B/C Ratio)
② 순현재가치(Net Present Value)
③ 내부수익률(Internal Rate of Return)
④ 실행가능성(Feasibility)

☞ ④

문. 정책대안의 비교평가기준 중 내부수익률(IRR : Internal Rate of Return)에 대한 설명으로 옳지 않은 것은?
▶ 2010. 4. 10 행정안전부

① 여러 가지 정책대안들을 비교할 때, 내부수익률이 낮은 대안일수록 좋은 대안이다.
② 정책대안의 순현재가치를 0으로 만드는 할인율을 의미한다.
③ 사업이 종료된 후 또다시 투자비가 소요되는 변이된 사업유형에서는 복수의 내부수익률이 존재할 수 있다.
④ 내부수익률에 의한 사업의 우선순위는 사회적 할인율을 적용한 순현재가치에 의한 사업의 우선순위와 다를 수 있다.

☞ ①

- 하나의 정책이나 프로그램의 제한된 범위를 넘어 편익을 사회 전체의 소득과 연결시킬 수 있다.
- 편익의 순능률성이 화폐단위로 표현되므로 전혀 다른 분야의 프로그램을 상호 비교할 수 있다.
- **한계**
- 경제적 능률성에 대한 강조로 형평성 등의 기준이 무시될 수 있다.
- 화폐는 측정수단으로 적절하지 못하며 특히 목표의 적합성을 다루는 경우 문제가 있다.
- 시장가격을 이용할 수 없는 재화의 경우 주관적으로 가격을 추정해야 하는 문제가 발생한다.

ⓑ **비용효과분석(E/C분석)**
- **의의** : 각 대안의 소요비용과 그 효과를 대비하여 대안을 선택하는 것으로 비용은 화폐단위로 측정하고, 효과는 재화·서비스 또는 가치 있는 효과단위를 계량적 척도로 사용한다. 이러한 특성으로 화폐가치로 측정될 수 없는 질적 분석의 분야에서 비용·편익분석의 대안으로 이용된다.
- **특징**
- 효과를 화폐로 고정시키지 않으므로 정책문제에의 적용이 용이하다.
- 기술적 합리성을 요약적으로 나타낸다.
- 화폐단위로 환산할 수 없는 외부경제와 무형의 가치분석에 적합하다.
- 고정비용 또는 고정효과의 문제를 다루는 점에서 가변비용을 다루는 비용편익분석과 다르다.

> **포인트팁 비용효과분석의 충족성 기준**
> ㉠ **최소비용기준** : 효과의 수준이 확정되면 최소비용의 대안을 제안한다.
> ㉡ **최대효과기준** : 허용할 수 있는 비용의 상한선을 확정한 후, 그 비용으로 가져오는 효과를 비교한다.
> ㉢ **한계효과성기준** : 동일한 척도로 한계효과성을 비교할 수 있는 경우이다.
> ㉣ **비용–효과성기준** : 재화와 서비스의 단위당 비용을 비교한다.

- **장점과 한계** : 적용이 용이하고 시장가격으로 가치측정이 어려운 문제의 분석에 적합하다. 그러나 효과는 계량화가 어려우므로 불가피하게 주관적 판단이 개입되어 객관성을 확보하기 어렵다.

비용편익분석과 비용효과분석의 비교

비용편익분석(B/C)	비용효과분석(E/C)
• 공공사업의 경제적 타당성을 알아보기 위한 기법 • 순현재가치 기준 • 양적인 분석 • 계량화·통계화(투입 대 산출비를 화폐가치로 환산) • 타 영역의 정책과 상호 비교가 용이 • 측정 곤란한 분야 발생	• 목표달성정도와 관련(효과성) • 기술적 합리성 추구 • 비용은 계량화가 가능하지만 산출은 계량화가 곤란

문. 비용효과분석에 대한 설명 중 틀린 것은?
> ▶ 2005. 4. 3 경기도

① 화폐단위로 측정하는 문제를 피하기 때문에 비용편익분석보다 훨씬 쉽게 적용할 수 있다.
② 비용효과분석은 기술적 합리성을 요약해서 나타낸다.
③ 비용효과분석은 시장가격에 의존한다.
④ 비용효과분석은 외부효과나 무형적인 것의 분석에 적합하다.
☞ ③

문. 정책집행에 대한 연구방법 중 상향적 접근방법에 대한 설명으로 옳지 않은 것은?
> ▶ 2010. 4. 10 행정안전부

① 분명하고 일관된 정책목요의 존재기능성을 부인하고, 정책목표 대신 집행문제의 해결에 논의의 초점을 맞춘다.
② 집행의 성공 또는 실패의 판단기준은 '정책결정권자의 의도에 얼마나 순응하였는가'가 아니라 '일선집행관료의 바람직한 행동이 얼마나 유발되었는가'이다.
③ 말단집행계층부터 차상위계층으로 올라가면서 바람직한 행동과 조직운용절차를 유발하기 위하여 필요한 재량과 자원을 파악한다.
④ 일선집행관료의 재량권을 축소하고 통제를 강화한다.
☞ ④

④ **정책분석(협의의 정책분석)**

 ⊙ 의의 : 정책목표를 달성하기 위한 최선의 대안을 선택하도록 하는 정책의 사전적 평가로, 수집된 자료·정보를 근거로 정책대안을 체계적으로 탐색하고 분석하여 결과를 예측함으로써 최선의 대안이 선택되도록 하는 활동이다.

 ⓒ 특징

  • 정책의 기본가치를 탐구하고 장기목표를 연구한다.

  • 복잡하고 광범위한 사회현상문제를 심도있게 검토한다.

  • 혁신적이고 창조적인 정책대안의 적극적 개발과 기존 정책대안의 쇄신을 강조한다.

  • 경제적 분석모형과 정치적 점증모형을 혼합적용하여 경제적 합리성과 정치적 합리성을 함께 고려한다.

  • 계량적 분석과 질적 분석 모두를 강조한다.

  • 사회적 합리성과 형평성, 공익성, 초합리성 등이 고려된다.

  • 규범적 타당성과 현실적 실현가능성의 동시추구가 강조된다.

  • 광의의 합리성을 추구한다.

  • 최적화 된 정책보다는 다른 모든 대안보다 나은 경우를 상정하는 정책의 선호화를 받아들인다.

 ⓒ 한계 및 문제점

  • 문제의 다양성과 목표설정의 곤란 : 사회문제의 복잡성과 다양성이 문제의 인지를 어렵게 하며, 목표의 유동성 및 다양성과 이해관계의 대립 등으로 목표설정이 어렵게 된다.

  • 정보 및 능력의 부족 : 자료와 정보의 부족 및 부정확성, 정책분석자의 계산능력 및 정보처리능력의 부족으로 정책대안의 미래결과와 영향 예측이 어렵다.

  • 비계량화 : 문제의 많은 중요한 측면이 계량화되기 어렵거나, 때로는 분석자가 계량화에 너무 의존할 위험도 있다.

  • 객관적 분석의 곤란 : 현실적 실행가능성의 강조, 정책결정자의 입장과 필요 및 이해관계, 정치적 변수에 따라 영향을 받기 때문에 객관적 분석이 어렵다.

  • 분석결과의 활용능력 및 권력의 제약 : 정책분석의 결과인 지식은 이를 활용할 능력과 권력을 가지고 있지 않는 한 정책결정에 크게 기여하기 어렵다.

(5) 정책집행

① 의의 … 권위있는 정책지시를 실천에 옮기는 과정이다. 정책집행에 대한 연구가 이루어지면서 정책형성과 정책평가에 영향을 주고받는 정책과정의 한 부분으로 보게 되었다.

② 특징

　㉠ 정책집행은 정치적 성격을 가진다.

　㉡ 정책과 정책결과 또는 영향을 이어주는 매개변수이다.

　㉢ 명확하지 않은 계속적 과정으로, 정책결정 및 정책평가와 상호작용을 한다.

> **포인트팁 정책집행연구의 접근방법**
> ㉠ **하향식 접근방법** : 정책결정자가 집행과정에 대하여 절대적 영향력을 가지며, 집행참여자의 구성이나 행동을 통제할 수 있다고 보는 관점으로 효과적 집행을 위해서는 명확한 정책목표나 법령, 자세한 계획, 엄격한 통제가 있어야 하고, 집행은 비정치적·기술적 성격을 띠어야 하며, 정책과정은 엄격한 계층적 조직구조를 따른다.
> ㉡ **상향식 접근방법** : 정책의 실질적 내용이 집행과정에서 참여자 간의 갈등과 협상을 거치면서 형성·결정되며, 집행활동이란 조직 내 개인의 활동을 출발점으로 하면서, 문제의 상황에 대응하여 일어나는 것이라고 본다. 일선관료의 재량행위의 확대와 주민의 참여를 필요로 한다.

③ 유형(Nakamura & Smallwood)

　㉠ **고전적 기술관료형** : 정책결정자들에 의해 만들어진 정책목표를 받아들여 이를 실천하기 위한 활동을 하고 기술적 수단을 강구하며 목표달성을 위해 노력한다.

　㉡ **지시적 위임형** : 목표달성을 위해 필요한 범위 내에서 행정적·기술적·협상적 권한은 집행자들이 가진다.

　㉢ **협상자형** : 정책결정자가 목표를 수립하고 결정하지만 집행과정에서 집행자들과 협상과정을 거친다.

　㉣ **재량적 실험가형** : 정책집행자들은 정책목표의 구체화·정책수단·시행을 자기책임하에 관장한다.

　㉤ **관료적 기업가형** : 정책집행자들이 강력한 권한을 갖고 정책과정 전체를 관장하며 결정권까지 행사한다.

④ 정책집행에 영향을 미치는 요인

　㉠ 내용적·내적 요인

　　• 정책목표의 명확성 : 정책의 목표와 수단이 대립되지 않고 명확해야 하며 이를 뒷받침할 지식의 완전성의 여부가 중요시된다.

　　• 의사소통의 효율성 : 명령과 지시가 계층통로를 통해 이동하면서 왜곡되지 않아야 한다.

　　• 집행자의 성향과 능력 : 정책집행기관의 책임자가 어떤 태도와 능력을 가지고 있는가에 따라 정책집행의 내용과 결과에 큰 영향을 미친다.

　　• 자원 : 인적·물적 자원이 수반되지 않으면 효과적인 집행이 어려워진다.

　　• 집행절차 : 표준운영절차의 확립과 적용상 공정성·합리성도 확보해야 한다.

　㉡ 환경적·외적 요인

　　• 환경적 여건의 변화 : 해당 정책을 둘러싼 정치적 사회적 환경의 변화와 대중매체와 여론의 지지도 등의 요인이 정책집행에 영향을 미친다.

문. 정책집행에 관한 연구 중에서 하향적(top-down) 접근방법이 중시하는 효과적 정책집행의 조건으로 옳은 것만을 모두 고른 것은?

▶ 2013. 8. 24 제1회 지방직

㉠ 일선관료의 재량권 확대
㉡ 지배기관들(sovereigns)의 지원
㉢ 집행을 위한 자원의 확보
㉣ 명확하고 일관성 있는 목표

---

① ㉠, ㉡　　　　② ㉠, ㉢
③ ㉡, ㉣　　　　④ ㉡, ㉢, ㉣

☞ ④

문. 정책집행에 대한 다음 설명 중 옳지 않은 것은?

▶ 2015. 6. 13 서울특별시

① 프레스만과 윌다브스키(Pressman & Wildavsky)는 집행과정상의 공동행위의 복잡성을 강조하였다.
② 버만(Berman)은 집행현장에서 집행조직과 정책사업 사이의 상호적응의 중요성을 강조하였다.
③ 나카무라와 스몰우드(Nakamura & Smallwood)의 정책집행자 유형 중 관료적 기업가형은 정책의 대략적인 방향을 정책결정자가 정하고 정책집행자들은 이 목표의 구체적 집행에 필요한 폭넓은 재량권을 위임받아 정책을 집행하는 유형이다.
④ 사바티어(Sabatier)는 정책집행의 하향식 접근법과 상향식 접근법의 통합모형을 제시했다.

☞ ③

문. 다음 중 정책집행의 성공에 영향을 미치는 요인으로 가장 부적합한 것은?

▶ 2004. 6. 13 서울특별시

① 정책과정에 대한 평가의 합리성과 적절성
② 정책의제 자체의 중요성과 적절성
③ 정책내용의 명확성과 일관성
④ 정책집행수단과 자원의 확보와 적절성
⑤ 절차의 합법성과 합리성

☞ ①

- • 정책대상집단의 태도와 정치력 : 대상집단의 규모, 조직화 정도, 리더십, 요구되는 행태변화의 정도, 대상집단이 가진 사회적·교육적 배경과 그들이 가진 유사한 경험의 존재여부에 따라 달라진다.

> **포인트탑** 성공적인 정책집행의 요건
> ㉠ **적실성** : 독특한 집행상황에 적절한 행동화가 필요하다.
> ㉡ **민본성** : 대상집단의 기대와 요구를 실질적으로 충족시킬 수 있어야 한다.

⑤ **정책집행의 순응과 불응**

  ㉠ **의의** : 순응이란 정책집행자나 정책대상집단이 정책결정자의 의도나 정책 또는 법규의 내용에 일치되는 행위를 하는 것을 의미하고, 이와 상반되는 행위를 불응이라 한다. 불응의 구체적 형태로서는 의사전달에 대한 고의적 조작, 지연, 정책의 임의변경, 불집행, 형식적 순응, 정책 자체의 취소 등을 들 수 있다.

  ㉡ **순응과 불응의 원인과 순응의 확보방안**

순응의 원인	불응의 원인	순응의 확보방안
• 권위의 존중 • 합리적·의식적 수용 • 정부의 정통성 • 자기이익의 추구 • 처벌·제재의 가능성 • 정책집행기간 장기화	• 기존 가치체계와의 갈등 • 법에 대한 선택적 불응 • 집단의 불응 • 금전상의 이익 • 정책의 모호성	• 교육과 설득활동 • 선전에 의한 호소 • 정책수정 또는 관행의 채택 • 제재수단의 사용 • 적극적 편익제공

(6) 정책평가

① **의의**

  ㉠ **개념** : 정책이 본래의 목표에 맞게 수행되고 있는지의 여부와 그 결과에 대한 사후평가와 분석으로서 정책결정의 환류기능을 수행한다.

  ㉡ **목적**
  - • 정책에 대한 국민의 만족도를 파악한다.
  - • 합리적인 정책결정에 도움이 되는 정보를 제공한다.
  - • 정책의 환류를 위해 기준과 정보를 습득한다.
  - • 정부활동의 경제성과 효율성을 제고한다.
  - • 정부활동의 법적·관리적 책임을 확보한다.
  - • 정책집행의 효율성 및 정책의 계속여부에 대한 판단자료를 제공한다.

② **종류**

  ㉠ **총괄평가** : 정책집행의 결과가 의도했던 목표를 달성했는가를 판단하는 활동으로 정책효과성 평가라고 볼 수 있으며, 정책효과와 수단 간의 인과관계를 중점적으로 분석한다. 주로 정책집행의 완료 이후에 이루어진다.

  ㉡ **과정평가** : 정책집행상의 문제점을 파악하고 이를 극복할 수 있는 집행전략을 마련하는 데 초점을 둔 평가방법으로서 도중평가, 모니터링, 형성평가 또는 과정상의 평가 등과 유사하며 정책집행전략과 유사한 면이 많다.

문. 다음 중 정책평가의 목적과 거리가 먼 것은?
▶ 2003. 6. 15 충청북도
① 정책의 효과성을 증진하기 위하여
② 사업담당자의 책임성 확보
③ 성공과 실패의 원인 규명
④ 사업책임자의 자율성 확보
☞ ④

포인트탑 기준(Nakamura & Smallwood)

   ㉠ **능률성** : 최소의 비용으로 산출의 극대화 여부를 비용과 관련시켜 성과의 질과 양을 파악하는 것이며, 투입과 수단의 극대화를 목표로 한다.

   ㉡ **효과성** : 정책이 의도한 본래의 목표를 어느 정도 달성했는지 여부를 정책이 산출한 서비스의 양을 측정단위로 하여 평가한다.

   ㉢ **수익자 대응성** : 정책혜택이 수익자의 욕구를 어느 정도 충족시켰는지 여부를 평가한다.

   ㉣ **주민만족도** : 주민의 지지기반을 확보한 수준을 평가한다.

   ㉤ **체제유지도** : 정책의 목표, 구조, 기능 등이 잘 작동함으로써 체제의 환경변화에 대한 적응력을 높여 체제유지에 어느 정도 기여하였는가를 정책평가의 기준으로 삼는다.

③ **정책평가를 위한 사회실험**

  ㉠ **비실험**

- **개념** : 통제집단을 구성하지 못하는 경우 이들 통제집단과 실험집단의 구분 없이 정책처리를 하는 실험으로, 비교집단이 최초 실험설계 시 존재하지 않는다.
- **특징** : 내적 타당도는 낮으나 실행가능성이나 외적 타당도는 가장 높다. 통계적 비실험(통계적 분석)은 실험에 영향을 준 혼란변수의 영향을 파악하기 위하여 정책실시 전후를 여러 차례 비교·관찰하는 통계적 방법(시계열분석 등)으로서 주로 내적 타당도가 낮은 비실험이나 준실험의 약점을 보완하는 데 사용된다.

  ㉡ **진실험**

- **개념** : 실험집단과 통제집단의 동질성을 확보하여 행하는 사회실험방법이다.
- **특징** : 외적 타당도 및 실행가능성은 낮으나 내적 타당도는 높은 편이다.

포인트탑 진실험의 문제점

   ㉠ **모방효과** : 통제집단이 실험집단의 태도를 모방하는 효과(확산효과 또는 오염)가 나타난다.

   ㉡ **비용의 문제** : 실험대상집단이 광범위한 경우 많은 시간과 비용이 소요된다.

   ㉢ **호손효과** : 대상자들이 실험대상으로 관찰되고 있다는 사실을 알게 되면 평소와 다른 행동을 하게 되어 외적 타당성의 문제가 발생한다.

   ㉣ **실행가능성** : 무작위로 두 집단으로 나누어 하나의 집단에만 정을 집행한다는 것은 불가능한 경우가 많다.

  ㉢ **준실험**

- **개념** : 진실험방법이 갖는 정치적·기술적 문제를 완화하기 위한 방법으로서, 실험집단과 통제집단의 동질성을 확보하지 않고 행하는 실험이다.
- **특징** : 외적 타당도 및 실행가능성은 높으나 내적 타당도는 낮은 편이다.

④ **정책평가의 타당성**

  ㉠ **의의** : 정책평가가 정책의 효과를 얼마나 진실에 가깝게 추정해 내고 있는지를 나타내는 개념이다.

  ㉡ **종류(Cook & Campbell)**

- **구성적 타당성** : 처리, 결과, 모집단 및 상황들에 대한 이론적 구성요소들이 성공적으로 조작화된 정도를 의미한다.

문. 정책평가의 타당성에 관한 설명으로 옳지 않은 것은?

▶ 2008. 4. 12 행정안전부

① 외적 타당성은 조사연구의 결론을 다른 모집단, 상황 및 시점에 어느 정도까지 일반화시킬 수 있는지의 정도를 나타낸다.

② 구성적 타당성은 연구설계를 정밀하게 구성하여 평가과정에서 제1종 및 제2종 오류가 발생하지 않는 정도를 나타낸다.

③ 내적 타당성은 추정된 원인과 그 결과 사이에 존재하는 인과적 추론의 정확성에 관한 것이다.

④ 통계적 결론의 타당성은 추정된 원인과 추정된 결과 사이에 관련이 있는지에 관한 통계적인 의사결정의 타당성을 말한다.

☞ ②

문. 다음 중 진실험에 대한 설명으로 옳지 않은 것은?

▶ 2002. 5. 20 행정자치부

① 실험집단에서의 허위변수나 혼란변수의 개입을 통제한다.

② 준실험에 비해 실행가능성이 낮다.

③ 실험집단과 통제집단 간의 표본을 무작위로 배정해서 동질성을 확보한다.

④ 외적 타당도가 높은 실험이다.

☞ ④

- 통계적 결론의 타당성 : 정책의 결과가 존재하고 이것이 제대로 조작되었다고 할 때, 이에 대한 효과를 찾아낼 만큼 충분히 정밀하고 강력하게 연구설계가 이루어진 정도를 말한다.
- 내적 타당성 : 정책집행결과상 변화의 인과론적 명확성 정도를 나타낸다. 즉, 결과에 대하여 찾아낸 효과가 다른 경쟁적인 원인이 아닌 정책에 기인된 것이라고 볼 수 있는 정도를 말한다.
- 외적 타당성 : 내적 타당성을 확보한 정책평가가 다른 상황에도 그대로 적용될 수 있는 정도를 말한다. 즉, 실험결과나 관찰된 효과가 다른 상황에서도 얼마나 일반화될 수 있는가의 정도를 나타낸다.

포인트탭 타당도와 사회적 실험과의 관계

구분	내적 타당도	외적 타당도	실현 가능성
진실험	높음	낮음	낮음
준실험	낮음	높음	높음

(7) 타당도

① **내적 타당도의 저해요인** … 내적 타당도를 저해하는 요인에는 외재적 요인과 내재적 요인이 있으며, 외재적 요인은 실험상황 밖에서 실험적 처리와 전혀 무관하게 실험집단과 통제집단을 구성할 때 서로 다른 개인들을 할당함으로써 발생하는 요인으로 선발요소(선정요인)가 있다. 선발요소는 실험집단과 통제집단을 구성할 때 무작위 배정을 통해 제거할 수 있다. 내재적 요인은 실험적 처리과정 내에서 발생하는 요인으로서 처리를 하는 동안에 일어나는 변화, 측정도구에 일어나는 변화, 혹은 연구 그 자체에 대한 반작용효과 등이다.

㉠ 외재적 요인 : 실험집단과 통제집단을 구성할 때 두 집단에 서로 다른 성질의 구성원들을 선발하여 할당함으로써 오게 될지도 모르는 편견이다. 이를 선발요소(선정요인)라고 부른다.

㉡ 내재적 요인
- 역사적 요소(history) : 연구기간 동안에 일어나는 사건이 개인이나 집단에 영향을 미쳐 대상변수에 중요한 영향을 미치는 경우이다. 실험기간이 길수록 역사적 사건이 나타나게 될 확률은 높아지게 된다.

  예 수질개선장치 설치, 홍수 발생, 오염물질의 해소
- 성숙효과(maturation) : 평가에 동원된 집단구성원들이 정책효과와는 관계없이 스스로 성장함으로써 나타날 수 있는 효과이다. 관찰기간이 길수록 성숙효과가 나타날 가능성이 높다.

  예 우유급식, 청소년의 자연적인 성숙, 체중의 증가
- 상실요소(피실험자 상실, experimental mortality) : 연구대상들이 연구기간 동안에 이사, 전보 등으로 변화를 보였을 때 나타난다. 이것이 실험집단과 비교집단에서 서로 다른 성격과 비율로 탈락한다면 이들 두 집단의 구성을 처음과 다르게 함으로써 결과에 대한 잠재적 편견의 원천이 된다.
- 측정요소(tasting) : 측정 그 자체가 연구되고 있는 현상에 영향을 줄 수

문. 정책평가의 내적 타당성을 저해하는 요소로 볼 수 없는 것은?
▶ 2007. 4. 14 중앙인사위원회
① 성숙효과(maturation effect)
② 무작위배정(random assignment)
③ 측정도구의 효과(instrumentation effect)
④ 역사효과(history effect)
☞ ②

문. 정책평가의 내적 타당성을 저해하는 요인으로 옳지 않은 것은?
▶ 2007. 7. 8 서울특별시
① 측정도구의 변화
② 호돈효과
③ 성숙요인
④ 선발효과
⑤ 역사요인
☞ ②

문. 정책평가의 내적 타당성을 저해하는 요인 중 실험집단과 통제집단을 구성할 때 발생하는 것은?
▶ 2006. 4. 8 중앙인사위원회
① 도구요인   ② 상실요인
③ 선정요인   ④ 오염요인
☞ ③

있다. 프로그램을 도입하기에 앞서 받은 테스트의 효과가 개개인들의 심리를 자극함으로써 프로그램 집행 후의 그들의 측정 점수를 높아지게 할 수도 있다. 그러므로 프로그램을 집행하기 전후의 테스트 점수의 차이는 반드시 프로그램에서 온 것이라고는 할 수 없을 것이며, 오히려 프로그램을 집행하기 전에 개인들이 테스트 경험을 통하여 얻어진 것이라고 할 수도 있는 것이다.

- 회귀인공요소(통계적 회귀요소, regression artifact) : 실험 직전의 측정 결과를 토대로 집단을 구성할 때, 평소와는 달리 유별나게 좋거나 나쁜 결과를 얻은 사람들이 선발된 경우, 이들이 실험진행 동안 자신의 원래 위치로 돌아가게 되면 측정결과에 대한 해석이 제대로 될 수 없다. '회귀 – 인공요소'라고도 하며, 일종의 실험 직전 반응효과에 해당한다.

  예 연수생을 대상으로 영어시험을 치른 후 최하위 20%에 해당하는 연수생들에게 특강을 실시하고 그 효과를 평가하려고 할 때 나타난다.

- 측정(검사)도구의 변화(instrumentation) : 정책이나 프로그램의 집행 전과 집행 후에 측정하는 절차나 도구가 달라지는 것을 말한다.

- 선발과 성숙의 상호작용 : 실험집단과 비교집단에서 선발된 개인들이 최초에도 다를 뿐만 아니라 그들 두 집단의 성장 또는 성숙의 비율이 다를 수도 있다.

- 처치와 상실의 상호작용 : 실험집단과 통제집단에 무작위 배정이 이루어진 경우라 할지라도, 이들 집단들 간에 서로 다른 처치로 인해서 처치기간 동안에 두 집단으로부터 서로 다른 성질의 구성원들이 상실됨으로 인해 결과에 왜곡을 가져다주는 경우를 말한다.

② **외적 타당도의 저해요인** … 실험연구의 결과에 영향을 미치는 또 다른 요인으로 외적 타당도의 문제(external invalidity)를 들 수 있다. Campbell & Stanley(1963)는 외적 타당성 문제를 실험연구 결과의 현실에 대한 일반화 정도와 관련되어 나타나는 오류라고 설명한다.

㉠ **표본의 비대표성** : 실험집단으로 선정된 표본이 일반화하고자 하는 모집단을 대표할 수 없을 경우 일반화 할 수 없다.

㉡ **실험조작과 측정의 상호작용** : 실험 전 측정과 피조사자의 실험조작의 상호작용으로 실험의 결과가 나타난 경우 이를 일반화하기 곤란하다.

㉢ **상이한 실험집단과 통제집단의 선택과 실험조작의 상호작용** : 무작위배정에 의한 동등화가 이루어지지 않은 두 집단에 실험적 변수를 적용시킴으로써 발생하는 상호작용 때문에 예기치 못한 효과가 발생하게 되는 데 이를 일반화하기는 곤란하다.

㉣ **다수적 처리에 의한 간섭**(multiple-treatment interference) : 다수의 실험적 처리를 실시함으로써 그것 자체가 실험적 효과에 미치는 간섭 또는 영향을 생각할 때 그러한 처치를 전혀 받지 않은 모집단에 일반화할 수 있을까 문제된다.

㉤ 실험조작의 반응효과 또는 호손 효과 : 실험집단 구성원이 실험대상이라는 사실로 인하여 평소와는 다른 심리적 행동을 보이는 현상으로 대표적인 저해요인이다.

포인트탑 내적 타당도 및 외적 타당도의 위협요소

내적 타당도 위협요소		외적 타당도 위협요소
외재적 요소	선발(선정)요소	표본의 비대표성 – 크리밍효과(조건이 좋은 구성원들로 실험집단을, 조건이 나쁜 구성원들로 비교집단을 설정) 실험조작과 측정의 상호작용 실험조작의 반응효과(호손효과) 다수적 처리에 의한 간섭 상이한 실험집단과 통제집단의 선택과 실험조작의 상호작용
내재적 요소	역사적 요소 성숙요소 선발과 성숙의 상호작용 상실요소 처치와 상실의 상호작용 측정요소 측정(검사)도구의 변화 회귀인공요소	

(8) 정책종결

① 의의 … 정책평가의 결과 역기능적이거나 불필요한 것으로 판단되는 정책을 정부가 의도적으로 축소·폐지하는 것으로 정책의 유효성을 위한 감축관리의 한 방법이다.

② 원인
  ㉠ 사회변화로 정책의 존재이유인 문제가 사라진 경우이다.
  ㉡ 특정 정책이 시대와 정권의 변동으로 인해 정당성이 상실된 경우이다.
  ㉢ 변화하는 환경에 더 이상 적응·대처할 수 없는 경우이다.
  ㉣ 정책환경의 변화에 적응하지 못하여 위축된 조직이 추진하고 있던 정책이 자연스럽게 변경, 폐지되는 경우이다.

문. 정책종결에 대한 설명이 옳지 않은 것은?
▶ 2002. 3. 10 경기도
① 행정개혁의 수단으로 사용된다.
② 주로 목표의 승계에 의하여 이루어진다.
③ 정책종결은 감축관리를 정책과정 속에서 파악한 개념이다.
④ R.D. Behn은 정책종결의 전략으로 예측기구의 배격, 동조세력의 확대, 타협의 배격 등을 든다.
☞ ②

01 정책론

1 규제정책에 대한 설명 중 가장 거리가 먼 것은?

① Lowi는 정책의 한 유형으로 규제정책을 제시하였다.
② 개인 · 집단의 행동이나 재량권에 제재나 제한을 가한다.
③ 환경오염, 독과점을 방지할 때 많이 사용되는 정책이다.
④ 재산이나 권리를 많이 소유한 집단에게서 그렇지 않은 집단으로 이전시킨다.

　Advice　④ 재분배정책에 해당한다.

2 정책결정모형 중 점증주의 모형에 대한 설명으로 옳지 않는 것은?

① 정책의 축소, 종결작업이 매우 어렵다.
② 정책결정과정이 소수 몇몇 집단에 의해 주도될 가능성이 있다.
③ 환경변화에 대한 적응력은 강하나 혁신이 저해될 가능성이 있다.
④ 사회가 불안정할 때는 적용이 곤란하다.

　Advice　실제 정책결정은 항상 합리적인 결정을 하는 것이 아니라 현실을 긍정적이고, 그것보다 약간 향상된 결정에 만족하여 현재보다 크게 다른 쇄신적 · 창의적 합리성을 추구하는 것을 말한다.

3 로위(Lowi)의 정책분류와 그 특징을 연결한 것 중 옳지 않은 것은?

① 배분정책 – 재화와 서비스를 사회의 특정 부분에 배분하는 정책으로 수혜자와 비용부담자 간 갈등이 발생한다.
② 규제정책 – 특정 개인이나 집단에 대한 선택의 자유를 제한하는 유형의 정책으로 정책불응자에게는 강제력을 행사한다.
③ 재분배정책 – 고소득층으로부터 저소득층으로의 소득이전을 목적으로 하기 때문에 계급대립적 성격을 지닌다.
④ 구성정책 – 정부기관의 신설과 선거구 조정 등과 같이 정부기구의 구성 및 조정과 관련된 정책이다.

　Advice　수혜자와 비용부담자 간 갈등이 발생하는 정책은 규제정책과 재분배정책이다.

1.④　2.③　3.①

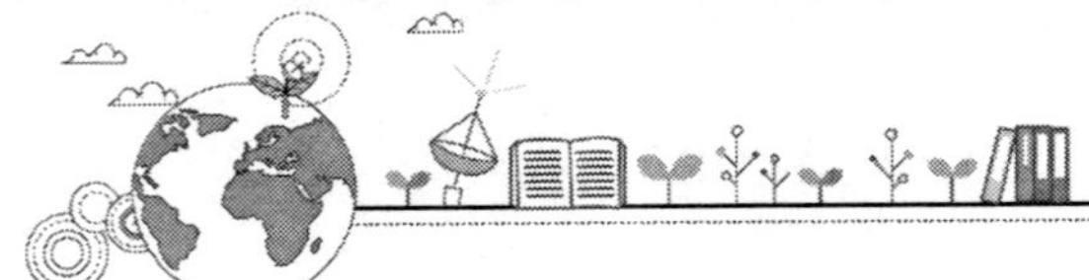

4 정책영향의 평가에 대한 타당성의 제 측면에 대한 설명 중 옳지 않은 것은?

① 구성의 타당성은 처리, 결과, 모집단 및 상황들에 대한 이론적 구성요소들이 성공적으로 조작
된 정도를 말한다.
② 결론의 타당성은 만일 정책의 결과가 존재하고 이것이 제대로 조작화 되었다고 할 때, 이에 대
한 효과를 찾아낼 만큼 충분히 정밀하고 강력하게 연구 설계가 된 정도를 말한다.
③ 내용적 타당성이란 조작화 된 변수들 간의 실질적 내용이 일치하는 정도를 말한다.
④ 내적타당성이란 조작화된 결과에 대하여 찾아낸 효과가 다른 경쟁적 원인들에 의해서가 아니라
조작화된 처리에 의한 것이라는 추정의 정도를 말한다.

 ③ 정책평가의 타당성에는 내적 타당성, 외적 타당성, 구성적 타당성, 통계적 결론의 타당성 등이 있으며 내용
적 타당성은 해당되지 않는다. 내용적 타당성이란 시험의 타당도 중 하나로 시험내용이 직무수행 능력요소와
부합되는지를 의미하는 것이다.

※ Cook과 Campbell의 정책평가 타당성 종류

종류	내용
내적 타당성	조작화된 결과에 대하여 찾아낸 효과가 다른 경쟁적인 원인(외생변수)들에 의해서라기보다는 조작화된 처리(원인변수)에 기인된 것이라고 볼 수 있는 정도
외적 타당성	실험결과를 다른 상황에까지 일반화(이론화)시킬 수 있는지의 정도
구성적 타당성	처리, 결과, 모집단 및 상황들에 대한 이론적 구성요소들이 성공적으로 조작화된 정도
통계적 결론의 타당성	정밀하고 강력하게 연구설계(평가기획)가 이루어진 정도로서 제1종 및 제2종 오류가 발생하지 않은 정도

5 정책평가의 목적으로 적절하지 않은 것은?

① 정책대안의 예측 결과에 대한 비교·평가
② 목표의 충족 여부 파악
③ 성공과 실패의 원인 제시
④ 목표달성을 위해 사용된 수단과 하위 목표의 재규정

 ① 정책대안의 예측결과를 비교·평가하는 것은 정책대안의 우선순위를 알아보기 위해 정책결정 과정에서 수행
하는 정책분석에 해당한다.

6 다음 중 시민이 바라는 정책은 직선에 의한 시장선출이나 지방의회 구성에서 출발된다는 주장을 뒷받침할
수 있는 이론은?

① 다원주의
② 엘리트론
③ 제한된 엘리트론
④ 계급주의

 다원주의 … 사회에 엘리트들이 존재는 하지만 다양한 시민들의 의사를 반영하여 정부의 정책이 결정된다고 보
는 입장이다. 다원주의는 민주사회를 정치적 시장으로 보고 사회의 다양한 집단들이 선거를 통해서 의견을 나
타내는 정치시스템으로 간주한다. 다원주의 하에서 정부는 이익을 조정하는 중개인, 게임규칙의 준수를 독려하
는 심판자로서의 역할을 수행한다.

7 정책네트워크에 대한 설명으로 가장 적절한 것은?

① 정책문제망은 정책공동체보다 폐쇄적이다.
② 정책문제망의 권력게임은 일반적으로 포지티브섬 게임이다.
③ 정책네트워크에는 참여자들의 상호작용을 규정하는 공식적 규칙이 없다.
④ 이익집단의 증대와 경쟁 격화는 하위정부모형의 적실성을 약화시킨다.

　① 정책문제망은 개방적이다.
　② 정책문제망의 권력게임은 네거티브섬 게임이다.
　③ 정책네트워크에는 제도로서의 규칙이 존재한다.

8 정책문제를 정의하기 위해서 고려해야 할 요소로 보기 힘든 것은?

① 정책의 목표 설정　　　　　　　② 인과관계 파악
③ 역사적 맥락 파악　　　　　　　④ 각 요소들의 관계 파악

정책문제의 정의란 정책문제를 구성하는 요소, 원인 및 결과 등을 규정하여 무엇이 문제인가를 밝히는 것이다.
정책목표의 설정은 정책문제를 정의한 이후에 이루어지는 활동이다.
　② **인과관계 파악**: 각 요소들을 원인 – 매개 – 결과로 구분인과관계를 파악한다.
　③ **역사적 맥락 파악**: 정책문제 관련 요소들의 발전과정 및 변수에 의한 관계 변화를 파악한다.
　④ **관계 요소 파악**: 정책문제를 유발하는 사람, 사물, 상황적 요소를 찾아내는 것으로 정책문제 정의의 첫
　　　단계라고 할 수 있다.

9 Almond와 Powell이 사용한 정책분류는?

① 분배정책, 규제정책, 구성정책
② 분배정책, 규제정책, 재분배정책, 구성정책
③ 분배정책, 규제정책, 추출정책, 상징정책
④ 분배정책, 규제정책, 재분배정책, 자율규제정책

　② Lowi　④ Salisbury

※ **Almond & Powell의 정책의 유형 분류**
　㉠ **분배정책**: 특정한 개인이나 집단에 공공서비스와 편익을 배분하는 것이다. 수출 특혜금융, 지방자치
　　　단체에 대한 국가보조금 지급, 주택자금대출, 농어촌 지원 대책, 철도·체신사업 등이 해당한다.
　㉡ **규제정책**: 특정한 개인이나 집단의 사유재산과 경제활동에 통제 및 제한을 가하여 행동이나 재량권
　　　을 규제하는 정책이다. 환경오염과 관련된 규제, 독과점 규제, 기업 활동 규제 등이 있다.
　㉢ **추출정책**: 국내·외의 환경으로부터 인적·물적 자원을 확보하는 것으로 조세, 병역 등이 해당한다.
　㉣ **상징정책**: 국가의 정당성 확보 또는 국민의 자긍심을 높이기 위한 정책으로 경복궁 복원, 군대 열병
　　　등이 그 예이다.

4.③　5.①　6.①　7.④　8.①　9.③

10 대형 참사 발생 후 이를 계기로 그동안 해결하지 못했던 정책문제에 대한 대책을 마련하는 상황을 설명하는 데 적합한 정책결정 모형은?

① 합리모형
② 점증모형
③ 만족모형
④ 쓰레기통 모형

♥Advice 쓰레기통모형은 J. March, M. Cohen, J. Olsen 등이 주장한 모형으로서, 문제·해결책·선택기회·참여자의 흐름이 우연히 한 곳에서 모여질 때 의사결정이 성립된다고 파악한다. 즉, 의사결정은 조직화된 환경, 참여자, 목표수단의 불확실 상태에서 우연한 계기로 인해 정책결정이 이루어진다고 본다는 것이다.

① **합리모형** : 합리적인 경제인인 정책결정자는 전지전능한 존재라는 가정 하에 목표달성의 극대화를 위한 합리적 대안을 탐색·추구하는 이론으로 종합성, 합리성, 체계성, 완전분석성, 근본적 검토 등을 특징으로 하는 이상론적인 정책결정과정을 가리킨다.

② **점증모형** : 인간의 지적 능력의 한계와 정책결정수단의 기술적 제약을 인정하고, 정책대안의 선택은 종래의 정책이나 결정의 점진적·순차적 수정이나 부분적인 약간의 향상으로 이루어진다고 보며, 정치적 합리성을 중요시한다.

③ **만족모형** : 인간의 인지능력·시간·비용·정보 등의 부족으로 최적 대안보다는 현실적으로 만족할 만한 대안을 선택하게 된다는 제한된 합리성을 가정한다.

11 다음 중 Anderson(1984)이 정책결정자의 행동에 영향을 미치는 가치 범주로 제시한 것에 해당하는 것을 모두 고른 것은?

정치적 가치	사익의 가치	집단의 가치	지역적 가치
조직의 가치	개인의 가치	정책의 가치	국가적 가치
이념적 가치	헌법적 가치	개체의 가치	초국적 가치

① 정치적 가치, 사익의 가치, 집단의 가치, 헌법적 가치
② 정치적 가치, 조직의 가치, 개인의 가치, 정책의 가치, 이념적 가치
③ 개인의 가치, 조직의 가치, 이념적 가치, 초국적 가치
④ 개인의 가치, 헌법적 가치, 정책의 가치, 조직의 가치

♥Advice 정책결정자의 행동을 인도하는 가치 범주(Anderson)

㉠ **정치적 가치** : 정책결정자는 정책대안을 평가할 때 특정 정당이나 고객집단의 정치적 이해관계를 고려한다.
㉡ **조직의 가치** : 관료들은 조직의 생존이나 영향력의 유지 및 확대, 사업의 확장에 도움이 되느냐의 여부에 따라 영향을 받는다.
㉢ **개인의 가치** : 개인의 경제적 이해관계나 평판 등이 정책결정에 영향을 미친다.
㉣ **정책의 가치** : 정책의 도덕성 및 공익성과 같은 정책의 가치에 의해 정책대안을 평가하기도 한다.
㉤ **이념적 가치** : 이데올로기는 정책조치를 합리화하거나 정당화하는 수단, 사회경제적 변화를 위한 처방으로 기능하기도 한다.

12 정책평가의 내적 타당성을 저해하는 요인들 중 외재적 요인은?

① 선발요인　　　　　　　　　　　　② 역사요인

③ 측정요인　　　　　　　　　　　　④ 도구요인

>Advice　내적 타당성 저해요인 중 외재적 요인 : 선발요인
>　　　　내적 타당성 저해요인 중 내재적 요인 : 역사요인, 측정요인, 도구요인

13 정책평가방법에 대한 설명으로 옳지 않은 것은?

① 진실험설계는 정책을 집행하는 실험집단과 집행하지 않는 통제집단을 구성하되, 두 집단이 동질적인 집단이 되도록 한다.

② 정책의 실험과정에서 실험대상자와 통제대상자들이 서로 접촉하는 경우에는, 모방효과가 나타날 수 있다.

③ 준실험설계는 짝짓기(matching) 방법으로 실험집단과 통제집단을 구성하여 정책영향을 평가하거나, 시계열적인 방법으로 정책영향을 평가한다.

④ 준실험설계는 자연과학 실험과 같이 대상자들을 격리시켜 실험하기 때문에, 호손효과(Hawthorne effects)를 강화시킨다.

>Advice　④ 호손효과는 실험에 참가한 개인이 자신이 관찰되고 있다는 사실을 알 때 자신의 행동을 바꾸거나 작업의 능률이 올라가는 현상을 말한다. 따라서 보기처럼 대상자들을 격리시켜 실험한다는 말은 잘못된 것이다.

14 정책의제의 설정에 영향을 미치는 요인에 대한 설명으로 옳지 않은 것은?

① 일상화된 정책문제보다는 새로운 문제가 보다 쉽게 정책의제화된다.

② 정책 이해관계자가 넓게 분포하고 조직화 정도가 낮은 경우에는 정책의제화가 상당히 어렵다.

③ 사회 이슈와 관련된 행위자가 많고, 이 문제를 해결하기 위한 정책의 영향이 많은 집단에 영향을 미치거나 정책으로 인한 영향이 중요한 것일 경우 상대적으로 쉽게 정책의제화된다.

④ 국민의 관심 집결도가 높거나 특정 사회 이슈에 대해 정치인의 관심이 큰 경우에는 정책의제화가 쉽게 진행된다.

>Advice　새로운 문제(ex-수도이전 문제 등)보다는 평소 일상화된 정책문제(ex-주택문제, 실업문제 등)가 보다 쉽게 정책 의제화된다.

10.④　11.②　12.①　13.④　14.①

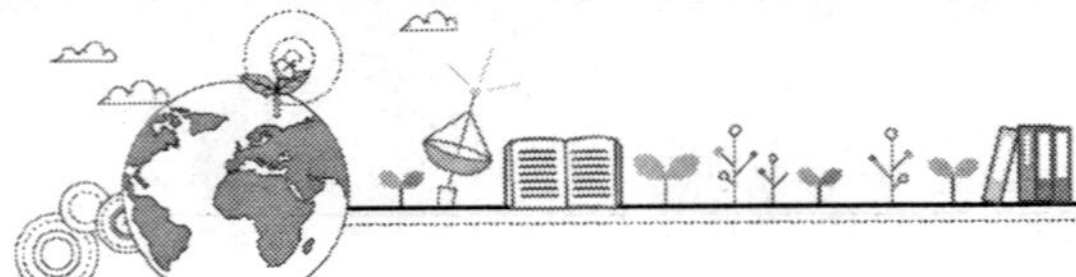

15 다음 중 정책의 특성에 대한 내용으로 옳지 않은 것은?

① 목표지향적, 규범적

② 단일성

③ 행동지향성, 지침성

④ 거시성, 총체성

> **Advice** **정책의 특성** … 목표지향적 · 규범적 성격, 강제성, 구속성, 복합성, 행동지향성, 지침성, 변화유발성, 거시성, 총체성, 인본주의
> ② 정책결정은 정치적 · 사회적 이해관계가 복잡하게 얽혀있는 상태에서 이루어진다.

16 다수의 경쟁자 중에서 소수의 개인이나 집단에 일정한 재화나 서비스의 공급권을 부여하는 정책으로 이동통신사업자 선정과 같은 각종 자격의 인 · 허가와 관련된 정책유형은?

① 보호적 규제정책

② 자율적 규제정책

③ 배분정책

④ 경쟁적 규제정책

> **Advice** ① 각종 민간활동이 허용되는 조건을 인정함으로써 국민을 보호하는 것이 목적인 정책이다.
> ② 규제대상이 되는 당사자에게 규제기준 설정과 집행을 위임하는 정책이다.
> ③ 국민들에게 권리나 이익 또는 서비스를 배분하는 내용을 지닌 정책이다.

17 다음 중 공식적인 정책결정참여자가 아닌 것은?

① 법원

② 행정부처

③ 여당

④ 대통령

> **Advice** **정책결정의 참여자**
> ㉠ 공식적 참여자 : 국회, 대통령, 행정부처, 관료집단이나 법원
> ㉡ 비공식적 참여자 : 이익집단, 언론기관, 전문가, 정당, 시민, 지역대표 등

18 다음 중 무의사결정론에 대한 설명으로 옳지 않은 것은?

① 정책의제설정에서 지배엘리트의 이해관계와 일치하는 사회문제만 정책의제화 한다는 이론이다.

② 정부는 정책의제설정시에는 관여하지 않고 방임자적 입장을 취한다.

③ 관료이익과 상충되거나 과잉충성과 과잉동조의 형태를 보일 때 나타나는 현상이다.

④ 신엘리트이론이라고 할 수 있다.

> **Advice** **무의사결정론** … P. Bachrach와 M. Baratz에 의하면 엘리트는 지배계급의 기득권이 도전을 받게 되거나 정치적인 이익과 상충되는 경우 또는 행정관료가 지배엘리트의 이익을 거스르는 문제를 미리 공론화하지 않는 등의 과잉충성의 행태를 보일 때, 어떤 특정 문제를 정책의제로 채택하지 않고 기각·방치하여 결과적으로 정책대안을 마련하지 않기로 결정하는 경향이 있음을 지적하였다.
>
> ② 무의사결정론에서 정부는 방임자적 입장이 아니라 정책의제설정시 정책의제로 고려하지 않는 결정을 내린다. 과거 1960~1970년대 경제성장과 정권유지 차원에서 노동, 환경, 인권, 복지, 사회정의, 민주화 등에 관한 많은 문제를 억압하여 정책의제화시키지 않은 것이 그 예이다.

19 Cook과 Cambell이 분류한 정책타당도에 대한 설명으로 옳지 않은 것은?

① 내적 타당도는 정책수단과 정책효과 사이의 인과관계를 파악할 수 있게 한다.

② 외적 타당도는 정책이 다른 상황에서도 실험에서 발견된 효과들이 그대로 나타날 수 있는가이다.

③ 구성타당도(개념적 타당도)란 처리, 결과, 상황 등에 대한 이론적 구성요소들이 성공적으로 조작화된 정도를 말한다.

④ 크리밍(creaming) 효과, 호손(Hawthorne) 효과는 내적 타당도를 저해하는 요인이다.

> **Advice** 크리밍(Creaming) 효과와 호손(Hawthorne) 효과는 외적 타당도를 저해하는 요인들이다.

02 기획론

Section 1 기획(Planning)의 의의

(1) 개념

기획은 정책의 구체화를 위한 수단으로 최적의 방법으로 행정목표를 효과적으로 달성하기 위하여 장래의 활동에 관한 결정을 미리 준비하는 미래지향적 · 동태적 · 계속적 과정을 의미한다.

(2) 특징

① **미래지향성** … 불확실한 미래의 사태를 미리 예측하여 그 대비책을 마련해 둠으로써 임기응변에 의한 시행착오를 방지한다.

② **목표지향성과 행동지향성** … 조직의 목표를 구체화함과 동시에 이를 행동화하여 현실을 개선시키는 과정이다.

③ **계속적 준비과정** … 하나의 계획을 작성하는 데 그치지 않고, 그 집행결과를 평가하여 차기 계획에 반영하는 계속적이고 순환적인 활동이다.

④ **합리성** … 논리적이고 과학적인 과정을 거쳐 미래상황에 대처한다.

⑤ **통제성** … 자유방임이 아니라 인위적 수정과 통제를 가하려는 성질과 과정상의 비민주성을 가지고 있다.

(3) 기획의 원칙

① **목적성의 원칙** … 효과성을 높이기 위해 명확하고 구체적 목적이 제시되어야 한다.

② **단순성의 원칙** … 난해하고 전문적인 용어를 피하고 간명해야 한다.

③ **신축성의 원칙** … 기획은 유동적 상황에 따라 수정이 가능해야 한다.

④ **표준화의 원칙** … 대상이 되는 편익이 표준화되어야 한다.

⑤ **안정성의 원칙** … 정치권력으로부터 독립적이고 지속적으로 존재해야 한다.

⑥ **경제성의 원칙** … 인적 · 물적 자원을 능률적으로 활용해야 한다.

⑦ **장래예측성의 원칙** … 미래를 최대한 명확히 예측할 수 있어야 한다.

⑧ **계속성의 원칙** … 관련 기획 간의 연계가 있어야 한다.

문. 다음 중 행정기획에 대한 내용으로 옳지 않은 것은?
▶ 2001. 3. 25 경상북도

① 기획은 기간지향성을 띤다.
② 기획과정은 민주적이다.
③ 기획은 집권성을 띤다.
④ 기획은 미래지향적이다.

☞ ②

(4) 발달요인

① 구소련의 1929년 제1차 경제개발 5개년 계획의 성공 … 구소련은 사회주의 신경제정책(NEP)으로 경제성장을 이루었다.

② 세계대공황 … 세계대공황의 영향으로 계획경제의 도입이 불가피해지면서 수정자본주의가 발생했다.

③ 제2차 세계대전 … 전시동원체제의 신속한 구축을 위해 인적·물적 자원의 계획적 동원이 필요했다.

④ 도시계획의 발달 … 산업발전과 도시화로 인한 인구의 도시집중과 그에 따라 발생하는 문제들을 막기 위해 계획적인 도시운영이 필요해졌다.

⑤ 거시경제학, 통계학 등의 사회과학 발전 … 정확한 미래예측을 위한 사회과학이 발전하여 계획이 과학적 근거를 마련할 수 있었다.

⑥ 후진국 발전정책의 효율화 … 제2차 세계대전 이후 빠른 시일 내에 경제발전·근대화를 이루기 위하여 후진국에서는 기획이론에 집중하게 되었다.

(5) 기획의 제약요인

① 수립상 저해요인

  ㉠ 목표 간의 갈등과 불명확성이 제약요인이 된다.

  ㉡ 정확한 미래예측이 곤란하다.

  ㉢ 정보·자료가 부족하거나 부정확하다.

  ㉣ 시간·비용상의 제약이 따른다.

  ㉤ 기획의 그레샴의 법칙 : 일상적 업무와 정형적 상황을 선호한다.

> **포인트팁 기획의 그레샴 법칙(Gresham's Law of Planning)**
>
> ㉠ **의의** : 기획을 수립할 책임이 있는 기획담당자는 어렵고 많은 노력을 요하는 비정형적 기획을 꺼려하는 경향을 가진다는 것으로, 불확실하고 전례가 없는 상황에서 쇄신적이고 발전지향적인 비정형적 결정이 이루어져야 함에도 불구하고 전례답습적인 정형적 결정·기획이 우선적으로 행해지는 현상을 말한다.
>
> ㉡ **원인**
> - 예측능력의 한계 : 자료부족·분석능력의 부족은 쇄신적 기획활동을 저해한다.
> - 목표의 무형성 : 상위목표가 무형적일수록 전통이나 선례를 답습하게 된다.
> - 시간·비용·노력의 부족 : 동원 가능한 자원이 부족할 경우 상용적 기획에 그칠 수 있다.
> - 환경요소의 무시 : 외부환경의 변화를 고려하지 않으면 정형적 기획에 그치게 된다.
> - 과두제의 철칙 : 관료조직의 타성에 의해 목표의 변화가 일어나고, 이에 따라 창의적 기획활동(비정형적 기획)이 출현하지 않게 된다.

② 집행상 저해요인

  ㉠ 변화에 대한 저항과 반발이 따른다.

  ㉡ 기획의 경직성과 수정곤란성도 저해요인이다.

  ㉢ 반복적 사용이 제한되고 기획의 상황적응성 역시 부족하다.

  ㉣ 자원배분이 비효율적이다.

문. 다음 중 기획에 관한 제약요건이 아닌 것은?
▶ 2002. 3. 24 부산광역시

① 미래예측능력의 부족
② 개인의 창의력과 독창력 부족
③ 단용 기획의 반복 사용의 결여
④ 계획과 예산의 밀착성

☞ ④

문. 어떤 위원회에서 의제를 다루는 데 있어 사소한 의안이 시간과 경비를 많이 소요하고, 어렵고 질적 가치를 내포하는 의제는 소홀이 다루어진다는 것과 관계되는 법칙은?
▶ 2001. 6. 17 경상남도

① 그레샴의 법칙
② 솔로몬의 법칙
③ 그로슈의 법칙
④ 사소함의 법칙
⑤ 외부경제효과

☞ ①

③ 행정적 저해요인
　㉠ 기획담당자의 능력·기술·경험이 부족하다.
　㉡ 기획에 대한 인식이 부족하다.
　㉢ 정치불안과 자원부족으로 기획의 안정성이 저해된다.
　㉣ 인사관리의 비효율성, 절차의 번잡성, 기획에 대한 조정 결여, 회계제도
　　의 비합리성 등이 있다.

Section 2 기획의 유형

(1) 기간에 따른 유형

① **장기계획** … 10 ~ 20년의 계획으로 정권교체나 사회변동등과 관계없이 장기
적인 전망과 행동 노선을 설정하는 계획을 말한다.

② **중기계획** … 2 ~ 5년의 계획으로 경제개발 5개년계획이 이에 해당한다.

③ **단기계획** … 1년 이내의 계획으로 연차계획을 말한다. 기본운영계획으로 파악
되며, 연도사업계획, 비상시에 대비하는 계획, 반년차계획, 4분기계획, 일상
계획, 주간계획 등이 이에 속한다.

(2) 구속성의 유무에 따른 유형

① **유도계획** … 국가의 간접적 유도에 의해 목표달성을 유도하는 계획으로서 프
랑스의 Monnet계획 등이 있다.

② **강제계획** … 국가가 민간영역의 모든 경제문제에 관해 결정을 내리며 이를
준수하는 것이 법적 의무가 되는 기획이다. 공산주의 국가의 기획이 이에
해당한다.

(3) 조직계층에 따른 유형

① **정책계획** … 정부활동에 관한 광범위한 일반적 개요를 발전시키는 것으로 통
상적으로 법률의 제정 또는 수정을 포함한다. 이는 정부의 광범위하고 기본
적인 정치적·경제적 목표를 설정하는 가치판단의 문제가 포함되는 통합
적·포괄적·규범적 기획이다.

② **전략계획** … 정책기획과 운영기획의 중간적 위치에 있는 것으로, 채택된 정
책을 수행하기 위한 실현 가능성의 한계내에서 최적의 전략을 모색, 선택,
결정하기 위한 기획이다.

③ **운영계획** … 채택된 전략의 특수한 목표와 이를 달성하기 위한 세부적 활동
을 구성하는 전술적 기획이다.

(4) 이용빈도에 따른 유형

① **단용계획** … 1회에 한하여 사용하는 비정형적 임시기획이다.

② **상용계획** … 반복적으로 사용하는 정형적 기획으로, 집행의 노력을 절약하고 행정활동의 조정에 도움을 주며 인건비의 대폭적 절약이 가능하고 통제가 용이하다는 장점이 있다.

(5) 기간의 고정성에 따른 유형

① **고정계획** … 경제개발 5개년 계획과 같이 계획기간이 고정된 기획으로 현실 여건과의 괴리를 빚기 쉽다.

② **연동계획** … 계획집행상의 신축성을 유지하기 위하여 장기기획 또는 중장기 기획을 집행하는 동안 매년 계획내용을 수정·보완하여 나아가는 방식으로 적응성과 실현가능성을 확보한다는 데에 의의가 있으나, 계획의 방향과 목표가 불분명해질 수 있다는 단점이 있다.

(6) 지역수준에 따른 유형

① **국제계획** … 2개 이상의 국가와 관련된 기획으로 Marshall Plan 등이 그 예이다.

② **국토계획** … 지역적으로 국가전체를 대상으로 하는 국토종합개발계획 등을 말한다.

③ **지역계획** … 지역 간 균형적 발전을 위해 국토를 일정한 기준으로 세분한 기획을 말한다.

④ **도시계획** … 인구 2만 명 이상의 지역에 대한 기획이다.

⑤ **농촌계획** … 인구 2만 명 미만의 지역에 대한 기획이다.

(7) 대상에 따른 유형

① **자연계획** … 물적·토지·공간기획이라고도 하며, 도시계획이 그 예이다.

② **경제계획** … 경제개발 등의 경제전반에 관한 기획이다.

③ **사회계획** … 사회복지에 관한 부문을 대상으로 하는 기획이다.

④ **행정계획** … 조직의 효율적인 관리와 목표의 달성을 위한 기획이다.

⑤ **방위계획** … 군사훈련, 무기개발, 예비군·민방위 등의 동원체제 확립 등의 국방에 관한 기획을 의미한다.

문. 다음 중 연동계획에 관한 설명으로 타당하지 못한 것은?

▶ 2004. 6. 13 서울특별시

① 계획의 이상과 현실을 조화시키려는 것이다.
② 장기계획과 단기계획을 결합시키는 데 이점이 있다.
③ 집권당의 선거공약을 제시하는 데 효과적이다.
④ 방대한 인적 자원과 물적 자원이 요구된다.
⑤ 점증주의 전략에 입각하고 있다.

☞ ③

문. 지역개발계획 중 지역계획(regional planning)에 대한 설명으로 옳은 것은?

▶ 2007. 4. 28 경기도

① 시·군·도 단위의 계획으로 도시나 농촌의 지역사회, 시·군 단위의 계획, 도시계획이나 농어촌지역개발계획이 대표적인 예이다.
② 국토를 일정한 기준에 따라 여러 개의 권역으로 나누어 계획권을 설정한다.
③ 복수의 국가가 관련된 계획으로, 국가간의 연계가 필요하다.
④ 한 국가의 국토전체를 대상으로 한다.

☞ ②

Section 3 기획의 과정

(1) 목표설정

목표는 정책의 테두리 내에서 설정되는 것이며, 정책의 수립을 전제로 한다. 이러한 정책은 일반적으로 법률이나 행정수반의 기본정책의 형식을 취하게 된다. 목표는 가능한 한 추상적이 아니라 구체적으로 제시되어야 하고 간명해야 하며 현실가능성이 높아야 한다.

(2) 상황분석

기획대상의 현황을 정보의 수집, 분석을 통해 파악하고 현황에 관한 정확한 판단을 내려야 한다.

(3) 기획전제의 설정

기획전제란 기획의 수립과정에서 근거로 삼아야 할 주요 가정 또는 전망을 의미하며, 주로 미래에 관련된 예측 또는 전망을 집중적으로 다룬다는 점에서 상황분석단계와 차이가 있다.

(4) 대안의 작성 및 평가

목표달성에 몇 가지 대안이 있을 수 있으며, 각 대안의 이해득실과 장단점을 서로 비교, 평가해야 한다. 실현가능성을 두고 최선의 대안을 도출하고 창의성과 쇄신성을 잃지 않아야 한다.

(5) 최종안의 선택

최종안의 선택에 있어서는 직관과 개인적, 주관적 가치판단을 가능한 배제하고, 최고 관리층이나 상급자의 의향보다는 공익과 객관적 기준에 충실해야 하며, 비현실적 최적대안보다는 만족화 기준에 부응할 수 있는 현실적 대안을 선택해야 한다.

Section 4 기획과 민주주의

(1) 반대론(양립불가설)

1944년 F. Hayek는 국가기획제도는 필연적으로 독재를 초래하며 개인의 자유를 억압하게 되지만, 자유방임주의는 다원주의를 보장하여 민주주의를 확보해 준다는 입장으로 국가기획과 자유의 양립 불가능을 주장했다.

문. 다음에서 기획의 순서로 옳은 것은?

▶ 2001. 4. 1 대구광역시

㉠ 대안의 탐색과 평가
㉡ 목표의 설정
㉢ 기획전제의 설정
㉣ 최종안의 선택
㉤ 상황분석

① ㉠ – ㉤ – ㉡ – ㉢ – ㉣
② ㉡ – ㉤ – ㉠ – ㉢ – ㉣
③ ㉡ – ㉤ – ㉢ – ㉠ – ㉣
④ ㉤ – ㉠ – ㉡ – ㉢ – ㉣

답 ③

(2) 찬성론자(기획긍정설)

H. Finer는 기획반대설을 자유방임적 경제체제에서 발생하는 여러 문제점을 간과하고 사회주의화에 대한 염려로 인해 기획을 통한 사회정의와 복지의 실현 등이 가능한 현대국가의 본질을 이해하지 못한다고 주장했다.

 기획이론의 동향
　　㉠ 전통적 기획관
　　　• 수단적 기획
　　　• 선형적인 사고와 행동
　　　• 부분체계로서의 기획
　　　• 계량적 기획
　　　• 기계적 모형
　　　• 폐쇄체제
　　㉡ 현대적 기획관
　　　• 인간중심적 · 규범적 기획
　　　• 인간행동의 모형화
　　　• 전체적 · 종합적 기획
　　　• 질적 · 인간주의적 기획
　　　• 유기적 모형
　　　• 개방체제

Section 5 중앙기획기구

(1) 의의

① 개념 … 국가발전계획을 수립하고 통제하는 주관기구를 의미한다.

② 역할
　㉠ 단계별 국가발전계획과 지역발전계획을 수립하고 수정 · 보완한다.
　㉡ 기획집행에 필요한 자원확보를 위해 정책 · 제도 · 기구설치 등의 조치를 건의한다.
　㉢ 기획집행에 관한 분석과 평가를 하며 결과보고와 함께 대책을 수립한다.

(2) 중앙기획기구의 유형

① 행정수반 직속 … 중앙기획기구가 행정수반 · 내각의 직속기관으로 설치되어 있는 경우로 사회주의국가, 우리나라, 싱가포르, 중남미에서 활용된다.

② 독립기관 … 행정조직기구 이외에 독립적으로 설치되는 경우로 스칸디나비아에서 활용된다.

③ 기존부처의 일부 … 기존부처 중의 재무부의 한 기관으로 설치되는 경우이다.

④ 신설 기획전담부처 … 신설된 기획부에 위치하는 경우이다.

(3) 우리나라 국가기획기구의 연혁

① 1948. 11
  ㉠ 기획처(예산국, 경제계획국)
  ㉡ 정부수립과 동시에 총리실 소속기관으로 출범

② 1955. 2 ⋯ 기획처에서 예산업무를 재무부 예산국으로 이관

③ 1961. 7
  ㉠ 경제기획원
  ㉡ 재무부에서 예산국, 건설부에서 종합계획국을 이관하여 경제기획원을 신설

④ 1994. 12 ~ 1998. 2
  ㉠ 재정경제원
  ㉡ 경제기획원과 재무부를 통합

⑤ 1998. 2
  ㉠ 기획예산위원회, 예산청
  ㉡ 예산청을 재정경제원에서 분리 독립시키고 국가정책의 기획·조정과 재정·행정개혁은 기획예산위원회가 담당

⑥ 1999. 5
  ㉠ 기획예산처
  ㉡ 기획예산위원회와 예산청을 통합

⑦ 2008. 2
  ㉠ 기획재정부
  ㉡ 기획예산처는 재정경제부와 통합하여 기획재정부로 개편되면서 폐지

기획론

1 조직운영을 위해 기획은 매우 중요하다. 하지만 기획은 많은 제약요인을 수반한다. 다음 중 행정기관에서 기획과정상의 제약요인과 거리가 먼 것은?

① 기획목표를 설정할 때 담당자 혹은 집단 간의 갈등으로 인하여 목표의 일치를 확보하기 어렵다.

② 기획과정에서 유동적이고 가변적인 미래를 예측하기 어렵고, 특히 행정부분에 있어서 각종 정보나 자료의 부족은 기획을 어렵게 한다.

③ 기획은 행정의 경직성을 초래하며, 급변하는 사회에 적절히 적응하는 데 장애요인으로 작용할 수 있다.

④ 구체적이고 집권적인 기획은 구성원의 판단과 창의성을 보장할 수 있다.

　Advice　④ 기획은 강제적이고 구속성이 강한 성격 때문에 구성원의 창의력을 저해한다.

2 다음 중 기획의 특징으로 옳지 않은 것은?

① 미래지향성　　　　　　　　② 목표지향성, 행동지향성
③ 민주성　　　　　　　　　　④ 합리성

　Advice　**기획의 특징**
　　㉠ **미래지향성**: 불확실한 미래의 사태를 미리 예측하여 그 대비책을 마련해 둠으로써 임기응변에 의한 시행착오를 방지
　　㉡ **목표지향성과 행동지향성**: 조직의 목표를 구체화함과 동시에 이를 행동화하여 현실을 개선시키는 과정
　　㉢ **계속적 준비과정**: 하나의 계획을 작성하는 데 그치지 않고, 그 집행결과를 평가하여 차기 계획에 반영하는 계속적 · 순환적인 활동
　　㉣ **합리성**: 논리적이고 과학적인 과정을 거쳐 미래상황에 대처
　　㉤ **통제성**: 자유방임이 아니라 인위적 수정과 통제를 가하려는 성질과 과정상의 비민주성

Answer　1.④　2.③

3 기획담당자가 어렵고 많은 노력을 요하는 비정형적 기획은 꺼리고 전례답습적인 정형적 결정·기획을 선호하는 현상을 나타낸 법칙은?

① 유도기획 법칙　　　　　　　　　② 파킨슨 법칙
③ 윌슨의 법칙　　　　　　　　　　④ 그레샴 법칙

> **Advice** **기획의 그레샴 법칙**(Gresham's Law of Planning) … 기획을 수립할 책임이 있는 기획담당자는 어렵고 많은 노력을 요하는 비정형적 기획을 꺼려하는 경향을 가진다는 것으로, 불확실하고 전례가 없는 상황에서 쇄신적이고 발전지향적인 비정형적 결정이 이루어져야 함에도 불구하고 전례답습적인 정형적 결정·기획이 우선적으로 행해지는 현상을 말한다.

4 다음 중 기획의 집행상 제약요인으로 옳지 않은 것은?

① 기획의 경직성　　　　　　　　　② 변화에 대한 저항
③ 기획의 그레샴 법칙　　　　　　　④ 상황적응성 부족

> **Advice** ③ 기획의 수립상 저해요인이다.

5 기획의 유형으로 계획 집행상의 신축성을 유지하기 위하여 장기기획 또는 중장기기획을 집행하는 동안 매년 계획내용을 수정·보완하여 나아가는 방식으로 점증주의적 의사결정 접근법을 나타내는 것은?

① 유도계획　　　　　　　　　　　② 운영계획
③ 상용계획　　　　　　　　　　　④ 연동계획

> **Advice** **연동계획** … 계획집행상의 신축성을 유지하기 위하여 장기계획 또는 중기계획을 집행하는 동안 매년 계획내용을 수정·보완하여 계획기간을 1년씩 계속적으로 늦추어 가면서 동일한 연한의 계획을 유지해 나가는 방식이다. 이러한 연동계획은 의사결정의 점증주의 방식과 관련성이 있다. 우리나라의 경제운용계획이나 중기재정계획이 이에 해당되며, 최근 각국에서 많이 활용되는 계획이다.

6 다음 중 기획의 과정을 순서대로 나열한 것은?

㉠ 상황분석	㉡ 최종안의 선택
㉢ 목표 설정	㉣ 대안의 작성 및 평가
㉤ 기획전제의 설정	

① ㉢㉤㉠㉣㉡　　　　　　　　　② ㉠㉢㉤㉣㉡
③ ㉢㉠㉤㉣㉡　　　　　　　　　④ ㉤㉣㉢㉠㉡

> **Advice** **기획의 과정** … 목표설정 → 상황분석 → 기획전제의 설정 → 대안의 작성 및 평가 → 최종안의 선택

7 전문가 집단으로부터 우수한 식견을 모으고 반응을 체계적으로 도출하여 분석·종합하는 기획기법은?

① 시계열분석 ② 델파이 기법

③ 인과분석 ④ 회귀분석법

> ♀Advice 델파이 기법…예측하려는 분야의 전문가들에게 설문지로 의견을 묻고, 근접한 결론에 이를 때까지 반복하여 유도·분석·종합하는 방법을 이용한 미래예측기법이다.

8 다음 중 델파이 기법에 관한 내용으로 옳지 않은 것은?

① 미래예측을 할 수 있다.

② 응답자의 익명성이 유지되므로 외부적인 영향력으로 결론의 왜곡을 막을 수 있다.

③ 설문조사를 통한 통계적 기법의 사용으로 가장 객관적인 예측방법이다.

④ 많은 전문가를 활용할 수 있다.

> ♀Advice ③ 델파이 기법은 주관적이고 직관적인 질적 예측방법으로, 설문의 작성방법에 따라 응답이 좌우될 수 있고, 형식적 응답이 등장할 수 있다.

9 전통적 기획관과 현대적 기획관을 비교한 것 중 잘못된 것은?

	전통적 기획관	현대적 기획관
①	수단적 기획	규범적 기획
②	선형적인 사고와 행동	인간행동의 모형화
③	기계적 모형	유기적 모형
④	전체적 기획	부분체계로서의 기획

> ♀Advice ④ 두 설명이 바뀌었다. 전통적 기획이 부분체계로서의 기획의 성격을 가졌다면, 현대적 기획은 전체적, 종합적 성격의 기획이다.

조직의 구조와 관리

01

조직이론의 기초

Section 1 조직이론의 개관

(1) 조직의 의의

조직은 일반적으로 일정한 환경하에서 구성원의 협동·노력으로 특정한 목표를 달성하기 위한 인적 집합체 또는 분업체제로서 이해된다. Simon은 복수의 구성체로 이루어진, 공동의 목표달성을 위해 협동성을 지닌 의사결정기구로 보았고, Etzioni는 특정한 목적을 추구하기 위해 신중하게 구성된 사회적 단위 혹은 인간집합으로, Parsons는 특정한 목적을 가진 사회체계로 정의했으며 체제의 기능(AGIL) 즉, 적응기능, 형상유지기능, 통합기능, 목표달성기능을 수행한다고 보았다.

① 특성

　㉠ 2개 이상의 소집단으로 이루어져 있다.

　㉡ 모든 구성원이 업무상 연계를 이루고 있다.

　㉢ 분업, 권력, 책임성, 의사소통 등의 개념이 있다.

　㉣ 개인의 목표와 조직의 목표가 반드시 일치하지는 않는다.

　㉤ 조직 내의 독특한 문화가 형성된다.

　㉥ 환경과의 작용을 통해 계속적으로 변화한다.

　㉦ 대규모 조직의 경우 대면적 접촉이 어렵다.

　　포인트팁 조직의 형태별 특징

　　㉠ **폐쇄적·기계적 조직**: 환경이 상대적으로 안정되어 있고 목표가 확실하고 지속적이며, 기술이 획일적·정태적이고 조직활동이 일상화되어 있으며, 의사결정이 정형화되고 조정·통제과정이 고도로 구조적·계층적인 경우에 적합하다.

　　㉡ **개방적·유기체적 조직**: 환경이 불안정하고 목표가 다양성, 가변성을 띠며 기술이 복잡하고 동태적이며 조직활동에 창의성, 쇄신성이 요구되며 의사결정이 탐색적·자기발견적이고 조정통제가 상호적·신축적인 경우에 적합하다.

② 조직구조의 주요 변수

　㉠ 복잡성

　　• 개념 : 수평적·수직적 분화 및 공간적 분산의 정도를 말한다.

　　• 조직구조 : 하위조직단위가 많고 업무의 분화율이 높은 조직에는 갈등이 많아지고 그에 대응할 통합노력이 요구된다.

　　• 행정농도 : 조직의 복잡성이 높아지면 조직의 전체규모에 대비한 유지관리 구조의 비율(행정농도)이 높아진다.

문. 조직구조에 대한 설명으로 옳지 않은 것은?

▶ 2013. 8. 24 제1회 지방직

① 공식화(formalization)의 수준이 높을수록 조직구성원들의 재량이 증가한다.

② 통솔범위(span of control)가 넓은 조직은 일반적으로 저층구조의 형태를 보인다.

③ 집권화(centralization)의 수준이 높은 조직의 의사결정권한은 조직의 상층부에 집중된다.

④ 명령체계(chain of command)는 조직 내 구성원을 연결하는 연속된 권한의 흐름으로, 누가 누구에게 보고하는지를 결정한다.

☞ ①

ⓛ 공식성
- 개념 : 직업이나 업무수행이 표준화되는 정도를 말한다. 직무가 공식화되면 자율성과 재량성이 줄어든다.
- 조직구조 : 환경이 안정적이고 예측가능성이 높을수록, 일상화된 기술을 사용하는 조직일수록, 조직의 규모가 커질수록 공식화의 정도는 높아진다.

ⓒ 집권성
- 개념 : 조직 내의 권력배분의 양태에 관한 개념이다.
- 조직구조 : 조직구조의 확대는 분권화의 수준을 높이는 작용을 한다. 인적 전문화의 수준은 집권화의 수준과 역으로 작용한다.

포인트팁 분권화와 집권화의 요인

분권화의 요인	집권화의 요인
• 상급자의 일반업무 경감	• 권위적 지도력
• 현실적 행정의 구현	• 위기의 존재
• 관리자 양성	• 획일성 · 통일성 요구
• 공무원의 사기제고	• 하위 계층의 능력부족 · 불신
• 참여확대 및 민주적 통제 강화	• 교통 · 통신의 발달
• 조직의 거대화 · 복잡화	• 정보관리체제 및 의사결정기법 발달

③ 조직의 상황변수

㉠ 규모
- 개념 : 조직의 물적 수용능력, 인력, 투입 · 산출의 양, 자원 등을 통틀어 일컫는다.
- 특징 : 규모가 커지면서 복잡성이 증가하다가 다시 체감하고, 공식성이 증대되며 집권성이 저하된다. 규모가 작을수록 응집성이 강해지고 만족감 · 사기가 제고된다.

㉡ 기술
- 개념 : 투입을 산출물로 전환시키는 방법을 말한다.
- 특징 : 일상적인 기술일수록 조직의 복잡성은 낮고 공식성은 높으며 집권화를 초래한다.

④ 현대행정조직의 특징

㉠ 거대화 : 공무원과 예산의 증대 및 방대한 기구와 중앙 및 지방의 중층적 구조 등으로 조직이 비대화 되었다.

㉡ 전문화 · 계층화 : 현대행정조직의 거대화로 조직의 다원적인 분화와 계층의 증가가 이루어지고 있다.

㉢ 통합성 · 조정의 강조 : 조정과 커뮤니케이션을 통하여 행정목적이 통일되게 한다.

  ⓔ 관료제화 : 전문적 지식을 가진 직업공무원을 중심으로 하는 관료제가 조직을 이끌어간다.

  ⓜ 기동화·동태화 : 격변하는 현대사회에서의 대처를 위한 필연적인 현상이다.

  ⓗ 민주성 : 국민에 대한 행정의 책임성을 확보하기 위한 민주통제 및 조직 내의 민주주의 실현과도 연관된다.

  ⓢ 신속성·능률성 : 업무량의 증가로 인해 신속하게 능률적으로 업무를 처리해야 한다.

(2) 조직이론의 발달과정

① 고전적 조직이론(폐쇄적 합리체제)

  ㉠ 의의 : 합리주의적 입장에서 절약과 능률, 최고관리층에 의한 행정통제에 중점을 두고 있다. 또한 원리적 접근을 특색으로 하며, 정치행정이원론에 입각하고 있다. 조직은 폐쇄체제이며, 조직구성원은 합리적으로 행동한다고 본다.

  ㉡ 내용
- 과학적 관리론(Taylor) : 최소의 노동과 비용으로 최대의 생산효과를 확보할 수 있는 최선의 방법을 찾아내기 위한 관리이론이다.
- 행정관리론(Gulick) : 최고관리자의 하향식 관리기능을 강조했고 POSDCoRB와 조직의 원리를 제시하여 행정원리론적 능률지상주의의 확립에 기여했다.
- 관료제론(Weber) : 이념형으로서의 합리적·합법적 관료제를 제시했다.

  ㉢ 특징 : 공식적·합리적 조직에 중점을 둔 기계적·합리적·구조적 이론으로서 분업, 계층적 과정을 통한 구조와 통솔범위를 강조한다.

  ㉣ 한계
- 지나친 능률성과 계층성 강조로 수직적·집권적 경직성이 초래되었다.
- 폐쇄체제와 안정적 환경을 전제로 한 공식구조는 환경변수와 내부문제에 대한 고려를 간과하였다.
- 인간을 하나의 기계부품으로 간주하는 관점과 피동적·합리적 경제인관을 지지하는 X이론적 인간관은 지나치게 편협하다는 비판을 받았다.

② 신고전적 조직이론(폐쇄적 자연체제)

  ㉠ 의의 : 과학적 관리론의 결점을 보완하기 위해 정치·행정이원론적 입장의 인간관계론에 근거를 두고 발전한 이론으로, 조직을 폐쇄체제로 보면서도 조직구성원의 사회적 욕구와 조직의 비공식적 요인에 중점을 두고 있다. 모든 조직에는 비공식적 인간관계가 존재하여 공식적 권한의 명령체계보다 효과적인 작용을 미친다는 것을 인식하였다.

  ㉡ 내용 : 조직의 구성원을 감정의 논리나 대인관계에 따라서 움직이는 인간으로서 파악하고 욕구·동기·태도를 중심으로 개인 간, 집단 간, 개인·집단과 조직 간에 형성되는 사회적·심리적 관계를 분석했다.

ⓒ 특징
- 인간관계의 관리에 중점을 두어 관리의 인간적 능률화를 목표로 한다.
- 의사소통의 원활화, 민주적 리더십의 발휘, 참여의 확대에 의한 심리적 욕구의 충족 등 능률향상에 기여하는 요소에 대한 관리자의 적극적 역할이 강조된다.
- 비공식 조직, 인간의 사회적·감정적·심리적 측면과 사회적 능률성을 중시한다.
- 조직과 내부환경의 상호관계를 중시한다.

ⓔ 한계 : 조직과 인간, 조직과 환경의 관계설정이 한계를 가지고 있고, 인간의 합리성을 무시하였다는 한계가 있다.

③ 현대적 조직이론(개방적 합리체제)

㉠ 의의 : 현대의 조직은 개인을 다양한 욕구와 변이성을 지닌 자아실현인, 복잡인의 관점에서 파악하며 복잡하고 불확실한 환경 속에서 목표의 달성을 위해 개성이 강한 인간행동을 종합하는 활동을 의미한다.

㉡ 특징
- 조직을 환경과 끊임없이 상호 작용하는 동태적·유기적·개방체제로 파악한다.
- 고전적 조직이론과 신고전적 조직이론의 통합을 시도하여 조직의 공식적·비공식적 요인과 그 상호 관련성을 분석한다.
- 구조보다는 인간행태나 발전적·쇄신적 가치관을 중시하고 인간을 복합인으로 파악한다.
- 관료제적 조직의 극복과 동태적 조직의 확립방안을 모색한다.
- 가치의 다원화와 행정현상의 다양성을 인정한다.

포인트 팁 현대조직이론의 흐름
- ㉠ **의사결정모형(Simon, March)** : 조직과정을 의사결정과정으로 파악하고 의사결정을 행정행태의 기본적 개념도식으로 활용한다.
- ㉡ **체제모형(Scott)** : 조직을 체제로서 파악하고 체제의 유지, 변화, 투입, 전환, 산출, 환류와 기능을 중시하여 관리하고 분석하려는 경향이다.
- ㉢ **사회체제모형(Parsons, Blau, Scott)** : 조직은 소규모의 사회인 동시에 대규모 체제인 사회의 부면을 이루어 서로 연관되어 있다고 보는 관점이다. 조직을 전체 사회와 기능적으로 연관된 체제로 보는 점에서 체제모형과 다르다.
- ㉣ **관료제모형** : 조직을 관료제로 이해하고 접근하는 관점으로 관료제의 역기능의 발견과 관료제론의 수정 등으로 개선이 이루어졌다.
- ㉤ **상황적응모형(Lawrence & Lorsch)** : 모든 상황에 적합한 최선의 조직화 방법은 존재하지 않고, 최선의 조직설계·관리방법은 환경에 달려 있으며, 조직의 내부·외부환경의 요구에 가장 잘 맞는 조직이 가장 잘 적응할 수 있다고 보는 관점이다.
- ㉥ **조직경제학** : 조직을 발생시키고 운영하는 것을 의사결정에 따른 비용을 최소화하기 위한 하나의 전략으로 본다.

문. 다음 중 조직군 생태론의 내용과 가장 관련이 적은 것은?

▶ 2006. 3. 19 대구광역시

① 환경적소
② 조직의 환경에의 적응
③ 조직의 관성
④ 환경에 의한 조직형태의 선택

답 ②

문. 조직이론에 대한 설명으로 옳은 것만을 모두 고른 것은?

▶ 2013. 8. 24 제1회 지방직

㉠ 베버(M. Weber)의 관료제론에 따르면, 규칙에 의한 규제는 조직에 계속성과 안정성을 제공한다.
㉡ 행정관리론에서는 효율적 조직관리를 위한 원리들을 강조한다.
㉢ 호손(Hawthorne)실험을 통하여 조직 내 비공식집단의 중요성이 부각되었다.
㉣ 조직군생태이론(population ecology theory)에서는 조직과 환경의 관계를 분석함에 있어 조직의 주도적·능동적 선택과 행동을 강조한다.

① ㉠, ㉡
② ㉠, ㉡, ㉢
③ ㉠, ㉢, ㉣
④ ㉡, ㉢, ㉣

답 ②

④ 신조직이론(개방적 자연체제)
  ㉠ 조직군 생태론
    • 의의 : 조직변동이 외부환경의 선택에 의하여 좌우된다고 봄으로써 조직환경의 절대성을 강조하는 이론으로, 환경의 조직에 대한 영향력을 중시하여 환경 속의 여러 요인들이 환경에 적합한 조직의 특징들을 선택한다고 본다.
    • 특징 : 조직은 환경에 가장 잘 적응하는 방향으로 변화해 나가며 환경에 잘 적응해 나가지 못하는 조직은 존속할 수 없다고 본다.
  ㉡ 자원의존이론 : 어떤 조직도 필요로 하는 다양한 모든 자원을 획득할 수 없다는 전제하에 조직이 환경적 요인에 대응하여 적극적으로 대처함으로써 환경에 대한 적응을 위한 전략적 결정을 내린다는 이론이다. 조직도 환경의 영향력을 일정한 수준에서 통제할 수 있는 능력을 갖고 있음을 강조한다.
  ㉢ 제도화 이론 : 조직이 환경의 영향을 강하게 받는 개방체제이지만 사회 및 조직의 인습적 신념에 부합하도록 강제력을 발휘하는 사회·문화적 압력이 조직에 가장 결정적으로 작용하는 요인이라고 보는 관점이다.
  ㉣ 혼돈이론 : 복잡다단한 현대조직에서 뿐만 아니라 극히 단순하고 한정적인 구조에서도 체제행태에 대한 예측과 통제는 불가능하며, 오히려 자기조직화의 과정을 통하여 무질서와 혼돈으로부터 질서와 조직화가 자생적으로 발생할 수 있다는 이론이다.
  ㉤ 전략적 선택이론 : 동일 환경에 처한 조직이라도 관리자의 환경에 대한 지각차이로 인해 서로 다른 선택을 할 수 있다고 보며 관리자는 본인의 인지적 기초와 가치관을 바탕으로 환경을 인식하며 이에 근거하여 전략적 선택을 하게 된다.
⑤ 현대조직이론의 분류
  ㉠ Van de Ven의 분류

구분		환경 인식	
		결정론(수동적)	임의론(능동적)
분석수준	조직군	자연적 선택 관점	집단적 행동 관점
		• 조직군 생태학 이론 • 조직경제학 • 제도화이론	공동체 생태학 이론
	개별조직	제제구조적 관점	전략적 선택 관점
		구조적 상황이론	• 전략적 선택이론 • 자원의존이론

문. 혼돈이론(chaos theory)에 대한 설명으로 옳지 않은 것은?
▶ 2011. 5. 14 상반기 지방직
① 현실의 복잡성과 불확실성을 극복하기 위해 단순화, 정형화를 추구한다.
② 비선형적, 역동적 체제에서의 불규칙성을 중시한다.
③ 전통적 관료제 조직의 통제중심적 성향을 타파하도록 처방한다.
④ 조직의 자생적 학습능력과 자기조직화 능력을 전제한다.
☞ ①

문. 상황론적 조직이론과 자원의존 이론에 대한 다음 설명 중 가장 옳지 않은 것은?
▶ 2015. 6. 13 서울특별시
① 자원의존이론은 어떤 조직도 필요로 하는 자원을 모두 획득할 수는 없다는 것을 전제로 삼는다.
② 상황론적 조직이론은 모든 상황에 적합한 최선의 조직화 방법은 존재하지 않는다고 전제한다.
③ 자원의존이론은 조직이 생존과 발전에 필요한 자원을 환경에 의존하기 때문에 조직을 환경과의 관계에서 피동적 존재로 본다.
④ 상황론적 조직이론은 효과적인 조직 설계와 관리 방법은 조직환경에 달려 있다고 주장한다.
☞ ③

ⓛ 김호섭 외

구분	환경결정론	수동적 적응론	자유의지론
거시적(조직군) 수준	• 조직경제학 • 조직개체군 생태학	제도이론	• 조직 간 관계론 • 공동체 생태학
미시적(개별 조직) 수준	관료제 이론	상황적합이론	• 전략적 선택이론 • 자원의존이론

⑥ Scott의 분류(폐쇄 – 합리, 폐쇄 – 자연, 개방 – 합리, 개방 – 자연)
　　㉠ 의의 : Scott은 두 가지 차원, 즉 환경개념의 포함여부와 합리적·자연적 존재 여부에 따라서 조직이론을 4가지로 분류하였다.
　　㉡ 내용

구분	폐쇄 – 합리모형 (1900 ~ 1930)	폐쇄 – 자연모형 (1930 ~ 1960)	개방 – 합리모형 (1960 ~ 1970)	개방 – 자연모형 (1970 ~ 현재)
사회심리적 수준	• 과학적 관리론 • 의사결정론	인간관계론	합리성 제약이론(만족모형)	• 조직화이론 • 질서협상이론 • 애매성·선택이론
구조적 수준	• 행정관리이론 • 관료제 이론	• 협동체제론 • 인간관계론	• 비교구조이론 • 상황적응이론	• 사회기술체제론 • 전략적 상황적응이론
생태적수준	–	–	거래비용이론	• 제도화이론 • 자원의존이론 • 마르크스이론 • 조직군 생태론

Section 2 조직의 유형

(1) Blau & Scott(수혜자 기준)

① 호혜조직(공익결사조직) … 조직 구성원이 주요 수혜자로서 정당, 노동조합, 직업단체, 클럽 등이 있다.

② 사업조직 … 조직의 소유자나 출자자가 주요 수혜자로서 사기업 등이 있다.

③ 봉사조직(서비스조직) … 조직과 직접적인 관계를 갖는 고객이 주요 수혜자로서 병원, 학교 등이 있다.

④ 공익조직(공중복리조직) … 일반 대중이 주요 수익자로서 일반행정기관, 군대, 경찰서 등이 있다.

(2) T. Parsons · Katz & Kahn(사회적 기능 기준)

구분	T. Parsons	Katz & Kahn
적응기능	경제조직(회사, 공기업)	적응조직(연구소, 조사기관)
목표달성기능	정치조직(정당, 행정기관)	경제적 · 생산적 조직(산업체)
통합기능	통합조직(정부조직, 경찰)	정치 · 관리적 조직(정당, 노동조합)
현상유지기능	현상유지조직(학교, 종교단체)	현상유지조직(학교, 종교단체)

(3) Etzioni(복종관계 기준)

① 강제적 조직 ··· 강제적 권력과 소외적 관여의 결합으로 교도소, 강제수용소 등이 있다.

② 공리적 조직 ··· 보수적 권력과 타산적 관여의 결합으로 기업, 이익단체 등이 있다.

③ 규범적 조직 ··· 규범적 권력과 도덕적 관여의 결합으로 정당, 종교단체 등이 있다.

(4) Likert(의사결정에의 참여도 기준)

① 수탈적 권위형(체제1) ··· 조직의 최고책임자가 단독으로 모든 결정권을 행사하고 구성원의 의지는 반영되지 않는다.

② 온정적 권위형(체제2) ··· 주요 정책은 고위층에서 결정하고 하급자는 주어진 영역 내에서만 재량권을 발휘할 수 있으나 최종 결정에 앞서 상급자의 동의를 거쳐야 한다.

③ 협의적 민주형(체제3) ··· 주요 정책은 고위층에서 결정하지만 한정된 범위의 특정 사안에 한해서는 하급자가 결정할 수 있다.

④ 참여적 민주형(체제4) ··· 조직의 구성원이 결정에 광범위하게 참여할 수 있으며 상호 간 완전한 신뢰를 전제로 한다.

(5) J. Woodward(규모와 기술 기준)

① 소량생산체제 ··· 동일제품을 비교적 짧은 공정을 거쳐 소량으로 생산하는 체제로서 주문생산 및 견본 생산업체 등이 이에 속한다.

② 대량생산체제 ··· 동일제품을 기계적 설비를 통해 대량으로 생산하는 산업체로서 자동차, 가전제품 생산업체 등이 이에 속한다.

③ 연속생산체제(과정적 생산체제) ··· 일정 과정을 거치면서 성질이 다른 제품을 연속적으로 생산하는 체제로서 정유공장, 화학처리공장 등이 이에 속한다.

(6) Mintzberg(조직의 특징 기준)

① 단순구조 ··· 조직환경이 매우 동태적이며 상대적으로 규모가 작고 조직기술은 정교하지 않은 조직으로, 신생조직 · 독재조직 · 위기에 처한 조직 등이 이에 속한다. 권한 및 통제수단은 최고관리자에게 집중되어 있다.

② **기계적 관료제** … 조직규모가 크고 조직환경이 안정되어 있으며, 표준화된 절차에 의해 업무가 수행되는 조직으로서 은행·우체국·대량생산업체·항공회사 등이 이에 속한다. 권한 및 통제수단은 조직적으로 분화되어 있다.

③ **전문관료제** … 전문적·기술적 훈련을 받은 구성원에 의해 표준화된 업무가 수행되고 전문가 중심의 분권화된 조직이며, 조직환경이 상대적으로 안정되고 외부통제가 없는 조직으로서 대학·종합병원·사회복지기관·컨설팅회사 등이 이에 속한다. 권한 및 통제수단은 수평적으로 분화되어 있다.

④ **분립구조, 사업부제구조** … 독자적 구조를 가진 분립된 조직이며 중간 관리층이 핵심적 역할을 하는 조직으로 대기업·대학분교·지역병원을 가진 병원조직 등이 이에 속한다. 권한 및 통제수단은 하부단위에 준자율적으로 부여되어 있다.

⑤ **임시체제(adhocracy)** … 고정된 계층구조를 갖지 않고 공식화된 규칙이나 표준적 운영절차가 없는 조직이며, 조직구조가 매우 유동적이고 환경도 동태적인 조직으로 첨단기술연구소 등이 이에 속한다. 권한 및 통제수단은 수평적으로 분화되어 있다.

> **포인트팁 조직의 새로운 유형**
>
> ㉠ **네트워크조직**: 유기적 조직유형의 하나로서 정보통신기술의 발달로 적용된 조직구조 접근법으로, 조직 자체의 기능은 핵심역량으로 합리화하고 여타의 기능은 외부기관과 조직에 아웃소싱의 형태로 과업을 수행해 나간다. 네트워크구조의 장점은 생산비용의 절감과 간소한 조직구조, 다양한 환경변화에 신축적이고 능동적인 대응이 가능하다는 점 등이 있다.
>
> ㉡ **팀제 조직**: 팀은 특정 과업을 수행하기 위해 조직되어 스스로 문제를 해결해 나가는 소단위의 조직으로, 조직이 점차 비대해짐에 따라 비효율이 발생하고 환경에 대한 적응력이 저하되는 단점을 보완하기 위해 나타났다. 스스로 작업의 계획·실행·통제·개선을 해나가고 인력관리와 예산기능을 독자적으로 수행하며 팀 구성원은 최대한의 재량권과 함께 산출물에 대한 품질의 책임을 가진다.

(7) 기능별 조직과 사업별 조직

① **기능별 조직(U형 구조)**

㉠ **의의**: 기능부서화 방식에 기초한 조직구조 유형으로 조직의 전체 업무를 공동 기능별로 부서화하는 방식이다. 기본적으로 수평적 조정의 필요성이 낮을 때 효과적인 조직구조이다.

㉡ **장점**

- 기능 내에서 규모의 경제 제고할 수 있다(같은 기능끼리 묶어 시설과 자원을 공유함으로써 중복과 낭비 방지).
- 구성원들의 전문 지식과 기술의 깊이를 제고할 수 있으며, 부서 내 의사소통 조정이 용이하다.
- 비슷한 기술·경력을 가진 구성원들 사이에 응집력이 강해 부서 내 의사소통과 조정이 유리해진다.
- 구성원에 대한 관리자의 감독이 용이해진다.

문. 민츠버그(H. Mintzberg)가 제시한 조직구조 유형에 대한 설명으로 옳은 것은?

▶ 2011. 5. 14 상반기 지방직

① 기계적 관료제(machine bureau-cracy)는 막스 베버의 관료제와 유사하다.

② 임시조직(adhocracy)은 대개 단순하고 반복적인 문제를 해결하기 위해 생성된다.

③ 폐쇄체계(closed system)적 관점에서 조직의 기능을 기준으로 유형을 분류하였다.

④ 사업부 조직(divisionalized orga-nization)은 기능별, 서비스별 독립성으로 인해 조직전체 공통관리비의 감소효과가 크다.

☞ ①

문. 다음 중 애드호크라시의 특징으로 옳지 않은 것은?

▶ 2007. 3. 25 인천광역시

① 표준화된 작업으로 인해 조직구성원들 간의 책임과 한계가 분명하게 나타난다.

② 횡적 관계의 중시로 전문가의 동기부여에 효과적이므로 극대화된 역량을 발휘할 수 있다.

③ 구성원의 능력을 최대한 발휘할 수 있고 조직혁신의 촉진이 용이하다.

④ 할거주의 방지에 도움을 준다.

⑤ 비일상적·비정형적 업무에 보다 효과적이다.

☞ ①

ⓒ 단점
- 부서 간 조정과 협력이 요구되는 환경에 둔감하다.
- 업무에 과부하가 걸려 빠르게 대처하지 못하게 된다.
- 집권화를 초래하며, 전체 업무의 성과에 대한 책임소재를 규명하는 데 곤란하다.

ⓓ 적용조건
- 조직목표달성에 깊은 전문지식이 필수적인 경우
- 안정된 조직 환경
- 일상적 조직 기술
- 수직적 계층제에 의해 조정될 필요가 있는 경우
- 내적 능률성이 중요한 경우

② 사업별 조직(M형 구조)
　ⓐ 의의 : 특정과제를 중심으로 편제된 독립성을 가지는 성과 중심의 자기완결적·준자율적 단위부서를 말한다. 즉 산출물에 기반을 둔 사업부서화 방식의 조직구조를 말한다. 사업부서는 자기완결적 단위의 사업, 기능 간 조정의 극대화를 추구하며, 기능구조보다 더 분권적인 조직구조를 갖게 된다.
　　예 각 단과대학, 병원의 전문분과 등

　ⓑ 장점
- 기능 간 조정이 용이하므로 환경변화에 신축적이고 신속하게 대응한다.
- 특정 산출물 단위로 운영되기 때문에 다양한 고객만족도를 제고시킨다.
- 성과에 대한 책임소재가 분명하며, 성과관리체제에 유리하다.
- 상당한 정도의 자율성을 가지고 독자적인 업무를 수행한다.
- 부서목표가 분명해지며, 조직 구성원의 동기부여와 만족감을 증진하게 된다.

　ⓒ 단점
- 규모의 불경제(기능의 중복에 따른 비효율성)와 비효율성이 발생된다.
- 기술적 전문지식과 기술발전에 불리하다.
- 사업부서 내 조정은 용이하지만, 자율적으로 운영되는 부서 간 조정의 어려움이 있다.

　ⓓ 적용요건 : 기능 간 조정이 우수하므로 불확실한 조직 환경이 존재하고 비정규적 조직 기술을 사용하며 높은 부서 간 상호의존성이 나타나고 외부지향적 조직목표에 적합해야 한다.

포인트팁 기능별 조직과 사업별 조직의 비교

기능별 조직	사업별 조직
• 확실한 환경 • 일상적인 조직기술 • 목표달성에 전문지식이 필요한 경우 • 수평적 조정의 필요가 적은 경우 • 내적 능률성이 중요한 경우 • 수직적 계층제에 의한 통제가 필요할 때	• 불확실한 환경 • 비일상적인 조직기술 • 외부지향적 목표를 가진 조직 • 사업부서 내 부서 간의 높은 상호의존성

문. 조직의 보수화와 사회변동의 관계를 잘못 설명한 것은?
　▶ 2007. 4. 14 중앙인사위원회
① 조직은 특성상 보수적인 성향을 띠는 것이 일반적 현상이다.
② 조직은 보수성 때문에 격동하는 사회환경 속에서 생존할 수 있다.
③ 조직이 사회변동에 적응하지 못할 경우 더욱 보수화 되는 속성을 지니고 있다.
④ 조직이 보수화되는 이유는 조직 구성원들의 이해관계 때문인 경우가 많다.

☞ ②

Section 3 조직의 원리

(1) 통솔범위의 원리

① 의의 … 통솔범위는 한 사람의 상관이 지휘·관리할 수 있는 부하의 수를 말하며 개인이 기울일 수 있는 주의력의 범위는 심리적·생리적으로 한계가 존재한다는 데에 그 근거를 둔다.

② 통솔범위에 관한 이론
- ㉠ R.C. Davis : 반복적이고 육체적인 업무에 10 ~ 30인, 정신노동에 3 ~ 9인을 제시했다.
- ㉡ V. Graicunas : 통솔범위에 관한 수학적 공식을 제시하여 적정 통솔범위는 6인이라고 주장했다.
- ㉢ Fayol : 하위층에 20 ~ 30인, 상위층에 5 ~ 6인을 제시했다.
- ㉣ Simon : 이들 주장에 대하여, '마법의 수'는 없다고 비판하였다.

포인트 V. Graicunas의 통솔범위의 공식 … $N = n(2n / 2 + n - 1)$

③ 통솔범위의 결정요인
- ㉠ 시간적 요인 : 신설조직보다는 기성조직, 안정된 조직에서 통솔범위가 넓어진다.
- ㉡ 공간적 요인 : 분산된 것보다는 집중된 장소에 모여 있는 경우에 통솔범위가 넓어진다.
- ㉢ 직무의 성질 : 전문적·지적 업무보다는 동일 단순직무에 통솔범위가 넓어진다.
- ㉣ 감독자와 부하의 능력 : 능력이 우수한 경우 통솔범위가 넓어진다.
- ㉤ 계층수 : 적을수록 통솔범위가 넓어진다.
- ㉥ 막료기관의 존재 : 상관이나 감독자의 주위에 유능한 막료가 존재하는 경우 통솔범위가 넓어진다.
- ㉦ 기타 : 의사전달기술의 발달, 조직구성원의 자발성, 교통·통신수단의 발달, 감독자가 부하에게 신임을 받을 때, 효율적 정보관리체제가 구비되어 있을 때 통솔범위가 확대된다.

(2) 계층제의 원리

① 의의 … 조직의 능률성 확보를 위해 계층적 피라미드구조로 편성하는 것을 말한다.

② 특징
- ㉠ 통솔범위가 확대되면 계층 수는 적어지고, 통솔범위가 축소되면 계층 수가 늘어난다.

문. 계급제의 특징으로 옳지 않은 것은?
▶ 2007. 4. 14 중앙인사위원회
① 폐쇄형 인사제도
② 탄력적 인사관리
③ 계급간 구분
④ 직무급 체계
⑤ 일반행정가 지향
☞ ④

문. 조직현상에 대한 다음 설명 중 옳지 않은 것은?
▶ 2007. 4. 28 경기도
① 통솔범위가 넓으면 계층의 수가 늘어난다.
② 환경이 안정적이고 예측가능성이 높을수록 공식화 정도가 높아진다.
③ 관료제 이론에는 계층제의 원칙, 조정의 원칙, 통솔범위의 원칙, 분업의 원칙 등이 적용된다.
④ 일상화된 기술을 사용하는 조직일수록, 조직의 규모가 커질수록 공식화의 정도는 높아진다.
☞ ①

　　ⓛ 계선조직의 일반형태는 피라미드구조이나, 막료는 역삼각형 내지 수평의 형태를 갖는다.

　　ⓒ 하위층은 정형적 업무, 상위로 갈수록 비정형적 업무를 담당한다.

　　ⓔ 계층제는 계선조직을 중심으로 형성되나, 참모조직은 계층제형태를 띠지 않는다.

③ 기능

　ⓒ 순기능

　　• 지휘·명령 등 의사소통의 통로가 되며, 조직의 안정성을 유지한다.

　　• 갈등·분쟁의 조정, 조직의 질서·통일성 확보, 일체화의 수단이 된다.

　　• 내부통제의 경로가 되며, 책임한계가 명확하다.

　　• 승진을 통해 구성원의 사기 앙양을 도모할 수 있다.

　　• 신속하고 능률적인 업무 수행이 가능하다.

　　• 권한위임 및 상하 간 권한배분의 기준 및 경로가 된다.

　　• 명령·지시 등 공식적 권위의 행사수단이 된다.

　ⓒ 역기능

　　• 조직의 경직성과 할거주의를 초래한다.

　　• 의사소통 왜곡, 환경변동에의 부적응 등 경직성을 초래한다.

　　• 동태적 인간관계의 형성을 저해하며, 비합리적인 인간지배의 수단이 된다.

　　• 환경변화에의 신축적 적용이 곤란하다.

　　• 구성원의 개성·창의성 개발을 저해한다.

　　• 기관장의 독재화, 비민주적·독단적 결정

(3) 전문화의 원리(분업의 원리, 기능의 원리)

① 의의 … 업무를 기능 및 성질별로 분리하여 계속적인 수행을 거쳐 조직의 능률성을 제고하고자 하는 원리를 말한다.

② 유형

　ⓒ 상향적 전문화와 하향적 전문화: 상향적 전문화는 과학적 관리론에 근거하여 하위에서 업무를 분할하여 상위로 단계적 분업화를 추구하는 것을 의미한다. 하향적 전문화는 Gulick의 POSDCoRB에 따라 기능을 계층적으로 하향 분담하는 방법을 말한다.

　ⓒ 수평적 전문화와 수직적 전문화: 수평적 전문화는 업무의 동질성을 기준으로 각 부처별, 국과별로 수평적인 조직을 편성하는 원리를 의미한다.

　ⓒ 작업의 전문화와 인간의 전문화: 작업의 전문화는 직위분류제와 같이 작업활동을 세분화하여 반복적·일상적 업무로 단순화하는 분업을 의미하고, 인간의 전문화는 계급제와 같이 인간이 능력을 획득함으로써 권력·영향력을 보유하는 사회과정을 의미한다.

③ 기능 … 전문화는 해당 업무를 숙달시켜 직업의 경제적·능률적 수행과 조직의 합리적 편성, 특정분야의 전문가 양성에 기여하는 바가 크다. 그러나 반복적이고 단순한 작업으로 인해 흥미를 상실할 우려가 있고, 할거주의를 야

문. 사람을 기준으로 공직을 분류한 계급제의 특성에 대한 설명으로 옳지 않은 것은?

▶ 2014. 3. 22 사회복지직

① 순환보직을 통해 다양한 업무를 경험할 수 있도록 한다.
② 공직에 자리가 비었을 때 외부충원을 원칙으로 한다.
③ 계급을 신분과 동일시하려는 경향이 강하다.
④ 공무원의 신분이 안정적으로 보장된다.

☞ ②

문. 다음 조직을 구성하는 원리 중 그 성격이 다른 하나는?

▶ 2005. 5. 8 광주광역시

① 계층제의 원리
② 통솔범위의 원리
③ 명령계통의 원리
④ 전문화의 원리

☞ ④

기하여 조정과 통합을 저해할 수 있으며, 조직인의 창조성과 전체적 통찰력 결여, 권태감·소외감 유발, 인간의 기계화의 우려가 있다.

④ 발전방향
   ㉠ 직무확대, 직무충실의 방법을 도입해야 한다.
   ㉡ 업무수행과 관련된 전문교육을 확대한다.
   ㉢ 직무수행에 관한 의사결정의 자율성을 높이도록 한다.
   ㉣ 직무에 대한 통제를 가급적 줄인다.

> **포인트팁** **직무확충**(직무확대와 직무충실) … 직무확대는 직무분담의 폭을 양적으로 넓히는 것을 의미하고, 직무충실은 권한의 위임과 같이 직무분담의 깊이를 질적으로 심화시키는 것을 의미한다. Herzberg에 의하면 직무확대는 불만요인을 감소시키는 기능이 있고, 직무충실은 만족요인의 증대의 효과가 있다. 따라서 행정조직의 민주화와 동기부여 및 생산성 확대를 위한 방안으로 직무확대보다는 직무충실이 직접적인 방안이 될 수 있다.

(4) 부처편성의 원리(Gulick)

① 의의 … 정부의 기능을 가장 효율적으로 달성하기 위해 어떤 기준에 입각하여 어떻게 부처를 편성할 것인가에 관한 지침을 말한다.

② 부처편성기준에 따른 분류
   ㉠ 목적·기능별 분류 : 조직이 담당하는 목적 또는 기능에 따라 조직을 편성하는 일반적인 기준이 되며 대부분의 중앙행정기관이 이에 속한다.
   ㉡ 과정·절차별 분류 : 행정수행에 이용되는 기구, 수단, 과정을 기준으로 분류하는 것으로 전문적 통계기술을 필요로 하는 통계청, 감사원, 조달청, 기획조정실 등이 이에 속한다.
   ㉢ 대상·고객별 분류 : 행정서비스의 수혜자 또는 대상을 기준으로 분류한 것으로 국가보훈처·고용노동부·중소기업청 등이 수혜자 중심이고, 산림청 등이 취급 대상별 분류이다.
   ㉣ 지역·장소별 분류 : 부서 내 보조기관·일선기관에 적용되는 지역중심의 기준으로서 지방행정조직, 외교부 하부기관, 특별일선기관(세관, 우체국 등) 등이 이에 속한다.

> **포인트팁** **부처편성상의 고려사항**
> ㉠ **부처 수의 적정화** : 통솔범위를 고려하여 결정하여야 한다.
> ㉡ **법률주의와 하부구조의 신축성** : 행정기관을 법률에 의하여 편성할 것인지, 하부구조에 대하여는 행정부에 맡겨서 신축성을 제고할 것인지 결정해야 한다.
> ㉢ **행정계층제의 완화와 외국(外局)의 증설** : 행정부의 경직성을 보완하기 위해 필요하다.
> ㉣ **권한과 책임한계의 명확화, 업무분담의 적정화와 원활한 조정** : 행정수행의 통일성 확보를 위해 정책연구 및 기획·예산·통제 기관을 수반에게 직속시킬 필요가 있다.

③ 부처조직원리에 대한 비판(Simon)
   ㉠ 어느 한 기준의 장점이 다른 기준의 단점이 될 수 있다.
   ㉡ 용어 자체가 애매모호하고 한계가 불명확하며, 실제 적용시 기준이 중복되는 경우가 있다.

(5) 조정의 원리

① **의의** … 공동목표의 달성을 위해 행동의 통일을 이루도록 집단적 노력을 정연하게 배열하는 과정으로, 세분화된 업무를 조직목표에 따라 재배치하는 것을 의미한다.

② **조정의 필요성**(저해요인)

　㉠ 행정조직의 대규모화 : 행정조직이 규모가 커짐에 따라 계층을 증대시키고 기능상의 다원화를 초래하여 조정의 필요성이 증가하게 된다.

　㉡ 행정기능의 전문화 · 복잡화 : 다원주의 사회로의 이행에 따라 행정기능 역시 전문화 · 다양화되어 필연적으로 기능의 조정이 불가피하게 되었다.

　㉢ 할거주의 · 파벌주의 : 행정의 전문화에 따라 각 국 · 과별 할거가 발생하고 파벌이 형성되어 조정이 필요하게 된다.

　㉣ 종적 · 횡적 의사전달의 미흡 : 할거주의의 원인이자 결과로서 종적 · 횡적 의사전달이 어려워짐에 따라 해당 업무와 기능에 대한 조정이 불가피하다.

　㉤ 기타 : 조직목표 · 이해관계의 차이, 관리자의 조정능력 부족 및 조정기구의 결여, 정치적 이해관계의 작용 등으로 조정의 필요성이 증가한다.

③ **조정의 방안**

　㉠ 상위이념에 대한 공통양해를 도출한다.

　㉡ 계층제적 권위 및 기관장의 리더십을 강화한다.

　㉢ 조정기구, 위원회, 막료기구, 회의에 의해 조정한다.

　㉣ 횡적 인사교류 및 공동교육훈련을 통하여 조정한다.

　㉤ 외부의 적을 설정한다.

　㉥ 참여를 촉진하고 MBO를 활용한다.

　㉦ 의사전달을 촉진하고 정보를 공유한다.

(6) 명령통일의 원리

① **의의** … 오직 한 사람의 상관에게 지시명령을 받고 그 상관에게만 보고하는 방침으로 의사전달의 능률화를 위한 원리이다.

② **필요성**

　㉠ 명령체계의 책임성을 확보한다.

　㉡ 조직적 · 안정적 · 능률적 업무처리에 필요하다.

　㉢ 책임의 소재를 명확히 함으로써 부하에 대한 효율적 통제가 가능하다.

　㉣ 의사전달의 효용성을 확보한다.

　㉤ 조직책임자의 전체적 통합과 조정이 가능하다.

③ **한계** … 횡적 조직 간의 조정이 어려워지고, 기능적 전문가의 영향력이 감소되며, 행정의 분권화와 권한위임이 저해되는 한계가 발생한다.

01

조직이론의 기초

1 조직구조의 모형 중 조직 자체 기능은 핵심역량위주로 합리화하고, 그 외 다른 기능은 외부 기관들과 계약을 통해 수행하는 조직구조는?

① 사업구조
② 매트릭스구조
③ 네트워크구조
④ 기능구조

> **Advice** 네트워크구조 … 조직의 자체기능은 핵심역량 위주로 합리화하고 여타 부수적인 기능은 외부기관들과 아웃소싱을 통해 연계·수행하는 유기적인 조직을 말한다. 조직 간의 독립성이 높고 수직적 계층관계를 띠지 않는 조직으로 고도로 분권화되어 있으면서 상호 영향력과 의사소통을 극대화하는 고도로 통합되고 군집화된 사회체계이다.

2 다음 중 (   )을 채우기에 가장 적합한 것은?

> (   )는(은) 복잡성·공식성·집권성 등의 조직구조의 기본변수와 규모·기술·환경·등의 조직의 상황변수, 조직구성원의 가치관 및 태도 등의 (   )(이)라는 변수들의 역학에 관련된다. 권위적일 경우 집권화되고 조직구성원들의 태도와 행동의 분화율이 높을수록 복잡성이 증대되고 일상화된 기술을 활용하여 행동의 자율성이 낮을수록 (   )된다.

① 조직문화 – 조직설계 – 공식화
② 조직문화 – 조직설계 – 집권화
③ 조직설계 – 조직문화 – 공식화
④ 조직변수 – 조직문화 – 복잡화

> **Advice** 조직설계는 조직구조의 기본변수와 조직의 상황변수 및 조직문화 변수들의 역학과 관련된다. 또한, 조직설계는 조직구성원들의 태도와 행동에 따라 영향을 받는데, 행동의 자율성이 높으면 비공식화되고 낮으면 공식화된다.

3 조직이론에 대한 설명 중 옳지 않은 것은?

① 고전적 조직이론에서는 조직 내부의 효율성과 합리성이 중요한 논의 대상이었다.
② 신고전적 조직이론은 인간에 대한 관심을 불러 일으켰고 조직행태론 연구의 출발점이 되었다.
③ 신고전적 조직이론은 인간의 조직 내 사회적 관계와 더불어 조직과 환경의 관계를 중점적으로 다루었다.
④ 현대적 조직이론은 동태적이고 유기체적인 조직을 상정하며 조직발전(OD)을 중시해 왔다.

> **Advice** ③ 신고전적 조직이론은 인간의 조직 내 사회적 관계를 중점적으로 다루었으나 조직과 환경의 관계를 고려하지 못했다.

Answer 1.③ 2.③ 3.③

4 사업구조(divisional structure)에 대한 설명과 가장 거리가 먼 것은?

① 산출물에 기반한 사업부서화방식이다.
② 사업부서들은 자율적으로 운영되므로 각 기능의 조정은 부서 내에서 이루어진다.
③ 규모의 경제에 따른 효율성을 확보할 수 있다.
④ 기능구조보다 환경변화에 신축적이고 대응적일 수 있다.

ⓨAdvice ③은 공동기능별로 조직을 편제하는 기능별구조의 장점에 해당한다.

※ 기능구조와 사업구조

구분	기능구조	사업구조
의의	• 조직 전체업무를 공동기능별로 부서화하는 방식 • 동일집단 구성원은 기본적으로 동일한 기술소유	산출물에 기반을 둔 부서화 방식
특징	• 기능의 중복을 막아 효율성을 높일 수 있음 • 특정 기능과 관련된 조직 구성원들의 지식과 기술이 통합적으로 활용 • 비슷한 기술과 경력을 가진 구성원들 사이에 응집력이 강함 • 구성원에 대한 관리자의 감독이 용이	• 기능구조보다 분권적인 조직구조 • 사업구조의 각 부서는 자기 완결적 단위로서 기능 간 조정이 용이하므로 환경변화에 신축적 • 다양한 고객만족 제고 • 성과에 대한 책임소재가 분명해져 성과관리체제에 유리

5 행정서비스헌장과 그 이행표준의 제정 등 공식화의 장점이 아닌 것은?

① 업무의 일관성이 증대한다.
② 조직의 성과평가기준을 제공한다.
③ 조직구성원의 자율과 재량권이 확대된다.
④ 서비스 수준에 관한 민원인의 기대형성이 조성된다.

ⓨAdvice ③ 환경의 변화를 적극적으로 수용하지 못하고 공식화로 인해 공무원의 자율과 재량권이 축소된다는 부정적 평가를 받을 수 있다.

※ 행정서비스헌장의 기본원칙
　　㉠ 서비스는 고객의 입장과 편의를 최우선으로 고려하는 고객중심적이어야 함
　　㉡ 비용과 편익이 합리적으로 고려된 서비스 기준을 설정
　　㉢ 서비스와 관련된 정보와 자료를 쉽고 신속하게 얻을 수 있도록 함
　　㉣ 고객이 쉽게 알 수 있도록 구체적이고 명확하게 작성
　　㉤ 행정기관이 제공할 수 있는 가장 높은 수준의 서비스를 제시
　　㉥ 형평성 있는 서비스 제공이 되도록 하여야 함
　　㉦ 유관기관과 협력하고 여론을 수렴함
　　㉧ 잘못된 서비스에 대한 시정절차와 보상조치를 명확히 함

6 다음 중 Parsons의 조직유형과 그 예가 잘못 연결된 것은?

① 정치조직 – 행정기관, 정당
② 호혜조직 – 정당, 노동조합
③ 경제조직 – 회사, 공기업
④ 현상유지조직 – 학교, 종교단체

ⓨAdvice ② 호혜조직은 Blau와 Scott의 분류에 해당된다.
※ Blau와 Scott의 분류 … 호혜조직, 사업조직, 봉사조직, 공익조직

7 최근 정보통신기술의 발달로 기존의 피라미드형 관료제적 조직에서 네트워크형 조직으로 변화하고 있다. 이러한 네트워크조직의 특징으로 볼 수 없는 것은?

① 생산비용의 절감　　　　　　　　　　② 간소한 조직구조

③ 개별적　　　　　　　　　　　　　　④ 팀 구성원의 재량권 확대

 네트워크조직 … 고도로 분권화되어 있으며, 상호 영향력과 의사소통을 극대화하는 고도로 통합된 사회이다. 따라서 복잡하고 급격한 조직환경의 변동에 보다 효율적이고 적절하게 대응하기 위해 출현한 조직구조이다. 수명이 짧고 경계가 가변적이며 조직간 계층관계가 수평적이거나 약하다.
④ 조직의 새로운 유형 중 팀제 조직의 특징이다.

8 다음 중 현대행정조직의 특징으로 옳지 않은 것은?

① 민주성　　　　　　　　　　　　　　② 관료제화

③ 소규모화　　　　　　　　　　　　　④ 신속성, 능률성

 현대행정조직의 특징
㉠ **거대화** : 공무원·예산의 증대 및 방대한 기구와 중앙·지방의 중층적 구조 등으로 조직이 비대화
㉡ **전문화·계층화** : 현대행정조직의 거대화로 조직의 다원적인 분화와 계층의 증가
㉢ **통합성·조정의 강조** : 조정과 커뮤니케이션을 통하여 행정목적이 통일
㉣ **관료제화** : 전문적 지식을 가진 직업공무원을 중심으로 하는 관료제가 조직을 이끌어감
㉤ **기동화·동태화** : 격변하는 현대사회에서의 대처를 위한 필연적인 현상
㉥ **민주성** : 국민에 대한 행정의 책임성을 확보하기 위한 민주통제 및 조직 내의 민주주의 실현과도 연관
㉦ **신속성·능률성** : 업무량의 증가로 인해 신속하게 능률적으로 업무를 처리

9 다음 중 Etzioni의 분류에 따른 조직에 대한 설명으로 옳지 않은 것은?

① 강제적 조직에서 조직 구성원은 조직에 대하여 소외감을 느낀다.
② 경제목표를 추구하는 조직의 관리자는 물질적 보상으로 조직원을 통제하며, 대다수 구성원은 타산적으로 행동한다.
③ 학교나 일반종합병원 등은 봉사조직의 대표적인 예이다.
④ 공리적 조직은 보수적 권력과 타산적 관여의 결합이다.

 ③ 봉사조직은 Blau와 Scott의 분류에 해당된다.
※ Etzioni의 조직유형(복종관계 기준)
㉠ **강제적 조직** : 강제적 권력과 소외적 관여의 결합으로 교도소, 강제수용소 등
㉡ **공리적 조직** : 보수적 권력과 타산적 관여의 결합으로 기업, 이익단체 등
㉢ **규범적 조직** : 규범적 권력과 도덕적 관여의 결합으로 정당, 종교단체 등

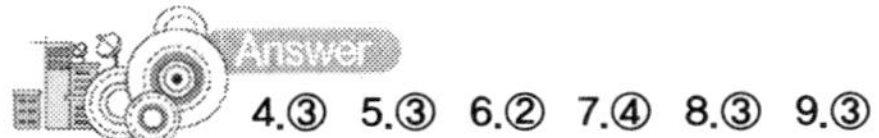

4.③　5.③　6.②　7.④　8.③　9.③

02 조직구조론

Section 1 조직구조

(1) 의의

① 개념 … 조직참여자들의 유형화된 교호작용(patterned interaction)을 의미하며, 조직목표를 달성하기 위한 계속적인 교호작용 속에서 조직구성원들의 행위의 정형이나 유형이 형성된다.

② 특성과 기능

  ㉠ 특성 : 하나의 조직은 하나의 구조로 이루어지는 것이 아니며, 조직 내의 수평적 분화나 수직적 계층에 따라서 상이하고 다양한 조직구조가 있을 수 있다. 조직구조는 조직목표를 달성하기 위해서 필수적인 존재이다.

  ㉡ 기능 : 조직구조는 조직산출물을 생산해 내고 조직목표를 달성하도록 하고, 조직구성원의 다양성에 의한 영향을 최소화하도록 하며 권력이 행사되고 결정이 이루어지도록 하여 조직활동의 수행에 기여한다.

(2) 조직구조형성의 기초요인

① 역할과 지위

  ㉠ 역할 : 일반적으로 사회적 지위에 따라 수행해야 할 것으로 기대되는 행위나 행동의 범주를 말한다. 조직구조의 구성단위로서의 역할은 다른 역할들과 구분되며 이들과 함께 전체적인 조직구조를 형성한다. 역할은 역할담당자들이 달라지더라도 일정한 속성을 갖고 유사성과 규칙성, 예측가능성을 갖는 데 이는 역할기대에서 비롯된다.

  ㉡ 지위

    • 개념 : 사회 내에서 개인이 점하는 위치의 상대적 가치 또는 존중도를 의미하며, 특정조직에 있어 계층적 서열·등급·순위를 나타내는 지위의 차이는 보수·편익과 권한·책임의 차등에 근거를 둔다. 그러나 공식적인 지위체제는 여러 비공식적 요인의 작용으로 다소 수정을 받게 된다.

    • 기능 : 교호작용의 준거 제공과 조직의 효율성 제고에 기여하나, 지위획득을 목표로 하는 경우에는 인간관계가 악화되고 교호작용을 저해할 위험이 있다.

> **포인트팁 지위체제의 정착** … 지위체제의 정착은 경직화의 위험을 항상 내포하고, 지위배분의 형평성을 상실시켜 사기 및 직무효율을 저하시킬 수 있으며, 지위의 확장을 통해 특정 영역에서 얻은 지위가 그와 무관한 타 영역에서까지 수용되어 폐단을 빚는 경우 등의 병폐적 부작용이 발생하기도 한다.

② 권한과 권력

  ㉠ 권한 : 조직의 규범에 의하여 그 정당성이 승인된 권력이다.

  ㉡ 권력 : 개인 또는 조직 단위의 행태를 좌우할 수 있는 능력으로 그 속성으로서는 권한이 행사되는 상대방의 복종을 요구할 수 있고, 정당성이 부여된 권력으로서 조직 내의 공식적 역할에 결부되며, 역할담당자들의 관계를 설정하는 변수라는 점 등을 들 수 있다.

Section 2 관료제

(1) 관료제의 의의

① **구조적 관점(M. Weber, R.K. Merton)** … 구조적 관점에서 볼 때 관료제는 계층제의 형태를 가지고 합리적·합법적 지배가 제도화되어있는 대규모 조직을 의미하며, 대규모 사회집단에서 공통적인 관리업무를 담당하는 보편적 조직이라는 특징과 의사결정의 수직적 중심이 명확한 특징이 있다.

② **정치적 관점(Laski, Finer)** … 권력적 관점에서 보면 관료제는 행정엘리트에게 권한이 집중되어 있고 대중을 지배하면서도 대중으로부터는 통제받지 않으려는 조직으로 민주주의에 역행한다고 본다.

③ **구조·기능적 관점(F. Riggs)**

  ㉠ 합리적 측면 : 관료제는 조직의 목표달성을 극대화하는 능률적·합리적 기능을 가진 조직으로서 전문화·계층제·분업화·비개인성·표준화된 규칙 등의 내용을 포함하고 있다.

  ㉡ 병리적 측면 : 관료제는 비능률적 조직으로서 형식주의·무사안일·비밀주의 등의 병폐를 가지고 있다.

  ㉢ 권력적 측면 : 관료제는 관료집단이 정치권력의 주요한 장악자로서의 지위에 있으며, 광범위한 권력을 행사하는 관료에 의한 지배를 의미한다.

(2) 베버(M. Weber)의 관료제

① **이론적 특징**

  ㉠ 이념형 : 현실에서 귀납된 모형이 아니라, 관념의 순수한 구성물로서 관료제를 파악하는 것이다.

  ㉡ 보편성 : 이념형 관료제는 정부조직만이 아닌 군대, 교회, 회사, 관청 등 근대사회의 모든 조직에 공통적으로 적용되는 현상이다.

ⓒ 합리성 : 근대관료제의 성립을 근대적 합리성에 기초한 인간 이성의 진보로부터 가능하다고 보았다.

② 지배의 유형

ⓐ 전통적 지배 : 지배 정당성의 근거가 전통이나 지배자의 권력의 신성성에 대한 신념에 입각한 유형으로서, 가산 관료제가 대표적이다. 인신에 대한 인격적 지배, 기능분화의 미발달, 권한행사의 자의성과 예측 불가능성, 공·사 분별의 결여, 관료의 특권적 지위 등의 특성을 가지고 있다.

ⓑ 카리스마적 지배 : 지도자의 비범한 자질이나 능력에 대한 외경심이 피치자의 복종 근거가 되는 지배유형으로, 카리스마적 관료제라 하며 후진국이나 종교, 정치, 군대에서 주로 많이 나타난다.

ⓒ 합법적 지배 : 법규화된 질서 또는 명령권이 합법성의 신념에 입각하고 있는 지배유형으로서 가장 순수한 유형의 관료제이다.

포인트팁 근대관료제의 성립요건

ⓐ **화폐경제와 자본주의의 발달** : 대규모 조직의 탄생과 조직구조의 계층화를 촉진시켰다.
ⓑ **행정사무의 양적 증대와 질적 변화** : 객관적 기준에 의거한 업무의 처리가 강조되어 법규에 의거한 관료제가 등장하게 되었다.
ⓒ **물적 관리수단의 집중화** : 근대관료제는 국가행정비의 총액을 예산으로 산정하여 하급기관에 경상비를 지급하고 그 비용을 관리한다.
ⓓ **사회적 차별의 상대적 평균화 및 경쟁과 기회균등** : 근대관료제는 19세기 이후 등장한 평등사상에 입각하여 공정성을 띤 법에 근거한 임용과 지배를 강조한다.
ⓔ **관료제적 조직의 기술적 우위성** : 이상적 관료제 기구는 정확성, 신속성, 지속성, 통일성, 엄격한 복종, 물적·인적 비용의 절약 등에 있어 기존 조직제에 비해 기술적 우위를 차지한다.

③ 근대관료제의 특징

ⓐ 계층제 : 조직단위 상호 간 또는 조직내부의 직위 간에는 명확한 명령복종관계가 확립된다.

ⓑ 권한의 명확성과 법규의 지배 : 관료의 권한과 직무범위는 법규에 의해 규정되며, 관료제의 지배원리는 합리적 절차에 따라 제정된 법규 또는 규칙에 따른다.

ⓒ 공사의 구별 : 직무수행은 몰주관적·비인격적 성격을 띠며, 관료는 공정한 자세를 견지하고 법규에 따라 객관적인 업무처리를 수행한다.

ⓓ 전문적 자격 : 모든 직무는 시험 또는 자격증 등에 의해 공개적으로 채용된 전문지식과 기술을 지닌 관료가 담당한다.

ⓔ 전임직 : 관료는 직무수행의 대가로서 급료를 규칙적으로 지급받고, 승진 및 퇴직금 등의 직업적 보상을 받는다.

ⓕ 문서주의 : 직무의 수행은 공식화 된 문서에 의거하여 이루어지며, 결과도 문서로 기록되어 보존된다.

ⓖ 고용관계의 자유계약성 : 전통적인 신분관계가 아닌 평등한 관계에서 고용의 자유계약이 허용된다.

문. 막스 베버(M. Weber)가 제시한 이념적인 조직형태인 관료제의 특성으로 옳지 않은 것은?

▶ 2008. 5. 24 상반기 지방직

① 직무의 수행은 문서에 의거하여 이루어지며, 직무수행 결과는 문서로 기록·보존된다.
② 관료의 권한과 직무범위는 법규에 의해 규정되며, 상관의 권한은 업무활동에 한정된다.
③ 전문지식과 기술을 가진 관료가 모든 직무를 담당하며, 이들은 시험 또는 자격증 등에 의해 공개적으로 채용된다.
④ 관료는 직무수행 과정에서 국민의 어려운 사정이나 개별적 여건을 고려하는 자세를 갖는다.

☞ ④

(3) 관료제 이론의 수정

① **Weber이론의 문제점** … 관료제의 공식적·합리적·순기능적 측면과 내부문제만을 고려하여 기계적 조직관 및 기능적 합리성의 강조와 비인간화 등의 역기능을 간과했고, 폐쇄적 조직관을 전제하여 상황적 조건을 고려하지 않음으로써 환경과의 상호관계를 인식하지 못했다.

② **1930년대 사회학자들에 의한 비판**
 - ㉠ **역기능의 과소평가**: Merton의 동조과잉에 관한 연구, Gouldner의 최고관리층의 조직원 통제기제에 관한 연구는 관료제가 경우에 따라 역기능적이고 병리적인 측면을 보인다는 것을 지적했다.
 - ㉡ **비공식적·비합리적 측면 간과**: P. Blau는 관료제의 동태적 요인을 비공식집단에서 찾아 그 잠재적 기능을 중요시하면서 비공식집단이 조직의 목표달성에 순기능적으로 작용할 수 있다는 점을 지적했다.
 - ㉢ **폐쇄체제적 관점**: Selznick은 관료제의 환경을 고려하지 않은 폐쇄적 조직관을 비판했다.
 - ㉣ **권력현상 간과**: 관료제를 가치중립적 도구로 인식함으로써 관료제 내외부에서 일어나는 권력현상을 간과했다는 점에서 비판을 받았다.

③ **1960년대 발전행정론자들에 의한 비판**
 - ㉠ **법제화의 한계**: 권한을 법령으로 규정하는 것은 행정의 사회변화 관리기능에 장애가 되므로, 신축적 적용이 가능하도록 재량권을 부여할 필요가 있다.
 - ㉡ **계층제 개념의 변화**: 계층제를 지휘·감독의 체제가 아닌 하의상달 및 참여, 수직적 분업의 입장에서 계층제를 파악해야 한다.
 - ㉢ **전문적 관료의 한계**: 전문적 관료의 사회 전체의 발전을 고려하는 균형적 안목의 결여, 발전지향성의 부족이 문제점으로 대두되었다.
 - ㉣ **전임직 원칙의 변화**: 사회구조의 분화에 따라 전임직 공무원의 비효율성이 대두되고 계약직 공무원 증가로 인해 그 적실성이 감소하고 있다.
 - ㉤ **다양한 행정이념의 발달**: 행정의 법률적합성 외에도 발전목표의 설정과 그에 따른 합목적적 해석 및 효과성도 중요하다.
 - ㉥ **권위적 관료제의 경직성**: 행정적 권위가 지배하는 관료제적 조직에서는 전문기술적 지식에 근거를 둔 전문적 권위는 제약을 받기 때문에 급격한 사회변동에 대응하기 어렵다.

④ **1970년대 신행정론자들에 의한 비판**(후기관료제 모형, 탈관료제 모형)
 - ㉠ 문제해결능력을 가진 사람이 권한을 행사한다.
 - ㉡ 업무수행의 기준과 절차는 상황적응적 원리에 따른다.
 - ㉢ 고객을 동료처럼 대한다.
 - ㉣ 조직의 구조는 비계층제적 형태를 취한다.
 - ㉤ 문제해결과 의사결정과정에서 분업보다는 집단사고와 집단적 과정을 통해 진행한다.

문. 다음 관료제의 역기능 중 상사의 계서제적 권한과 부하의 전문적 권력이 충돌하는 상황과 관계있는 것은?
▶ 2011. 6. 11 서울특별시
① 무사안일주의
② 훈련된 무능
③ 권력구조의 이원화
④ 국지주의
⑤ 갈등조정수단의 부족
☞ ③

문. 관료제의 역기능에 대한 설명으로 옳지 않은 것은?
▶ 2007. 4. 14 중앙인사위원회
① 관료독선주의 경향으로 변화에 대한 저항의식이 강해진다.
② 공식적 측면의 강조로 인간소외 현상이 발생한다.
③ 계층제적 구조를 강조하여 정책관리자의 권한이 약화된다.
④ 목표의 전환으로 수단과 목표의 도치현상이 발생한다.
☞ ③

ⓑ 전임제적 직업관을 유동적으로 전환한다.

ⓐ 관료제의 구조를 임시적, 잠정적으로 구성한다.

ⓞ 의사전달의 공개주의를 지향한다.

(4) 관료제의 병리현상

① **구조적 측면**

ㄱ **할거주의(Selznick)** : 조직 내 권력관계에 의한 경쟁 때문에 소속기관과 부서만 생각하고 타 부서에 대한 배려를 하지 않는다.

ㄴ **갈등조정수단 부족** : 집권화에 따른 기능적 부문 사이의 갈등 해소의 제도적 장치가 부족하다.

ㄷ **전문가적 무능(Veblen)** : 구조적 분화에 따라 타 분야에 대해 문외한이 되는 훈련된 무능현상이 나타난다.

ㄹ **조직의 활력 상실** : 동일업무의 반복으로 권태와 무력감에 빠지게 된다.

ㅁ **Peter의 원리** : 관료제 내의 개인은 자신의 능력한계까지 승진한다는 원칙으로 무능력한 자가 계속 승진함으로 인해 감당하기 곤란한 직위까지 승진하는 경우 부하의 능력보다는 규칙의 준수, 명령에의 복종 등을 더 중시하게 되는 병리현상이 나타난다.

② **행태적 측면**

ㄱ **무사안일주의** : 문제해결방식으로 선례를 중시하고, 자신의 신분보호에 몰두하여 소극적 태도로 업무에 임한다.

ㄴ **인간성 상실** : 조직 내 대인관계와 업무의 지나친 몰인정성은 무관심, 불안감 등으로 표출되어 비인간적 성향이 나타나게 된다.

③ **환경적 측면**

ㄱ **서면주의, 형식주의, 번문욕례** : 문서화, 형식과 절차를 내세워 업무처리를 지연시킨다.

ㄴ **목표와 수단의 전도현상, 동조과잉(Merton)** : 조직 전체의 목표달성보다는 규칙과 절차에 지나치게 집착한다.

ㄷ **변동에 대한 저항** : 변동하는 환경에 신속하게 적응할 수 있는 능력이 결여되어 있어 변동·발전에 대하여 저항을 나타낸다.

(5) 관료제와 민주주의

① **관료제의 민주주의에 대한 순기능적 측면(조화관계)**

ㄱ **민주적 목표의 능률적 달성** : 민주적으로 결정된 조직의 목표는 기술적 합리성과 기능성을 지닌 관료제를 통하여 효과적으로 달성될 수 있다.

ㄴ **법 앞의 평등** : 정실주의, 개별주의를 배제하고 법에 의한 보편주의를 추구함으로써 평등성을 추구한다.

문. 관료제 병리현상 중 목표의 대치(displacement)에 관한 설명으로 옳지 않은 것은?

▶ 2006. 4. 8 중앙인사위원회

① 처음으로 규정한 사람은 독일의 막스 베버(M. Weber)로서 조직구성원들의 성향 변화가 그 원인이 될 수 있다고 하였다.

② 목표의 대치 현상은 조직 전체의 문제나 외부환경의 변화보다는 조직 내부 문제를 중시하기 때문에 발생한다.

③ 행정개혁에서 자기가 소속된 조직이 축소·변화되는 것을 막기 위해 관료들이 새로운 목표를 만들어 개혁에 저항하는 것은 목표의 대치 현상이다.

④ 머튼(R.K. Merton)은 조직이 과도한 형식주의로 흘러 절차나 규칙을 목표로 삼는 것을 과잉동조라고 하였다.

☞ ①

문. 관료제가 민주주의에 기여한 관계에 대한 설명 중 옳은 것은?

▶ 2001. 3. 25 울산광역시

① 정책결정을 실질적으로 주도한다.

② 조직 내부의 민주화에 기여한다.

③ 관료제는 민주주의와 대립된다.

④ 정책결정에의 관료의 역할 증대로 책임행정을 구현한다.

⑤ 공직취임에 있어서의 기회균등을 통해 민주주의를 발전시킨다.

☞ ⑤

문. 관료제가 민주주의 발전에 공헌한 요소가 아닌 것은?

▶ 2004. 5. 16 행정자치부

① 변화의 요구에 대한 지침이다.

② 공직에 있어서 기회균등이다.

③ 법 앞의 평등사상 구현이다.

④ 민주적 목적의 효율적인 집행체제이다.

☞ ①

ⓒ **공직임용의 기회균등** : 신분적 차별 없이 전문적 지식과 능력에 따라 관료를 임용하는 것을 원칙으로 하여 공직임용의 기회를 균등하게 보장한다.

② **관료제의 민주주의에 대한 역기능적 측면(갈등관계)**

　ⓐ **권력의 집중** : 위계질서 및 명령통일의 원리는 권력을 소수인에게 집중시킴으로써 조직성원의 자유와 권리를 위축시키고 과두제의 철칙이 나타난다.

　　📌 **포인트팁** 　**과두제의 철칙(R. Michels)** … 관료제는 소수 간부의 권력욕구로 인하여 그들에게 권력이 집중되고 결국 소수의 이익을 추구하는 특권집단화의 경향으로 나아간다는 것이다.

　ⓑ **독선관료제** : 관료제가 권력집단화되어 자기들의 특수이익만을 추구하고, 권력성·우월성 등이 나타나 국민 위에 군림하려 한다.

　ⓒ **국민요구에의 부적응** : 규칙과 절차에 집착하는 경직화현상으로 변화와 국민의 요구에 둔감하다.

③ **관료제와 민주주의의 조화전략**

　ⓐ **민주화** : 민주적인 규범과 가치를 강화하고 행정을 공개하여 국민의 알권리를 충족시키고 분권화를 촉진하여 고객중심행정을 추구해야 한다.

　ⓑ **민주행정패러다임** : 공공재와 공공서비스의 결정과 공급을 중앙집권적 권력에 의해서가 아닌 분권화된 다양한 결정주체의 의견수렴을 통해 행한다.

　ⓒ **시민참여의 확대** : 옴부즈만 제도 등의 활성화를 통해 관료제의 정책결정과 집행과정에 민주적인 투입기능을 강화하여 견제와 통제기능을 강화하고 행정책임성을 향상시킨다.

(6) 관료제의 쇄신방안

① **조직구조적 측면**

　ⓐ 계층적 구조를 수평적·평면적 구조로, 경직구조를 동태적·신축적인 구조로 변화시켜 행정조직의 동태화를 추구한다.

　ⓑ 집권화의 문제점을 비롯한 다양한 관료제의 역기능을 해소하기 위해 참여와 의사전달의 촉진 및 분권화와 권한의 위임을 지속적으로 강화한다.

　ⓒ 할거주의를 참여를 통한 원활한 의사소통의 확보와 조정으로 극복한다.

② **인간적 측면**

　ⓐ 발전지향적 행정윤리를 확립하여 무사안일주의를 모험적 창조주의로 전환한다.

　ⓑ 대내적 인간관리의 민주화와 적정수준의 신분보장을 통해 전문직업의식을 강화한다.

　ⓒ 권위주의를 배격하고 민주적 행정이념을 추구한다.

문. 영·미권을 중심으로 정부규모 축소, 재정적자 감축, 행정의 효율성 제고를 위하여 채택한 신공공관리론이 주장하는 내용과 거리가 먼 것은?

① 규정과 절차를 강화하고 관료들의 재량권을 최소화한다.
② 민간부문의 관리기법을 도입하여 행정의 효율성을 향상시킨다.
③ 시민을 고객으로 인식해 고객만족의 극대화를 추구한다.
④ 민간위탁 등을 통해 공공부문에 경쟁체제를 도입한다.

☞ ①

3 공식조직과 비공식조직

(1) 의의

① **공식조직** … 조직목표를 달성하기 위하여 법령 등에 의해 공식적으로 업무와 역할을 할당하고 권한과 책임을 부여하는 인위적 조직으로서 구조가 명확한 조직을 뜻한다.

② **비공식조직** … 구성원 상호 간의 접촉이나 친분관계로 인해 자연발생적으로 형성되는 조직으로서, 구조가 명확하지 않으나 공식조직에 비하여 신축성을 가진 조직을 말한다.

(2) 공식조직과 비공식조직의 특성

① **발생** … 공식조직은 특정 목적을 위하여 인위적·계획적으로 형성되는 반면, 비공식조직은 구성원 상호간 욕구충족을 위해 자연발생적으로 형성된다.

② **목표** … 공식조직은 일반적으로 공식적으로 설정된 하나의 목표를 향해 조직 전체가 통합되어 있으나, 비공식조직은 구성원의 욕구 또는 소망의 다양성에 따라서 목표가 달라진다.

③ **행동의 원칙** … 공식조직의 구성원은 주어진 목표를 달성하기 위해 규칙에 따라 합리적·능률적으로 행동하도록 요구되는 반면, 비공식조직은 대면적인 1차 집단적 성격이 강하고 구성원의 행동은 소외된 인간성의 회복을 무의식적으로 추구하게 되어 감정의 논리를 따른다.

④ **성격** … 공식조직은 대체로 외면적·가시적·명문화된 조직이며, 비공식조직은 내면적·불가시적이다.

(3) 비공식조직의 형성요인

① **인간적 욕구와 자위의식의 강조** … 사람은 누구나 인격과 개성을 가지고 있기 때문에 규칙보다는 감정·욕구에 따라 행동하고자 한다.

② **공식조직의 비인간성** … 공식조직에서 규칙의 지나친 강조는 비인격적 성격을 유발하고 이에 대한 반발로 비공식조직이 형성된다.

③ **공식적 구조의 경직성** … 공식조직은 지나치게 법규에 의한 지배를 강조하기 때문에 유연성의 부족을 초래하며, 이의 보완을 위해 비공식조직이 등장한다.

④ **법규의 일반적·포괄적 성격** … 모든 조직의 법규와 규정은 일반성과 추상성을 가지므로 모든 문제에 대해 면밀하고 세분화된 대응을 할 수 없는 한계에서 비공식조직의 필요성이 발생한다.

⑤ **공식적 권위·명령과 실제 권력·영향력의 차이** … 공식적 권위와 실제 영향력 간의 간극을 보완하기 위해 비공식조직이 활용된다.

문. 비공식조직과 공식조직에 관한 설명으로 옳지 않은 것은?
▶ 2000. 7. 23 서울특별시

① 비공식조직이 내재적 규율 중심이라면, 공식조직은 외재적 규율에 의존한다.
② 비공식조직이 이성적 조직이라면, 공식조직은 감성적 조직이다.
③ 비공식조직이 비가시적 조직이면, 공식조직은 가시적 조직이다.
④ 공식조직이 인위적 조직이라면, 비공식조직은 자연발생적 조직이다.
⑤ 공식조직에는 능률의 논리가 작용한다면, 비공식조직은 감정의 논리가 작용한다.

☞ ②

문. 비공식적 조직에 대한 설명으로 보기 어려운 것은?
▶ 2002. 6. 23 경상북도

① 구성원들에게 귀속감과 안정감을 준다.
② 자생적이며 동태적이다.
③ 유해한 비공식적 집단을 통제하기 위해 비공식적 집단의 중심인물을 의식적으로 이동시킨다.
④ 능률의 논리에 따라 구성된다.

☞ ④

포인트팁 비공식조직의 순기능과 역기능
　　ⓐ 순기능
　　　• 귀속감·안전감·만족감의 충족으로 사기를 제고하며, 생산성을 향상시키는 데 기여한다.
　　　• 욕구불만의 배출구로서의 역할을 한다.
　　　• 공식조직의 경직성 완화 및 보존 기능을 한다.
　　　• 공식적 경로에 의존할 수 없는 경우 비공식적 의사전달의 통로로서 역할을 한다.
　　　• 구성원 간의 지식 및 경험의 공유와 협조를 통하여 업무의 능률적 수행에 도움을 준다.
　　　• 구성원에게 준거집단으로서 행동의 기준을 제공한다.
　　　• 개인의 창의력 및 쇄신적 활동을 고취하는 환경을 마련하여 준다.
　　　• 공식지도자의 명령·능력의 결함을 보완하며 공식지도자의 업무를 경감시켜 준다.
　　ⓑ 역기능
　　　• 비공식조직 간, 또는 비공식조직과 공식조직 간의 적대적 태도와 감정으로 공식조직의 정상기능에 방해요소가 될 수 있다.
　　　• 개인적 불안을 집단적 불안으로 확대시켜 공식조직을 와해시킬 가능성도 있다.
　　　• 비공식적 의사전달의 역기능이 문제된다.
　　　• 압력단체로서 인사에 압력을 행사하여 정실행위를 만연시킨다.
　　　• 행정인의 정치적 중립성을 저해하게 된다.
　　　• 관리자의 소외 및 공식권위의 약화를 초래한다.

(4) 공식조직과 비공식조직의 조화방안

① 관리자가 지도자로서 추앙·존경을 받을 수 있도록 리더십을 발휘한다.

② 조직 내 비공식집단의 유형, 목표, 기능, 행동규범과 인적사항 등의 실태를 파악한다.

③ 양자의 조화가능성과 일치가능성의 인정하고 목표와 규범을 일치시키도록 노력한다.

④ 비공식지도자를 발견하여 개별적으로 접촉·회유하고 의사결정에 참여하도록 보장하며 공식조직에 협조와 지지를 유도한다.

⑤ 상호 간의 의사전달을 촉진한다.

⑥ 비공식집단 간의 갈등과 대립 및 지나친 경쟁을 방지한다.

⑦ 비공식조직이 강력할 경우 인사이동, 전보, 사직 등 인사조치를 단행하거나 비공식지도자를 격하하여 이를 와해시킨다.

⑧ 가능한 한 비공식조직의 억압을 피한다.

문. 다음 중 비공식조직과 관련이 적은 것은?
▶ 2003. 11. 9 충청북도

① 인간관계론
② Howthorne실험
③ Mayo
④ Time & Motion Study

☞ ④

Section 4 계선과 막료

(1) 의의

① 계선기관 … 조직의 목표달성을 직접적으로 수행하는 조직의 중추적·본질적·핵심적 기관이 행정목표의 달성을 보다 원활하게 수행할 수 있도록 이를 지원하는 기관을 의미한다.

② 막료기관 … 계선기관이 행정목표의 달성을 보다 원활하게 수행할 수 있도록 이를 지원하는 기관을 의미한다.

(2) 계선과 막료의 장·단점

구분	계선기관	막료기관
장점	• 권한과 책임의 한계 명확 • 신속한 결정 • 능률적 업무수행 • 명령복종관계에 의한 통솔력 • 조직의 안정화에 기여 • 경비절약 • 소규모조직에 적합	• 기관장의 통솔범위를 확대 • 전문지식의 활용으로 합리적 결정에 기여 • 조직에 신축성 부여 • 조직운영의 원활한 조정
단점	• 기관장의 주관적·독단적 결정 • 전문가의 지식·기술의 활용 곤란 • 조직의 경직성 초래 • 대규모 조직에 부적합 • 최고관리층 업무량의 과부하 • 효과적인 조정 곤란 • 조직운영의 능률성, 효과성 저하	• 막료의 계선권한 침해 가능성 • 조직 내 복잡한 인간관계 형성 • 행정의 지연, 경비의 증대 • 의사전달경로의 혼란 우려 • 책임전가의 우려 • 계선과 막료 간의 불화와 갈등 조성

(3) 계선과 막료의 특징

구분	계선기관	막료기관
직무	목표달성에 직접적 기여	목표달성에 간접적 기여
권한	결정권·명령권·집행권	공적 권한 없음
조직	수직적 계층제	수평적·부차적 조직
대상	국민에 직접 접촉·봉사	계선에 직접 접촉·봉사
책임	직접적 행정책임	간접적 행정책임
성향	현실적·실제적·보수적	이상적·개혁적·비판적
업무유형	실시·집행·수행·지휘·명령·감독·결정	계선의 업무를 지원·조성·촉진(자문, 권고, 협의, 조정, 정보의 수집·분석 등)
사례	장관 - 차관 - 실·국장 - 과장 - 계장 - 계원	차관보, 비서실, 담당관, 막료적 위원회, 각종 조사연구소 등

문. 계선기관의 특징을 가장 잘 설명한 것은?
▶ 2007. 4. 14 중앙인사위원회
① 기관장과 빈번하게 교류한다.
② 정책을 결정하는 데 주로 조언의 권한을 가진다.
③ 수평적인 업무 조정이 용이하다.
④ 권한과 책임의 한계가 명확하다.
답 ④

(4) 계선과 막료와의 상호관계

① 계선과 막료의 관계 … 일반적 기능구분의 범위에서 계선기관은 결정·명령·집행을 하며, 막료기관은 조언·권고·서비스를 한다고 볼 수 있으나, 현실적으로 계선과 막료 간에는 엄격한 구분이 존재하지 않으며 양 기능은 보완적으로 상호 의존하고 있다. 따라서 조직의 최선의 결과를 달성하기 위한 최적의 대안을 선택함에 있어 계선·막료활동 간의 불화를 억제하고 원만한 협조와 통합이 이루어지는 방향을 모색해야 한다.

② 갈등의 원인

　㉠ 지식·능력·수입의 차이 : 막료는 대개 계선보다 연령은 낮지만, 사회적 지위·지식·능력·수입 등의 수준이 높다.

　㉡ 행태의 차이 : 계선은 실무적·현실적·현상유지적·보수적인 행태를 가지나, 막료는 이론적·발전지향적·개혁지향적·비판적인 행태를 지닌다.

　㉢ 심리적 갈등 : 계선은 막료가 최고책임자에게 미치는 것으로 예상되는 영향력을 질시하고, 막료가 자신의 지위를 위태롭게 하지 않을지에 대해 우려하는 경향이 있다.

　㉣ 조직상의 갈등 : 계선과 막료의 권한과 책임의 한계가 불명확하여 갈등이 야기될 수 있다.

　㉤ 직무 성질에 대한 인식 부족 : 계선은 막료의 직무가 편협하고 탁상공론적이며 무책임하다고 생각하는 반면, 막료는 계선이 근시안적·권위적·비협조적이라는 불만을 가지고 있다.

　㉥ 지나친 권한행사와 방어 : 막료는 자기의 소신을 관철하기 위하여 최대한의 권한행사를 하려는 경우가 많으며 경우에 따라서는 계선의 장을 설득하여 계선에 명령을 하고 이에 따른 계선의 자기방어로 불화가 발생한다.

③ 갈등의 해결방안

　㉠ 권한·책임한계의 명확화 : 상급자는 부하인 계선직원과 막료직원의 권한 및 책임의 한계를 명확히 밝혀야 한다.

　㉡ 인사교류 : 계선기관과 참모기관 간의 직책의 교체를 통하여 서로의 입장이나 견해를 더 잘 이해할 수 있게 된다.

　㉢ 상호 간 접촉의 촉진 : 상호 간의 빈번한 접촉을 촉진하여 친밀감을 형성시킨다.

　㉣ 교육훈련의 실시 : 교육훈련을 통하여 서로가 상대방의 기능과 업무의 내용을 잘 알고 있어야 원만한 협조관계가 성립될 수 있다.

　㉤ 리더십의 활용 : 기관장은 계선과 막료에 대한 편견을 버리고 양자의 통합력 유지에 기여할 수 있는 쇄신적 리더십을 발휘해야 한다.

 **위원회조직**

(1) 의의

① **개념** … 복수의 자연인에 의해 구성되는 수평적 분권제로서 합의제적이고 계속적인 조직을 말한다.

② **등장배경** … 신중한 문제해결, 전문지식·기술의 요청, 대립된 이해조정 및 경제 및 사회의 급격한 변동에 따르는 규제기능담당의 필요성으로 20세기 이후 중요성이 부각되었다.

③ **특징**
  ㉠ **합의성** : 복수인의 합의에 의해 결정을 내리는 다수지배형의 기관이다.
  ㉡ **민주성** : 의사결정과정의 분권화와 참여를 추구한다.
  ㉢ **계층제의 경직성 완화** : 계층제의 경직성을 완화시키는 방안으로서 행정조직의 동태화에 기여한다.
  ㉣ **규제기능** : 행정국가의 대두 및 경제·사회의 변동에 따른 규제기능을 담당하여 사회·경제 문제를 합리적·집단적 판단을 통하여 공정하게 해결하려는 것이다.
  ㉤ **전문가의 활용** : 정책결정과정에 다수의 전문가가 참여하여 행정의 효율성 및 전문성을 제고한다.
  ㉥ **행정권의 비대화 방지** : 행정국가의 출현으로 나타나는 행정권의 비대화를 방지한다.

(2) 위원회조직의 장·단점

① **장점**
  ㉠ **집단적 결정** : 다수의 토론을 거쳐 결정을 하기 때문에 행정의 민주성에 부합하고, 다수의 의견이 반영될 가능성이 크다.
  ㉡ **조정의 촉진** : 다수의 만족과 지지를 얻을 수 있는 결정이 가능하며, 각 부문 간의 이해관계와 의견의 대립을 조정하고 통합할 수 있으므로 업무처리의 혼란과 비능률을 방지할 수 있다.
  ㉢ **결정의 합리성** : 위원들의 전문적 지식과 경험을 살려 합리적 결정을 내릴 수 있다.
  ㉣ **행정의 중립성** : 행정의 중립성과 정책의 계속성을 통해 조직의 안정성과 지속성에 기여한다.
  ㉤ **권위주의 지양** : 민간인 전문가 집단에 의한 결정을 통해 관료의 독선적 경향을 막을 수 있다.
  ㉥ **관리자의 양성** : 결정에 폭넓은 참여경험을 통하여 관리자로서의 자질과 능력을 발전시킬 수 있다.

문. 다음 중 위원회제도에 대한 설명으로 옳지 않은 것은?

▶ 2001. 3. 25 경상북도

① 타협적 결정 때문에 소신에 찬 최선의 전략적 결정을 도출하기 어렵다.
② 행정의 중립성과 정책의 안정성 및 계속성을 유지할 수 있다.
③ 구성원의 책임의식 강화와 책임소재를 명백히 하는 장점이 있다.
④ 공정한 결정을 할 수 있으므로 신뢰성과 다수의 지지와 수락가능성을 증대시킨다.

☞ ③

문. 위원회(committee)조직의 장점으로 보기 어려운 것은?

▶ 2012. 5. 12 상반기 지방직

① 집단결정을 통해 행정의 안정성과 지속성을 확보할 수 있다.
② 조직 각 부문 간의 조정을 촉진한다.
③ 경험과 지식을 지닌 전문가를 활용할 수 있다.
④ 의사결정 과정이 신속하고 합의가 용이하다.

☞ ④

문. 다음 중 위원회제의 장점이 아닌 것은?

▶ 2006. 3. 19 대구광역시

① 조정의 용이
② 결정의 신중성과 공정성
③ 책임의식의 강화
④ 행정의 계속성과 안정성의 확보

☞ ③

② 단점

　　㉠ **결정의 신속성·기밀성의 확보 곤란** : 다수의 인원이 참여하므로 일이 지연되고 기밀이 누설되기 쉽다.

　　㉡ **경비과다** : 적시성 있는 대응책이 곤란하고, 비용·시간·노력이 많이 들어 행정의 무기력과 비능률을 야기한다.

　　㉢ **책임한계의 불명확** : 구성원이 복수이므로 책임의 분산과 혼란을 가져오게 되며 문제발생시 책임회피의 경향이 있다.

　　㉣ **타협적 결정의 가능성** : 강력한 리더십이 결여될 우려가 있고 상대방의 감정을 고려하여 비판적인 태도를 취하지 않으려고 하며, 조정이 곤란하다.

　　㉤ **소수의 전제화(專制化)** : 소수의 유력한 위원들을 중심으로 위원회의 운영이 전제화될 가능성이 있다.

(3) 위원회의 유형

① **행정위원회**(합의제 행정관청)

　　㉠ **의의** : 행정관청으로서의 성격을 가진 합의제 기관이며 그 결정은 법적 구속력을 가진다. 영국과 미국의 지방자치제도에서 널리 사용되고 있으며, 우리나라의 소청심사위원회, 금융통화위원회 등이 이 유형에 속한다.

　　㉡ **특징** : 독립된 행정관청으로서의 성격을 갖고 있으며 상설사무기구가 있고 주로 규제기능을 담당한다. 행정위원회는 준입법적 기능(결정·조정·판결)과, 준사법적 기능 수행하며 집행권을 지니기 때문에 위원회의 결정에는 법적 구속력이 인정된다(규칙제정권).

② **조정위원회** … 상이한 의견 또는 입장을 조정·통합하여 합의에 도달하려는 목적으로 설치된 합의제기관이며, 그 결의의 법적 구속력의 여부는 개별위원회에 따라 다르다. 행정 각 부처간의 각종 위원회, 차관회의, 경제장관회의, 행정안전부 산하의 지방자치단체 중앙분쟁조정위원회 등을 그 예로 분류해 볼 수 있다.

③ **자문위원회**

　　㉠ **의의** : 특정의 개인 또는 조직 전체에 대한 자문에 응하게 할 목적으로 설치된 참모기관의 성격을 가진 합의제 조직으로, 자문기능만 수행할 뿐 그 결정은 실제적인 영향력을 제외하고는 법적 구속력을 가지지 못한다.

　　㉡ **기능** : 조언, 행정기관과 공중 간의 완충역할, 정책시책에 대한 지지의 유도기능 등을 수행하며 미래기획위원회, 국가생명윤리심의위원회, 정부업무평가위원회 등이 대표적이다.

④ 독립규제위원회

　　㉠ 의의 : 19세기 말 자본주의의 고도화에 따른 산업경제의 급격한 발달로 초래된 경제적·사회적 병폐를 바로잡기 위한 규제의 필요성에서 비롯된 것으로 '머리 없는 제4부'라고도 한다.

　　㉡ 특징 : 행정부의 편제로부터 독립성을 가지며 준입법적·준사법적 기능을 수행하고 위원의 신분이 보장된다. 주로 경제·사회분야 위원회라는 점에서 일반 행정분야의 공권력을 지닌 행정위원회와 구별된다.

　　㉢ 설치요건 : 기존의 입법부나 사법부가 담당할 수 없는 전문적 판단이 요구되고 정치적 중립이 요구될 때, 소관사항이 불분명하거나 기존기관에 적절하지 않은 경우에 설치된다.

　　㉣ 성격

　　　• 독립성 : 예산 및 재정상의 독립성을 의미하는 것이 아닌 행정수반 및 국회로부터의 독립을 말한다.

　　　• 합의성 : 여러 부문의 대표들로 구성하여 균형과 조정을 원칙으로 한 합의제이다.

　　　• 권력통합적 성격 : 강력한 준입법적·준사법적 권한을 통합하여 지니는 기관이다.

　　㉤ 장·단점

　　　• 장점 : 부당한 압력에 대해 저항할 수 있고, 집단적인 정책결정을 통해 정책의 전문성과 계속성을 견지할 수 있다.

　　　• 단점 : 민중통제가 곤란하고, 사회적·경제적 변동에 대처할 수 있는 기획능력이 결여되어 있으며, 독립성과 합의성으로 인하여 일반행정기관 간 정책조정이 어렵다. 또한 규제사무처리가 지체되며, 책임확보가 어렵고, 이익단체의 영향력으로 포획현상이 일어날 가능성이 크다.

 **우리나라의 독립규제위원회** … 우리나라에서는 진정한 의미의 독립규제위원회는 아직 발전되어 있지 않으나 유사한 기관으로는 중앙선거관리위원회, 공정거래위원회, 금융통화위원회 등을 들 수 있으며 중앙선거관리위원회가 기능 및 독립성에서 가장 유사하다.

Section 6 공기업

(1) 의의

① 개념 … 국가 또는 공공단체가 수행하는 여러 사업 중 공공수요의 충족을 위해 기업적·경영적 성격을 지닌 사업을 수행하는 기업으로서, 국가나 지방자치단체가 이를 소유하여 지배한다.

② 특징

　㉠ **공공성** : 이윤의 극대화보다 공익증진을 추구하므로 민주적 통제가 요구된다.

　㉡ **기업성** : 공공성이 보장되는 범위에서 수익주의 형태를 갖추기 위해 자주성·융통성이 보장되어야 하며 독립채산제 원칙, 생산성의 원칙 등이 강조된다.

(2) 공기업의 발달요인(Friedman & Dimond)

① **민간자본의 부족** … 산업화를 추진할 때 자본과 기술이 빈약한 민간기업들에게 의존할 수 없는 경우가 많이 나타나게 되며, 국가가 공기업을 설립하게 된다.

② **국방상·전략상의 고려** … 국방과 전략상의 이유로 특정산업을 국유화하거나 민간기업과 계약을 통해 무기개발 및 생산을 의뢰한다.

③ **경제·사회적 요구** … 경제적·사회적 문제를 해결하기 위한 정책적 필요에서 공기업을 운영하는 경우가 많다.

④ **정치적 이념** … 국가 또는 정당의 이념과 정강에 따라 공기업이 설치되기도 하고 정부가 위기에 처한 기업을 매입하여 공기업화 하기도 한다.

⑤ **독점적 서비스** … 전기·수도·가스·철도 등과 같이 국민생활에 직결되며, 독점적 성격을 띤 공익사업은 공기업으로 운영한다.

　　포인트팁 우리나라의 경우

　　　㉠ 귀속재산의 관리 : 해방 이전의 일본인 소유의 사업체를 해방 이후 공기업화 하였다.
　　　㉡ 재정적 수입 : 재정확보의 목적으로 공기업을 운영하는 경우이다.
　　　㉢ 경제의 안정과 성장 : 포스코와 같이 경제성장의 주도적 역할을 담당하는 공기업을 설립하기도 한다.
　　　㉣ 독점적 사업 : 철도·통신·전력사업 등의 사업이 독점성을 가지는 경우 공기업을 설립한다.
　　　㉤ 사기업의 구제 : 파산위기의 사업이 국가경제에 지대한 영향을 미치는 경우 국가가 이를 구제하여 공기업화하기도 한다.

(3) 공기업의 유형

① **정부부처형** … 조직·인사·재정상의 제약으로 인해 공기업의 이점인 자율성·능률성·신축성을 갖지 못하고 관료적인 경향을 띠며, 기업경영에 필요한 창의력과 탄력성을 발휘하기 어렵기 때문에 공사로 전환하는 경향이 늘어나고 있다.

② **주식회사형** … 정부가 주식의 전부 또는 일부를 소유하는 형태의 공기업으로서 대륙국가 및 개발도상국에서 많이 이용된다. 주로 국가적으로 중요한 기업체의 도산을 방지하려는 경우, 개발도상국 정부가 외국사기업의 기술과 자본을 이용하려는 경우, 사기업의 창의력이나 신축성을 정부가 뒷받침하여 국책을 수행하려는 경우 등에 설치된다.

문. 다음 중 공기업이 설립된 동기로 볼 수 없는 것은?

▶ 2005. 5. 8 광주광역시

① 정부실패의 영향
② 공공성과 기업성의 조화
③ 민간자본의 부족
④ 민간기업의 독점 방지

☞ ①

문. 다음 중 공기업의 설립목적으로 옳지 않은 것은?

▶ 2005. 3. 6 인천광역시

① 군수산업 등 국방상의 이유로
② 정부 또는 지방자치단체가 재정을 충당해야 하는 경우
③ 독점성이 강한 경우
④ 기업가형 정부로의 정부재창조
⑤ 민간자본이 부족한 경우

☞ ④

문. 공기업 중 정부부처형 공기업에 대한 설명으로 옳은 것은?

▶ 2006. 3. 19 대구광역시

① 특별법에 의해 설립된다.
② 정부가 주식의 과반수를 소유한다.
③ 직원은 공무원이다.
④ 공공기관의 운영에 관한 법률의 적용을 받는다.

☞ ③

③ **공사형**…공공성과 기업성의 조화를 도모하기 위해 시작된 제도로서, 전액정부투자기관이고, 정부가 운영의 손익에 대해 최종책임을 지며, 정부가 임명한 임원이 운영을 담당하고, 일반 행정기관에 적용되는 예산·인사·감사·회계에 관한 법령의 적용을 받지 않는다. 사양산업에 대한 지원이나 모험적 사업의 수행 또는 사회복지의 증진 등을 강력히 추진하는 데에 유리하다.

포인트팁 공기업의 형태에 따른 비교

구분	정부부처형	주식회사형	공사형
독립성	없음	있음(법인격, 당사자능력)	
설치근거	정부조직법	특별법 또는 회사법	특별법
출자재원	정부예산(전액)	5할 이상 정부출자 (주식보유)	전액정부출자
이념	공공성 > 기업성	공공성 < 기업성	공공성 + 기업성
직원신분	공무원	임원 : 준공무원, 직원 : 회사원	
예산회계	국가예산, 특별회계 (정부기업예산법) 정부기업예산법에 규정된 것을 제외하고는 국가재정법이 적용	독립채산제(공공기관 운영에 관한 법률)	
예산성립	국회의결 필요	국회의결 불필요(이사회 의결로 성립)	
조직특성	독임형	합의제와 독임형이 분리된 이중 기관제	
예	우편·우체국예금, 양곡관리, 조달	한국전력공사 등	한국토지주택공사, 한국철도공사

(4) 공기업의 민영화

① 의의…공기업을 민간에 매각하는 것으로 국가나 공공단체가 특정 기업에 대하여 갖는 법적 소유권을 주식매각 등을 통하여 민간부문으로 이전되는 과정을 의미한다.

② 민영화의 필요성
　㉠ 국민경제에 대한 정부개입을 축소하여 소비자의 경제적 자유를 증진시킬 수 있다.
　㉡ 민간에 의한 사업수행이 보다 효율적이므로 적자재정을 감축하고 각종 사업에 필요한 재정수입을 확보할 수 있다.
　㉢ 노조의 영향력이나 보수인상요구를 억제할 수 있다.
　㉣ 자본시장을 안정시키고 통화를 안정적으로 관리할 수 있다.
　㉤ 수익성보다 공익성의 강조, 운영의 경직성과 방만한 경영, 그리고 지나친 규제 등에 따른 공기업의 비효율성을 제거할 수 있다.
　㉥ 경쟁체제에 의해 저렴한 비용으로 양질의 서비스 제공을 가능하게 한다.

③ 방법
　㉠ 보유주식 매각 : 정부보유주식 또는 자산을 민간에게 매각하는 방식으로 가장 일반적인 방식으로 국민주, 종업원지주제 등이 있다.

ⓛ **계약공급** : 소유권 이전 여부와는 관계없이 재화나 용역에 대한 생산을 일정기간 사기업이 담당하되, 그에 필요한 재원을 정부가 담당하는 제도로서, 엄밀하게는 민간위탁이라고 할 수 있다.

ⓒ **민간참여의 유도** : 공기업의 독점체제를 민간의 참여에 의한 경쟁체제로 전환하는 것으로 독점성을 희석시키는 것이다. 한국통신(KT)의 전화사업 독점에 데이콤의 참여를 인정한 예를 볼 수 있다.

ⓔ **프랜차이즈제도** : 특정 개인이나 기업에게 독점판매권을 주고, 정부가 일정기간 가격규제 등의 규제를 가하는 방식이다.

ⓜ **대여제도** : 정부가 기업을 소유하되 기업을 사기업체로 전환대여를 하여 사기업의 장점을 모두 취할 수 있게 하는 제도이다.

ⓗ **바우처(Voucher)제도** : 사업을 민간에게 넘기되 저소득층에게 공공서비스의 이용사은권을 정부가 제공하는 재분배적 성격의 방식이다.

ⓢ **보조금 지급방식** : 타산이 맞지 않은 사업의 민영화시 보조금을 지급하는 방식이다.

④ **한계**

ⓐ 민간화에 의해 공공성의 보장이 어려워지고 서비스 공급의 형평성에 문제가 발생할 수 있다.

ⓑ 공사영역의 경계가 애매하므로 정부와 공급자 간의 책임전가의 우려가 있다.

ⓒ 실업률 상승, 부패확산, 관리책임의 약화 등을 가져올 수 있다.

ⓓ 국가의 안보나 국민의 안전을 침해할 우려가 있다.

ⓔ 민간업체의 도산 등으로 인해 서비스의 공급이 불안해질 수 있다.

ⓕ 사업성의 강조로 인한 요금합리화로 서비스의 요금이 인상되어 국민의 부담이 커질 수 있다.

(5) 우리나라 공기업의 문제점과 개선방안

① **문제점**

ⓐ **인사의 문제** : 임원·직원인사가 정실화되고 정치적으로 임명되어 능력중심의 합리적 인사관리가 이루어지지 못하였다.

ⓑ **경쟁의 부족** : 공기업의 독점화로 인해 경쟁과 자기혁신의 의지가 없고, 경영관리의 능력기술이 부족하여 누적적인 적자운영·부실경영과 관료주의적·무사안일적인 운영을 거듭해왔다.

ⓒ **정부의 간섭** : 정치적 압력하에 자율성·자주성이 침해되어 공공성·능률성을 제대로 확보하지 못했다.

② **개선방안**

ⓐ 실적주의 중심으로 인사관리를 합리화해야 한다.

ⓑ 통제는 일반정책사항에 한정시키고 경영상의 자율성을 광범위하게 보장해야 한다.

문. 최근 활성화되고 있는 민영화 등에 대한 설명으로 옳지 않은 것은?

▶ 2007. 4. 28 경기도

① 면허제는 공공서비스가 기술적으로 복잡하여 예측이 어렵고 서비스 목표달성의 방법을 정확히 알 수 없을 경우 이용하는 방식이다.

② 계약에 의한 민간위탁은 내부민영화이다.

③ 증서 또는 서비스구매권의 제공은 외부민영화이다.

④ 강제적 경쟁입찰(CCT)은 1980년대 영국에서 공공서비스의 생산과 공급을 공공조직과 민간기업 가운데 가장 효율적인 조직으로 하여금 수행토록 한 방식을 말한다.

☞ ①

문. 다음 중 정부가 공급해야 하는 재화나 용역을 민간에서 공급하게 하는 민영화방식은?

▶ 2005. 4. 16 강원도

① 계약   ② 임대
③ 바우처   ④ 보조금 지급

☞ ①

ⓒ 경영의 합리화를 기하고 기존 공기업의 민영화를 추진해야 한다.
ⓔ 최고관리자의 경영책임제를 확립시키고 민중에 의한 통제를 강화해야 한다.

제3섹터(준정부조직)

(1) 의의

A. Etzioni가 사용한 제3섹터(The Third Sector)란 정부조직법이나 직제에 명시된 정부조직이 아니면서도 공적인 기능을 부분적으로 담당하는 기관으로, 순수한 민간부문과 순수한 공공부문이 혼합된 조직이라 할 수 있다. 영국에서는 이를 준자율적 비정부조직(QUANGO : Quasi Autonomous Non governmental Organizations)이라 부르고, 준공공기관, 비영리조직 등으로도 불린다. 우리나라의 경우 정부투자기관, 공공사업집행기관, 연구·교육기관, 금융기관, 언론기관 등으로 나누어 볼 수 있다.

(2) 대두요인

① **정부관료제의 기능 보완** … 정부관료제의 기업형 마인드의 부족으로 인해 서비스의 질이 저하될 우려가 있는 경우 민간영역의 요소를 혼합시킬 수 있다.

② **경험하지 못한 행정수요에 대한 대응** … 새로운 행정수요가 발생한 경우 민간영역과의 연계를 통해 이에 대응한다.

③ **각 부처의 팽창주의** … 각 부처는 조직의 생존과 발전을 위해 활동영역을 넓히는 속성이 있으며, 이를 위해 산하단체의 증설을 꾀한다.

(3) 장·단점

① **장점**
ⓐ 조직의 자율성과 신축성을 유지하여 관료제의 경직성을 극복하여 준다.
ⓑ 정부규모를 확대시키지 않으면서 국민에 대한 공공서비스의 질을 제고한다.
ⓒ 권력적 행정에서 간접적 지원의 행정으로 전환하여 준다.
ⓔ 축적된 민간의 전문성을 활용하여 정책파트너로서의 민간활력을 증진한다.
ⓜ 다양한 서비스의 안정적 공급에 유리하다.

② **단점**
ⓐ 형평성의 우려 : 수익성이 좋고 통제와 조작이 용이한 사업에 대해서는 충실한 데 비해 저소득층을 대상으로 하는 경우 서비스를 기피하는 등의 형평성 문제가 야기된다.
ⓑ 책임의 전가 : 공공의 관심사가 민간부분의 책임으로 전가되어 공행정의 책임회피수단으로 악용될 소지가 있다.

문. 정부가 민간으로 이양한 후에도 책임은 민간이 지지만 정부가 계속 관심을 가지는 준정부조직의 등장요인이 아닌 것은?
▶ 2001. 6. 17 경상남도
① 관료의 이해관계
② 제3섹터의 증가
③ 정부책임의 회피수단
④ 시장기능의 한계성
⑤ 민간과 공공의 관계가 비연속적(단속적)이다.
☞ ⑤

문. 다음 중 제3섹터를 만드는 이유가 아닌 것은?
▶ 2003. 3. 9 광주광역시
① 정부책임의 회피수단
② 민간과 공공관계의 불연속적 관계
③ 관료의 잠재적 이해관계
④ 정부실패의 극복
☞ ②

ⓒ **정부팽창의 수단화** : 다양한 수요의 발생을 빌미로 조직의 확장을 위해 산하단체의 무분별한 확장이 이루어질 수 있다.

ⓓ **비효율성** : 행정부의 통제로 인해 자율성이 낮고 대체로 민간에 비해 비효율적이다.

ⓔ **관료제 통제 곤란** : 관료제에 대한 사회적 통제가 어렵고, 국민은 이중적으로 행정개입을 받게 된다.

문. 비정부조직(NGO)의 속성으로 옳게 짝지어진 것은?

▶ 2006. 3. 19 대구광역시

㉠ 임시적 조직
㉡ 제3섹터 조직
㉢ 자발적 조직
㉣ 자치적 조직

---

① ㉠㉡㉢　　　② ㉠㉢㉣
③ ㉡㉢㉣　　　④ ㉠㉡㉢㉣

☞ ③

02 조직구조론

1 관료제의 여러 병리현상 중 '과잉동조'에 대한 설명으로 옳은 것은?

① 목표 달성을 위해 마련된 규정이나 절차에 집착함으로써 결국 수단이 목표를 압도해버리는 현상
② 세분화된 특정 업무에서는 전문적인 능력이 있지만 그 밖의 업무에 대해서는 문외한이 되는 현상
③ 다양한 외부 환경의 변화에 둔감하고 조직목표의 혁신에 적극적으로 저항하는 현상
④ 자신이 소속된 기관이나 부서만을 생각하고 다른 기관이나 부서를 배려하지 않는 현상

　Advice　② 훈련된 무능
　　　　　③ 변동에의 저항
　　　　　④ 할거주의

2 Max Weber가 분류한 합리성의 유형에 해당되지 않는 것은?

① 이론적 합리성　　　　　　② 실천적 합리성
③ 형식적 합리성　　　　　　④ 정치적 합리성

　Advice　④ Diesing이 분류한 합리성의 종류에 해당한다.
　　　　　※ **Max Weber가 분류한 합리성의 종류**
　　　　　　　㉠ **실질적 합리성** : 민주주의, 자유주의 등 가치전제를 표준으로 하는 행위
　　　　　　　㉡ **형식적 합리성** : 보편성을 목표로 하고 그에 부합되는 행위를 중요시하는 행위(관료제 등)
　　　　　　　㉢ **실천적(실제적) 합리성** : 현실 경험에 대한 지적 이해, 인과관계의 규명 등 이지적 사유과정

3 다음 중 조직구조의 특징으로 유기적 구조와 거리가 가장 먼 것은?

① 분화된 채널　　　　　　② 적은 규칙 · 절차
③ 분명한 책임관계　　　　④ 넓은 직무범위

　Advice　조직구조
　　　　　㉠ **개념** : 조직참여자들의 유형화된 교호작용(patterned interaction)을 의미하며, 조직목표를 달성하기 위한 계속적인 교호작용 속에서 조직구성원들의 행위의 정형이나 유형이 형성된다.
　　　　　㉡ **특성** : 하나의 조직은 하나의 구조로 이루어지는 것이 아니며, 조직 내의 수평적 분화나 수직적 계층에 따라서 상이하고 다양한 조직구조가 있을 수 있다. 조직구조는 조직목표를 달성하기 위해서 필수적인 존재이다.
　　　　　㉢ **기능** : 조직구조는 조직산출물을 생산해 내고 조직목표를 달성하도록 하고, 조직구성원의 다양성에 의한 영향을 최소화하도록 하며 권력이 행사되고 결정이 이루어지도록 하여 조직활동의 수행에 기여한다.

4 최근 정부는 공기업의 민영화를 적극적이고 지속적으로 추진하고 있다. 이러한 공기업의 민영화의 필요성으로 볼 수 없는 것은?

① 국민경제에 대한 정부개입을 축소하여 소비자의 경제적 자유를 증진시킬 수 있다.
② 적자재정을 감축하고 각종사업에 필요한 재정수입을 확보할 수 있다.
③ 공공성의 보장으로 서비스 공급의 형평성을 기할 수 있다.
④ 경제체제에 의해 저렴한 비용으로 양질의 서비스를 제공할 수 있다.

♀Advice ③ 공기업의 민영화는 민간화에 의해 공공성의 보장이 어려워지고, 서비스 공급의 형평성에 문제가 발생할 수 있다.

5 다음은 책임운영제에 대한 설명이다. 옳지 않은 것은?

① 성과 중심의 관리방식을 중시한다.
② 책임운영기관의 장에게 재정상의 자율성은 제약하지만 행정상의 자율성을 부여한다.
③ 미국의 PBO와 같은 맥락이다.
④ 우리나라도 시행되고 있다.

♀Advice **책임운영기관** … 중앙정부의 집행 및 서비스전달기능을 분리하여 자율성을 부여하고, 그 운영성과에 대하여 책임을 지도록 하는 성과 중심의 사업부서화된 행정기관을 말한다.
ㄱ **특징** : 서비스기능 중심의 특정기능만 전담하는 책임경영조직이며 성과 중심의 개방화된 조직이다. 자율성이 보장되고 결과에 대한 책임을 져야 하며 경쟁의 원리를 적용한다.
ㄴ **적용분야** : 민영화 · 공사화가 불가능하거나 내부시장을 창출할 수 있는 분야, 독립채산제가 적용가능하고 성과관리가 용이한 분야, 서비스 통합이 필요한 분야에 도입한다.

6 베버(Weber)의 관료제 모형을 설명한 것으로 옳지 않은 것은?

① 조직이 바탕으로 삼는 권한의 유형을 전통적 권한, 카리스마적 권한, 법적 · 합리적 권한으로 나누었다.
② 직위의 권한과 관할범위는 법규에 의하여 규정된다.
③ 인간적 또는 비공식적 요인의 중요성을 간과하였다.
④ 관료제의 긍정적인 측면으로 목표대치 현상을 강조하였다.

♀Advice ④ 목표대치 현상은 수단에 지나치게 집착함으로써 목표를 소홀히 여기는 관료제의 부정적인 병리현상 중 하나이다.

1.① 2.④ 3.③ 4.③ 5.② 6.④

7 관료제의 역기능으로 보기 어려운 것은?

① 전문화로 인한 무능
② 변화에 대한 수용
③ 수단과 목표의 전도
④ 형식주의

♥Advice ② 관료제의 역기능은 변동·변화에 대한 저항이다.

8 비공식조직과 공식조직에 관한 설명으로 옳지 않은 것은?

① 비공식조직이 내재적 규율 중심이라면 공식조직은 외재적 규율에 의존한다.
② 비공식조직이 이성적 조직이라면 공식조직은 감성적 조직이다.
③ 비공식조직이 비가시적 조직이면 공식조직은 가시적 조직이다.
④ 공식조직이 인위적 조직이라면 비공식조직은 자연발생적 조직이다.

♥Advice **공식조직과 비공식조직**

공식조직	비공식조직(자생집단)
• 인위적·계획적 형성	• 자연발생적 형성
• 이성과 능률의 논리에 입각	• 감정과 대인관계의 논리에 입각
• 전체적 질서	• 부분적 질서
• 외면적 존재	• 내면적 존재
• 규범의 성문화	• 규범의 불문화

9 관료제의 민주주의에 대한 순기능으로 볼 수 있는 것은?

① 공직임용의 기회균등
② 조직내의 민주화 형성
③ 책임행정의 구현
④ 국민에 대한 서비스의 확대

♥Advice ① 외에도 관료제의 민주주의에 대한 순기능으로는 법 앞의 평등 확립, 민주적 목표의 능률적 수행 등을 들 수
있다.

10 M. Weber의 관료제에 대한 설명으로 옳지 않은 것은?

① 보편성, 합리성을 기반으로 한다.

② 합법적 지배는 법규화된 질서 또는 명령권이 합법성의 신념에 입각하고 있는 재배유형으로 가장 순수한 유형의 관료제라고 하였다.

③ 환경과의 상호관계를 인식하여 고전적 관료제를 탈피하였다.

④ 지배유형을 전통적 지배, 카리스마적 지배, 합법적 지배의 3가지로 나누었다.

Advice ③ Weber는 폐쇄적 조직관을 전제하여 상황적 조건을 고려하지 않음으로써 환경과의 상호관계를 인식하지 못하였다는 비판을 받는다.

11 관료제의 구조적 측면에서의 병리현상으로 볼 수 없는 것은?

① 할거주의   ② 동조과잉

③ 전문가적 무능   ④ Peter의 원칙

Advice **구조적 측면**

   ㉠ **할거주의**(Selznick) : 조직 내 권력관계에 의한 경쟁 때문에 소속기관과 부서만 생각하고 타 부서에 대한 배려를 하지 않는다.

   ㉡ **갈등조정수단 부족** : 집권화에 따른 기능적 부문 사이의 갈등해소의 제도적 장치가 부족하다.

   ㉢ **전문가적 무능**(Veblen) : 구조적 분화에 따라 타 분야에 대해 문외한이 되는 훈련된 무능현상이 나타난다.

   ㉣ **조직의 활력 상실** : 동일업무의 반복으로 권태와 무력감에 빠지게 된다.

   ㉤ **Peter의 원리** : 관료제 내의 개인은 자신의 능력한계까지 승진한다는 원칙으로 무능력한 자가 계속 승진함으로 인해 감당하기 곤란한 직위까지 승진하는 경우 부하의 능력보다는 규칙의 준수, 명령에의 복종 등을 더 중시하게 되는 병리현상이 나타난다.

12 행정조직에서 계선과 막료 간의 불화를 억제하고 원만한 협조와 통합이 이루어질 수 있도록 하기 위한 방안으로 옳지 않은 것은?

① 충분한 보수의 지급   ② 권한, 책임한계의 명확화

③ 교육훈련의 실시   ④ 쇄신적 리더십의 발휘

Advice **계선과 막료 간 갈등 해결방안**

   ㉠ 권한, 책임한계의 명확화

   ㉡ 인사교류

   ㉢ 상호 간 접촉의 촉진

   ㉣ 교육훈련의 실시

   ㉤ 리더십의 활용

7.② 8.② 9.① 10.③ 11.② 12.①

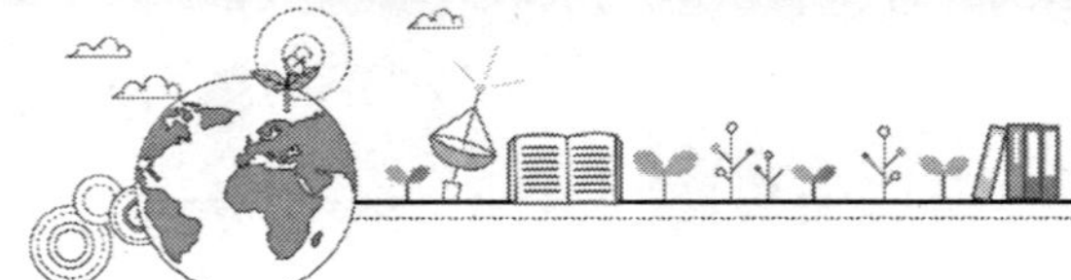

13 정부가 사업을 민간에게 넘기되 저소득층에게 공공서비스의 이용 사은권을 제공하는 재분배적 성격의 공기업 민영화 방법은?

① 대여제도
② 바우처제도
③ 보조금 지급방식
④ 계약공급

> **Advice** 바우처의 사전적 의미는 증서 또는 상품권이란 뜻으로, 사회보장제도에서 Voucher 제도가 탄생하게 된 주요 원인은 우선 사회보장의 바탕이 될 상품을 판매하는 공급자의 이익을 보호하고, 사회보장제도의 수혜자가 뜻대로 움직이지 않을 것을 근심한 정부부문의 가부장적 태도에서 태동되었다.

14 다음 중 위원회조직에 대한 설명으로 볼 수 없는 것은?

① 다수지배형의 기관이다.
② 의사결정과정의 분권화와 참여를 추구한다.
③ 행정의 중립성과 정책의 계속성을 통해 조직의 안정성과 지속성에 기여한다.
④ 결정의 신속성과 기밀성의 확보가 용이하다.

> **Advice** ④ 위원회조직은 다수의 인원이 참여하므로 일이 지연되고 누설되기 쉽다.
> ※ **위원회조직**
> ㉠ 계층제의 경직성을 완화시킨 합의제 조직
> ㉡ 분권적 · 수평적 · 참여적 조직
> ㉢ 다수에 의한 결정, 국민의사를 널리 반영(민주적 성격)
> ㉣ 전문가의 참여로 행정의 전문성 · 효율성 향상에 기여
> ㉤ 집행결과에 대해 책임이 적은 막료조직

15 다음 중 공기업의 발달요인으로 볼 수 없는 것은?

① 이윤의 극대화
② 국방상 · 전략상의 고려
③ 정치적 이념
④ 사회적 문제해결을 위한 정책적 필요

> **Advice** **공기업의 발달요인**
> ㉠ **민간자본의 부족**: 산업화를 추진할 때 자본과 기술이 빈약한 민간기업들에게 의존할 수 없는 경우
> ㉡ **국방상 · 전략상의 고려**: 국방과 전략상의 이유로 특정산업을 국유화하거나 민간기업과 계약을 통해 무기개발 및 생산을 의뢰
> ㉢ **경제 · 사회적 요구**: 경제 · 사회적 문제를 해결하기 위한 정책적 필요에서 공기업을 운영하는 경우
> ㉣ **정치적 이념**: 국가 또는 정당의 이념과 정강에 따라 공기업이 설치되기도 하고 정부가 위기에 처한 기업을 매입하여 공기업화
> ㉤ **독점적 서비스**: 전기 · 수도 · 가스 · 철도 등과 같이 국민생활에 직결되며, 독점적 성격을 띤 공익사업은 공기업으로 운영

16 주식회사형 공기업의 특성에 대한 설명으로 옳지 않은 것은?

① 독립성이 있어 법인격, 당사자능력이 있다.

② 특별법 또는 회사법 등에 근거하여 설치된다.

③ 기업성보다는 공공성에 초점을 둔다.

④ 국회의결이 불필요하다.

💡Advice ③ 주식회사형 공기업은 공공성보다 기업성에 초점을 둔 이념을 기반으로 한다.

17 공기업의 민영화 방법에 대한 설명으로 옳은 것은?

① 국민주, 종업원지주제 등 정부보유주식 또는 자산을 민간에게 매각하는 방식은 공기업 민영화의 가장 일반적인 방식이다.

② 계약공급은 소유권과 함께 재화나 용역에 대한 생산을 일정기간 사기업이 담당하되 그에 필요한 재원을 정부가 담당하는 제도이다.

③ 프랜차이즈제도는 특정 개인이나 기업에게 독점판매권을 주는 것으로 정부의 규제로부터 자유롭다.

④ 공기업의 민영화에 있어서 모든 경우에 국가의 보조금이 지급된다.

💡Advice ② 계약공급은 소유권 이전 여부와는 관계없다.
　　　　 ③ 프랜차이즈 제도는 특정 개인이나 기업에게 독점판매권을 주지만, 정부가 일정기간 가격규제 등을 가하는 방식이다.
　　　　 ④ 보조금은 타산이 맞지 않는 사업을 민영화할 때에만 보조금을 지급한다.

03

조직과 개인 및 환경

Section 1 조직환경의 본질

(1) 환경의 의의

환경이란 주위의 외계 또는 조직의 경계 밖에 있는 모든 것을 의미하며, 잠재적으로 또는 실제로 조직에 영향을 미치는 모든 외부현상을 말한다. 조직과 상호 작용하는 환경의 범위는 상대적이다.

(2) 조직환경의 구성요소

① 일반환경

    ㉠ 경제적 환경 : 조직의 경제활동과 성과에 영향을 주는 외적 요인이다.

    ㉡ 정치적 환경 : 조직의 여러 활동을 제약하거나 옹호해주는 요인이다.

    ㉢ 사회·문화적 환경 : 조직 외적 환경의 구성원들이 공유하고 있는 신념·가치관·태도를 말한다.

    ㉣ 기술적 환경 : 조직이 효과적으로 목표를 달성하도록 물적·지적 방침을 제공해주는 요인이다.

    ㉤ 자원환경 : 조직이 필요로 하는 인적·물적 자원을 제공해 주는 환경이다.

② 업무환경(특정 환경) … 조직이 목표설정과 목표달성에 관한 의사결정을 내릴 때 직·간접적으로 영향을 미치는 환경을 의미하며, 일반적으로 자원제공자, 고객, 시장과 자원에서의 경쟁자, 통제집단 등을 들 수 있다. 조직의 관할영역인 조직영역은 조직과 업무환경과의 관계 속에서 형성되며 업무환경은 조직영역에 따라 변동한다.

> **포인트탑** 환경의 유형(Emery & Trist)
>
>   ㉠ 정적 – 임의적 환경 : 환경요소의 변화가 작고 요소의 구조가 고르게 분산되어 있다.
>
>   ㉡ 정적 – 집약적 환경 : 환경요소가 정태적이지만 변화 속에서 일정한 조직화가 나타난다.
>
>   ㉢ 교란 – 반응적 환경 : 역동적으로 환경과 상호작용을 하는 단계로 결합과 변화가 일어나고 있는 상태를 말한다.
>
>   ㉣ 소용돌이의 장(場) : 환경요소의 의존과 상호작용이 극대화 되어 격렬한 소용돌이와 같이 고도의 불확실성과 환경의 복잡성을 특징으로 하는 환경이다.

문. 다음 중 조직과 환경과의 관계에서 가장 타당성이 적은 것은?

▶ 2003. 6. 1 전라남도

① 조직은 환경변화를 직접·간접으로 유도할 수 있다.

② 현대의 조직은 환경적응이 필수적이다.

③ 현대조직은 환경과 끊임없이 상호작용하는 개방적 체제이다.

④ 현대의 조직이론은 조직의 대내적 측면을 중시한다.

☞ ④

문. Emery & Trist의 조직환경 중 계층적 조직의 성격을 가지고 과학적 관리론이 적용될 수 있는 안정적인 환경에 해당하는 것은?

▶ 2002. 3. 24 부산광역시

① 정적·임의적 환경

② 소용돌이의 장

③ 교란·반응적 환경

④ 정적·집약적 환경

☞ ①

Section 2 조직과 환경과의 관계

(1) 환경과 조직의 상호관계

① 환경이 조직에 미치는 영향

  ㉠ Selznick의 견해

- 적응적 변화(adaptive change) : 조직이 환경변화에 유연성을 갖고 대응하는 능력으로서, 조직의 안정성과 유동성을 확보하며 발전하기 위해 변화하는 환경에 적응하는 것이다.
- 적응적 흡수(co-optation) : 조직이 자신의 존속과 안정을 위해 외부 환경으로부터 영향력 있는 새로운 요인이나 지도자를 정책결정기구에 흡수시키는 공식적 적응흡수와 외부의 의사반영을 통한 적응방식인 비공식적 적응흡수가 있다.

  ㉡ Schein의 견해 : 조직이 환경변화에 적응해 가면서 문제해결능력을 향상시켜 가는 과정으로서 적응 및 대응을 한다고 본다.

② 조직이 환경에 미치는 영향

  ㉠ 조직의 내부변화 : 조직참여자의 구성패턴의 변동이나 조직의 관리방식, 업무처리절차의 변동은 환경에 영향을 미칠 수 있다.

  ㉡ 변동담당자로서의 조직 : 조직의 변동과정에서의 역할에 의해 환경에 주도적인 영향력을 행사할 수 있다.

  ㉢ 변동저항자로서의 조직 : 조직의 변동에 대한 저항은 조직 외부로부터 유도된 변동을 대상으로 하며 이러한 조직보수주의는 사회안정의 근원이 될 수 있다.

(2) 환경에 대한 조직의 대응(Scott)

① 완충전략

  ㉠ 분류 : 환경의 요구를 조직과정에 투입하기 전에 사전심의하여 분류하는 과정에서 시급하지 않거나 잘못된 요구를 가려내어 요구 자체를 배척하는 방법이다.

  ㉡ 비축 : 필요한 자원과 산출물을 비축하여 환경적 요구에 의해 방출되는 과정을 통제하는 방법으로, 정부가 곡물·유류 등을 비축하는 것이 그 예이다.

  ㉢ 형평화 : 조직이 환경 속에 적극 접근하여 투입요인의 공급자를 동기화하거나 산출물에 대한 수요를 고취시키거나 여러 집단의 상충되는 요구를 균형화하는 것으로, 지방정부가 지역별로 시간을 정하여 순차적으로 행정요구를 접수·해결하는 것이 그 예이다.

문. 환경에 대한 조직의 대응으로서 완충전략인 것은?

▶ 2004. 3. 21 부산광역시

① 경쟁
② 합병
③ 계약
④ 형평화(평준화)

☞ ④

    ⓔ **예측** : 환경의 변화가 비축이나 형평화로 해결될 수 없을 때, 자원의 수요·공급 변화를 예견하여 대처하는 것으로 장마철 수해에 대비한 행정적 준비가 그 예이다.

    ⓜ **성장** : 기술적 핵심을 확장하여 환경에 대하여 더 많은 권력과 수단을 가지는 방법으로, 조직이 가장 일반적으로 사용하는 방법이다.

② **연결전략**

    ㉠ **권위주의** : 중심조직이 지배적인 위치를 차지하여 외부조직이 필요로 하는 자원이나 정보를 통제하는 위치에서 외부조직의 행동을 유효하게 통제하는 방법이다.

    ㉡ **경쟁** : 조직 간 경쟁을 통하여 조직의 능력을 신장시키는 방법이다. 관료제조직의 비효율성이 증대되는 상황에서는 부분적인 경쟁전략의 채택도 조직자원의 효율적 배분과 사용에 기여한다.

    ㉢ **계약** : 조직 간에 공식적·비공식적으로 자원교환을 협상하여 합의하는 것으로 조직의 정체성과 정당성을 신장시킬 수 있다.

    ㉣ **합병** : 여러 조직이 자원을 통합하고 연대하는 것을 말하며, 조직이 필요로 하는 자원이 외부조직에 집중되어 있거나 조직이 통제하는 자원으로는 외부의 압력이나 위협을 중화시킬 수 없을 때 사용된다.

③ **조직과 조직 간의 관계**(Thompson & McEwen)

    ㉠ **경쟁** : 둘 이상의 조직 간 대립관계 또는 경쟁관계가 제3자에 의하여 중재되며, 각 조직은 제3자의 지지를 얻으려는 활동을 벌인다. 예컨대 정부기관은 보다 많은 예산이나 우수한 인재를 흡수하기 위해 경쟁하게 된다.

    ㉡ **교섭** : 둘 이상의 조직이 재화·서비스의 제공이나 교환에 관한 교섭을 벌이고 타협하는 것이며, 상호 간 양보·획득관계가 성립한다.

    ㉢ **적응적 흡수** : 조직의 안정·존속에 대한 위험을 제거하기 위하여 다른 조직에 속한 인물을 조직의 지도층이나 정책결정기구에 참여시키는 것을 말한다. 조직이 환경의 위협을 극복케 함으로써 심지어는 불필요한 조직조차도 존속하게 하며, 새로운 환경의 위협을 극복하고자 외부의 유력인사를 영입하여 조직의 확장을 야기하여 감축관리를 저해할 수 있다.

    ㉣ **연합** : 둘 이상의 조직이 공동목표를 추구하기 위하여 제휴·결합하는 것이다.

문. 조직환경전략에 있어서 연결전략에 해당되지 않는 것은?

▶ 2003. 4. 13 대구광역시

① 합병   ② 경쟁
③ 계약   ④ 비축

☞ ④

문. 조직의 환경에 대한 전략으로 조직이 안정과 존속을 유지하고, 안정과 존속에 대한 위협을 회피하고, 조직의 발전을 도모하기 위해 조직의 정책이나 리더십 및 의사결정기구에 환경의 새로운 요소를 불러들여 적응하는 과정은?

▶ 2005. 4. 24 중앙인사위원회

① 교섭(Bargaining)
② 기관형성(Institution Building)
③ 연합(Coalition)
④ 적응적 흡수(Co- optation)

☞ ④

Section 3 조직과 인간

(1) 조직과 개인

① 의의 … 조직은 합리화를 추구하는 데 반하여 개인은 만족화를 추구하며, 조직은 사회화를 추구하는 데 반하여 개인은 인간화를 추구하는 양자간의 갈등·대립을 극복하고 어떻게 통합·융합을 실현하는가가 현대조직이론의 중요한 과제라 할 수 있다.

> **포인트팁** Argyris의 악순환모형 … 조직과 개인의 상호작용과정을 갈등·대립관계로 보고, 양자를 악순환과정으로 파악하였다. 조직에 투입되는 에너지를 기계적 에너지·인간생리적 에너지·인간심리적 에너지로 나누고, 심리적 에너지를 중시하며 개인은 심리적 성공의 경험이 증가할수록 심리적 에너지도 증가한다고 한다. 업무환경의 주요 요인이 되는 지시, 통제, 처벌 등은 이러한 심리적 에너지를 억압하며 조직환경은 결과적으로 심리적 성공을 저해하는데, 개인은 좌절과 실패를 숙명으로 받아들이고 의존성, 결근, 이직, 무관심과 같은 적응행동을 취하게 되어 악순환과정이 심화된다.

② 개인의 변이성과 조절방안
  - ㉠ 개념 : 조직성원의 다양한 신념, 가치관, 개성에 기인한 상이한 성향을 뜻하며 이는 곧 조직의 목표달성에 저해요소로서 파악된다.
  - ㉡ 조절방안(Katz & Kahn)
    - 외부환경으로부터 압력을 도입하여 집단 내의 단결력이 증대되어 변이성이 감소한다.
    - 가치관과 기대감이 공유될 때 변이성이 감소한다.
    - 규칙과 역할이 강조될 때 변이성이 감소한다.

③ 개인의 조직에의 적응유형
  - ㉠ Presthus의 성격유형
    - 상승형 : 계층제에서 상위직을 차지하고 대체로 낙관적이며 조직에 대한 일체감이 강하고 충성심이 높다. 승진욕구가 강하고 권력지향적이며 조직의 정당성과 합리성을 높이 평가한다.
    - 무관심형 : 조직의 대부분인 하위직이 해당되며 조직에 대해 소외감을 느끼고, 직무에 대해 무관심하며 직무만족도 역시 낮다.
    - 애매형 : 연구직이나 참모직에서 주로 나타나며 내성적이고 지적 관심이 많아 주관적인 자기 세계를 추구하는 경향이 강하다. 조직활동에 적극참여 또는 참여거절의 성격이 불분명하고 권위나 규제에 저항성이 강하다.
  - ㉡ Cotton의 권력균형화 유형
    - 독립인형 : 조직에 대한 자기의 의존성을 최소화하고 조직의 감독이 가장 적은 상황을 선호한다. Presthus의 애매형과 유사하다.
    - 외부흥미형 : 하위권력자가 자기의 목표에 대한 욕구충족을 상위권력자 이외의 다른 곳에서 찾는 부류를 말한다. Presthus의 무관심형과 유사하다.

- 조직인형 : 자기 가치를 높임으로써 스스로의 경력향상에 기여하는 부류로써 Presthus의 성격유형 중 상승형과 유사하다.
- 동료형 : 노조·전문직업단체 등과 연합세력을 결성하여 상위권력자와 하위권력자의 관계를 수평적인 동료관계로 인식하려는 부류로써, 하위권력자의 목표추구의 원천에 대하여 상위권력자의 접근을 거절하는 유형이다. Cotton은 이를 이상형으로 보았다.

ⓒ Downs의 성격유형
- 출세형 : 권력·위신·수입을 매우 높게 평가한다.
- 현상옹호형 : 편의와 신분의 유지에 관심을 갖는다.
- 열성형 : 범위가 한정된 정책·사업에 충실·집착한다.
- 창도형 : 보다 광범한 기능이나 조직에 충성을 바친다.
- 경세가형 : 사회전체를 위해 충성하고 공공복지에 관심을 갖는다.

ⓔ Ramos의 유형
- 작전인 : 고전적 조직이론의 전통적 인간형을 나타낸다.
- 반응인 : 인간관계론적 관점에서의 인간형을 나타낸다.
- 괄호인 : 비판적 성향, 강한 자아의식, 환경에 대한 유연한 적응, 자기존중과 자율성 등을 기초로 한 이상지향성을 특징으로 하는 인간형으로 피동적 행동을 거부한다.

(2) 인간관과 관리전략

① E.H. Schein의 인간관 유형과 관리전략
　ⓐ 합리적·경제적 인간관
- 인간모형(과학적 관리론·고전적 조직이론)
  - 인간은 경제적 욕구를 지닌 타산적 존재이므로 경제적 유인으로 동기유발이 가능하다.
  - 조직구성원은 피동적이므로 동기가 부여되지 않으면 조직에 기여하지 않는다.
  - 인간은 본질적으로 게으르기 때문에 권위적이고 강압적인 감독과 통제가 필요하다.
  - 조직 속의 개인은 심리적으로 격리되어 있다.
  - 조직은 주관적이고 예측불가능한 요소를 통제할 수 있도록 조직되어야 한다.
- 관리전략 : 공식조직, 통제, 경제적 유인 등에 의한 능률적인 업무수행을 중요시해야 한다.
　ⓑ 사회적 인간관
- 인간모형(인간관계론·신고전적 조직이론)
  - 인간은 사회적 존재이며, 사회·심리적 욕구는 인간행동의 가장 기본적인 동기요인이다.

문. 다운스(Downs)가 분류한 정부관료제내의 정부관료들의 성격유형에 대한 설명이 올바르지 않는 것은?
▶ 2004. 3. 21 부산광역시

① 보전형은 인간은 조직에 참여한 이후 나이가 많아지고 시간이 흐를수록 보수주의적 경향을 나타낼 확률이 높다고 본다.
② 등반형은 인간이란 권력을 추구하며 변화보다는 안정을 추구하며, 조직을 현상 그대로 유지하려 한다.
③ 경세가형은 공익을 추구하며 보수주의나 점증주의와는 관련이 없다.
④ 창도가형은 인간은 조직에 대한 애착이 강하고 조직내에서 또 다른 조직을 만들려고 한다고 본다.

☞ ②

문. Schein이 제기한 복잡한 인간관과 조직에서의 인간관리전략에 대한 설명으로 틀린 것은?
▶ 2005. 6. 5 울산광역시

① 사람의 역할과 조직상황이 다르면 욕구도 달라질 수 있다.
② 조직에서의 인간관리는 구성원에 대한 지시와 통제보다는 개인과 조직의 목표를 통합시킬 수 있는 전략을 우선적으로 취하여야 한다.
③ 부하들의 욕구와 동기가 서로 다르기 때문에 서로 다른 전략에 따라 융통성이 있는 관리형태를 견지하여야 한다.
④ 조직구성원들의 개인적 차이를 존중하고 이를 발견하는 진단과정이 중요하다.
⑤ 사람은 조직생활의 경험을 통해서 새로운 욕구를 학습할 수 있다.

☞ ②

- 조직구성원은 관리자가 제공하는 유인이나 통제보다는 동료집단의 현실적인 사회적 세력에 더 민감하다.
- 조직구성원은 관리자의 인정, 귀속감, 일체감, 참여의식 등의 욕구를 충족시켜주는 범위 내에서 반응한다.

• 관리전략 : 직원의 욕구에 관심을 가지고 소속감·일체감·안정감·참여욕구 등과 같은 감정을 중요시해야 하며, 소집단의 기능을 적극적으로 활용해야 한다.

ⓒ 자기실현인간관

• 인간모형(후기인간관계론)
- 조직구성원은 자기실현을 추구하는 존재이며, 자아실현과 책임있는 일을 통한 성장·자율성·자아만족 등의 욕구를 지향한다.
- 동기부여는 직무를 통한 개인의 자아실현욕구가 충족됨으로써 이루어지는 내재적인 것이다.

• 관리전략 : 직원이 일에 긍지와 자부심을 가지고 보람을 느낄 수 있도록 도전적이며 의미있는 직무를 제시하고, 자기통제·자기계발·내적 보상에 관심을 가지며 참여적 관리와 상담자적 역할 등을 수행해야 한다.

ⓔ 복잡한 인간관

• 인간모형(상황적응이론)
- 인간은 복잡·다양한 존재이며, 동기는 상황과 역할에 따라 달라진다.
- 인간욕구의 다양성을 인정하며 상황에 따른 인간관리를 강조한다.

• 관리전략 : 직원의 다양한 욕구·능력을 감지할 수 있는 감수성과 진단능력을 가져야 하며, 인간의 변이성과 개인차를 파악하여 유연성 있는 관리전략을 세워나가야 하며, 이를 위해 상황적응적 관리·신축성 있는 대인관계기술·관리자의 진단가 역할 등이 필요하다.

② McGregor의 X·Y이론

㉠ 개념 : 상반되는 인간본질에 대한 가정을 중심으로 하는 이론으로, X이론은 조직구성원에 대한 전통적 관리전략을 제시하는 이론이고, Y이론은 개인목표와 조직목표의 통합을 추구하는 새로운 이론으로 본다.

㉡ X이론

• 가정 : 인간의 본질은 게으르고 일하기를 싫어하며 생리적 욕구와 안전의 욕구를 추구하고 새로운 도전을 꺼리고, 수동적이고 피동적이기 때문에 외부의 제재와 통제를 통해 조종될 수 있다고 본다.

• 관리전략 : 조직구성원들의 경제적 욕구 추구에 적용한 경제적 보상체계가 확립되어야 하고, 조직구성원들이 엄격한 감독과 구체적인 통제체제와 처벌체제도 필요해지며, 권위주의적 관리체계가 확립되어야 하고, 계층제적 조직구조가 발달해야 한다.

• 비판
- 인간의 계속적인 성장·발전의 가능성을 과소평가하고 있다.

문. McGregor의 이론 중 X이론의 관리전략과 관련이 먼 것은?
▶ 2002. 1. 27 중앙선거관리위원회

① 목표관리 및 자체평가제도를 활성화시킨다.
② 권위주의적 성향을 띠는 관리체계를 확립시킨다.
③ 조직구성원들이 엄격한 감독과 구체적인 통제체제를 구축한다.
④ 조직구성원들의 경제적 욕구 추구에 적응한 경제적 보상체계를 확립한다.

☞ ①

문. 다음 내용이 설명하는 인간관에 부합하는 조직관리 전략은?
▶ 2015. 6. 27 제1회 지방직

대부분의 사람들은 본질적으로 일을 싫어하는 것이 아니다. 사람들에게 일이란 작업조건만 제대로 정비되면 놀이를 하거나 쉬는 것과 같이 극히 자연스러운 것이며, 인간이 물리적·사회적 환경에 도전하는 여러 방법 중의 하나이다.

① 업무 지시를 정확하게 하고 엄격한 상벌 원칙을 제시해야 한다.
② 업무 평가 하위 10%에 해당하는 직원에 대한 20%의 급여 삭감 계획은 더욱 많은 업무 노력을 이끌어 낼 수 있는 방법이다.
③ 의사결정 시 부하직원을 참여시키고 자율적으로 업무를 수행할 수 있도록 해야 한다.
④ 관리자가 조직구성원에게 적절한 업무량을 부과하여 수행하게 해야 한다.

☞ ③

    – 인간의 하위욕구의 충족에만 중점을 두고 상위욕구는 경시하는 관리전략을 제시하고 있으며, 이러한 관리전략은 자발적 근무의욕의 고취에는 부적절하다.

    – 하위욕구가 충족된 이후에는 동기부여가 되지 않으며, 새로운 상위욕구가 충족되어야 동기부여가 가능하다.

  ⓒ Y이론

- 가정 : 인간이 자기표현과 자제의 기회를 참여를 통하여 발견하고, 자기 행동의 방향을 스스로 정하고 자제할 능력이 있으며 책임있는 행동을 한다고 본다. 또한 사회 · 심리적 욕구를 추구하는 사회적 존재로서, 이타적이고 창조적이며 진취적이라고 본다.
- 관리전략 : 관리자는 조직목표와 개인목표가 조화될 수 있도록 해야 하며, 직무를 통하여 욕구가 충족되고 개인이 발전할 수 있는 조직의 운영방침을 채택해야 한다. 목표관리 및 자체평가제도의 활성화 · 분권화와 권한의 위임, 민주적 리더십, 평면적 조직구조의 발달 등이 필요하다.
- 비판
  - 상대적 · 복합적인 인간의 욕구체계를 너무 단순화시키고 있다.
  - 상황에 따라서는 관리자의 명령 · 지시가 오히려 더 효과적일 수 있다는 점을 간과한다.
  - 직무수행을 통한 자기실현욕구의 충족을 강조하고 있으나, 실제로는 직장 밖에서 이러한 욕구를 추구하는 사람이 많다는 비판이 있다.

③ Argyris의 성숙형 인간과 미성숙형 인간

  ㉠ 개념 : 인간의 성격은 미성숙상태로부터 성숙상태로 변화하며, 조직의 구성원을 성숙한 인간으로 관리하여야 한다.

> **포인트팁 성숙인과 미성숙인**
> ㉠ 성숙인 : 능동적 · 독자적이며 다양한 행동양태와 강한 관심 및 장기적 안목을 가지고 있다. 자아의식을 통한 자기통제가 가능하며 평등적 또는 우월한 지위에 만족한다.
> ㉡ 미성숙인 : 수동적이고 의존적이며 단순한 행동양태와 변덕스럽고 얕은 관심을 가지고 있다. 자아의식이 결여되어 있으며 종속적 지위에 만족하는 경향이 있다.

  ㉡ 관리전략

- 성숙한 인간의 욕구와 공식조직의 관리전략은 갈등을 초래한다.
- 조직구조를 직무확장, 참여적 리더십, 현실중심적 리더십 등으로 개편함으로써 인간의 자기실현을 가능케 해야 한다.
- 조직구성원이 스스로의 욕구충족으로 성장 · 성숙의 기회를 얻게 됨으로써 조직의 목표와 인간의 욕구가 통합될 수 있다.

> **포인트팁 악순환모형** … 전문화 · 명령통일 · 통솔범위 등의 조직원리에 바탕을 둔 전통적 · 권위적 관리방식은 성숙한 인간의 자기실현욕구 충족을 방해하게 되어 결과적으로 의존성, 결근, 이직, 무관심과 같은 적응행동을 취하게 된다.

문. 다음 중 Y이론에 대한 설명으로 옳은 것은?

▶ 2003. 4. 12 강원도

① 조직구조의 계층성을 강조하여 책임과 역할이 분명해진다.

② 경제적 보상체계를 강조하기 때문에 구성원의 사기를 높일 수 있다.

③ 자발적이고 의욕적인 참여를 통해 일에 대한 보람과 책임의식을 느끼며 기쁘게 일한다.

④ 책임과 권한의 위임을 주요소로 하기 때문에 권위주의 리더십이 요구된다.

☞ ③

문. 다음 중 동기부여의 Z이론에 대한 설명에 해당하지 않는 것은?

▶ 2005. 6. 5 경상남도

① 오우치 – 일본의 우수한 경영방식을 미국에 적용하려 하였다.

② 런드스테트 – 자유방임적 관리를 중시하였다.

③ 롤리스 – 복잡한 인간을 전제로 상황적응적 관리를 주장하였다.

④ 롤러 – 업적에 대한 만족 여부를 보상의 공평성이라는 차원에서 강조하고 있다.

☞ ④

④ Z이론

　㉠ Lundstedt의 Z이론

　　• 개념 : X이론이 독재형 또는 권위형, Y이론이 민주형에 해당하는 데 비해, Z이론은 자유방임형 내지 비조직형에 해당한다고 보아서, Z이론에 해당하는 조직은 지도력의 결여에 의한 경우 집단적 응집력의 약화에 따른 조직의 생산성 저하라는 역기능적 결과를 가져올 수도 있으나, 비조직화에 의한 구성원의 심리적 충족과 창의력의 발휘 등 조직생산성을 증대시키는 기능적 결과를 가져올 수도 있다고 본다.

　　• 관리전략 : 지도자는 부하에게 최대한으로 자유를 보장하는 자유방임형 리더십을 행사하고, 비조직적이고 자연발생적인 활동을 허용하며, 조직구성원이 구속감을 느끼지 않도록 느슨한 조직구성을 지향한다.

　㉡ Lawless의 Z이론

　　• Schein의 복잡한 인간관에 입각하여 변동하는 환경 속에 존재하는 조직과 집단, 사람은 환경변화에 따라 변동한다는 사실을 객관적으로 파악하여 그에 대응하는 관리전략을 펴야 한다고 주장하였다.

　　• X이론이나 Y이론은 때와 장소와 조직의 특성에 따라 그 적합성이 달라지며, 관리방식은 조직이 놓여있는 구체적인 상황에 따라 변동되어야 한다는 것이다.

　㉢ Ramos의 Z이론

　　• 개념 : X이론의 인간을 작전인, Y이론의 인간을 반응인이라 보고, 이에 속하지 않는 제3의 인간형을 자기의 내부세계 및 환경을 떠나서 자아를 객관적으로 검토할 수 있는 능력을 소지한 괄호인으로 파악했다.

　　• 관리전략 : 사회적 참여기회의 증대, 직장을 통한 인생의 의의 발견, 개성 표현기회의 확대 등을 통하여 동기를 자극시킨다.

　㉣ Bennis의 Z이론

　　• 개념 : 탈관료제에 입각하여 조직은 마치 과학연구조직과 같은 특색을 가져 의견발표 및 반대의 자유, 개인에 대한 존경이 지배되고 모든 형태의 전체주의·획일주의적 통제 등이 배제된다.

　　• 관리전략 : 이해의 추구, 보편주의, 과학의 권위의 인정, 동료 간 분위기, 자기이해의 초월 등의 조직분위기를 필요로 한다고 보았다.

　㉤ Ouchi의 Z이론 : 평생고용제, 장기에 걸친 평정 및 승진, 비전문적 경력통로, 내적 통제방식, 집단적 의사결정·책임을 통한 만족감 고취, 전체적 관심 등의 특징을 주장했다.

(3) 동기부여이론

① 개요

　㉠ 의의 : 개인의 자발적·적극적 행위를 유도함으로써 개인의 목표와 조직의 목표가 합치되는 상황을 조성하고 유지하는 과정을 말한다.

문. 조직관리에 있어서 다음의 개념들을 주요내용으로 하는 이론은?

▶ 2005. 4. 16 강원도

　㉠ 조직구성원이 담당한 직무의 특성
　㉡ 보상에 대한 기대
　㉢ 준거인물과의 비교
　㉣ 조직목표의 특성

① 동기부여이론　② 욕구내용이론
③ 선호경향이론　④ 강화이론

☞ ①

문. 다음 동기부여이론의 내용 중 가장 부적절한 것은?

▶ 2008. 7. 20 서울특별시

① Adams는 형평성의 비교과정을 투입에 대한 만족의 비율로 설명하고 있다.
② Theory X는 복종에 대한 통제를 감소하는 전통적인 관리접근법이다.
③ Alderfer는 Maslow의 5단계 욕구범위를 3가지로 수정하여 요구좌절에 따른 후진적·하향적 퇴행을 제시하고 있다.
④ Herzberg의 동기요인은 책임감, 정책과 행정, 업무조건, 인정 등으로 구성되어 있다.
⑤ Maslow는 낮은 순위의 욕구가 충족되어야만 상위순위의 욕구에 대한 동기부여가 일어난다고 주장한다.

☞ ④

문. 허즈버그(F. Herzberg)의 욕구충족요인이원론에서 제시하는 동기요인(motivator) 내지 만족요인(satisfier)과 가장 거리가 먼 것은?

▶ 2010. 4. 10 행전안전부

① 보다 많은 책임을 부여받는다.
② 상사로부터 직무성취에 대한 인정을 받는다.
③ 보다 많은 개인적 성장과 발전을 경험하고 있다.
④ 원만한 대인관계를 유지하고 있다.

☞ ④

ⓛ 내용이론과 과정이론 : 내용이론은 선험적인 욕구의 존재를 인정하고 욕구
의 유형화에 중점을 두는 한편, 과정이론은 선험적인 욕구의 존재를 부
정하고 욕구형성의 심리적 요인(주관적 평가과정)에 중점을 둔다.

② 내용이론(욕구이론)

　㉠ Maslow의 욕구단계설

　　• 개념 : 인간의 욕구는 다섯 계층으로 이루어지며 하위욕구로부터 상위 욕
　　구로 발달한다고 보고, 욕구의 충족 또는 억제에 의하여 동기부여가 가
　　능하다고 주장했다.

　　• 이론적 전제 : 인간은 충동적으로 행동하고 욕구의 충족을 추구한다. 또한
　　인간의 욕구는 엄격하게 계층화되어 있고, 하위욕구가 만족된 후에 상위
　　욕구가 생기며 성취한 욕구는 행동에 더이상 영향을 미치지 않는다.

　　• 욕구의 단계

　　－ 생리적 욕구 : 의식주에 대한 욕구, 성적욕구 등 우선순위가 가장 높은
　　기초적인 욕구

　　－ 안전의 욕구 : 위험과 위협에 대한 보호, 경제적 안정, 질서에 대한 욕구

　　－ 애정의 욕구 : 친밀한 인간관계, 집단에의 소속감, 애정과 우정 등에 대
　　한 욕구

　　－ 존경의 욕구 : 긍지와 자존심을 추구하는 지위, 명예, 위신, 인정 등에
　　대한 욕구

　　－ 자아실현의 욕구 : 자아성취와 자기발전을 추구하고자 하는 욕구

　　• 한계

　　－ 욕구의 단계는 경직된 구조를 갖는 것이 아니며, 중복되는 측면이 있다.

　　－ 욕구와 행동 간에는 뚜렷한 개연성이 없다.

　　－ 생리적 욕구는 완전히 충족될 수 없고 주기적으로 반복된다.

　　－ 욕구의 개인별·상황별 차이를 무시하고 있다.

　　－ 인간은 욕구 이외에 사회규범·의무·이념에 따라서 행동할 수 있다.

　　－ 욕구불충족의 경우 개인은 새로운 대안을 모색하고 개발할 수도 있다.

　　－ 어떤 행동은 단일의 욕구에 의한 것이 아니라 여러 욕구에 의해 동기부
　　여가 될 수 있다.

　㉡ Alderfer의 ERG이론

　　• 생리적 욕구와 물리적 안전욕구를 통합하여 생존의 욕구라 한다.

　　• 안전욕구 중 대인관계차원의 비물리적 안전과 사회적 욕구, 존경의 욕구
　　중 타인으로부터의 존경·존심을 통합하여 인간관계의 욕구라 한다.

　　• 존경의 욕구 중 자긍심과 자아실현욕구를 통합하여 성장욕구라 한다.

　㉢ Herzberg의 욕구충족요인 이원설

　　• 의의 : 인간은 이원적 욕구구조를 가지고 있으며, 욕구는 불만과 만족의
　　감정에 대하여 별개의 차원에서 작용함으로써 불만을 일으키는 요인(불
　　만요인 또는 위생요인)과 만족을 주는 요인(만족요인 또는 동기요인)은

문. 동기부여 이론가들과 그 주장
에 바탕을 둔 관리 방식을 연
결한 것이다. 이들 중 동기부
여 효과가 가장 낮다고 판단되
는 것은?

▶ 2013. 7. 27 안전행정부

① 매슬로우(Maslow) – 근로자의
자아실현 욕구를 일깨워 준다.
② 허즈버그(Herzberg) – 근로 환
경 가운데 위생요인을 제거해
준다.
③ 맥그리거(McGregor)의 Y이론
– 근로자들은 작업을 놀이처럼
즐기고 스스로 통제할 줄 아는
존재이므로 자율성을 부여한다.
④ 앨더퍼(Alderfer) – 개인의 능
력개발과 창의적 성취감을 북돋
운다.

☞ ②

문. 허즈버그(F. Herzberg)의 욕구
충족요인 이원론의 설명으로
옳은 것은?

▶ 2010. 5. 22 상반기 지방직

① 동기요인을 충족시켜주지 못하
면 조직에 대한 불만이 커진다.
② 동기요인의 충족은 직무수행을
위한 노력을 강화한다.
③ 위생요인은 주로 직무자체와 관
련되어 있다.
④ 위생요인의 충족은 동기유발을
촉진한다.

☞ ②

서로 다르다는 욕구충족요인 2원설을 제시했다. 위생요인이 직무외재적 성격과 직무맥락에 관련된 것이라면, 동기요인은 직무내재적 성격과 직무내용과 관련이 깊다고 보고 조직원의 만족감과 동기유발을 제고하기 위한 직무확충을 주장하였다.

- 특징
  - 불만요인(위생요인) : 직무의 조건·환경과 관련되며 하위욕구와 관련되는 요인으로, 욕구가 충족되지 않으면 심한 불만을 가지지만 충족되어도 적극적인 만족을 주지는 못하며 근무태도의 단기적 변동만 가져올 뿐이다.
  - 만족요인(동기요인) : 직무 자체에 대한 욕구로서 인간의 정신적 측면에 관련되며 존경욕구·자기실현욕구 등 상위욕구와 관련된다. 만족요인은 충족되면 적극적인 만족감을 느끼고 근무의욕이 향상되며 인간의 정신적 측면이나 자기실현욕구·존경욕구 등과 관련되어 장기적 효과를 가진다.
  - 평가 : 실제의 동기유발이 아니라 만족에 중점을 두고 있으며, 하위욕구를 추구하는 계층에는 적용되기 어렵고, 불만요인도 직무수행과 관련되면 동기부여요인이 될 수 있으며, 개인차에 대한 충분한 고려가 없다는 한계가 있다.

> **포인트팁** 직무확충(직무확대와 직무충실) … 분업이나 작업에 대한 불만에 대한 처방으로서 직무확대와 직무충실이 있다. 직무확대란 불만요인의 제거로서 직무범위의 재편성을 말하고, 직무충실은 작업에 따른 책임과 성취감을 강화시켜주는 만족요인의 강화이다.

ㄹ Likert의 관리체제모형

- 관리체제의 유형
  - 체제1(수탈적 권위형) : 관리자는 부하를 불신하며 의사결정의 참여에서 배제한다.
  - 체제2(온정적 권위형) : 관리자는 부하에게 온정을 베푸는 관계를 형성하며 의사소통의 유형은 대체로 하향적이다.
  - 체제3(협의적 민주형) : 관리자는 부하를 상당히 신뢰하며 의사소통이 활발하고 부하의 의사결정 참여도 널리 인정된다.
  - 체제4(참여적 민주형) : 관리자는 부하를 전적으로 신뢰하며 의사결정에의 참여는 광범위하여 상향적·하향적·횡적 의사전달이 매우 활발하다.
- 관리전략 : 생산성 및 사기는 체제1로부터 4로 갈수록 높아짐을 밝혔다. 체제1과 2는 권위주의적 성격으로 X이론에 해당하고, 체제3과 4는 참여형으로서 Y이론에 속한다. 따라서 그의 이론에서는 X이론보다 Y이론, 미성숙행동보다 성숙행동, 위생요인보다 동기부여요인을 중시하는 것을 알 수 있다.

문. 다음은 조직 내 인간의 행동에 영향을 미치는 동기이론에 대한 설명이다. 옳은 것은?

▶ 2011. 6. 11 서울특별시

① 매슬로우(Maslow)는 두 가지 이상의 욕구가 하나의 행동으로 발현될 수 있다고 하였다.
② 앨더퍼(Alderfer)와 매슬로우는 욕구 만족 시 욕구 발로의 전진적·상향적 진행만을 강조한다는 공통점이 있다.
③ 맥크릴랜드(McClelland)는 개인의 행동을 동기화시키는 욕구는 학습되는 것으로, 개인마다 욕구의 계층에 차이가 있다고 주장하였다.
④ 샤인(Schein)의 복잡한 인간모형은 연구 자료가 중요 사건기록법을 근거로 수집되었다는 한계가 있다.
⑤ 허즈버그(Herzberg)는 단순 직무 제공을 통하여 직무수행자의 낮은 성장 욕구를 해결할 수 있다고 보았다.

☞ ③

문. 동기부여와 관련된 이론을 내용이론과 과정이론으로 나눠볼 때, 다음 중에서 과정이론에 해당하는 것은?

▶ 2013. 9. 7. 서울특별시

① 욕구계층이론
② 기대이론
③ 욕구충족요인 이원론
④ 성취동기이론
⑤ X·Y이론

☞ ②

㉲ McClelland의 성취동기이론
- 의의 : 인간은 스스로가 자기 창조적으로서 자아실현의 욕구를 부단히 추구한다는 것을 전제로 논의를 전개하고 있다. 욕구의 유형을 성취욕구, 권력적 욕구, 소속욕구의 세 가지로 나누고 과업의 성공적인 성과를 위해서는 성취, 권력, 소속욕구 등에 대한 충분한 분석이 있어야 한다고 주장했다.

> **포인트탑** 욕구의 유형
> ㉠ **성취욕구** : 강한 성공의 충동을 지니고 개인적인 성취를 하고자 하는 욕구
> ㉡ **권력적 욕구** : 다른 사람에게 영향을 미치고 그들을 통제하려는 욕구
> ㉢ **소속욕구** : 다른 사람과의 관계유지나 사회적 교류에 높은 관심을 가지며 조직 집단으로부터 소외를 피하고자 하는 욕구

- 관리전략 : 관리자는 직무의 성격을 고려하여 가장 알맞은 유형의 직원을 결정해야 하며, 직원을 선발한 후 직무행동을 수행할 수 있도록 동기를 자극하고 보강하며, 성취동기를 증진하기 위해서는 환류를 조성하고 고유의 성취모형을 찾아야 한다는 것 등을 강조했다.

③ 과정이론

㉠ Vroom의 기대이론
- 개념 : 노력이 어떠한 보상을 가져올 것이라는 기대와 그 보상에 대한 주관적 매력을 종합적으로 고려한 결과에 따라 동기 또는 근무의욕이 결정된다는 이론으로서 동기부여는 개인이 특정 결과에 대하여 갖는 선호의 강도인 유의성, 개인이 지각하는 성과·생산성, 승진·승급·인정 등과의 상관관계에 대한 인지도인 수단성, 개인행동이 자기 자신에게 가져올 결과에 대한 주관적 확률에 관한 믿음인 기대에 의해서 결정된다고 보았다.
- 특징 : 추진하는 과업에 대한 성과가 분명하고 성과에 따른 보상이 클 것으로 기대될수록 개인의 동기는 강하게 작용하는 반면, 성과가 회의적이고 성과와 보상에 아무 관련이 없다고 믿을수록 개인의 동기는 낮게 나타난다고 본다.
- 평가 : 동기선택을 밝히는 데 유용하지만, 동기결정요인의 복잡성 때문에 유인가·수단성·기대의 검증이 어렵고, 지나치게 수리적 계산에 의존한다는 비판을 받고 있다.

㉡ Porter & Lawler의 성과만족이론(EPRS이론) : 개인은 과거의 경험이나 미래에 대한 기대감에 의하여 동기를 부여받는다고 보고 있다. 노력(Effort), 성과(Performance), 보상(Reward), 만족(Satisfaction)이라는 틀을 중시하므로 EPRS이론이라고 불리우기도 한다.

㉢ Georgopoulos의 통로·목표이론 : 노동자의 생산성은 매우 복잡한 개인적·상황적 요인에 의하여 영향을 받는다고 전제하고, 조직의 목표가 조직구성원의 개인목표의 달성통로로서 어느 정도 유효하게 작용하는지의 여부가 생산활동을 통제한다고 본다.

문. 동기부여의 과정이론에 속하지 않는 것은?
▶ 2005. 6. 5 경상남도
① McClelland의 성취동기이론
② Adams의 형평성이론
③ Vroom의 기대이론
④ Locke의 목표설정이론

☞ ①

문. 동기이론의 하나인 강화이론의 설명으로 타당한 것은?
▶ 2004. 5. 2 경상북도
① 강화이론은 동기이론 가운데 과정이론에 속한다.
② 강화이론에서 불만족스럽거나 불쾌한 상태를 제거하며 기대행동을 유도하는 것을 처벌이라고 한다.
③ 강화이론에서 강화물은 사람에 따라서 차이가 있다.
④ 강화이론은 형태주의자들의 동기이론이다.

☞ ①

ㄹ Adams의 형평성이론 : 인간의 행위는 타인과의 관계에서 형평성·공정성
을 유지하는 쪽으로 동기가 부여된다고 보는 이론이다. 노력·성과·기
술·생산량·제품과 서비스의 질 등과 같은 개인의 투입에 대한 보수,
승진 등과 같은 결과의 비율을 동일한 직무상황에 있는 준거인의 비율과
비교하여 이 두 비율이 동일할 때 공정성이 있고, 이 두 비율 간에 어느
한쪽이 크다거나 작을 때 불공정성이 지각되며 이 불공정성을 제거하기
위해 동기가 유발한다고 보았다.

ㅁ 순치이론(보강이론) : 외부자극에 의하여 학습된 행동이 유발되는 과정 또
는 어떤 행동이 왜 지속되는가를 밝히려는 이론으로서, 행동의 원인보다
결과에 초점을 두고 있으며 조직구성원의 직무수행을 지속시키거나 이를
향상시키기 위해서는 강화요인(적극적 강화, 소극적 강화, 처벌, 소멸)을
적절히 선택·사용하는 것이 중요하다고 본다.

03 조직과 개인 및 환경

1 다음 중 동기부여에 대한 과정이론만을 모두 고른 것은?

> ㉠ 애덤스(Adams)의 형평성이론
> ㉡ 브룸(Vroom)의 기대이론
> ㉢ 맥클리랜드(McClelland)의 성취동기이론
> ㉣ 로크(Locke)의 목표설정이론

① ㉠㉡　　　　　　　　　　② ㉠㉡㉣
③ ㉡㉢㉣　　　　　　　　　④ ㉢㉣

> ♀Advice　㉢ 맥클리랜드(McClelland)의 성취동기이론은 내용이론이다.

2 Argyris의 인간관에 대한 관리전략으로 볼 수 없는 것은?

① 직무확장　　　　　　　　② 참여적 리더십
③ 현실 중심적 리더십　　　④ 전통적·권위적 관리방식

> ♀Advice　④ 전통적·권위적 관리방식은 성숙한 인간의 자기실현욕구 충족을 방해하게 되어 결과적으로 의존성, 결근, 이직, 무관심과 같은 적응행동을 취하게 된다.
> ※ 악순환모형 … 전문화·명령통일·통솔범위 등의 조직원리에 바탕을 둔 전통적·권위적 관리방식은 성숙한 인간의 자기실현욕구 충족을 방해하게 되어 결과적으로 의존성, 결근, 이직, 무관심과 같은 적응행동을 취하게 된다.

3 다음은 조직 내 인간의 행동에 영향을 미치는 동기이론에 대한 설명이다. 옳은 것은?

① 매슬로우(Maslow)는 두 가지 이상의 욕구가 하나의 행동으로 발현될 수 있다고 하였다.
② 앨더퍼(Alderfer)와 매슬로우는 욕구 만족 시 욕구 발로의 전진적·상향적 진행만을 강조한다는 공통점이 있다.
③ 맥크릴랜드(McClelland)는 개인의 행동을 동기화시키는 욕구는 학습되는 것으로, 개인마다 욕구의 계층에 차이가 있다고 주장하였다.
④ 샤인(Schein)의 복잡한 인간모형은 연구 자료가 중요 사건기록법을 근거로 수집되었다는 한계가 있다.

 D. McClelland는 모든 사람이 공통적으로 비슷한 욕구의 계층을 가지고 있다고 주장한 Maslow의 이론을 비판하며, 개인의 행동을 동기화시키는 욕구는 학습되는 것이므로 개인마다 욕구의 계층에 차이가 있다고 주장하였다.
① Maslow는 하나의 욕구에 의해 하나의 행동이 유발된다고 보았다.
② Alderfer는 욕구 만족 시 발생하는 욕구 발로의 전진적·상향적 진행뿐만 아니라 욕구 좌절로 인한 후진적·하향적 퇴행을 제시하였다.
④ Herzberg의 동기-위생 연구는 연구 자료가 중요 사건기록법을 근거로 수집되었기 때문에 편견이 내포되었을 가능성이 높다.

4 허즈버그(F, Herzberg)가 주장하는 위생요인(hygiene factors)으로 볼 수 없는 것은?

① 자아계발
② 보수
③ 작업조건
④ 회사 및 조직의 정책

 허즈버그는 욕구충족요인 이원론에서 불만요인(위생요인)과 만족요인(동기요인)으로 나누어 인간의 이원적 욕구구조에 대해 설명하였다. 위생요인이 직무외재적 성격과 직무맥락에 관련된 것이라면, 동기요인은 직무내재적 성격과 직무내용과 관련이 깊다고 보고 조직원의 만족감과 동기유발을 제고하기 위한 직무확충을 주장하였다.
※ **위생요인과 동기요인**
　㉠ **위생요인** : 임금, 감독, 정책, 관리, 기술, 작업조건, 대인관계 등
　㉡ **동기요인** : 성취감, 책임감, 승진, 직무 그 자체, 안정감, 직무확충 등

5 어떤 사람이 ㉠자신의 노력만큼 높은 근무성적을 낼 수 있다고 생각할 때, ㉡그 근무성적이 자신이 승진하는 데 주요 수단이 된다고 판단될 때, 그리고 ㉢승진이 매력적인 것으로 간주될 경우에 동기부여가 될 것이라고 가정하는 이론은?

① 목표설정 이론
② 기대이론
③ 성취동기 이론
④ 욕구이론

 ㉠은 기대감, ㉡은 수단성, ㉢은 유의성에 해당하는 내용이므로 Vroom의 기대이론에 대한 내용이다.
※ **Vroom의 기대이론** … 노력이 어떠한 보상을 가져올 것이라는 기대와 그 보상에 대한 주관적 매력을 종합적으로 고려한 결과에 따라 동기 또는 근무의욕이 결정된다는 이론으로서 동기부여는 개인이 특정 결과에 대하여 갖는 선호의 강도인 유의성, 개인이 지각하는 성과·생산성, 승진·승급·인정 등과의 상관관계에 대한 인지도인 수단성, 개인행동이 자기 자신에게 가져올 결과에 대한 주관적 확률에 관한 믿음인 기대에 의해서 결정된다고 보았다.

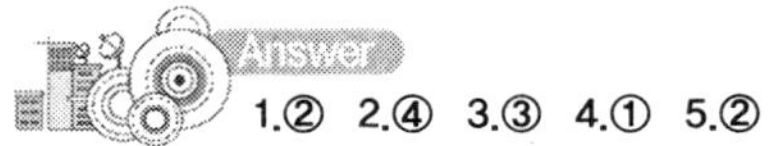

1.② 2.④ 3.③ 4.① 5.②

6 정보화와 수요자 중심의 패러다임의 추세에 대응하는 연성행정조직의 특징이 아닌 것은?

① 개방적이고 능동적이다.

② 실패의 위험성을 감내한다.

③ Y이론에 입각한 대인관계를 중시한다.

④ 문제제기형 분업시스템이 골격을 이루고 있다.

　Advice　④ 연성행정조직은 환경에 대한 대응성을 강조한 것으로 조직과 환경간·부서간의 높고 경직된 경계를 타파하고, 직업상 유동성을 전제하여 부서간 고정된 기능보다는 일의 흐름을 중시하여 폐쇄적 칸막이 구조를 극복하고 의사전달의 공개를 강조한다. 따라서 분업시스템을 강조하지는 않는다.

7 E.H. Schein의 조직인간관에서 복잡한 인간관과 관계가 있는 것은?

① Z이론적 인간　　　　　　② 상황적응이론

③ 미성숙형 인간　　　　　　④ 신고전적 조직이론

　Advice　**샤인(A. Schein)의 인간관 이론**
　　㉠ **경제적·합리적 인간** : 고전적 조직이론의 인간관이며, 인간을 과학적 관리론에서 제시하고 있는 타산적·합리적·경제적 존재로 본다.
　　㉡ **사회적 인간** : 인간관계론의 인간관과 동일하며, 인간을 사회적 존재로 파악하고 업무수행과정에서 형성되는 인간관계·동료관계 등을 중시하는 인간관이다.
　　㉢ **자아실현적 인간** : 자신의 능력과 자질을 최대한 생산적으로 활용하고자 하는 자기실현욕구·성취욕구를 지니고 있으며, 자율적으로 자기규제를 할 수 있다고 보는 인간관이다.
　　㉣ **복잡한 인간** : 상황조건 및 역할에 따라 인간은 복잡한 형태를 표출하는 다양한 존재로 파악하는 인간관으로 현대조직이론 연구에서 가장 중시하는 인간관이다.

8 McGregor의 Y이론에 대한 설명으로 옳지 않은 것은?

① 인간은 사회·심리적 욕구를 추구하는 사회적 존재

② 인간은 이타적이고 창조적이며 진취적인 존재

③ 목표관리 및 자체평가제도의 활성화

④ 경제적 보상체계의 확립

　Advice　④ X이론의 관리전략이다.

9 환경에 대한 조직의 대응 중 완충전략에 대한 설명으로 옳지 않은 것은?

① 환경의 요구를 조직과정에 투입하기 전에 사전심의하여 분류하는 과정에서 시급하지 않거나 잘못된 요구를 가려내어 요구자체를 배척한다.

② 필요한 자원과 산출물을 비축하여 환경적 요구에 의해 방출되는 과정을 통제한다.

③ 조직이 환경 속에 적극 접근하여 투입요인의 공급자를 동기화하거나 산출물에 대한 수요를 고취시키거나 여러 집단의 상충되는 요구를 균형화한다.

④ 중심조직이 지배적인 위치를 차지하여 외부조직이 필요로 하는 자원이나 정보를 통제하는 위치에서 외부조직의 행동을 유효하게 통제한다.

> ♥Advice Scott의 환경에 대한 조직의 대응 중 완충전략으로, ①은 분류, ②는 비축, ③은 형평화, ⑤는 성징에 해당된다. 이외에 환경의 변화가 비축이나 형평화로 해결될 수 없을 때, 자원의 수요·공급 변화를 예견하여 대처하는 것으로 예측이 있다.
> ④ 권위주의를 말하는 것으로, 연결전략에 해당된다.

10 지도자는 부하에게 최대한으로 자유를 보장하는 자유방임형 리더십을 행사하고, 비조직적이고 자연발생적인 활동을 허용하며, 조직구성원이 구속감을 느끼지 않도록 느슨한 조직구성을 지향한다는 Lundstedt의 Z이론에서의 인간관은?

① 자유방임적 인간관　　　　　　② 복잡한 인간관
③ 괄호인　　　　　　　　　　　　④ 합리적 인간관

> ♥Advice Lundstedt의 Z이론 … X이론이 독재형 또는 권위형, Y이론이 민주형에 해당하는 데 비해 Z이론은 자유방임형 내지 비조직형에 해당한다고 보아, Z이론에 해당하는 조직은 지도력의 결여에 의한 경우 집단적 응집력의 약화에 따른 조직의 생산성 저하라는 역기능적 결과를 가져올 수도 있으나, 비조직화에 의한 구성원의 심리적 충족과 창의력의 발휘 등 조직생산성을 증대시키는 기능적 결과를 가져올 수도 있다고 본다.

11 다음 중 동기부여의 내용이론에 해당하는 설명이 아닌 것은?

① Maslow는 우선순위가 가장 높은 욕구는 생리적 욕구하고 하였다.
② Alderfer는 생리적 욕구와 물리적 안전욕구를 통합하여 생존의 욕구라 하였다.
③ Vroom은 성과에 따른 보상이 크게 기대될수록 개인의 동기는 강하게 작용된다고 보았다.
④ Herzberg는 욕구충족 이원설을 제시하였다.

> ♥Advice ③ 동기부여의 과정이론에 해당한다.

12 다음 중 조직과 조직 간의 관계에 대한 설명으로 옳지 않은 것은?

① 조직이 필요로 하는 자원이 외부조직에 집중되어 있을 경우 여러 조직은 자원을 통합하고 연대한다.

② 둘 이상의 조직 간 대립이나 경쟁관계가 발생했을 때 이는 제3자에 의하여 중재되며, 각 조직은 제3자의 지지를 얻으려고 활동을 벌인다.

③ 둘 이상의 조직이 재화·서비스의 제공이나 교환에 관한 교섭을 벌이고 타협하며, 이 조직 상호 간에는 양보·획득관계가 성립한다.

④ 조직이 자신의 안정·존속에 대한 위협을 제거하기 위하여 다른 조직에 속한 인물을 조직의 지도층이나 정책결정기구에 참여시킨다.

♀Advice　조직과 조직 간의 관계 중 ②는 경쟁, ③은 교섭, ④는 적응적 흡수에 해당하는 내용이다.
　　　　① 연결전략 중 합병에 대한 설명이다.

13 동기부여이론 중 과정이론에 대한 설명으로 옳지 않은 것은?

① Vroom의 기대이론은 노력에 대한 보상의 매력성에 의해 동기 또는 근무의욕이 결정된다고 보았다.

② EPRS이론은 과거의 경험이나 미래에 대한 기대감이 동기를 부여한다는 것으로 노력(effort), 승진(promotion), 보상(reward), 안전성(safety)을 중시한다.

③ Adams의 형평성이론은 인간의 행위가 타인과의 관계에서 형평과 공정을 유지하는 쪽으로 동기가 부여된다고 보는 이론이다.

④ 순치이론은 외부자극에 의해 학습된 행동이 유발되는 과정 또는 어떤 행동이 왜 지속되는가를 밝히려는 이론이다.

♀Advice　② EPRS이론은 과거의 경험이나 미래에 대한 기대감이 동기를 부여한다는 것으로 노력(effort), 성과(performance), 보상(reward), 만족(satisfaction)을 중시한다.

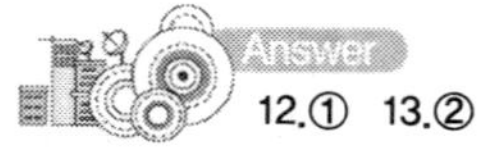
Answer
12.① 13.②

04

조직관리론

Section 1 행정상의 관리계층

(1) 최고관리층

① 개념 … 행정의 기본적인 정책과 방침을 결정할 뿐만 아니라 조직전체의 활동을 지휘·조정하는 역할을 한다. 주로 비직업공무원으로서 행정수반을 비롯하여 국무총리, 각부 장·차관, 도지사, 시장 등이 이에 속한다.

② 기능 … 목표설정과 발전정책결정을 주도하고 인적·물적 자원을 동원하며, 조직을 지휘·조정·통제하며 조직활동의 통합·조정·통제를 통하여 조직의 통일성·종합성·적응성을 확보한다.

③ 자질 … 정책구상능력 및 정책결정능력, 문제해결능력 및 변동대응능력, 지도력·추진력, 대표성·책임성, 지적 유연성과 정서적 안정성 등과 함께 우리나라의 경우 민주성이 절실히 요구된다.

(2) 중간관리층

① 개념 … 최고관리층의 바로 하위계층으로서 전문지식과 기술로써 행정활동을 담당하는 계층을 말한다. 신분이 보장되는 직업공무원이자 관료제의 중추세력으로 고급공무원인 국장급과 과장급이 이에 속한다.

② 기능 … 행정업무의 핵심적 역할을 담당하며 정책의 결정과 집행에 전문가로서 조언을 하고, 조직구성원과 최고관리층 간의 매개적 연결기능을 수행하며 부문목표와 정책의 수행에 대한 지도·감독·통제·조정의 역할을 수행한다. 행정의 안정성·계속성·전문성에 기여한다.

③ 자질 … 담당업무에 대한 전문적 지식과 경험, 관리능력과 리더십, 성실성·쇄신성, 직업공무원으로서의 대표성 및 중립적 윤리의식이 필요하다.

> **포인트탑** 관리자의 역할(Mintzberg)
> ㉠ **대인적 역할**: 관리자와 타 조직구성원과의 공식적 관계에 근거를 두는 역할로서 의례적 역할, 지도자·연락자 역할 등이 있다.
> ㉡ **정보적 역할**: 정보의 관리에 관련된 역할을 말하며 모니터·전파자·대변자 역할 등으로 이루어진다.
> ㉢ **의사결정 역할**: 관리자는 의사결정상의 역할에 따라 창업가적·분쟁처리자·자원분배자·협상자 역할 등을 수행한다.

문. Gulick이 제시한 POSDCoRB에서 최고관리층의 기능이 아닌 것은?

▶ 2000. 7. 23 서울특별시

① 통제　　　② 조직
③ 기획　　　④ 보고
⑤ 인사

☞ ①

Section 2 갈등

(1) 개념

조직 내의 의사결정과정에서 대안의 선택기준이 모호하거나 한정된 자원에 대한 경쟁 때문에 개인이나 집단이 대안을 선택하는 데 곤란을 겪는 상황을 말하며, 의사결정은 갈등의 해소과정을 말한다.

(2) 갈등의 기능

① 역기능(Mayo, Roethlisberger)
  ㉠ 조직의 목표달성을 저해한다.
  ㉡ 구성원의 심리적·육체적 안정을 저해한다.
  ㉢ 사기의 저하와 반목 및 적대감을 유발한다.
  ㉣ 조직의 안정성, 생산성, 효과성, 적응력을 저하시킨다.
  ㉤ 갈등이 지속되는 경우 불안이 일상화되어 조정이 어려워진다.

② 순기능(Coser, Follett)
  ㉠ 조직발전의 새로운 계기로써 선의의 경쟁을 유발시킨다.
  ㉡ 개인과 조직의 동태성을 향상시킨다.
  ㉢ 행정의 획일성을 방지한다.
  ㉣ 창의적·쇄신적 행정의 발전을 도모하여 장기적으로 조직의 안정성 및 성장에 기여한다.
  ㉤ 갈등해결을 위한 문제해결능력과 단결력을 향상시킨다.

(3) 갈등의 유형

① 갈등주체 기준(H.A. Simon)
  ㉠ 개인적 갈등 : 의사결정자로서의 개인이 대안선택에 곤란을 겪는 경우이다.
  ㉡ 복수 의사주체 간 갈등 : 조직 내의 개인 간, 집단 간 그리고 조직 간의 갈등이다.

② 개인심리 기준(Miller & Dollard)
  ㉠ 접근 – 접근갈등 : 바람직한 가치를 가진 두 대안 중 하나를 선택해야 하는 경우이다.
  ㉡ 회피 – 회피갈등 : 부정적인 가치를 가진 두 대안 중 하나를 선택해야 하는 경우이다.
  ㉢ 접근 – 회피갈등 : 두 대안이 각각 바람직한 가치와 바람직하지 못한 가치를 함께 가진 경우 하나를 선택해야 하는 경우이다.

③ 조직 내 상하단위 기준(Pondy)
  ㉠ 협상적 갈등 : 희소한 가치를 둘러싼 이해당사자 간의 갈등이다.

ⓛ **관료제적 갈등** : 상하 계층 간에 발생하는 갈등이다.

ⓒ **체제적 갈등** : 계층제 내 동일수준의 개인 간, 기관 간의 갈등이다.

④ **조직에 미치는 영향 기준**(Pondy)

ⓐ **마찰적 갈등** : 조직구조상 중대한 변화를 주지 않는 갈등이다.

ⓑ **전략적 갈등** : 조직구조상 중대한 변화를 수반하는 갈등이다.

(4) 갈등의 원인과 해결방안

① 개인적 갈등의 원인과 해결방안

ⓐ **수락불가능성**

- 원인 : 의사결정자가 만족기준에 수긍할 수 없는 경우에 발생한다.
- 해결방안 : 새로운 대안을 모색해보고 여의치 않은 경우 목표를 수정한다.

ⓑ **비교불가능성**

- 원인 : 의사결정자가 최적대안을 선택할 수 없는 경우를 말한다.
- 해결방안 : 비교의 기준을 명확히 하고 대안이 제기된 전후관계를 분석하여 대안을 선택한다.

ⓒ **불확실성**

- 원인 : 결정자가 각 대안의 결과를 알 수 없는 경우이다.
- 해결방안 : 대안의 과학적 분석과 탐색을 추가하여 결과예측이 가능한 다른 대안을 모색한다.

> **포인트팁** **복수 의사주체 간의 갈등의 원인** ⋯ 공동의사결정의 필요성이 있는 경우, 각 주체들 간의 추구하는 목표와 평가기준의 차이, 자원의 동원·배분에 있어서의 대립, 권한의 배분을 둘러싼 경쟁, 역할 및 지위의 분화와 차이, 의사소통의 장애 및 왜곡 등이 있다.

② 복수 의사주체 간의 갈등해결방안

ⓐ **상위목표의 제시** : 목표 간의 대립을 극복하기 위해 공동으로 추구해야 할 상위목표를 제시한다.

ⓑ **공동의 적 설정** : 갈등당사자의 공동의 적을 설정하여 개별적 내부갈등을 통합한다.

ⓒ **자원의 증대** : 희소한 자원을 둘러싸고 갈등이 일어나는 경우에는 자원을 증대하는 방법이 효과적이다.

ⓓ **회피** : 미봉책으로서 갈등을 초래할 수 있는 결정의 보류, 갈등당사자의 접촉금지, 갈등행동 자체를 억제시키는 방법 등이 있다.

ⓔ **완화** : 잠정적인 방안으로서 대립적 의견이나 이해관계를 모호하게 하는 방법이다.

ⓕ **타협** : 대립적인 주장을 부분적으로 양보하게 하여 합의에 도달하도록 하는 방법이다.

ⓖ **상관의 명령** : 상관의 권위·리더십에 따른 명령으로 해결하는 방법이다.

◎ 제도개혁 : 인사교류, 공동교육훈련, 조직의 조정 및 통합기능의 합리화, 의사전달촉진, 보상체계정립 등이 있다.

㉦ 대면적 해결 : 갈등 당사자가 상호 대면하여 해결가능한 수단을 이용하여 갈등을 해결하는 방법이다.

㉧ 문제의 해결 : 목표의 합의는 이루어져 있고, 다만 어떻게 해결방안을 강구하느냐 하는 경우에는 새로운 쇄신적인 전략적 대안을 탐색한다.

③ Simon의 갈등해결방안

㉠ 문제해결 : 객관적 증거와 자료에 의하여 이성적·합리적으로 해결한다. 이를 위해 정보수집이 중요시되며 쇄신적 대안 모색에 유용하다.

㉡ 설득 : 상위목표인 공동목표에 따라 하위목표인 세부목표를 조정하는 방안으로써 상위이념 등의 제시와 이에 근거한 설득을 통해 의견대립을 조정하는 방법이다.

㉢ 협상 : 목표에 대한 의견대립이 불가피하여 이해당사자가 일대일로 해결하는 방법이다.

㉣ 정략 : 협상의 경우와 비슷하지만 잠재적 지지자로서의 제3자의 개입을 통해 문제를 해결하는 방법이다.

④ Thomas의 갈등 관리 … Thomas는 협조와 주장이라는 두 가지 차원에 의해 이루어지는 5가지의 갈등 관리 전략을 제시하였다.

㉠ 수용 : 조화와 안정이 특히 필요할 때 나타나는 전략으로 조직구성원의 필요에 자신의 의견을 양보함으로써 자기를 희생하는 것이다. 패배가 불가피하여 손실을 최소화하고자 할 때나, 다른 사람의 견해를 충분히 반영하고자 하는 경우, 더 중요한 일을 위해 선의를 구축하고자 할 때 사용된다.

㉡ 협동 : 주장하면서도 협력하는 방법으로 갈등 당사자 모두의 만족을 충족시키기 위해 사용하는 win – win 전략이다. 양쪽의 관심사가 매우 중요하여 통합적인 해결책이 필요할 경우, 공생공존을 추구하는 경우, 관계를 방해하는 나쁜 감정들을 깨뜨리고 신뢰회복이 필요할 경우 사용되는 해결방안이다.

㉢ 경쟁 : win – lose 전략으로 자신의 주장을 관철시키고자 상대방의 주장은 일축시키는 강제전략이다. 조직의 목표달성을 강조하며 조직의 복지에 중요한 사항일 경우, 신속하고 결단력 있는 행동이 필요한 경우, 한 쪽의 권한이 우위에 있는 경우 나타난다.

㉣ 회피 : 갈등 자체를 무시함으로써 아무 결정을 내리지 않는 가장 소극적인 방법으로 조직의 목표를 강조하지도 않고, 상대방의 관심사항에도 협력하지 않는다. 자신의 주장이 관철될 수 있는 기회가 없을 때, 갈등이 자연스럽게 해결될 수 있을 때, 갈등을 해결하는 데 따른 이익보다 비용이 더 많이 들 때 사용하는 전략이다.

문. 갈등관리상황 중 자기와 상대이익을 만족시키려는 의도가 다 같이 높을 때 제시될 수 있는 갈등해소 방안으로 가장 적합한 것은?

▶ 2010. 6. 12 서울특별시

① 순응 ② 경쟁
③ 타협 ④ 회피
⑤ 협동

☞ ⑤

문. 다음은 토머스(Thomas)가 제시한 대인적 갈등관리방안과 관련되는 내용이다. 각각의 내용이 바르게 연결된 것은?

▶ 2009. 5. 23 상반기 지방직

㉠ 상대방의 이익을 희생하여 자신의 이익을 추구하는 경우이다.
㉡ 자신의 이익이나 상대방의 이익 모두에 무관심한 경우이다.
㉢ 자신과 상대방 이익의 중간 정도를 만족시키려는 경우이다.
㉣ 자신의 이익을 희생하여 상대방의 이익을 만족시키려는 경우이다.

	㉠	㉡	㉢	㉣
①	강제	회피	타협	포기
②	경쟁	회피	타협	순응
③	위협	순응	타협	양보
④	경쟁	회피	순응	양보

☞ ②

⑩ **타협**: 극단적인 전략을 피하고 양쪽이 어느 정도 수용할 수 있는 범위를 찾아 서로 절충된 결과를 얻을 수 있는 방법으로 상호 희생과 양보를 통해 갈등을 해결하는 유형이다. 당사자들이 동등한 권력을 갖고 있을 경우, 복잡한 문제에 대해 잠정적인 해결책을 얻고자 하는 경우 사용한다.

Thomas의 갈등관리 유형도

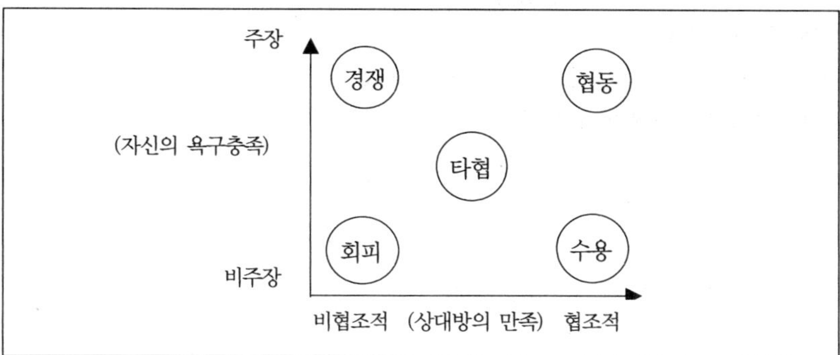

(5) 갈등의 촉진과 예방

① 갈등의 촉진전략

㉠ **새로운 구성원 투입**: 정체되고 침체된 조직을 변화시키기 위해 기존 구성원과 상이한 경력, 가치관, 성격 등을 지닌 새로운 구성원을 투입한다. 즉, 새로운 구성원이 침체되어 있는 조직에 투입되어 구성원들의 경직된 사고방식의 변화, 긴장감 조성과 분위기 쇄신 등 조직에 긍정적이고 혁신적인 변화를 가져오는 것이다.

㉡ **의사소통체계 활용**: 조직 내의 공식적·비공식적 의사소통 통로를 활용하여 의도적으로 정보를 퍼뜨리거나 의사소통체계를 의도적으로 변경하는 등의 행위를 통해 갈등을 유발한다.

㉢ **경쟁구도 조성**: 너무 지나치지 않은 범위 내에서 집단 간·개인 간 경쟁 유발은 목표달성에 효과적일 수가 있다. 성과급제·직위공모제 등을 통한 보수·인사 등에 경쟁원리를 도입하고, 집단 간 경쟁을 통한 집단 포상금제도 등의 경쟁구도 조성은 갈등이 조직 내에 순기능으로 작용할 수 있다.

㉣ **조직개편·직무재설계**: 조직 내의 계층 수를 늘리거나 구성원들의 수평적 이동을 통한 직위관계 재구성을 통해 조직의 응집력을 와해시킨 후 새로운 조직 환경하에서 적응하도록 유도한다.

② 갈등의 예방

㉠ **원활한 의사소통**: 갈등은 지위·과업의 차이에 따른 의사소통 제한과 왜곡 등으로 인한 오해에서 비롯되는 경우가 많다. 따라서 의사소통을 통해 서로의 가치관, 정보, 지식, 의견, 태도 등을 공유하면서 서로를 이해하면 갈등을 예방할 수 있다.

ⓛ **원만한 인간관계 조성**: 원만한 인간관계를 만들기 위해서는 인간관계기술을 익혀야 한다. 우선은 자기개선을 통해 타인을 이해하고 배려하는 법을 익히고 확고한 자아를 확립하여 타인의 신임을 얻어야 한다. 믿음과 신뢰를 바탕으로 한 인간관계를 형성해 놓으면 갈등을 예방할 수 있다.

ⓒ **공평하고 균형적 자세**: 지도자의 조직구성원에 대한 태도는 구성원들의 갈등에 있어 커다란 영향을 미친다. 구성원에 대한 공평한 자원 배분과 균형적인 자세를 통한 조정역할이 중요하다.

ⓔ **협동적 분위기 조성**: 조직 내 구성원들의 유사점과 공통점을 강조하여 협동적인 분위기를 조성하고, 과업의 상호의존성을 높여 협동을 통한 성공적인 과업 완수를 유도한다.

Section 3 권위

(1) 의의

① **개념** … 조직의 규범에 의하여 정당성이 부여된 제도화된 권력으로서, 조직구성원들에게 일반적으로 수용되며 조직의 공식구조를 형성하고 공식적 직위에 따라 형성된다.

 **포인트팁** 권위의 유사개념

> ⑦ **권력**: 상대방의 의사에 관계없이 어떤 행동이나 결정을 하도록 하는 잠재적 내지 실제적 능력 또는 명령을 받아들이도록 하는 능력을 의미한다. 비공식적 권위이며, 타인의 의사에 관계없이 행사될 수 있고, 정당성이 반드시 요구되는 것은 아니며, 권위를 가진 사람에 의하여야만 행사되는 것도 아니다.
> ⓛ **영향력**: 영향력은 거부하거나 부정적인 방향으로 행위를 유도하는 것도 포함하는 것으로 권위에 비해 보다 포괄적인 개념이다.
> ⓒ **명령**: 권위가 비공식성·수평성·상향성도 아울러 지닐 수 있는 것에 비해 명령은 공식성·하향성만을 지닌다.

② **권위 개념의 변천**
  ⑦ **하향적 권위설(명령권리설)**: 과학적 관리론과 전통적 조직이론에 근거한 개념이해로서 권위를 상관이 부하에게 명령할 수 있는 권리로 인식하여 권위의 기계적·형식적 측면을 강조했다.

  ⓛ **상향적 권위설(수용설)**: 인간관계론 이후 등장한 개념이해로서 부하가 상관의 권위를 어느 정도 인정하고 수용하는가에 따라 권위의 실효성이 좌우된다고 봄으로써 권위의 실질적·실효적 측면을 강조했다.

  ⓒ **종합적 인식**: 근래에 이르러 하향적 권위설과 상향적 권위설은 각각 조직 계층상의 지위와 조직 내부의 개인에 초점을 두고 있으므로 이들을 종합적으로 인식해야 한다고 본다.

권력과 권위의 비교

권력	권위
• 의존관계(상대방은 권력보유자에게 의존)	• 사회적 관계(상대방의 존재를 전제)
• 권력관계의 다방향성	• 정당성이 부여된 권력
• 권력의 완고성	• 자발적 복종
• 불확실성의 극복능력과의 관련성	• 공식적 역할과의 관련성

③ 기능

    ㉠ **규범준수와 개인적 책임의 이행강제** : 집단 또는 권위행사자가 만든 규범에 집단성원이 동조하도록 하여 규범준수와 개인책임을 강제한다.

    ㉡ **의사결정의 전문화 확보** : 권력에 의한 행정보다 권위에 의한 행정이 합리성 · 효율성이 높은 의사결정을 가능하게 한다.

    ㉢ **조직단위의 활동조정** : 조직성원들을 목표달성에 공헌하도록 통합시키고 조직단위활동을 일관성있게 조정하여 결정기능의 집중화가 가능하게 된다.

(2) 권위의 유형

① **공식성의 유무(Pfiffner)**

    ㉠ **공식적 권위** : 공식적인 직위의 담당자가 행사할 수 있는 합법적 · 제도적 권위이다.

    ㉡ **실질적 권위** : 사회적 상호작용을 통해 구체화되는 리더와 부하 간의 공통적 감정에 근거를 둔 권위이다.

② **권위의 정당성 근거(M. Weber)**

    ㉠ **전통적 권위** : 정당성이 전통의 신성성으로부터 발현되는 권위이다.

    ㉡ **카리스마적 권위** : 지배자의 영웅적 자질과 능력에 대한 외경심으로부터 발현되는 권위이다.

    ㉢ **합법적 권위** : 지배권력이 법규와 국민의 지지에 의해 정당화되어 나타나는 권위이다.

③ **일반성과 전문성(A. Etzioni)**

    ㉠ **관료제적 권위(행정적 권위)** : 일반적 · 관리적 성격을 지니는 권위로서 계층적 직위를 근거로 하는 일반 행정가의 권위이다.

    ㉡ **전문적 권위** : 전문적 지식이나 전문적 능력을 가진 개인에 대한 전문가로서의 권위이다.

④ **지배권력의 유형(A. Etzioni)**

    ㉠ **강제적 권위** : 강제적 · 물리적 제재에 의해 통제수단을 확보하는 권위이다.

    ㉡ **공리적 권위** : 경제적 유인이 통제의 주된 수단이 되는 권위이다.

    ㉢ **규범적 권위** : 도덕적 기준이나 규범적 가치가 통제의 주된 수단이 되는 권위이다.

문. 다음 중 조직의 구성원이 자신이 속한 집단에 대한 귀속감과 일체감 및 충성심을 가지고 집단의 결정에 따를 때 나타나는 권위의 유형에 가장 가까운 것은 무엇인가?

▶ 2004. 3. 21 부산광역시

① 합법적 권위
② 규범적 권위
③ 정당성의 권위
④ 동일화의 권위

☞ ④

(3) 권위의 수용

① 권위수용의 변수

　㉠ 조직과 상관에 대한 일체감과 충성심

　㉡ 권위를 수용함에 있어 윤리적 신념의 유무

　㉢ 조직인의 보수, 지위, 위신

　㉣ 상급자의 경력과 전문기술에 대한 신뢰도

　㉤ 제재와 보상에 따른 육체적·경제적 안정감의 여부

 **권위수용의 근거(Simon)**

　㉠ **신뢰성의 권위** : 권위를 수용하는 심리적 동기가 신뢰성을 바탕으로 하는 경우로서, 전문가의 결정과 조언에 대한 권위로서의 기능적 권위(전문지식에 의한 권위)와 전체 조직상황에 대해 광범위하게 알고 있는 관리자의 권위를 인정하는 측면에서의 행정적 권위(계층적 직위에 의한 권위)로 나눌 수 있다.

　㉡ **일체화의 권위** : 소속감·일체화에 의한 권위와 충성심에 의해 권위를 수용하는 경우이다.

　㉢ **정당성의 권위** : 법규·규칙 등에 의해 복종하는 것이 규범적·윤리적으로 정당하다는 신념에 따라 나타나는 합법적 권위로서, 사회화 과정을 통해 나타나며 권위의 가장 중요한 근거로서 인정된다.

　㉣ **제재성의 권위** : 제재 때문에 권위를 수용하는 경우로서 이해타산적이며, 적극적 보상이나 부정적 처벌 등이 이에 해당한다.

② 권위수용이론

　㉠ **Barnard의 무차별권(Zone of Indifference)** : 권위를 상관의 의사전달을 수용하도록 하는 능력으로 보고 권위도달의 형태를 수용 불가능한 경우, 중립적인 경우, 이의 없이 수용하는 경우의 세 가지로 보았다. 이 중 이의 없이 수용하는 경우가 무차별권에 해당하며, 목표가 정당하고 명확할수록 무차별권이 확대된다고 보았다.

　㉡ **Simon의 수용권(Zone of Acceptance)** : 권위를 상관의 의사결정을 따르도록 하는 힘으로 파악하고 권위도달의 형태를 충분한 검토에 의해 수용하는 경우, 검토 없이 수용하는 경우, 잘못을 확신하면서 수용하는 경우의 세 가지로 분류했다. 이 중 검토 없이 수용하는 경우와 잘못을 확신하면서 수용하는 경우를 통틀어 수용권으로 보았으며, 교육수준이 높고 자아의식의 확립수준이 높을수록 수용권이 좁아진다고 보았다.

Section 4 　리더십

(1) 의의

① **개념** … 조직목표의 달성을 위하여 구성원이 자발적·적극적 행동을 하도록 동기를 부여하고 영향을 미치며, 개인과 집단의 조정을 통하여 협동적 행동을 촉진·유도하는 기술 및 영향력을 의미한다. 지도자와 부하 간의 심리적 유대와 공감 또는 일체감·자발적 성격 등과 밀접하게 연관된다.

문. 다음 중 C.I. Bernard의 권위의 수용에 있어서 '무차별권'이란?
▶ 2001. 3. 25 울산광역시

① 상관이 부하의 사생활에 대하여 갖는 무관심의 한계

② 상관이 부하의 사기에 대하여 갖는 무관심의 한계

③ 국민이 정치 또는 행정에 대해 갖는 무관심의 한계

④ 부하가 상관의 명령에 대하여 관심을 기울이지 않는 한계

⑤ 부하가 상관의 권위를 의심하지 않고 그 명령을 받아들이는 한계
☞ ⑤

문. 다음 중 리더십에 대한 설명으로 가장 거리가 먼 것은?
▶ 2003. 4. 13 경상남도

① 지도자와 추종자간의 상호작용에 의하여 발생하게 된다.

② 지도자가 직권으로 지시하는 가운데 발생하게 된다.

③ 공식적 관계에서만 나타나는 것은 아니다.

④ 직무수행과정에서 형성되는 것이다.

⑤ 목표달성과 관련이 있는 지도력이다.
☞ ②

문. 바람직한 리더십의 기능에 대한 설명으로 옳지 않은 것은?
▶ 2002. 4. 3 경상남도

① 조직의 내부 갈등을 관리하여 적응성을 높인다.

② 불필요한 기관(부서)을 없앤다.

③ 조직의 공식적 구조의 미비점을 보완한다.

④ 조직구성원의 동기유발에 기여한다.

⑤ 조직의 일체성 확보에 기여한다.
☞ ②

② 특징
- ㉠ **목표지향성** : 리더십은 목표와 관련되며 목표지향성을 지닌다.
- ㉡ **상호작용** : 지도자와 추종자 간의 상호작용과정을 통해서 발휘된다.
- ㉢ **권위를 통한 구체화** : 권위를 통해서 영향력이 미치는 과정을 의미하기 때문에 공식적 직위에 의거한 직권과 명령권과는 구분되며, 공식조직의 상급자의 전유물이 될 수 없다.
- ㉣ **동태성** : 상황에 따라 가변적이고 신축적인 성격을 갖는다.

③ 기능
- ㉠ 조직의 공식적 구조와 설계의 미비점을 보완하는 기능을 한다.
- ㉡ 목표설정과 역할의 명확화에 기여하고, 인적·물적 자원의 **효율적** 동원 기능을 수행한다.
- ㉢ 조직의 일체감과 적응성을 확보하여 체제의 **효율성** 유지에 기여한다.
- ㉣ 조직활동을 통합·조정하고 통제함으로써 조직구성원의 동기를 유발하고 재사회화한다.
- ㉤ 변화하는 환경에 조직이 **효율적**으로 적용하도록 한다.

> 🔖 **포인트탑** 직권력(Headship)과의 구별
> ㉠ **리더십** : 지도자와 피지도자 간의 심리적 유대와 공감, 자발적 성격과 관련됨
> ㉡ **직권력** : 상위직급을 배경으로 직권이나 명령권을 행사함

(2) 이론적 접근

① **자질론**(리더·개인중심적 관점, 1910~1940)
- ㉠ **개념** : 지도자 개인의 자질 및 특성에 따라서 리더십이 발휘된다고 보는 것으로 개인적 능력을 지도력의 원천으로 생각하는 접근방식이다. 특성론적 접근이라고도 한다.
- ㉡ **내용**
  - 단일적 자질론 : 초기의 자질론으로 지도자는 하나의 단일적·통일적인 자질을 구비한다고 보고 이러한 자질을 가진 자는 어느 집단, 어떤 상황에서도 지도자가 된다는 것을 강조한다.
  - 성좌적(星座的) 자질론 : 후기의 자질론으로 몇 개의 자질의 결합에 의하여 지도자의 성향이 특정지어 진다고 봄으로써 자질의 복합성 및 가변성을 강조한다.
- ㉢ **평가**
  - 의의 : 리더의 기본적인 자질을 발견하고 이것이 있어야 리더가 될 수 있다는 점을 밝혔다.
  - 한계 : 집단의 특징·조직목표·상황에 따라 리더십의 자질은 전혀 달리 요청될 수 있고, 지도자라 해도 동일 자질을 소유하는 것은 아니며, 지도자의 보편적인 자질은 설정하기 곤란하다.

문. 리더십 이론에 대한 설명으로 옳지 않은 것은?
▶ 2007. 3. 25 인천광역시
① 과학적 관리론에서 연구되기 시작하였다.
② 행태론은 리더의 행동유형을 연구하였다.
③ 상황론은 상황에 따라 리더십의 효율성이 달라진다고 보았다.
④ 변혁적 리더십 등이 강조되는 추세에 있다.
⑤ 인간관계론에서 연구가 시작되어 행태론에서 경험적으로 연구되었다.

답 ①

문. 리더십 이론에 대한 설명으로 옳지 않은 것은?
▶ 2013. 9. 7 서울특별시
① 로쉬(J.W. Lorsch)와 블랜차드(K. H. Blanchard)는 상황변수를 강조하였다.
② 행태론적 접근은 리더의 행위에 초점을 둔다.
③ 리더의 특성론적 접근은 지적 능력을 중요시하지 않는다.
④ 변혁적 리더십은 가치관이 중요하다고 본다.
⑤ 브룸(V. Vroom)은 규범적 리더십 모형을 제시하였다.

답 ③

② **행태론**(리더·개인중심적 관점, 1940~1960)
　　㉠ **개념**: 어떤 특성을 가진 사람이 지도자가 되는가 하는 문제보다는 성공적인 지도자들이 보이고 있는 리더십 행태는 어떠한가를 겉으로 드러난 지도자의 행태를 분석함으로써 알고자 하는 접근방법이다.
　　㉡ **내용**: 리더십의 행동유형론을 발전시키고, 여러 유형의 리더십 행동과 부하의 업무성취 및 만족의 관계를 규명하려 하였다.
　　㉢ **평가**: 리더의 행동을 구분하고 측정하는 데 신뢰성 있고 타당성 있는 측정방법이 개발되지 않고 있고, 효과적인 리더의 행동은 상황에 따라 다르다는 사실을 간과하고 있으며, 리더의 행동을 너무 광범위한 두 가지 범주로 단순하게 구분하여 왔다는 문제점이 있다.

> **포인트탑 리더십 연구**
> ㉠ **Bales의 연구**: 하버드대학의 Bales는 리더십 행태에는 활동, 과업수행능력, 호감의 세 가지 측면이 있으며 세 가지 측면 모두에 탁월한 사람이 가장 유능한 지도자라는 결론을 도출했다.
> ㉡ **오하이오 주립대학의 연구**: 지도자의 행동차원을 조직화의 차원과 배려의 차원으로 나누고, 두 가지 행동차원의 결합에 따라 네 가지 지도자의 행태유형을 제시하였다. 즉, 낮은 조직화와 낮은 배려 유형(Ⅰ), 낮은 조직화와 높은 배려 유형(Ⅱ), 높은 조직화와 낮은 배려 유형(Ⅲ), 높은 조직화와 높은 배려 유형(Ⅳ)의 네 가지 지도자의 행태유형 중 Ⅳ의 유형이 가장 바람직하고 유효한 행태라고 하였다.

③ **상황론**(리더·집단중심이론, 1965~현재)
　　㉠ **개념**: 어떤 사람이 지도자가 되는 까닭은 그가 처한 상황에 따라 지도에 적합한 행태를 보이기 때문이라고 전제하고, 리더와 부하의 성격·가치관·욕구·경험과 조직과 조직 내 집단·업무 등과 관련된 상황적 요인을 고려해야 함을 강조했다. 개인적 요인보다는 사회적 요인을 중시한다.
　　㉡ **조건적합성 이론(Fiedler)**
　　　• 리더십이란 어떤 유형의 것이든 상황조건과 유효성에 따라 상이하며 반드시 특정 유형만이 최선의 것은 아니라는 이론이다.
　　　• 과업지향적 리더십과 인간관계적 리더십의 효과적 우월성을 상황변수와의 관련 하에서 논하였다. 그가 선정한 상황변수는 지도자와 집단 성원의 관계·과업의 구조·지위에 따른 권력과 권위의 수용성의 세 가지로서, 조직이 처한 상황이 유리하거나 불리한 경우는 과업지향적 리더십이 효과적이고 상황이 중간적일 경우는 인간관계지향적 리더십이 효과적이라는 결론에 도달했다.
　　㉢ **평가**: 리더의 행동과 효과성의 관계에 영향을 미칠 수 있는 상황에 대한 종합적 분석이 이루어지지 않았기 때문에 리더의 행동과 집단성과의 인과관계를 파악하기 어렵고, 지나치게 수많은 단편적인 상황에 적합한 리더의 행동이나 특성을 파악하는 데 주력하였다는 문제점이 있다.

④ **상황·집단론**(상호작용이론, 현재) … 개인이나 소집단보다 조직과 환경의 관계에 초점을 두는 이론으로 민주적 의사결정과 참여관리에 중점을 두며, 리더십은 지도자·추종자·상황의 3대 변수의 상호작용에 의하여 형성된다고 본다.

문. 리더십에 관한 다음 설명 중 가장 옳지 않은 것은?
　▶ 2015. 6. 13 서울특별시
① 특성론적 접근법은 주로 업무의 특성과 리더십 스타일 사이의 관계에 초점을 맞춘다.
② 행태론적 접근법은 리더의 행동과 효과성 사이의 관계에 관심을 갖는다.
③ 상황론적 접근법에 기초한 이론의 예로 피들러(F. Fiedler)의 상황적합적 리더십이론, 하우스(R.J.House)의 경로–목표 모형 등을 들 수 있다.
④ 변혁적(transformational) 리더십이 거래적(transactional) 리더십보다 늘 행정에 유용한 것은 아니다.

☞ ①

(3) 리더십의 유형

① 고전이론적 관점

　㉠ White와 Lippitt의 유형

- 권위형 : 지도자가 내린 결정을 부하가 따르게 하는 것으로, 시간적 여유가 없거나 부하들의 능력이 부족하거나 또는 참여에 대한 기대가 작은 사회에서 유리하다.
- 자유방임형 : 지도자가 스스로 결정하지 않고 구성원들의 재량을 최대한 인정하는 것으로, 구성원의 능력이 고루 우수하고 업무의 내용이 고도로 전문적인 경우 유리하다.
- 민주형 : 지도자가 부하들의 의견을 반영하여 결정하는 것으로, 개인주의 및 민주주의 사회에서 가장 유리하며 가장 효과적이라고 하였다.

　㉡ Blake & Mouton의 관리망모형

- 무관심형 : 생산과 인간에 대한 관심이 모두 낮아 주로 조직 내 자신의 직분을 유지하기 위한 최소의 노력만 기울이는 유형이다.
- 친목형 : 인간에 대한 관심은 높으나 생산에 대한 관심은 낮아 인간적인 분위기를 조성하는데 주력하는 유형이다.
- 과업형 : 생산에 대한 관심은 높으나 인간에 대한 관심은 낮아 과업에 대한 능력을 중시하는 유형이다.
- 타협형 : 인간과 생산에 절반씩 관심을 두고 적당한 수준의 성과를 지향하는 유형이다.
- 단합형 : 생산과 인간에 대한 관심이 모두 높아 조직의 목표달성을 위해 조직과 조직구성원들의 상호의존관계와 공동체 의식을 강조함으로써 조직목표달성을 위해 헌신하도록 유도하는 유형이다.

　㉢ Likert의 유형

- 착취적 권위형(체제1) : 리더는 부하를 신임하지 않고 부하의 의사결정참여는 배제된다.
- 온정적 권위형(체제2) : 리더는 부하에 대하여 온정적 리더십을 가지며, 하향적 의사전달이 이루어진다.
- 협의적 민주형(체제3) : 리더는 부하에게 상당한 신뢰를 가지며, 의사전달이 활발하고 의사결정에의 참여도 널리 인정된다.
- 참여적 민주형(체제4) : 리더는 부하를 전적으로 신뢰하며, 의사결정에의 참여는 광범위하여 상향적 · 하향적 · 횡적 의사전달이 매우 활발하다.

② 상황이론적 관점

　㉠ Tannenbaum과 Schmidt의 유형 : 리더십 유형은 지도자와 집단이 처한 상황에 따라 신축적으로 결정되고, 가장 효율적인 리더십의 유형은 상황과 변수에 따라 신축적으로 결정된다고 보았다.

문. 다음 중 변혁적 리더십의 특징이 아닌 것은?
　▶ 2006. 4. 22 경기도

① 변화추구적 리더십으로 카리스마적 성격을 갖는다.
② 구성원들의 창의성 학습을 제약한다.
③ 정치학자들이 주장하는 조직변동의 추구에 초점을 둔다.
④ 미래지향적인 영감이나 비전소유, 변화와 혁신을 강조한다.

☞ ②

문. 다음에 해당하는 리더십의 유형은?
　▶ 2006. 4. 8 중앙인사위원회

- 구성원에게 권한을 부여하고, 자신감을 불어넣는다.
- 구성원에게 도덕적 목표와 임무, 미래의 비전을 추구하도록 한다.
- 구성원에게 개별적 관심과 배려를 보이고, 지적 자극을 준다.

---

① 촉매적 리더십
② 카리스마적 리더십
③ 발전적 리더십
④ 변혁적 리더십

☞ ④

ⓛ **Hersey와 Blanchard의 상황적 리더십이론** : 리더의 행동을 과업지향적 행동과 관계지향적 행동으로 구분하고 부하의 직무상 · 심리적 성숙도를 상황변수로 채택하여 3차원적인 상황적 리더십이론을 주창하였다. 부하의 성숙도가 낮은 상황일 경우에는 지시적인 과업행동을 취하는 것이 효과적이고, 부하의 성숙도가 중간정도의 상황에서는 부하를 참여시키도록 노력하는 관계성 행동이 효과적이며, 부하의 성숙도가 높은 상황에서는 부하에게 권한을 대폭 위임해주는 것이 효과적이라고 보았다.

③ 최근의 이론적 관점

ⓐ **카리스마적 리더십이론** : 카리스마적 리더가 뛰어난 개인적 능력으로 부하에게 심대하고 막중한 영향을 미칠 수 있고 그 영향으로 부하가 탁월한 업적을 성취할 수 있게 한다는 점을 강조한다.

ⓑ **거래적 리더십과 변혁적 리더십이론**

* 거래적 리더십 : 보상에 관심을 가지고 있고, 업무를 할당하고 그 결과를 평가하며, 예외에 의한 관리에 치중하고 책임과 결정을 기피하는 안정지향의 리더십이다.

* 변혁적 리더십 : 카리스마 · 영감 · 지적 자극 · 개인적 배려, 조직의 생존과 적응 중시에 치중하며, 조직합병을 주도하고 신규부서를 만들어 내며, 조직문화를 새로 창출해 내는 등 조직에서 변화를 주도하고 관리하는 변화지향의 리더십이다.

* 특징 : 거래적 리더는 변혁적 리더에 비하여 낮은 이직률 · 높은 생산성 · 높은 만족도를 보이고, 목표달성과 부(-)적인 상관관계를 나타내며 카리스마적 리더가 부하에게 리더의 세계관에 따르도록 바라는 데 반해, 변혁적 리더는 부하에게 확립된 의견뿐만 아니라 리더가 확립한 의견에도 문제를 제기할 수 있는 능력을 주입시킨다는 차이점이 있다.

> **포인트팁 각 차원에 따른 리더십**
> ⓐ 1차원적 리더십 : 과업중심
> ⓑ 2차원적 리더십 : 과업중심 + 인간중심(작업자 중심)
> ⓒ 3차원적 리더십 : 과업중심 + 인간중심 + 조직목표 달성도(효과성)

(4) 우리나라의 리더십

① 문제점 … 리더십의 성격이 지나치게 권위적 · 하향적이었고 발전우선적 정책 채택으로 권위적 리더십의 효과성만 강조되어 이를 견제할 가치인 민주성과 인간성이 희생되었고, 하의상달 및 하급자의 창의적 · 적극적 활동을 위축함으로써 현대사회에 막대한 비능률을 초래했다.

② 우리나라에 적합한 리더십

ⓐ **민주적 리더십** : 조화와 통일성을 이루기 위해 협동적 · 집단적 체제를 통해 주도권을 장악하는 것이며, 개인의 창의성과 자율성을 충분히 존중하면서 공동목표를 향하도록 이를 조직화시키는 것이다.

문. 리더십에 대한 설명으로 옳은 것은?

▶ 2013. 8. 24 제회 지방직

① 변혁적(transformational) 리더십 – 무엇인가 가치있는 것을 교환함으로써 추종자에게 영향력을 행사하는 리더십

② 거래적(transactional) 리더십 – 리더가 부하로 하여금 형식적 관례와 사고를 다시 생각하게 함으로써 새로운 관념을 촉발시키는 리더십

③ 카리스마적(charismatic) 리더십 – 리더가 특출한 성격과 능력으로 추종자들의 강한 헌신과 리더와의 일체화를 이끌어내는 리더십

④ 서번트(servant) 리더십 – 과업을 구조화하고 과업요건을 명확히 하는 리더십

☞ ③

ⓛ 집단·조직중심적 리더십 : 조직목표의 달성은 행정조직의 다수 구성원의 노력이 결합된 최종산물이므로 리더십을 행사하는 데는 조직목표의 달성과 구성원의 자아실현이라는 이중적 목적이 고려되어야 한다.

ⓒ 기타 : 이 외에도 변동대응능력, 추진력, 책임성, 쇄신성, 정보분석능력, 환경과의 반응성 등의 가치가 중시되고 있다.

Section 5 의사전달

(1) 의의

① 개념 … 의사전달이란 상호교류과정으로서 전달자와 피전달자 간에 사실과 의견을 전달하여 상호 간의 행동과 태도에 영향을 미치거나 계획적인 변화를 가져오게 하는 일련의 과정 및 기능을 말한다.

 **학자들의 견해**

　ⓐ Simon : 형식적으로는 조직 내의 구성원으로부터 다른 구성원에게 의사결정의 제 전제를 전달하는 모든 과정이다.

　ⓑ Redfield

　　• 명료성 : 체계화된 정보구조와 명확한 언어
　　• 일관성 : 모순이 없고 일관적인 전달내용
　　• 적당성 : 상황에 맞는 의사전달
　　• 적시성 : 적절한 시기에 전달
　　• 분포성 : 명확히 확정된 전달범위와 대상
　　• 적응성과 통일성 : 융통성과 현실합치성을 지닌 개개 의사의 통일성
　　• 관심과 수용 : 대상자의 관심과 수용성이 제고될 수 있는 내용

　ⓒ Barnard : 의사전달은 조직의 3요소(공동의 목표, 의사전달, 협동의 의사) 중 하나이다.

　ⓓ Lasswell : 의사전달의 구성요소로서 전달자, 피전달자, 내용, 수단과 방법, 효과의 다섯 가지 구분을 제시했다.

② 의사전달과정

　ⓐ Fisher : 아이디어와 문제의 명료화 → 참여 → 전달 → 동기부여 → 평가

　ⓑ Redfield : 전달자 → 자극 → 전달 → 수신자 → 반응

③ 의사전달의 기능

　ⓐ 정책결정의 합리성을 확보한다.

　ⓑ 정책·업무절차·인사 등에 관한 정보를 제공하고 인정감·소속감·참여 의식을 느낄 수 있게 함으로써 사기를 올리고 동기를 부여할 수 있도록 한다.

　ⓒ 조정·통제·리더십의 효과적 수단을 확보할 수 있도록 한다.

　ⓓ 바람직한 여론 및 태도의 형성을 도모하도록 하여 사회적 욕구의 충족에 기여한다.

(2) 의사전달의 유형

① 공식성의 유무에 따른 분류

　　㉠ 공식적 의사전달 : 공식조직 내에서 계층제적 경로와 과정을 거쳐 명령, 지시, 보고, 품의 등의 공문서를 통해 공식적으로 행하여지는 의사전달을 의미한다.

　　　• 장점
　　　－ 상관의 권위유지에 기여한다.
　　　－ 의사전달이 확실하고 편리하다.
　　　－ 전달자와 대상자가 분명하고 책임소재가 명백하다.
　　　－ 비전문가도 의사결정이 용이하다.

　　　• 단점
　　　－ 유동적 환경변화에 대한 신속한 대응이 곤란하다.
　　　－ 결정된 사안의 배후사정을 전달하기 곤란하다.
　　　－ 법규에 의거하므로 의사전달의 신축성이 없고 형식화되기 쉽다.

　　㉡ 비공식적 의사전달 : 계층제나 공식적인 직책을 떠나 조직구성원 간의 친분·상호신뢰와 현실적인 인간관계 등을 통하여 이루어지는 의사전달방식으로서 소문이나 풍문, 메모 등의 형태로 이루어진다.

　　　• 장점
　　　－ 전달이 신속하고 상황적응력이 강하다.
　　　－ 배후사정을 자세히 전달할 수 있다.
　　　－ 긴장감과 소외감의 극복과 개인적 욕구의 충족에 기여한다.
　　　－ 행동의 통일성을 확보해 준다.
　　　－ 공식적 의사전달의 보완기능을 한다.
　　　－ 유익한 정보를 제공하여 관리자에 대한 조언의 역할을 한다.

　　　• 단점
　　　－ 공식적인 권위체계와 의사전달체계가 무력화될 수 있다.
　　　－ 책임소재가 불분명하고 의사결정에 활용할 수 없다.
　　　－ 감정과 정서에 치중하여 왜곡의 가능성이 높다.
　　　－ 조정과 통제가 어렵다.

② 방향과 흐름을 기준으로 한 분류

　　㉠ 하향적 의사전달 : 상관에서 하급자로 전달되는 상의하달식 의사전달로서 질서유지와 행정조정수단으로 활용된다.

　　　• 명령 : 형식상 명령은 구두명령과 문서명령으로 나누어지며 내용상으로는 구체성을 지니는 지시와 지령, 일반성을 지니는 훈령으로 나누어진다.
　　　• 일반정보 : 일반적인 정보나 공지사항 등을 전달하는 방법으로 기관지, 편람, 구내방송, 게시판 등이 활용된다.

　　㉡ 상향적 의사전달 : 하급자에서 상관에게 전달되는 하의상달식 의사전달로서 융통성과 인간성의 확보에 기여하며 보고, 품의, 의견조사, 제안, 면접, 고충심사, 결재제도 등이 이에 해당한다.

문. 다음 중 의사전달에 대한 설명으로 옳지 않은 것은?
▶ 2002. 6. 23 경상북도

① 공식적 의사전달의 장점은 인간적 욕구충족에 있다.
② 회람이란 횡적인 의사전달의 유형에 속한다.
③ 준거기준의 차이는 효율적 의사전달의 장애요인으로 작용한다.
④ 비공식적 의사전달은 공식적 권위관계를 파괴한다.

☞ ①

문. 다음 중 의사전달 유형에 대한 설명으로 옳지 않은 것은?
▶ 2005. 6. 5 울산광역시

① 공식적 의사소통은 공식조직 내에서 계층제적 경로와 과정을 거쳐 공식적으로 행해지는 의사전달을 말한다.
② 전통적 행정이론은 상의하달적 의사전달에 중점을 두고 있다.
③ 횡적 커뮤니케이션은 계층제에 있어서 동일한 수준에 있는 개인 또는 집단 간에 행하여지는 의사전달이다.
④ 비공식 의사전달로 소문이나 풍문 등이 있다.
⑤ 상의하달적 의사전달로 보고, 내부결제제도, 제안제도 등이 있다.

☞ ⑤

문. 다음 중 상향적 의사전달방법이 아닌 것은?
▶ 2003. 6. 1 전라남도

① 제안제도　　② 문서상 보고
③ 회람　　　　④ 직원의견조사

☞ ③

ⓒ **횡적 의사전달** : 조정 및 협조를 촉진하는 데 활용되는 수평적 의사전달방식으로 회람, 회의, 중요사안에 대한 사전심사, 사후통보, 위원회, 협조전 등이 이에 해당한다.

(3) 의사전달망의 유형

① **연쇄형(Chain)** ··· 전달자와 대상자가 일직선으로 단일하게 연결되는 모형으로 수직모형과 수평모형이 있다. 수직모형은 종적 의사전달이 이루어지며 속도가 빠른 반면, 수평모형은 횡적 의사전달이 이루어지며 속도가 느리다. 일반적으로 직선형 의사전달망은 모호한 상황에의 대응이 느린 편이다.

② **바퀴형(Wheel)** ··· 1인의 전달자가 여러 사람에게 획일적이고 일방적으로 정보를 전달하는 모형으로 집권화가 가장 높은 수준에서 형성되고 신속한 의사전달이 이루어지는 반면 모호한 상황에의 대응은 가장 느리다.

③ **Y형** ··· 상위의 동등한 지위의 두 사람이 한 사람에게 전달하거나 하위의 동등한 지위의 두 사람이 한 사람에게 전달받는 형태로서 모호한 상황에의 대응이 느린 편이다.

④ **원형(Circle)** ··· 모든 구성원들이 동등한 입장에서 원탁 모양으로 둥글게 의사전달을 전개하는 형태로 리더가 없기 때문에 집권화가 낮은 수준에서 이루어지며 모호한 상황에의 대응이 빠른 편이다.

⑤ **전체경로형(All Chanal)** ··· 모든 구성원이 종적·횡적으로 자유로운 의사전달을 한다는 점에서 원형과 유사하나 의사전달이 보다 신속하다는 차이점이 있다.

(4) 의사전달의 장애요인과 개선방안

① **인적 요인**

ⓐ **장애요인** : 가치관과 사고기준의 차이, 지위상의 차이, 전달자의 의식적 제한, 전달자의 자기 방어로 인한 정보의 은폐 또는 과장, 능력의 부족으로 인한 오해와 왜곡, 수용자의 전달자에 대한 불신과 편견 및 수용거부, 원만하지 못한 인간관계, 환류의 봉쇄 등이 있다.

ⓑ **개선방안** : 회의나 공동교육훈련, 인사교류 등의 상호접촉의 장려, 조직 내부의 대인관계와 개방적 분위기를 위한 노력, 권위주의적 행정행태의 개선을 위한 상향적 의사전달방식의 활성화, 상향적 의사전달의 왜곡 및 누락의 방지를 위한 의사전달 조정기구 및 집단의 활용 등이 있다.

② **전달수단의 한계로 인한 요인**

ⓐ **장애요인** : 정보가 과다하여 내용파악이 곤란한 경우, 정보가 유실되었거나 불충분한 경우, 명확한 언어 또는 문자를 사용하지 않아 오해와 왜곡이 발생하는 경우, 물리적 거리로 인해 의사전달이 어려워지는 경우, 업무의 폭주로 인해 의사전달의 우선순위가 하락하는 경우 등이 있다.

문. 다음 중 의사소통의 장애요인이 아닌 것은?
▶ 2004. 6. 13 인천광역시
① 의사정보(의사전달)의 반복과 환류
② 구성원의 가치관의 차이
③ 지위상의 격차
④ 적절치 못한 문자와 언어 사용

☞ ①

ⓛ **개선방안** : 언어와 문자의 정확한 사용을 통한 매체의 정밀성 제고, 효율적 정보관리체계의 확립과 시설의 개선, 의사전달의 반복 및 환류를 확인할 수 있는 메커니즘을 확립하는 방안 등이 있다.

③ **조직구조적 원인**

ㄱ **장애요인** : 집권적 계층구조로 인해 의사전달이 제한되고 유동성이 저하되는 경우, 할거주의와 전문화로 인한 수평적 의사전달의 저해, 소문이나 풍문 등에 의한 정보의 왜곡이 의사전달 내용과 상이한 경우 발생하는 비공식적 의사전달의 역기능, 정보전달채널이 부족하여 다양한 정보의 유입과 이의 검증이 어려운 경우 등이 있다.

ㄴ **개선방안** : 조직구조의 한계로 인한 장애요인을 제거하는 방안으로 계층제의 완화와 분권화, 정보채널의 다원화 및 정보의 분산 등이 제시되고 있다.

Section 6 공공관계(행정 PR)

(1) 의의

① **개념** … 조직의 활동에 대한 공중의 태도를 평가하고, 조직의 정책과 사업에 대한 공중의 이해와 협력 및 신뢰를 확보하여 이를 유지·증진하는 활동을 말한다. 듣는 기능인 공청과 알리는 기능인 공보가 복잡하게 교차되어 있으며 행정기관의 내외를 공중관계의 모든 차원에서 매개하여 통합시키는 역할을 한다.

> **풀이보탬 유사개념과의 차이점**
> ㄱ **선전과의 차이점** : 선전은 선전자의 입장에서 호의적인 정보만을 일방적으로 제공하고 왜곡된 사실을 단순화하여 감정에 호소하면서 알리는 것을 말하는 반면, 공공관계는 상호교류적인 것이며, 사실을 그대로 알린다.
> ㄴ **의사전달과의 차이점** : 의사전달은 일반적으로 조직 내부의 의사소통을 의미한다.

② **특징**

ㄱ **수평성** : 공무원과 국민은 수평적 관계이므로 국민의 협조와 대화를 유도해야 한다.

ㄴ **의무성** : 국민은 알 권리가 있고 정부는 보고할 의무가 있다.

ㄷ **교류성** : 공공관계는 일방적·명령적이 아닌 상호교류적 성격을 띠는 것이어야 한다.

ㄹ **객관성** : 정부는 국민에게 정확한 자료와 사실을 객관적으로 전달해야 하며, 정보를 필요에 따라 왜곡해서는 안된다.

ㅁ **교육성** : 국민의 정치의식수준을 높이고 민주시민의식을 고취하는 등의 교육적 활동을 포괄한다.

ㅂ **공공성** : 기본적으로 일반대중을 대상으로 하며 공익성을 추구한다.

문. 커뮤니케이션의 장애를 극복하는 방법이 아닌 것은?
▶ 2002. 4. 3 경상남도

① 권위주의적 행정풍토를 개선
② 통로의 일원화
③ 반복적 커뮤니케이션
④ 환류
⑤ 개방적 분위기 조성

☞ ②

문. 다음 중 행정PR에 대한 설명으로 옳지 않은 것은?
▶ 2005. 5. 8 광주광역시

① 정부시책에 대해 국민의 지지와 동의를 획득함으로써 국민을 통합시키는 역할을 한다.
② 정부활동을 일방적으로 홍보하며, 정부정책에 호의적인 정보만을 제공한다.
③ 화재경보적 성격을 띠어서는 안된다.
④ 정부시책에 대한 예측을 가능하게 해준다.

☞ ②

문. 행정 PR의 설명으로 타당하지 않은 것은?
▶ 2004. 5. 2 경상북도

① PR은 반드시 상호과정이 확보되어야 한다.
② PR은 국민의 비판적 여론을 억제할 수 있어야 한다.
③ PR은 인간관계의 철학과 합유되어야 한다.
④ PR의 내용은 사회적 책임, 공익과 일치되어야 한다.

☞ ②

③ 과정
　㉠ **정보투입과정**(여론의 경청) : 공청기능을 통하여 여론과 국민의 태도를 파악한다.
　㉡ **전환과정**(정책의 개선) : 국민의 지지와 협조를 얻을 수 있는 정책을 수립하고 결정한다.
　㉢ **정보산출과정**(정책의 주지) : 홍보기능을 수행하여 국민의 지지와 협조를 구한다.
　㉣ **환류과정**(공중의 반응) : 정책에 대한 국민의 반응을 분석하고 평가하여 새로운 투입으로 연결시킨다.

(2) 공공관계의 필요성과 기능

① 필요성
　㉠ 국민의 알 권리를 충족시킨다.
　㉡ 합리화와 능률화를 도모한다.
　㉢ 인간화의 방안이다.
　㉣ 정책에의 반영이 가능하다.
　㉤ 국가 성과의 홍보가 된다.
　㉥ 행정에 대한 불신을 제거한다.
　㉦ 공익성을 촉구한다.
　㉧ 국가 발전조건을 조성한다.

② 기능
　㉠ 공공관계의 일반적 기능
　　• 안정기능 : 국가적 위기가 발생한 경우 민심을 수습하고 대중의 욕구불만을 해소한다.
　　• 방어기능 : 정부의 정당성을 입증하고 정책에 대한 비판여론을 완화한다.
　　• 매개기능 : 정부입장을 천명하고 국민의 여론을 집약한다.
　　• 주지기능 : 정부의 업적을 알리고 국민의 지원을 유도한다.
　　• 교육기능 : 국민의 가치관과 행태, 지적 능력을 보다 바람직한 방향으로 향상시킨다.
　　• 적응기능 : 환경의 변화에 대응할 수 있도록 태도변화를 유도한다.
　　• 기타기능 : 입법부의 입법활동에 영향을 미치고 국민의 사기를 높인다.
　㉡ 순기능 : 정부활동에 관한 정보의 제공, 국민의 동의와 지지의 획득, 국민과 정부의 신뢰관계의 형성, 국민과 정부의 협조체제의 촉진, 공무원의 업적 홍보를 통한 행정인의 사기앙양, 환경에 대한 적응성의 제고, 사회 긴장의 완화와 민심의 수습 등을 통한 공익성·합리성·민주성의 확보 등이 있다.

문. 다음 중 행정 PR의 필요성(기능)이 아닌 것은?
▶ 2001. 4. 1 대구광역시
① 정부의 권위주의 확보
② 민관의 거리감 해소
③ 국민의 지원 유도
④ 국민의 여론 집약

☞ ①

     © 역기능 : 대중매체에 의한 정부의 홍보는 계획적으로 국민을 우민화 할 가능성이 있고, 정부의 실책을 은폐하거나 성과를 과장하는 등의 경우가 나타날 수 있으며, 국가기밀에 해당하는 영역이 증대됨에 따라 이를 밝히고 이해와 지지를 구하는 데는 한계가 있다.

(3) 우리나라 공공관계의 문제점과 개선방안

① 문제점

     ③ **불신경향** : 과거 독재정부와 권위주의적 정부의 일방적 정권옹호차원의 공공관계의 활용으로 인해 국민이 이를 불신하고 냉소적인 반응을 보인다.

     © **비밀행정** : 보안을 이유로 정보를 은폐하여 실효성 있는 공공관계의 형성이 어렵다.

     © **인식부족** : 정보의 진실성과 객관성이 경시되고 전문성이 부족하다.

     ② **공청기능의 약화** : 행정부 주도의 일방적 행정행태가 만연하여 공청기능에 대한 필요성 인식이 미약하고 이를 적극적으로 활용하기 위한 노력이 부족하다.

     © **조작적 PR** : 진상을 은폐하고 왜곡하는 데 공공관계를 악용하는 경우가 많았다.

     ④ **정보기관의 역기능** : 여론 파악경로의 부족과 정보기관에의 의존으로 인해 공공관계의 올바른 기능에 대한 인식이 부족하다.

② **개선방안** … 공익우선원칙의 확립, 행정의 투명성과 공개의 원칙에 따른 공개행정의 추진, 여론파악기능으로서의 공청기능의 개선 및 강화와 매스컴의 중립성 보장 그리고 공공관계에 대한 올바른 인식 및 전문성 제고 등이 있다.

Section 7 행정정보화

(1) 의의

① **개념** … 행정정보는 행정과정에서 생성되어 체계적으로 축적되고 활용되는 제반지식과 자료로서, 행정의 주체 및 객체의 의사결정이나 행동을 위하여 사용될 수 있는 의미있는 내용을 말하며, 이러한 정보를 컴퓨터와 같은 발달된 처리능력을 가진 정보처리수단을 활용하여 체제의 변화를 유도하고 사회구성원의 행정수요를 충족시키는 것을 말한다.

② **필요성** … 폭증하는 행정수요에 대응하고, 정책결정과정의 합리화를 통하여 복잡한 정책문제해결을 위한 최적대안을 효과적으로 탐색·선택하며, 행정의 분권화·지방화와 민주화·인간화에 대비하고, 행정관리의 능률화·개선과 행정서비스의 질적 향상을 위하여 그 필요성이 절실하다.

문. 정부의 공공관계(PR)의 문제점으로 볼 수 없는 것은?
▶ 2003. 5. 11 행정자치부
① 권력자를 위한 수단
② 불리한 정보의 은폐
③ 정부업적 과시욕구 충족
④ 변명의 수단
☞ ③

문. 다음 중 행정정보화에 대한 설명으로 옳지 않은 것은?
▶ 2001. 6. 17 경상남도
① 대민 행정서비스를 강화한다.
② 자연적으로 발생한 것이다.
③ 작고 효율적인 정부추구이론과 관련된다.
④ MIS같은 정보관리체계를 이용하는 것이다.
⑤ 행정정보화가 이루어지면 중간관리층은 감소할 것이다.
☞ ②

(2) 행정정보화의 영향

① **행정조직에 대한 영향**

    ㉠ **조직형태의 변화와 계층제의 완화** : 컴퓨터를 활용한 일상적 행정업무의 간소화로 해당계층의 구성원수가 축소되고 조직형태도 중간계층이 대폭 줄어든 형태로 바뀌게 된다.

    ㉡ **수평적 상호작용의 증가** : 계층제가 완화됨에 따라 수직적 상호작용보다는 수평적 상호작용의 빈도와 중요성이 확대된다.

    ㉢ **집권화와 분권화** : 통합적인 정보관리체계가 확립되면 정보활동이 조직의 상층부나 중앙조직에 집중되어 집권화가 촉진될 수도 있고, 정보관리가 하위계층이나 지방으로 분산되어 분권화가 촉진될 수도 있다.

② **정책과정과 업무내용에 대한 영향**

    ㉠ **정책과정에 대한 영향**

        • 정책의제형성단계 : 사회 · 경제상황에 대한 광범한 자료가 수집 · 분석됨으로써 정책의제형성의 능률화 · 민주화가 촉진될 수 있다.

        • 정책결정단계 : 다양한 정책대안이 검토되어 불확실성이 감소될 수 있다.

        • 정책집행단계 : 정보네트워크의 연결과 정보의 분산처리로 정책집행이 효율화될 수 있다.

        • 정책평가단계 : 정책평가의 객관성 · 정확성 · 투명성이 제고될 수 있다.

    ㉡ **업무내용의 변화** : 행정인력이 정보의 분석과 이를 통한 창의적 영역에 투입되어 업무 내용의 질적 향상이 나타난다.

    ㉢ **행정서비스의 변화** : 행정전산화에 따라 서비스가 신속하게 제공되고, 서비스를 기다리는 대기비용도 절감되며, 행정기관 간 정보네트워크 형성으로 서비스의 동시화 · 광역화가 가능해진다.

③ **행정환경에 대한 영향**

    ㉠ **정치체제** : 행정정보 네트워크의 활용으로 국민의 요구 · 여론이 정치과정에 효과적으로 투입됨으로써 국민의 정치참여가 활성화되고 정치체제의 대응성도 높아지게 된다.

    ㉡ **입법부와 사법부** : 정보처리의 전산화로 입법활동에 필요한 자료의 분석 및 평가, 국정감사 등의 행정부통제기능이 능률적으로 강화된다. 또한 사법부도 법원행정의 정보화를 기할 수 있다.

    ㉢ **민간경제부문** : 정보산업의 성장으로 모든 민간영역의 양적 · 질적 변화가 나타난다.

    ㉣ **국민생활** : 정보로의 접근이 용이해짐에 따라 행정서비스가 민주적으로 개선된다.

④ **행정정보화의 역작용** … 정보관리기술을 통한 조직구성원에 대한 통제와 이로 인한 인간소외현상, 정보처리기술의 편차로 인한 정보불균형과 이에 따른 서비스의 형평성 침해, 컴퓨터범죄와 정보왜곡, 관료제적 권력이 정보화를 악용하여 오히려 강화되는 측면, 인권에 대한 행정편의주의적 접근으로 발생되는 인권침해현상 등이 대표적이다.

문. 다음 중 행정정보화에 따른 변화로 볼 수 없는 것은?

▶ 2005. 6. 5 경상남도

① 서식의 다양화
② 참여민주주의의 실현
③ 대민서비스의 강화
④ 결정권한의 단축(결정체계의 간소화)

☞ ①

문. 다음 중 행정정보화의 역기능이 아닌 것은?

▶ 2003. 6. 1 전라남도

① 사생활 침해   ② 인간성 상실
③ 컴퓨터범죄   ④ 정보의 균형화

☞ ④

(3) 행정정보체계(PMIS)

① 개념 … 행정조직의 운영, 행정관리, 정책의 형성 · 집행 · 평가, 행정서비스의 제공 등을 지원하기 위하여 각종 정보를 수집 · 검색하고 목적에 맞게 처리하여 제공해 주는 국가정보관리를 위한 행정체제를 의미한다.

② 특성
  ㉠ 공공기관의 행정활동을 돕기 위한 지원체제이다.
  ㉡ 일상적인 행정업무와 정책활동을 지원하는 정보시스템이다.
  ㉢ 인위적으로 설계된 인공적 시스템이다.
  ㉣ 기계적 · 기술적 요인과 인간적 · 관리적 요인이 상호유기적 관계를 갖는 통합적 시스템이다.

③ 전자정부 구현
  ㉠ 개념 : 네트워크와 정보기술을 전략적으로 활용하여 표준화된 정보의 공동활용에 의한 주민위주의 업무를 수행하는 고객응답적 정부를 의미하며 이를 구성하기 위한 요건으로 통신망의 확충과 이를 활용하기 위한 전자우편, 인터넷, 통합 데이터베이스 시스템 등의 설비, 보안기술과 장비, 이를 운용할 전문인력 등이 있다.
  ㉡ 구축방안 : 국민지향적 행정서비스의 실현이라는 목표의 설정과 이를 위한 행정업무의 효율적 재설계, 행정정보의 공개, 행정정보 유관기관의 확충, 법 · 제도의 개선 등이 필요하다.
  ㉢ 특징 : 전자정부는 정보통신기술에 바탕을 둔 미래지향적 정부로서 전세계적 추세로서의 작고 생산적인 정부론에 가장 실질적으로 부합할 수 있는 모델이다. 권위주의적 관료제 정부와 달리 고객 감성적 열린 정부를 표방하고, 민주성과 다원성의 강조와 국민의 편익을 우선시하며 실질적 민주주의의 효율적 달성이라는 목표를 추구한다.

경영정보체계(MIS)와 행정정보체계(PMIS)의 비교

구분	경영정보체계(MIS)	행정정보체계(PMIS)
이론	과정중심적 접근이론	내용중심적 접근이론
정보해석 대안탐색	최적안을 추구하는 합리모형	환경에의 적응이나 현실적인 이해관계의 조정이 쉬운 점증모형과 만족모형을 선호
목표설정	이윤추구	다원적 · 무형적 · 추상적 목표
평가기준	경제성 · 능률성 등 평가기준이 명확	평가기준이 명확하지 않고 변동되기 쉬우며, 민주성 · 형평성 · 대응성 등에 중점
경쟁성과 대기비용	경쟁성이 강함	대기비용이 점차 증가

문. 전자정부의 4가지 구성요소 중 관리적 측면에 속하지 않는 것은?
▶ 2003. 9. 23 경기도

① 행정업무과정의 재설계
② 보고 및 결재과정의 전자화
③ 행정업무 통합환경 구축
④ 정보시스템의 표준 정립

☞ ④

(4) 행정정보공개제도

① 의의

  ㉠ 개념 : 국가·지방자치단체·정부투자기관 등 공공기관이 보유하고 있는 정보를 국민이나 주민의 청구에 의하여 공개하는 것으로, 정보공개제도에 의하여 국민의 정보공개청구권이 인정되고 공공기관의 정보공개가 의무화된다.

  ㉡ 목적 및 필요성 : 헌법에 명시된 국민의 알 권리를 보장하고 국정의 투명성 확보와 행정통제의 효과적 수단이 되어 공무원의 권력남용과 부패 및 관료제 조직의 폐해를 예방할 수 있고, 정부의 정보를 공개함으로써 문제인식을 공유하여 국민의 행정참여를 촉진시킬 수 있다.

② 내용

  ㉠ 정보공개청구권자 : 모든 국민이 정보공개를 청구할 수 있다.

  ㉡ 정보공개의 범위 : 행정부 외에 입법부·사법부와 지방자치단체 및 기타 공공기관 모두 포함된다.

  ㉢ 비공개대상범위 : 국민전체의 권익이나 개인의 프라이버시를 침해할 위험이 있는 정보는 공개하지 않을 수 있다.

③ **정보공개거부의 구제제도** … 정당한 정보공개청구에 대하여 공개를 거부당하거나 아무런 조치도 취하지 않는 경우, 이의신청·행정심판·행정소송 등에 의한 구제방법 등이 마련되어 있다.

④ **한계** … 정보는 이를 청구한 청구인에게만 제공되어 그 자체로 널리 공개되는 효과는 없고 청구하지 않으면 이를 제공받을 수 없다. 또한 공공기관이 새로운 정보를 수집 또는 작성할 의무는 없기 때문에 정보공개제도의 충실화를 위해서는 각종 회의의 공개와 회의록의 공표 등을 포함하는 정보공표의무제도가 확립되어야 한다.

  ㉠ 행정직 책임을 회피하기 위해서 정보를 변조·조작할 가능성이 있다.

  ㉡ 행정비용이 증가되고 정상적 업무의 적체가능성이 있다.

  ㉢ 정보공개수혜에 있어 개인과 집간 사이의 형평성을 초래할 수 있다.

  ㉣ 공무원의 업무수행에 있어 소극적 자세가 나올 수 있다.

문. 행정정보공개제도에 대한 설명으로 옳지 않은 것은?

▶ 2008. 4. 12 행정안전부

① 행정정보공개는 행정비용과 업무량의 증가를 초래할 수 있다.

② 행정정보공개는 국민의 알권리를 보장하여 국정운영의 투명성을 확보함을 목적으로 한다.

③ 「공공기관의 정보공개에 법률」에 따르면 직무를 수행한 공무원의 성명·직위는 비공개대상 정보이다.

④ 행정정보공개는 행정책임과 관련하여 정보의 조작 또는 왜곡을 초래할 수 있다.

☞ ③

문. 유비쿼터스 정부(u-government)의 특성과 거리가 먼 것은?

▶ 2013. 7. 27 안전행정부

① 중단 없는 정보 서비스 제공

② 맞춤 정보 제공

③ 고객 지향성, 실시간성, 형평성 등의 가치 추구

④ 일방향 정보 제공

☞ ④

(5) 전자정부

① 개념 … 정보기술을 이용하여 행정활동의 모든 과정을 혁신하고 대국민서비스를 고급화한 지식정보사회형 정부이다. 1990년대 미국 클린턴 정부가 국민의 삶의 질 향상과 경제발전에 정보기술을 이용하고자 시작한 개념으로 최근에는 유비쿼터스 정부로 발전하였다.

② 발전단계
　㉠ 전자정보 : 전자정부(정부웹사이트)를 통해 국민에게 정보를 공개
　㉡ 전자자문 : 시민과 선거직 공무원 사이에 소통과 토론 등이 이루어지고 피드백이 되는 단계
　㉢ 전자결정 : 시민의 의견이 정책과정에 반영

③ 우리나라의 전자정부
　㉠ 태동기(1960 ~ 1977)
　　• 1960년대 : 경제기획원 중심의 행정전산화사업
　　• 1970년대 : 과학기술처 중심의 행정전산화사업
　㉡ 추진기(1978 ~ 1996) : 총무처 주관
　　• 1978 ~ 1986 : 제1 · 2차 행정전산화 기본계획 수립
　　• 1987 ~ 1996 : 행정전산망 구축
　　－ 제1차 국가기간 전산망 기본계획(1987)
　　－ 제2차 국가기간 전산망 기본계획(1992)
　㉢ 기반 구축기(1997 ~ 2001)
　　• 초고속 국가정보통신망 구축사업
　㉣ 본격 진입기(2002 ~ 2005)
　　• 전자정부법 제정(2001)이후 행정자치부가 주무부처로 본격 추진
　　• 전자정부 포털사이트 (http://www.egov.go.kr)개통
　㉤ 성숙기(2006~)
　　• 국가정보 보호체계 강화
　　• 관련 기관 간 정보 연계

문. 전자정부와 지식관리에 대한 설명으로 옳지 않은 것은?
▶ 2012. 4. 7 행정안전부
① 전자정부의 발달과 함께 공공정보의 개인 사유화가 심화되었다.
② 지식관리는 계층제적 조직보다는 학습조직을 기반으로 한다.
③ 전자 거버넌스의 확대는 직접민주주의에 대한 가능성을 높인다.
④ 정보이용 계층에 대한 정보화정책으로써 정보격차 해소 정책이 중요해졌다.
☞ ①

문. UN에서 제시하는 세 가지 전자적 참여형태에 해당하지 않는 것은?
▶ 2011. 4. 9 행정안전부
① 전자정보화(e- information) 단계
② 전자자문(e- consultation) 단계
③ 전자결정(e- decision) 단계
④ 전자홍보(e- public relation) 단계
☞ ④

문. 다음 중 UN에서 본 전자거버넌스로서의 전자적 참여의 형태가 진화하는 단계로 옳은 것은?
▶ 2010. 6. 12 서울특별시
① 전자정보화 – 전자자문 – 전자결정
② 전자문서화 – 전자결정 – 전자자문
③ 전자자문 – 전자문서화 – 전자결정
④ 전자정보화 – 전자결정 – 전자문서화
⑤ 전자자문 – 전자정보화 – 전자결정
☞ ①

문. 우리나라 전자정부에 대한 설명 중 옳지 않은 것은?
▶ 2006. 8. 11 행정안전부
① 1978년부터 정부행정전산화 사업을 총괄한 부처는 총무처이다.
② 행정전산망 사업이 행정전산화 사업에 앞서 시행되었다.
③ '작지만 생산성이 높은 정부'를 지향한다.
④ 현재 전자정부 주무부처는 행정자치부이다.
☞ ②

04

조직관리론

1 다음 중 전자정부법에서 천명된 운영 원칙에 속하지 않는 것은?

① 대인서비스의 전자화　　　　　　② 행정업무의 혁신
③ 개인정보 및 사생활의 보호　　　　④ 행정보안의 절대준수

> **Advice** **전자정부의 원칙⟨전자정부법 제4조 제1항⟩**
> ㉠ 대인서비스의 전자화 및 국민편익의 증진
> ㉡ 행정업무의 혁신 및 생산성·효율성의 향상
> ㉢ 정보시스템의 안전성·신뢰성의 확보
> ㉣ 개인정보 및 사생활의 보호
> ㉤ 행정정보의 공개 및 공동이용의 확대
> ㉥ 중복투자의 방지 및 상호운용성 증진

2 갈등관리상황 중 자기와 상대이익을 만족시키려는 의도가 다 같이 높을 때 제시될 수 있는 갈등해소 방안으로 가장 적합한 것은?

① 순응　　　　　　　　　　　② 경쟁
③ 타협　　　　　　　　　　　④ 협동

> **Advice** Thomas의 대인적 갈등관리 전략

구분		상대방의 이익을 만족시키려는 정도		
		낮음		높음
자신의 이익을 만족시키려는 정도	낮음	회피 (avoiding)		순응(동조, accommodating)
			타협 (compromising)	
	높음	경쟁 (competing)		협동 (제휴, collaboration)

Answer　1.④　2.④

3 UN에서 본 전자 거버넌스로서의 전자적 참여의 형태가 진화하는 단계로 옳은 것은?

① 전자정보화 – 전자자문 – 전자결정
② 전자문서화 – 전자결정 – 전자자문
③ 전자자문 – 전자문서화 – 전자결정
④ 전자정보화 – 전자결정 – 전자문서화

💡Advice **전자거버넌스의 발전단계**
　　㉠ **전자정보** : 전자정부를 통해 국민에게 정보공개
　　㉡ **전자자문** : 시민과 선거직 공무원간에 소통과 청원 및 직접적인 토론이 이루어지고 피드백이 형성되는 단계
　　㉢ **전자결정** : 시민의 의견이 정책과정에 반영되는 단계

4 거래적 리더십과 대비되는 변혁적 리더십에 대한 설명 중 옳지 않은 것은?

① 리더가 부하에게 자긍심과 신념을 심어준다.
② 리더가 부하로 하여금 미래에 대한 비전을 열정적으로 수용하고 계속 추구하도록 격려한다.
③ 리더가 부하에 대해 개인적으로 존중한다는 것을 전달한다.
④ 리더는 부하가 적절한 수준의 노력과 성과를 보이면 그만큼의 보상을 제공한다.

💡Advice ④ 거래적 리더십에 대한 설명이다. 거래적 리더십은 업무를 할당하고, 그 결과를 평가하며, 의사결정을 하는 리더십 행위를 말한다.
　※ **변혁적 리더십의 특징**
　　㉠ **카리스마적 리더십** : 리더가 난관을 극복하고 현상에 대한 각성을 확고하게 표명함으로써 부하들에게 자긍심과 신념을 심어줌
　　㉡ **영감적 리더십** : 도전적 목표와 임무, 미래에 대한 비전 제시·공유
　　㉢ **지적 자극** : 리더가 부하로 하여금 형식적 관례와 사고를 다시 생각하게 함으로써 새로운 관념을 촉발시킴
　　㉣ **개별적 배려** : 각 개개인의 특성 고려하고 개인적인 존중을 해줌
　　㉤ **촉매적 리더십** : 관행을 타파하고 창조적 사고와 새로운 관념을 촉발시키는 지적 자극 부여
　　㉥ **조직과 개인 간 공생관계** : 조직몰입 유도, 통합적 관리

5 서로 다른 조직 간에 약속된 포맷을 사용하여 행정상의 거래를 컴퓨터와 컴퓨터 간에 행하는 것은?

① 행정정보 공동 활용
② 전자문서교환
③ 전자민원처리
④ 전자정보공개

💡Advice **전자문서교환**(EDI ; Electronic Data Interchange) … 서로 다른 조직 간에 정형화된 형식(format)을 사용하여 상업적 또는 행정상의 거래를 전자적 통신매체를 이용해 행하는 것을 말한다. 즉, 구조화된 형태의 데이터를 재입력 과정 없이 업무에 활용할 수 있는 정보전달 방식이다. 전자문서교환의 목적은 전통적인 서류의 작성과 전달을 통해 무역 업무를 처리하는 대신 컴퓨터에 기록되어 있는 정보를 전자 문서화하여 데이터 통신망을 통해 전송 처리함으로써 서류 없는 무역을 실현하는 것이다.

6 다음 중 정보화책임관(CIO)의 역활에 대한 설명 중 타당하지 않은 것은?

① 정보화책임관은 전략적 관점에서 정보시스템의 주요 성공요소를 도출하고 이에 따라 응용시스템 개발의 우선순위를 설정한다.

② 정보화책임관은 정보기술 인프라를 구축·관리한다.

③ 정보화책임관은 기술적 전문성보다는 강력한 지도력이 필요하며, 높은 직위와 그에 수반된 권위를 바탕으로 다양한 정보관련 부서와 업무를 총괄한다.

④ 정보화책임관은 조직의 전략을 고려한 정보기술전략을 수립한다.

> **Advice** **고위정보관리자(CIO)** … 각 부처의 정보화정책을 전략적으로 입안하고 조정·운영하는 수석정보책임관으로서 우리의 경우 각 부처의 기획관리실장을 CIO로 본다. CIO는 각 조직의 정부인프라(기반)와 정보시스템을 구축·관리하고, 정보화시대의 필수적인 막료기관으로서 계선과 달리 계층적 권한이나 강력한 권위에 의존하기보다는 고도의 기술적 전문성을 근거로 부처 내 각 부서의 정보화 관련업무를 총괄 조정한다. 최고경영자(CEO)의 최고의사결정자 역할과 대등하다고 볼 수 있다.

7 전자정부에 대한 설명 중 옳지 않은 것은?

① 지리정보시스템(Geographic Information System)은 전자정부의 기본이 될 수 있는 중요한 시스템이다.

② 정부에 아직 고위정보관리자(CIO)제도는 도입되지 않았다.

③ 전자 서류결재제도도 전자정부로 가기 위한 한 방법이다.

④ 호적전산화는 이미 도입되었다.

> **Advice** **전자정부** … 네트워크와 정보기술을 전략적으로 활용하여 표준화된 정보의 공동활용에 의한 주민 위주의 업무를 수행하는 고객응답적 정부를 의미하며, 이를 구성하기 위한 요건으로 통신망의 확충과 이를 활용하기 위한 전자우편, 인터넷, 통합 데이터베이스 시스템 등의 설비, 보안기술과 장비, 이를 운용할 전문인력 등이 있다.
> ㉠ **구축방안**: 국민지향적 행정서비스의 실현이라는 목표의 설정과 이를 위한 행정업무의 효율적 재설계, 행정정보의 공개, 행정정보 유관기관의 확충, 법·제도의 개선 등이 필요하다.
> ㉡ **특징**: 전자정부는 정보통신기술에 바탕을 둔 미래지향적 정부로서 전세계적 추세로서의 작고 생산적인 정부론에 가장 실질적으로 부합할 수 있는 모델이다. 권위주의적 관료제 정부와 달리 고객 감성적 열린 정부를 표방하고, 민주성과 다원성의 강조와 국민의 편익을 우선시하며 실질적 민주주의의 효율적 달성이라는 목표를 추구한다.

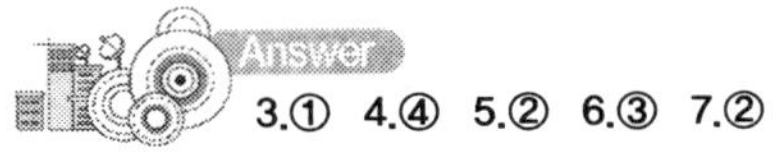

8 다음 중 리더십과 상황론에 관하여 가장 관계가 깊은 것은?

① 리더가 갖추어야 할 특성에 초점을 둔다.
② 개인의 정신적·기술적 우수성을 강조한다.
③ 추종자들의 사고·행태와 관계된다.
④ 상황의 변화에 따라 잘 대처하는 리더십이 필요하다.

♥Advice 상황론은 상황변화를 독립변수로, 리더십을 종속변수로 보고 리더십은 상황논리에 따라야 한다는 이론이다.

9 다음 중 하위관리층의 기능과 가장 관련된 것은?

① 인적·물적 자원의 동원　　　　② 정책결정에의 조언
③ 조정기능　　　　　　　　　　④ 작업의 개선을 촉진

♥Advice **관리층의 기능**
ㄱ **최고관리층**: 목표의 설정, 정책의 수립, 조직구성원의 통솔, 인적·물적 자원의 동원 등
ㄴ **중간관리층**: 하위층의 감독 통제, 정책집행, 정책결정에의 조언, 상·하 또는 횡적 조정 등
ㄷ **하위관리층**: 작업방법의 선정, 작업의 촉진, 작업의 확인, 작업의 개선 등

10 다음 중 갈등의 순기능으로 볼 수 없는 것은?

① 선의의 경쟁을 유발　　　　　② 조직의 생산성, 효과성 향상
③ 개인과 조직의 동태성 향상　　④ 행정의 획일성을 방지

♥Advice **갈등의 순기능**(Coser, Follett)
ㄱ 조직발전의 새로운 계기로써 선의의 경쟁을 유발
ㄴ 개인과 조직의 동태성을 향상
ㄷ 행정의 획일성을 방지
ㄹ 창의적·쇄신적 행정의 발전을 도모하여 장기적으로 조직의 안정성 및 성장에 기여
ㅁ 갈등해결을 위한 문제해결능력과 단결력을 향상
② 갈등은 조직의 안정성, 생산성, 효과성, 적응력을 저하시키는 역기능이 있다.

11 상관의 명령이나 의사전달이 이의 없이 부하에게 수용될 수 있는 범위를 의미하는 Barnard의 권위수용이론은?

① 수용권　　　　　　　　　　　② 신뢰권
③ 무차별권　　　　　　　　　　④ 정당권

♥Advice 버나드는 권위 도달의 형태를 명백히 수용 불가능한 경우, 중립적인 경우, 이의 없이 수용하는 경우의 3가지로 나누고 이 중 이의 없이 수용하는 경우를 무차별권이라고 하였다.

12 조직 내에서 의사전달의 신뢰성을 높이기 위한 방법으로 옳지 않은 것은?

① 참여자의 동의   ② 회의나 공동교육훈련

③ 상향적 의사전달방식의 활성화   ④ 정보통로의 다원화 및 반복과 환류 확인

♀Advice   ① 참여자의 동의는 의사전달의 신뢰성을 높이는 방법으로 볼 수 없다.

13 다음 중 행정정보화의 영향으로 볼 수 없는 것은?

① 수평적 상호작용의 증가   ② 조직규모의 확대

③ 집권화와 분권화   ④ 정책의제형성의 능률화 · 민주화 촉진

♀Advice   ② 컴퓨터를 활용한 일상적 행정업무의 간소화로 해당계층의 구성원수가 축소된다.

14 다음 중 우리나라 정보공개제도에 대한 설명으로 옳지 않은 것은?

① 모든 국민의 정보공개청구권을 인정하였다.

② 헌법에 명시된 국민의 알권리를 보장하기 위한 제도이다.

③ 정부의 정보를 공개함으로써 국가의 위엄이 떨어지는 문제점이 있다.

④ 국민전체의 권익이나 개인의 프라이버시를 침해할 경우 공개하지 않을 수 있다.

♀Advice   ③ 정보공개제도와 국가의 위엄의 하락은 관계가 없다.

05

조직변동론

 **Section 1** **조직혁신(OI : Organization Innovation)**

(1) 의의

① **개념** … 조직의 바람직한 방향을 설정하고 의도적 변화를 유도하기 위해 조직에 새로운 아이디어나 변화를 도입·적용하는 것으로, 행태적인 조직혁신은 조직구성원의 만족도를 제고시키며 구성원 각자의 발전을 통해 조직의 능률성과 효과성을 높이는 과정인 조직발전(OD)을 의미하며, 구조적인 조직혁신은 조직구조의 과정적인 측면에 대한 개선을 의미한다.

② **특성**
　㉠ 목표지향적 성격을 띠고 있다.
　㉡ 계획적·의도적·인위적 변화과정이다.
　㉢ 조직내적 요인과 환경적 요인이 복잡하게 작용하는 동태적 과정이다.
　㉣ 현상을 타파하고 변동을 인위적으로 유도하므로 저항이 수반된다.
　㉤ 혁신의 주요 대상변수는 구조·기술·인간·과업 등으로 구성된다(H.J. Leavitt).
　㉥ 대상체제와 행태 과학의 지식을 가진 변화담당자가 전문가로서 수익자체제의 자문과 협의에 도움을 주는 역할을 수행한다.

> **포인트팁 조직혁신의 대상변수(H.J. Leavitt)**
> ㉠ **구조** : 의사전달·권위와 역할, 작업의 흐름, 계층, 분업형태 등의 체제
> ㉡ **인간** : 조직 내의 행위자
> ㉢ **기술** : 문제해결을 위해 사용되는 업무수행상의 기술 및 과정
> ㉣ **업무** : 행정의 존립목적이 되는 기본적 활동

③ **주체**
　㉠ **착상자** : 새로운 아이디어·방법·절차나 사업계획을 구상해내는 소수의 창조분자로서 혁신적 성향을 소유한 하위계층이 이에 속한다.
　㉡ **창도자** : 착상된 아이디어나 기획이 조직에 기여할 수 있다고 판단되는 경우 이를 추진하는 통찰력이 있는 중간관리층이 이에 속한다.
　㉢ **채택자** : 창도자를 지원하면서 새로운 착상이나 계획을 선도적으로 채택하는 정치엘리트나 최고관리층이다.

④ **과정**
　㉠ Lewin : 낡은 것의 해빙→새로운 것으로의 변화→새로운 것의 재결빙

ⓒ Caiden : 필요성 인지 → 개혁안 입안 → 시행(행동개입) → 평가 및 환류

ⓒ Becker & Whisler : 자극 → 착상 → 제안 → 적용

(2) 조직혁신의 접근방법

① **구조적 접근방법** … 조직의 구조를 주요 대상으로 하는 접근방법으로 기능·권한·책임의 명확화, 통솔범위의 재조정, 의사소통망·의사결정권의 재검토, 분권화의 확대 등의 개선을 통해 문제해결능력의 제고시키려는 접근방법이다.

② **기술적(과정적) 접근방법** … 업무처리·의사결정 등의 합리화를 추구하는 접근방법으로서 주로 과학적 관리법, OR, PERT, 체제분석, 관리정보체제 등이 있다.

③ **행태적·인간적 접근방법(OD)** … 인간 행태의 변화를 통하여 조직 전체의 개혁·혁신을 추구하는 접근방법으로서 조직발전(OD)이론과 관련된다.

④ **종합적 접근방법** … 근래의 조직혁신으로는 구조적 접근방법과 기술적 접근방법, 행태적·인간적 접근방법을 모두 활용하는 종합적 접근방법이 제시되고 있다.

(3) 조직혁신에 대한 저항과 극복방안

① 저항원인

　㉠ 혁신으로 인해 발생하는 기득권의 침해에 대한 저항이 있을 수 있다.

　㉡ 개혁안 내용의 불확실성과 개혁에 대비할 수 있는 능력의 부족으로 저항이 발생할 수 있다.

　㉢ 관료제의 경직성과 보수적 경향으로 저항이 발생한다.

　㉣ 개혁과정의 폐쇄성에 의한 참여 부족이 발생할 수 있다.

　㉤ 국민의 무관심과 비공식적 인간관계의 과소평가로 저항이 발생한다.

　㉥ 개혁에 관련되는 집단 간 갈등 및 대립으로 저항이 발생한다.

　㉦ 매몰비용(sunk cost)이 작용한다.

② 저항의 극복전략

　㉠ **강제적 전략** : 개혁주도세력이 상급자로서의 권한 행사, 물리적인 제재나 압력 사용, 권력구조의 개편 등 강압적인 방법에 의하여 저항을 극복하는 전략이다.

　㉡ **공리적 전략** : 기득권 침해의 최소화, 개혁에 따르는 손실의 보상, 시기와 절차의 조정, 인사상의 우대 등 물질적 유인에 의해 저항을 극복하는 전략이다.

　㉢ **규범적·사회적 전략** : 상위규범의 규범적 가치를 제시하여 설득과 양해를 구하고 참여기회의 확대를 통해 심리적 불안을 해소하고 개혁분위기를 조성하는 등의 방법에 의한 전략이다.

(4) 목표관리(MBO)

① 의의

　㉠ 개념 : MBO(Management By Objectives)란 상하 구성원의 참여과정을 통하여 조직의 공통목표를 명확히 하고, 조직구성원 개개인의 목표를 합의하여 체계적으로 부과하여 수행결과를 사후에 평가하여 환류함으로써 궁극적으로 조직의 효율성을 향상시키고자 하는 관리기법 내지 관리체제이다.

　㉡ 발전 : P. Drucker에 의해 처음 소개되어 경영부문에서 관리방법으로 발달되어 왔고, 1970년 닉슨 대통령에 의해 PPBS의 문제점을 극복하기 위해 연방정부에 도입, 공공부문에까지 채택되었다.

② 과정 및 특징

　㉠ 과정
- 조직목표(상위목표)의 명확화
- MBO 도입을 위한 조직구조의 변경
- 부하목표(하위목표)의 설정
  - 상관에 의한 부하의 목표와 평가기준의 설정
  - 부하에 의한 자신의 목표와 평가기준의 제안
  - 목표에 대한 상관과 부하의 합의
- 업무수행과 중간결과의 평가 및 환류
- 최종결과의 검토 및 평가
- 환류

　㉡ 특징
- 조직구성원 전체의 참여적 관리를 강조한다.
- 자아실현인관과 Y이론적 인간관에 입각하고 있으며, 민주적 관리와 Y이론적 관리를 강조한다.
- 전체 구성원의 유기적인 협조체제의 중요성을 강조한다.
- 예측가능한 결과지향적인 계량적 목표를 중시한다.
- 환류의 중요성을 강조한다.

③ 장 · 단점

　㉠ 장점
- 조직활동을 조직의 목적성취에 집중시켜 조직의 효과성을 높인다.
- 자아실현인관에 기초하여 조직목표와 개인목표를 통합시킨다.
- 참여적 방법에 의한 관리체제를 통해 조직의 민주화를 실현하고, 조직의 인간화를 통해 조직발전에 기여한다.
- 갈등의 요인 등 관리상의 문제를 인지하고 개선하여 목표 · 역할의 갈등 · 대립을 감소시킨다.

문. 다음 중 목표관리(MBO)에 관한 설명으로 옳지 않은 것은?
▶ 2005. 4. 24 중앙인사위원회

① 목표설정과정에서 하부 구성원을 참여시킴으로써 동기부여 및 사기앙양에 도움이 된다.
② 주먹구구식 관리가 아니라 비능률적 관리행위를 배격하며, 성과와 능률을 중시한다.
③ 기대되는 계획과 목적을 달성하는 데 필요한 정책대안과 지출을 묶어 모든 활동들을 평가하고 실체를 상세히 규명하도록 한다.
④ P. Drucker에 의해 소개되었으며, 닉슨 대통령에 의해 미국연방정부에 도입된 바 있다.

☞ ③

문. 정부 성과평가에 대한 설명으로 옳지 않은 것은?
▶ 2013. 7. 27 안전행정부

① 성과평가는 개인의 성과를 향상시키기 위한 방법을 모색하기 위해서 사용될 수 있다.
② 총체적 품질관리(Total Quality Management)는 개인의 성과평가를 위한 도구로 도입되었다.
③ 관리자와 구성원의 적극적인 참여는 성과평가 성공에 있어서 중요한 역할을 한다.
④ 조직목표의 본질은 성과평가제도의 운영과 직접 관련성을 갖는다.

☞ ②

- 조직구성원으로 하여금 업무계획을 수립하게 하고, 계획의 집행에 도움을 준다.
- 목표에 입각한 업적평가의 객관적 기준과 책임한계를 밝혀준다.
- 구성원의 참여로 사기진작에 공헌한다.
- 분권적, 협의적, 민주적 관리방식으로서 관료제의 부정적 측면을 완화한다.

ⓒ 단점

- 복잡하고 변화가 급격한 환경 속에서는 명확한 목표설정이 어렵다.
- 관리상황이 불확실하면 목표달성을 기대하기가 어렵다.
- 실현가능성에 대한 욕구에 집착하는 나머지 장기적·질적 목표보다 단기적·양적 목표에 치중한다.
- 운영에 많은 시간이 소요되고 목표에 대한 성과의 측정이 어렵다.
- 권력성·강제성을 띤 조직에는 적용하기 어렵다.
- 복잡한 절차로 인한 형식주의, 문서중심주의 등의 현상이 초래된다.

④ MBO와 PPBS 및 OD와의 비교

㉠ MBO와 PPBS의 비교

- 유사점 : 목표설정을 중시하며, 목표성취를 위한 실천계획을 마련하고, 결과에 대한 평가를 강조한다는 점 등을 들 수 있다.
- 차이점

구분	MBO(목표관리)	PPBS(계획예산제도)
기획기간	단기적, 부분적(보통 1년)	장기적, 종합적(보통 5년)
구조	분권적, 참여적 계선기관	집권적, 체제적 참모기관
전문성	일반적 관리기술	분석적 전문기술(체제분석)
프로그램	내적이고 산출량에 치중	외적이고 비용·편익에 치중
적용범위	부분적, 개별적, 후원적	종합적 자원배분
본질	관리기술의 일환	예산제도개혁의 일환
기획책임	분산	집중

㉡ MBO와 OD의 비교

- 유사점
  - Y이론적 인간관 내지 자아실현인관에 입각하여 민주적 관리전략을 강조
  - 결과지향적 목표의 추구
  - 인간발전의 중시
  - 개인과 조직의 목표의 조화·통합 중시
  - 조직전체의 유기적인 협조체제의 강조
  - 최고관리층의 이해와 지원이 요구
  - 평가와 환류 중시

문. MBO(목표관리)의 이념 또는 장점이라고 할 수 없는 것은?

▶ 2002. 1. 27 중앙선거관리위원회

① 목표의 효과성 제고
② 예산편성의 민주화에 기여
③ 참여에 의한 인사관리의 민주화
④ 외부전문가의 유입으로 객관적 진단 가능

☞ ④

문. 다음 중 목표관리(MBO)와 조직발전(OD)의 공통점이 아닌 것은?

▶ 2001. 4. 1 대구광역시

① 평가와 환류기능을 중시한다.
② 참여지향성을 띤다.
③ Y이론적 관리전략을 지닌다.
④ 장기적 효율성을 제고한다.

☞ ④

문. 조직발전(OD)에 대한 다음 설명 중 적절하지 않은 것은?

▶ 2009. 5. 23 부산광역시 소방직

① 조직발전은 구조, 형태, 기능 등을 바꾸고 조직의 환경변화에 대한 대응능력과 문제해결능력을 향상시키려는 관리전략이다.
② 심리적 요인에 치중한 나머지 구조적·기술적 요인을 경시할 우려가 있다.
③ 외부의 전문가들이 참여하는 하향적 관리방식이다.
④ 감수성훈련은 조직발전의 주요 기법 중의 하나이다.

☞ ①

문. 목표관리의 특징으로 옳지 않은 것은?

▶ 2002. 1. 27 중앙선거관리위원회

① 분권화 및 참여 강조
② 자기실현적 인간관
③ 권위주의적 행정문화
④ 조직을 개방적 유기체로 이해

☞ ③

• 차이점

구분	MBO(목표관리)	OD(조직발전)
성향	단순성(환경에의 적응능력에 무관심)	다각적 성향(환경에의 적응능력이 중요)
관리의 주요 내용	상식적 관리기법	인간의 행태변화(감수성 훈련)
목적	단기적 목표성취와 관리기법변화(가치관, 태도변화에 무관심)	전반적 발전을 통한 실적과 효율성의 제고(가치관, 태도변화에 관심이 큼)
추진층	상향적(상부에 지휘본부가 없다)	하향적(최고층의 의지에 추진되고 추진본부가 있다)
추진자	계선기관, 실무자	외부전문가의 유입
계량화	중시	계량화 무관, 행태변화에 관심

Section 2

조직발전(OD : Organization Development)

(1) 의의

① **개념** … 조직의 효과성과 건전성을 높이기 위해 조직 구성원의 가치관, 태도, 신념 등을 변화시켜 조직의 환경변화에 대한 대응능력과 문제해결 능력을 향상시키려는 계획적·복합적인 교육전략을 말한다. 조직의 인간적 측면에 주목하는 조직혁신전략이며, 행태과학의 성과와 기법을 적극적으로 활용한다.

② **목적**
  ㉠ 환경변동에 대한 대응능력을 증진시킴으로써 조직의 유지·통합·문제해결능력의 향상에 기여한다.
  ㉡ 조직의 쇄신성과 창조성을 향상시켜 효과성과 건전성을 제고한다.
  ㉢ 개방적인 분위기의 조성과 계층제적 조직의 경직성 타파에 기여한다.
  ㉣ 조직의 협동노력을 극대화하여 갈등을 해소한다.

③ **특징**
  ㉠ 인위적·계획적 변화과정이다.
  ㉡ 행태과학적 지식과 기법의 활용을 통한 조직혁신이다.
  ㉢ 구성원의 가치관 및 태도 등을 변화시키려는 규범적인 교육전략이다.
  ㉣ 과업수행기능보다는 대인관계능력에 역점을 둔다.
  ㉤ 행태과학의 지식을 지닌 조직발전 전문가의 도움을 받는다.
  ㉥ 평가 및 환류가 중시되는 지속적 순환과정이다.
  ㉦ 최고관리층의 지원과 참여가 중요하다.

문. 다음 중 조직발전(OD)의 성격으로 타당하지 않은 것은?
▶ 2001. 3. 25 울산광역시
① 조직의 효과성과 능률성을 증진하고자 한다.
② 계획적인 조직구조의 변화를 위한 노력이다.
③ 행태과학의 전문적 지식이나 기법을 활용한다.
④ 구성원의 행태 변동에 초점을 둔다.
⑤ 관리자의 기술과 능력 변화에 초점을 둔 노력이다.
☞ ⑤

ⓞ 자아실현인관에 입각하여 조직구성원의 자율성과 참여에 중점을 둔다.
ⓩ 개인의 행태변화가 궁극적으로 조직의 효과성 제고를 유발한다는 전제하
에 개인의 목표와 조직의 목표의 조화·통합을 추구한다.
ⓒ 평가기준은 조직의 생존·적응·성장·통합·목표달성 등을 위한 능력이다.

④ 과정
　㉠ 문제의 인지 : 조직발전의 필요성을 인지하고 조직발전을 위한 자료를 수
　　집하는 단계이다.
　㉡ 조직의 진단 : 외부 조력자의 도움을 받아 문제점을 객관적으로 진단하는
　　단계이다.
　㉢ 대안의 작성과 선택 : 대안의 장·단점을 비교하고 전략과 실시대안을 마
　　련하는 단계이다.
　㉣ 실시 : 선택된 대안을 실시하는 단계이다.
　㉤ 평가 및 환류 : 실시된 내용을 평가하고 이를 환류시켜 재투입하는 단계이다.

(2) 조직발전의 기법

① 감수성훈련(실험실훈련, T-Group Study)
　㉠ 개념 : 행태과학의 지식을 이용하여 구성원의 가치관을 변화시키는 기법
　　으로서 조직에 있어서의 개인의 역할이나 조직목표를 잘 인식시켜 조직
　　개선에 기여하게 하려는 것이다.
　㉡ 특징
　　• 경험과 감성을 중시하고 행동 가능한 능력배양에 역점을 둔다.
　　• 참여자들이 스스로 행동을 반성하고 그 영향을 평가할 수 있는 상황을
　　　마련한다.
　　• 훈련집단이 자체 분석의 대상이 되어 새로운 대안을 참여자들이 자율적
　　　으로 탐색할 수 있도록 외부와 차단된 실험실에서 1～2주간 실시한다.

② 관리망훈련
　㉠ 개념 : 감수성훈련을 발전·확대시킨 포괄적 접근방법으로서 Blake와
　　Mouton이 개발한 기법으로 개인 및 집단 간의 관계개선 및 전체조직의
　　효율화가 연쇄적으로 진행될 수 있도록 하는 체계적·장기적·종합적 접
　　근방법이다.
　㉡ 관리유형 : 생산에 대한 관심과 사람에 대한 관심의 이원적 변수에 의거하
　　여 빈약형·친목형·조직인형·권위복종형·단합형 관리 등으로 구분하
　　고, 이 중 계획적이고 체계적인 훈련을 통하여 단계적으로 사람과 생산
　　의 관련성을 극대화하려는 단합형 관리를 가장 바람직한 관리유형으로
　　본다.

③ 작업집단발전 … 개인이 작업집단에 대하여 무관심한 경우 발생할 수 있는
조직목표달성에의 장애요인을 제거하기 위해서 마련된 기법으로서 적절한
리더십과 팀의 형성, 갈등의 효과적인 관리 및 개방적인 의사소통을 통하여
작업집단의 발전을 도모한다.

④ **과정상담** … Argyris가 개발한 기법으로, 개인 또는 집단이 조직 내의 과정적 문제를 지각하고 이해하며 해결할 수 있도록 하는 외부상담자에 의한 조직발전기법이다.

⑤ **태도조사환류기법** … 전체조직을 설문지로 조사하여 얻은 자료를 설문지를 제출한 사람들에게 다시 환류시키는 기법으로 모든 작업집단의 구성원들에게 자료를 환류시키는 것이 특징이다.

(3) 조직발전의 성공요건과 한계

① 성공요건
  ㉠ 개혁을 요구하는 조직 내외의 압력이 있어야 하며 내부적으로도 개혁의 분위기가 조성되어야 한다.
  ㉡ 최고관리층의 지원하에 장기적 안목으로 추진되어야 하며 최고관리층부터 시작해야 한다.
  ㉢ 조직발전 전문가와 조직구성원과의 긴밀한 협조관계가 있어야 한다.
  ㉣ 결과에 대한 적절한 보상제도가 마련되어야 한다.
  ㉤ 계속적인 평가가 뒤따라야 한다.
  ㉥ 모든 계층의 조직구성원이 조직발전에 대한 의욕을 가지고 자발적으로 참여할 수 있어야 한다.

② 한계
  ㉠ 접근방법상의 한계
  • 조직의 인간적 · 사회적 동태에 집착하여 구조적 · 기술적 요인을 간과하거나 소홀히 다루는 경향이 있다.
  • 인간에 대한 협동적 모형을 기초로 한 반관료제적 모형으로 권력 · 강제 · 경쟁을 배척하기 때문에 보편성을 상실하여 편견에 사로잡히기 쉽다.
  • 장기적 노력이 필요하므로 많은 비용과 시간이 소요되며 다수의 조직발전 전문가를 요구한다.
  ㉡ 실천상의 한계
  • 외부전문가에 대한 의존성으로 그의 독선이 가능하고, 훈련참가자의 개방적 태도의 한계와 훈련효과 지속성의 한계가 있다.
  • 인간의 피동성과 타율성을 간과하고 있다.
  • 조직발전의 노력과 아울러 다른 조직개혁의 노력을 통합적으로 추진하지 않으면 일관성 없는 결과를 초래한다.
  ㉢ 정부부문의 한계
  • 관료제 내에서의 복잡한 과정과 절차의 경직성으로 인해 사업집행의 적시성을 기하기 어렵다.
  • 최고관리층의 빈번한 교체는 단기적 성과를 추구하는 행태를 일반화하여 일관성 있는 사업집행을 곤란하게 한다.

Section 3 조직의 동태화

(1) 의의

① 개념 … 조직이 환경변화에 신축성 있게 적응하고 끊임없이 제기되는 새로운 행정수요를 충족시킬 수 있도록, 경직화된 수직적 구조의 관료제조직으로부터 변동대응능력을 가진 쇄신적 조직으로 전환시켜 문제해결중심의 협동체제(Adhocracy)를 구성해 나가는 과정을 의미한다.

② 필요성 … 관료제 조직의 경직성과 정태성으로 인해 오늘날 조직환경의 급격한 변화에 잘 적응하지 못한다. 그러나 오늘날의 조직이 다루어야 할 과제는 고도의 전문성을 요구하기 때문에 변동대응적 조직구조의 설계가 필요하다.

③ 동태적 조직의 특징
　㉠ 높은 수준의 수평적 분화와 낮은 수준의 수직적 분화
　㉡ 분권적인 의사결정 즉, 전문성에 따른 의사결정으로 인한 상대적으로 낮은 수준의 복잡성·공식화
　㉢ 강한 비정형성과 전문성
　㉣ 신축성·융통성의 유지
　㉤ 불완전한 계층제(상층부는 위원회의 형태)

(2) 조직의 동태화 방안

① 구조적 측면 … 변화하는 환경에 대응하기 위해 신축성과 기동성을 염두에 두고 조직한다. 이를 위해 대과대국주의를 지향하고 Project Team, Task Force, Matrix조직, 담당관제, Link Pin 등의 Adhocracy를 적극적으로 활용한다.

② 인간관리적 측면 … 조직인의 개성과 창의성을 존중하기 위해 Y이론적 인간관리, 하의상달방식의 의사전달, 참여촉진을 위한 MBO 등의 제도도입, 분권화의 촉진, 민주형의 리더십 등을 강조한다.

③ 가치관 측면 … 개인의 능력발전을 위해 업적본위의 인사행정, 합리적인 교육훈련, 능력발전의 목적에 입각한 근무성적평정제도의 합리적 운영, 인사교류제도의 효율적 이용을 강조하고 아울러 발전지향적 가치관으로서 기획중심주의와 모험주의로의 쇄신을 필요로 한다.

문. 다음 중 동태적 조직의 특성이 아닌 것은?

▶ 2005. 5. 1 전라남도

① 높은 집권화　② 낮은 공식화
③ 높은 대응성　④ 낮은 복잡성

☞ ①

(3) 동태적 조직의 유형(Adhocracy)

① Project Team(특별작업반)

   ㉠ 개념 : 특정 사업을 추진하거나 주어진 과제를 해결하기 위해서 조직 내의 인적·물적 자원을 결합하여 창설되는 동태적 조직으로서, 직무의 상호 연관성이라는 직무상의 횡적 관련을 중시하여, 전통적인 관료제 조직과 공존하면서 여러 기능을 통합하기 위해 조직된 잠정적인 조직이다. 설치시 법적 근거를 요하지 않는다.

   ㉡ 특징 : 조직구성원은 정규부서의 소속을 이탈하지 않고 문제를 해결하여 임무가 종료되면 소속부서에 복귀한다.

   ㉢ 장점
- 비일상적·비정형적 업무에 보다 효과적이다.
- 할거주의의 방지에 도움을 준다.
- 신축성·적응성을 제고한다.
- 횡적 관계의 중시로 전문가의 동기부여에 효과적이므로 극대화된 역량을 발휘할 수 있다.

   ㉣ 단점
- 소속조직의 직위를 이탈하지 않으므로 새로운 과업에서 소극성을 나타낼 수 있다.
- 임시성에 따른 심리적 불안감이 있다.
- 전문성을 경시하는 사회적 풍토에서는 제 기능을 발휘하기가 어렵다.
- 구성원 간 갈등·대립·긴장이 발생하기 쉽다.

② Task Force(전문가조직)

   ㉠ 개념 : 특별한 임무를 수행하기 위하여 각 조직 내의 필요한 전문가를 차출하여 한 사람의 책임자 아래 입체적으로 편성한 조직으로 Project Team에 비해 존속기간이 길고, 보다 대규모의 공식조직이다. 설치 시에는 법적 근거를 요한다.

   ㉡ 특징 : Project Team과는 달리 업무내용이 변경될 수 있고, 차출의 형식이 아닌 전임제로 과업에 참여한다는 점이 특징이다.

   ㉢ 장점
- 외부전문가의 도입 및 활용으로 전문적이고 구체적인 과업수행이 이루어진다.
- 변화하는 행정수요의 정확한 판단으로 문제해결의 합리화를 도모할 수 있다.

   ㉣ 단점
- 일반행정가를 무시하여 행정의 일관성을 저해하기 쉽다.
- 임시성에 따른 심리적 불안감이 야기된다.

문. 애드호크라시(Adhocracy)의 특징이 아닌 것은?
▶ 2002. 5. 12 행정자치부
① 고정된 계층구조가 없다.
② 영구적 부서가 없다.
③ 공식화된 규칙이 없다.
④ 쇄신성·적응성이 없다.
☞ ④

문. 애드호크라시에 대한 설명으로 옳지 않은 것은?
▶ 2003. 6. 1 경상북도
① 의사결정의 분권화
② 기계적 모형
③ 수평적 분화
④ 전문지식
☞ ②

문. 다음 중 동태적 조직의 유형이 아닌 것은?
▶ 2000. 11. 5 경상남도
① Task Force
② Matrix조직
③ 위원회
④ Progect Team
⑤ 사업부제의 구조
☞ ③

🖋 Project Team과 Task Force의 비교

구분	Project Team	Task Force
구조	수평적 조직	수직적 조직
존속기간	임시적 · 단기적 성향 (목표달성 후 해체)	장기적 성향 (목표달성 후 존속경향)
규모	소규모(부문 내에 설치)	대규모(부문 간에 설치)
법적근거	불필요	필요
소속관계	소속기관에서 일시적 차출	전임제
성격	인적 성격	물적 · 조직적 성격
특징	단시일 내에 과업 추진에 적합한 조직	특별업무를 수행하기 위해 임시로 편성한 조직

③ Matrix조직(복합조직, 행렬조직)

  ㉠ 개념 : 전통적인 관료제에 Project Team을 혼합함으로써 수직적 구조와 수평적 구조가 혼합형성된 임시적 · 동태적 조직을 말한다. 조직구성원은 기능구조와 사업구조에 중첩적으로 속하게 되어 다원적인 지휘 · 명령체계에서 중첩적인 지휘와 명령을 받게 된다.

  ㉡ 장점
- 한시적 사업에 신속하게 대처할 수 있다.
- 각 기능별 전문안목을 넓히고 쇄신을 촉진한다.
- 조직구성원들 간의 협동적 작업을 통해 조정과 통합의 문제를 해결한다.
- 자발적 협력관계와 비공식적 의사전달체계의 결합으로 융통성과 창의성을 발휘할 수 있다.
- 인적 자원의 경제적 활용을 도모한다.
- 조직단위 간 정보흐름의 활성화를 기할 수 있다.

  ㉢ 단점
- 책임과 권한한계의 불명확성문제가 제기된다.
- 권력투쟁과 갈등이 발생할 수 있다.
- 조정이 어렵고 결정이 지연된다.
- 객관성 및 예측가능성의 확보가 곤란하므로, 조직상황이 유동적이고 복잡한 경우에만 효과적이다.

④ 담당관제

  ㉠ 개념 : 담당관은 계획을 입안 · 조사 · 연구 · 분석 · 평가하고 행정개선 등을 위한 여러 문제에 관하여 상사를 보좌하는 막료기관으로서, 계선중심 조직의 경직성을 완화하여 행정환경의 변동에 대한 조직의 대응능력을 증진하고 정책수립의 질적 향상을 도모하며 행정의 전문성을 제고하기 위한 목적으로 설립되었다.

문. 매트릭스 구조에 대한 설명으로 옳은 것은?

▶ 2011. 4. 9 행정안전부

① 산출물에 기초한 사업부서화 방식의 조직구조이다.
② 기능구조와 사업구조의 화학적 결합을 시도하는 조직구조이다.
③ 조직구성원을 핵심업무를 중심으로 배열하는 조직구조이다.
④ 핵심기능 이외의 기능은 외부기관들과 계약관계를 통해 수행하는 조직구조이다.

☞ ②

문. 조직 구조 형태의 하나인 복합구조(matrix structure)가 유용하게 쓰일 수 있는 조건에 해당하지 않는 것은?

▶ 2015. 3. 14 사회복지직

① 조직의 규모가 너무 크거나 너무 작지 않은 중간 정도의 크기일 것
② 기술적 전문성이 높고 산출의 변동도 빈번해야 한다는 이원적 요구가 강력할 것
③ 조직이 사용하는 기술이 일상적일 것
④ 사업부서들이 사람과 장비 등을 함께 사용해야 할 필요가 클 것

☞ ③

문. 다음 중 담당관제에 대한 설명으로 옳지 않은 것은?

▶ 2001. 6. 17 경상남도

① 특수한 기술을 사용한다.
② 전문행정관리자이다.
③ 전문화에 기여한다.
④ 일반행정관리자이다.
⑤ 막료조직에 속한다.

☞ ④

   ⓛ **한계** : 참모기능을 충분히 수행하지 못하고 계선기관화되어 왔으며 계선기관에 유사한 업무처리방식이 답습되었고, 승진에 대한 인사압력을 완화시키는 장치로서 주로 이용되어 왔으며, 전문적 지식을 가진 사람이 임용되지 않거나 임시직으로 인식되는 등의 한계가 있다.

 ⑤ **책임운영기관**(Agency)

   ㉠ **개념** : 중앙정부의 집행 및 서비스전달기능을 분리하여 자율성을 부여하고, 그 운영성과에 대하여 책임을 지도록 하는 성과중심의 사업부서화된 행정기관을 말한다.

   ㉡ **특징** : 서비스기능 중심의 특정기능만 전담하는 책임경영조직이며 성과중심의 개방화된 조직이다. 자율성이 보장되고 결과에 대한 책임을 져야 하며 경쟁의 원리를 적용한다.

   ㉢ **적용분야** : 민영화·공사화가 불가능하거나 내부시장을 창출할 수 있는 분야, 독립채산제가 적용가능하고 성과관리가 용이한 분야, 서비스 통합이 필요한 분야에 도입한다.

책임운영기관의 설치 및 구분

구분		소속 책임운영기관	중앙 책임운영기관
조사 연구형 기관	조사 및 품질 관리형기관	국립종자원, 국토지리정보원, 경인지방통계청, 동북지방통계청, 호남지방통계청, 동남지방통계청, 충청지방통계청, 항공기상청	
	연구형 기관	국립과학수사연구원, 국립수산과학원, 국립생물자원관, 통계개발원, 국립문화재연구소, 국립원예특작과학원, 국립축산과학원, 국립산림과학원	
교육훈련형 기관		국립국제교육원, 한국농수산대학	
문화형 기관		국립중앙과학관, 국립과천과학관, 국방홍보원, 국립중앙극장, 국립현대미술관, 한국정책방송원	
의료형 기관		국립서울병원, 국립나주병원, 국립부곡병원, 국립춘천병원, 국립공주병원, 국립마산병원, 국립목포병원, 국립재활원, 경찰병원	
시설관리형 기관		울산지방해양항만청, 대산지방해양항만청, 국립자연휴양림관리소, 해양경찰정비창	
기타 유형의 기관			특허청

 ⑥ **수평구조**(Team 조직)

   ㉠ **개념** : 팀제 조직 또는 대국대과주의는 기존 조직의 최소 단위인 계를 폐지하고, 과 단위를 기본 단위로 하여 조직을 편성하여 운영하는 것이다. 조직구성원을 핵심 업무 과정 중심으로 조직화하는 방법으로 부서 간, 계

문. 책임운영기관에 대한 설명으로 옳지 않은 것은?
▶ 2013. 9. 7 서울특별시
① 책임운영기관은 집행기능 중심의 조직이다.
② 책임운영기관의 성격은 정부기관이며 구성원은 공무원이다.
③ 책임운영기관은 융통성과 책임성을 조화시킬 수 있다.
④ 책임운영기관은 공공성이 강하고 성과관리가 어려운 분야에 적용할 필요가 있다.
⑤ 책임운영기관은 정부팽창의 은폐수단 혹은 민영화의 회피수단으로 사용될 가능성이 있다.
☞ ④

문. 책임운영기관에 대한 설명으로 옳은 것은?
▶ 2007. 7. 8 서울특별시
① 구성원은 공무원 신분을 유지한다.
② 예산은 일반회계에 의해 운영된다.
③ 예산의 자율성은 제약되나 인사의 자율성은 확대된다.
④ 성과평가를 위해 기획예산처에 별도의 평가위원회를 둔다.
⑤ 프랑스에서 국방, 보건, 교도소 등 140개 부서를 지정하면서 도입되었다.
☞ ①

층 간 장벽을 허물어 팀워크(teamwork)를 증대하고, 의사결정의 신속화로 조직운영의 역동성, 자율성, 유연성을 제고하려는 조직형태를 말한다.

ⓛ 대두배경
- 신축적이고 융통적인 환경 대응의 필요성이 증대되었다.
- 기술의 발달로 정보통신 기술에 기초한 조정과 통합이 가능해졌다.
- 고객수요의 기대심리 증가로 경쟁력 확보를 위한 품질, 생산성, 서비스 향상이 요구되었다.
- 구성원의 학습, 자아실현 의지 등 구성원의 의식과 행태가 변화하였다.
- 관료주의, 병리현상의 타파 필요성이 증대되었다.
- 신공공관리론의 영향 : 신공공관리론의 기본적인 개혁 방안인 경쟁성의 강화, 구성원의 자율성 증진 및 고객 중심주의는 팀제의 특성과 일치한다.

ⓒ 특징
- 조직구조가 과업, 기능, 자리에 기반 하지 않고 핵심과정에 기초
- 기본적 구성단위 : 자율팀(self-directed team)
- 핵심과정에 대한 전체적인 책임 : 과정조정자(process coordinator)
- 팀 구성원은 여러 직무를 수행할 수 있게 훈련받음
- 조직의 효과성은 핵심과정별 최종성과지표(고객에의 부가가치), 고객만족도, 종업원 만족도, 재정기여도에 의해 평가

ⓔ 장점
- 동태적 조직운영으로 관료화를 방지하고 조직의 활성화를 추구한다.
- 의사결정단계의 축소로 조직의 기동성 확보된다.
- 자율성 보장, 창의력 발휘로 사기진작과 직무동기 부여에 기여한다.
- 조정의 촉진 : 지식과 정보의 흐름을 활성화시키고 팀원 간 대면적 상호작용을 통해 파벌주의, 개인적 이기주의를 탈피할 수 있다.
- 구성원의 참여 및 팀원의 능력개발에 유리하다.
- 공동 직무 수행을 통한 조직 내 단결심이 강화된다.

ⓜ 단점
- 갈등발생 : 관리자의 능력부족으로 갈등 증폭 가능성이 있다. 특히 기능부서와 사업부서 간의 갈등이 높아진다.
- 법적업무 적용 곤란 : 법적 업무가 명확한 경우에는 적용이 곤란하다.
- 업무의 공동화 : 구성원 중 무사안일자가 있을 경우 업무의 공동화(公同化)가 발생한다.
- 계급제 속성 : 계급제적 속성이 강한 사회에서는 성공하기 어렵다.
- 결정의 지연 : 토론과 논의가 끊임없이 이루어지기 때문에 결정에 많은 시간이 소요된다.

전통적 조직과 팀조직과의 비교

구분	전통적 기능조직	팀조직
조직구조	계층적 / 개인	수평적 / 팀
직무설계	단일 업무	전체업무, 다수 업무
목표	상부에서 주어짐	스스로 찾아내는 데 시간 투여
리더	강하고 명백한 지도자	리더십 역할 공유
지시전달	상명하복, 지시, 품의	상호 충고, 전달, 토론
정보흐름	폐쇄, 독점	개방, 공유
보상	개인주의, 연공주의	팀, 능력위주
책임	개인 책임	공동 책임
평가	상부 조직에 대한 기여도로 평가	팀이 의도한 목표달성도로 평가
업무통제	관리자가 계획, 통제, 개선	팀 자체가 계획, 통제, 개선

⑦ Network 조직

㉠ 개념

- 조직의 자체의 기능은 전략·계획·통제 등 핵심역량위주로 합리화하고, 여타기능은 외부기관과 계약관계를 통해 수행하는 조직구조 방식(out-sourcing, contraction-out)을 말하며, 조직 간의 독립성이 높고 수직적 계층관계를 띠지 않아 공동조직(空洞組織 : hollow org), 느슨하게 연결 – 결합된 조직(loosely-coupled org, 계층관계가 아닌 신축적 독립관계), 수요자 중심의 언더그라운드(underground)조직으로도 불린다.
- 네트워크 구조는 정보통신기술의 발달을 배경으로 등장한 유기적 조직유형의 하나로서, 모든 자산, 지식, 능력이 조직의 여러 곳에 분산되어 있으면서도 필요한 경우에는 언제 어디서나 쉽게 동원할 수 있다. 따라서 모든 단위조직이 동일한 역할을 수행하도록 대칭적인 설계를 고집할 필요는 없다(비대칭적 설계).

㉡ 기본원리

- 공동목적(unifying purpose) : 각 업무 단위마다 목표가 다르고, 규칙과 규제를 조직이 전체적으로 수용하는 전통적 관료조직과는 달리 네트워크 조직은 공동의 조직목표와 목표달성방법을 공유하고 수용한다.
- 독립적인 구성원(independent members) : 각 구성원들이 생산성을 높이고자 타인과 조정하고자 할 때는 언제든지 네트워크를 형성하거나 가입하는 것이 자유롭다. 또한 네트워크 내에서 자신의 능력을 충분히 발휘하며, 최선의 방법으로 업무를 수행할 수 있도록 독립적이다.
- 자발적인 연결(voluntary links) : 네트워크 구조는 다방면의 연결로서 각 구성원들은 타인과 자유롭게 연결될 수 있다. 또한 의사전달 경로가 증가함에 따라 사람들 간의 상호작용은 더욱 빈번해지고, 대인관계가 발전함에 따라 신뢰는 더욱 강화된다.

문. 조직구조의 모형에 대한 설명으로 바르게 연결된 것은?

▶ 2012. 4. 7 행정안전부

㉠ 수평적 조정의 필요성이 낮을 때 효과적인 조직구조로서 규모의 경제를 제고할 수 있다.
㉡ 자기완결적 기능을 단위로 기능 간 조정이 용이하여 환경변화에 대한 대응이 신축적이다.
㉢ 조직구성원을 핵심 업무과정 중심으로 조직화하는 방식이다.
㉣ 조직 자체 기능은 핵심역량 위주로 하고 여타 기능은 외부계약관계를 통해서 수행한다.

---

① ㉠ – 사업구조
② ㉡ – 매트릭스구조
③ ㉢ – 수직구조
④ ㉣ – 네트워크구조

답 ④

- 다수의 지도자(multiple leaders) : 네트워크는 절대적 권한을 가진 지도자보다 역량 있는 다수의 지도자가 필요하다. 즉 네트워크 조직은 한 사람의 지시에 의존하지 않으며 조직 내에서 지도자의 역할은 각 구성원에게 자부심을 주고 업무과정을 전체적으로 추진하는 데 있다.
- 계층통합(integrated levels) : 상하계층이 모두 의사결정에 참여하여 계층 간 통합이 이루어진다. 조직 간 연결과 협력을 강화하는 일은 네트워크조직의 가장 필수적인 요소이다.

ⓒ 특징
- 업무적인 상호의존성이 큼에도 불구하고 내부조직화하거나 강하게 연결됨이 없이 서로 독립적인 조직들이 상대방의 자원을 사용하기 위해 '수직적, 수평적, 공간적 신뢰관계'로 연결된다. 각 조직은 높은 자율성을 갖는다.
- 서비스가 여러 조직 간의 파트너 관계로 생산된다.
- 조직 간에 계층이나 벽이 없어 조직의 수직적 의사전달이나 통제관계들이 수평적 의사전달관계로 대치된다.
- 조직 간에도 형성될 수 있고 조직 내부의 집단 간에도 가능하다.
- 조직 행위자 간의 상호의존성과 관계성이 중시된다.
- 자원이 변동적이고 환경이 불확실할 때 유용하다.
- 네트워크 조직은 분권적이면서 동시에 집권적인 의사결정체제이다.
  - 의사결정의 위임수준이 높다(→ 분권적).
  - 공동목표 추구를 위한 의사전달과 통합수준이 높다(→ 집권적).
- 환경과의 교호작용은 다원적 · 분산적이다.
- 구성단위에 대한 통제는 자율규제적 · 결과지향적이다.
- 다양한 정보기술이 활용됨에 따라 대면적 접촉과 공간적 배치의 필요성이 감소된다.

ⓔ 유형
- 중심 – 주변형(core-peripheral model) : 관리를 담당하는 핵심부문과 업무를 수행하는 주변부문들로 구성된다. 즉, 최고관리층에서 관리와 조정을 담당하고, 주변에서는 분화된 과업을 수행한다.
- 군집형(덩어리형, 꽃송이형, cluster model) : 다수의 독자적인 구성단위들이 잠정적으로 연계하여 이루는 형태로서 준독립적인 조직들의 군집이 시장적 요청에 협동적으로 대응한다.

ⓜ 장점
- 규모의 경제와 높은 기동성 및 자율성의 동시보유
- 직접감독에 따른 지원 및 관리인력 비용의 절감으로 저비용 및 조직의 간소화
- 막대한 초기투자비용이 필요 없으므로 자원의 절약
- 환경변화에 대한 신축적 대응 가능
- 정보통신기술의 실시간 활용으로 시간적 · 물리적 제약의 극복

ⓑ 단점

- 조직의 책임성, 정체성 및 응집력의 약화
- 계약관계에 있는 외부기관을 직접 통제하기가 곤란하며, 주인 – 대리인 문제가 발생하고 조정 및 감시비용의 증가
- 기존 네트워크 내의 관련 조직들의 압력으로 인한 행동의 제약
- 지식이 일방적으로 유출되어 네트워크 파트너가 경쟁자로 변모
- 고도기술과 경제적 영향력을 외부조직에게 넘겨줄 수 있으므로 속이 빈 공동조직으로 전락할 우려
- 조직 경계의 모호성으로 인해 응집력 있는 조직문화 형성이 곤란하고, 구성원의 충성을 기대하기 어려우며 이직률 빈번 발생

⑧ 학습조직

㉠ 개념

- 학습의 일반적 개념은 오랜 역사를 지니고 있으나, 조직에 적용된 것은 그다지 오래 되지 않았다. Senge(1990)는 학습조직(learning organization)이란 규범이 개인적 자치에 의해 결정되고, 업무에 대한 의미 부여와 판단은 관리자가 아닌 전문가인 동료들과의 관계 속에서 이루어지고, 초점은 문제의 발전과 해결, 그리고 개선을 위한 지식의 습득에 두는 조직이라고 한다. 새롭고 개방적인 사고방식이 육성될 것 등의 조건을 구비한 조직이다.
- 학습조직이란 지식을 창출하고 획득하고 전달하는 데 능숙하며, 새로운 지식과 통찰력을 경영에 반영하기 위하여 기존의 행동방식을 바꾸는 데 능숙한 조직이다(Garvin, 1993). Garvin에 의하면 학습조직이 되기 위해서는 새로운 방식으로 사고하고 새로운 지식에 근거하여 행동할 수 있는 능력을 모두 갖추어야만 한다고 한다.

㉡ 학습조직의 구축기반 : Senge(1990)는 학습조직 구축에 필요한 기반을 다음과 같이 5가지로 정리하여 제시하고 있다.

- 전문적 소양(personal mastery) : 조직은 학습하는 구성원들을 통해서 학습한다. 전문적 소양이란 무엇이 중요한지를 규명하고 실체를 보다 분명하게 파악하는 방법을 지속적으로 학습하는 것을 포함한다. 생애를 통해 생활의 모든 측면에 대한 숙련성을 성취하는 것이다(자아실현적 인간).
- 세계관(mental model) : 현실 인식과 행동양식에 영향을 미치는 치밀한 인식유형과 세계를 보는 관점을 의미한다. 학습조직은 지속적으로 구성원의 세계관을 정의하고 테스트하며 개선한다.
- 비전 공유(building share vision) : 조직이 어떠해야 하며 구성원이 무엇을 창조하기 위하여 노력해야 하는가에 대하여 구성원이 가지는 이미지와 영상으로 구성되어 있다. 일체감과 사명에 대한 공감대라고 할 수 있다.
- 팀학습(team learning) : 조직에 걸친 학습의 축소판이라고 할 수 있는 것으로, 구성원이 달성하고자 하는 결과를 만들어내는 팀의 역량을 구축하고 개발하는 과정이다.

문. 네트워크 조직에 대한 설명으로 옳은 것만을 모두 고른 것은?

▶ 2015. 4. 18 인사혁신처

㉠ 구조의 유연성이 강조된다.
㉡ 조직 간 연계장치는 수직적인 협력관계에 바탕을 둔다.
㉢ 개방적 의사전달과 참여보다는 타율적 관리가 강조된다.
㉣ 조직의 경계는 유동적이며 모호하다.

① ㉠㉡   ② ㉠㉣
③ ㉡㉢   ④ ㉢㉣

☞ ②

- 시스템적 사고(systems thinking) : 조직의 노력은 하나의 체제 또는 전체이며 상호 연결된 행동의 보이지 않는 구조로 이루어져 있다고 이해하는 것이다. 시스템적 사고의 적용을 통해 구성원들은 조직이 실제 어떻게 움직이는가를 볼 수 있다. 조직, 환경, 조직에 영향을 미치는 사건들의 상호관련성을 전체적으로 조망할 수 있게 된다.

> **포인트팁** Garvin의 **학습조직** ⋯ 학습조직에는 공유된 비전, 팀워크, 개방성 및 조직의 모든 차원에서의 학습 원칙에 대한 확고한 몰입이 있다. 학습조직이 되기 위해서는 학습과정이 지속적이며 철저해야 한다.
> ㉠ **요건** : 분명한 사명과 비전의 설정, 공유된 리더십과 참여, 실험을 장려하는 문화, 조직의 경계를 넘어 지식을 전파할 수 있는 능력, 팀워크와 협동
> ㉡ **주요 활동** : 체계적으로 문제를 해결, 새로운 접근방법으로 실험, 자신의 경험과 과거 역사에서 배우기, 타 조직의 우수사례(best practice)·지식을 조직 전체로 신속하고 효율적으로 전파

ⓒ **특징** : 학습조직은 문제지향적 학습과정, 집단적 학습의 강조, 의식적 학습의 자극과 규칙, 통찰력과 원리의 모든 수준에서 학습이 이루어지는 병렬적 학습이라는 점과, 학습하는 방법을 학습하는 잠재력을 개발하는 특징을 가지고 있다. 이러한 학습조직은 기본적 방식에서 전통적인 관료제 형태와는 다른 특징을 지니고 있다.
- 개인적인 지식기반 권력 증진
- 체계적이고 조직적인 학습에 우선적 관심
- 미래행동의 기반 구축
- 비공식적인 접촉 장려
- 관계지향성과 집합적 행동 장려
- 부분보다 전체가 중요
- 수평적 조직구조
- 보상체계 도입 : 팀워크와 조직 전체를 강조하는 이윤 공유 보너스 및 지식급제도를 도입

ⓓ **조직학습의 활성화 방안**
- 개인 학습 활동의 활성화
- 비전의 공유
- 학습지원시스템의 구축
- 학습에의 자발적 참여 유도
- 개인학습에서 조직학습으로
- 폐기학습 : 지나치게 정당화·일반화된 지식을 폐기하여 새로운 지식과 행동의 탐색 필요
- 느슨한 조직구조 : 전문성·창조성을 가진 구성원들이 결정의 주도권 갖도록 평면적인 조직구조 필요

문. 전통적인 기계적 조직과 구별되는 학습조직의 특징에 대한 설명으로 옳지 않은 것은?

▶ 2014. 3. 22 지방직

① 기능보다 업무 프로세스 중심으로 조직을 구조화한다.
② 위계적 통제보다 구성원 간의 수평적 협력을 중시한다.
③ 학습조직 활성화에 리더의 역할이 상대적으로 중요하지 않다.
④ 조직의 목표 달성을 위하여 구성원의 권한 강화(empowerment)를 강조한다.

☞ ③

🔖 관료조직과 학습조직과의 비교

구분	관료조직	학습조직
편익	조직적 권력(계층적 권력)	개인적 권력(전문적 권력)
지향	업무	설계
업무배분	원자적 구조(atomistic structure)	관계적 접근
의사결정의 틀	개인적 학습	조직적 학습
미래 행동의 기반	최근의 과거 경험	온라인 학습
업무의 기초	독점적 권한	공동생산
행동	합리적 목적	변화를 위한 학습
변화 발생 상황	조직의 자기정체성 및 안정성	안정적 상태의 상실
업무수행	자율적 행동	집합적 행동(collective action)
목표 확인	계획된 일정 및 단위부서의 통제	공유된 의문과 통합된 인식
관리적 개선 결과	통제된 생산성	강력한 생산성

(4) 동태화의 장·단점과 개선방안

① 장점
- ㉠ 높은 적응도와 창조성을 요구하는 조직의 경우에 적합하다.
- ㉡ 다양한 전문지식을 가진 사람들의 협력을 통한 문제해결을 추구한다.
- ㉢ 과업이 기술적이고 비정형적인 경우 매우 유용하다.
- ㉣ 환경이 급변하거나 유동적인 경우, 또는 조직의 초기발전단계에서 특히 유용하다.
- ㉤ 적응적 유동성, 잠정성, 기동성이 있다.
- ㉥ 인적 자원의 효율적 활용이 가능하고 엘리트의 순환이 촉진된다.

② 단점
- ㉠ 상위자와 하위자 간의 명확한 구분이 없기 때문에 갈등이 존재한다.
- ㉡ 조직구성원들의 대인관계의 문제로 인해 심리적 불안감이 조성될 수 있다.
- ㉢ 관료제에서와 같은 정밀성과 편의성을 결하고 있다.
- ㉣ 조직은 신축성과 아울러 안정성도 요구되므로 행정조직의 획일적인 동태화는 곤란하다.
- ㉤ 편협한 시야와 책임감 결여 등의 전문가조직이 갖는 일반적인 제약이 따른다.

③ 개선방안 … 동태화는 제도의 변경만으로 되는 것이 아닌 조직환경과 동태화의 목적에 대한 조직구성원의 충분한 이해와 협조가 있어야 한다. 그리고 정치적·인간적 요인 및 조직풍토의 영향을 충분히 고려할 필요가 있으며, 계선과 막료 간의 불화가능성을 사전에 조정하고 의사전달의 효율화를 도모해야 할 것이다.

05

조직변동론

1 매트릭스(matrix) 조직구조의 특징으로 옳지 않은 것은?

① 잦은 대면과 회의를 통해 과업조정이 이루어지기 때문에 신속한 결정이 가능하다.

② 구성원들은 다양한 경험을 통해 전문기술을 개발하면서, 넓은 시야와 목표관을 가질 수 있다.

③ 급변하는 환경변화에 탄력적으로 대응할 수 있다.

④ 경직화되어 가는 대규모 관료제 조직에 융통성을 부여해 줄 수 있다.

　♀Advice　매트릭스 구조는 수직적인 기능구조와 수평적인 사업구조를 서로 결합시킨 조직구조로 대면과 회의를 통해 의사소통이 활성화된다는 장점을 가지는 반면 이원적 권한구조로 인해 과업조정이 곤란하고 신속한 의사결정이 곤란하다는 단점을 가지고 있다.

2 조직혁신의 접근방법 중 통솔범위의 재조정, 의사소통망·의사결정권의 재검토, 분권화의 확대 등의 개선을 통해 문제해결능력을 제고시키려는 접근방법은?

① 구조적 접근방법　　　　　　　　　② 기술적 접근방법

③ 과정적 접근방법　　　　　　　　　④ 행태적 접근방법

　♀Advice　**조직혁신의 접근방법**
　　㉠ **구조적 접근방법** : 조직의 구조를 주요 대상으로 하는 접근방법으로 기능·권한·책임의 명확화, 통솔범위의 재조정, 의사소통망·의사결정권의 재검토, 분권화의 확대 등의 개선을 통해 문제해결능력의 제고시키려는 접근방법
　　㉡ **기술적(과정적) 접근방법** : 업무처리·의사결정 등의 합리화를 추구하는 접근방법으로서 주로 과학적 관리법, OR, PERT, 체제분석, 관리정보체제 등이 있음
　　㉢ **행태적·인간적 접근방법**(OD) : 인간행태의 변화를 통하여 조직 전체의 개혁·혁신을 추구하는 접근방법으로서 조직발전(OD)이론과 관련
　　㉣ **종합적 접근방법** : 근래의 조직혁신으로는 구조적 접근방법과 기술적 접근방법, 행태적·인간적 접근방법

Answer　1.①　2.①

3 Blake & Mouton의 관리망 모형의 유형으로 볼 수 없는 것은?

① 무관심형　　　　　　　　　　② 자유방임형

③ 과업형　　　　　　　　　　　④ 타협형

  Advice　② White & Lippitt의 유형이다.

※ **Blake & Mouton의 관리망모형**
ㄱ **무관심형** : 생산과 인간에 대한 관심이 모두 낮아 주로 조직 내 자신의 직분을 유지하기 위한 최소의 노력만 기울이는 유형
ㄴ **친목형** : 인간에 대한 관심은 높으나 생산에 대한 관심은 낮아 인간적인 분위기를 조성하는 데　주력하는 유형
ㄷ **과업형** : 생산에 대한 관심은 높으나 인간에 대한 관심은 낮아 과업에 대한 능력을 중시하는 유형
ㄹ **타협형** : 인간과 생산에 절반씩 관심을 두고 적당한 수준의 성과를 지향하는 유형
ㅁ **단합형** : 생산과 인간에 대한 관심이 모두 높아 조직의 목표달성을 위해 조직과 조직구성원들의 상호의존관계와 공동체 의식을 강조함으로써 조직목표달성을 위해 헌신하도록 유도하는 유형

4 다음 중 동태적 조직의 유형이 아닌 것은?

① 위원회　　　　　　　　　　　② Project Team

③ Task Force　　　　　　　　　④ Matrix 조직

  Advice　**동태적 조직의 유형**
ㄱ **Project Team** : 특정사업을 추진하거나 주어진 과제를 해결하기 위해서 조직 내의 인적·물적 자원을 결합하여 창설되는 동태적 조직으로서, 직무의 상호연관성이라는 직무상의 횡적 관련을 중시하여 전통적인 관료제조직과 공존하면서 여러 기능을 통합하기 위해 조작된 잠정적인 조직이며 설치시 법적근거를 요하지 않음
ㄴ **Task force** : 특별한 임무를 수행하기 위하여 각 조직 내에 필요한 전문가를 차출하여 한 사람의 책임자 아래 입체적으로 편성한 조직으로, Project Team에 비해 존속기간이 길고 보다 대규모의 공식조직이며 설치시에 법적 근거를 요함
ㄷ **Matrix 조직** : 전통관료제에 Project Team을 혼합함으로써 수직적 구조와 수평적 구조가 혼합 형성된 임시적·동태적 조직
ㄹ **담당관제** : 담당관은 계획을 입안·조사·연구·분석·평가하고 행정개선 등을 위한 여러 문제에 관하여 상사를 보좌하는 막료기관으로서, 계선 중심 조직의 경직성을 완화하여 행정환경의 변동에 대한 조직의 대응능력을 증진하고 정책수립의 질적향상을 도모하며 행정의 전문성을 제고하기 위한 목적으로 설립
ㅁ **책임운영기관(Agency)** : 중앙정부의 집행 및 서비스전달기능을 분리하여 자율성을 부여하고 그 운영성과에 대하여 책임을 지도록 하는 성과 중심의 사업부서화된 행정기관

5 조직발전(OD)의 한계로 볼 수 없는 것은?

① 구조적·기술적 요인을 간과하기 쉽다.

② 보편성을 상실하여 편견에 사로잡히기 쉽다.

③ 많은 비용과 시간이 소요된다.

④ 환경변동에 대한 대응성에 약화된다.

  Advice　④ 조직발전은 환경변동에 대한 대응능력을 증진시킴으로써 조직의 유지, 통합, 문제해결능력의 향상에 기여한다.

6 목표관리(MBO)와 조직발전(OD)의 유사점에 관한 내용으로 옳지 않은 것은?

① Y론적 인간관에 입각하여 민주적 관리전략을 강조한다.

② 결과지향적 목표를 추구한다.

③ 환경에의 적응능력에 무관심한 단순한 성향이다.

④ 평가와 환류를 중시한다.

> ♀Advice ③ MBO의 성향이며 OD는 환경에의 적응능력을 중요시하는 다각적 성향이다.
>
> ※ **목표관리(MBO)와 조직발전(OD)의 유사점**
> ㉠ Y이론적 인간관 내지 자아실현인관에 입각하여 민주적 관리전략을 강조
> ㉡ 결과지향적 목표의 추구, 인간발전의 중시
> ㉢ 개인과 조직의 목표의 조화·통합 중시, 조직전체의 유기적인 협조체제의 강조
> ㉣ 최고관리층의 이해와 지원이 요구, 평가와 환류 중시

7 MBO와 PPBS에 관한 설명으로 옳지 않은 것은?

① 기획예산제도인 PPBS는 그 기획기간이 단기적이고 부분적이다.

③ MBO는 일반적 관리기술인 반면 PPBS는 분석② MBO는 분권적이고 참여적인 계선기관 구조를
적 전문기술이다.　갖는다.

④ MBO와 PPBS 모두 목표설정을 중시하며, 목표성취를 위한 실천계획을 마련하고 결과에 대한 평가를 강조한다.

> ♀Advice ① MBO는 기획기간이 보통 1년 정도로 단기적·부분적이며, PPBS는 보통 5년 정도로 장기적·종합적이다.

8 학습조직에 대한 설명으로 옳지 않은 것은?

① 학습조직은 규범이 개인적 자치에 의해 결정되고 업무에 대한 의미부여와 판단이 동료들과의 관계 속에서 이루어진다.

② 학습조직은 지식을 획득하고 전달하는 데 능숙하지만 새로운 지식의 창출에 대해서는 한계를 지닌다.

③ 학습조직은 문제의 발견과 해결, 개선을 위한 지식의 습득에 초점을 둔다.

④ Senge는 학습조직 구축에 필요한 기반으로 전문적 소양, 세계관, 비전공유, 팀학습, 시스템적 사고 등을 꼽았다.

> ♀Advice ② Garvin에 따르면 학습조직은 지식을 창출하고 획득, 전달하는 데 능숙하며 새로운 지식과 통찰력을 경영에 반영하기 위하여 기존의 행동방식을 바꾸는 데 능숙한 조직이라고 볼 수 있다.

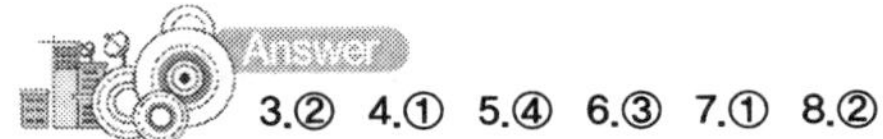

3.② 4.① 5.④ 6.③ 7.① 8.②

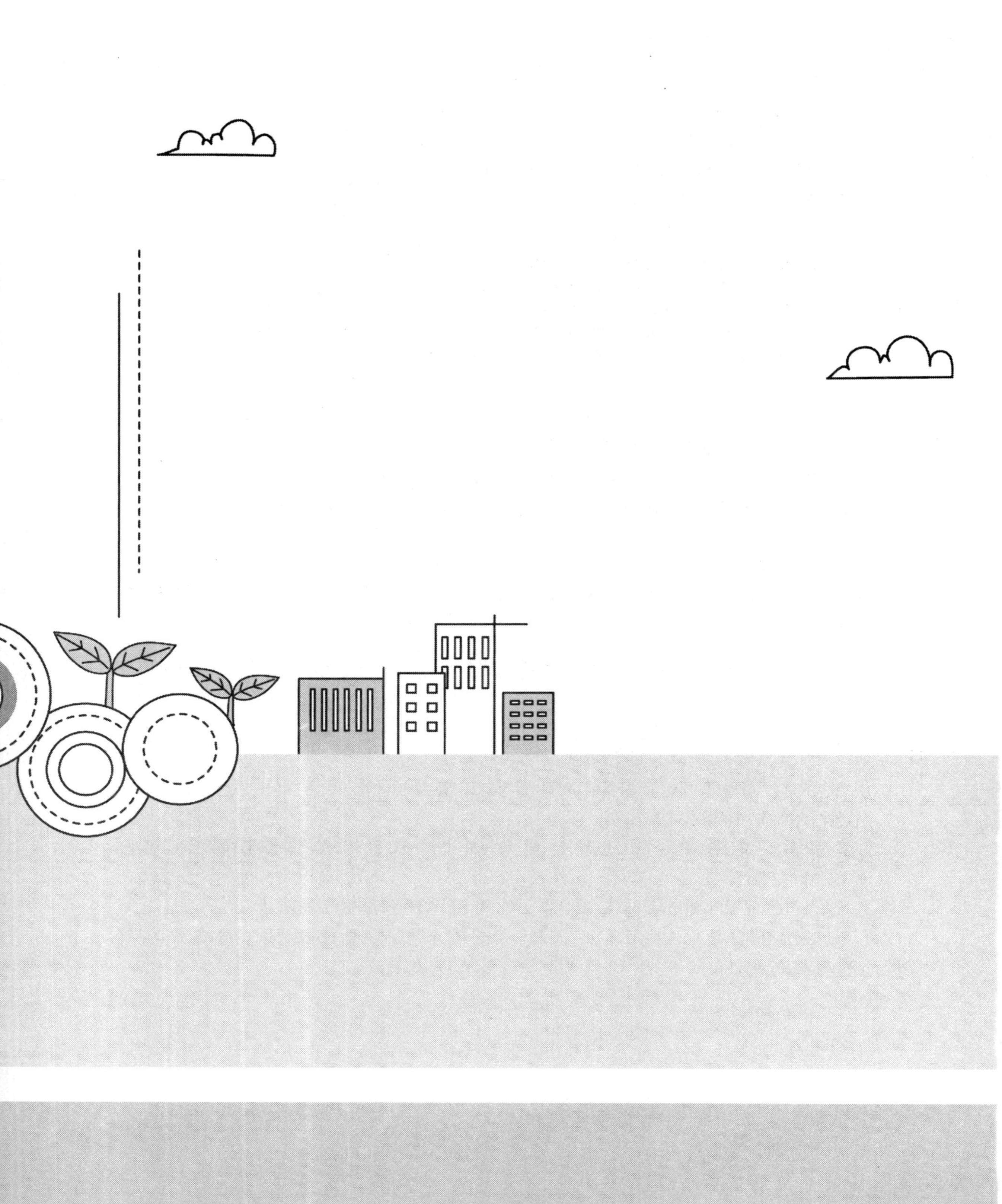

인사행정론

01 인사행정의 기초

Section 1 인사행정의 발전

(1) 인사행정의 의의

① 개념 … 정부의 목표를 효과적으로 달성하는 데 필요한 인적 자원을 동원하고, 동원된 인적 자원의 능력을 개발하고 유지하며 배분하는 관리활동이다.

② 인사행정이 추구하는 기본적 가치
  ㉠ 대응성(국민의 의사존중)
  ㉡ 능률(지식 · 기술 · 능력의 중시)
  ㉢ 개인의 권리(법의 정당한 절차와 신분보장)
  ㉣ 사회적 형평성(인사행정의 공평성)

③ 현대인사행정의 3대 변수
  ㉠ 채용 : 유능한 인재의 적극적 모집과 합리적인 시험 · 임용 및 장기적 인력수급계획이 확립되어야 한다.
  ㉡ 능력발전 : 채용 이후 부여된 직무를 효율적으로 수행하기 위해 교육훈련, 근무성적평정, 승진, 전보 등의 능력발전이 요구된다.
  ㉢ 사기앙양 : 행정목적을 적극적으로 수행하도록 하기 위해 합리적인 보수 · 보상 · 연금제도의 확립과 민주적 인간관계가 요구된다.

Section 2 인사행정의 변천

(1) 엽관주의(Spoils System)

① 의의
  ㉠ 엽관주의 : 복수정당제가 허용되는 민주국가에서 선거에서 승리한 정당이 정당활동에 대한 공헌도와 충성심의 정도에 따라 공직에 임명하는 제도이다. 엽관주의는 미국에서 처음으로 도입된 것으로 선거에서 승리한 정당이 모든 관직을 전리품처럼 임의로 처분할 수 있는 제도를 의미하고, 정권교체와 함께 공직의 광범한 경질이 단행된다.
  ㉡ 정실주의 : 영국에서 발달하였고 엽관주의보다 더 넓은 개념으로 인식되고 있는데, 일단 임용되면 종신적 성격을 띠어 신분이 보장된다는 점에서 차이가 있다.

문. 엽관주의에서 나타날 수 있는 병폐와 가장 거리가 먼 것은?
▶ 2008. 4. 12 행정안전부
① 국민요구에 대한 비대응성
② 공무원 임명의 자의성
③ 정책의 비일관성
④ 행정의 비능률성
☞ ①

② 발전요인

  ㉠ 민주정치의 발전에 따른 평등적 사조는 공직을 대중에게 개방하는 것이 행정의 민주화라는 인식을 보편화하였다.

  ㉡ 정당정치가 발달하였다.

  ㉢ 행정의 단순성으로 인해 전문적인 지식·훈련을 필요로 하지 않았다.

  ㉣ 하위계층의 이해관계를 반영하는 장치가 요구되었다.

③ 장·단점

  ㉠ 장점

- 정당이념의 철저한 실현이 가능하다.
- 관직의 특권화 배제로 인한 평등이념에 부합한다.
- 민주통제의 강화 및 행정의 민주화가 가능하다.
- 공직경질을 통한 관료주의화나 공직의 침체를 방지할 수 있다.
- 중요한 정책변동에 대응하는 데 유리하다.

  ㉡ 단점

- 유능한 인물의 배제로 행정능률이 저하될 수 있다.
- 불필요한 직위남설과 예산낭비가 초래된다.
- 신분보장으로 인한 부정부패의 원인이 제공될 우려가 있다.
- 관료의 정당사병화로 행정의 국민에 대한 책임성이 결여된다.
- 행정의 비전문성과 안정성 미확보의 우려가 있다.

(2) 실적주의(Merit System)

① 의의 … 개인의 능력·실적을 기준으로 정부의 공무원을 모집·임명·승진시키는 인사행정체제이다. 영국에서는 Trevelyan과 Northcote의 보고서가 제안한 개혁안을 기초로 추밀원령에 의해 토대가 구축되었고, 미국에서는 J.M. Garfield대통령의 암살과 Pendelton법의 제정을 계기로 확립되었다. 한국에서는 국가공무원법 제정에 의해 공식화되었다.

> **펜들턴법(Pendelton Act)의 주요 내용**
> ㉠ 인사행정은 상원의 인준을 얻어 대통령이 임명하는 양당적·독립적 인사위원회에 의하여 행해진다.
> ㉡ 임용은 해당 직위에 적합한 능력의 유무를 평가하는 공개경쟁시험에 의한다.
> ㉢ 임용이 확정되기 전에 시보기간을 거친다.
> ㉣ 제대군인에 대한 특혜를 인정한다.
> ㉤ 정당자금의 공납, 정치운동을 금지한다.
> ㉥ 인사위원회는 개선을 위한 건의안을 대통령을 통하여 의회에 제출한다.

② 성립요인

  ㉠ 엽관주의의 폐해를 극복하기 위한 노력이 요구되었다.

  ㉡ 정당정치의 부패가 만연하였다.

  ㉢ 행정국가의 등장으로 인한 행정기능의 양적 증대, 질적 변화로 전문적·기술적 능력을 갖춘 유능한 관료의 필요성이 요구되었다.

문. 다음 기술 중 옳은 것은?

▶ 2007. 7. 8 서울특별시

① 실적주의와 행정의 능률은 관계가 없다.

② 실적주의는 그 기본이념에 있어서 계급제와 일치한다.

③ 엽관주의는 그 폐해가 크기 때문에 오늘날은 어디에서도 도입되지 않고 있다.

④ 19세기 전반 미국의 엽관주의는 재정낭비를 방지하는 데 중요한 기여를 하였다.

⑤ 엽관주의는 행정의 민주화와 관계가 깊다.

☞ ⑤

문. 엽관주의 인사의 단점에 대한 다음 설명 중 가장 옳지 않은 것은?

▶ 2015. 6. 13 서울특별시

① 행정의 안정성을 저해할 수 있다.

② 공무원의 정치적 중립을 저해한다.

③ 행정의 전문성을 저하시킬 수 있다.

④ 행정에 대한 민주적 통제를 약화시킨다.

☞ ④

문. 엽관주의와 실적주의 발전 과정에 대한 설명 중 적절하지 않은 것은?

▶ 2011. 6. 11 서울특별시

① 엽관주의는 정당이념의 철저한 실현이 가능하다.

② 직업공무원제는 직위분류제와 계급제를 지향하고 있다.

③ 엽관주의는 관료기구와 국민의 동질성을 확보하기 위한 수단으로 발전했다.

④ 정실주의는 인사권자의 개인적 신임이나 친분관계를 기준으로 한다.

⑤ 대표관료제는 실적주의를 훼손하고 행정능률을 저하시킬 수 있다.

☞ ②

ⓔ 행정의 능률화, 전문화 요청에 따라 공무원제도 개혁운동이 발생하게 되었다.

③ **내용**

　㉠ 공직취임의 기회균등을 보장한다.

　㉡ 능력·자격·실적 중심의 공직임용을 실시한다.

　㉢ 불편부당한 정치적 중립성 요구한다.

　㉣ 공무원의 신분을 보장한다.

　㉤ 중앙인사기관의 권한을 강화한다.

　㉥ 과학적·객관적 인사행정을 확립한다.

④ **장·단점**

　㉠ 장점

　　• 공직임용의 기회균등으로 사회적 평등 실현이 가능해진다.

　　• 공개경쟁시험 등을 통한 유능한 인재의 임용으로 엽관주의의 폐해 극복 및 행정능률 향상이 기대된다.

　　• 공무원의 정치적 중립 보장으로 행정의 공정성이 확보된다.

　　• 신분보장이 법령에 의해 규정됨으로써 행정의 안정성과 계속성이 확보되어 행정의 전문화 제고 및 직업공무원제 실현이 가능하다.

　㉡ 단점

　　• 시험에 응시할 수 있는 기회의 동일과 고용기회의 평등은 다르다. 즉, 그 대상자가 기존 수혜자 계층구성원에 한정되는 기회균등의 문제가 있다.

　　• 대응성·책임성이 약한 기술 관료적 편협성을 지닌 관료제를 형성하여 민주적 통제가 곤란하다.

　　• 인사행정의 비인간화·소외현상이 야기된다.

　　• 적격자의 선발·임명과정을 중시하여 정실배제에 관심을 가질 뿐, 적극적인 인재유치나 능력발전에 소홀할 가능성이 있다.

　　• 인사권이 중앙인사기관에 지나치게 집중되어 나머지 각 운영기관의 실정에 맞는 독창적인 인사행정이 저해된다.

　　• 인사행정의 형식성·폐쇄성으로 인한 전문가적 무능이 초래될 가능성이 높다.

(3) 적극적 인사행정

① 의의 … 실적주의 및 과학적 인사관리만을 고집하지 않고 경우에 따라 엽관주의를 신축성 있게 받아들이며, 또한 인사관리에 있어서 인간관계론적 요소를 중요한 인사관리방안으로서 적용함을 의미한다. 이는 실적주의 인사행정의 소극성, 비융통성 및 지나친 집권성을 배제하고 적극적·신축적이며 분권적인 인사행정을 하고, 사회 심리적 욕구를 충족시키는 방향의 관리를 수립하는 데 의의가 있다.

문. 다음 중 실적주의의 기본내용 또는 장점과 관련이 없는 것은?
▶ 2004. 3. 21 대구광역시

① 임용상의 기회균등

② 공무원의 정치적 중립

③ 행정의 전문화 촉진

④ 중앙인사기관의 전문성 강화

☞ ④

문. 실적주의 인사행정체제와 가장 관련 깊은 것은?
▶ 2006. 3. 19 대구광역시

① 국민의 요구에 대한 행정의 대응성을 향상시킨다.

② 공무원의 자질과 행정능률을 향상시킨다.

③ 공무원의 일체감과 봉사정신을 강화시킨다.

④ 정부관료제에 대한 정치통제를 강화시킨다.

☞ ②

문. 다음 중 적극적 인사행정에 관한 내용으로 옳지 않은 것은?
▶ 2002. 3. 24 부산광역시

① 인사권의 분권화

② 공무원단체의 인정

③ 실적제와 엽관제의 조화

④ 제대군인에 관한 특례

☞ ④

문. 다음 중 적극적 인사행정방안이 아닌 것은?
▶ 2003. 3. 16 중앙선거관리위원회

① 공무원의 권익 향상을 위한 공무원단체활동의 인정

② 인사권을 중앙인사행정기관에 집중

③ 개방형 계약임용제의 도입

④ 교육훈련을 통한 능력발전

☞ ②

---

② 대두배경

   ㉠ 인사행정의 소극성으로 인한 한계가 있었다.

   ㉡ 인사행정의 비융통성·폐쇄성으로 인하여 전문성이 약화되었다.

   ㉢ 집권성과 같은 실적주의의 결함과 인간을 오직 합리적인 도구로 다루고 감정적 측면을 소홀히 했던 과학적 인사관리의 결함이 있었다.

③ 제도적 방안

   ㉠ 적극적인 인재의 모집이 필요하다.

   ㉡ 고위 정책수립 단위에 엽관주의적 인사를 신축성 있게 적용한다.

   ㉢ 과학적 인사관리의 지양과 통합적 인사관리로 직위분류제 등의 지나친 합리성을 완화시키고, 직무중심과 인간중심의 적절한 통합에 의한 관리를 도모하고, 개인의 능력발전과 조직목표와의 조화를 추구한다.

   ㉣ 인사상담제도, 공무원단체활동 인정, 제안제도 장려, 하의상달적 의사전달 촉진, 민주적 리더십 개발 등 인간관계의 개선이 필요하다.

   ㉤ 장기적 시야에 입각한 인력계획의 사전적·체계적 수립이 필요하다.

   ㉥ 재직자의 능력발전을 위해 교육훈련, 승진, 전직, 근무성적평정제도를 활용한다.

   ㉦ 인사권을 분권화한다.

Section 3 직업공무원제(Career System)

(1) 의의

① 개념 … 현대행정의 고도의 전문화·기술화 및 책임행정의 확립, 재직자의 사기앙양을 위해 중립적·안정적 제도의 요구에 부응하여 나온 인사제도로 영국 및 유럽의 지배적인 제도이다.

② 필요성

   ㉠ 행정의 정치적 중립성 유지를 통해 행정의 안정성·계속성·독립성을 확보하고, 정권교체로 인한 행정의 공백상태를 방지하여 국가의 통일성과 항구성을 유지하는 제도적 장치로서 요구된다.

   ㉡ 공무원의 신분보장으로 사기를 앙양하고 직업의식을 강화하여 행정의 능률성 확보가 필요하다.

   ㉢ 유능한 인재의 유치로 공무원의 질 향상이 필요하다(연령·학력 제한 등).

(2) 직업공무원제의 장·단점 및 확립방안

① 장·단점

   ㉠ 장점

     • 신분보장으로 행정의 안정화에 기여한다.

     • 공직에 대한 직업의식이 확립된다.

     • 정권교체시 행정의 공백상태를 방지할 수 있다.

문. 직업공무원제에 대한 설명으로 옳지 않은 것은?

▶ 2008. 5. 24 상반기 지방직

① 전통적 관료제의 구성 원리와 부합하는 인사제도이다.

② 채용 당시의 직무수행 능력이 장기적인 발전 가능성보다 중요시된다.

③ 행정의 안전성, 계속성, 일관성 유지가 가능하다.

④ 계급제, 폐쇄형 공무원제, 일반행정가주의에 바탕을 둔 제도이다.

☞ ②

문. 인사제도에 대한 설명으로 옳지 않은 것은?

▶ 2013. 7. 27 안전행정부

① 직업공무원제가 성공하려면 우선 공직임용에서 연령 상한제를 폐지하는 것이 필수적이다.

② 대표관료제는 관료들이 출신 집단의 가치와 이익을 대변하리라는 기대에 기반을 둔다.

③ 엽관주의는 국민의 요구에 대한 대응성 향상에 도움이 되는 제도이다.

④ 폐쇄형 인사제도는 내부승진의 기회를 개방형보다 더 많이 제공한다.

☞ ①

- 행정의 계속성과 정치적 중립성 확보에 용이하다.
    - 유능한 공무원의 이직 방지 및 재직자의 사기앙양 촉진에 유리하다.
  ⓒ 단점
    - 공직의 특권화와 관료주의화를 초래한다.
    - 행정에 대한 민주통제가 곤란하다.
    - 일반행정가 중심으로 인해 전문화, 행정기술발전이 저해된다.
    - 유능한 외부인사의 등용이 곤란하다.
    - 학력·연령 제한으로 인한 기회의 불균형이 생길 수 있다.
② 확립방안
  ㉠ 공개경쟁시험, 신분보장, 정치적 중립 등을 이용한 실적주의의 우선적 확립이 필요하다.
  ㉡ 일관성 있고 장기적인 인력수급계획의 수립이 필요하다.
  ㉢ 공직에 대한 사회적 평가의 제고를 위해 공직사회에 만연된 관료부패를 방지해야 한다.
  ㉣ 적정한 보수지급 및 연금수준의 현실화로 생계보장이 이루어져야 한다.
  ㉤ 승진제도의 합리적 운영, 교육훈련의 강화, 각 부처 및 중앙·지방 간의 폭넓은 인사교류를 통한 능력발전의 기회부여 등의 다양한 능력발전제도를 강구해야 한다.
  ㉥ 고급공무원을 양성해야 한다.

(3) 직업공무원제와 실적주의와의 관계

① 공통점
  ㉠ 신분보장이 된다.
  ㉡ 정치적 중립의 위치이다.
  ㉢ 자격·능력에 의한 채용·승진이 가능하다.
  ㉣ 공직임용상의 기회균등이 확보된다.
② 차이점(G. Gaiden)

직업공무원제	실적주의
• 영국, 독일, 프랑스, 일본	• 미국
• 농업사회	• 산업사회
• 계급제	• 직위분류제
• 폐쇄형	• 개방형
• 인간중심	• 직무중심
• 생활급	• 직무급
• 비합리적 인간성	• 합리적 인간성
• 인사배치의 신축성	• 인사배치의 비신축성
• 경력 중시(일반행정가)	• 경력 무시(전문행정가)
• 권한·책임 한계 불분명	• 권한·책임 한계 분명

문. 직업공무원제에 대한 설명으로 옳지 않은 것은?
▶ 2015. 3. 14 사회복지직
① 공무원집단이 환경적 요청에 민감하지 못하고 특권 집단화될 우려가 있다.
② 직업공무원제가 성공적으로 확립되기 위해서는 공직에 대한 사회적 평가가 높아야 한다.
③ 직업공무원제는 행정의 계속성과 안정성 및 일관성 유지에 유리하다.
④ 직업공무원제는 일반적으로 전문행정가 양성에 유리하기 때문에 행정의 전문화 요구에 부응한다.

☞ ④

Section 4  대표관료제(Representative Bureaucracy)

(1) 의의

사회를 구성하는 모든 주요 집단으로부터 인구비례에 따라 관료를 충원하고, 그들을 정부관료제 내의 모든 계급에 비례적으로 배치함으로써 정부관료제가 그 사회의 모든 계층과 집단에 공평하게 대응하도록 하는 제도이다. 즉, 정부관료제가 그 사회의 인적 구성을 반영하도록 구성함으로써 관료제 내에 민주적 가치를 주입시키려는 의도에서 발달된 개념이다.

(2) 기능(정당화의 근거)

① **정부관료제의 대응성 강화** … 대표관료제는 국민의 다양한 요구에 대한 정부의 대응성을 향상시킬 수 있다.

② **책임성 확보** … 외부통제를 보완하는 내부통제제도로서 정부정책에 대한 관료의 책임성을 제고시킬 수 있다. 이는 상징적 · 실제적으로 정부관료제의 정통성을 향상시킨다.

③ **행정의 민주성 확보** … 기회균등의 원칙을 보장함으로써 민주적 이념을 실현하고, 전형적인 관료제적 특성을 지닌 정부 내에 다양한 집단을 참여시킴으로써 정부관료제의 민주화에 기여한다.

④ **행정의 능률성 제고** … 정부가 민주적 · 합리적인 정책결정을 하도록 도와주며, 소외집단의 요구에 대한 정부정책의 대응성을 높임으로써 정책집행을 용이하게 하고 정부활동의 능률성을 향상시킨다. 또한 소외된 집단을 정부에 참여시키고 활용함으로써 유능하고 책임있는 관료를 확보하는 데 도움이 되며, 국가적인 견지에서 인적 자원을 효율적으로 관리하도록 도와준다.

⑤ **사회적 형평성 제고** … 정치체제를 통해 소수집단의 이익을 관료집단이 대표할 수 있다는 점에서 공직임용에 있어서 실질적 기회균등을 보장할 수 있다.

(3) 대표관료제와 실적주의 차이점

① 대표관료제는 인사행정에 사회적 성격을 도입한 것으로 일부 사회집단의 구성원을 우대한다. 반면 실적주의는 가장 우수한 자격자를 선발하고 자격은 중립적으로 규정한다.

② 대표관료제는 집단주의적 접근을 취하고 사회집단들의 필요에 역점을 두는 반면, 실적주의는 개인주의적 접근을 취하여 개인의 자격에 초점을 둔다.

③ 대표관료제원리에 따라 우수한 실적평가 임용후보자가 탈락할 경우, 실적주의는 이를 역차별이며 비능률적이라고 하고, 대표관료제는 부당하게 혜택을 받아온 집단의 불공평한 이득을 제거하는 것이라고 평가한다.

문. 다음 중 대표관료제의 필요성으로 보기 힘든 것은?
▶ 2004. 6. 13 서울특별시

① 정부관료제가 사회 각계각층의 이익을 균형있게 대표할 수 있다.
② 대중통제를 정부관료제에 내재화시킬 수 있다.
③ 각계각층에서 충원하므로 행정의 전문성과 생산성을 높일 수 있다.
④ 대표관료제는 실질적인 기회균등을 가져온다.
⑤ 소외되고 혜택받지 못한 집단의 참여를 증진시켜 준다.

☞ ③

문. 다음 중 대표관료제의 특징이 아닌 것은?
▶ 2005. 5. 1 전라남도

① 관료임용시 능력에 의한 시험방식 선호
② 소외계층 보호를 위한 제도
③ 할당에 의한 임용으로 책임있는 관료제 구성
④ 실적주의의 폐단을 시정

☞ ①

문. 대표관료제와 관련이 적은 것은?
▶ 2013. 8. 24 제1회 지방직

① 양성평등채용목표제
② 지방인재채용목표제
③ 총액인건비제
④ 장애인 고용촉진제

☞ ③

(4) 대표관료제의 문제점

① 관료들의 사회화 과정을 경시한다.

② 상류계급의 공직임용을 제한하게 되는 역차별의 문제가 있고 사회분열이 조장된다.

③ 전문적 능력이 미흡한 인사의 임용으로 전문성·능률성이 저해된다.

④ 외부통제이념과의 모순이 생긴다.

⑤ 공직에 응모할 수 있는 자격과 능력을 기준으로 선발을 결정하는 실적주의와의 상충되는 면이 생긴다.

⑥ 인구비례에 따른 정태적 균형유지의 어려움 등 대표관료제의 실현이 기술상 곤란하다.

⑦ 전체관료들의 정책결정에의 참여를 강조하고 있어 행정의 자율성 및 정치적 중립성을 저해하게 된다.

⑧ 집단이 중심이 되는 집단주의가 강조되고 있어 개인이 중시되는 자유주의의 원칙에 위배된다.

Section 5 중앙인사기관

(1) 의의

① 개념 … 정부 각 기관의 균형적인 인사운영, 인력의 효율적 활용 및 공무원의 능력발전을 위해 정부의 인사행정을 전문적·집중적으로 총괄하여 관리하는 기관이다.

② 필요성

　㉠ 엽관·정실의 개입을 배제하고 인사행정에 대한 공정성, 중립성을 확보하는 데는 강력한 권한을 지닌 인사기관이 필요하다.

　㉡ 공무원의 수적 증가로 인한 집중적 관리를 위해 합리적인 인사기구가 필요하다.

　㉢ 행정수반에게 관리수단을 제공할 목적으로 설치한다.

　㉣ 인사행정의 개혁과 전문화·기술화의 수준을 높이기 위해 집권적 인사기관의 존재가 요청된다.

　㉤ 인사행정의 지나친 분산·할거성을 규제하고 효율적인 조정·통제와 인사행정의 통일성을 기할 수 있는 기관이 요구된다.

(2) 성격 및 기능

① 성격

　㉠ 독립성
- 의의 : 임원의 신분보장, 자주적인 조직권, 예산에 있어 자주성이 보장된 경우를 의미하며, 주로 행정부로부터의 독립과 정실주의의 배제에 중점을 둔다.
- 장점 : 엽관제 배제와 행정부패 방지, 정치권의 압력 방지, 운영과 절차의 객관성·공정성 유지, 인사행정의 계속성 유지 등을 들 수 있다.
- 단점 : 막료기능인 인사를 계선으로부터 독립시켜 책임과 통제가 모호해진다는 점을 들 수 있다.

　㉡ 집권성
- 의의 : 각 부처의 인사기능을 중앙인사기관에 집중시키는 것이다.
- 장점 : 실적주의 확립에 공헌하고, 인사행정의 통일성과 공평성을 기하며, 인사행정에 대한 의회의 통제가 용이하다.
- 단점 : 경직적인 인사행정과 각부의 사기저하를 초래한다. 따라서 중앙인사기관과 각 부처 인사기관 간의 기능상 분업과 협조가 요구된다.

　㉢ 합의성
- 의의 : 중앙인사기관이 위원회 형태로 이루어지는 것을 의미하며, 인사기관이 독립성을 갖는 경우 대체로 준입법권과 준사법권을 가지므로 합의제로 구성한다.
- 장점 : 보다 공평하고 신중한 판단이 가능하고, 이익집단 및 전문가의 의견을 반영할 수 있다.
- 단점 : 책임소재가 불명확하고, 행정수반의 통제가 곤란하다는 점을 들 수 있다.

② 기능

　㉠ 준입법기능 : 국회에서 제정한 법률의 범위 내에서 인사행정 전반에 관한 인사규칙을 제정한다.
　㉡ 준사법기능 : 소청심사위원회에서 징계처분 및 기타 의사에 반하는 불리한 처분에 대한 소청을 합의적으로 결정한다.
　㉢ 집행기능 : 임용, 교육, 훈련, 승진, 보수, 연금 등을 인사법령에 따라 집행한다.
　㉣ 감사기능 : 각 부처 인사행정의 적법성을 검사하고, 시정조치를 취할 수 있는 권한을 가진다.
　㉤ 권고적 보좌기능 : 행정수반에게 인사행정 전반에 걸쳐 권고·보좌하는 기능을 수행한다.

문. 다음 중 중앙인사기관의 기능과 관계가 먼 것은?
▶ 2006. 6. 11 경상남도
① 정실주의 인사의 피해를 배제하고 인사관리의 공정성과 중립성확보
② 인사관리 기술과 인력 운영의 효율화를 통해 각부서 인사관리를 지원
③ 인사행정상 할거주의를 방지함으로서 인사행정의 법정부적 통일성 확보
④ 인사관리에 있어서 인사권자의 뜻을 최대한 반영할 수 있도록 함으로서 행정기관의 집행능력 강화
☞ ④

(3) 우리나라 중앙인사기관

① **인사혁신처**
- ㉠ 의의 : 2014년 11월 정부조직 개편에 따라 새로 설치된 국무총리 직속기관으로 설치된 준독립성 중앙인사기관이다.
- ㉡ 기능 : 종래의 안전행정부로부터 공무원의 인사·윤리·복무 및 연금에 관한 사무를 이관 받아 신설 독립부처로 출범하게 되어 인사행정의 전문성·독립성·집중성이 강화되었다.

② **고위공무원임용심사위원회** … 고위공무원단에 속하는 공무원의 채용과 고위공무원단 직위로의 승진임용 및 고위공무원으로서 적격한지 여부를 심사하기 위하여 인사혁신처에 고위공무원임용심사위원회를 둔다. 위원회는 위원장을 포함하여 5인 내지 7인의 위원으로 고성하며, 위원장은 인사혁신처장이 된다.

③ **소청심사위원회**
- ㉠ 행정기관 소속 공무원의 징계처분, 그 밖에 그 의사에 반하는 불리한 처분이나 부작위에 대한 소청을 심사·결정하기 위하여 인사혁신처에 소청심사위원회를 둔다.
- ㉡ 국회, 법원, 헌법재판소 및 선거관리위원회 소속 공무원의 소청에 관한 사항을 심사·결정하기 위하여 국회사무처, 법원행정처, 헌법재판소사무처 및 중앙선거관리위원회사무처에 각각 해당 소청심사위원회를 둔다.

Section 6 공직의 분류

(1) 경력직과 특수경력직

실적주의와 장기근무를 내용으로 하는 직업공무원제의 적용 여부를 기준으로 경력직과 특수경력직으로 이분하고 있다.

① **경력직** … 실적과 자격에 의하여 임명되어 신분이 보장되며 정년퇴직까지 공무원으로 근무할 것이 예정되는 직업공무원으로서, 정부로부터 보수·신분보장 등의 혜택을 받으며 실적주의의 적용을 받는 공무원이다.

② **특수경력직** … 경력직 이외의 모든 공무원을 말하며, 직업공무원의 대상에서 제외되어 공개채용·신분보장의 적용을 받지 아니한다. 따라서 평생 공무원으로 근무할 것이 예정되지 않고, 정치적이거나 특수한 직무를 수행하기 위하여 임용되는 공무원이다.

문. 인사제도에 대한 설명으로 옳지 않은 것은?
▶ 2012. 4. 7 행정안전부

① 직위분류제는 동일직무에 동일보수를 원칙으로 한다.
② 한국의 공무원제도는 계급제적 토대 위에 직위분류제적 요소가 가미된 혼합형 인사체계이다.
③ 특정직 공무원은 직업공무원제의 적용을 받는다.
④ 비교류형 인사체계는 교류형에 비해 기관 간 승진 기회의 형평성 확보에 유리하다.

답 ④

🖋 경력직과 특수경력직의 구분

구분		기능 및 특징
경력직	일반직	기술·연구 또는 행정 일반에 대한 업무를 담당하며 직군·직렬별로 분류되는 공무원
	특정직	법관, 검사, 외무공무원, 경찰공무원, 소방공무원, 교육공무원, 군인, 군무원, 헌법재판소 헌법연구관, 국가정보원의 직원과 특수 분야의 업무를 담당하는 공무원으로서 다른 법률에서 특정직공무원으로 지정하는 공무원
특수 경력직	정무직	• 선거로 취임하거나 임명할 때 국회의 동의가 필요한 공무원 • 고도의 정책결정 업무를 담당하거나 이러한 업무를 보조하는 공무원으로서 법률이나 대통령령(대통령비서실 및 국가안보실의 조직에 관한 대통령령만 해당한다)에서 정무직으로 지정하는 공무원
	별정직	• 비서관·비서 등 보좌업무 등을 수행하거나 특정한 업무 수행을 위하여 법령에서 별정직으로 지정하는 공무원 • 국회 정책연구위원, 감사원 사무차장 및 국가정보원 기획조정실장, 비서관·비서, 중앙행정기관의 차관보와 담당관 및 실·국장과 부장, 광영 시·도의 정무부단체장 등이 이에 해당한다.

포인트탑 별정직공무원 인사규정 일부개정(2013.12.11 개정)

〇 별정직공무원에 대한 근무상한연령 조정 : 별정직공무원의 근무상한연령은 60세로 하되, 「대통령 등의 경호에 관한 법률」에 따른 별정직공무원에 대해서는 임용권자 또는 임용제청권자가 근무상한연령을 따로 정할 수 있도록 함. 주로 보조업무를 수행하는 비서, 비서관 및 장관정책보좌관의 별정직공무원에 대해서는 근무상한연령을 두지 아니하도록 함.

〈 별정직공무원에 대한 직권면직 및 징계처분 등 신설 : 별정직공무원에 대한 징계처분 또는 징계부과금 부과처분에 관하여는 「국가공무원법」의 징계에 관한 규정을 준용하도록 하고, 별정직공무원을 직권으로 면직하려는 경우에는 미리 면직심사위원회를 구성하여 그 의견을 듣도록 함. 임용권자 또는 임용제청권자가 별정직공무원에 대하여 직권으로 휴직을 명하거나 직권으로 면직하려는 경우에는 그 처분사유를 적은 설명서를 별정직공무원에게 교부하도록 함.

(2) 폐쇄형과 개방형

① 폐쇄형

〇 의의 : 계층구조의 중간에 외부로부터의 신규채용을 허용하지 않는 인사제도로서, 계급의 수가 적어 계급간 승진이 상대적으로 용이하지는 않으나, 승진의 한계는 높은 편이다.

〈 장·단점

• 장점

− 공무원의 신분보장이 강화되어 행정의 안정성 확보에 유리하다.

− 재직공무원의 승진기회가 많아 사기앙양에 유리하다.

− 직업공무원제의 확립에 유리하다.

− 조직에 대한 소속감으로 행정능률이 향상된다.

• 단점

− 공무원 질 저하와 행정침체의 우려가 있다.

　　 – 민주통제가 곤란하다.
　　 – 정책변동시 필요한 인재채용이 곤란하다.
　　 – 기관장의 영향력과 리더십 발휘가 곤란하다.

② **개방형**
　㉠ 의의 : 공직의 모든 계층에 대한 신규임용을 허용하는 인사제도로서 외부 전문가를 중시한다.
　㉡ 장·단점
　　• 장점
　　　 – 외부로부터 유능한 인재등용으로 공무원의 질이 향상된다.
　　　 – 행정의 전문성을 제고할 수 있다.
　　　 – 공직의 유동성을 높여 관료주의화 및 공직사회의 침체를 방지한다.
　　　 – 민주적 통제가 용이하다.
　　• 단점
　　　 – 재직자의 능력발전 저해와 사기 저하의 우려가 있다.
　　　 – 신분불안정으로 행정의 안정성·일관성이 저해된다.
　　　 – 직업공무원제의 확립이 곤란하다.

개방형과 폐쇄형의 비교

특성	개방형	폐쇄형
신분보장	신분불안정(임용권자가 좌우)	신분보장(법적 보장)
신규임용	전 등급에서 허용	최하위직만 허용
승진임용기준	최적격자(외부임용)	상위적격자(내부임용)
임용자격	전문능력	일반능력
배경제도	실적주의, 직위분류제	직업공무원제, 계급제
직원 간 관계	사무적	온정적

③ 양 제도의 관계 … 폐쇄형을 채용하던 국가들이 최근 개방형을 점차적으로 도입하고 있으며, 미국은 **효용성**에 한계를 나타내는 개방형을 폐쇄성의 요소로 점차 확대하고 있다.

(3) 직위분류제와 계급제

① 직위분류제
　㉠ 의의
　　• 개념 : 직무 또는 직위라는 관념에 기초하여 직무의 종류, 곤란도, 책임도 등을 기준으로 하여 직류별·직렬별·등급별로 분류·정리하는 제도이다.
　　• 발전 : 직위분류제는 미국에서 발전되었는데 실적주의의 확립, 과학적 관리법의 행정에의 도입, 보수제도의 합리화 필요성 등이 이 제도의 채택에 영향을 미쳤다.
　　• 특징

문. 개방형인사제도에 대한 설명으로 옳지 않은 것은?
　▶ 2015. 6. 27 제1회 지방직
① 폭넓은 지식을 갖춘 일반행정가를 육성하는 데에 효과적이다.
② 기존 관료들에게 승진 기회가 축소될 수 있다는 불안감을 주고 사기를 저하시킬 수 있다.
③ 정실주의로 전락할 가능성이 있다.
④ 기존 내부 관료들에게 전문성 축적에 대한 자극제가 된다.
☞ ①

문. 다음 중 개방형 직위제도의 도입과 관련이 있는 것은?
　▶ 2003. 6. 15 충청북도
① 능력과 경력의 강조
② 공직사회의 전문성 제고
③ 공무원의 신분보장
④ 승진의 기획 확대
☞ ②

문. 개방형 임용제의 장점으로 보기 어려운 것은?
　▶ 2004. 5. 2 경상북도
① 고객 만족과 행정의 접목
② 행정의 능률성과 신속성 확보
③ 공직의 경쟁적 분위기 조성
④ 전문가에 의한 행정 구현
☞ ②

문. 직위분류제에 있어서 직무의 난이도와 책임의 경중에 따라 직위의 상대적 수준과 등급을 구분하는 것은?
　▶ 2015. 4. 18 인사혁신처
① 직무평가(job evaluati
② 직무분석(job analysis)
③ 정급(allocation)
④ 직급명세(class specification)
☞ ①

- 교육·출신배경·학력과의 관련성이 낮다.
- 개방형 공무원제를 채택한다.
- 형평성과 능률성을 중시한다.
- 과학적 관리법에 입각한 직무분석과 직무평가가 이루어진다.

ⓛ 직위분류제의 수립절차

- 계획의 수립 및 분류담당자 선정 : 분류작업을 위한 법적 근거 마련, 직위분류작업을 담당할 주관기관 결정, 분류대상직위 결정, 분류기술자 확보, 직위분류에 대한 공보활동을 하는 준비작업단계이다.
- 직무기술서의 작성 : 질문지법, 면접법, 관찰법 등에 의하여 분류될 직위의 직무에 대한 객관적 정보를 수집·기록하는 직무조사단계이다.
- 직무분석 : 직무의 종류·성질에 따라 직군·직류·직렬별로 종적으로 분류(직무 자체의 객관화·과학화)한다.
- 직무평가 : 직무의 곤란도·책임도에 따른 횡적 분류, 직위분류제하의 보수표 작성과 관련, 직급·등급이 결정된다.
- 직급명세서 작성단계 : 직급명, 직무내용, 자격요건, 보수, 채용방법 등 각 직급에 대한 특징에 관하여 정의·설명한다.
- 정급단계 : 분류대상 직위를 해당직급에 배정한다.
- 유지 및 관리단계 : 직위분류제 실시에 따른 문제점을 발견하여 해결하고, 변동하는 상황에 따라 분류를 계속 적응시키며 개선한다.

> **포인트탑 직위분류제의 구성요소**
> ㉠ **직위** : 1인의 공무원에게 부여할 수 있는 직무와 책임
> ㉡ **직급** : 직무의 종류·곤란성과 책임도가 상당히 유사하여 채용·보수 기타 인사행정상 동일하게 다룰 수 있는 직위의 군
> ㉢ **직류** : 동일한 직렬 내에서 담당분야가 동일한 직무의 군
> ㉣ **직렬** : 직무의 종류가 유사하고 책임과 곤란성의 정도가 상이한 직급의 군
> ㉤ **직군** : 직무의 성질이 유사한 직렬의 군
> ㉥ **직무등급** : 직무의 곤란성과 책임도가 상당히 유사하여 동일한 보수를 받는 모든 직위로, 직책을 계층화한 것

ⓒ 직무평가방법

- 비계량적 방법
- 서열법 : 직무를 전체적·종합적으로 평가하여 상대적 중요도에 의해 서열을 부여하는 자의적 평가방법으로, 평가작업이 단순·신속, 경제적이다.
- 분류법 : 사전에 작성된 등급기준표에 의해 직무의 책임과 곤란도 등을 파악하는 방법으로, 서열법보다 다소 세련되고 정부부문에서 많이 사용하나 등급정의작업이 곤란하다.
- 계량적 방법
- 점수법 : 직위의 직무구성요소를 정의하고 요소별로 평가한 점수를 총합하는 방식으로, 결과의 타당도·객관도가 높고 이해가 용이하나, 고도의 기술과 많은 시간·노력이 요구된다.
- 요소비교법 : 직무를 평가요소별로 나누어 계량적으로 평가하되 기준직위를 선정하여 이와 대비시키는 방법으로 보수액 산정이 동시에 이루어진다.

문. 직위분류제를 형성하는 기본 개념들에 대한 다음 설명 중 옳지 않은 것은?

> ▶ 2015. 6. 13 서울특별시

① 직급 – 직무의 종류는 다르지만 그 곤란성·책임도 및 자격 수준이 상당히 유사하여 동일한 보수를 지급할 수 있는 모든 직위를 포함하는 것
② 직류 – 동일한 직렬 내에서 담당 직책이 유사한 직무의 군
③ 직렬 – 난이도와 책임도는 서로 다르지만 직무의 종류가 유사한 직급의 군
④ 직군 – 직무의 종류가 광범위하게 유사한 직렬의 범주

☞ ①

문. 역량평가제에 대한 설명 중 옳은 것만을 모두 고른 것은?

> ▶ 2014. 3. 22 지방직

㉠ 일종의 사전적 검증장치로 단순한 근무실적 수준을 넘어 공무원에게 요구되는 해당 업무 수행을 위한 충분한 능력을 보유하고 있는지에 대한 평가를 목적으로 한다.
㉡ 근무실적과 직무수행능력을 대상으로 정기적으로 이루어지며 그 결과는 승진과 성과급 지급, 보직관리 등에 활용된다.
㉢ 조직 구성원으로 하여금 조직 내외의 모든 사람과 원활한 인간관계를 증진시키려는 강한 동기를 부여함으로써 업무 수행의 효율성을 제고할 수 있다.
㉣ 다양한 평가기법을 활용하여 실제 업무와 유사한 모의 상황에서 나타나는 평가 대상자의 행동 특성을 다수의 평가자가 평가하는 체계이다.
㉤ 미래 행동에 대한 잠재력을 측정하는 것이며 성과에 대한 외부변수를 통제함으로써 객관적 평가가 가능하다.

① ㉠㉡㉢　　② ㉠㉢㉤
③ ㉡㉢㉣　　④ ㉢㉣㉤

☞ ②

ⓔ 장·단점

• 장점
  - 보수관계의 합리화, 공정성, 객관성을 확보할 수 있다.
  - 인력계획·임용·인사배치의 공정한 기준이 된다.
  - 훈련수요가 명확하다.
  - 근무성적평정의 기준을 제시한다.
  - 권한과 책임한계가 명확하다.
  - 전문행정가를 양성할 수 있다.
  - 행정의 전문화·분업화를 촉진한다.
  - 예산행정의 능률화를 도모한다.
  - 용어의 통일과 정보자료를 제공한다.
  - 인사행정상의 자의성을 배제할 수 있다.
  - 민주통제가 용이하다.

• 단점
  - 인간관계가 사무적이고 협조와 조정이 곤란하다.
  - 인사배치의 신축성이 곤란하다.
  - 직업공무원제의 수립·확립이 곤란하다.
  - 신분의 임의적 보장으로 행정의 안정성이 저해된다.
  - 일반행정가의 양성이 곤란하다.
  - 협동·조정이 곤란하다.
  - 장기적이고 넓은 시계를 가진 인재양성이 곤란하다.
  - 혼합직에 적용이 곤란하다.

> **포인트팁 직위분류제의 전면적 도입상의 문제점**
> ㉠ 분류대상 직위의 문제
> ㉡ 지나친 세분화·전문화의 곤란
> ㉢ 혼합직의 문제
> ㉣ 기술의 미흡
> ㉤ 사고방식, 가치관의 문제

② 계급제
  ㉠ 개념 : 학력·경력·자격과 같은 공무원이 가지는 개인적 특성을 기준으로, 유사한 개인의 특성을 가진 공무원을 하나의 범주나 집단으로 구분하여 계급을 형성하는 제도이다.
  ㉡ 특징
  • 교육제도와 관련하여 4대 계급으로 구분한 폐쇄형 공무원제이며, 계급에 따라 학력·경력·출신성분·사회적 평가·보수 등의 격차를 둔다.
  • 공직 채용 후 다양한 경험과 지식을 축적시켜 조직 전체 혹은 국가 전반의 시각에서 업무를 파악하고 처리할 수 있는 일반 행정가를 지향한다.

문. 공직의 분류에 대한 설명으로 옳지 않은 것은?
▶ 2013. 8. 24 제1회 지방직

① 계급제는 사람을 중심으로, 직위분류제는 직무를 중심으로 공직을 분류하는 인사제도이다.
② 직위분류제에 비해 계급제는 인적 자원의 탄력적 활용이라는 측면에서 유리한 제도이다.
③ 직위분류제에 비해 계급제는 폭넓은 안목을 지닌 일반행정가를 양성하는 데 유리한 제도이다.
④ 계급제에 비해 직위분류제는 공무원의 신분을 강하게 보장하는 경향이 있는 제도이다.

☞ ④

문. 계급제의 특징으로 옳지 않은 것은?
▶ 2007. 7. 8 서울특별시

① 폐쇄형 인사제도
② 탄력적 인사관리
③ 계급간 구분
④ 직무급 체계
⑤ 일반행정가 지향

☞ ④

ⓒ 장·단점

- 장점
  - 넓은 시야를 가진 유능한 인재의 등용이 가능하다.
  - 행정조정이 원활하다.
  - 신분보장이 강화되고, 인사배치의 신축성 확보가 가능하다.
  - 직업공무원제도의 발달이 촉진되기도 한다.
- 단점
  - 비합리적인 보수체계를 지니고 있다.
  - 상하 간의 의사소통이 곤란하다.
  - 형식주의화 경향, 관료주의화 경향이 있다.
  - 전문가의 양성이 곤란하다.
  - 산업사회에 적용하기가 곤란하다.

문. 계급제와 직위분류제를 비교한 설명으로 옳지 않은 것은?

▶ 2010. 5. 22 상반기 지방직

① 직위분류제가 계급제보다 직업 공무원제도 확립에 더 유리하다.
② 직위분류제가 계급제보다 직무 급의 결정에 더 타당한 자료를 제공할 수 있다.
③ 직위분류제가 계급제보다 전문 행정가의 양성에 더 유리하다.
④ 계급제가 직위분류제보다 탄력 적인사관리에 더 유리하다.

☞ ①

인사행정의 기초

1 직업공무원제를 정립하기 위한 요건에 대한 설명으로 옳지 않은 것은?

① 공직에 대한 높은 사회적 평가가 유지되어야 한다.

② 노력에 대한 충분한 보상과 보수가 적절하게 지급되어야 한다.

③ 승진 · 전보 · 훈련 등 능력 발전의 기회가 공정하게 부여되어야 한다.

④ 젊은 사람보다는 직무경험이 많은 사람을 채용하여야 한다.

> **Advice** **직업공무원제의 정립 요건**
> ㉠ 실적주의의 우선 확립
> ㉡ 젊고 유능한 인재 채용
> ㉢ 적정 보수 및 연금제도 확립
> ㉣ 능력발전을 위한 승진 · 전보 · 훈련
> ㉤ 폐쇄형 인사제도와 계급제 확립
> ㉥ 장기적인 인력계획 수립

2 엽관주의와 실적주의 발전 과정에 대한 설명 중 적절하지 않은 것은?

① 엽관주의는 정당이념의 철저한 실현이 가능하다.

② 직업공무원제는 직위분류제와 계급제를 지향하고 있다.

③ 엽관주의는 관료기구와 국민의 동질성을 확보하기 위한 수단으로 발전했다.

④ 정실주의는 인사권자의 개인적 신임이나 친분관계를 기준으로 한다.

> **Advice** ② 직업공무원제는 일반행정가주의와 계급제를 지향하고 있다.
> ※ **엽관주의와 실적주의** … 엽관주의는 복수정당제가 허용되는 민주국가에서 선거에 승리한 정당이 정당 활동에 대한 공헌도와 충성심 정도에 따라 공직에 임명하는 제도이다. 이에 반해 실적주의는 개인의 능력 · 실적을 기준으로 정부의 공무원을 모집 · 임명 · 승진시키는 인사행정체제이다.

3 직위분류제를 도입하기 위해 직무를 분석하고 평가하여 직무값을 결정하고자 한다. 다음 중 직무평가시 활용되는 평가방법 중에 계량적 방법끼리 묶은 것은?

① 분류법, 요소비교법 　　　　② 점수법, 요수비교법

③ 서열법, 점수법 　　　　　　④ 서열법, 분류법

Advice 직무평가의 방법

㉠ **비계량적 방법**
- 서열법 : 직위의 가치를 종합적으로 평가하여 상하서열을 정한다.
- 분류법 : 직무간 난이도 평가기준인 등급기준표에 입각하여 직무를 해당 등급에 배치한다.

㉡ **계량적 방법**
- 점수법 : 직무구성요소별로 계량적 점수를 부여하여 평가한다.
- 요소비교법 : 기준직무의 평가요소에 부여된 수치에 각 직무평가요소를 상호 대비하여 점수를 매긴다.

4 다음 중 인재할당제, 대표적 관료제에 관한 설명으로 옳지 않은 것은?

① 소외계층의 자생력이 강화된다.
② 공무담임권의 수직적 형평성에 어긋난다.
③ 공무담임권의 수평적 형평성에 어긋난다.
④ 인사권자의 자의에 의해 악용될 수 있다.

Advice ② 사회적 형평은 수평적 형평과 수직적 형평으로 나누어지는데(Atkinson), 수평적 형평이란 동등한 자에 대한 동등한 대우(같은 것은 같게), 즉 서비스 대상인 모두에게 동일한 양의 서비스를 제공하는 것을 의미하고, 수직적 형평이란 동등하지 않는 자의 동등하지 않는 대우(다른 것은 다르게), 즉 개인의 특성에 정도의 차이가 있는 시민에게 공공서비스 배분의 기준이 다르게 적용되어야 한다는 의미이다. 대표관료제(임용할당제)는 사회적으로 불리한 입장에 있는 사람들을 더 우대하는 제도이므로 수직적 형평을 고려했다고 할 수 있다. 따라서 대표관료제는 수평적 형평에 상충되고, 역차별의 문제를 발생시킬 수 있다.

5 다음 중 최근 강조하고 있는 성과중심의 행정과 거리가 먼 것은?

① 부패방지와 직업공무원제의 강화
② 개방적 계약임용제
③ 근무성적평정의 객관화
④ 발생주의 회계방식의 적극활용

Advice ① 최근 강조되고 있는 성과중심의 행정은 부패방지와는 관련이 있다고 볼 수 있다. 그러나 개방형임용제를 통한 행정내부에 경쟁방식을 도입하는 취지이므로 직업공무원제의 강화와는 관계가 없다고 볼 수 있다.

6 다음 중 적극적 인사행정과 가장 관련이 적은 것은?

① 실적주의의 비융통성 보완
② 모집방법의 다양화
③ 정치적 임용의 부분적 허용
④ 정년보장식 신분보장

Advice 적극적 인사행정이란 인사행정의 원칙으로 실적주의의 개념과 범위를 확대하여 엽관주의적 요소 또는 인간관계론적 요소를 신축성 있게 받아들이는 인사관리방안을 말한다. 장기적인 발전 가능성 및 잠재능력을 우선시하므로 정년보장식 신분보장과는 아무 관련이 없다.

Answer 1.④ 2.② 3.② 4.② 5.① 6.④

7 대표관료제에 대한 설명으로 적절하지 않은 것은?

① 국민의 다양한 요구에 대한 정부의 대응성을 향상시킬 수 있다.
② 현대 인사행정의 기본 원칙인 실적주의를 강화시킨다.
③ 정부 관료의 충원에 있어서 다양한 집단을 참여시킴으로써, 정부 관료제의 민주화에 기여할 수 있다.
④ 장애인채용목표제는 대표관료제의 일종이다.

Advice 대표관료제는 수직적 형평성이 제고되는 균형인사 제도로 수평적 형평성이 저해되기 때문에 실적주의와 갈등을 빚는 제도이다.

8 다음 중 엽관주의의 폐단과 관련하여 타당성이 적은 것은?

① 행정의 낭비 초래　　　　　　　② 행정의 안정성 저해
③ 공무원의 정치적 중립 저해　　　④ 민주주의의 이념 저해

Advice **엽관주의** … 복수정당제가 허용되는 민주국가에서 선거에서 승리한 정당이 정당활동에 대한 공헌도와 충성심의 정도에 따라 공직에 임명하는 제도이다. 엽관주의는 미국에서 처음으로 도입된 것으로 선거에서 승리한 정당이 모든 관직을 전리품처럼 임의로 처분할 수 있는 제도를 의미하고, 정권교체와 함께 공직의 광범한 경질이 단행된다.

9 인사행정제도에 관한 설명 중 적절하지 않은 것은?

① 엽관주의는 정당에의 충성도와 공헌도를 관직 임용의 기준으로 삼는 제도이다.
② 엽관주의는 국민의 요구에 대한 관료적 대응성을 확보하기 어렵다는 단점을 갖는다.
③ 행정국가 현상의 등장은 실적주의 수립의 환경적 기반을 제공하였다.
④ 직업공무원제는 계급제와 폐쇄형 공무원제, 그리고 일반행정가주의를 지향한다.

Advice 엽관주의는 정당지도자가 정당충성도와 선거 공헌도에 따라 공무원을 임용하는 제도로 이렇게 임용된 공무원은 자신의 신분을 연장시키기 위해 국민의 요구를 더욱 적극적으로 행정에 반영시킨다. 엽관제도는 대응성, 민주성, 책임성을 제고한다.

10 직업공무원제의 확립방안으로 볼 수 없는 것은?

① 실적주의의 확립　　　　　　　　　② 적정한 보수지급 및 연금수준의 현실화
③ 일관성 있고 장기적인 인력수급계획의 수립　④ 개방형 임용제도의 채택

Advice **직업공무원제의 확립방안**
㉠ 공개경쟁시험, 신분보장, 정치적 중립 등을 이용한 실적주의의 우선적 확립이 필요
㉡ 일관성 있고 장기적인 인력수급계획의 수립이 필요
㉢ 공직에 대한 사회적 평가의 제고를 위해 공직사회에 만연된 관료부패를 방지
㉣ 적정한 보수지급 및 연금수준의 현실화로 생계보장
㉤ 승진제도의 합리적 운영, 교육훈련의 강화, 각 부처 및 중앙·지방 간의 폭넓은 인사교류를 통한 능력발전의 기회부여 등의 다양한 능력발전제도를 강구
㉥ 고급공무원을 양성

11 다음 중 대표관료제의 필요성으로 보기 어려운 것은?

① 정부관료제가 사회 각계각층의 이익을 균형있게 대표할 수 있다.
② 대중통제를 정부관료제에 내재화시킬 수 있다.
③ 각계각층에서 충원하므로 행정의 전문성과 생산성을 높일 수 있다.
④ 대표관료제는 실질적인 기회균등을 가져온다.

✿Advice **대표관료제**(Representative Bureaucracy) … 사회를 구성하는 모든 주요 집단으로부터 인구비례에 따라 관료를 충원하고, 그들을 정부관료제 내의 모든 계급에 비례적으로 배치함으로써 정부관료제가 그 사회의 모든 계층과 집단에 공평하게 대응하도록 하는 제도이다. 즉, 정부관료제가 그 사회의 인적 구성을 반영하도록 구성함으로써 관료제 내에 민주적 가치를 주입시키려는 의도에서 발달된 개념이다.

ㄱ **정부관료제의 대응성 강화** : 대표관료제는 국민의 다양한 요구에 대한 정부의 대응성을 향상시킬 수 있다.
ㄴ **책임성 확보** : 외부통제를 보완하는 내부통제제도로서 정부정책에 대한 관료의 책임성을 제고시킬 수 있다. 이는 상징적·실제적으로 정부관료제의 정통성을 향상시킨다.
ㄷ **행정의 민주성 확보** : 기회균등의 원칙을 보장함으로써 민주적 이념을 실현하고, 전형적인 관료제적 특성을 지닌 정부 내에 다양한 집단을 참여시킴으로써 정부관료제의 민주화에 기여한다.
ㄹ **행정의 능률성 제고** : 정부가 민주적·합리적인 정책결정을 하도록 도와주며, 소외집단의 요구에 대한 정부정책의 대응성을 높임으로써 정책집행을 용이하게 하고 정부활동의 능률성을 향상시킨다. 또한, 소외된 집단을 정부에 참여시키고 활용함으로써 유능하고 책임있는 관료를 확보하는 데 도움이 되며, 국가적인 견지에서 인적 자원을 효율적으로 관리하도록 도와준다.
ㅁ **사회적 형평성 제고** : 정치체제를 통해 소수집단의 이익을 관료집단이 대표할 수 있다는 점에서 공직임용에 있어서 실질적 기회균등을 보장할 수 있다.

12 독립성 중앙인사기관에 대한 특징으로 옳지 않은 것은?

① 임원의 신분보장
② 엽관제 배제와 행정부패 방지
③ 이익집단 및 전문가의 의견반영
④ 정치권의 압력방지

✿Advice ③ 합의성 중앙인사기관의 특징이다.

13 직위분류제의 구성요소로서 직위에 내포되는 직무의 종류, 곤란도, 책임도, 자격요건 등이 상당히 유사하여 채용, 보수 기타 사행정상 동일하게 다룰 수 있는 직위의 집단은?

① 직류
② 직급
③ 직렬
④ 직군

✿Advice ① 동일한 직렬 내에서 담당분야가 동일한 직무의 군
③ 직무의 종류는 유사하지만 곤란도·책임도가 상이한 직급의 군
④ 직무의 성질이 유사한 직렬의 군

Answer 7.② 8.④ 9.② 10.④ 11.③ 12.③ 13.②

02 채용

모집(Recruitment)

(1) 의의

① 개념 … 조직의 목표달성에 기여할 수 있는 인격을 확보하기 위하여 우수한 인력을 유지하는 절차와 과정, 행동을 말한다.

② 방법
  - ㉠ 소극적 모집 : 시험의 사전적 연장으로서 부적격자를 사전에 억제하는 것이다.
  - ㉡ 적극적 모집 : 유능한 인재를 유치하려고 노력하는 것이다.

(2) 적극적 모집

① 필요성
  - ㉠ 선진국 : 높은 고용수준과 사회적 평가의 저하, 상대적 저임금, 승진지체 및 높은 이직률 등으로 적극적 모집이 요구된다.
  - ㉡ 우리나라 및 개발도상국 : 농업사회적 전통으로 공직의 사회적 평가가 높았기 때문에 큰 문제가 되지 않았다. 최근에는 신분보장 및 직업의 안정성으로 인해 공직이 더욱 선호되는 경향이 있어 적극적 모집의 필요성은 크지 않다고 볼 수 있다.

② 모집방안
  - ㉠ 사회적 평가의 제고를 위한 적정한 보수를 지급한다.
  - ㉡ 장기적 시야를 가진 인력계획을 수립한다.
  - ㉢ 시험방법을 개선한다.
  - ㉣ 모집결과에 대한 사후평가를 실시한다.
  - ㉤ 적극적인 홍보에 투자한다.
  - ㉥ 수습 및 위탁교육을 실시한다.
  - ㉦ 신분보장과 연금제도의 합리화를 확보한다.
  - ㉧ 효과적인 능력발전방안을 강구한다.

③ 모집의 요건 … 소극적 요건으로서 연령, 국민·주민, 학력, 적극적 요건으로서 지식·기술, 가치관, 태도가 있다.

문. 다음 중 적극적 모집에 대한 설명으로 옳지 않은 것은?
▶ 2001. 3. 25 울산광역시
① 직원 간의 인간관계를 개선한다.
② 정치적 중립을 강화한다.
③ 외부전문가의 영입을 강화한다.
④ 재직자의 능력발전을 기해야 한다.
⑤ 고위직의 경우에는 정치적 임용을 허용한다.

 답 ②

공무원 임용 시 결격사항〈국가공무원법 제33조〉
㉠ 피성년후견인 또는 피한정후견인
㉡ 파산선고를 받고 복권되지 아니한 자
㉢ 금고 이상의 실형을 선고받고 그 집행이 종료되거나 집행을 받지 아니하기로 확정된 후 5년이 지나지 아니한 자
㉣ 금고 이상의 형을 선고받고 그 집행유예 기간이 끝난 날부터 2년이 지나지 아니한 자
㉤ 금고 이상의 형의 선고유예를 받은 경우에 그 선고유예 기간 중에 있는 자
㉥ 법원의 판결 또는 다른 법률에 따라 자격이 상실 또는 정지된 자
㉦ 공무원으로 재직기간 중 직무와 관련하여 형법에 규정된 횡령, 배임죄를 범한 자로서 300만 원 이상의 벌금형을 선고받고 그 형이 확정된 후 2년이 지나지 아니한 자
㉧ 징계로 파면처분을 받은 때부터 5년이 지나지 아니한 자
㉨ 징계로 해임처분을 받은 때부터 3년이 지나지 아니한 자

Section 2. 시험(Test)

(1) 의의

능력있는 자와 없는 자를 구별하는 가장 성공적 방법으로 알려져 있는 방법으로 잠재적 능력의 측정, 직무수행능력의 예측, 장래의 발전가능성 측정에 그 효용이 있다.

(2) 효용성 확보요건

① 균등한 기회, 공정한 절차와 공정한 기준이 적용되어야 한다.
② 적절한 시험방법이 활용되어야 한다.
③ 대상업무의 수행능력 발견이 필요하다.

(3) 측정기준

① 타당도 … 측정하려는 대상의 내용을 얼마나 충실하고 정확하게 측정하고 있는가를 나타내는 것이다.
　㉠ 유형
　　• 기준 타당도 : 업무수행능력의 정확성
　　• 내용 타당도 : 업무에 필요한 요소에 대한 측정여부
　　• 구성 타당도 : 시험이 이론적으로 구성된 능력요소를 얼마나 정확히 측정할 수 있는가
　㉡ 측정 : 시험성적과 근무성적을 비교해 본다.
② 신뢰도 … 대상을 얼마나 일관성 있게 측정하고 있는가에 관한 타당도이다.
　㉠ 측정 : 동일한 내용의 시험을 반복 시행한 결과가 비슷해야 한다.
　㉡ 제고방법 : 채점의 객관성 향상, 보다 많은 문항수, 시험시간의 적절성

문. 공무원채용시험의 효율성을 높이기 위한 기본적인 요건들 중 타당하지 않은 것은?
▶ 2001. 6. 24 인천광역시

① 시험의 채점이 채점자의 주관적 판단에 좌우되지 않고 시험 외적인 요인에 의하여 영향을 받지 않는 객관성이 필요하다.
② 공직을 수행할 수 있는 개인의 특정 경험을 제고하기 위하여 선험적 사례와 가치지향적 문항을 개발한다.
③ 채용시험은 각자의 능력을 평가하는 측정수단으로서 일관적인 신뢰성이 요구된다.
④ 수험자의 우열을 식별하기 위한 난이도를 통해 문제를 구성한다.
⑤ 직무수행능력을 정확하게 측정하는 타당성 높은 시험을 수행한다.

☞ ②

문. 다음의 채용시험 효용도 중 근무성적평정점수와 관련하여 측정될 수 있는 것은?
▶ 2004. 6. 13 서울특별시

① 실용도　　② 난이도
③ 신뢰도　　④ 타당도
⑤ 객관도

☞ ④

문. "채용시험 성적이 우수한 사람이 근무성적도 높게 나타나야 한다"는 것은 시험의 효용성 측정기준 중 어디에 해당하는가?
▶ 2007. 4. 14 중앙인사위원회

① 타당도　　② 신뢰도
③ 객관도　　④ 난이도

☞ ①

---

③ **객관도** … 채점의 공정성에 관한 것이다. 평가도구·방법의 객관화, 명확한 평가기준의 설정, 공동평가의 종합 등으로 제고

④ **난이도** … 시험의 쉽고 어려움을 조절하여 고른 득점분포를 얻고자 하는 것이다. 득점차의 범위로 측정

⑤ **실용도** … 시험의 경제성, 채점의 용이성, 활용가치 등에 관한 것이다. 시험의 실시·채점·해석·활용의 용이함과 비용·시간·노력 등의 절약으로 측정

(4) 시험의 종류

① **형식에 의한 분류** … 필기시험(객관식, 주관식), 실기시험, 면접, 서류심사로 구분할 수 있다.

② **목적에 의한 분류**
　㉠ 일반지능검사 : 일반적인 지능 또는 정신적 능력을 측정한다.
　㉡ 적성검사 : 잠재적 능력을 측정한다.
　㉢ 성격검사 : 기질적·정서적 특성을 측정한다.
　㉣ 업적검사 : 현재의 지식·기술을 평가·측정한다.
　㉤ 신체검사 : 직무수행에 대한 신체적 적격성을 측정한다.

Section 3 임용

(1) 의의

① **공무원 관계 발생** : 신규채용

② **공무원 관계 변경** : 승진·임용·전직·전보·겸임·파견·강임·휴직·직위해제·정직·복직·강등·파견 등

③ **공무원 관계 소멸** : 면직·해임·파면 등

(2) 임용의 절차

① **채용후보자 명단에 등재** … 시험실시기관의 장은 채용시험에 합격한 자를 채용후보자명단에 등재한다. 6급 이하 공무원 및 기능직공무원의 채용후보자 명부의 유효기간은 2년이다.

② **추천** … 시험실시기관의 장은 채용후보자 명단에 등재된 채용후보자를 임용권을 갖는 기관에 추천

③ **시보임용** … 임용후보자에게 임용예정직의 업무를 상당한 기간 실제로 실행할 기회를 주어 적격성 판정, 적응훈련목적으로 시행하는 제도로서, 부적격자를 나중에라도 배제하려는 것이다.

문. 시보제도에 관한 설명으로서 옳지 않은 것은?

▶ 2003. 5. 11 행정자치부

① 초임자의 적응훈련을 주요 목적으로 하며 주로 신규채용자를 대상으로 실시된다.

② 공무원으로서의 적격성 여부를 판단할 수 있는 기회를 제공한다.

③ 고위관리직 공무원의 신규임용에는 적용되지 않는다.

④ 채용시험의 합격자를 대상으로 실시되기 때문에 정규공무원과 동일한 신분보장을 받는다.

☞ ④

- ㉠ 목적 : 채용후보자의 직업공무원으로서의 적격성 심사, 직무수행능력 평가, 적응훈련
- ㉡ 면제 및 기간단축
  - 시보 공무원이 될 사람이 받은 교육훈련 기간은 이를 시보로 임용되어 근무한 것으로 보아 시보임용을 면제하거나 그 기간을 단축할 수 있다.
  - 다음 각 호의 경우에는 시보임용을 면제한다.
    - 승진소요최저연수를 초과하여 재직하고 승진임용 제한 사유에 해당하지 아니하는 사람으로서 승진예정 계급에 해당하는 채용시험에 합격하여 임용된 경우
    - 정규의 일반직 또는 기능직의 국가·지방공무원이었던 사람이 퇴직 당시의 계급이나 그 이하의 계급으로 임용된 경우
    - 견습직원이 6급 이하의 공무원 또는 기능직공무원으로 임용된 경우
  - ㉢ 신분 : 시보로 임용기간 중에 근무성적이 양호한 경우에는 정규공무원으로 임용한다. 근무성적 또는 교육훈련성적이 불량한 때에는 면직시키거나 면직을 제청할 수 있다. 즉, 신분보장이 되지 않아 소청심사를 청구할 수 없다.
- ④ 보직 … 임용권자 또는 임용제청권자는 소속 공무원의 직급과 직류를 고려, 그 직급에 상응하는 일정한 직위를 부여한다.

(3) 임용의 종류

① 외부임용 … 공개경쟁채용과 특별채용을 이용한다.

② 내부임용
  - ㉠ 수직적 내부임용 : 승진, 강임(동일 직렬 또는 다른 직렬의 하위직급으로 임명)
  - ㉡ 수평적 내부임용
    - 배치전환 : 동일한 계급 내의 수평적 이동을 의미한다(전보, 전직, 전입, 파견근무).
    - 겸임 : 직위 및 직무내용이 유사하고 담당직무 수행에 지장이 없다고 인정되는 경우에 한 사람의 공무원에게 둘 이상의 직위를 부여하는 것을 의미한다.
    - 직무대행 : 공무원이 직급의 변동없이 타직급의 직무를 일시적으로 수행하는 것을 말한다.

문. 우리나라 내부임용제도에 대한 설명으로 옳지 않은 것은?

▶ 2011. 4. 9 행정안전부

① 승급은 같은 계급 또는 등급 내에서 호봉이 높아지는 것을 말한다.
② 전보는 동일한 직급 내에서 보직을 변경하는 것을 말한다.
③ 파면은 연금법상의 불이익은 없으나, 3년 동안 공무원 피임용권을 박탈하는 것을 말한다.
④ 직권면직은 폐직, 과원 등의 경우 임용권자의 직권으로 공무원 신분을 박탈하는 것이다.

☞ ③

02 채용

1 다음에 밑줄 친 부분과 가장 관련이 높은 것은?

> "학생들의 수학능력 평가를 수능시험을 측정해 산출한다면, 측정대상의 의미, 즉 <u>수학능력을 포괄적으로 측정</u>했다고 설명하기 어렵다. 따라서 학생들의 수학능력 평가는 수능은 물론, 학생부, 자기소개서, 면접 등을 포함한 포괄적 요소를 바탕으로 이루어져야 한다."

① 구성타당도　　　　　　　　② 내용타당도
③ 예측타당도　　　　　　　　④ 외견타당도

⚘Advice 내용타당도는 특정한 직위의 의무와 책임에 직결되는 요소들을 시험이 어느 정도나 측정할 수 있느냐에 관한 기준이다.
① 구성타당도는 시험이 이론적으로 구성(추정)된 능력요소를 얼마나 정확하게 측정할 수 있느냐에 관한 기준이다.
③ 예측타당도는 시험에 합격한 사람이 일정 기간 직장생활을 한 다음, 그의 채용시험성적과 업무실적을 비교하여 양자의 상관관계를 확인하는 방법이다.
④ 외견타당도는 어떠한 개념에 대해 지표를 도출할 때, 그 지표에 대해 얼마나 공통적 합의를 이루었는가를 말한다.

2 다음 중 임용후보자에게 임용예정직의 업무를 상당기간 실제로 실행할 기회를 주어 적격성을 심사하고자 하는 것은?

① 전입　　　　　　　　　　② 직무대행
③ 추천　　　　　　　　　　④ 시보임용

⚘Advice 공개채용에 의해 각 부처에 신규공무원이 임용되면 바로 정규공무원이 되는 것이 아니고 일정한 시보기간을 거쳐야 한다. 이 기간의 임용을 시보임용이라 한다.

3 다음 중 공무원 채용에 있어 적극적 모집방안으로 볼 수 없는 것은?

① 시험방법을 개선한다.
② 모집결과에 대한 사후평가를 실시한다.
③ 모집인원을 확대한다.
④ 수습 및 위탁교육을 실시한다.

> **Advice** **적극적 모집방안**
> ㉠ 사회적 평가의 제고를 위한 적정한 보수를 지급한다.
> ㉡ 장기적 시야를 가진 인력계획을 수립한다.
> ㉢ 시험방법을 개선한다.
> ㉣ 모집결과에 대한 사후평가를 실시한다.
> ㉤ 적극적인 홍보에 투자한다.
> ㉥ 수습 및 위탁교육을 실시한다.
> ㉦ 신분보장과 연금제도의 합리화를 확보한다.
> ㉧ 효과적인 능력발전방안을 강구한다.

4 다음 중 공무원 채용시험의 측정기준이 아닌 것은?

① 타당도　　　　　　　　　　② 선험도
③ 신뢰도　　　　　　　　　　④ 난이도

> **Advice** **공무원 채용시험의 측정기준** … 타당도, 신뢰도, 객관도, 난이도, 실용도

5 다음 중 배치전환으로 볼 수 없는 것은?

① 전보　　　　　　　　　　　② 승진
③ 전입　　　　　　　　　　　④ 파견근무

> **Advice** ② 배치전환은 담당직위의 수평적 이동인데, 승진은 수직적인 상향이동이다.
> ※ **수평적 내부임용**
> 　㉠ **전보**: 동일한 직급 내에서의 보직변경
> 　㉡ **전직**: 직렬을 달리하는 임명
> 　㉢ **전입**: 인사관리를 달리하는 기관으로의 수평적 이동 – 국회 · 행정부 · 법원 간의 이동
> 　㉣ **파견근무**: 국가적 사업의 수행을 위하여 공무원의 소속을 바꾸지 않고 일시적으로 타기관이나 국가
> 　　기관 이외의 기관 및 단체에서 근무하는 것

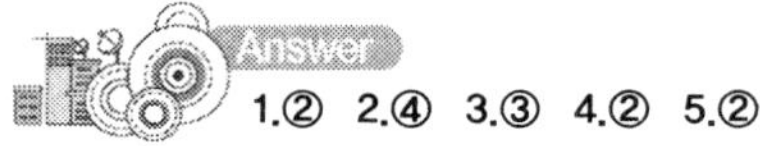

1.② 2.④ 3.③ 4.② 5.②

03

능력발전

Section 1 교육훈련

(1) 의의

급변하는 환경에의 적응을 위하여 직무수행에 필요한 지식과 기술은 물론 가치관과 태도의 발전을 유도하는 인사관리법이다.

(2) 목적과 필요성

① 목적
- ㉠ 직무수행에 필요한 지식·기술 향상으로 생산성을 제고한다.
- ㉡ 가치관·행태 변화를 통하여 인간관계를 개선한다.
- ㉢ 공무원 개인의 능력발전 및 사기앙양을 도모한다.
- ㉣ 공무에만 제한된 직무에 관한 훈련을 실시한다.
- ㉤ 체제안정·유지를 도모한다.
- ㉥ 행정침체의 예방과 행정개혁의 수단으로 삼는다.

② 필요성
- ㉠ 행정기술·가치관·행정윤리의 변화를 꾀한다.
- ㉡ 조직의 쇄신·변혁이 필요하다.
- ㉢ 승진준비와 책임의 확대를 도모한다.
- ㉣ 업무변화에 대한 준비·적응이 필요하다.
- ㉤ 새로운 관리기법의 도입이 요구된다.
- ㉥ 직무의 변동 및 조직목표의 내면화가 요구된다.
- ㉦ 신규채용자의 직장사회화 및 적응을 위함이다.

(3) 내용

① 종류
- ㉠ 신규채용자훈련(기초훈련, 적응훈련) : 신규채용자에게 공무원이 갖추어야 할 직무수행 및 소양교육에 요구되는 기초적 지식을 습득시키고 적응하도록 하는 훈련이다.
- ㉡ 관리자훈련 : 관리자의 지도·감독능력과 정책개발 및 조정능력 등을 향상시켜 행정조직의 목적을 효과적으로 달성할 수 있도록 하는 훈련이다.

     ⓒ **재직자훈련** : 재직공무원에게 새로운 지식 · 기술 · 규칙 · 법령 등의 내용을 습득시키기 위해 정기적으로 실시하는 훈련이다.

     ⓔ **감독자훈련** : 1인 이상의 부하를 지휘 · 감독하는 책임을 지는 감독자를 대상으로 인간관계 · 의사전달 · 인사행정 · 근무성적평정 등의 실무에 관한 기술적인 것들을 훈련하는 것이다.

     ⓜ **정부고유업무 담당자훈련** : 사기업에 존재하지 않는 직책에 있는 사람에게 업무담당 전에 실시하는 전문적인 훈련이다.

     ⓗ **교관훈련** : 교육을 담당하는 실무자를 대상으로 하는 훈련을 말한다.

     ⓢ **윤리교육훈련** : 공무원으로서의 바람직한 가치관과 윤리성 제고를 위한 훈련이다.

② **훈련방법**

     ㉠ **강의** : 강사가 일시에 지식을 전달하는 방법으로 경제적 · 획일적 · 체계적인 방법이다. 그러나 일방적인 지식의 전달, 피훈련자 개개인에 대한 관심의 소홀, 피훈련자의 흥미상실 등의 단점이 있다.

     ㉡ **회의, 토론**(포럼, 패널, 심포지엄, 대담) : 피훈련자들을 회의나 토론에 참여시켜 다양한 견해와 의견을 교환하는 방법이다. 여러 사람들의 의견을 종합할 수 있고 회의진행에 따라 새로운 생각을 유도하며 결론을 내리기 힘든 문제의 해결을 쉽게 하는 반면, 소수만 가능하며 시간이 오래 걸리고 비경제적이다.

     ㉢ **사례연구** : 구체적 · 실제적인 사례를 중심으로 교육하는 것으로, 피훈련자의 참여를 유도하고 응용력 · 문제해결능력을 기를 수 있으나, 시간과 비용이 많이 들고 상황변화시 적용이 어렵다.

     ㉣ **역할연기** : 기대되는 행태유형을 실제로 행동화 하는 것으로 피훈련자의 참여와 감정이입을 촉진하고 태도나 행동을 변경하는 데 효과적이나, 고도의 기술적 사회방법으로 철저한 사전준비가 요구된다.

     ㉤ **현장훈련** : 훈련을 받은 자가 실제 직위에서 일을 하면서 상관으로부터 지도훈련을 받는 것으로, 고도의 기술적 전문성과 정밀성을 요구하는 훈련에 적합하고 실용적이나, 다수인을 동시에 훈련할 수 없고 한정된 분야의 일을 집중적으로 훈련하므로 고급공무원훈련에는 부적당하다.

     ㉥ **시찰** : 현장에서 직접 관찰하게 하여 피훈련자의 시야와 이해력을 넓히는 데 효과적이나 막대한 경비와 시간이 소요된다.

     ㉦ **모의연습**(시뮬레이션) : 피훈련자가 업무수행 중 직면하게 될 가능성이 있는 가상적인 상황을 설정하고 거기에 대처하도록 하는 것이다.

     ㉧ **감수성 훈련** : 피훈련자를 외부환경과 차단시킨 상황 속에서 자신의 경험을 교환하고 비판하게 함으로써 대인관계에 대한 이해와 감수성을 높이려는 현대적 훈련방법으로, 인간관계에 불가결한 가치관 · 태도 · 행동의 변화에 유익하나 다수자의 참여가 곤란하다.

ⓩ 브레인 스토밍 : 인간의 부정적인 측면을 제거하고 두뇌개발이나 창의력을 집중적으로 개발하는 방법이다. 제안된 아이디어에 대한 비판 금지, 자유스러운 분위기 조장, 다량의 아이디어 제안 중시, 아이디어의 모방·통합 및 개선 허락을 기본원칙으로 한다.

Section 2 근무성적평정

(1) 의의

근무성적평정이란 공무원이 일정기간 동안에 수행한 능력, 근무성적, 가치관, 태도 등을 평가하여 재직, 승진, 훈련수요의 파악, 보수결정 및 상벌에 영향을 주는 인사행정상의 한 과정을 말한다.

(2) 용도

① **공정한 인사행정의 기준제공** … 승진·전보·보수지급·훈련·퇴직 등 인사행정의 기초자료를 제공한다.

② **공무원의 직무수행능력발전** … 개개공무원의 능력과 직책이 요구하는 능력을 비교하여 훈련수요를 파악, 개인의 능력발전 또는 인간관계개선이나 업무능률향상을 위해 근무성적평정을 활용할 수 있다.

③ **시험의 타당도 측정기준 제공** … 공무원의 채용시험성적과 임용 후의 근무성적을 비교하여 시험의 타당성 여부를 측정할 수 있다.

(3) 평정방법

① **도표식 평정척도법** … 평정요소를 나열하고 각 평정요소마다 그 우열을 나타내는 척도인 등급을 표시한 평정표를 사용하는 방법이다.

② **사실기록법** … 객관적인 사실에 기초하여 근무성적을 평가하는 방법으로, 산출기록법·주기적 검사법·근태기록법·가감점수법 등이 있다.

③ **서열법** … 피평정자 간의 근무성적을 서로 비교해서 서열을 정하는 방법이다.

④ **체크리스트법** … 공무원을 평가하는 데 적절하다고 판단되는 표준행동목록에 단순히 가부를 표시하게 하는 방법을 통해 공무원을 평가하는 방법이다.

⑤ **강제선택법** … 2개 또는 4~5개의 항목으로 구성된 각 기술항목의 조 가운데서 피평정자의 특성에 가까운 것을 강제적으로 골라 표시하도록 하는 방법이다.

⑥ **인물비교법** … 실제 인물 중 기준이 되는 사람을 등급별로 선정하여 해당 인물과 비교하여 평정한다.

문. 근무성적평정에 관한 다음의 설명 중 옳지 않은 것은?

▶ 2009. 4. 11 서울특별시

① 평정의 착오에 있어 상동적 오차는 평정자가 자기 자산과 성향이 유사한 부하에게 후한 점수를 주는 오차이다.

② 우리나라의 공무원평정에 있어 성과계약평가의 대상은 4급 이상 공무원 및 연구원·지도관이다. 다만, 소속장관이 성과계약평가가 적합하다고 인정하는 경우 5급 이하도 가능하다.

③ 쌍쌍 비교법은 피평정자를 두 사람씩 짝을 지어 비교를 되풀이하여 평정하는 방법이다.

④ 체크리스트 평정법은 공무원을 평가하는 데 적절하다고 판단되는 표준행동목록을 미리 작성해 두고, 이 목록에 가부를 표시하게 하는 방법이다.

☞ ①

문. 근무성적 평정시 집중화, 관대화 경향을 방지할 수 있는 평정방법은?

▶ 2005. 4. 16 강원도

① 행태관찰척도법
② 도표식평정척도법
③ 강제배분법
④ 인물비교법

☞ ③

문. 근무성적평정방법 중 집단평정법에 대한 설명으로 틀린 것은?

▶ 2005. 10. 16 서울특별시

① 평정에 감독자, 동료, 부하 등 다양한 사람들이 참여한다.
② 참여의 범위가 크면 클수록 정확성을 높이는 데 유리하다.
③ 소수인의 편견을 배제할 수 있다.
④ 평가자 개인 간의 편차를 줄임으로써 신뢰도를 높일 수 있다.
⑤ 평정에의 관심과 지지를 높일 수 있다.

☞ ②

⑦ **직무기준법** … 직무수행기준을 설정하고 피평정자의 직무수행을 이 기준과 비교함으로써 평정하는 방법이다.

⑧ **강제배분법** … 피평정자들의 성적 분포가 과도하게 집중되거나 관대화되는 평정상의 오류를 방지하기 위해 평정점수의 분포비율을 획일적으로 미리 정해 놓는 방법이다. 피평정자가 많을 때에는 관대화 경향에 따르는 평정오차를 방지할 수 있으나, 평정대상 전원이 무능하거나 유능한 경우에도 일정비율만이 우수하거나 열등하다는 평정을 받게 되어 현실을 왜곡하는 부작용이 초래될 수 있다.

⑨ **집단평정법(다면평정)** … 평정에 관련된 여러 사람(감독자뿐만 아니라 동료, 부하평가를 병행)이 평가자로 참여하여 평가의 객관성 및 신뢰도를 높이고자 하는 제도이다(종합적 · 입체적인 평가).

　㉠ **장점**
- 조직의 권위적 관리를 규제한다.
- 무임승차하려는 행태를 억제할 수 있다.
- 정실주의를 차단한다.
- 동기부여를 할 수 있다.
- 평정에의 관심도와 지지도를 높일 수 있다.

　㉡ **단점**
- 소신있는 결정 및 업무처리가 저해될 우려가 있다.
- 솔직한 평가로 인한 평가자에게 부담으로 작용될 우려가 있다.
- 담합에 의한 관대화현상 등 평가결과가 왜곡될 수 있다.
- 시간 · 비용이 많이 소모되며 정확한 평가모형구성이 어렵다.

(4) 근무성적평정상의 오류와 한계

① 근무성적평정상의 오류

　㉠ **연쇄효과(halo effect)** : 한 평정자의 판단이 연쇄적으로 다른 요소의 평정에도 영향을 주는 현상이다. 강제선택법을 사용하여 평정요소 간의 연상효과를 배제하고, 각 평정요소별로 모든 피평정자를 순차적으로 평정하며, 평정요소별 배열순서에 유의하여야 한다.

　㉡ **집중화 경향** : 제일 무난한 것은 대부분 중간으로 평정하여 척도상의 중간에 절대 다수가 집중되는 경향으로, 이를 방지하기 위한 방법으로 강제배분법이 있다.

　㉢ **관대화 경향과 엄격화 경향** : 평정결과의 분포가 우수한 쪽 또는 열등한 쪽에 치우치는 경향을 말하며, 강제배분법을 통하여 해결할 수 있다.

　㉣ **규칙적 오류와 총계적 오류** : 규칙적 오류란 한 평정자가 다른 평정자보다 일반적으로 과대 또는 과소평정하는 것을 말하며, 총계적 오류란 동일한 피평정자에 대한 평점과 평균치 간의 차이의 총계를 말한다.

문. 다면평가제도에 대한 설명으로 옳지 않은 것은?
▶ 2013. 8. 24 제1회 지방직

① 평가대상자의 동료와 부하를 제외하고 상급자가 다양한 측면에서 평가한다.
② 일면평가보다는 평가의 객관성과 신뢰성을 확보할 수 있다.
③ 평가결과의 환류를 통하여 평가대상자의 자기역량 강화에 활용할 수 있다.
④ 평가항목을 부처별, 직급별, 직종별 특성에 따라 다양하게 설계하는 것이 바람직하다.

☞ ①

문. 평정자인 A팀장은 피평정자인 B팀원이 성실하다는 것을 이유로 창의적이고 청렴하다고 평정하였다. A팀장이 범한 오류는?
▶ 2010. 4. 10 행정안전부

① 연쇄효과(halo effect)
② 근접효과(recency effect)
③ 관대화 경향(tendency of leniency)
④ 선입견과 편견(prejudice)

☞ ①

문. 다음의 근무성적평정 상의 오류 중 '어떤 평정자가 다른 평정자들보다 언제나 좋은 점수 또는 나쁜 점수를 주게 됨으로써 나타나는 것은?
▶ 2013. 9. 7 서울특별시

① 집중화 경향
② 관대화 경향
③ 시간적 오류
④ 총계적 오류
⑤ 규칙적 오류

☞ ⑤

    ⓜ **시간적 오류** : 쉽게 기억할 수 있는 최근의 실적이나 능력을 중심으로 평가하려는 데서 생긴 오차이다.

    ⓗ **선입견에 의한 오류** : 평정의 요소와 관계가 없이 평정자가 갖고 있는 편견이 평정에 영향을 미치는 것을 말한다.

    ⓢ **논리적 오차** : 평정요소 간 논리적 상관관계가 있다는 관념에 의한 오차로, 상관관계가 있는 한 요소의 평정점수에 의해 다른 요소의 평정점수가 결정된다.

② **한계**

    ㉠ 주관성의 개입으로 공정한 평정이 어려우며 표준화가 어렵다.

    ㉡ 과거의 평가에 치중하고 장래의 예측에는 소홀할 우려가 있다.

    ㉢ 평정상의 오류로 평정결과의 타당성과 신뢰성이 낮다.

    ㉣ 자격있는 평정자를 확보하기 어렵다.

    ㉤ 평정제도 자체를 무효화하는 행태들이 비공식적으로 제도화되기도 하므로 형식적인 평정이 되기 쉽다.

 **승진**

(1) 의의

① **개념** … 특정한 직책에 가장 적합한 자를 선별해내는 내부임용방법의 하나로, 직무책임도·곤란도가 낮은 하위직에서 높은 상위직으로의 수직적인 인사이동을 말한다. 동일 직급에서의 승급, 횡정·수평적 이동인 전직·전보와 구별된다.

② **중요성**

    ㉠ **공무원(개인) 차원**

      • 행정목적 달성에 효율적인 기여

      • 사기앙양

      • 능력발전의 유인 제공

    ㉡ **정부 차원**

      • 공무원 능력의 적절한 평가 및 적재적소 배치

      • 공무원의 기대충족을 통한 이직방지로 전체 공무원의 질 확보

      • 전보를 가능케 하여 인적 자원의 효율적 이용에 기여

    ㉢ **인사행정상의 다른 측면**

      • 성과에 대한 보상의 의미

      • 훈련프로그램에 대한 결과로서의 효과

      • 공무원의 동기부여와 행태개선 방법으로서의 효과

      • 상대적으로 선호도가 낮은 직위근무자의 차별대우에 대한 격차의 감소

---

(2) 승진의 기준과 범위

① 승진의 기준

ㄱ. **경력(연공서열)**

- 개념 : 근무연한, 학력, 경험 등을 의미한다.
- 장점 : 객관성이 확보되고 행정의 안정성 확보 및 정실개입을 차단하는 효과가 있다.
- 단점 : 기관장의 부하통솔이 곤란할 수 있고, 관료주의화가 우려되며 공무원의 질이 저하될 수 있다.

> **경력평정의 원칙**
> ㄱ. **근시성의 원칙** : 실효성이 있는 최근의 경력을 중요시한다.
> ㄴ. **습숙성의 원칙** : 담당직무에 대한 숙련도가 높은 상위직급의 경력은 하위직급의 경력보다 배점비율을 높여야 한다.
> ㄷ. **친근성의 원칙** : 과거의 경력이 현재 담당하고 있거나 또는 담당예정인 직무와 관련성·유사성이 있으면 배점비율을 높여야 한다.
> ㄹ. **발전성의 원칙** : 학력 또는 직무와 관련성이 있는 훈련경력을 참작하여 장래의 발전가능성을 평가해야 한다.

ㄴ. **실적(시험 등)**

- 개념 : 주관적 성격의 교육훈련, 근무성적평정, 인사권자의 판단 등을 말한다.
- 장점 : 승진의 공정성이 확보되고, 시험 작성 여하에 따라 평가의 타당도가 높아질 수 있다.
- 단점 : 수험에 대한 부담으로 근무에 소홀해질 수 있고, 시험의 타당도가 낮은 경우 장기 성실근속자가 불리하여 행정의 안정성이 저해된다.

② 승진의 범위

ㄱ. **승진의 한계** : 높을 경우 사기가 앙양되고 전문성이 증대하나, 관료의 권력이 강화되어 민주통제의 곤란의 문제가 발생한다. 지나친 승진에의 기대나 노력의 낭비를 줄이기 위해서는 승진의 한계를 정하고 적절한 비율을 정해야 한다.

ㄴ. **신규채용과의 관계** : 신규채용의 비율이 높아지면 공무원의 질 향상을 기할 수 있고, 공직의 침체를 방지할 수 있는 반면, 재직자의 승진비율이 높으면 재직자들의 사기향상과 신분보장으로 인한 행정의 일관성 유지, 직업공무원제의 확립에 기여할 수 있는 장점이 있다. 그러나 직업화의 정도가 낮은 경우 지나친 관료권의 강화를 가져올 우려도 있다.

ㄷ. **재직자 간 경쟁** : 공석이 생기는 경우에 동일부처에 한정시킬 것인지 또는 부처 간의 간격을 넘어서 경쟁시킬 것인지가 문제된다. 폐쇄제는 부처직원의 사기를 높일 수 있고, 개방제는 공무원의 질을 높일 수 있는 장점이 있다.

문. 공무원 승진제도에 관한 설명으로 옳지 않은 것은?

▶ 2005. 4. 24 중앙인사위원회

① 승진기준을 선임순위에 중점을 두는 경우 객관성을 확보할 수 있다.
② 승진경쟁의 범위를 당해 부처의 직원으로 한정시키면 행정의 침체를 초래하기 쉽다.
③ 승진임용은 일반적으로 근무성적평정, 경력평정, 기타 능력의 입증을 기준으로 한다.
④ 국가공무원의 경우 5급으로의 승진에는 시험을 거쳐야 한다.

☞ ④

문. 승진적체의 고통을 완화하기 위한 단기적 대책으로 시행하고 있는 제도가 아닌 것은?

▶ 2003. 5. 11 행정자치부

① 배치전환
② 대우공무원제
③ 복수직급제
④ 필수실무요원제

☞ ①

03

능력발전

1 인간의 부정적인 측면을 제거하고 두뇌개발이나 창의력을 집중적으로 개발하는 교육훈련방법은?

① 사례연구　　　　　　　　　　　② 역할연기
③ 현장훈련　　　　　　　　　　　④ 브레인스토밍

> **Advice**　① 구체적·실제적인 사례를 중심으로 교육하는 것으로, 피훈련자의 참여를 유도하고 응용력·문제해결능력을 기를 수 있으나, 시간과 비용이 많이 들고 상황변화시 적용 곤란이 어렵다.
> ② 기대되는 행태유형을 실제로 행동화 하는 것으로 피훈련자의 참여와 감정이입을 촉진하고 태도나 행동을 변경하는 데 효과적이나, 고도의 기술적 사회방법으로 철저한 사전준비가 요구된다.
> ③ 훈련을 받은 자가 실제 직위에서 일을 하면서 상관으로부터 지도훈련을 받는 것으로, 고도의 기술적 전문성과 정밀성을 요구하는 훈련에 적합하고 실용적이나, 다수인을 동시에 훈련할 수 없고 한정된 분야의 일을 집중적으로 훈련하므로 고급공무원훈련에는 부적당하다.
> ④ 인간의 부정적인 측면을 제거하고 두뇌개발이나 창의력을 집중적으로 개발하는 방법으로 제안된 아이디어에 대한 비판 금지, 자유스러운 분위기 조장, 다량의 아이디어 제안 중시, 아이디어의 모방·통합 및 개선 허락을 기본원칙으로 한다.

2 다음 근무성적평정 방법 중 평정요소를 나열하고 각 평정요소마다 그 우열을 나타내는 척도인 등급을 표시한 평정표를 사용하는 방법은?

① 체크리스트법　　　　　　　　　② 도표식 평정척도법
③ 직무기준법　　　　　　　　　　④ 사실기록법

> **Advice**　**도표식 평정척도법** … 평정의 요소를 정하여 놓고 그 요소에 대하여 숫자화 또는 문자화시키는 평정방법을 말한다.

3 근무성적평정 시 나타나는 오류로 옳지 않은 것은?

① 분석기법 선택의 오류　　　　　② 연쇄효과
③ 집중화 경향　　　　　　　　　　④ 총계적 오류

> **Advice**　**근무성적평정상의 오류**
> ㉠ 연쇄효과
> ㉡ 집중화 경향
> ㉢ 관대화 경향과 엄격화 경향
> ㉣ 규칙적 오류와 총계적 오류
> ㉤ 시간적 오류
> ㉥ 선입견에 의한 오류
> ㉦ 논리적 오차

4 담당직무에 대한 숙련도가 높은 상위 직급의 경력은 하위직급의 경력보다 배점비율을 높여야 한다는 경력평정의 원칙은?

① 근시성의 원칙　　　　　　　　② 습숙성의 원칙

③ 친근성의 원칙　　　　　　　　④ 유사성의 원칙

Advice **경력평정의 원칙**
  ㉠ **근시성의 원칙** : 실효성이 있는 최근의 경력을 중요시함
  ㉡ **습숙성의 원칙** : 담당직무에 대한 숙련도가 높은 상위직급의 경력은 하위직급의 경력보다 배점비율을 높여야 함
  ㉢ **친근성의 원칙** : 과거의 경력이 현재 담당하고 있거나 또는 담당 예정인 직무와 관련성, 유사성이 있으면 배점비율을 높여야 함
  ㉣ **발전성의 원칙** : 학력 또는 직무와 관련성이 있는 훈련경력을 참작하여 장래의 발전가능성을 평가해야 함

5 근무성적평정의 특징으로 옳지 않은 것은?

① 주관성의 개입으로 공정한 평정이 어려우며 표준화가 어렵다.

② 과거의 평가에 치중하고 장래의 예측에는 소홀할 우려가 있다.

③ 평정상의 오류로 평정결과의 타당성과 신뢰성이 낮다.

④ 자격을 갖춘 평정자 확보가 용이하다.

Advice ④ 근무성적평정은 자격을 갖춘 평정자를 확보하기가 어렵다는 한계가 있다.

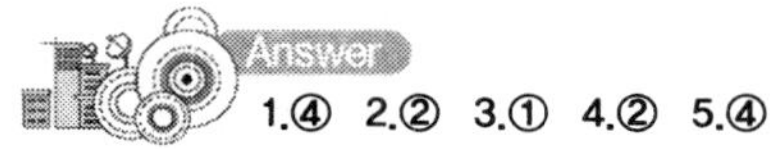

1.④ 2.② 3.① 4.② 5.④

04

사기

Section 1 공무원의 사기

(1) 의의

① **개념** … 사기란 공무원들의 직무와 관련된 수행의욕 또는 수행동기로, 직무 수행에 관련된 심리적 만족감·자발적 근무의욕·집단의 정신상태 등을 총칭하는 말이다.

② **특성**
  ㉠ 개인적·자발적인 근무의욕에 관계된다.
  ㉡ 집단적·조직적 성격을 가져, 전체 조직의 목표달성에 이바지한다.
  ㉢ 사회적 가치 또는 발전에 공헌한다.

(2) 사기의 효용성

생산성을 제고, 공직에 대한 자긍심을 제고, 소속감·일체감을 제고, 공직윤리 및 가치관을 확립, 공직의 전문성을 제고, 창의성·쇄신성을 발휘하도록 돕는다.

(3) 사기 결정요인(Herzberg의 요인이론)

① **경제적 요인** … 물질적 보수는 사기에 큰 영향을 미친다.

② **사회·심리적 요인** … 귀속감, 인정감, 성취감 등은 사기를 고양시킨다.

③ **연금제도** … 심리적 안정감으로 사기가 고양된다.

④ **공정한 인사행정** … 객관적 인사기준은 사기를 고양시킨다.

(4) 사기 조사방법

① **기록조사법**
  ㉠ 생산고 조사: 주로 기능직 공무원들의 직무수행성과를 중심으로 계량화하여 조사하는 방법이다.
  ㉡ 근태율 조사: 결근율, 지각율, 조퇴율 등을 분석한다.
  ㉢ 사고율 조사: 직장 내의 사고를 조사하는 기록조사이다.

② **태도조사법** … 면접법, 질문지법

문. 사기에 영향을 미치는 요인들 중 사회심리적 요인이 아닌 것은?
▶ 2003. 3. 16 중앙선거관리위원회
① 근무여건 개선
② 동료간의 친밀도
③ 승진에 대한 기대
④ 소속감

☞ ①

③ 기타

　ⓐ 소시오메트리(Sociometry) : 집단성원 상호 간의 선호, 사람들이 서로 상대방에 대해 가지는 호의와 혐오의 감정을 포착하여 분석함으로써 집단의 구조, 인간관계, 집단성원의 지위 등을 알고자 하는 방법이다.

　ⓑ 투사법 : 피조사자가 무엇에 관하여 조사를 받는지 모르는 가운데 솔직한 태도를 노출시키게 하여 그 결과를 분석하는 것이다.

(5) 사기 앙양방안

① 인사행정의 공정성과 합리성이 보장되면 사기가 고양된다.

② 민간부문의 보수와 대등한 수준으로 보수의 적정화를 시키면 사기가 고양된다.

③ 제안제도의 활성화 및 고충처리는 사기고양의 방법이다.

④ 공무원단체의 조직, 단체교섭 등의 인정범위를 일반직 공무원에게까지 확대해야 한다.

⑤ 공무원에 대한 처우개선과 신분보장의 강화는 사기를 고양시킨다.

Section 2 공무원 보수

(1) 의의

　공무원 보수란 공무원으로서의 근무에 대해 정부가 금전적으로 지급하는 재정적 보상으로 이는 공무원과 각종 수당으로 이루어진다.

(2) 보수 결정요인

① 경제적 요인 … 민간기업의 임금수준, 정부의 지불능력, 정부의 경제정책 등을 고려한다.

② 사회·윤리적 요인 … 보수수준 결정에서 정부의 사회·윤리적 입장으로 공무원의 생계비와 사회적 세력의 압력이 고려된다. 공무원의 생계비는 공무원 보수의 하한선을 규정하고, 사회적 세력의 압력은 상한선을 규정한다. 이는 일반적으로 빈곤수준, 최저생활수준, 건강·품위유지수준, 안락수준, 문화생활수준을 고려하는 것이다.

③ 부가적·정책적 요인 … 성과와 동기부여를 위해 연구제도, 휴가, 근무시간, 복지후생, 신분보장 등이 고려된다.

④ 집단공무원의 기대와 노동시장의 조건 … 보수를 받는 공무원들의 보수수준에 대한 기대와 요구도 중요한 고려요인이다.

문. 제안제도에 대한 설명 중 옳지 않은 것은?
▶ 2007. 10. 7 대구광역시

① 저렴한 비용으로 행정관리 개선이 가능하다.
② 정책결정에 관여하는 관리층의 참여가 중요하다.
③ 공무원의 창의력 제고와 관리층과 하급자 간의 의사소통을 촉진 시킨다.
④ 지나친 경쟁심리로 인해 인간관계의 악화를 초래한다.

☞ ②

문. 공무원 보수를 결정하는 데 있어서 고려사항으로 보기 어려운 것은?
▶ 2002. 5. 12 행정자치부

① 최저생계비
② 국내 민간기업의 보수수준
③ 국가의 재정부담능력
④ 선진국의 공무원 보수수준

☞ ④

문. 공무원의 보수 수준의 결정에 관한 설명으로 옳지 않은 것은?
▶ 2006. 4. 22 경기도

① 신국정관리(New Governance) 관점을 활용함으로써 시장가격의 적용이 용이하다.
② 공무원의 보수는 일반의 표준생계비·물가수준 그 밖의 사정을 고려하여 정하되, 민간부문의 임금수준과 적절한 균형을 유지하도록 노력하여야 한다.
③ 공무원의 보수는 직무의 곤란성 및 책임의 정도에 상응하도록 계급별·직위별 또는 직무등급별로 정한다.
④ 공무원의 경우 노동권의 제약을 받기 때문에 사기업에 비해 보수가 상대적으로 적다.

☞ ①

(3) 보수체계

① **직무급** … 동일 직무에 대한 동일 보수의 원칙에 근거하여 직무의 내용·곤란성·책임도를 기준으로 한 보수를 말한다.

② **성과급(능률급)** … 공무원의 직무에 대한 실적·성과·능률의 정도를 고려하여 보수를 결정하는 것으로 생산성 향상에 가장 유리하다.

③ **근속급(연공급)** … 공무원의 근속 연수를 기준으로 한 보수이다.

④ **직능급** … 직무를 수행하는 데 요구되는 능력을 기준으로 보수를 결정한다.

> **포인트밥** 우리나라의 봉급제도
> ㉠ **공무원 보수체계** : 호봉제, 연봉제
> ㉡ **호봉제** : 연공급적 성격, 기본급＋수당
> ㉢ **연봉제**
> • 고정급적연봉제 : 차관급 이상 정무직 공무원
> • 성과급적연봉제 : 일반직, 별정직 등의 4급 과장급 이상 공무원과 계약직공무원
> • 직무성과급적연봉제 : 고위공무원단

(4) 보수표 작성

① **등급의 수** … 등급이란 한 보수표 내에서 직무의 가치나 자격의 단계를 나타내는 기준으로 등급 수는 계급제에서보다 직위분류제에서 더 많다.

② **등급의 폭** … 등급 내 보수의 차를 말하는 것으로 공무원이 직무에 친숙해질수록 공무원의 가치와 유용성이 증가된다는 전제를 두고 있다. 이는 근무연한 우대, 장기근무 장려, 근무성적의 향상을 목적으로 하는 것이다.

③ **등급 간 중첩** … 한 등급의 봉급 폭이 상위등급의 봉급 폭과 부분적으로 겹치는 것을 말하며, 근속자에 혜택을 주기 위한 것으로 생활급의 요소를 가지고 있다.

④ **보수곡선**
㉠ **직선형** : 호봉 간의 승급액은 일정하지만 승급률은 체감하는 형이다.
㉡ **요형** : 최고 호봉과 최하 호봉을 연결하는 선이 요형곡선으로 되는 것이다. 이는 승급률은 일정하지만 승급액은 체증한다.
㉢ **철형** : 요형과는 반대로 승급률과 승급액이 체감하는 형이다.
㉣ **S자형** : 요형과 철형을 조합한 것으로서, 승급률이 일정하다가 체감하기 시작하면 체증하던 승급액도 체감하는 것이다.
㉤ **J자형** : 상위직으로 올라갈수록 누진율이 커지는 봉급곡선이다.

(5) 우리나라 공무원 보수의 문제점과 개선방향

① **문제점**
㉠ **보수수준의 인상의 제약** : 공무원에게 표준생계비 이하의 보수를 지급(민간기업과의 심한 격차)한다.

문. 생산성 향상에 가장 유리한 보수제도는?
▶ 2003. 3. 16 중앙선거관리위원회

① 직능급   ② 근속급
③ 성과급   ④ 직무급

☞ ③

ⓛ 비합리적인 보수체계 : 금전적 부패의 구실 및 원인이 된다.

② **개선방안** … 보수의 적정화, 합리적인 보수표의 작성, 공무원 단체활동 허용, 정치인 · 국민의 인식 개선, 집권자의 결단 요망

Section 3 연금

(1) 의의

공무원에 대한 사회보장제도의 하나로서, 장기간에 걸쳐 충실히 근무한 대가를 퇴직 후에 금전적으로 보상받게 되는 인사행정의 보상체계 중 하나이다.

(2) 성격

① **은혜설** … 종래 봉건 · 군주시대에 영주나 군주에게 장기간 헌신적으로 일해 온 관료의 노고에 대하여 퇴직시 보답에서 제공하는 은전에서 유래를 찾고 있는 것으로, 장기성실근무에 대한 위로 · 감사의 보상으로 본다.

② **거치보수설(임금후불설)** … 공무원이 근로의 대가로 받아야 할 보수를 일정 기간 유예(또는 거치)시켜 놓았다가 되돌려 받는 것으로 본다.

③ **생활보장설** … 퇴직 후 생활보장을 위해서 고용주에게 퇴직 후의 생활을 보장할 의무가 있다고 본다.

④ **위자료설**

(3) 재원조성방법

① **기여제와 비기여제** … 기여제란 정부와 연금수혜자인 공무원이 공동으로 기금조성의 비용을 부담하는 제도이고, 비기여제란 공무원에게는 비용부담을 시키지 않고 기금조성에 필요한 비용을 정부가 전액 부담하는 제도이다.

② **기금제와 비기금제** … 기금제란 연금사업의 재원을 조달하기 위해 미리 기금을 마련하는 제도이고, 비기금제란 기금을 미리 마련하지 않고 필요한 때 연금급여에 필요한 재원만을 조달하는 제도이다. 우리나라는 기금제 및 기여제를 채택하고 있다.

문. 공무원 연금에 관한 논지로서 다음 중 가장 보편적인 것은?
▶ 2008. 6. 22 경기도 소방

① 재직시 보수의 일부를 거치하였던 것을 퇴직 후 지급하는 것이다.
② 퇴직자들을 위로하기 위한 일종의 금전적 급부이다.
③ 공직에서 성실히 근무한 대가로서 정부가 보상하는 것이다.
④ 재직시 퇴직 후 생활을 위해 비축할 만큼 충분한 보수를 주지 않았기에 퇴직 후 정부가 생활보장 차원에서 지급하는 것이다.

☞ ①

고충처리제도

(1) 의의 및 목적

① 의의 … 직무를 수행함에 있어서 조직의 구성원이 근무조건 · 인사관리 · 신상문제나 직장생활과 관련하여 제기하는 고충을 심사하고 처리하는 일련의 과정을 말한다.

② 목적 … 조직에 대한 욕구불만을 처리, 사기앙양, 조직의 능률향상에 이바지

(2) 고충처리방법의 유형

① 비공식절차 … 상 · 하급자 간의 대화와 상호이해를 통해 고충의 원인을 제거하는 것으로 감독자는 고충의 근본적인 원인이 무엇인가를 신중하게 분석하고 가능한 범위 내에서 조치를 취해야 한다.

② 공식절차 … 비공식절차의 해결이 완전하지 않으므로 고충처리를 전담할 기구를 설치하고 이 기구를 통해서 고충을 처리하는 것을 말한다.

(3) 상담의 유형

① 지시적 상담 … 상담자가 주도적으로 진행하며 과거의 경력, 이력, 이성에 호소한다는 특징이 있다.

② 비지시적 상담 … 불평불만자가 주도권을 행사하며 감정에 호소한다.

③ 절충적 상담 … 가장 이상적인 상담이라고 본다.

(4) 공무원단체

① 개념 … 기업체의 노동조합과 유사한 기구로서 공무원의 인권 · 권리를 보장하고 합리적인 근무조건, 보수체계를 개선하기 위하여 설치되는 조직이다.

② 순기능 및 역기능
　㉠ 순기능
　　• 공무원의 권익을 증진하고 의사전달의 통로가 된다.
　　• 사기앙양의 방안이며, 행정내부의 민주화가 이루어진다.
　　• 실적제가 강화된다.
　　• 올바른 직업윤리의 확립과 부패방지를 도모한다.
　　• 사회적 · 경제적 지위의 향상을 이룰 수 있다.
　㉡ 역기능
　　• 공무원들의 단체활동은 국민 다수의 이익에 부정적 영향을 미칠 수 있다.
　　• 협상을 통해 얻게 되는 부가적 이득은 다른 집단, 일반 납세자들의 추가적 부담을 전제로 한다.

문. 다음 중 공무원단체에 대한 설명으로 옳지 않은 것은?
▶ 2003. 11. 2 부산광역시

① 최근 우리나라의 법률상 공무원단체 허용범위가 축소되고 있다.
② 헌법규정상 공무원 중 법률이 정하는 자는 단결권, 단체교섭권, 단체행동권을 가질 수 있다.
③ 일반직 공무원은 단결권, 단체교섭권, 단체행동권을 가질 수 없다.
④ 철도, 통신, 의료의 사실상 노무직은 공무원단체활동을 허용한다.

☞ ①

문. 공무원 단체활동 제한론의 근거로 옳지 않은 것은?
▶ 2013. 7. 27 안전행정부

① 실적주의 원칙을 침해할 우려가 있다.
② 공무원의 정치적 중립성이 훼손될 수 있다.
③ 공직 내 의사소통을 약화시킨다.
④ 보수 인상 등 복지 요구 확대는 국민 부담으로 이어진다.

☞ ③

- • 행정능률을 저해할 수 있다.
  - • 공무원의 신분보장을 지나치게 강조하고 선임 위주의 인사원칙을 내세움으로써 실적주의 인사원칙을 저해할 수 있다.

③ 공무원단체의 활동내용
  ㉠ 단결권 : 공무원단체를 유지·결성할 수 있는 권리(단체구성권)이다. ILO 헌장에서는 군대와 경찰을 제외한 공무원의 단결권을, 미국은 Lloyd-La Follette법으로 인정하였다.
  ㉡ 단체교섭권 : 근무조건 개선, 보수에 대해서 타협할 수 있는 권리로 신규 채용기준은 협의대상이 아니다. 영국은 Whitley Council로, 미국은 1962년 '노사협력에 관한 행정명령'으로 이를 인정하였다.
  ㉢ 단체행동권 : 단체교섭이 결렬되었을 때 파업·태업을 일으킬 수 있는 권리이다. 대부분의 국가에서 금지되어 있고, 프랑스는 공무원의 노동 3권을 인정한다.

④ 우리나라의 경우
  ㉠ 1999년부터 공무원 직장협의회 인정
  ㉡ 「공무원의 노동조합 설립 및 운영 등에 관한 법률」에 의한 공무원노조
  • 6급 이하의 일반직공무원 및 이에 상당하는 일반직공무원
  • 특정직공무원 중 6급 이하의 일반직공무원에 상당하는 외무행정·외교정보관리직 공무원
  • 6급 이하의 일반직공무원에 상당하는 별정직공무원 및 계약직공무원

포인트탑 **공무원 노조에 가입할 수 없는 공무원**〈공무원노조법 제6조 제2항〉
  ㉠ 다른 공무원에 대하여 지휘·감독권을 행사하거나 다른 공무원의 업무를 총괄하는 업무에 종사하는 공무원
  ㉡ 인사·보수에 관한 업무를 수행하는 공무원 등 노동조합과의 관계에서 행정기관의 입장에서 업무를 수행하는 공무원
  ㉢ 교정·수사 또는 그 밖에 이와 유사한 업무에 종사하는 공무원
  ㉣ 업무의 주된 내용이 노동관계의 조정·감독 등 노동조합의 조합원 지위를 가지고 수행하기에 적절하지 아니하다고 인정되는 업무에 종사하는 공무원

문. 고충처리제도와 소청심사제도에 대한 설명으로 옳지 않은 것은?

▶ 2015. 6. 27 제1회 지방직

① 양자 모두 공무원의 권익보호를 위한 제도이다.
② 고충심사위원회와 소청심사위원회의 결정은 관계기관의 장을 기속한다.
③ 중앙고충심사위원회의 기능은 인사혁신처 소청심사위원회에서 관장한다.
④ 소청심사제도는 공무원이 징계처분 기타 그 의사에 반하는 불이익 처분에 대해 이의를 제기하는 경우 이를 심사·결정하는 특별행정심판제도이다.

답 ②

04

사기

1 구성원들의 사기저하 정도를 측정하고 문제해결방안을 모색하고자 한다. 다음 중 구성원의 사기 측정을 위한 관련기록과 관련이 가장 적은 것은?

① 이직률 기록　　　　　　　　② 작업성과 기록

③ 경력 기록　　　　　　　　　④ 출퇴근상황 기록

> ♥Advice　③ 경력 기록은 사기 측정과 관계가 없다.
> ※ **사기조사방법**
> ㉠ **기록조사방법**: 생산고 조사. 근태율 조사, 사고율 조사
> ㉡ **태도조사법**: 질문지법, 면접법
> ㉢ **기타**: 소시오메트리, 투사법

2 공무원단체에 관한 다음 설명 중 옳지 않은 것은?

① 공무원단결권은 대부분의 나라에서 인정하고 있다.

② 국제기구에서도 단체행동권은 보호하고 있지 않아 선진국에서도 공무원의 단체행동권은 인정하고 있지 않다.

③ 공무원노조는 전세계적으로 인정하는 곳이 없다.

④ 공무원단체는 관리층의 인사권을 제약한다.

> ♥Advice　**공무원단체** … 기업체의 노동조합과 유사한 기구로서 공무원의 인권·권리를 보장하고 합리적인 근무조건, 보수체계를 개선하기 위하여 설치되는 조직이다.
> ㉠ **단결권**: 공무원단체를 유지·결성할 수 있는 권리(단체구성권)
> ㉡ **단체교섭권**: 근무조건 개선, 보수에 대해 타협할 수 있는 권리로 신규채용기준은 협의대상이 아님
> ㉢ **단체행동권**: 단체교섭이 결렬되었을 때 파업·태업을 일으킬 수 있는 권리로 대부분의 국가에서 금지

3 Herzberg의 요인이론 중 공무원의 사기결정요인이 아닌 것은?

① 보수　　　　　　　　　　　② 성취감

③ 연금제도　　　　　　　　　④ 근무여건개선

> ♥Advice　**사기결정요인**(Herzberg의 요인이론)
> ㉠ **경제적 요인**: 물질적 보수는 사기에 큰 영향을 미침
> ㉡ **사회·심리적 요인**: 귀속감, 인정감, 성취감 등은 사기를 고양시킴
> ㉢ **연금제도**: 심리적 안정감으로 사기가 고양됨
> ㉣ **공정한 인사행정**: 객관적 인사기준은 사기를 고양시킴

4 공무원단체의 순기능에 대한 설명으로 옳지 않은 것은?

① 행정 내부의 민주화가 이루어진다.

② 국민 다수의 이익에 긍정적인 영향을 미친다.

③ 사기앙양의 방안이다.

④ 올바른 직업윤리의 확립과 부패방지를 도모한다.

Advice ② 공무원들의 단체활동은 국민 다수의 이익에 부정적 영향을 미칠 수 있다.
※ **공무원단체의 순기능과 역기능**
㉠ **순기능**
- 공무원의 권익을 증진하고 의사전달의 통로가 됨
- 사기앙양의 방안
- 행정내부의 민주화가 이루어짐
- 실적제의 강화
- 올바른 직업윤리의 확립과 부패방지 도모
- 사회적 · 경제적 지위의 향상
㉡ **역기능**
- 공무원들의 단체활동은 국민 다수의 이익에 부정적 영향
- 협상을 통해 얻게 되는 부가적 이득은 다른 집단 또는 일반 납세자들의 추가적 부담을 전제
- 행정능률을 저해 할 수 있음
- 공무원의 신분보장을 지나치게 강조하고 선임 위주의 인사원칙을 내세움으로써 실적주의 인사원칙을 저해 할 수 있음

05 근무규율

Section 1 공무원 윤리

(1) 개념

공무원 윤리란 공직에 종사하는 사람들이 지켜야 할 도리 또는 공무원으로서의 직업윤리를 말한다.

(2) 내용

① **자율적 규제** … 공무원이 직업윤리로서 행동규범을 도덕적·양심적 통제에 의하여 자율적으로 확립하고 이에 따라 규범을 준수하는 것으로, 우리나라는 1980년 12월 29일 공무원윤리헌장 선포, 1981년 5월 1일 청백리상을 제정하였다.

② **공무원의 의무**
  ㉠ 기본적 의무
  ㉡ 신분상 의무 : 집단활동 금지, 비밀준수, 정치적 중립, 청렴, 품위유지, 영예 등을 의무로 둔다.
  ㉢ 직무상 의무 : 직무 전념, 친절·공정, 복종, 직장이탈 금지, 영리·겸직 금지, 법령 준수의 의무가 있다.

③ **공직자윤리법상 의무**
  ㉠ 퇴직공직자에 대한 취업제한제도 : 대통령령으로 정하는 직급이나 직무분야에 종사한 공무원과 공직유관단체의 임직원은 퇴직일부터 3년간 퇴직 전 5년 동안 소속하였던 부서의 업무와 밀접한 관련이 있는 취업제한기관에 취업할 수 없다. 다만, 관할 공직자윤리위원회의 승인을 받은 때에는 그러하지 아니하다.
  ㉡ 재산등록 및 공개제도 : 1981년 12월 31일에 제정된 공직자윤리법 제2장에 재산 및 공개를 명시하였다. 재산등록제가 최초 실시된 것은 1983년 1월 1일부터이다. 일반직 공무원의 경우에는 4급 이상이 등록대상이고, 공개는 1급 이상이다.
  ㉢ 선물신고제도 : 공직자 또는 그 가족이 외국정부나 공직자의 직무와 관련하여 외국인으로부터 받은 일정가액 이상의 선물을 신고하도록 하고 신고된 선물은 국고에 귀속되도록 하는 제도를 말한다.

문. 「국가공무원법」에서 규정하고 있는 공무원의 의무에 해당하지 않는 것은?
▶ 2013. 8. 24 제1회 지방직

① 공무원은 재직 중은 물론 퇴직 후에도 직무상 알게 된 비밀을 엄수하여야 한다.
② 공무원은 건강하고 쾌적한 환경을 보전하기 위하여 노력하여야 한다.
③ 공무원은 공무 외에 영리를 목적으로 하는 업무에 종사하지 못하며 소속 기관장의 허가 없이 다른 직무를 겸할 수 없다.
④ 공무원은 국민 전체의 봉사자로서 친절하고 공정하게 직무를 수행하여야 한다.

☞ ②

문. 행정윤리의 개념 및 특징으로 보기 어려운 것은?
▶ 2008 7. 20 서울특별시

① 행정윤리란 공무원이 행정업무를 수행할 때 준수해야 할 행동규범을 의미한다.
② 행정윤리는 행정업무와 관련된 윤리를 의미한다.
③ 행정윤리의 개념 속에는 공무원이 지켜야 할 공무원의 직업윤리는 물론 공무원이 입안하여 집행하는 정책의 내용이 윤리적이어야 한다는 의미도 내포되어 있다.
④ 행정윤리의 개념은 이를 넓게 해석하여 공무원의 부정부패와 관련된 적극적인 측면으로 이해되기도 한다.
⑤ 공무원은 국민 일부나 특수계층의 봉사자가 아니라 국민 전체에 대한 봉사자이다.

☞ ④

(3) 저해요인

① **인적 요인** … 권위주의, 관직사유관, 관존민비적 사고 등이 있다.

② **구조적 요인** … 보수의 비현실성, 신분보장의 불안, 불합리한 인사제도, 대내적 행정관리의 비민주화, 내부통제의 취약, 정책결정의 폐쇄성, 전근대적인 행정문화 등이 있다.

③ **환경적 요인** … 민중통제의 미약, 관주도의 행정사업, 행정책임의 약화, 정치발전의 후진성, 사회전체의 공직에 대한 평가의 저하 등이 있다.

 **공무원윤리의 확보방안**
　㉠ 정부 내 윤리적 분위기를 조성한다.
　㉡ 외재적 통제를 강화한다.
　㉢ 자율규제를 촉진한다.
　㉣ 사회환경을 개선한다.

Section 2 공무원의 정치적 중립

(1) 개념

　공무원은 일당일파의 이익에만 편중하거나 부당한 정치적 압력에 굴복함이 없이 자기의 직무를 성실히 수행해야 하며, 공무원에 대한 모든 인사관리에 있어서 정치적 간섭이 배제되어야 한다.

(2) 필요성

① 부패 방지를 위하여 필요하다.

② 행정의 계속성과 안정성 확보를 위해 필요하다.

③ 행정의 능률성과 전문성 제고를 위해 필요하다.

④ 공익의 증진을 위해 필요하다.

⑤ 관료제에 대한 국민의 신뢰 확보를 위해 필요하다.

⑥ 민주정치의 발달의 바탕이 된다.

(3) 내용

① 미국
　㉠ 1883년 Pendleton법에서 분류직 공무원의 정치활동을 금지하였다.
　㉡ 1939년 Hatch법을 통해 선거자금 제공과 선거운동 금지, 정당 강요와 보상 금지 등을 규정하였다.

문. 다음 중 공무원의 정치적 중립이 필요한 근거가 아닌 것은?
▶ 2005. 5. 1 전라남도

① 공무원 개인들의 정치성을 완전히 배제하기 위해서이다.

② 정치로부터 행정이 부당하게 영향을 받지 않도록 하기 위해서이다.

③ 행정의 능률성과 전문성을 확보하기 위해서이다.

④ 정권교체에 관계없이 국민들에게 공평무사한 봉사를 하기 위해서이다.

☞ ①

문. 공무원에게 정치적 중립이 요구되는 근거로 가장 미약한 것은?
▶ 2012. 4. 7 행정안전부

① 정치적 무관심화를 통한 직무수행의 능률성 확보를 위해 필요하다.

② 정치적 개입에 의한 부정부패를 방지하기 위해 필요하다.

③ 행정의 계속성과 전문성을 확보하기 위해 필요하다.

④ 공무원 집단의 정치세력화를 방지하기 위해 필요하다.

☞ ①

② 영국(Whitley협의회)

   ㉠ 하위직 : 정치활동의 자유를 허용하였다.

   ㉡ 서기계급(중간계급) : 입후보만을 금지하였다.

   ㉢ 행정·집행계급(고위계급) : 정치활동을 금지하였다.

③ 독일·프랑스 ⋯ 공무원의 정치활동의 자유를 보장하였다.

④ 우리나라

   ㉠ 헌법 제7조 제2항 : 공무원의 신분과 정치적 중립성은 법률이 정하는 바에 의하여 보장된다.

   ㉡ 국가공무원법 제65조

     • 정당이나 기타 정치단체의 결성에 관여하거나 가입할 수 없다.

     • 선거에서 특정 정당이나 특정인을 지지하거나 반대하는 행위를 할 수 없다.

     • 다른 공무원에게 이와 같은 행위를 요구하거나 정치적 행위의 보상·보복으로서 이익·불이익을 약속하여서는 아니 된다.

(4) 한계

① 공무원의 정치적 중립은 공무원들의 이념적 무관심을 초래하고, 정부관료제를 국민의 요구에 민감하게 대응하지 못하는 폐쇄집단으로 만들 우려가 있으며, 관료제의 책임회피·무사안일을 야기한다.

② 공개경쟁에 의한 공무원 충원은 특정 집단(중산층 이상의 사회경제적 배경을 가진 사람들) 중심으로 이루어져 실질적인 정치적 중립이 가능한가의 문제가 제기되고 있다.

③ 공무원에 대한 참정권 제한은 민주정치의 원리와 모순된다.

④ 현대행정국가에서 행정에 대한 공무원들의 자율적 책임 등 행정책임을 강조하면서 정치적 활동을 제한하는 것은 논리적으로 모순이다.

⑤ 공무원의 정치참여를 제한하는 것은 공무원집단의 이익이 경시되는 결과를 초래할 수 있다. 이는 중하급 공무원들의 정책형성 참여기회 및 대내외적 의사표현기회를 넓혀주는 참여적 관료제의 발전을 저해한다.

(5) 확보방안

① 평화적 정권교체가 필요하다.

② 보수체계의 적정화가 이루어져야 한다.

③ 실적주의, 직업공무원제가 확립되어야 한다.

④ 국민의 의식수준이 향상되어야 한다.

⑤ 기구나 위원회 조직·설치가 자유로워야 한다.

⑥ 가치의 다원화가 이루어져야 한다.

⑦ 정치·경제·사회상황의 정상화가 이루어져야 한다.

문. 공무원에 대한 신분보장의 효과로 보기 어려운 것은?

▶ 2001. 11. 18 부산광역시

① 재직자의 사기제고에 기여한다.

② 안정된 신분으로 행정의 정치적 중립을 기할 수 있다.

③ 신분보장은 공무원으로서 책임감을 강화한다.

④ 행정에 대한 외부·내부통제를 강화한다.

☞ ④

Section 3 신분보장

(1) 의의

① **개념** … 국가공무원법상 형의 선고, 징계처분, 기타 이 법이 정하는 사유에 의하지 아니하고는 그 의사에 반하여 신분상의 불이익 처분을 받지 않는 것을 의미한다.

② **필요성 및 한계**

　㉠ **필요성**

　　• 공무원의 사기앙양의 방안이다.

　　• 공직의 안정성 · 계속성 확보에 기여한다.

　　• 행정의 자율성 · 독립성을 확립하게 한다.

　　• 실적주의 및 직업공무원제 확립에 기여한다.

　　• 창의적 직무수행을 촉진한다.

　㉡ **한계**

　　• 공직의 침체화 또는 특권집단화를 초래한다.

　　• 공직에 대한 민주적 통제가 곤란해진다.

　　• 무사안일을 초래한다.

　　• 관리자의 감독이 곤란하다.

(2) 징계제도

① **징계사유**

　㉠ 국가공무원법(지방공무원법) 및 법의 명령(지방공무원의 경우 지방자치단체의 조례 또는 규칙)을 위반한 때

　㉡ 직무상의 의무를 위반하거나 직무를 태만히 한 때

　㉢ 직무 내외를 불문하고 체면 또는 공무원의 품위를 손상하는 행위를 한 때

② **징계의 종류**

　㉠ **파면** : 5년간 임용에 금지되는 강제퇴직이다.

　㉡ **해임** : 3년간 공직임용에 제한되는 강제퇴직이다.

　㉢ **강등** : 1계급 아래로 직급을 내리고 공무원 신분은 보유하나 3개월간 직무에 종사하지 못하며 그 기간 중 보수의 3분의 2를 감한다.

　㉣ **정직** : 1개월 이상 3개월 이하 신분은 보유하나 직무에 종사하지 못하며 보수의 3분의 2를 감한다.

　㉤ **감봉** : 1개월 이상 3개월 이하 동안 보수의 3분의 1을 감한다.

　㉥ **견책** : 전과에 대하여 훈계하고 회개하게 한다.

(3) 직위해제와 대기명령

① **직위해제**
  - ⊙ 근무능력 부족 또는 근무성적이 불량·불성실한 때 적용된다.
  - ⓛ 파면·해임·강등·정직에 해당하는 징계의결이 요구 중인 자에게 내려진다.
  - ⓒ 형사사건으로 기소된 자 등에게 직위를 부여하지 않는다.
  - ⓔ 고위공무원단에 속하는 일반직 공무원으로서 특정사유로 적격심사를 요구받은 자에게 내려진다.

② **대기명령** ⋯ 직무수행능력의 부족이나 근무성적·태도가 불량하여 직위해제된 공무원에 대해 3개월 이내의 기간대기명령을 내린다.

(4) 강제퇴직

① **직권면직**
  - ⊙ 직제와 정원의 개폐 또는 예산의 감소 등에 의하여 폐직 또는 과원이 되었을 때 내려진다.
  - ⓛ 휴직기간의 만료 또는 휴직사유가 소멸된 후에도 직무에 복귀하지 않거나 직무를 감당할 수 없을 때 내려진다.
  - ⓒ 대기명령을 받은 사람이 그 기간 중 능력 또는 근무성적의 향상을 기대하기 어렵다고 인정된 때 내려진다.
  - ⓔ 전직 시험에서 3회 이상 불합격한 사람으로서 직무수행능력이 부족하다고 인정된 때 내려진다.
  - ⓜ 징병검사·입영 또는 소집의 명령을 받고 정당한 사유 없이 이를 기피하거나 군복무를 위하여 휴직 중에 있는 자가 군복무 중 군무(軍務)를 이탈하였을 때 내려진다.
  - ⓗ 해당 직급에서 직무를 수행하는데 필요한 자격증의 효력이 없어지거나 면허가 취소되어 담당 직무를 수행할 수 없게 된 때 내려진다.
  - ⓢ 고위공무원단에 속하는 공무원이 적격심사 결과 부적격 결정을 받은 때 내려진다.

② **감원** ⋯ 정부의 사정에 의한 일방적·강제적 퇴직으로 신분상 불안을 야기시키는 가장 중대한 사유이다.

(5) 정년제도

① **개념** ⋯ 일정한 기준 충족시 자동적으로 그 직위를 정지시키는 제도이다.

② **유형**
  - ⊙ **연령정년제**
    - 일정한 연령에 달하면 자동퇴직하는 제도이다.
    - 다른 법률에 특별한 규정이 있는 경우를 제외하고는 60세로 한다.

    ⓛ 근속정년제
- 공직 근속연한이 일정기간에 달하면 자동퇴직하는 제도이다.
- 우리나라에서는 군인에게 적용된다.

    ⓒ 계급정년제
- 일정 계급에서 일정기간 승진을 하지 못하면 자동퇴직하는 제도이다.
- 군인, 경찰, 검찰직 고위공무원에 대하여 적용된다.

(6) 전보와 권고사직

① 전보 … 동일직렬·직급내에서 직위만 바뀌는 것으로, 좌천의 기능도 있다.

② 권고사직 … 비합법적 수단으로 사표 제출을 강요한다.

 명예퇴직 … 공무원으로 20년 이상 근속한 자가 정년 전에 스스로 퇴직하면 예산의 범위에서 명예퇴직 수당을 지급할 수 있다(국가공무원법 제74조의 2).

Section 4 공무원의 부패

(1) 개념

공무원이 자신의 직책과 관련하여 직·간접적으로 부당한 이득을 취하거나 취하려고 기도하는 행위로서, 공직자가 사리사욕을 위하여 공직에 부수되는 공권력을 남용하거나 공직의 영향력을 직·간접적으로 행사하여 법규를 위반하는 경우 또는 공직자로서 기대되는 의무의 불이행 등을 총칭한다.

(2) 부패의 원인

① 조직적 요인 … 낮은 보수, 신분불안, 절차의 복잡성과 불필요한 규제과다, 모호한 행정법규에 의한 관료재량의 남용과 관리기준의 비현실성, 인사행정의 비합리성(정실·금품수수), 정부주도형 경제개발 등이 있다.

② 개인적 요인 … 공동체의식의 박약, 상대적 박탈감, 공직자 윤리의식의 정립 없는 막강한 관료력 행사, 낮은 전문적 지식과 능력 결여 등이 있다.

(3) 부패방지방안

① 행정행태의 쇄신과 공무원의 가치관 전환
    ㉠ 공무원 직업윤리를 향상시킨다.
    ㉡ 교육훈련 강화로 인한 직무수행능력을 향상시킨다.
    ㉢ 공무원의 선거개입금지 등의 정치적 중립 노력이 필요하다.

② 제도적 장치의 구비 … 제도적 장치 강화, 공무원 근무여건 개선, 행정규제완화와 규제법령의 이중성 배제, 공무원단체 인정, 행정정보 공개, 조직구조 개선, 내부고발자 보호장치 마련, 수의계약 축소, 사전적·사후적 회계검사 합리화, 효율적인 감사활동 운영 등을 강화

문. 다음 중 관료부패의 원인으로 보기 어려운 것은?
▶ 2002. 1. 27 중앙선거관리위원회
① 정치·경제의 불안정
② 낮은 보수
③ 신분 불안
④ 행정절차의 복잡성
☞ ①

문. 다음 중 공직부패 방지를 위한 제도로서 바람직한 것이 아닌 것은?
▶ 2003. 4. 20 부산광역시
① 국가 주도에 의한 발전
② 보수의 적정화
③ 공무원에 대한 높은 사회적 평가
④ 절차의 간소화
☞ ①

③ 환경적 요인의 개선
　　㉠ 국민의 가치관을 변화시킨다.
　　㉡ 입법적 통제, 선거, 이익단체의 활동, 여론의 형성 및 매스미디어의 활용, 정책실명제와 정책공동체 등으로 외부통제를 강화한다.
　　㉢ 공개와 참여를 통한 정책결정을 도모한다.
　　㉣ 옴부즈만제도로 국민권익위원회를 활성화시킨다.

근무규율

1 내부고발에 대한 설명으로 가장 타당한 것은?

① 조직 내의 비정치적 행위를 대상으로 한다.
② 내부고발은 공직사회의 응집력을 강화시킨다.
③ 내부고발은 익명으로 이루어져야 한다.
④ 내부적인 이의제기 형식과 다르다.

> **Advice** **내부고발**…조직구성원인 개인 또는 집단이 불법·부당·부도덕한 것이라고 보는 조직 내의 일을 대외적으로 폭로하는 행위를 말한다.

2 다음 중 우리나라 공무원의 행동규범과 징계에 관한 내용으로 가장 적절하지 않은 것은?

① 공무원법은 충성이라는 용어를 사용하여 규정하는 바는 없지만 충성을 강력히 요구한다.
② 제헌헌법 제18조는 공무원과 민간 노동자의 구분 없이 근로자의 단결, 단체교섭과 단체행동의 자유는 법률의 범위 내에서 보장한다.
③ 국가공무원법 제74조에 따르면 공무원의 정년은 다른 법률에 특별한 규정이 있는 경우를 제외하고는 60세로 한다.
④ 정직은 1개월 이상 3개월 이하의 기간으로 정하고, 그 기간 중 공무원의 신분은 보유하고 직무에 종사하나 보수의 3분의 1을 감한다.

> **Advice** ④ 정직은 1개월 이상 3개월 이하의 기간으로 하고, 그 기간 중 공무원의 신분은 보유하나 직무에 종사하지 못한다. 또한 정직 기간 동안 보수의 3분의 2를 감하고 18개월간 승진에 임용될 수 없다.

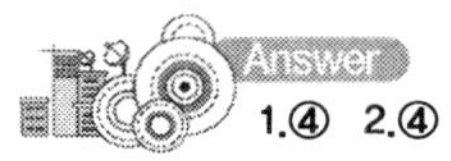

Answer 1.④ 2.④

3 공무원의 정치적 중립성이 중요시되는 이유가 아닌 것은?

① 불편부당(不偏不黨)한 정책집행을 통한 전체이익의 실현을 위해서
② 선거비용의 절약을 통한 정치의 민주화를 위해서
③ 정당 간 공정한 선거를 위해서
④ 행정의 계속성 유지를 위해서

💡Advice 공무원의 정치적 중립은 선거비용 절약과 직접적 관계가 없으며, 공무원의 정치적 민주화를 이루려면 정치활동을 허용하는 것이 옳다.

4 다음 중 정치적 중립의 확립요건으로 볼 수 없는 것은?

① 실적제 인사제도의 확립
② 행정 · 직업윤리의 확립
③ 행정의 능률성, 합리성의 확보
④ 권력 · 가치체계의 분화

💡Advice ③ 정치적 중립의 확립요건이 아니라 정치적 중립의 필요성의 하나이다.
　　　　※ **정치적 중립의 확립요건**
　　　　　⊙ 평화적 정권교체가 필요
　　　　　ⓛ 보수체계의 적정화가 이루어져야 함
　　　　　ⓒ 실적주의, 직업공무원제가 확립되어야 함
　　　　　ⓔ 국민의 의식수준이 향상되어야 함
　　　　　ⓜ 기구나 위원회 조직 · 설치가 자유로워야 함
　　　　　ⓗ 가치의 다원화가 이루어져야 함
　　　　　ⓢ 정치, 경제, 사회상황의 정상화가 이루어져야 함

5 공무원의 행정윤리에 있어 공직자윤리법상 규정된 의무인 것은?

① 집단활동금지의 의무
② 정치적 중립의 의무
③ 퇴직공직자의 취업제한제도
④ 직장이탈금지의 의무

💡Advice ①②④ 국가공무원법에 규정된 의무 외에도 공직자윤리법상 규정된 의무로는 재산등록 및 공개 제도, 선물신고 제도 등이 있다.

6 우리나라와 같은 정치 · 사회 환경 속에서 공무원의 정치적 중립이 강조되는 가장 큰 이유는?

① 행정의 정치적 개입을 금지
② 정치의 공무원에 대한 간섭배제
③ 행정의 능률성 · 합리성의 확보
④ 행정의 자율성 보장

♥Advice ② 우리나라에서 정치적 중립이 강조되는 때는 각종 선거를 치를 때이다. 각종 선거시 특정정당이 공무원에게
부당한 압력을 행사하여 공무원이 여당운동을 하게 되는데, 이를 방지하는 데 정치적 중립의 목적이 있다.

7 다음 중 우리나라 공무원의 직권면직 사유가 아닌 것은?

① 파면 · 해임 · 강등 또는 정직에 해당하는 징계 의결이 요구 중인 경우
② 직제와 정원의 개폐 또는 예산 감소 등에 따라 폐직 또는 과원이 된 경우
③ 휴직 기간이 끝나거나 휴직 사유가 소멸된 후에도 직무를 감당할 수 없는 경우
④ 전직시험에서 세 번 이상 불합격한 경우

♥Advice ① 직위해제의 이유이다.
　　※ **직권면직**〈국가공무원법 제70조 제1항〉
　　　㉠ 직제와 정원의 개폐 또는 예산의 감소 등에 따라 폐직 또는 과원이 되었을 때
　　　㉡ 휴직 기간이 끝나거나 휴직 사유가 소멸된 후에도 직무에 복귀하지 아니하거나 직무를 감당할 수
　　　　없을 때
　　　㉢ 대기 명령을 받은 자가 그 기간에 능력 또는 근무성적의 향상을 기대하기 어렵다고 인정된 때
　　　㉣ 전직시험에서 세 번 이상 불합격한 자로서 직무수행 능력이 부족하다고 인정된 때
　　　㉤ 징병검사 · 입영 또는 소집의 명령을 받고 정당한 사유 없이 이를 기피하거나 군복무를 위하여 휴직
　　　　중에 있는 자가 군복무 중 군무를 이탈하였을 때
　　　㉥ 해당 직급 · 직위에서 직무를 수행하는데 필요한 자격증의 효력이 없어지거나 면허가 취소되어 담당
　　　　직무를 수행할 수 없게 된 때
　　　㉦ 고위공무원단에 속하는 공무원이 적격심사 결과 부적격 결정을 받은 때
　　※ **직위해제**〈동법 제73조의3 제1항〉
　　　㉠ 직무수행 능력이 부족하거나 근무성적이 극히 나쁜 자
　　　㉡ 파면 · 해임 · 강등 또는 정직에 해당하는 징계 의결이 요구 중인 자
　　　㉢ 형사 사건으로 기소된 자(약식명령이 청구된 자는 제외한다)
　　　㉣ 고위공무원단에 속하는 일반직공무원으로서 적격심사를 요구받은 자

Answer　3.② 4.③ 5.③ 6.② 7.①

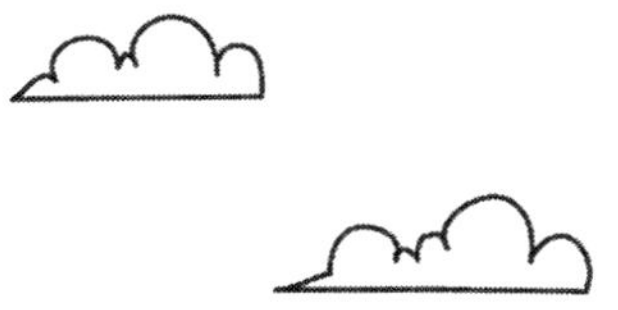

재무행정론

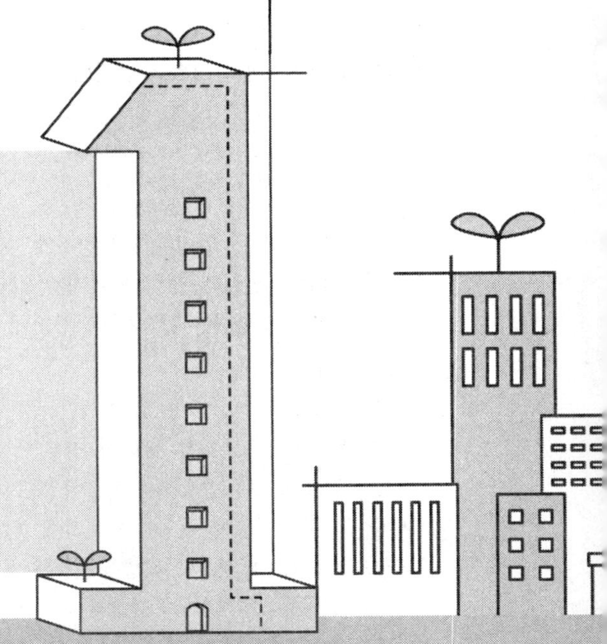

01

예산의 기초이론

Section 1 예산의 개념 및 기능

(1) 예산의 개념

① **형식적 개념(법률적 개념)** … 헌법과 국가재정법에 의거하여 편성, 국회의 심의·의결을 거친 1회계연도간의 재정계획이다.

② **실질적 개념** … 국가의 재정수요와 이에 충당할 재원을 비교하여 배정한 1회 계연도에 있어서의 세입·세출의 예정적 계산이다.

③ **행정관리적 개념** … 행정부 최고관리계층의 이념을 달성하기 위하여 편성된 예산이다.

> **포인트팁** 예산의 구성〈국가재정법 제19조〉 … 예산은 예산총칙, 세입세출예산, 계속비, 명시이월비 및 국고채무부담행위를 총칭한다.

(2) 예산의 기능

① **정치적 기능** … 예산은 단순히 합리적·과학적·총체적 결정이 아닌, 다양한 이해관계의 조정과 타협으로 결정되어 가치배분적 성격을 가진다.

> **포인트팁** A. Wildavsky의 예산의 정치적 기능
> ㉠ 의회의 행정부 통제수단이다.
> ㉡ 단순한 국가의 수입과 지출의 계획안이 아닌 정치적 투쟁의 결과를 의미한다.
> ㉢ 행정부의 신임정도를 알 수 있는 척도가 된다.

② **법적 기능** … 예산은 입법부가 행정부에 대해 재정권을 부여하는 하나의 형식이며, 예산이 법률의 형식을 가지지 않더라도 입법부의 승인을 받음으로써 강제적으로 집행해야 할 의무를 가지게 된다.

③ **행정적 기능(A. Schick)**
　㉠ **통제적 기능**
　　• 예산은 국민이 의회를 통하여 정부를 통제하는 수단으로 이러한 예산제도는 의회제도와 병행해서 발달한 제도이다.
　　• 예산의 기획기능이 중요시 되어감에 따라 중요성이 약화되어 가고 있다.
　㉡ **관리적 기능** : 행정부가 각종 사업계획을 뒷받침하기 위하여 자원을 효과적으로 동원, 경제성·능률성을 고려하여 예산을 관리하는 기능이다.
　㉢ **계획기능** : 계획기능을 통하여 조직목표가 결정되고 대안이 평가되어 사업이 선정되며 목표달성을 위한 자원이 확보·배분될 수 있다.

문. 예산의 법형식은 크게 법률주의와 예산주의로 나누어 볼 수 있다. 이에 대한 설명으로 옳지 않은 것은?

▶ 2008. 5. 24 상반기 지방직

① 미국은 세입법(Revenue Act)을 의회에서 제정한다.
② 한국은 예산 계정을 위한 근거법을 필요조건으로 하고 있지는 않다.
③ 미국은 잠정예산을 제외한 모든 예산에 대하여 대통령이 거부권을 행사할 수 있다.
④ 한국은 예산에 의해 법률을 개폐할 수 없다.

☞ ③

문. 미국의 예산개혁과 결부시켜 쉬크(A. Schick)가 도출한 예산제도의 주된 지향점으로 볼 수 없는 것은?

▶ 2012. 4. 7 행정안전부

① 성과지향　　② 통제지향
③ 기획지향　　④ 관리지향

☞ ①

④ 경제적 기능(R.A. Musgrave)

　　㉠ 자원배분기능 : 정부는 현재의 수요·공급을 직접 담당하거나 예산의 지원
　　　으로 자원을 배분한다.

　　㉡ 소득재분배기능 : 상속세·소득세 등의 세율조정이나 사회보장적 지출 등
　　　을 통하여 사회계층의 소득분배의 불균등을 해소한다.

　　㉢ 경제안정기능과 경제성장기능 : 자본형성, 강제저축, SOC기능 확충 등으로
　　　경제안정과 성장을 도모한다.

(3) 중앙정부와 지방정부의 예산비교

구분	중앙정부 예산	지방정부 예산
예산제출기한	120일 전	광역 : 50일 전, 기초 : 40일 전
예산의결기한	30일 전	광역 : 15일 전, 기초 : 10일 전
출납정리(폐쇄)기한	12월 31일까지	
출납기한	2월 10일까지	
예산의 형식적 내용	예산총칙, 세입세출예산, 계속비, 명시이월비	
	국고채무부담행위	채무부담행위
예비비 반영	일반회계예산 총액의 100분의 1 이내의 금액을 예비비로 세입세출예산에 계상할 수 있다.	예비비로서 상당하다고 인정되는 금액을 예산에 계상하여야 한다.

 예산의 원칙

(1) 예산원칙의 개념

　예산제도를 운영하는 데 있어 지켜야 할 기준으로, 예산의 전과정과 밀접한 관련을 가진다.

(2) F. Neumark의 전통적 예산원칙(입법부 우위의 원칙)

① 예산통일의 원칙 … 특정한 세입·세출을 직접 연결하여서는 안된다는 원칙으로 목적세, 특별회계는 예외이다.

② 사전의결의 원칙 … 예산은 집행에 앞서 의회의 사전승인이 있어야 한다.

③ 정확성(엄밀성)의 원칙 … 계상된 수입·지출이 결산과 일치하여야 한다.

④ 한정성의 원칙 … 예산의 각 항목은 상호 명확한 한계를 지녀야 하며 타 용도로의 이전 금지, 초과지출의 금지, 연도경과의 금지가 있다.

⑤ 완전성의 원칙 … 예산에는 모든 정부수입과 지출이 완전히 계상되어야 한다. 즉 조세징수비를 공제한 순세입만을 기재해서는 안된다.

문. 예산통일의 원칙에 관한 설명으로 옳은 것은?

▶ 2007. 4. 14 중앙인사위원회

① 국가의 예산은 하나로 존재해야 한다는 원칙이다.
② 모든 수입은 국고로 납입되고 거기에서 모든 지출체계가 마련되어야 한다.
③ 특정수입으로 특정지출을 충당하도록 한다.
④ 모든 수입과 지출은 예산에 계상되어야 한다는 원칙이다.

☞ ②

문. 현대적 예산원칙과 거리가 먼 것은?

▶ 2012. 5. 12 상반기 지방직

① 사전승인의 원칙
② 보고와 수단 구비의 원리
③ 다원과 신축의 원칙
④ 계획과 책임의 원칙

☞ ①

⑥ **공개성의 원칙** … 예산과정의 주요한 단계는 국민에게 공개하여야 한다.

⑦ **단일성의 원칙** … 복수예산이 아닌 단일성을 가져야 한다.

⑧ **명료성의 원칙** … 국민이 쉽게 이해할 수 있도록 합리적인 관점에서 분류되고 명확하고 분명하게 표시되어야 한다.

(3) 전통적 예산원칙과 그 예외

전통적 예산원칙		예외
공개성		국방비 예산, 국가정보원 예산, 국가안전보장 관련 예비비 사용
명확성(명료성)		총괄(총액)예산
사전의결		준예산, 긴급재정경제제처분, 예비비지출, 전용, 사고이월, 이체
정확성		적자예산, 흑자예산
한정성 (한계성)	목적 외 사용 금지	이용, 전용
	초과지출 금지	예비비
	기한경과 금지 (회계연도 독립)	이월(명시이월, 사고이월), 계속비, 국고채무부담행위, 지난연도 수입, 지난연도 지출, 조상충용(지방재정법에서 도입)
통일성(국고통일)		특별회계, 기금, 목적세, 수입대체경비, 수입금마련지출
단일성		특별회계, 기금, 추가경정예산
완전성(포괄성, 총계예산)		순계예산, 전대차관, 현물출자, 초과수입을 초과지출에 충당할 수 있는 수입대체경비, 부득이한 사유로 세입예산 초과 시 초과지출 가능한 차관물자대, 출연금이 지원된 국가연구개발사업의 개발 성과물 사용에 따른 대가

포인트팁 용어정리

- **현물출자** : 동산, 부동산, 채권, 유가증권, 특허권 등 금전 이외의 재산에 의한 출자 형태를 현물출자라 한다.
- **전대차관** : 국내거주자에게 전대할 것을 조건으로 기획재정부장관을 차주로 하여 외국의 금융기관으로부터 외화자금을 차입하는 것을 전대차관이라 한다.
- **차관물자대** : 외국의 실물자본을 일정 기간 사용하거나 대금 결제를 유예하면서 도입하는 차관이다.
- **명세예산** : 구체적 항목에 대해 엄격히 통제하는 방식으로 전통적인 품목별 예산이 이 범주에 속한다.
- **예산총계** : 일반회계와 특별회계를 합산한 금액에서 중복계산된 금액을 뺀 것이다.
- **총계예산** : 중간경비(징세비)를 상계해서는 안 된다(완전성 원칙). 대비되는 개념은 순계예산이다.
- **총괄(총액)예산** : 총액을 중심으로 통제하되, 구체적 항목에 대해서는 재량을 부여하는 제도이다. 총괄예산의 형태를 취하는 예산에는 지출통제예산, 지출대예산, 호주의 총괄경상비, 뉴질랜드의 운영비, 우리나라의 총액계상사업 등이 이에 속한다.

문. 예산의 원칙과 그 예외 사항에 대한 설명으로 옳은 것은?

▶ 2015. 6. 27 제1회 지방직

① 특정 수입과 특정 지출이 연계되어서는 안 된다는 것은 '단일성의 원칙'이다.
② 예산은 주어진 목적, 규모 그리고 시간에 따라 집행되어야 한다는 원칙은 '예산총계주의'이다.
③ 예산구조나 과목은 이해하기 쉽도록 단순해야 한다는 것은 '통일성의 원칙'이다.
④ 특별회계는 '통일성의 원칙'과 '단일성의 원칙'의 예외적인 장치에 해당된다.

☞ ④

문. 예산의 원칙에 대한 설명 중 옳지 않은 것은?

▶ 2013. 9. 7 서울특별시

① 공개성의 원칙에는 예외가 있다.
② 사전의결의 원칙에는 예외가 있다.
③ 통일성의 원칙은 회계장부가 하나여야 한다는 원칙이다.
④ 목적세는 예산원칙의 예외이다.
⑤ 총괄예산제도는 명확성의 원칙과 관련이 있다.

☞ ③

(4) H. Smith의 현대적 예산원칙(행정부 우위의 원칙)

① 행정부책임의 원칙 … 행정부는 예산을 경제적으로 집행할 책임이 있다.

② 상호교류적 예산기구의 원칙 … 예산기능은 중앙예산기관과 각 부처 예산기관 간의 상호교류로 능률적·적극적인 협력관계가 확립되어야 한다.

③ 보고의 원칙 … 예산의 편성·심의·관리는 각 수요기관이 제출한 정확한 재정보고 및 업무보고를 참고로 하여야 한다.

④ 다원적 절차의 원칙 … 일반 행정기능뿐 아니라 장기적 사업 등 다양한 활동을 위한 다원적 절차가 구비되어야 한다.

⑤ 적절한 수단구비의 원칙 … 예산책임을 수행하는 데 필요한 예산기관과 분기별 배정계획, 준비금 제도 등 제도적 수단을 갖추어야 한다.

⑥ 행정부재량의 원칙 … 입법부는 총괄예산을 승인하고 명세적 지출은 행정부의 재량이어야 한다.

⑦ 행정부계획의 원칙 … 예산은 행정수반의 사업계획을 반영해야 한다.

⑧ 시기신축성의 원칙 … 적절히 시기적인 신축성을 확보해야 한다.

Section 3. 예산의 종류

(1) 일반회계예산과 특별회계예산

① 일반회계예산 … 조세수입을 주 재원으로 한 국가활동에 사용되는 예산이다.

② 특별회계예산
　㉠ 의의 : 특정한 세입으로 특정한 세출에 충당함으로써 일반의 세입·세출과 구분하여 계리할 필요가 있을 때 법률로써 설치하는 회계이다.
　㉡ 특징
　　• 예산단일의 원칙과 예산통일의 원칙의 예외이다.
　　• 특별법에 의하여 만들어지고 운영된다.
　　• 발생주의 원칙에 의한 회계처리를 한다.
　　• 4대특별회계로는 우편사업, 우체국예금, 조달, 양곡관리가 있다.
　㉢ 장·단점
　　• 장점
　　　– 정부가 사업을 운영하는 경우 수지가 명백하다.
　　　– 행정기관의 재량범위 확대로 능률과 합리화에 기여한다.
　　　– 안정된 자금 확보로 안정적인 사업운영이 가능하다.
　　　– 행정기능의 전문화, 다양화에 기여한다.
　　• 단점
　　　– 예산구조의 복잡화로 심의·관리 및 정책과의 연결·운영이 곤란하다.

문. 추가경정예산에 대한 설명으로 옳지 않은 것은?
▶ 2013. 8. 24 제1회 지방직

① 예산이 성립된 후에 생긴 사유로 이미 성립된 예산에 변경을 가할 필요가 있을 때 정부가 편성하는 예산이다.
② 예산 팽창의 원인이 될 수 있으므로, 「국가재정법」에서 그 편성사유를 제한하고 있다.
③ 과거에 추가경정예산이 편성되지 않은 연도도 있었다.
④ 본예산과 별개로 성립되므로 당해 회계연도의 결산에는 포함되지 않는다.

☞ ④

문. 예산에 대한 설명으로 틀린 것은?
▶ 2011. 4. 9 행정안전부

① 추가경정예산은 국회에서 확정되기 전에 정부가 미리 배정·집행할 수 있는 예산이다.
② 본예산은 매 회계연도 개시 전에 국회의 심의·의결을 거쳐 성립되는 예산을 의미한다.
③ 수정예산은 예산안 편성이 끝나고 정부가 예산안을 국회에 제출한 이후 국회 의결 전에 기존 예산안 내용의 일부를 수정하여 다시 제출한 예산안을 의미한다.
④ 준예산은 새로운 회계연도 개시 전까지 국회에서 예산안이 의결되지 못할 때 정부가 일정한 범위 내에서 전 회계연도의 예산에 준해 집행하는 잠정적 예산을 의미한다.

☞ ①

- 국가재정의 전체적인 관련성을 명확하지 않게 하여 통합성을 저해한다.
- 입법부의 예산통제 또는 국민의 행정통제가 곤란하다.

(2) 본예산 · 수정예산 · 추가경정예산

① **본예산** … 정상적인 편성과 심의를 거쳐 최초로 확정되는 예산으로 정기적으로 매년 다음 해의 총세입과 세출을 예산으로 편성하여 정기예산국회에 다음 회계연도가 시작되기 120일 전에 제출하는 예산이다.

② **수정예산** … 예산안이 편성되어 국회에 제출된 후 심의를 거쳐 성립되기 이전에 부득이한 사유로 인하여 그 내용의 일부를 수정하고자 하는 경우 작성되는 예산안을 의미한다.

③ **추가경정예산** … 예산이 국회를 통과하여 예산이 성립된 이후 예산에 변경을 가할 필요가 있을 때, 국회에 제출하여 성립되는 예산을 말한다.

(3) 준예산 · 잠정예산 · 답습예산 · 가예산

① **준예산** … 의회에서 예산안이 성립되지 않은 경우 예산의 의결이 있을 때까지 세입의 범위 안에서 전년도 예산에 준하여 일정한 경비를 지출할 수 있도록 하는 제도로 우리나라에서 활용되고 있다.

② **잠정예산** … 회계연도 개시 전까지 예산 불성립 시, 일정기간 동안 일정금액 예산의 국고지출을 잠정적으로 의회의결하에 허용하는 제도이다.

③ **답습예산** … 회계연도 개시 전까지 예산이 확정되지 않았을 때 상 · 하원의 의결을 통해 전년도 예산을 그대로 답습하는 제도이다.

④ **가예산**
　　㉠ 부득이한 사유로 예산이 국회에서 의결되지 못한 경우에 최초의 1개월분을 국회의 의결로 집행할 수 있는 예산이다.
　　㉡ 1개월간의 기간 제한이 있다는 점에서 잠정예산과 차이가 나며, 국회의 의결을 필요로 한다는 점에서 준예산과 다르다.

(4) 통합예산

① 전체 예산이 국민경제에 미치는 영향을 체계적으로 파악하는 것을 목적으로 한다.

② 1979년 IMF의 권고에 따라 일부 도입되기 시작하였다.

(5) 신임예산 · 총계예산 · 순계예산

① **신임예산** … 예산의 구체적인 용도는 행정부의 자유재량에 맡기는 예산제이다.

② **총계예산** … 세입 · 세출 총액을 계상한 것으로 완전성의 원칙에 합치된다.

③ **순계예산** … 경비를 공제한 순세입 또는 순세출만을 계상한 예산이다.

<hr>

문. 추가경정예산에 대한 설명으로 옳지 않은 것은?
▶ 2013. 8. 24 제1회 지방직

① 예산이 성립된 후에 생긴 사유로 이미 성립된 예산에 변경을 가할 필요가 있을 때 정부가 편성하는 예산이다.

② 예산 팽창의 원인이 될 수 있으므로, 「국가재정법」에서 그 편성사유를 제한하고 있다.

③ 과거에 추가경정예산이 편성되지 않은 연도도 있었다.

④ 본예산과 별개로 성립되므로 당해 회계연도의 결산에는 포함되지 않는다.

☞ ④

문. 일반회계, 특별회계, 기금에 대한 다음 설명 중 옳지 않은 것은?
▶ 2011. 6. 11 서울특별시

① 일반회계는 국가 고유의 일반적 재정 활동을, 특별회계는 특정한 세입으로 특정한 사업을 운용하기 위해 설치된다.

② 특별회계는 일반회계와 기금 운용 형태가 혼재되어 있다.

③ 기금은 예산과 달리 국회 심의 · 의결 확정절차를 따르지 않는다.

④ 기금과 특별회계는 특정 수입과 지출이 연계되어 있다.

⑤ 기금은 주요항목 지출금액의 20% 초과 변경 시 국회 의결이 필요하다.

☞ ③

> **기금**
>
> ① 의의
>   - ㉠ 국가가 사업운영상 필요할 때에 한하여 법률로써 특별히 설치하는 자금으로 세입·세출예산에 의하지 아니하고 예산 외로 운용한다.
>   - ㉡ (구)기금관리기본법은 2007년 1월 1일 국가재정법에 통합되었다.
> ② 예산과의 **공통점**…정부의 재정활동으로서 공공욕구를 충족시키기 위한 수단이며 통합예산의 구성요소라는 점에서 동일하다.
> ③ 예산과의 **차이점**
>   - ㉠ 예산이 조세수입을 재원으로 하며 무상적 급부를 원칙으로 하는 데 반해, 기금은 주로 일반회계로부터의 전입금이나 정부출연금 등에 의존하며 유상적 급부를 원칙으로 한다.
>   - ㉡ 일반회계예산은 예산통일의 원칙을 적용받지만, 기금은 특정수입으로 특정지출에 충당하게 되며 세입·세출 예산 외로 운영되어, 재정운용의 신축성과 효율성을 확보할 수 있다.
> ④ 기금 운용의 문제점
>   - ㉠ 기금의 종류 및 규모가 증대된다.
>   - ㉡ 정부관리기금과 민간관리기금의 구분이 모호하다.
>   - ㉢ 특별회계와 기금의 중복 운용의 가능성이 있다.
>   - ㉣ 재정민주주의에 위배된다.
>   - ㉤ 전체 재정운용의 맥락과의 단절 및 자의적 운용위험이 있다.
>   - ㉥ 공공부문의 재정적자의 중요한 요인이고, 국가자원배분의 왜곡이 가속화된다.

Section 4 예산의 분류

(1) 의의 및 목적

① 의의…국가의 세입·세출을 일정한 기준에 따라 유형별·체계적으로 배열한 것으로, 우리나라는 장 – 관 – 항 – 세항 – 목의 형식으로 분류한다.

② 목적
  - ㉠ 사업계획의 수립과 예산심의의 **능률화**: 기능별, 조직체별, 사업계획별, 활동별 분류방법
  - ㉡ 예산집행의 **효율화**: 조직체별, 품목별 분류
  - ㉢ 회계책임의 **명확화**: 품목별 분류
  - ㉣ 경제분석의 **촉진**: 경제성질별 분류

포인트팁 예산제도와 기능

구분		기능
예산제도	품목별·조직체별	통제기능
	성과주의	관리기능
	계획예산	계획기능
	MBO	목표관리, 참여기능
	ZBB나 일몰법	사업우선순위, 감축기능

(2) 분류방법

① 조직체별 분류
㉠ 의의 : 예산을 편성과 집행책임을 담당한 조직단위별로 분류하는 것으로 입법부의 예산심의 촉진과 회계책임 명확화에 의의가 있다.

㉡ 장점
- 입법부의 예산통제에 가장 효과적이다.
- 경비지출의 책임소재를 분명히 할 수 있다.
- 예산과정의 단계가 명백하다.

㉢ 단점
- 경비지출의 목적을 밝힐 수 없다.
- 예산의 전체적인 경제적 효과를 파악할 수 없다.
- 조직활동의 전반적인 성과나 사업계획의 효과를 평가하기 어렵고, 사업의 우선순위를 파악하기 어렵다.

② 품목별 분류
㉠ 의의 : 예산을 급여, 수당, 정보비 등 지출대상에 따라 분류한 것으로 세출예산과목 중 목이 품목별 분류이다.

㉡ 장점
- 예산집행자의 회계책임이 명확하다.
- 인사행정에 유용한 자료·정보를 제공한다.
- 지출의 합법성에 치중하는 회계검사가 용이하다.
- 입법부의 행정부에 대한 민주통제를 가능하게 한다.

㉢ 단점
- 국가사업의 우선 순위를 알 수 없고 지출의 목적을 이해할 수 없다.
- 예산집행의 신축성을 저해할 우려가 있다.
- 정책수립에 도움이 되는 자료를 제공하지 못한다.
- 예산과 사업을 연결시키기 곤란하다.
- 행정부의 창의적활동·재량권의 제약을 가져온다.

③ 기능별 분류
㉠ 의의 : 예산을 정부가 수행하는 기능별로 분류하는 것으로, 정부업무에 관한 개략적인 정보를 시민에게 제공한다는 의미에서 '시민을 위한 분류'라고도 한다.

문. 성인지예산(gender budgeting)에 대한 설명으로 옳지 않은 것은?
▶ 2012. 5. 12 상반기 지방직

① 예산 과정에 성 주류화(gender ma-instreaming)의 적용을 의미한다.
② 성 중립적(gender neutral) 관점에서 출발한다.
③ 우리나라는 국가재정법에서 성인지 예산서와 결산서 작성을 의무화하였다.
④ 성인지적 관점의 예산 운영은 새로운 재정 운영의 규범이 되고 있다

☞ ②

ⓛ **장점**

- 행정수반의 예산결정과 의회의 예산심의가 용이하다.
- 장기간에 걸쳐 연차적으로 정부활동을 분석하는 데 효과적이다.
- 정부계획의 성격상의 변동이나 중점의 변동을 파악하는 데 적합하다.
- 행정부의 재량행위나 신축성 유지방안에 기여한다.

ⓒ **단점**

- 회계책임의 확보가 곤란하다.
- 기관별 예산의 흐름 파악이 곤란하다.
- 예산이 국민경제에 미치는 영향의 파악이 곤란하다.

ⓔ **특징**

- 대항목은 여러 부처의 예산을 망라한다.
- 공공사업을 별개의 범주로 삼지 않는다.
- 일반행정비를 가능한 한 적게 잡아야 한다.
- 한 개 이상의 기능에 해당하는 사업이 많다.
- 최종적인 세목 분류는 품목별 분류에 의할 수밖에 없다.

> 🌱 **포인트팁** 우리나라의 기능별 분류 … 방위비, 교육비, 사회개발비, 경제개발비, 일반행정비, 지방재정교부금, 채무상환 및 기타 등으로 구분한다.

④ **경제성질별 분류**

ⓐ **의의** : 정부예산이 국민경제에 미치는 영향을 파악하기 위하여 거시경제적 관점에서 정부예산을 경상예산과 자본예산으로 구분하는 것이다.

ⓛ **장점**

- 경제분석이 가능하다.
- 경제안정화 및 경제성장 촉진이 가능하다.
- 인플레이션 · 디플레이션 방지효과가 있다.
- 국민경제동향 파악이 가능하다.

ⓒ **단점**

- 경제활동에 대한 정부영향의 일부만 개략적으로 추정할 뿐이다.
- 세입 · 세출 이외의 요인 파악에 어려움이 따른다.
- 정책결정을 담당하는 고위공무원이 아닌 실무자에게는 비효과적이다.
- 소득배분에 대한 정부활동의 영향을 밝혀주지 못한다.
- 언제나 다른 예산분류방법과 함께 이용되어야만 한다.

⑤ **사업계획별 분류와 활동별 분류**

ⓐ **사업계획별 분류** : 각 부처의 업무를 사업계획별로 작성한 예산으로, 예측 가능한 최종생산물을 지녀야 한다.

ⓛ **활동별 분류** : 사업계획별 분류의 세분류로서, 예산안의 편성 · 제출, 회계 업무, 예산집행상황의 보고를 용이하게 하는 분류방법이다.

문. 소위 '시민을 위한 분류'라는 예산분류방식은?

▶ 2003. 6. 15 충청북도

① 품목별 분류 ② 조직별 분류
③ 기능별 분류 ④ 목적별 분류

☞ ③

문. 다음 중 예산분류방식에 대한 설명으로 옳지 않은 것은?

▶ 2005. 5. 8 광주광역시

① 우리나라에서 일반회계 세입예산은 수입원에 따라 조세수입과 세외수입으로 분류한다.
② 품목별 분류는 세출에 대한 통제를 강화하는 데 기여한다.
③ 기능별 분류는 전문적 · 포괄적이어서 일반시민이 이해하기 힘들다.
④ 경제성질별 분류를 통해 정부활동이 국민경제에 미치는 영향을 알 수 있다.

☞ ③

문. 다음 중 예산의 분류에 대한 내용으로 옳지 않은 것은?

▶ 2002. 3. 24 부산광역시

① 조직별 분류는 예산심의가 가장 용이하다.
② 경제성질별 분류는 정부 전체에 대한 영향을 알 수 있다.
③ 기능별 분류는 성과주의 예산제도에 가장 적합하다.
④ 기능별 분류는 세출예산에만 적용되며 시민을 위한 분류라고도 한다.

☞ ②

Section 5 중앙예산기관

(1) 의의

정부수준에서 각종 정부기관의 사업 계획과 예산 요구를 검토·분석하여 예산을 편성·집행하는 최고관리기관이다.

(2) 기능

① 기획·관리기능 … 예산편성·집행과정에 있어 합리적·효과적인 배분과 사업을 위해 조정·지도한다.

② 각 부처에 대한 기능 … 예산요구서의 작성과 집행을 지도·감독한다.

③ 의회에 대한 기능 … 행정부의 예산안을 편성하여 의회에 제출한다.

④ 국민에 대한 기능 … 국민에게 예산을 알리고 그 집행상황을 공개한다.

(3) 유형

① 행정수반직속형 … 중앙예산기관을 행정수반의 첨단기구로 직속시키는 유형으로서, 미국의 관리예산처(OMB)가 대표적이다.

② 재무부형 … 중앙예산기관을 중앙부처의 하나인 재무부에 설치하는 유형으로서, 영국의 대장성, 일본의 대장성, 프랑스의 경제재무성예산국, 독일의 연방예산국, 1955~1961년 우리나라 예산국 등이 있다.

③ 중간형 … 1948~1955년 우리나라 기획처, 1961년 이후 경제기획부(원), 캐나다의 내각예산국 등이 있다.

(4) 우리나라의 중앙예산기관

① 연혁 … 1948년 국무총리 직속의 기획처 예산국→1955년 재무부 예산국→1963년 경제기획원 예산국(기능강화)→1979년 경제기획원 예산실→1994년 재정경제원 예산실→1998년 재정경제부 예산청, 기획예산위원회→1999년 기획예산처→2008년 기획재정부

② 문제점
　㉠ 기획기능과 예산기능 간의 조정문제로 갈등이 있고 괴리가 심하다.
　㉡ 사업계획의 평가에 대한 기능이 경시되었고 정책·사업계획 중심의 예산편성 가능성이 희박하다.

Section 6 예산에 관한 법률

(1) 국가재정법

① 개념 … 재정에 관한 헌법상의 규정을 보완하는 헌법시행법적인 성격을 가진 국가재정에 관한 총칙법이다.

문. 다음 중 현재 우리나라 중앙예산기관에 대한 설명으로 옳지 않은 것은?

▶ 2002. 5. 12 행정자치부

① 국무총리 소속하에 설치되어 있다.
② 재정개혁과 행정개혁에 관한 사무를 수행한다.
③ 예산과 관련한 기획을 연계한다.
④ 예산편성 및 정부회계 관련업무를 총괄한다.

☞ ④

---

② 특징
  ㉠ 국가재정운영계획 수립
  ㉡ 성과중심 재정운영
  ㉢ 회계 및 기금간 여유재원 신축적 운용
  ㉣ 조세지출예산제도 도입

(2) 정부기업예산법

① 개념 … 우편사업 · 우체국예금 · 양곡관리 · 조달사업의 특별회계예산에 관한 법이다.

② 특징
  ㉠ 제명 및 입법목적 변경 : 정부기업의 회계 및 결산 관련 조항이 삭제되어 예산 관련 조항만 남게 됨에 따라 법의 제명을 정부기업예산법으로 변경하고, 법의 목적 역시 각 정부기업별 특별 회계의 설치 및 그 예산 등의 운용에 관한 사항을 규정하는 것으로 변경하였다.
  ㉡ 세입 · 세출예산의 구분 및 내용 신설 : 회계 운영의 투명성을 높이기 위해 우편사업특별회계, 우체국예금특별회계, 양곡관리특별회계 및 조달특별회계의 세입 및 세출 내용을 명확히 규정하였다.
  ㉢ 회계 · 결산 관련 삭제 : 국가회계법에서 국가회계 및 결산에 관한 일반적인 사항을 규정하게 됨에 따라 정부기업의 회계 및 결산과 관련된 조항들을 삭제하였다.

(3) 공공기관의 운영에 관한 법률

① 목적 … 경영의 합리화와 운영의 투명성을 제고함으로써 공공기관의 대국민 서비스 증진에 기여함을 목적으로 한다.

② 특징
  ㉠ 공기업 · 준정부기관의 회계연도는 정부의 회계연도에 따른다.
  ㉡ 공기업 · 준정부기관의 회계는 경영성과와 재산의 증감 및 변동 상태를 명백히 표시하기 위하여 그 발생 사실에 따라 처리한다.
  ㉢ 공기업 · 준정부기관은 공정한 경쟁이나 계약의 적정한 이행을 해칠 것이 명백하다고 판단되는 사람 · 법인 또는 단체 등에 대하여 2년의 범위 내에서 일정기간 입찰참가자격을 제한할 수 있다.
  ㉣ 공기업 · 준정부기관의 예산은 예산총칙 · 추정손익계산서 · 추정대차대조표와 자금계획서로 구분하여 편성한다.

예산의 기초이론

1 예산안 편성과정에 대한 설명으로 옳지 않은 것은?

① 정부는 국회에 제출된 예산안의 일부를 부득이한 사유로 수정해야 하는 때에는 국무회의의 심의를 거쳐 대통령의 승인을 얻은 수정예산안을 국회에 제출할 수 있다.
② 정부는 대통령의 승인을 얻은 예산안을 회계연도 개시 120일 전까지 국회에 제출하여야 한다.
③ 각 중앙관서의 장은 매년 1월 31일까지 당해 회계연도부터 5회계연도 이상의 기간 동안의 계속사업에 대한 중기사업계획서를 국무회의에 보고하여야 한다.
④ 기획재정부장관은 각 중앙관서의 장에게 통보한 예산안편성지침을 국회 예산결산특별위원회에 보고하여야 한다.

　🔋Advice　③ 각 중앙관서의 장은 매년 1월 31일까지 당해 회계연도부터 5회계연도 이상의 기간 동안 신규사업 및 기획재정부장관이 정하는 주요 사업에 대한 중기사업계획서를 기획재정부장관에게 제출하여야 한다.

2 국가가 현물로 출자하는 경우와 외국차관을 도입하여 전대(轉貸)하는 경우에 이를 세입세출예산 외로 처리할 수 있도록 한 것은 어떤 원칙의 예외인가?

① 예산 완전성의 원칙　　　　　　　② 예산 공개의 원칙
③ 예산 통일의 원칙　　　　　　　　④ 예산 단일의 원칙

　🔋Advice　**예산 완전성의 원칙(예산총계주의)** … 한 회계연도의 모든 수입을 세입으로 하고, 모든 지출을 세출로 하여 세입·세출은 모두 예산에 편입하여야 한다는 것이다. 즉, 예산총계주의를 말하며, 이는 예산순계주의에 대비된다.
　　① 현물출자나 차관전대 등은 국가재정법 제17조에 의한 예산총계주의(완전성 원칙)에 대한 예외이다.

3 일반회계, 특별회계, 기금에 대한 다음 설명 중 가장 적절하지 않은 것은?

① 일반회계는 국가 고유의 일반적 재정 활동을, 특별회계는 특정한 세입으로 특정한 사업을 운용하기 위해 설치된다.
② 특별회계는 일반회계와 기금 운용 형태가 혼재되어 있다.
③ 기금은 예산과 달리 국회 심의·의결 확정절차를 따르지 않는다.
④ 기금과 특별회계는 특정 수입과 지출이 연계되어 있다.

　🔋Advice　기금과 예산 모두 국회 심의·의결절차를 따른다.
　　※ **기금 변경** … 기금운용계획 중 주요항목 지출금액을 변경하고자 할 때에는 기획재정부장관과 협의·조정하여 마련한 기금운용계획변경안을 국무회의의 심의를 거쳐 대통령의 승인을 얻은 후 국회에 제출하여야 한다. 다만 주요 항목 지출금액의 10분의 2(금융성 기금은 10분의 3, 경상비는 10분의 2) 이하의 범위 안에서는 기금운용계획변경안을 국회에 제출하지 아니하고 대통령령으로 정하는 바에 따라 변경할 수 있다.

4 행정환경의 변화에 신축적으로 대응할 수 있는 능력을 저해하는 세출예산항목이 아닌 것은?

① 지방재정교부금
② 도로포장사업비
③ 국민기초 생활보장비
④ 인건비

🔦 Advice 행정환경변화에 신축적으로 대응할 수 없는 예산항목경비란 삭감하기 어려운 의무적 지출항목의 경비를 말하는데, 지방재정교부금, 국민기초 생활보장비, 교육비, 인건비, 국채이자 등이 있다.

5 기업예산회계법에서 추구하는 회계방식의 설명 중 옳지 않은 것은?

① 현금주의를 사용한다.
② 원가계산을 한다.
③ 기업적 성격이 강하다.
④ 발생주의를 일부 도입했다.

🔦 Advice ① 기업예산회계법의 적용을 받는 공기업의 회계방식에는 현금주의가 아닌 발생주의 방식을 취하고 있다.

6 예산을 다양한 이해관계의 조정과 타협에 의해 결정되며, 가치배분적 성격을 갖는다고 본 예산의 기능은?

① 자원배분기능
② 행정관리적 기능
③ 재정통제적 기능
④ 정치적 기능

🔦 Advice **정치적 기능**…예산은 단순히 합리적·과학적·총체적 결정이 아닌, 다양한 이해관계의 조정과 타협으로 결정되며 가치배분적 성격을 가진다.

7 다음 중 특정한 세입·세출을 직접 연결하여서는 안 된다는 예산원칙은?

① 예산한정성의 원칙
② 예산완전성의 원칙
③ 예산명료성의 원칙
④ 예산통일의 원칙

🔦 Advice **전통적 예산원칙**
㉠ **예산통일의 원칙**: 특정한 세입·세출을 직접 연결하여서는 안 된다는 원칙으로 목적세, 특별회계는 예외
㉡ **사전의결의 원칙**: 예산은 집행에 앞서 의회의 사전승인이 있어야 한다는 원칙
㉢ **정확성(엄밀성)의 원칙**: 계상된 수입·지출이 결산과 일치하여야 한다는 원칙
㉣ **한정성의 원칙**: 예산의 각 항목은 상호 명확한 한계를 지녀야 하며 타 용도로의 이전 금지, 초과지출의 금지, 연도경과의 금지를 규정하는 원칙
㉤ **완전성의 원칙**: 예산에는 모든 정부수입과 지출이 완전히 계상되어야 한다. 즉, 조세징수비를 공제한 순세입만을 기재해서는 안 된다는 원칙
㉥ **공개성의 원칙**: 예산과정의 주요한 단계는 국민에게 공개하여야 한다는 원칙
㉦ **단일성의 원칙**: 복수예산이 아닌 단일성을 가져야 한다는 원칙
㉧ **명료성의 원칙**: 국민이 쉽게 이해할 수 있도록 합리적인 관점에서 분류되고 명확하고 분명하게 표시되어야 한다는 원칙

Answer
1.③ 2.① 3.③ 4.② 5.① 6.④ 7.④

8 예산의 기능 중 예산의 기획기능이 중요시되어감에 따라 오늘날 그 중요성이 점점 약화되고 있는 기능은?

① 관리적 기능 ② 계획기능
③ 통제적 기능 ④ 법적기능

> ⚙Advice **통제적 기능** … 예산은 국민이 의회를 통하여 정부를 통제하는 수단으로, 이러한 예산제도는 의회제도와 병행해서 발달한 제도이다. 예산의 기획기능이 중요시되어감에 따라 중요성이 약화되어 가고 있다.

9 다음은 특별회계에 대한 설명이다. 가장 타당한 것은?

① 특별회계는 기금과는 달리 예산단일의 원칙에 부합한다.
② 특별회계는 일반회계와는 달리 입법부의 심의를 받지 않는다.
③ 국가에서 특정사업을 운영하기 위해 일반회계와 구분하여 경리할 필요가 있을 때 설치한다.
④ 특별회계의 세입은 주로 조세수입으로 이루어진다.

> ⚙Advice **특별회계예산** … 특정한 세입을 특정한 세출에 충당함으로써 일반의 세입·세출과 구분하여 계리할 필요가 있을 때 법률로써 설치하는 회계이다.
> ㉠ **특징**
> • 예산단일의 원칙과 예산통일의 원칙의 예외이다.
> • 특별법에 의하여 만들어지고 운영된다.
> • 발생주의 원칙에 의한 회계처리를 한다.
> ㉡ **장점**
> • 정부가 사업을 운영하는 경우 수지가 명백하다.
> • 행정기관의 재량범위 확대로 능률과 합리화에 기여한다.
> • 안정된 자금 확보로 안정적인 사업운영이 가능하다.
> • 행정기능의 전문화, 다양화에 기여한다.

10 다음 중 발생주의 회계제도에 관한 설명으로 옳지 않은 것은?

① 정부의 자산 변동과 증감 발생 사실에 따른 회계정리가 가능하다.
② 정부서비스의 가격이나 비용을 보다 정확하게 산정하여 성과 파악이 용이하다.
③ 정부의 단기투자사업에 있어서 현금의 출납에 근거한 회계를 가능하게 하는 제도이다.
④ 장기적 비용 및 수익을 산정할 수 있어 재산상태에 대한 종합적 회계정보를 제공해 주는 제도이다.

> ⚙Advice 발생주의 회계제도는 현금의 수납사실이 아닌 재산의 증감이나 변동을 발생의 사실에 따라 계리하는 방식이다.
> ③ 현금주의에 대한 설명이다.

11 재정에 관한 헌법상의 규정을 보완하는 헌법시행법적인 성격을 가진 재정에 관한 총칙법은?

① 국가재정법

② 정부기업예산법

③ 공공기관의 운영에 관한 법률

④ 국고금관리법

Advice ② 우편사업, 우체국예금, 양곡관리, 조달사업의 특별회계예산에 관한 법이다.

③ 경영의 합리화와 운영의 투명성을 제고함으로써 공공기관의 대국민 서비스 증진에 기여하려는 법이다.

④ 국고금의 관리에 필요한 사항을 정함으로써 국고금을 효율적이고 투명하게 관리하려는 법이다.

Answer 8.③ 9.③ 10.③ 11.①

02

예산과정

Section 1

예산과정의 개요

(1) 예산과정의 의의

예산은 편성, 심의, 집행, 결산 및 회계검사의 과정으로 구성되는데 이를 예산과정이라 하며 통상 3년의 기간이 요구된다.

(2) 회계연도

회계연도란 일정기간에 있어서의 수입과 지출을 구분·정리하여 그 관계를 명확하게 하기 위한 예산의 유효기간을 말한다. 하지만 회계연도의 경비는 그 연도의 세입으로서 지변되어야 하는데 이를 회계연도독립의 원칙이라 한다.

> **포인트팁** **회계연도독립의 원칙** … 각 회계연도의 수입은 모두 전체지출의 재원이 되며 각 회계연도는 다른 회계연도와 독립되어 있어야 한다는 원칙이다. 우리나라는 매년 1월 1일 시작하여 12월 31일에 끝나게 되어 있다. 회계연도독립의 원칙에 대한 예외로 예산의 이월, 계속비, 과년도 수입·지출 등이 있다.

(3) 예산결정이론

① 합리주의(총체주의)

　㉠ 결정과 관련된 모든 요소를 종합적으로 고려하여 자원배분을 합리적으로 행하려는 데서 나온 예산결정이론이다.

　㉡ 목표의 정확한 파악, 목적과 수단의 구별과 분석, 대안의 선정, 분석의 종합성 등을 추구하는 특징을 가진다.

　㉢ 계획예산제도, ZBB 등이 합리주의와 관계가 깊은 예산제도이다.

② 점증주의(정치적 접근법)

　㉠ 정치과정으로서의 예산과정론에 입각하여 현실적으로 전년도 예산을 고려하여 다음 연도 예산을 결정하는 방법을 점증주의라 한다.

　㉡ Wildavsky는 예산편성이 정치적 과정이라는 관점에서 예산편성은 점진적이지 종합적이 아니라고 보고 있다.

　㉢ 예산은 보수적, 정치적, 단편적이며 품목 중심으로 편성된다.

　㉣ 품목예산, 성과주의예산이 점증주의적 예산제도들이다.

문. 우리나라의 예산과정에 대한 설명으로 옳은 것은?

▶ 2010. 4. 10 행정안전부

㉠ 결산은 정부의 예산집행의가 정당한 경우 집행의 책임을 해제하는 법적 효과를 가진다.

㉡ 결산심의에서 위법하거나 부당한 지출이 지적되면 그 정부활동은 무효나 취소가 된다.

㉢ 국회 심의과정에서 증액된 부분은 부처별 한도액 제한을 받는다.

㉣ 국회심 후의 예산은 당초 행정부 제출 예산보다 증액되기도 한다.

㉤ 예산집행의 신축성을 확보하기 위한 장치로는 회계연도 개시 전 예산배정, 국고채무부담행위 등이 있다.

---

① ㉠, ㉢, ㉣
② ㉠, ㉣, ㉤
③ ㉡, ㉢, ㉤
④ ㉡, ㉣, ㉤

답 ②

문. 점증주의의 이점으로 보기 어려운 것은?

▶ 2013. 9. 7 서울특별시

① 타협의 과정을 통해 이해관계의 갈등을 조정하는 데 유리하다.

② 대안의 탐색과 분석에 소요되는 비용을 줄일 수 있다.

③ 예산결정을 간결하게 한다.

④ 합리적 총체적 관점에서 의사결정이 가능하다.

⑤ 중요한 정치적 가치들을 예산결정에서 고려할 수 있다.

답 ④

합리주의와 점증주의의 비교

구분	거시적 과정	미시적 과정	결과
합리주의	종합적·체계적인 분석	집권적이고 제도화된 사업별 예산	새로운 프로그램, 대폭적·체계적 예산 증감
점증주의	연속적·한정적인 비교	정치적 타협과 상호 조절	전년도 대비 소폭적 예산 점증

Section 2 예산의 편성

(1) 개념

예산편성이란 새해에 또는 장래 몇 년 동안 정부가 수행하고자 하는 계획과 사업을 구체화하는 과정으로, 예산편성지침의 작성에서 예산편성안의 확정에 이르는 일련의 과정을 말한다. 특히 오늘날은 행정부가 예산을 편성하여 입법부에 제출하는 것이 추세인데, 이를 행정부편성제출예산제도라고 한다.

 예산사정의 방법

㉠ **무제한법**: 예산 요구시 일정한 규모의 한도액을 설정하지 않고 필요한 사업을 요구하는 방법이다.

㉡ **한도액설정법**: 예산을 요구하면서 초과할 수 없는 예산요구 한도액을 설정하여 이를 벗어나지 않는 사업을 요구하도록 사전에 제한하는 방법이다.

㉢ **증감분석법**: 차기연도 사업을 결정하면서 당해연도 사업과 비교하여 예산규모의 증감 정도를 감안하여 사업 선택 여부를 결정하는 방법으로, 점증주의 예산결정방법이다.

㉣ **우선순위통제법**: 예산항목 또는 예산사업 간의 우선 순위를 명시하여 사업을 선정하는 방법으로 영기준예산제도의 일종이다.

㉤ **항목별 통제법**: 예산에 포함되어서는 안 될 항목들을 사전에 제시하고 그 외의 항목만을 예산에 포함되도록 승인하는 방법이다.

(2) 예산편성과정

① **사업계획서 제출** … 각 중앙관서의 장은 매년 1월 31일까지 기획재정부장관에게 당해 회계연도부터 5회계연도 이상의 기간 동안의 신규사업 및 주요사업에 대한 중기 사업계획서를 제출해야 한다.

② **예산안편성지침서 시달** … 기획재정부장관은 매년 3월 31일까지 국무회의의 심의 후 대통령의 승인을 얻어 다음 연도의 예산안편성지침을 각 중앙관서의 장에게 통보해야 한다.

③ **예산요구서 작성** … 각 중앙관서의 장은 5월 31일까지 예산안편성지침에 따라 예산요구서를 작성하여 첨부서류와 함께 기획재정부장관에게 제출하여야 한다.

문. 중앙행정기관들이 예산요구서를 기획재정부장관에게 제출하면, 기획재정부의 부처담당 예산사정관이 예산요구서의 타당성을 검토한다. 이때 의문사항이 있으면 예산요구를 한 부처의 예산담당관을 불러 질문을 한다. 이러한 예산절차는?

▶ 2005. 4. 24 중앙인사위원회

① 예산협의　　② 예산심의
③ 예비심사　　④ 국정감사

☞ ①

문. 우리나라 정부의 예산편성 절차를 올바르게 나열한 것은?

▶ 2014. 3. 22 지방직

㉠ 예산편성지침 통보
㉡ 예산의 사정
㉢ 국무회의 심의와 대통령 승인
㉣ 중기사업계획서 제출
㉤ 예산요구서 작성 및 제출

① ㉠ - ㉣ - ㉤ - ㉡ - ㉢
② ㉣ - ㉠ - ㉤ - ㉡ - ㉢
③ ㉠ - ㉤ - ㉣ - ㉢ - ㉡
④ ㉣ - ㉡ - ㉠ - ㉤ - ㉢

☞ ②

④ **기획재정부의 사정** ··· 기획재정부는 각 부처의 예산요구서를 세입·세출 요구 등의 분석에 의한 다음 해의 예산규모 등을 분석·검토한다.

⑤ **정부 예산안의 확정과 국회 제출** ··· 예산사정이 끝나면 국무회의의 심의와 대통령의 승인에 의한 정부예산안이 확정되고, 이 예산안은 회계연도 개시 120일 전까지 국회에 제출하여야 한다.

(3) 예산편성의 형식

① **예산총칙** ··· 세입·세출예산 이외에 매년도의 재정운영에 필요한 기초사항에 관하여 국회의 의결을 받아두는 형식이다.

② **세입·세출예산** ··· 당해 회계연도의 모든 수입과 지출 예정액을 제시하고 있는데, 세입예산은 법적 효력이 없고, 세출예산은 법적 효력이 있다.

③ **계속비** ··· 수년에 걸쳐 완성되는 공사, 제조, 연구개발사업은 경비의 총액과 연부액을 정하여 미리 국회의 의결을 얻어 수년에 걸쳐 지출할 수 있다. 계속비의 연한은 회계연도로부터 5년이다.

④ **명시이월비** ··· 세출예산 중 경비의 성질상 당해 그 지출을 끝내지 못할 것이 예측될 때에는 특히 그 취지를 세입·세출예산에 명시하여 미리 국회의 승인을 얻어 다음 해에 이월하여 사용할 수 있다.

⑤ **국고채무부담행위** ··· 법률에 의한 것과 세출예산금액 또는 계속비의 총액의 범위 내의 것 이외에 국가가 채무를 부담하는 행위를 할 때는 미리 예산으로서 국회의 의결을 얻어야 한다.

(4) 예산편성의 문제점

① 지나치게 점증주의의 방식을 답습한다.

② 통제중심의 품목별 예산에 치중한다.

③ 각 부처의 예산확보 노력으로 예산액이 가공성을 띠고 있다.

④ 예산단가의 비현실성으로 비정상적인 예산집행이 만연되고 있다.

Section 3 예산의 심의

(1) 개념

국민의 대표기관인 입법부가 행정부에서 제출한 예산안을 국가적 차원에서 심의·의결하는 것을 의미한다.

문. 우리나라의 예산심의에 대한 설명으로 옳지 않은 것은?
▶ 2011. 5. 14 상반기 지방직

① 예산은 본회의 중심이 아니라 상임위와 예결위 중심으로 심의된다.

② 우리나라는 미국과 같이 예산의 형식으로 통과되어 법률보다 하위의 효력을 갖는다.

③ 국회는 정부의 동의 없이 새로운 비목을 설치하지 못한다.

④ 예결위의 심의과정은 예산조정의 정치적 성격이 강하게 반영되는 특징이 있다.

☞ ②

문. 국회의 예산심의에 대한 설명으로 옳은 것만을 모두 고른 것은?
▶ 2013. 8. 24 제1회 지방직

㉠ 상임위원회의 예비심사를 거친 예산안은 예산결산특별위원회에 회부된다.

㉡ 예산결산특별위원회의 심사를 거친 예산안은 본회의에 부의된다.

㉢ 예산결산특별위원회를 구성할 때에는 그 활동기한을 정하여야 한다. 다만, 본회의의 의결로 그 기간을 연장할 수 있다.

㉣ 예산결산특별위원회는 소관상임위원회의 동의 없이 새 비목을 설치할 수 있다.

---

① ㉠, ㉡

② ㉠, ㉡, ㉢

③ ㉠, ㉢, ㉣

④ ㉡, ㉣

☞ ①

(2) 예산심의과정

① **국정감사** … 상임위원회별로 정기국회 개회 다음날부터 20일간 예산안에 대한 예비심사가 있기 전까지 국정감사가 이루어진다.

② **대통령의 시정연설** … 회계연도 개시 120일 전까지 예산안이 국회에 제출되면 본회의에서 대통령의 시정연설이 있게 된다.

③ **상임위원회의 예비심사** … 국회의 각 상임위원회는 소관부처별 예산안을 예비심사한다.

④ **예산결산특별위원회의 종합심사** … 기획재정부장관의 예산안 제안 설명과 전문위원의 예산안 검토·보고 후, 예산결산특별위원회는 국정 전반에 걸쳐 정책질의를 하며 각 부별로 예산안을 심의하고, 계수조정소위원회의 계수조정이 있은 후 전체 회의에 상정되어 의결, 본회의에 상정한다.

⑤ **본회의 의결** … 본회의에서는 예산결산특별위원회 위원장의 심사보고에 이어 의원들의 질의 및 토론을 거쳐 예산안을 회계연도 30일 전까지 최종적으로 의결·확정한다.

(3) 예산심의의 한계점

① 여론투입이 취약하다는 한계가 있다.

② 국회의원의 전문성이 결여되어 있고 시간 제약의 단점이 있다.

③ 심의기간에 제약이 있다.

④ 삭감기준이 비합리적일 경우가 많다.

Section 4

예산의 집행

(1) 개념

예산집행이란 국가의 수입과 지출을 실행·관리하는 모든 행위이다. 국고의 수납, 지출행위와 지출원인행위, 국고채무부담행위를 포함하여 확정된 예산에 따라 수입을 조달·지출하는 모든 재정활동을 말한다.

(2) 목표

① **예산집행의 통제** … 입법부와 집행부의 의도를 실행하면서 재정적 한계를 엄수하는 것이다.

② **예산집행의 신축성 유지** … 집행부에 일정한 재량을 허용하여 사업집행의 신축성을 유지하는 것이다.

문. 한국의 예산심의에 있어 문제점으로 볼 수 없는 것은?

▶ 2005. 4. 24 중앙인사위원회

① 빈약한 국민대표의식
② 의원신분의 불안정성
③ 예산특별위원회의 비전문성
④ 일률적 예산삭감

☞ ②

문. 우리나라 행정부의 예산집행 통제장치에 해당하지 않는 것은?

▶ 2011. 4. 9 행정안전부

① 정원 및 보수를 통제하여 경직성 경비의 증대를 억제한다.
② 정부조직 등에 관한 법령의 제정·개정·폐지로 인해 그 직무권한에 변동이 있을 때 예산도 이에 따라서 변동시킬 수 있다.
③ 각 중앙관서의 장은 2년 이상 소요되는 사업 중 대통령령이 정하는 대규모사업에 대해 사업규모·총사업비·사업기간을 정해 미리 기획재정부장관과 협의해야 한다.
④ 각 중앙관서의 장은 월별로 기획재정부장관에게 사업집행보고서를 제출해야 한다.

☞ ②

문. 예산의 신축성 확보 방안 중 국회의 의결을 필요로 하는 것만 골라 묶은 것은?

▶ 2006. 4. 8 중앙인사위원회

㉠ 사고이월
㉡ 명시이월
㉢ 계속비
㉣ 이용
㉤ 예비비
㉥ 국고채무부담행위
㉦ 수입대체경비
㉧ 이체
㉨ 전용

---

① ㉠㉡㉤㉨　　② ㉠㉢㉥㉦
③ ㉡㉢㉣㉥　　④ ㉣㉥㉦㉧

☞ ③

(3) 재정통제의 방안

① **예산의 배정** … 확정된 예산을 계획대로 집행할 수 있도록 예산집행기관에게 허용하는 일종의 승인이며 회계연도를 분기별로 구분한다.

② **재배정** … 중앙관서에 대한 예산배정이 끝나면 중앙관서의 장은 예산배정의 범위 내에서 예산지출권한을 산하기관에 위임하는 절차를 이행한다.

③ **지출원인행위** … 예산지출의 원인이 되는 계약 또는 기타의 행위로, 배정된 예산의 범위 내에서 하도록 되어 있다.

④ **정원과 보수 등의 통제** … 공무원의 정원령(정원의 통제), 공무원보수규정(봉급의 통제)에 의해 통제된다. 정원과 보수의 변경시에는 해당 부서와 행정안전부, 기획재정부의 협의가 필요하다.

⑤ **현금지불** … 지출관의 지출원인행위가 이루어지면 세입범위 내에서 회계연도를 준수하여 지급한다.

⑥ **계약의 통제** … 일정 금액 이상의 계약에 대해서는 승인을 받도록 하여 수입과 지출의 균형상태를 유지하고 사업의 질적인 면을 통제한다.

⑦ **기록과 보고** … 지출원인행위 등에 관한 기록과 보고를 통해 과도한 지출을 방지한다.

(4) 예산의 신축성 확보방안

① **예산의 이용·전용** … 예산의 이용은 입법과목(장·관·항)간에 예산을 상호 융통해서 사용하는 것이며, 예산의 전용은 행정과목인 세항 또는 세항내의 목(경비성질별 분류)간에 상호 융통해서 사용하는 제도이다.

② **예산의 이체** … 행정조직의 개편으로 인해 그 직무권한에 변동이 있을 때 예산도 이에 따라 변경시키는 것을 말한다.

③ **예산의 이월** … 회계연도 독립의 원칙에 대한 예외로서 한 회계연도의 세출예산의 일정액을 다음 연도에 넘겨서 사용할 수 있도록 함으로써 시기적인 신축성을 유지해 주는 제도이다.

> **포인트팁 이월의 종류**
> ㉠ **명시이월**: 예산편성 때 이미 당해연도에 지출을 마치지 못할 것을 예견하여 국회의 사전의결을 받아 다음 연도로 이월하여 지출할 수 있도록 하는 것이다.
> ㉡ **사고이월**: 세출예산 중 당해연도에 지출원인행위를 하고 불가피한 사유로 지출하지 못한 경비와 지출원인행위를 못하였지만 해당 사업의 부대 경비를 다음 연도에 이월하여 사용하는 것을 말한다.

④ **예비비** … 예측할 수 없는 예산 외의 지출 또는 예산초과지출에 충당하기 위하여 세입세출예산에 계상한 금액이다.

⑤ **계속비** … 완성에 수년을 요하는 공사나 제도 및 연구개발사업의 경우 경비의 총액과 연부액을 정하여 미리 국회의 의결을 얻은 범위 내에서 5년 이내

에 걸쳐 지출할 수 있는 예산을 말한다. 예산 1년주의와 회계연도독립의 원칙에 대한 예외를 인정함으로써 예산집행의 신축성을 유지하기 위한 제도적 장치라고 할 수 있다.

⑥ **국고채무부담행위** … 국가가 채무를 부담하는 행위만 당해연도에 하고, 실제 지출은 그 다음 회계연도에 이루어지는 것을 말한다.

⑦ **수입대체경비** … 각 중앙관서의 장이 용역 또는 시설을 제공하여 발생하는 수입과 관련되는 경비로서 대통령이 정하는 경비를 말한다.

⑧ **긴급배정** … 회계연도 개시 전에 미리 예산을 배정하는 긴급배정제도로 정보비, 여비, 경제정책상 조기집행을 필요로 하는 공공사업비 등이 해당된다.

(5) 예산집행의 문제점

① 예산집행의 신축성이 결여되어 있다.

② 자금의 적기공급이 부진하여 국가사업의 진행에 차질을 빚을 때가 많다.

③ 예산제도가 통제중심이다.

④ 행정인의 윤리성·책임성 부족으로 주어진 예산은 다 쓰고 보자는 전략과 정치행태를 보이고 있다.

결산

Section 5

(1) 개념

① 한 회계연도의 정부의 수입·지출의 실적을 확정적 계수로 표시하는 행위이다.

② 예·결산의 일치여부, 예산집행의 적정성·적법성 등을 심사하여 정부의 예산집행에 대한 사후감독과 정부의 국회예산심의권 침해를 방지하기 위한 통제장치이다.

(2) 예산과 결산의 불일치

① 결산은 1회계연도 동안의 예산집행의 실적이므로 세입·세출의 예측인 예산과는 대체적으로 일치하나 완전히 일치하는 것은 아니다.

② 예산과 결산의 불일치사유
　　㉠ 지나친 신축성
　　㉡ 전년 이월금 또는 예비비의 지출
　　㉢ 당해 연도에 사용하지 않은 불용액
　　㉣ 예산집행자의 고의 또는 과실로 인한 위법·부당한 지출

(3) 결산과정

① **성인지 결산의 작성** … 정부는 여성과 남성이 동등하게 예산의 수혜를 받고 예산이 성차별을 개선하는 방향으로 집행되었는지를 평가하는 보고서를 작성하여야 한다.

② **결산보고서 작성 · 제출** … 예산집행이 끝난 후 각 중앙관서의 장은 국가회계법에서 정하는 바에 따라 회계연도마다 작성한 결산보고서를 다음 연도 2월 말일까지 기획재정부장관에게 제출해야 한다.

③ **기획재정부장관의 결산서 작성** … 기획재정부장관은 국가회계법에서 정하는 바에 따라 회계연도마다 작성하여 대통령의 승인을 받은 국가결산보고서를 다음 연도 4월 10일까지 감사원에 각각 제출한다.

④ **감사원의 결산확인** … 기획재정부로부터 결산에 관한 서류를 제출받으면 감사원은 국가결산보고서를 검사하고, 그 보고서를 다음 연도 5월 20일까지 기획재정부장관에게 송부해야 한다.

⑤ **국회의 결산심의** … 정부는 감사원의 검사를 거친 국가결산보고서를 다음 회계연도 5월 31일까지 국회에 제출하면, 국회는 소관 상임위원회의 예비심사, 예산결산특별위원회의 종합심사, 본회의 심의와 의결을 거쳐 결산이 확정 · 승인된다.

회계검사

(1) 개념

회계검사는 정부의 재정활동 및 그 수입 · 지출에 관한 사무가 적법하고 정당하게 이루어졌는가를 확인 · 검사하고, 결과보고를 위하여 회계장부와 기타 회계기록을 체계적으로 검토하여 그 내용에 대한 비판적 의견을 제시하는 것이다.

(2) 목적

① **책임의 확보** … 회계상의 책임, 관리상의 책임, 사업성과에 대한 책임

② **정보의 제공** … 행정제도의 개선, 정책결정, 자원의 합리적 이용, 집행부에 대한 통제

(3) 회계검사기관

① 합의제와 단독제

　　㉠ 합의제 : 의사결정이 위원회의 합의에 의해 이루어지는 형태로 우리나라, 일본, 네덜란드가 이에 속한다.

    ⓛ 단독제 : 주요 결정이 최고책임자 단독 결정에 의하여 이루어지는 형태로 미국과 영국의 회계검사원이 이에 속한다.

② 헌법기관과 비헌법기관

    ㉠ 헌법기관 : 헌법에 회계검사기관에 관한 지위를 명시하는 형태로 우리나라, 일본, 독일, 이탈리아 등이 이에 속한다.

    ⓛ 비헌법기관 : 헌법에 회계검사기관에 관한 지위 명시가 없는 형태로, 미국, 영국 등이 이에 속한다.

> **포인트업** 회계검사기관의 위치
> ㉠ **입법부형(영미형)** : 회계검사기관이 입법부에 소속된 형태로 미국의 회계검사원, 영국의 회계검사원, 오스트리아, 이스라엘 등이 이에 속한다.
> ㉡ **행정부형(대륙형)** : 회계검사기관이 행정부에 소속된 형태로 우리나라, 포르투갈 등이 이에 속한다.
> ㉢ **독립형** : 회계검사기관이 독립된 기관으로 되어 있는 경우로 독일, 프랑스, 일본 등이 이에 속한다.

(4) 회계검사방식

① **서면검사** … 각 기관에서 제출된 서류를 통한 검사이다.

② **실지검사** … 직접 직원을 현지에 파견하여 서류와 실정을 대비하는 검사이다.

③ **사전검사** … 지출이 실제로 이루어지기 전에 하는 검사(미국, 대만 등)이다.

④ **사후검사** … 지출이 실제로 이루어지고 난 후에 하는 검사(우리나라, 대부분의 국가)이다.

⑤ **정밀검사** … 모든 수입과 지출을 세밀히 검사하는 것으로 전면검사라고도 한다.

⑥ **발췌검사** … 표본을 추출하여 선택적으로 하는 검사이다.

⑦ **일반적 검사** … 회계공무원의 개인적 책임을 추궁하는 검사이다.

⑧ **상업식 검사** … 공인회계사를 동원하여 공기업 회계검사에 행하는 검사이다.

⑨ **종합적 검사** … 한 기관의 회계조직 전반에 대하여 중점적으로 하는 검사로 정부회계검사에 사용된다.

(5) 우리나라 회계검사의 문제점 및 개선방안

① 문제점

    ㉠ 회계검사기관의 독립성에 제약이 있다.

    ㉡ 감사보고서 처리기구가 존재하지 않는다.

    ㉢ 실지검사에 치중한다.

    ㉣ 감사업무가 과대화되었다.

    ㉤ 감사원의 권한이 비대하다.

② 개선방안

   ㉠ 독립성을 확보해야 한다.

   ㉡ 결산위원회를 설치해야 한다.

   ㉢ 회계검사와 직무감찰의 분리가 이루어져야 한다.

   ㉣ 사전검사가 강화되어야 한다.

회계검사와 직무감찰

구분	회계검사	직무감찰
목적	의회의 재정 통제	관리들의 비위 규찰
지위	헌법기관	비헌법기관
독립성	강	약
대상	국가예산을 사용하는 모든 기관	행정부·공기업
감시내용	합법성을 강조하고 회계책임과 관련있는 사항만 추궁	시정방지와 새로운 행정조치와 행정운영의 개선

02

예산과정

1 현 정부가 운영하고 있는 각 예산제도에 대한 설명으로 옳지 않은 것은?

① 정부는 예산이 성인지 예산서(여성과 남성에게 미칠 영향을 미리 분석한 보고서)를 작성해야 한다.

② 예비비란 정부가 예측하지 못한 예산 외의 지출 또는 예산 초과 지출에 충당하기 위해 운영하는 예산제도를 말한다.

③ 국고채무부담행위는 사항마다 그 필요한 이유를 명백히 하고, 그 행위를 할 연도 및 상황연도와 채무부담의 금액을 표시하여야 한다.

④ 명시이월이란 세출예산 중 경비의 성질상 연도 내에 지출을 끝내지 못할 것이 예측되는 때에 이용하는 제도로, 이월 이후에 반드시 국회의 의결을 얻어야 한다.

Advice **명시이월** … 세출예산 중 경비의 성질상 연도 내에 그 지출을 끝내지 못할 것이 예측되는 때에는 미리 세출예산에 그 취지를 명시하여 국회의 승인을 얻어 다음 연도에 이월하여 사용할 수 있도록 하는 것을 말한다.

2 예산편성과정에서 나타나는 정치적 모습들에 대한 설명으로 타당하지 않은 것은?

① 문제가 있거나 새로운 사업을 반드시 필요한 다른 사업들과 연계하여 끼워팔기식 예산편성을 시도한다.

② 인기 있는 사업의 경우 가급적 우선순위를 높여 정치쟁점화 시킨다.

③ 각 부처들은 자신의 영향력이 미치는 단체들을 동원하여 예산의 필요성을 강조하는 경향이 있다.

④ 장관의 역점사업임을 강조하여 예산을 확보하려고 노력한다.

Advice ② 정치적으로 인기 있는 사업은 예산확보가 용이하므로 우선순위를 일부러 낮게 매기고, 인기가 없는 사업의 우선순위를 높게 매겨서 두 사업예산을 모두 확보하려는 전략을 사용한다.

※ **예산**

㉠ **예산의 편성**: 예산편성이란 새해에 또는 장래 몇 년 동안 정부가 수행하고자 하는 계획과 사업을 구체화하는 과정으로, 예산편성지침의 작성에서 예산편성안의 확정에 이르는 일련의 과정을 말한다. 특히 오늘날은 행정부가 예산을 편성하여 입법부에 제출하는 것이 추세인데, 이를 행정부편성제출예산제도라고 한다.

㉡ **예산확보전략**: 역점사업활용, 기관장간의 정치적 해결방법, 인간관계의 활용방법 등이 있다. 정치적으로 인기있는 사업은 예산확보가 용이하므로 일부로 우선순위를 낮추고 인기가 없는 사업은 우선순위를 높게 설정하여 예산을 확보하려는 전략을 사용한다.

3 우리나라 국회의 예산심의에 대한 설명 중 가장 적절하지 않은 것은?

① 정부의 동의 없이 지출예산 각 항의 금액을 증액할 수 없다.

② 예산심의에 필요한 정보에 대한 지원이 미약하다.

③ 상임위원회의 예비심사와 예산결산특별위원회의 심사로 이원화되어 있다.

④ 예산안 심의가 정치적 협상의 대상이 됨으로써 수정비율이 크다.

> Advice ④ 우리의 경우 예산안이 여·야간 정치적 흥정의 대상이 됨으로써 국회에서 수정되거나 삭감되는 비율이 낮은 편이다.
>
> ※ **예산의 심의** … 국민의 대표기관인 입법부가 행정부에서 제출한 예산안을 국가적 차원에서 심의·의결하는 것을 의미한다.
> ㉠ 여론투입이 취약하다는 한계
> ㉡ 국회의원의 전문성이 결여되어 있고 시간 제약의 단점
> ㉢ 의원신분이 불안정하여 변수가 생길 가능성
> ㉣ 심의기간에 제약
> ㉤ 삭감기준이 비합리적일 가능성

4 다음 중 예산과정의 특성으로 볼 수 없는 것은?

① 일정기간을 단위로 한다.

② 각 단계는 독립적 특성을 가진다.

③ 주기적·반복적 특성을 가진다.

④ 중앙집권적인 권위체제이다.

> Advice ② 예산과정의 한 단계의 결정은 또 다른 단계의 결정에 영향을 주는 상호의존적 특성을 가진다.

5 다음 중 우리나라 예산편성과정의 일반적인 문제점이 아닌 것은?

① 전년도 예산의 답습 ② 영기준에 의한 편성

③ 투입 중심의 통제예산 ④ 선예산 – 후기획 관행

> Advice **예산편성의 문제점**
> ㉠ 예산단가의 비현실성
> ㉡ 각 부처 예산요구액의 가공성
> ㉢ 예산편성과정의 정치성
> ㉣ 예산사정에서의 과학적 분석의 부족
> ㉤ 경직성 경비 존재로 예산사정의 제한

6 환경변화에 대응하여 예산을 신축적으로 운영하기 위한 제도적 장치에 해당하지 않는 것은?

① 총액계상예산 ② 예산편성지침

③ 계속비 ④ 사고이월

> Advice ② 예산편성지침이란 예산의 효율적 운영을 위하여 기획예산처 장관이 매년 각 중앙관서의 장에게 예산편성에 앞서 시달하는 문서이다. 따라서 예산편성지침은 일종의 재정통제수단으로 볼 수 있다.

7 다음 중 점증주의 예산결정이론에 대한 내용으로 볼 수 없는 것은?

① 품목별예산, 성과주의예산에 적합하다.
② 총체적이고 종합적인 예산결정이 이루어진다.
③ 예산을 보수적, 정치적으로 보았다.
④ 단편적이며 품목 중심으로 편성된다.

Advice ② 전년도의 예산액을 기준으로 하여 다음 연도의 예산액을 결정하는 점증적인 예산결정방식이다.

8 우리나라의 예산총칙에 포함되는 내용이 아닌 것은?

① 국채의 한도액　　　　　　　　② 이용허가의 범위
③ 차입금의 한도액　　　　　　　④ 재정증권의 발행

Advice **우리나라의 예산총칙** ⋯ 세입세출예산, 계속비, 명시이월비, 국고재무부담행위에 관한 총괄적 규정을 두고, 이외에 국채 또는 차입금의 한도액, 재정증권의 발행과 일시차입금의 최고액, 기타 예산집행에 관하여 필요한 사항을 규정하고 있다.

9 다음 중 예산편성의 문제점으로 볼 수 없는 것은?

① 지나친 점증주의의 답습으로 창의성, 쇄신성, 탄력성이 부족하다.
② 각 부처의 예산확보 노력으로 예산요구액이 가공성의 성격을 띠고 있다.
③ 통제 중심의 품목별 예산에 치중한다.
④ 예산편성의 지나친 합리성, 객관성에 치중한다.

Advice ④ 예산단가의 비현실성으로 비정상적인 예산집행이 만연되고 있고, 이를 극복하기 위해서 예산단가를 현실화시키고 합리적 객관적 기준에 의거하여 예산단가를 해마다 조정해야 한다.

10 예산집행에 대한 설명으로 옳지 않은 것은?

① 예산집행은 국가의 수입과 지출을 실행·관리하는 모든 행위를 말한다.
② 예산집행의 목표는 예산집행상의 신축성유지와 예산집행의 통제에 있다.
③ 지출원인행위의 통제와 내부통제 및 정원과 보수의 통제는 재정통제의 방안이다.
④ 예산의 배정과 재배정은 예산의 신축성 확보방안이다.

Advice ④ 예산의 배정, 재배정은 예산집행통제의 방안이다.

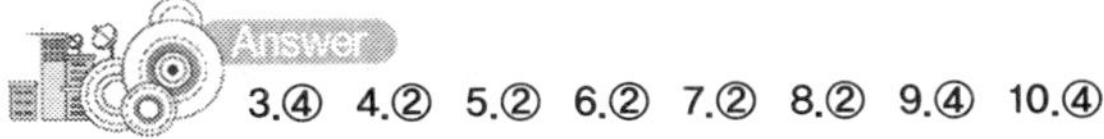

3.④　4.②　5.②　6.②　7.②　8.②　9.④　10.④

03

예산제도

예산제도의 형태

(1) 품목별예산제도(LIBS)

① 개념 … 지출의 대상·성질을 기준으로 하여 세출예산의 금액을 분류하는 것으로 예산의 집행에 대한 회계책임을 명백히 하고 경비사용의 적정화를 기하는 데 필요하다.

② 장·단점

장점	단점
• 행정재량 범위 제한 및 쉬운 통제로서 행정권 남용 억제 • 회계책임 명확화 • 지출의 합법성에 치중하는 회계검사 용이 • 예산편성 용이	• 예산의 신축성 저해 • 행정부의 정책, 사업계획 수립에 유용한 자료 제공하지 못함 • 신규사업이 아닌 전년도 답습사업만 확대 • 투입과 관련 있지만 산출과 관련 없음

(2) 성과주의 예산제도(PBS)

① 개념

   ㉠ 품목별예산제도를 보완하기 위해 등장한 제도로 최소의 행정이 최선의 행정으로 간주되던 시대에는 품목별 지출의 통제에만 관심을 가졌지만, 사업·예산규모가 급속히 커지므로 예산제도에 있어서도 회계책임을 중시하는 통제적 측면 외에 사업의 능률적인 수행을 위한 관리적 측면도 중요시하게 되었고, 이에 따라 성과주의 예산제도가 등장하였다.

   ㉡ 관리중심적 예산으로 지출을 필요로 하는 사업계획과 이에 따른 세부사업, 나아가서는 업무측정단위로 구획한 다음 이에 따라 예산을 편성한다 (예산액 = 단위원가 × 업무량).

② 장·단점

장점	단점
• 국민이나 입법부가 정부의 활동을 쉽게 이해 • 정책이나 사업계획수립이 용이 • 효율적 관리수단 제공 및 자금배분의 합리화 • 예산집행의 신축성	• 세출통제의 곤란 • 행정부에 대한 엄격한 입법통제의 곤란 • 회계책임의 불분명과 공금관리의 소홀 • 운영상의 문제점 • 업무측정단위 선정의 어려움

문. 제2차 세계대전 이후 미국은 경제발전, 효율성, 공공서비스 개선에 초점을 맞추고 경직적인 관료제의 병리와 국가부채 문제를 해소하기 위해 새로운 예산제도를 도입하였다. 정부에 대한 구조조정 작업을 추진하면서 제안된 성과주의 예산제도에 대한 설명으로 옳은 것은?

▶ 2014. 3. 22 사회복지직

① 결과보다 기획 기능의 강조
② 회계 책임의 명확화
③ 모든 대안에 대한 검토
④ 사업과 예산의 연계

☞ ④

문. 성과주의 예산제도(PBS)의 단점이 아닌 것은?

▶ 2011. 6. 11 서울특별시

① 세출 통제의 곤란
② 업무측정단위 선정의 어려움
③ 회계책임의 불분명
④ 행정부에 대한 엄격한 입법통제 곤란
⑤ 예산집행의 신축성

☞ ⑤

문. 성과주의 예산제도에 대한 설명으로 옳지 않은 것은?

▶ 2010. 4. 10 행정안전부

① 예산서는 사업의 목적과 목표에 대한 기술서가 포함되며, 재원은 활동 단위를 중심으로 배분된다.
② 사업의 대안들을 제시하도록 하고 가장 효과적인 프로그램에 대해 재원배분을 선택하도록 한다.
③ 예산의 배정과정에서 필요 사업량이 제시되므로 예산과 사업을 연계시킬 수 있다.
④ 장기적인 계획과의 연계보다는 단위사업만을 중시하기 때문에 전략적인 목표의식이 결여될 수 있다.

☞ ②

③ 품목별예산제도(LIBS)와의 비교
　㉠ 공통점 : 예산결정이 점증적이고 책임이 분산되며, 예산구조와 일치하는 공통점이 있다.
　㉡ 차이점 : 정부의 사업이 효율적으로 운영되도록 관리에 주안점을 두는 것으로서 예산투입과 활동의 결과와의 관계를 중시한다.

(3) 계획예산제도(PPBS)

① 개념 … 계획예산제도는 장기적 계획수립과 단기적 예산결정을 프로그램 작성을 통해 유기적으로 연결시킴으로써 자원배분에 관한 의사결정의 일관성과 합리성을 도모하려는 예산제도이다.

② 구성요소
　㉠ 목표의 정확한 파악이 필요하다.
　㉡ 장기적 시계를 가져야 한다.
　㉢ 대안의 체계적 검토가 요구된다.

③ 단계와 구조
　㉠ 장기계획수립 : 조직목표와 우선순위를 결정하고 목표달성을 위한 여러 대안을 평가·선택하는 단계이다.
　㉡ 실시계획작성 : 계획수립과 예산편성을 연결시키는 과정으로 선택된 프로그램에 대한 구체적인 활동에 대한 과정이다.
　㉢ 예산편성 : 목표달성을 위한 활동에 대하여 자금지출을 체계적으로 관련시키는 예산과정이다.

④ 특징
　㉠ 목표지향주의 : 가능한 한 조직의 목표를 수량적으로 명확히 설정한다.
　㉡ 효과성과 비교선택주의 : 효과성을 중요시하는 비교선택주의이다.
　㉢ 절약과 능률 : 일정 자원을 투입하여 최대효과를 낳거나 일정효과를 낳기 위해 최소자원을 투입한다.
　㉣ 과학적 객관성 : 체제분석과 비용·효과분석 등 과학적 방법을 사용하여 주관과 편견을 배제하고 객관적 판단에 의해 결정한다.
　㉤ 예산기간의 장기화 : 장기적인 고찰을 지극히 중시하여 사업재정계획을 5년 기간으로 작성한 후 예산을 편성한다.

⑤ 장·단점

장점	단점
• 사업계획과 예산편성 간의 불일치 해소	• 간접비의 배분문제
• 자원의 합리적 배분	• 달성성과의 계량화 곤란
• 정책결정과정을 일원화	• 지나친 중앙집권화의 초래
• 조직체의 통합적 운영이 효과적	• 목표설정의 곤란
• 장기적 시계와 장기계획의 신뢰성	• 환산작업의 곤란

문. 예산제도에 관한 설명으로 옳지 않은 것은?
▶ 2008. 5. 24 상반기 지방직

① 영기준예산제도(ZBB)는 모든 지출제안서를 영점 기준에서 검토한다.
② 품목별예산제도(LIBS)는 투입중심의 예산편성으로 인해 사업성과에 대한 이해가 어렵다.
③ 성과주의예산제도(PBS)는 정부 사업과 활동에 대한 국민들의 이해를 증진시킬 수 있는 장점이 있다.
④ 계획예산제도(PPBS)는 상향식 예산 접근으로 재정민주주의의 실현에 적합한 장점이 있다.
☞ ④

문. 계획예산제도(PPBS)의 특성에 해당하는 것은?
▶ 2008. 4. 12 행정안전부

① 예산이 조직의 일선기관들에 의하여 분산되어 편성되기 쉽다.
② 투입중심의 예산편성으로 인해 목표가 불명확하다.
③ 장기적인 안목을 중시하며 비용편익분석 등 계량적인 분석기법의 사용을 강조한다.
④ 정책결정단위가 정책결정패키지를 작성함에 있어 신축성을 가지며, 체제적 접근을 선호한다.
☞ ③

문. 계획예산제도(PPBS)에 대한 설명으로 옳지 않은 것은?
▶ 2013. 7. 27 안전행정부

① 품목별 예산은 하향식 예산 과정을 수반하나, PPBS는 상향식 접근이 원칙이다.
② 품목별 예산과는 달리 부서별로 예산을 배정하지 않고 정책별로 예산을 배분한다.
③ PPBS는 집권화를 강화시킨다.
④ 계량적인 기법인 체제분석, 비용편익분석 등을 사용한다.
☞ ①

⑥ 성과주의 예산제도(PBS)와의 비교

　㉠ **공통점** : 프로그램을 중시한다.

　㉡ **차이점** : 성과주의 예산이 중간 이하 계층의 활동에 초점을 두는 반면, 계획예산제도는 기획과 예산결정을 체계적으로 연계시키고 목표를 강조하며 사업의 계층제를 강조하기 때문에 결과적으로 집권화를 초래한다.

(4) 목표관리(MBO)

① **개념** … 상급자와 하급자가 공동으로 목표를 확인하고, 효과적인 관리를 통해 이 목표를 달성하고자 하는 관리기법인 동시에 예산기법이다.

② **절차** … 목표의 발견→목표설정(최고관리층에서 예비적 설정, 조직역할의 명확화, 부하목표의 설정, 목표와 자원의 관계 고려, 목표의 재순환)→목표의 확인→목표의 시행→목표달성 상태의 통제 및 보고

③ **특성**

　㉠ 관료주의를 타파한다.

　㉡ 예측 가능한 결과지향적인 계량적 목표를 중시한다.

　㉢ 구성원 간의 상호의존적인 팀워크를 강조한다.

　㉣ 참여적·분권적·쇄신적·탄력적이다.

　㉤ Y이론 혹은 Z이론적 인간관에 기준한다.

　㉥ 상·하계급에 관계없이 공동참여하는 참여적 관리이다.

　㉦ 최종결과를 평가하여 목표와 대비시키는 환류과정을 강조한다.

④ **장·단점**

장점	단점
• 조직의 효과성과 능률성 제고 • 자율적 책임을 통한 팀워크 강화와 사기 및 만족감 강화 • 민주적 관리풍토 조성 • 불분명하고 애매한 것의 제거와 결과에 대한 책임의 수락 조성 • 관료제의 부정적 측면 제거	• 예측가능한 목표설정 곤란 • 불확실한 상황에서 의도된 목표달성 곤란 • 장기적·질적 목표 경시 • 권력성·강제성을 띤 조직에서의 적용상 어려움 • 절차의 번잡성과 문서주의적

포인트탭 계획예산제도와 목표관리제도의 차이점

구분	계획예산(PPBS)	목표관리(MBO)
계획기간	종합적, 장기적(5년)	부분적, 단기적(1~5년)
권위구조	집권적, 막료에 치중	분권적, 계선기능에 치중
전문기술	통계학적, 고도의 세련된 관리기술	일반적 관리기술, 산술적 계산
사업계획	외적, 비용·편익에 치중	내적, 산출량에 치중
예산범위	종합적, 자원배분적	부분적, 개별적, 후원적
절차	경직적	신축적

문. 각 예산제도별로 널리 사용하는 예산사정 방법을 연결한 것으로 옳지 않은 것은?

　▶ 2007. 4. 14 중앙인사위원회

① 목표관리 – 한도액설정법

② 영기준 예산 – 우선순위통제법

③ 품목별 예산 – 항목별 통제법

④ 성과주의 예산 – 업무량 측정 및 단위원가 계산

☞ ①

문. 다음은 여러 예산제도의 장·단점을 서술한 것이다. 틀린 것은?

　▶ 2010. 5. 22 상반기 지방직

① 영기준예산제도는 점증주의적 예산편성의 폐단을 시정하고자 개발되었다.

② 계획예산제도는 목표·계획·사업의 연계성을 높일 수 있으나 과도한 정보를 필요로 한다는 단점이 있다.

③ 성과주의예산제도는 산출을 확인할 수 있는 장점이 있지만 업무단위선정 및 단위원가계산이 어렵다.

④ 품목별예산제도는 지출항목을 엄격히 분류하므로 사업성과와 정부생산성을 정확하게 평가할 수 있다.

☞ ④

(5) 영기준예산(ZBB)

① 개념 … 예산편성시에 기존 사업을 근본적으로 재검토하여 예산의 삭감은 물론 사업의 중단이나 폐지도 고려할 수 있는 예산결정방식이다. 기획과 분석을 강조한다는 점에서 계획예산제도와 비슷하고 능률적인 관리를 위해서 구성원의 참여를 촉진한다는 점에서는 MBO와 유사하다.

② 절차

   ⊙ **예산운영단위의 결정** : 예산을 가질 수 있는 최하위수준의 활동단위 또는 기능단위로 예산결정단위를 어떻게 정하느냐에 따라 예산운영의 능률성과 효과성이 좌우된다.

   ⓛ **결정항목의 작성** : 결정단위가 정해지면 그 책임자로 하여금 예산을 요구하는 사업별로 결정항목을 작성하게 한다. 여기에는 사업의 목적, 그 사업계획을 실현하지 않았을 때 나타나는 결과, 실적의 측정, 여러가지 대안, 비용효과분석 등이 포함되어야 한다.

   ⓒ **우선순위의 결정** : 상급관리자는 하급관리자가 제출한 결정단위와 결정항목을 심사하여 자금배정과 승인여부를 결정한다. 우선순위 결정의 진행순서는 하급관리자의 순위결정은 중간관리자가, 중간관리자의 순위결정은 최고관리자가 심사하여 다음 순위를 정하고 상향적으로 통합시켜 조직 전체의 우선순위표가 작성된다.

   ⓔ **실행예산의 편성** : 우선순위에 따라 실행예산을 편성한다.

③ 특징

   ⊙ 전 행정계층에 걸쳐 관리자가 예산편성에 참여한다.

   ⓛ 신규사업뿐만 아니라 기존사업의 재원배분의 타당성을 분석한다.

   ⓒ 행정기관의 모든 계층에 걸쳐 실적의 평가·측정을 위한 목표를 설정한다.

   ⓔ 목표달성을 위한 대안의 평가와 결과를 분석한다.

   ⓜ 업무활동을 의사결정서류에 의하여 식별한다.

   ⓗ 행정의 쇄신과 변화를 지속적으로 추구한다.

   ⓢ 예산편성시 전년도예산기준이 아닌 영(zero)에서 출발한다.

④ 장·단점

장점	단점
• 사업의 전면적인 평가와 자원배분의 합리화 • 하의상달과 각 수준의 관리자의 참여 • 경직성 경비의 절감으로 조세부담 억제 및 자원난 극복 • 재정운영의 효율성·탄력성 • 적절한 정보의 제시와 계층간의 단절을 방지하는 역할(계층상의 융통성)	• 전면적인 평가 곤란 및 능력 부족 • 우선순위 결정에는 가치판단을 필요로 하기 때문에 주관적 편견이 개입 • 국민생활의 연속성, 법령상 제약 등으로 사업의 축소 및 폐지가 곤란 • 소규모 조직의 희생 • 시간, 노력의 과중 • 목표·계획기능의 위축

문. 영기준 예산제도(ZBB)의 특징으로 옳지 않은 것은?

▶ 2011. 6. 11 서울특별시

① 예산배분 결정에 있어 경제 원리를 반영한다.

② 전 행정계층에 걸쳐 관리자가 예산편성에 참여한다.

③ 목표달성을 위한 대안의 평가와 결과를 분석한다.

④ 예산편성 시 전년도 예산을 기준으로 한다.

⑤ 행정의 쇄신과 변화를 지속적으로 추구한다.

☞ ④

문. 영기준 예산제도(ZBB)의 장점으로 옳지 않은 것은?

▶ 2015. 3. 14 사회복지직

① 국방비, 공무원의 보수, 교육비와 같은 경직성 경비가 많으면 영기준 예산제도의 효용이 커진다.

② 최고관리자는 각 기관의 업무수행에 대한 보다 상세한 자료를 입수할 수 있다.

③ 예산과정에 대한 관리자 및 실무자의 참여를 촉진한다.

④ 전년도 답습주의로 인한 재정의 경직성을 완화할 수 있다.

☞ ①

포인트팁 기획예산과 영기준예산의 차이점

구분	계획예산(PPBS)	영기준예산(ZBB)
초점	목표에 초점	목표에 초점, 주어진 목표 달성
결정권한	중앙집권	분권
결정흐름	하향, 거시적	상향, 미시적
운영도구	운영의 도구 제공 못함, 신·구프로그램 간의 예산변동액에 주요 관심(기존조직 무시)	운영의 도구 제공, 기존프로그램의 계속적 재평가에 관심(기존조직 인정)

(6) 일몰법(SSL)

① **개념** … 특정의 행정기관이나 사업이 일정기간(3 ～ 7년)이 지나면 자동적으로 폐지되게 하는 법률로 재검토하여 존속한다.

② **ZBB와의 공통점 및 차이점**

ㄱ **공통점** : 행정기관이나 사업의 종결이라기 보다는 평가에 의한 행정부의 책임성의 증대와 비효율적 행정의 비대화를 방지하기 위한 장치로 우선성을 기준으로 한 자원배분이라는 점에서 ZBB와 유사하다.

ㄴ **차이점** : 영기준예산제도는 단기적이고 모든 정책을 대상으로 하며 예산편성과정의 행정적 성격을 가지는 데 비해, 일몰법은 3 ～ 7년의 장기적인 주기를 가지고 최상위정책을 대상으로 하며 입법적 과정인 예산심의 과정이다.

③ **장 · 단점**

장점	단점
• 입법부의 행정통제 강화 • 행정기관 및 정책에 대한 실적감사 • 공익에 대한 행정기관의 관심증대 유도 • 행정의 책임성 향상	• 시간과 노력 과중 • 대상기관이 실제 업무보다 일몰법의 기준에 맞게 활동하는 데 더 관심을 기울일 우려

(7) 자본예산(CBS)

① **개념** … 복식예산의 일종으로 정부예산을 경상지출과 자본지출로 구분하고, 경상지출은 경상수입으로 충당시켜 균형을 이루도록 하지만, 자본지출은 적자재정과 공채발행으로 수입에 충당케 함으로써 불균형예산을 편성하는 제도이다.

② **필요성**

ㄱ **선진국** : 자본예산편성을 통한 조달재원으로 공공사업을 실시하여 경기를 확보하기 위해 필요하다.

ㄴ **후진국** : 경제성장 또는 도시개발계획을 효율적으로 추진하기 위한 투자재원의 확보의 방안으로 필요하다.

문. 다음 설명 중 옳지 않은 것은?
▶ 2007. 7. 8 서울특별시

① 일몰법은 주민참여의 순기능을 촉진하는 수단이다.
② 감축관리는 조직의 자원을 최대한 낮추기 위한 관리전략이다.
③ 감축관리는 조직구성원들의 창의성과 사기를 약화시킬 수 있다.
④ 일몰법은 입법부가 행정기관을 감시할 수 있는 효과적인 수단이다.
⑤ 자본예산은 복식예산의 일종으로, 정부예산을 경상지출과 자본수지로 구분한다.

☞ ①

문. 다음 중 자본예산제도에 관한 설명으로 타당하지 않은 것은?
▶ 2004. 5. 30 국회사무처(8급)

① 장기적 재정계획수립이 용이하여 정부의 신용을 높이는 데 도움을 준다.
② 경제불황의 극복수단으로 활용하여 경기활성화에 기여할 수 있다.
③ 사업별, 활동별, 기능별로 예산이 운영되기 때문에 정부의 역할을 국민에게 이해시키는 데 큰 도움을 준다.
④ 주민조세부담의 기복과 지출의 기복을 조절하는 데 도움을 준다.
⑤ 정부의 순자산 상태의 변동파악에 도움을 준다.

☞ ③

③ 장 · 단점

장점	단점
• 불경기 극복에 유리	• 인플레이션 유발
• 수익자부담의 원칙에 적합	• 적자재정 은폐수단
• 장기 재정계획 수립에 용이	• 적자재정 편성에 치중
• 일관성 있는 조세정책 구현	• 과중한 사업이나 자본축적에만 치중
• 국가 순자산 변동파악에 유리	• 경상계정과 자본계정의 구분 불명확
• 국가의 기본적인 재정구조 이해 용이	• 민간자본의 효율적 이용에 대한 의문
• 자본지출에 대한 특별한 심사분석 가능	

(8) 기타 개혁적 예산제도(선진국의 개혁예산제도)

① 특징

　㉠ 공공관리의 모든 부분을 포괄하는 종합적인 접근방법을 채택한다.

　㉡ 정부혁신의 가장 중요한 부분으로 성과중심의 예산제도로의 개혁을 추진한다.

　㉢ 정부기관의 책임자를 관료가 아닌 경영자로 바꾸기 위해 조직운영상의 자율성과 책임성을 확대해 주는 대신 조직운영 결과에 대한 책임을 강화시킨다.

② 주요 제도

　㉠ **지출통제 예산제도** : 예산 항목 간 전용 허용, 회계과목의 단순, 불용액의 이월, 효율적 배당 허용 등으로 기관장이 예산을 자유롭게 지출할 수 있게 한다.

> **포인트팁** 지출통제 예산제도의 장 · 단점
> 　㉠ 장점 : 예산결정의 단순화, 예산절감 유인 발생, 창의적 아이디어 활용, 환경변화에 적응 등의 긍정적인 면이 있다.
> 　㉡ 단점 : 민주적 통제의 약화로 남용 가능성이 있다.

　㉡ **총괄배정 예산제도** : 포괄적 용도에 따라 전체액만 결정하여 신축성과 자율성을 보장한다.

　㉢ **다회계년도 예산제도**

　　• 회계연도 2년 이상으로 한다.

　　• 연말의 예산낭비 방지, 시간 · 노력 절감, 사업의 계속성 보장 등의 장점이 있다.

　㉣ **산출 예산제도** : 예산의 사전승인 대신 자율성을 인정하고, 성과나 산출을 평가 · 통제한다.

　㉤ **총괄경상비 제도**

　　• 매 회계연도마다 경상비 예산의 추계는 재무부가 각 부처와의 협의에 의해 결정하여 단일비목으로 국회에 제출하고, 국회는 제출된 경상비 예산안에 대하여 연간 금액한도를 기준으로 심의 · 확정하는 금액한도제 방식을 채택한다.

문. 자본예산제도의 장점으로 볼 수 없는 것은?

▶ 2008. 7. 20 서울특별시

① 자본적 지출에 대한 특별한 사정과 분석을 가능하게 한다.

② 수익자 부담을 균등화시킬 수 있다.

③ 정부는 자본예산제도를 통해서 필요한 예산을 조달하여 유효수요를 증가시킴으로써 경기회복의 정책을 추진할 수 있다.

④ 인플레이션에 적정한 예산제도로 경제안정에 도움을 준다.

⑤ 국가의 자산상태를 명확하게 파악할 수 있게 한다.

☞ ④

문. 성과지향적 예산제도의 한 유형으로 개개의 항목에 대한 통제가 아니라 예산총액만 통제하고 나머지 항목별 지출에 대해서는 집행부가 재량을 갖는 예산제도는?

▶ 2007. 3. 25 인천광역시

① 잠정예산
② 통합예산
③ 조세지출예산제도
④ 지출통제예산
⑤ 영기준예산

☞ ④

- 매년 승인된 각 부처의 경상비 예산액의 10%의 금액을 절감하여 이월을 허용한다.
- 우리나라는 기본사업비 제도를 신설하여 경상경비의 5% 범위 내에서 이월을 허용한다.

ⓑ 정치관리형 예산(BPM)
- 계획예산제도에 대한 반발로 의회 우위를 확보하기 위하여 대두된 하향식 예산제도이다.
- 의회 및 대통령의 정치적 계산에 의해 예산의 총 한도가 정해지고 주정부 및 행정기관은 그 한도 내에서 우선순위를 통해 집행한다(하향식, 집권식 결정).

ⓒ 지출대예산(EEB)
- 계획예산제도와는 대조적으로 하부기관에서 대안 간의 선택이 이루어지게 하는 수단으로 상층부에서 사업의 우선순위와 지출한도를 설정하는 하향식 자원배분절차이다.
- 중앙부처 장관들로 구성되는 우선순위 설정 및 계획위원회가 각 부처에 대한 우선순위와 지출한도를 설정한다.
- 정책위원회에 기존의 지출대자원으로부터 신규사업의 재원을 조달하는 권한을 위임하며 제한된 정책 예비비를 통해 신규사업에 대한 추가적 재원을 조달한다.

③ 성과지향적 예산제도
ㅇ 개념 : 성과를 중심으로 예산을 운용하는 것으로 투입중심의 예산제도에 반대되는 개념이다.
ㅈ 우리나라 : 최근의 성과중심예산제도는 산출물을 구체적으로 규명하고 생산을 위한 비용을 정확하게 산정함으로써 예산을 합리화시키고자 했던 1940년대의 성과주의 예산과는 달리, 관리자들에게 다양한 유인을 제공해서 이들이 원가와 성과를 보다 잘 인식하고 책임지게 하며 보다 생산적인 활동으로 스스로 이동시키도록 한다는 점(조직혁신의 수단)이 강조된다.

현금주의회계와 발생주의회계

구분	현금주의회계	발생주의회계
특징	• 현금수납사실을 기준으로 회계정리 • 단식부기 적용 • 일반행정부문에 적용	• 자산변동 발생사실에 따라 회계정리 • 기업회계방식 적용 • 사업적 성격이 강한 회계부문에 적용
장점	• 이해와 통제 용이 • 현금흐름 파악 용이 • 절차와 운용 간편	• 재정의 건전성 확보 • 회계오류 방지 • 경영성과 파악 용이
단점	• 성과 측정 곤란 • 거래의 실질, 원가 미반영 • 전근대적 회계방식	• 의회통제 회피 악용 가능성 • 절차가 복잡하고 담당 공무원 필요 • 채권·채무의 추정 불가피

문. 최근 정부개혁을 추진하는 선진국의 공공부문에서는 발생주의회계를 도입하고 있다. 다음 중 발생주의회계에 대한 설명으로 옳지 않은 것은?
▶ 2005. 10. 16 서울특별시

① 자산을 효율적으로 사용하는 데 도움이 된다.
② 부채를 정확하게 파악하는 데 유리하다.
③ 원가를 파악하는 데 도움이 된다.
④ 행정의 성과평가에 필요한 재무정보를 획득하는 데 유리하다.
⑤ 발생주의회계에서는 측정 가능하고 징수 가능할 때 수입으로 기록한다.

☛ ⑤

Section 2 구매행정

(1) 의의

① 개념 … 행정기능을 수행하는 데 필요한 수단인 재화(소모품, 비품, 시설, 장비 등)를 적기·적소·적가·적재·적량의 원칙에 입각하여 구입·공급하는 행정행위이다.

② 절차 … 수요판단 → 구매계약 → 검사와 납품 → 물품인도와 보관 → 대금지급 등의 과정을 거친다.

③ 중요성
  ㉠ 국가예산이 국민경제생활에 큰 영향을 미치게 됨에 따라 국가예산의 많은 비중을 차지하는 구매행정이 중시되게 되며 구매정책을 통하여 국민경제의 발전에도 기여할 수 있다.
  ㉡ 구매행정을 통하여 행정기관이 행정업무를 효율적으로 수행하는 데 필요한 물자와 비품을 적기에 신속히 공급하여야 한다.
  ㉢ 국민은 막대한 재원이 소요되는 구매행정에 관심을 갖게 되었으며, 보다 능률적인 구매정책에 의한 예산절약을 기대하고 있다.

(2) 구매방식

① 집중구매 … 중앙구매기관에 의한 일괄 구입 후 실수요기관에 공급하여 주는 제도이다.
  ㉠ 장점
    • 구매업무의 통제가 용이하다.
    • 구매행정의 전문화가 이루어진다.
    • 구매정책의 수립이 용이하다.
    • 공급업자에게 유리하다.
    • 물품규격의 통일과 사무표준화의 구현이 가능하다.
    • 대량구매·보관·운반으로 인해 경제적인 비용절감이 가능하다.
    • 기관 간 상호융통 사용 및 조정으로 신축성을 유지할 수 있다.
  ㉡ 단점
    • 정치적 영향을 받기 쉽다.
    • 대기업 편중의 우려가 있다.
    • 행정비용이 증가한다.
    • 적기·적재공급이 곤란할 수 있다.
    • 특수품목의 구입에 부적합하다.
    • 구매절차가 복잡하여 red tape의 조장이 우려된다.

② 분산구매 … 필요한 재화를 수요부처가 직접 구입하는 제도이다. 필요한 때에 공급이 가능하고 중소공급자를 보호할 수 있으며, 구매절차가 복잡하지 않고 특수품목 구입에 유리하며 각 부처의 실정을 반영하기에 적절하여 신축성을 유지할 수 있다.

문. 정부기관의 구매는 크게 분산구매와 집중구매로 나눌 수 있다. 아래 항목 중 분산구매의 장점이라고 할 수 없는 것은?
▶ 2004. 6. 13 서울특별시

① 중소기업 보호
② 특수품목 구입의 용이
③ 적기공급의 용이
④ 구매절차의 간소화
⑤ 공급자의 편의

☞ ⑤

03 예산제도

1 성과주의 예산의 단점을 설명한 것으로 옳은 것은?

① 국민이나 입법부가 정부사업의 목적을 이해하기 어렵다.

② 총괄예산계정에 적합하지 않고 입법부의 재정통제가 곤란하다.

③ 정책과 계획수립을 어렵게 하고 입법부에 의한 예산심의가 복잡하다.

④ 예산집행의 신축성이 떨어진다.

> **Advice** ① 국민이나 입법부가 정부사업의 목적을 이해하기 용이하다.
> ③ 정책과 계획수립을 용이하게 하고 사업별 산출근거가 제시되므로 입법부에 의한 예산심의도 용이하다.
> ④ 통제보다는 관리중심의 예산이므로 예산집행의 신축성이 높아진다.

2 영기준 예산제도(ZBB)의 특징으로 옳지 않은 것은?

① 예산배분 결정에 있어 경제 원리를 반영한다.

② 전 행정계층에 걸쳐 관리자가 예산편성에 참여한다.

③ 목표달성을 위한 대안의 평가와 결과를 분석한다.

④ 예산편성 시 전년도 예산을 기준으로 한다.

> **Advice** 영기준 예산제도는 예산편성 시에 기존 사업을 근본적으로 재검토하여 예산의 삭감은 물론 중단이나 폐지도 고려할 수 있는 예상결정방식이다. 기획과 분석을 강조한다는 점에서 계획예산제도(PPBS)와 비슷하고 능률적인 관리를 위해서 구성원의 참여를 촉진한다는 점에서는 목표관리(MBO)와 유사하다.
> ④ 예산편성 시 전년도예산기준이 아닌 영(zero)에서 출발한다.

3 성과주의 예산제도(PBS)의 단점이 아닌 것은?

① 세출 통제의 곤란　　　　　　　② 업무측정단위 선정의 어려움

③ 회계책임의 불분명　　　　　　　④ 예산집행의 신축성

> **Advice** 예산제도는 품목별 예산제도를 보완하기 위해 등장한 제도로, 사업·예산규모가 급속히 커지면서 예산제도에 있어서도 회계책임을 중시하는 통제적 측면 외에 사업의 능률적인 수행을 위한 관리적 측면도 중요시하게 되었다.
> ④ 성과주의 예산제도의 장점에 해당한다.

4 중앙예산기관의 기획기능을 가장 강조하는 예산제도는?

① LIBS ② PBS

③ PPBS ④ 총괄예산제도

> **Advice** ① 통제 중심의 예산제도이다.
> ② 관리·사업·성과·산출·실적·원가 중심의 예산제도이다.
> ③ 기획 중심의 예산제도이다.
> ④ 중앙예산기관의 총괄적 규모의 재원배분 → 부처별 재원범위 안에서 사업우선 순위에 따른 예산편중 →
> 중앙예산기관의 최종조정제도의 예산제도이다.

5 다음 중 자본예산의 유용성에 해당하지 않는 것은?

① 선심성 사업을 줄일 수 있다. ② 자본지출사업별 원가계산을 하여 경제적이다.

③ 세대별 재원부담의 형평성을 높인다. ④ 수요의 변화에 탄력적으로 대처한다.

> **Advice** ① 자본예산은 경제불황기에 적자예산을 편성하여 유효수요와 고용을 증대시킴으로써 불황을 극복하는 데 도움
> 을 줄 수 있지만 자칫하면 경기를 회복시킨다는 명목으로 선심성 사업을 펼칠 우려가 있다.

6 다음 중 자본예산의 단점으로 볼 수 없는 것은?

① 인플레이션을 유발 ② 적자재정편성에 치중

③ 단기재정계획수립의 문제 ④ 경상계정과 자본계정의 명확

> **Advice** ④ 자본예산은 경상계정과 자본계정 간의 구분이 곤란한 경우가 많다.

7 다음 중 자본예산에 대한 설명으로 옳지 않은 것은?

① 복식예산의 일종이다.

② 불균형예산을 편성하는 제도이다.

③ 선진국의 경우는 자본예산편성을 통한 조달재원으로 공공사업을 실시하여 경기를 확보하기 위해 필요하다.

④ 단기 재정계획의 수립에 용이하다.

> **Advice** **자본예산제도**(Capital Budgeting System) … 국가의 예산을 경상계정과 자본계정으로 구분하여, 경상지출은 경
> 상수입으로 자본지출은 자본적 수입이나 차입으로 충당하는 예산제도이다. 즉, 자본계정에 대하여는 적자시 공
> 채를 발행하여 예산을 운영하고 흑자시 상환하는 제도를 말하는 것으로, 불균형예산제도 혹은 복식예산제도라
> 불린다. 불경기의 극복을 위해 적자재정의 필요성을 강조하고 수익자부담원칙을 특징으로 하며, 자본투자계획
> 과 관련된다.
> ④ 자본예산제도는 장기 재정계획의 수립에 용이하다.

1.② 2.④ 3.④ 4.③ 5.① 6.④ 7.④

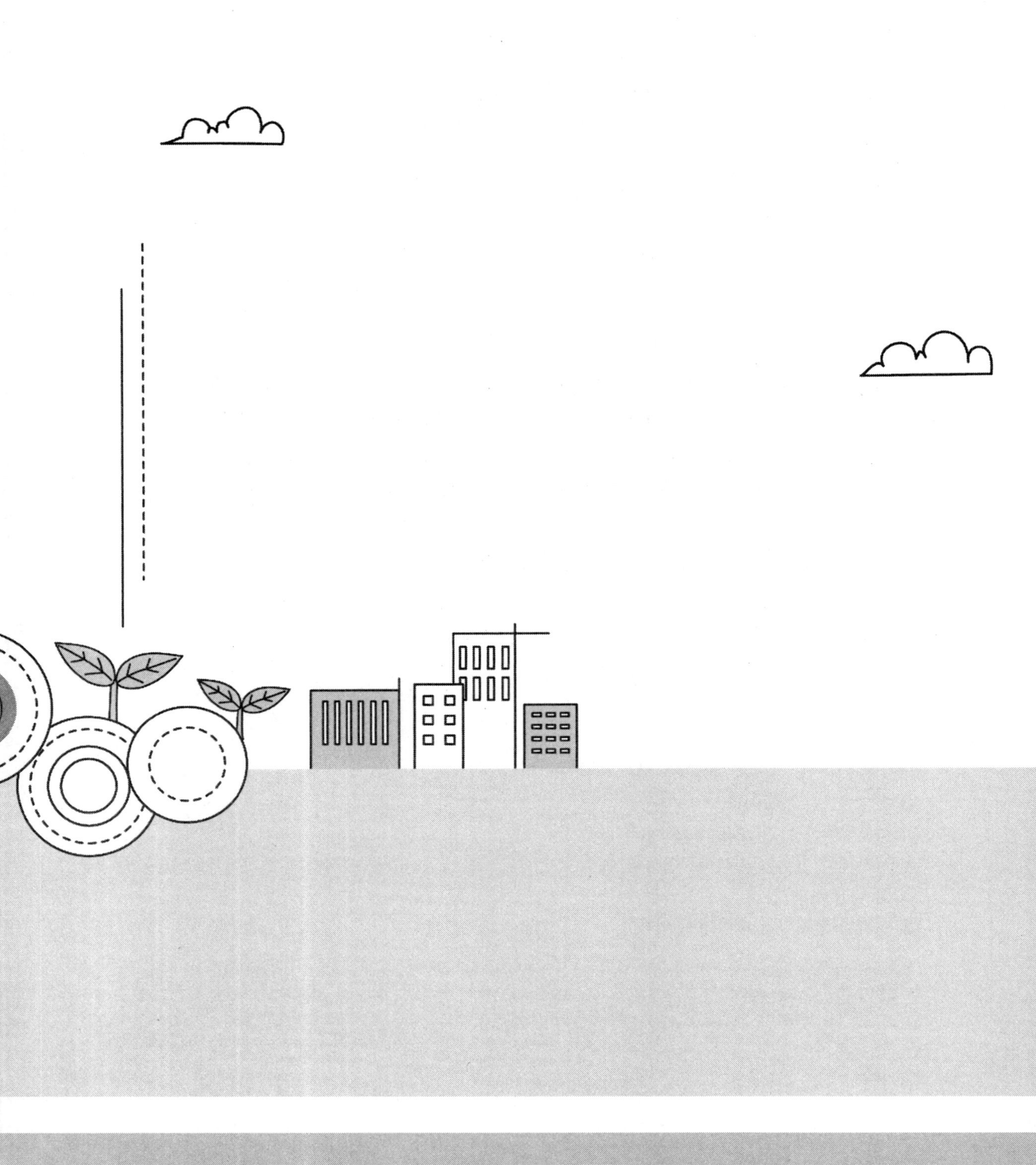

행정환류론

01 행정환류

Section 1 행정책임

(1) 의의

① 개념 … 행정기관이나 행정인이 직무를 수행할 때 국민의 기대와 희망, 공익 및 행정관계법령 등이 규정하는 행동기준에 따라 행동할 의무를 지는 것이다.

② 기준

　㉠ 법령 : 가장 기본적인 기준으로, 절차의 규정을 준수하는 것 외에 합목적적 운영이 필요하다.

　㉡ 공익 : 행정책임을 판단하는 중요한 규범적 기준이다.

　㉢ 근무윤리 : 행정인은 전문직업인으로서의 직업윤리와 직무수행상의 전문적 기준을 준수해야 한다. 가장 바람직하고 자율적인 기준이다.

　㉣ 국민 및 수익자집단·고객의 요구 : 국민의 의사를 반영할 제도적 장치를 마련하고, 여론에 대하여 올바로 파악해야 하며, 수익자집단이나 고객의 권익을 보호·향상시킬 의무가 있다.

　㉤ 조직목표와 정책·사업계획 : 공무원이 소속한 조직의 목표 또는 정책, 사업계획의 목표달성도·타당성도 행정책임의 기준이 될 수 있다.

(2) 필요성

① 위임입법이 증대되었다.

② 국민통제가 취약해졌다.

③ 행정관할범위가 확대되었다.

④ 막대한 예산권이 행사된다.

⑤ 정부주도의 경제발전이 추진된다.

⑥ 결정권의 집중과 확대·강화경향이 두드러진다.

⑦ 행정의 전문화·복잡화와 재량권의 확대가 이루어졌다.

(3) 특징

① 행동의 결과를 대상으로 한다.

② 행정책임은 남용된 재량권에 대해 발생한다.

문. 다음 중 행정책임을 강조하는 이유로 옳지 않은 것은?
▶ 2003. 6. 1 전라남도
① 행정의 전문화, 재량권의 증대
② 정부 주도의 경제개발의 추진
③ 막대한 예산의 편성 및 분배권
④ 국민통제의 강화
☞ ④

문. 다음 중 행정책임의 성질에 대한 설명으로 옳지 않은 것은?
▶ 2003. 6. 15 충청북도
① 행정책임은 행정상의 일정한 의무를 전제로 하여 발생한다.
② 행정책임은 일정한 재량이 있는 경우에만 발생한다.
③ 행정책임은 주로 행동의 결과에 대하여 이루어진다.
④ 행정책임은 공익적인 요구보다 개인적인 요구에 충실한다.
☞ ④

문. 다음 중 행정책임의 특징에 대한 내용으로 옳지 않은 것은?
▶ 2001. 3. 25 울산광역시
① 행정책임은 개인적 요구보다 공익적 요구에 충실해야 하며 합리적 기준에 따라야 한다.
② 행정책임은 행정재량권이 있는 경우에만 제기된다.
③ 행정책임의 보장을 위해서는 행정통제가 필요하다.
④ 행정책임은 행정상의 일정한 권리를 전제로 하여 발생한다.
⑤ 행정책임은 행동의 결과에 대해서만 제기되는 것은 아니다.
☞ ④

---

③ 행정책임은 공익적 요구를 충족시키는 것이다.

④ 행정책임은 일정한 의무와 재량권을 전제로 한다.

⑤ 행정책임은 행정통제와 국민의 참여를 통하여 보장된다.

⑥ 책임기준은 외연성(제3자에 의해 정해진 기준에 따르는 것)을 지닌다.

(4) 유형

① 객관적 책임과 주관적 책임
- ㉠ **객관적 책임** : 법령이나 공익과 같은 외부로부터 주어진 행동기준에 따라야 할 책임이다.
- ㉡ **주관적 책임** : 개인의 내면적·정신적 욕구와 관련되며 가치관이나 윤리적 기준에 충실하려는 책임을 의미한다.

② 도의적 책임과 법적 책임
- ㉠ **도의적 책임** : 주관적·내재적인 공무원의 양심과 관련되며, 사회의 옳고 그름의 판단기준이 된다.
- ㉡ **법적 책임** : 객관적·외재적 행동규범을 의미하며, 법령을 위반하지 않고 공식적 지위와 관계되는 책임이다.

③ 내재적 책임과 외재적 책임
- ㉠ **내재적 책임** : 상급자나 감독자에 대하여 지는 책임이다.
- ㉡ **외재적 책임** : 입법부·사법부 또는 국민에 대해 지는 민주적 책임을 의미한다.

④ 정치적 책임과 기능적 책임
- ㉠ **정치적 책임** : 행정조직이나 행정인이 국민에 대하여 지는 민주적 책임이다.
- ㉡ **기능적(직무상) 책임** : 전문직업인으로서의 직업윤리에 따라 전문적인 기술과 지적 능력을 발휘하여 맡은 바 직무를 수행해야 할 의무를 말한다.

⑤ 회고적 책임과 전망적 책임
- ㉠ **회고적 책임** : 일정한 행동기준에 따라야 할 의무를 수행하지 않은 결과에 대하여 지는 책임이다.
- ㉡ **전망적 책임** : 앞으로 일정한 행동기준에 따라야 할 의무를 지고 있는 책임으로 장래에 비난을 받을 가능성이 있음을 전제하고 있다.

⑥ **임무적 책임과 응답적 책임** … 임무적 책임은 수임자로서 맡은 바 임무를 수행하여야 할 책임을 말하며, 응답적 책임은 행위자가 위임자·명령자의 요구에 응답하여야 하는 책임을 말한다.

⑦ **변명적 책임과 수난적 책임** … 변명적 책임은 행정인이 문책되었을 때 변명하고 설명할 수 있는 책임을 말하며, 수난적 책임은 비난 또는 제재를 받아들여야 할 책임을 말한다.

문. 다음 중 행정책임에 관한 설명으로 옳지 않은 것은?
▶ 2002. 3. 24 부산광역시
① Friedich는 내재적 책임을 중시했다.
② 기능적 책임에서 정치적 책임으로 중점이 이동하고 있다.
③ 외재적 책임에서 내재적 책임으로 중점이 이동하고 있다.
④ Finer는 행정책임 확보를 위해서는 공무원 개개인에게 통제를 행사해야 한다고 주장하였다.

답 ②

포인트팁 **행정책임에 대한 논쟁**

㉠ H. Finer
  • 행정책임의 두 차원 : 도덕적 의무에 대한 내면적·개인적 감각
  • 외부의 객관적 공적 통제와 처벌이 수반되는 책임이 민주사회 책임의 핵심이
    며, 개인의 양심과 도덕성에 맡기는 것은 독재체제에서도 강조

㉡ C.J. Friedrich
  • 정치·행정일원론적 입장
  • 행정인에게 책임을 강제할 것이 아니라, 유도하는 것이 중요
  • 정해진 정책을 집행하는 책임을 넘어서는 보다 포괄적 책임을 요구
  • 외재적·객관적 제도에 의한 통제보다는 행정인의 내재적·주관적 도덕성과
    윤리를 강조
  • 행정인의 책임의 기준 : 기술적 지식이 있을 것(기술적·기능적·객관적 책임),
    국민의 행정에 대한 감정과 선호에 반응할 것(정치적·주관적 책임)

 **Section 2**

행정통제

(1) 의의

① **개념** ··· 행정책임을 보장하기 위한 사전적·사후적 제어장치로서 행정조직의
하부구조나 참여자들이 조직목표나 규범으로부터 이탈되지 않도록 하기 위
한 제재와 보상 등의 활동을 의미한다.

② **필요성**
  ㉠ 정치문화가 높은 수준에 이르지 못하였다.
  ㉡ 행정성과의 종합적 분석·평가가 필요하다.
  ㉢ 행정권력의 우월성과 경제계의 예속화현상이 일어난다.
  ㉣ 행정인이 막대한 예산권을 장악하고 있다.
  ㉤ 시민의 참여의식이 결여되었다(민중통제의 취약).
  ㉥ 행정의 민주화·능률성을 보장할 필요성이 있다.
  ㉦ 행정재량권의 확대로 행정관료의 권한·책임의 집중·확대경향이 두드러
    진다.
  ㉧ 행정운영에 대한 종합적·포괄적 파악, 행정계획의 효과적 수행이 필요
    하다.

(2) 특징

① 목표달성의 수단이 된다.
② 계획과 불가분의 관계에 놓여 있다.
③ 행정책임의 확보수단이 된다.
④ 직무수행과 관련된다.
⑤ 계속적 환류과정이다.

문. 다음 중 C. Friedrich의 행정
책임의 특징이 아닌 것은?

▶ 2002. 5. 12 행정자치부

① 전문직업단체
② 내재적 책임
③ 관료의 익명성
④ 국민적 정서

☞ ③

문. 우리나라의 행정통제에 대한
설명으로 옳은 것은?

▶ 2015. 6. 27 제1회 지방직

① 행정기관 및 공무원의 직무에 관
한 감찰을 하기 위하여 대통령
소속하에 감사원을 두고 있다.
② 권위주의적 정치·행정문화 속에
서 행정의 내·외부통제가 보다
효과적으로 이루어졌다.
③ 헌법재판소는 행정에 대한 통제
기능은 수행하지 못한다.
④ 입법부의 구성이 여당 우위일
경우에 효과적인 행정통제 기능
을 수행할 수 있다.

☞ ①

문. 행정책임과 행정통제에 대한
설명 중 옳지 않은 것은?

▶ 2013. 9. 7 서울특별시

① 행정통제의 중심과제는 궁극적
으로 민주주의와 관료제 간의
조화 문제로 귀결된다.
② 행정통제는 설정된 행정목표와
기준에 따라 성과를 측정하는
데 초점을 맞추면 별도의 시정
노력은 요구되지 않는 특징이
있다.
③ 행정책임은 행정관료가 도덕
적·법률적 규범에 따라 행동해
야 하는 국민에 대한 의무이다.
④ 행정통제란 어떤 측면에서는 관료
로부터 재량권을 빼앗는 것이다.
⑤ 행정책임은 국가적 차원에서 국
민에 대한 국가 역할의 정당성
을 확인하는 것이다.

☞ ②

(3) 유형

① 외부통제(민주통제)

㉠ 민중통제

- 개념 : 국민투표, 국민발안, 이익집단, 여론과 언론기관, 정당, 시민참여 등을 통하여 행정을 간접적·비공식적으로 통제하는 시민통제를 의미한다.
- 방법 : 선거권의 행사, 이익단체의 활동, 여론, 지식인, 또는 NGO에 의한 통제, 주민참여 등이 있다.
- 한계
  - 국민의 낮은 정치·시민의식으로 특수이익 확보에만 관심이 있다.
  - 국민의 행정참여의식이 낮다.
  - 비밀행정으로 정보수집·실태파악이 곤란하다.
  - 언론의 자율성 약화와 언론에 대한 국가통제의 강화로 국민의사의 반영 또는 행정비판기능이 저하된다.

㉡ 사법통제

- 개념 : 국민이 행정에 의하여 위법 또는 부당하게 권익을 침해당한 경우 행정소송이나 헌법소원을 통해 이를 구제하거나 또는 법원 내지 헌법재판소가 법률·명령의 위헌·위법 여부를 심사함으로써 사법부가 행정을 통제하는 것을 의미한다.
- 방법 : 행정소송, 명령·규칙의 위헌여부 심사 등이 있다.
- 한계
  - 사후적·소극적 구제조치이다.
  - 시간과 비용이 과다 소요된다.
  - 사법부의 독립성이 위협을 받는다.
  - 행정재량권의 확대와 행정의 전문화에 의한 제약이 따른다.
  - 법관의 행정에 관한 전문지식의 부족으로 효과적 통제가 되지 못한다.

㉢ 입법통제

- 개념 : 의회는 입법과정을 통해 행정부에 권한을 부여하고, 행정조직과 절차의 테두리를 결정하는 동시에 행정과정에 직접적인 통제를 가한다. 이러한 입법통제는 대통령중심제를 채택하는 나라에서 보다 엄격하고, 외부통제 중 가장 중요한 통제라 할 수 있다.
- 방법 : 법률제정권, 예산심의권, 국정감사·조사권, 국정질의·질문권, 고위공무원 임명동의권, 해임건의권, 탄핵소추권, 결산심의권, 예비비지출 승인권 및 기채승인권 등이 있다.
- 한계
  - 행정부가 정보를 독점하게 된다.
  - 행정부가 막강한 경제권을 가지게 된다.
  - 의원들이 자신의 특수이익을 추구할 수 있다.
  - 행정의 전문화·기술화로 의원의 전문성이 부족해진다.
  - 당수의 공천결정권 행사로 의원이 비독립성을 지니게 된다.

문. 다음 중 행정통제에 관한 설명으로 옳은 것은?

▶ 2006. 4. 8 중앙인사위원회

① 행정정보공개의 제도화는 행정책임의 확보라는 장점이 있으나 통제비용의 증가를 가져온다.
② 우리나라의 행정절차법에는 행정예고제에 관한 규정이 없다.
③ 우리나라의 부패방지법은 내부고발인 자신과 친족 또는 동거인의 신변을 보호하는 장치를 규정하고 있다.
④ 궁극적이고 실질적인 행정통제가 이루어지기 위해서는 내부통제보다 외부통제를 활용해야 한다.

☞ ③

문. 다음 중 민중통제의 방법에 속하지 않는 것은?

▶ 2009. 4. 11 행정안전부

① 언론기관에 의한 통제
② 정당에 의한 통제
③ 직업윤리에 의한 통제
④ 선거권에 의한 통제

☞ ③

문. 행정통제의 유형과 사례를 연결한 것으로 옳지 않은 것은?

▶ 2013. 7. 27 안전행정부

① 외부·공식적 통제 – 국회의 국정감사
② 내부·비공식적 통제 – 국무조정실의 직무감찰
③ 외부·비공식적 통제 – 시민단체의 정보공개 요구 및 비판
④ 내부·공식적 통제 – 감사원의 정기 감사

☞ ②

㉣ 옴부즈만(Ombudsman)제도

* 개념 : 공무원의 위법 또는 부당한 행위로 인해 권리를 침해받은 국민이 제기하는 민원과 불평을 조사하여 관계기관에 시정을 권고함으로써 국민의 권리를 구제하는 기관으로 입법·사법통제의 보완적 기능을 한다.
* 특징
  - 고발행위의 다양성
  - 자발적, 직권 조사 가능
  - 의회와 정부 간 완충역할
  - 신속한 처리와 저렴한 비용
  - 소규모 도시에서 높은 효용이 있음
  - 합법성은 물론 합목적성·효과성에 관한 통제도 가능
  - 공무원의 직권남용 방지 수단
  - 비당파성, 초당파성을 가져 입법부·행정부 및 정당으로부터 독립
  - 불평과 고발대상행위를 조사하고 담당기관에게 시정조치를 건의할 수는 있으나 직접적인 감독권은 없음

포인트톡 우리나라의 유사제도 … 국민권익위원회, 청와대 민정수석, 정부종합청사 민원실, 국회의 청원제도, 감사원의 직무감찰과 심사청구제도 등이 있다.

* 한계
  - 직접적인 권한이나 구속력이 없기 때문에 특히 의회의 기능이 미약하고 행정권이 비대한 개도국에서는 실효성이 의문시된다.
  - 직접적인 권한이나 감독권이 없어 결국 감찰이나 사정기능을 담당하는 기존의 유사기관·제도와 기능이 중복된다.
  - 시민보호를 위한 기능보다는 오히려 보다 나은 공공행정 촉진수단으로 그 기능이 변질되는 경향이 있으며, 공무원의 소극화를 초래한다.

② 내부통제(자율통제)

㉠ 내부적·공식적 통제

* 행정수반에 의한 통제 : 공무원의 임면권, 행정입법, 행정기구의 개편, 정치적 지도력 발휘 등의 방법이 있다.
* 정책·기획 통제 : 기획·정책 수립과 조정·통제 등이 있다.
* 관리통제
  - 요소통제 : 인사·물자·예산·회계·구매 통제
  - 절차통제 : 보고제도·품의제도·장부통제
  - 운영통제 : 업무진행 관리, 심사분석, 시정조치를 통한 포괄적 통제
  - 감찰통제 : 직무감찰, 행정감사, 회계감사

㉡ 내부적·비공식적 통제

* 공직윤리 : 직업윤리에 의한 비공식적 통제로 가장 중요하다.
* 대표관료제
* 비공식조직

문. 행정통제에 관한 설명 중 가장 옳지 않은 것은?

▶ 2006. 3. 19 대구광역시

① 행정통제를 위해서는 반드시 결과(산출)의 측정이 용이해야 한다.
② 우리나라의 옴부즈만제도에 해당하는 것으로는 국민고충처리위원회를 들 수 있다.
③ 사법통제는 주로 사후통제이다.
④ 중립적·비판적인 매스미디어의 존재는 효과적이고 올바른 민중통제의 조건이다.

☞ ①

문. 길버트(Gilbert)는 행정통제를 통제자의 위치와 제도화 여부에 따라 다음과 같이 네 가지 유형으로 구분하였다. 각 유형에 해당되는 우리나라의 행정통제 방법으로 옳지 않은 것은?

▶ 2015. 3. 14 사회복지직

통제자의 위치 제도화 여부	외부	내부
공식적	(가)	(나)
비공식적	(다)	(라)

① (가) - 청와대에 의한 통제
② (나) - 감사원에 의한 통제
③ (다) - 이익집단 및 언론에 의한 통제
④ (라) - 직업윤리에 의한 통제

☞ ①

(4) 외부통제·내부통제의 한계

① 외부통제의 한계
  ㉠ 사법부의 독립이 확립되지 못했다.
  ㉡ 이익단체가 행정에 예속된다.
  ㉢ 언론기관의 자율성이 약화된다.
  ㉣ 국민의 정치의식수준이 낮다.
  ㉤ 입법부의 행정부 견제기능이 미약하다.

② 내부통제의 한계
  ㉠ 환류기능이 미약하다.
  ㉡ 심사분석의 문제점이 존재한다.
  ㉢ 공무원의 윤리의식이 미약하다.
  ㉣ 통제기준 선정이 곤란하고 설정기준이 불명확하다.

(5) 행정책임과 행정통제의 관계

행정책임은 행정통제를 통하여 보장되며, 행정통제는 행정책임을 확보하는 수단이다. 행정통제는 행정의 민주적 책임을 확립하기 위한 민주통제를 의미하며, 외부통제와 내부통제로 대별된다. 고도의 전문성과 복잡성으로 관료의 재량권이 증대하게 된 현대행정국가에서는 외부통제효과가 저하되어 불가피하게 내부통제로 중점이 옮겨가고 있다.

Section 3 시민참여

(1) 의의

① 개념 … 행정의 의사결정과정에 국민이 개인적 또는 집단적으로 직·간접적인 영향을 미치거나 관여하는 것을 의미한다.

② 필요성
  ㉠ 입법·사법통제의 약화, 선거방식(대의제도)의 한계로 행정의 민주성과 책임확보를 위해 주민참여가 요구된다.
  ㉡ 관료제의 획일적인 행정처리, 행정권력의 증대의 극복을 위해 필요하다.
  ㉢ 환경문제 등이 대두되었다.
  ㉣ 민주화와 효율화의 달성이 목표이다.

 포인트탑 주민참여의 필요성

시민의 입장	행정기관의 입장
• 행정통제의 실현	• 시민과의 공감대 형성
• 간접민주주의 보완	• 행정수요의 파악
• 행정의 책임성 확보	• 정책의 질 향상
• 시민의 주체성과 자치능력 강화	

(2) 기능

① 순기능

ㄱ 시민의 측면
- 행정실태를 파악할 수 있다.
- 시민의식의 성숙과 사회적·정치적 능력의 향상을 도모한다.
- 정책집행과정에서 시민의 권리·재산침해의 방지 내지 극소화할 수 있다.
- 소외되고 무력해진 시민의 심리적 욕구 충족과 주체성 회복에 도움이 된다.

ㄴ 행정기관의 측면
- 행정의 효율성을 제고할 수 있다.
- 시민과의 거리 단축과 협조관계 강화, 결정에 대한 책임의 분담이 가능하다.
- 시민들이 행정의 실태 파악을 계기로 정책이나 계획을 집행함에 있어 시민들의 지지와 협조를 이끌어 낼 수 있다.
- 행정수요 파악과 사업의 우선순위 결정에 유리하다.

② 역기능

ㄱ 전문성을 저해하고 비능률을 초래한다.
ㄴ 정책과정의 복잡화와 지체를 초래하여 시간·자원을 낭비할 가능성이 있다.
ㄷ 행정관청에 의한 대중조작의 위험성이 있다.
ㄹ 적극적 참여의식의 결여, 대표성의 문제가 있다.
ㅁ 권력에의 흡수·포섭에 대한 위험성이 있다.

(3) 유형

① 제도화 여부에 의한 구분

ㄱ 비제도적인 방법
- 시민운동 : 당사자 간의 대립적 관계를 전제하며, 가장 비제도화된 방법이다.
- 교섭 : 당사자 간의 비대립적 관계를 전제한다.

ㄴ 제도적 방법
- 협조 : 정책결정과정에서의 참여 또는 민간자문기구 설치·운영 등의 방법이 있다.
- 자주관리 : 시민이 주도적으로 기획관리기관을 설치·운영할 수 있다.

② 주도권 소재에 따른 구분

ㄱ 주민주도형
ㄴ 행정주도형
ㄷ 수평형
ㄹ 균형형(제3의 집단 개입)

문. 다음 중 참여의 순기능으로 볼 수 없는 것은?

▶ 2003. 5. 11 행정자치부

① 행정의 민주화에 기여
② 행정의 능률성 제고에 기여
③ 소외계층의 이익 반영에 기여
④ 행정의 책임성 제고에 기여

☞ ②

문. 다음 중 주민참여로 인해서 발생할 수 있는 문제점으로 가장 적합하지 않은 것은?

▶ 2004. 3. 21 부산광역시

① 행정의 전문화를 저해시킬 수 있다.
② 자칫 소수 사람들에 의해서 독점되거나 특정 분야만 대표할 수 있다.
③ 지역의 발전과 이익보다는 국가 전체의 발전과 이익이 앞설 수 있다.
④ 행정과정상의 시간과 비용이 많이 요구된다.

☞ ③

문. 주민의 참여가 확대됨으로써 예상되는 긍정적 기능에 해당하지 않는 것은?

▶ 2015. 3. 14 사회복지직

① 정책집행의 순응성 제고
② 정책의 민주성과 정당성 증대
③ 시민의 역량과 자질 증대
④ 행정적 비용의 감소

☞ ④

포인트탑  주민참여의 8단계(S.R. Arnstein)
ⓐ 비참여
- 조작단계
- 치료단계 : 단순한 주민포섭
ⓑ 명목적 참여
- 정보제공 및 상담
- 유화단계 : 형식적 참여, 최종결정권(자치단체), 주민의사의 적극적 반영
ⓒ 주민권력적 참여
- 쌍방협동 및 권한이양
- 자주관리 : 주민권력의 우월단계로 정책결정이나 집행에 관여하고 자치하는 단계

(4) 방법

① 의사전달의 통로를 확보한다.

② 주민자주관리기구를 설치한다.

③ 시민의 정책결정과정에의 참여를 유도한다.

④ 시민의 행정접근촉진기구를 정비한다.

Section 4 각국 옴부즈맨제도의 비교

구분	스웨덴 (의회형)	영국 (의회형)	프랑스 (행정부형)	한국 : 국민권익위원회 (행정부형)
관할대상	국가행정기관 지방자치단체 법원, 군대	국가행정기관	국가 지방자치단체 공공시설 법인	국가, 지방자치 단체, 행정권한 을 위임·위탁받 은 기관, 공법인
신청주의	○	○	○	○
직권처리권	○	×	×	×
소추권	○	×	○	×
징계요구권	○	×	○	×
행정처분에 대한 시정· 조치 요구권	○	○	○	○
법률개정 등 제도개선 제안	○	○	○	○
조치결과의 보고요구권	○	○	○	○

문. 우리나라 옴부즈만제도에 대한 설명으로 옳지 않은 것은?
▶ 2007. 4. 28 경기도

① 스웨덴에서 처음 채택한 제도이다.
② 형식과 절차가 간단하고, 비용이 적게 든다.
③ 국무총리 소속기관이다.
④ 직권에 의한 조사가 불가능하다.
☞ ③

문. 옴부즈만제도에 대한 설명으로 옳지 않은 것은?
▶ 2010. 5. 22 상반기 지방직

① 옴부즈만은 입법부 및 행정부로부터 정치적으로 독립되어 있다.
② 옴부즈만은 행정행위의 합법성뿐만 아니라 합목적성 여부도 다룰 수 있다.
③ 옴부즈만은 보통 국민의 불평제기에 의해 활동을 개시하지만 직권으로 조사를 할 수도 있다.
④ 옴부즈만은 법원이나 행정기관의 결정이나 행위를 무효로 할 수는 없지만, 취소 또는 변경할 수는 있다.
☞ ④

문. 다음 중 옴부즈만제도에 대한 설명으로 옳지 않은 것은?
▶ 2005. 6. 5 경상남도

① 재판에 대한 통제(관여)가 가능하다(재판에 관한 내용을 시정할 수 있다).
② 직권이나 신청에 의한 조사가 가능하다.
③ 합법성은 물론 합목적성에 대하여도 조사가 가능하다.
④ 권고가 받아들여지지 않을 경우, 의회에 대한 보고나 신문을 통한 공표 등을 통해 시정을 촉구한다.
☞ ①

Section 5 공직의 윤리

(1) 개념

공무원이 정부조직의 구성원으로서 직무수행과정에서 준수해야 할 행동규범이다. 공무원에게는 일반 사기업의 근로자들보다 높은 수준의 윤리기준이 요구된다.

(2) 기준 및 유형

① 기준
 ㉠ 대외적 기준 : 공익, 공정성, 사회적 형평, 정의, 책임, 민주성 등이 있다.
 ㉡ 대내적 기준 : 능률성, 생산성, 합법성, 창의성, 성실성 등이 있다.

② 유형
 ㉠ 소극적 윤리 : 부정부패 척결에 관한 것이다.
 ㉡ 적극적 윤리 : 행정이념, 목표, 효과성 증진으로 인한 이념적 행정인상 정립 등이 있다.

(3) 공무원의 행동규범

① **법적 규제** … 성실의무(기본적 의무), 복종의무, 직무이탈금지, 친절공정의무, 비밀엄수의무, 청렴의무, 품위유지 의무, 영리의무, 영예 등의 수령의 제한, 집단행위금지, 정치활동금지, 겸직금지 의무 등이 있다.

② **자율적 규제** … 공무원윤리헌장(1980)에 근거하여 공무원의 행동강령에 따라 자율적으로 규제함을 말한다.

③ **충성의 의무** … 명문의 규정은 없지만 헌법의 민주정치 기본질서 이념에 대한 헌신을 요구한다.

(4) 확립방안

① 행정의 공개성을 확보한다.
② 징계제도를 강화한다.
③ 인사행정의 합리화를 도모한다.
④ 보수체계의 합리화를 확립한다.
⑤ 국민의 의식수준을 향상시킨다.

문. 다음 중 공직윤리를 확보하기 위하여 국가공무원법에서 공무원의 법적 의무로 규정하고 있는 행동규범이 아닌 것은?
▶ 2005. 3. 6 인천광역시
① 복종의 의무
② 직장이탈금지의 의무
③ 품위유지의 의무
④ 재산내역신고의 의무
⑤ 정치운동금지의 의무

☞ ④

01

행정환류

1 행정통제의 유효성을 제고하기 위한 개선방안으로 옳지 않은 것은?

① 행정정보공개제도의 활성화를 통해 행정의 투명성을 높여야 한다.
② 행정절차법의 활용을 높여 열린 행정과 투명행정을 실현해야 한다.
③ 과도한 시민참여로 인한 정책과정상의 비효율성을 제거해야 한다.
④ 옴부즈만제도의 확대 및 강화가 필요하다.

　Advice　③ 행정통제를 강화하기 위해 시민참여를 확대시켜야 한다.

2 다음 행정통제 중 외부적 통제의 유형이 아닌 것은?

① 시민에 의한 통제　　　　　　② 옴부즈맨제도에 의한 통제
③ 입법부에 의한 통제　　　　　④ 감사원을 통한 통제

　Advice　**외부통제**(민주통제) … 민중통제(시민통제), 사법통제, 입법통제, 옴부즈맨(Ombudsman)제도

3 다음 중 행정책임에 대한 내용으로 옳지 않은 것은?

① 행정인 또는 행정조직이 윤리적·기술적 또는 법규적 기능에 따라 행동하는 의무를 말한다.
② 행정상의 일정한 권리를 전제로 하여 발생한다.
③ 주로 행동의 결과에 대하여 사후에 이루어진다.
④ 행정책임의 보장을 위해 행정통제가 사용된다.

　Advice　② 행정책임은 행정상의 일정한 의무 또는 재량권을 전제로 하여 발생한다.

4 다음 중 시민참여의 장점과 거리가 먼 것은?

① 지역특성의 반영　　　　　　② 비용과 시간의 절감
③ 정책에 대한 공감과 지지의 확보　　④ 정책집행의 용이

　Advice　② 결정과정에서 시간과 노력이 소요되므로 행정의 능률성은 저해된다.

02 행정개혁

Section 1 행정개혁

(1) 의의

① **개념** … 행정개혁은 행정이 현재보다 더 효과적이며 능률적인 상태가 될 수 있도록, 행정의 기구·관리방법·행정인의 능력과 가치관·태도 등을 계획적으로 변화시키는 것을 말한다.

② **목표**
  ㉠ 행정의 민주성·효과성·능률성을 확보한다.
  ㉡ 행정능률의 향상을 도모한다.
  ㉢ 새로운 행정수요의 충족을 위함이다.
  ㉣ 행정성과를 증진시킨다.
  ㉤ 행정인의 행태 변화와 가치관의 쇄신을 도모한다.

③ **필요성**
  ㉠ 국제적 환경의 변화에 따라 행정개혁이 요구된다.
  ㉡ 권력·이익 투쟁의 작용으로 개혁이 요구된다.
  ㉢ 행정문제와 수요의 변동이 있다.
  ㉣ 인구 및 고객구조의 변화가 있다.
  ㉤ 정부역할과 행정수요의 변동이 있다.
  ㉥ 공공영역 축소에 대한 국민의 요구가 있다.
  ㉦ 조직의 확대경향과 관료이익의 추구경향의 문제가 있다.
  ㉧ 정치이념의 변동과 조직구조의 개편으로 인한 개혁이 필요하다.
  ㉨ 행정의 능률화와 새로운 기술도입의 필요성이 요구된다.

> **포인트팁 성공요건**
> ㉠ 개혁지향성이 존재한다.
> ㉡ 저항세력에 대한 정확한 진단이 있다.
> ㉢ 여론의 지지와 상승적·횡적 의사소통이 활성화되어야 한다.
> ㉣ 행정조직의 신축성과 관리층의 적극적 역할이 필요하다.
> ㉤ 정치적·사회적 안정과 강력한 정치적 리더십의 확립이 있어야 한다.

(2) 특성

① **목표지향성·가치지향성** … 행정개혁은 그 자체가 목적이 아니라 행정의 바람직한 상태를 달성하기 위한 수단이다.

문. 행정개혁의 속성이라고 볼 수 없는 것은?
▶ 2011. 6. 11 서울특별시
① 공공적 상황에서의 개혁
② 계획적 변화
③ 동태성
④ 시간적 단절성
⑤ 저항의 수반
☞ ④

문. 다음 중 행정개혁의 성공요인이 아닌 것은?
▶ 2003. 6. 1 경상북도
① 불확실성 증대
② 개혁지향성
③ 행정조직의 신축성
④ 여론지지
☞ ①

문. 다음 중 행정개혁의 특징으로 옳게 짝지어진 것은?
▶ 2006. 3. 19 대구광역시

㉠ 현재의 행정구조 및 사업계획 등의 제 변수를 인위적·개방적·계획적으로 변화시키는 행위이다.
㉡ 동태적·의식적 과정이다.
㉢ 권력투쟁, 타협, 설득이 병행되는 정치적·사회심리적 과정이다.
㉣ 계속적 과정이라기보다는 단시간에 결과를 보는 일시적 과정이다.

① ㉠㉡㉢ ② ㉠㉢㉣
③ ㉡㉢㉣ ④ ㉠㉡㉢㉣
☞ ①

---

② **동태성 · 행동지향성** … 성공여부에 대한 불확실성과 위험 속에서 새로운 방법을 고안하여 적용하고 실천하는 동태적 · 의식적 과정이며, 개혁전략이 문제되는 과정이다.

③ **저항 수반** … 행정개혁은 기존의 이해관계에 변화를 초래하므로 기득권을 가진 세력에 의해 저항이 수반된다.

④ **인위적 · 지속적 · 계획적인 변화** … 행정개혁은 자연발생적인 것이 아니다.

⑤ **포괄적 관련성** … 조직의 내 · 외적 요인뿐만 아니라 조직의 개혁 · 정책 또는 절차 등의 개혁까지도 포함한다.

⑥ **정치적 성격** … 행정개혁의 목적 · 대상이나 성공여부는 정치적 환경이나 정치적 지지에 의하여 좌우되며, 권력투쟁 · 타협과 설득이 병행되는 정치적 · 사회심리적 과정이다.

(3) 접근방법

① **구조적 접근방법**
　㉠ **특징**: 공식적 · 합리적 조직과 조직원리에 중점을 두는 전통적 접근방법이다.
　㉡ **기법**: 구조 · 직제의 간소화, 기능의 중복 제거, 권한 · 책임의 명확화, 행정사무의 적절한 배분, 조직원리를 적용한 내부구조 개혁 등의 방법을 사용한다.
　㉢ **배경**: 고전적 조직이론(원리적 접근)을 바탕으로 한다.
　㉣ **문제점**: 후진국의 경우 형식주의에 치중할 위험성이 있고, 인간적 요인을 과소평가하며, 조직의 동태적 성격과 환경적 요인이 충분히 고려되지 않는다.

② **기술적 접근방법**
　㉠ **특징**: 과학적 관리법의 원리를 적용하여, 사무관리 개선에 목표를 두고 행정수행과정을 중시한다.
　㉡ **기법**: OR(운영연구) · SA(체제분석) · 비용편익분석 · EDPS(전산화) · MIS(관리정보체제), 컴퓨터의 활용 등으로 행정성과의 향상을 도모한다.
　㉢ **배경**: 과학적 관리론을 배경으로 한다.
　㉣ **장 · 단점**: 전산화된 통합적 관리정보체계는 기술적 쇄신을 통해 표준적 절차와 조직의 과업수행에 영향을 줄 뿐만 아니라, 조직의 형태와 인간행태에 영향을 미친다. 그러나 기술과 인간성 간의 갈등을 소홀히 할 수 있다.

③ **인간관계론적(행태적) 접근방법**
　㉠ **특징**: 행정인의 가치관 · 태도 등을 감수성 훈련 등 조직발전기법을 활용하여 인위적으로 변혁시켜 조직 전체의 개혁을 도모한다.
　㉡ **기법**: 인간관계론, 집단동태론, 소집단이론과 관련된다.

문. 행정개혁의 구조적 접근방법에 해당하지 않는 것은?
　　▶ 2008. 7. 20 서울특별시
① 기능중복의 제거
② 의사전달체계의 수정
③ 관리과학의 활용
④ 분권화의 확대
⑤ 책임의 재규정
　　　　　　☞ ③

문. 행정개혁을 추진하는 접근방법 중 관리-기술적 접근방법에 해당되는 것들만 묶은 것은?
　　▶ 2004. 5. 16 행정자치부

㉠ 행정조직의 계층 간 의사전달체계의 개선
㉡ OR 등을 통한 행정조직 내의 운영과정 및 일의 흐름을 개선
㉢ 행정전산망 등 장비, 수단의 개선
㉣ 행정과정에 새로운 분석기법 적용
㉤ 집단토론, 감수성훈련 등 조직발전(OD)기법 활용

① ㉠㉡㉢　　② ㉠㉢㉣
③ ㉡㉢㉣　　④ ㉢㉣㉤
　　　　　　☞ ③

문. 경제적 비용편익분석(benefit cost analysis)에 대한 설명으로 옳지 않은 것은?
　　▶ 2013. 8. 24 제1회 지방직
① 비용과 편익을 가치의 공통단위인 화폐로 측정한다.
② 장기적인 안목에서 사업의 바람직한 정도를 평가할 수 있는 방법이다.
③ 편익비용비(B/C ratio)로 여러 분야의 프로그램들을 비교할 수 있다.
④ 형평성과 대응성을 정확하게 대변할 수 있는 수치를 제공한다.
　　　　　　☞ ④

ⓒ 배경 : 인간관계론, 행태론을 배경으로 한다.

ⓔ 문제점 : 인간의 행태변화는 장기적인 시간을 소요하며, 권위주의적 행정문화 속에서의 낮은 성공률을 보이며, 행태과학의 전문적 기술 및 지식이 요구된다.

④ **종합적 접근방법**

ⓐ 특징 : 구조적 · 기술적 · 인간관계적 접근방법이 상호보완적으로 병행된다.

ⓑ 정치적 성격과 환경적 요인의 중요성을 감안한 방법이다.

ⓒ 현대행정에서 가장 타당한 행정개혁방안이라고 볼 수 있다.

(4) 과정(G. Caiden)

① **개혁의 필요성 인식(제1단계)** … 객관적으로 나타난 행정개혁의 필요에 개혁주체세력의 주관적인 인식이 더해진다.

② **개혁안의 작성(제2단계)**

ⓐ 작성자 : 조직구성원과 외부인사가 각각 작성할 수 있으며, 최종안은 전문기관 또는 막료기관의 자문을 얻어 내려진다.

ⓑ 개혁범위와 수준 : 개혁안의 실현가능성을 고려한다.

> **포인트팁 행정개혁안 작성자에 따른 장 · 단점**
> ⓐ **내부인사에 의한 개혁(국내자 중심)**
> • 장점
> − 시간 · 경비의 절감
> − 집중적이고 간편한 건의
> − 기관내부이익 고려 가능
> − 현실성 및 실행가능성이 높음
> • 단점
> − 객관성 · 종합성 결여
> − 서무 · 관리기능에 치중
> − 광범위한 지지 확보 곤란
> − 기관 간 권력구조의 근본적 재편성 곤란
> ⓑ **외부인사에 의한 개혁(국외자 중심)**
> • 장점
> − 객관적 · 종합적임
> − 국민의 광범위한 지지 확보 가능
> − 정치적인 면 고려 및 권력구조의 근본적인 재편성 가능
> • 단점
> − 비용과다
> − 관료들의 저항
> − 과격한 안이 건의되어 실행가능성 없음

③ **개혁안의 집행(제3단계)** … 집행과정에서는 예측하지 못한 상황들이 발생할 수 있으므로, 융통성과 신축성있는 집행이 필요하다.

④ **개혁의 평가(제4단계)**

ⓐ 개혁과 개혁의 성과 간의 인과관계를 입증하기가 쉽지 않다.

ⓑ 외부인사 · 제3자도 참여하여 객관성 · 공정성을 기해야 한다.

ⓒ 평가는 성과와 기준의 비교이므로 정확한 기준 설정이 필요하다.

ⓓ 개혁이 환경변화에 적응하면서 장기간 지속되도록 제도화되어야 한다.

문. 행정개혁의 접근방법에 대한 설명으로 옳지 않은 것은?

▶ 2015. 4. 18 인사혁신처

① 사업(산출)중심적 접근방법은 행정활동의 목표를 개선하고 서비스의 양과 질을 개선하려는 접근방법으로 분권화의 확대, 권한 재조정, 명령계통 수정 등에 관심을 갖는다.

② 과정적 접근방법은 행정체제의 과정 또는 일의 흐름을 개선하려는 접근방법이다.

③ 행태적 접근방법의 하나인 조직발전(OD : Organizational Development)은 의식적인 개입을 통해서 조직 전체의 임무수행을 효율화하려는 계획적이고 지속적인 개혁활동이다.

④ 문화론적 접근방법은 행정문화를 개혁함으로써 행정체제의 보다 근본적이고 장기적인 개혁을 성취하려는 접근방법이다.

☞ ①

(5) 저항요인 및 극복방안

① 저항요인

　ⓐ 관습과 타성으로 인한 관료조직의 보수적·현상유지적 경향이 있다.

　ⓑ 무관심·비협조의 반응이 있다.

　ⓒ 기득권의 지속적인 유지 욕망이 있다.

　ⓓ 고객집단의 저항이 존재한다.

　ⓔ 매몰비용이 작용한다.

　ⓕ 개혁안이 불명확하다.

　ⓖ 개인적 이해관계와 상충된다.

　ⓗ 개혁추진세력의 정당성과 능력이 부족하다.

　ⓘ 행정인의 참여부족과 국민들의 무관심이 나타난다.

② 순응확보방안

　ⓐ 강제적 전략

　　• 의도적인 긴장 조성

　　• 상급자의 권한 행사

　　• 물리적 제재나 신분상 불이익

　ⓑ 공리적·기술적 전략

　　• 적절한 개혁시기 선택·조절

　　• 손실의 방지·최소화, 손실의 보상

　　• 신축적인 인사배치, 개혁의 공공성 강조

　　• 기술적·형식적인 것부터 선택적·점진적으로 실시

　　• 개혁안의 객관적·계량적 작성으로 결과의 명확화, 개혁전략의 수정

　ⓒ 규범적·사회적 전략

　　• 참여 및 활발한 의사소통 촉진

　　• 집단토론, 교육훈련, 설득을 통한 개혁능력 계발

각국의 행정개혁

① OECD 등 선진국의 정부혁신의 공통적 방향

　ⓐ 인력감축 및 조직구조 개편

　ⓑ 성과중심으로 전환

　ⓒ 비용가치의 증대

　ⓓ 권한위임과 탄력성 제고

　ⓔ 책임성과 통제의 강화

　ⓕ 고객에 대한 대응성 및 서비스 지향

　ⓖ 중앙의 전략 및 정책능력 강화

문. 행정개혁의 저항의 원인으로 옳지 않은 것은?
▶ 2007. 3. 25 인천광역시

① 기득권의 침해
② 불확실한 개혁내용
③ 피개혁자의 능력 부족
④ 경직적인 관료제
⑤ 개혁보상의 불충분성

☞ ⑤

문. 행정개혁에 대한 저항이 발생하는 요인에 해당하는 것은?
▶ 2001. 3. 25 울산광역시

① 의사소통의 촉진
② 기득권 침해에 대한 적절한 보상
③ 개혁내용 불명확
④ 개혁의 점진적 추진
⑤ 기득권에 대한 보장

☞ ③

문. 다음 중 행정개혁에 대한 순응확보방안이 아닌 것은?
▶ 2002. 3. 24 부산광역시

① 적절한 상징적 조작을 한다.
② 개혁안 입안 시 다양한 견해를 수렴한다.
③ 단계적으로 서서히 추진한다.
④ 신속하고 빠르며 집권적으로 추진된다.

☞ ④

문. 최근 주요 OECD 국가들이 지향하는 정부혁신의 방향과 거리가 먼 것은?
▶ 2005. 5. 29 국회사무처

① 성과중심으로의 전환
② 권한위임과 융통성 부여
③ 중앙정부의 전략기능 축소
④ 고객지향성 강화
⑤ 정책평가의 중요성 강조

☞ ③

② **영국**

㉠ **노스코트 트레벨리안 위원회**(1853)
  • 1848년에 조직, 1853년에 행정개혁에 관한 보고서 발표로 정실주의에서 실적주의로 바꾸는 전환점의 역할
  • 1870년 추밀원령에 의해 법제화되어 현대 공무원제의 초석이 됨

㉡ **홀데인위원회**(1917)
  • 내각기능 연구에 중점
  • 행정기능중심의 부처편성 강조

㉢ **풀턴위원회**(1968)
  • 영국의 공무원제도에 획기적인 영향을 미친 위원회
  • 인사성 신설, 공직분류의 세분화, 공무원성·공무원대학 신설

㉣ **Next steps**(1988) : 정부는 총괄적인 사업목표와 재원관리의 범위만 결정해 주고 기관장에게 관리재량의 자율성과 융통성 대폭 허용

㉤ **시민헌장제도**(1991)
  • 행정서비스의 기준을 설정하고 이를 시민의 권리로 인정
  • 시민의 만족도 조사 및 서비스 제공자 간의 경쟁촉진으로 시민의 선택권 확대

㉥ **토니블레어 정부의 개혁**(1997) : '제3의길' 주창, 서비스 제일주의, 정보자유법 제정, 관·민 파트너십 확대

③ **미국**

㉠ **펜들턴법**(1883) : 엽관주의 인사행정에서 실적주의 인사행정을 확립하는 계기

㉡ **절약과 능률에 관한 위원회**(Cleveland위원회, 1910)
  • 예산제도의 개혁(행정부예산주의)을 주장
  • 1910~1912년까지 연방정부의 행정전반에 대한 경비절약·능률에 관해 조사·분석

㉢ **행정관리에 관한 대통령위원회**(Brownlow위원회, 1936)
  • 루즈벨트 대통령 때 설치
  • 각종 관리기관(재무성 예산국 등)의 대통령 직속화
  • 인사행정·재무행정·행정기관의 재편성 건의

㉣ **제1차 후버위원회**(1947)
  • 트루만 대통령 때 12명의 위원으로 초당파적으로 구성
  • 성과주의예산(PBS)의 채택 권고
  • 인사위원회의 단독제화

㉤ **제2차 후버위원회**(1953)
  • 아이젠하워 대통령 때 설치
  • 대통령의 연방정부 행정기구개혁을 단행하기 위해 설치(정부활동의 존폐와 정책문제 개혁 등)

㉥ **클린턴 행정부의 정부재창조**(1993) : 보다 나은 업무수행을 하면서도 비용은 적게 드는 정부창조를 목표로 고객우선주의(경쟁과 시상원리 도입), 성과지향을 위한 공무원의 권한의 부여, 행정 간소화, 기본적 기능으로의 복귀 등 4가지 기본방향을 정함

문. 다음 중 뉴질랜드 정부가 채택한 행정개혁조치로 보기 어려운 것은?

▶ 2007. 9. 9 대전광역시

① 정부관료제를 축소하고 공기업으로 전환하였다.
② 공공기관의 2/3정도를 책임운영기관으로 전환하였다.
③ 발생주의·복식부기 방식으로 정부회계를 개편하였다.
④ 사무차관제를 도입하여 사무차관은 의회와 개별적인 성과계약 체결을 맺었다.

☞ ④

문. 다음 중 우리나라 행정개혁의 과제로 보기 어려운 것은?

▶ 2002. 5. 12 행정자치부

① 정보화에 대응한 행정체제의 정비
② 지방화와 세계화에 대응한 행정체제의 정비
③ 정부 주도의 사회간접자본투자를 위한 행정체제의 정비
④ 통일에 대비한 행정체제의 정비

☞ ③

    ⓐ 클린턴(1997) : 영국의 집행조직(Agency) 도입, 성과중심조직 도입
    ⓞ 부시행정부 경영과제(2001)
      • 2001.8.26 발표, Management Agenda(경영과제)로 명명
      • 공무원감축, 능력별 급여제도 도입, 공직의 민간 개방화 확대, 정보기술 활용 극대화
  ④ 뉴질랜드
    ㉠ 산출예산제도(Output Budgeting)의 채택
    ㉡ 사무차관제도의 도입
  ⑤ 우리나라
    ㉠ 제1공화국 : 행정기능은 법질서유지 중심의 소극적 기능, 기구개편에 치중
    ㉡ 제2공화국 : 정치권력의 취약성, 행정개혁이 국민의 의사 반영
    ㉢ 제3공화국 : 경제개발과 국방에 주력, 기구개편 및 문서관리를 비롯한 행정관리기술의 개선에 치중
    ㉣ 제4공화국 : 유신정권, 서정쇄신운동
    ㉤ 제5공화국 : 사회정화운동, 최초로 조직과 인원의 축소
    ㉥ 제6공화국 : 규제완화, 지방자치 부활, 권위주의 타파
    ㉦ 문민정부 : 행정기구의 축소와 직제의 간소화, 행정사무의 적절한 배분
    ㉧ 김대중 정부 : 신자유주의, 행정서비스의 민영화, 기획예산처 중심의 개혁
    ㉨ 노무현 정부 : 거버넌스적 조직개혁, 분권형 조직재설계, 특별지방행정기관의 정비추진
    ㉩ 이명박 정부 : 정부조직 개편(2원 15부 2처 18청 3실 5위원회)

(6) 행정개혁의 방향

Osborne과 Gaebler의 「정부재창조론(1992)」에서 다음과 같이 제시하고 있다.

① **촉매적 정부** … 공공서비스의 경쟁을 촉진시키고 상황변동에 신축성있게 대응하며 행정서비스의 질에 대하여 책임을 지고, 문제핵심을 중심으로 보다 포괄적인 해결책을 강구하며 행정서비스의 직접제공보다 제3섹터를 활용한다.

② **지역사회 소유 정부** … 주민은 단순한 서비스 대상자가 아니며 지역사회에 대한 권한부여를 통하여 시민의 참여행정이 촉진되어야 한다.

③ **경쟁적 정부** … 경쟁을 통하여 능률이 향상되고 고객의 요구에 신속히 대응할 수 있으며, 혁신에 대한 보상이 가능하고 공무원의 사기가 앙양될 수 있으므로, 공공서비스의 생산에 정부와 기업과의 경쟁을 유발하거나, 정부의 조달 계약 또는 아예 공공서비스를 시장에 넘겨버려 기업간의 경쟁을 유발하거나, 시민의 압력에 의해 정부기관 사이의 경쟁을 유발한다.

④ **임무위주정부** … 규칙 · 규정에 따르는 정부로부터 결과를 중시하는 임무위주정부로 전환되어야 한다.

문. 정부가 추구하는 정부혁신은 전통적 행정개념에서 국가경영으로의 방향전환과 관련이 있다. 다음 중 잘못 설명한 것은?

▶ 2003. 6. 15 충청북도

① 노젓기에서 방향잡기로 정부의 역할 변화
② 행정메커니즘에서 시장메커니즘으로 적용원리의 변화
③ 공무원중심에서 고객중심으로 관리대상의 변화
④ 임무중심에서 규칙중심으로 관리방식의 변화

☞ ④

⑤ **결과지향적 정부** … 투입보다 결과·성과에 중점을 두는 정부이어야 한다. 성과에 따라 보수가 주어지고 결과에 의한 관리와 총체적 품질관리(TQM)가 이루어져야 한다.

⑥ **고객위주정부** … 관료가 아니라 고객의 요구에 대응하는 정부이어야 한다.

⑦ **기업가적 정부** … 지출보다 수익을 찾고 투자를 하고 절약하기 위하여 돈을 쓰는 기업적 정부가 되어야 한다.

⑧ **예견적 정부** … 문제가 위기를 조성할 때까지 기다리지 않으면서 사전예방에 초점을 두고 미래예측능력을 발휘할 수 있는 정부이어야 한다.

⑨ **분권적 정부** … 분권적 조직은 집권적 조직에 비하여 고객의 요청과 상황변화에 신속히 대응할 수 있고 쇄신적이며 생산성 향상을 기할 수 있고 구성원의 사기를 끌어 올릴 수 있다.

⑩ **시장지향적 정부** … 시장원리를 도입함으로써 행정서비스의 수급을 조절하는 촉진자·중재자적 역할을 맡을 수 있는 정부이어야 한다.

Section 2 감축관리

(1) 개념

행정개혁의 실천적 접근방법으로서, 특정 정책·조직·사업 등을 계획적으로 정비·폐지·축소하여 자원 활용의 총효과성을 극대화하고자 하는 조직정비운동이다.

(2) 기본방향

① **조직과 정책의 재형성** … 한정된 자원의 합리적 이용을 위하여 효율적이지 못한 정책과 조직을 종결시키고 바람직한 새로운 사업과 조직을 추구해야 한다.

② **행정과 환경의 상호 교호작용** … 행정은 환경의 변화에 따라 피동적 대응이 아닌 적극적으로 적응·대처해 나간다는 것이다.

③ **조직의 총효과성 추구** … 총효과란 기본목표에 부합되는 주된 효과로, 전체적인 기본목표의 입장에서 추구되어야 한다.

(3) 방법

① 일몰법을 도입한다.

② 민영화를 확대한다.

③ 제3섹터를 활용한다.

문. 전통적인 관료제 정부와 기업가적 정부에 대한 설명으로 옳은 것은?

▶ 2015. 3. 14 사회복지직

① 행정의 가치적 측면에서 기업가적 정부는 형평성과 민주성을 추구한다.
② 행정관리 기제에 있어서 기업가적 정부는 임무 중심 관리를 추구한다.
③ 행정관리 방식에 있어서 전통적인 관료제 정부는 예측과 예방을 중시한다.
④ 공공서비스를 제공함에 있어서 전통적인 관료제 정부는 민영화 방식의 도입을 추진한다.

☞ ②

문. 감축관리 방안으로 적절하지 않은 것은?

▶ 2011. 4. 9 행정안전부

① 영기준예산(ZBB) 도입
② 일몰법(sunset law) 시행
③ 위원회(committee) 설치
④ 정책종결(policy termination)

☞ ③

문. 다음 중 감축관리 방안에 해당하지 않는 것은?

▶ 2006. 4. 8 중앙인사위원회

① 사업시행의 보류
② 일몰법(sun-set law)의 도입
③ 목표관리제의 도입
④ 조직과 정원의 축소

☞ ③

④ 영기준예산(ZBB)을 채택한다.

⑤ 정책의 종결, 사업의 합병 등을 활용한다.

⑥ 규제의 폐지 · 축소를 시행한다.

(4) 저해요인 및 해소방안

① 저해요인

  ㉠ 법적인 제약이 따른다.
  ㉡ 관련 수혜집단의 저항이 있을 수 있다.
  ㉢ 심리적 · 정치적 원인이 작용할 수 있다.
  ㉣ 과대한 비용 · 손실 · 매몰비용(sunk cost)이 소요된다.
  ㉤ 담당행정조직의 존속지향성(동태적 보수주의 추구)이 있다.

② 해소방안

  ㉠ 부담의 보상을 해준다.
  ㉡ 관련정보의 누설을 방지한다.
  ㉢ 제도적 장치를 확립(ZBB, 일몰법)한다.
  ㉣ 동조세력의 확대와 외부인사의 참여 등을 유도한다.
  ㉤ 기존정책의 폐해와 새로운 정책도입을 적극적으로 홍보한다.

Section 3 기관형성

(1) 의의

① 개념 ··· 기존 또는 새로운 조직이 환경변화에 적응하기 위하여 자체 변화를 유도하면서 환경으로부터 지지를 얻고 발전 · 향상해 나가는 활동을 의미한다.

② 평가기준

  ㉠ **영향력** : 기관의 양적 확대와 질적 향상으로 인하여 타 기관에 영향을 미치는 능력이다.
  ㉡ **자율성** : 기관이 다른 체제로부터 독립되어 자립성을 지니고 자율적으로 성장할 수 있는 능력이다.
  ㉢ **생존능력** : 환경에 탄력있게 적응하기 위한 능력이다.
  ㉣ **파급효과** : 기관 내의 규범과 행동양식이 외부에 파급되는 정도이다.

(2) 변수

① 내적 변수

  ㉠ **지도력** : 정치적 능력, 전문적 지위, 기술적 능력, 조직운영 능력 평가 등
  이 있다.

  ㉡ **교리 · 지도이념** : 조직활동의 가치 · 목적 · 실천방안 등이 있다.

  ㉢ **사업 · 활동** : 교리 · 지도이념의 구체화 등이 있다.

  ㉣ **자원** : 인적 · 물적 · 기술적 투입이다.

  ㉤ **내부 구조** : 기관의 유지 · 운영을 위한 구조 · 절차 등이 있다.

② 외적 변수

  ㉠ **수권적 연계** : 기관의 활동에 필요한 권한과 자원을 조정 · 통제하는 외부
  조직이나 사회집단과의 연계가 있다.

  ㉡ **기능적 연계** : 기관의 기능 · 생산활동에 있어서 상호보완적 관계에 있는
  조직들과의 연계가 있다.

  ㉢ **규범적 연계** : 기관의 지도이념과 관련된 규범 · 가치를 가진 다른 조직들
  과의 연계가 있다.

  ㉣ **확산적 연계** : 공식적 조직을 구성하고 있지 않은 사람들이나 일반대중과
  의 관계가 있다.

02

행정개혁

1 행정개혁의 속성이라고 볼 수 없는 것은?

① 공공적 상황에서의 개혁　　　　　② 계획적 변화

③ 동태성　　　　　　　　　　　　④ 시간적 단절성

　　Advice　④ 행정체제는 변화하는 환경 속에서 생성·발전·소멸하는 생태적 속성을 지닌다. 따라서 행정개혁 역시 일시
　　　　적·즉흥적 개혁이 아닌 지속적인 과정으로 보아야 한다.
　　　　※ **행정개혁의 특성**
　　　　　㉠ **목표지향성·가치지향성**: 행정개혁은 그 자체가 목적이 아니라 행정의 바람직한 상태를 달성하기 위
　　　　　　한 수단이다.
　　　　　㉡ **동태성·행동지향성**: 성공여부에 대한 불확실성과 위험 속에서 새로운 방법을 고안하여 적용하고 실
　　　　　　천하려는 동태적·의식적 과정이며, 개혁전략이 문제되는 과정이다.
　　　　　㉢ **저항 수반**: 행정개혁은 기존의 이해관계에 변화를 초래하므로 기득권을 가진 세력에 의해 저항이 수
　　　　　　반된다.
　　　　　㉣ **인위적·지속적·계획적 변화**: 행정개혁은 자연발생적인 것이 아니다.
　　　　　㉤ **포괄적 관련성**: 조직의 내·외적 요인뿐만 아니라 조직의 개혁·정책 또는 절차 등의 개혁까지도 포
　　　　　　함한다.
　　　　　㉥ **정치적 성격**: 행정개혁의 목적·대상이나 성공여부는 정치적 환경이나 정치적 지지에 의해 좌우되
　　　　　　며, 권력투쟁·타협과 설득이 병행되는 정치적·사회심리적 과정이다.

2 다음 중 행정개혁과정에서 개혁안의 작성을 외부인이 하였을 경우 나타나는 장점으로 옳은 것은?

① 경비절약, 실천가능성이 높다.

② 실제적인 사업계획, 정책에 중점을 둔다.

③ 개혁안의 내용이 보다 간결하고 중점적이다.

④ 객관적이고 종합적이며 국민의 지지획득이 용이하다.

　　Advice　①②③ 행정개혁안을 내부인이 작성하였을 경우에 대한 내용이다.
　　　　※ **행정개혁안을 외부인이 작성하는 경우**
　　　　　㉠ 정치인·전문가의 참여로 국민의 지지획득이 용이한 경우
　　　　　㉡ 객관적·종합적·정치적 측면을 고려한 개혁안인 경우
　　　　　㉢ 행정조직의 구조문제나 행정원칙에 더 중점을 두는 경우
　　　　　㉣ 많은 시간·경비가 소요되는 경우
　　　　　㉤ 집행에 따르는 문제점 및 실행가능성을 검토하기 위한 경우

3 행정개혁은 늘 저항을 수반한다. 다음 중 행정개혁의 저항을 극복하기 위한 기술적·공리적 전략으로 옳지 않은 것은?

① 개혁의 점진적 추진
② 적절한 시기의 선택
③ 개혁방법과 기술의 수정
④ 참여의 확대

♥Advice ④ 사회적·규범적 접근방법에 해당한다.

4 다음 중 행정개혁의 인간관계적·행태적 접근방법에 대한 설명으로 볼 수 없는 것은?

① 공식적 조직의 구조적 설계를 재조정한다.
② 성공적인 행정개혁의 추진을 위해서는 행정인의 기본적인 가치관의 변화가 선행되어야 한다.
③ 행태과학의 전문적 기술 및 지식이 요구된다.
④ 장기적인 시간이 소요된다.

♥Advice ① 구조적 접근방법에 대한 내용이다.

5 Caiden이 제시한 행정개혁의 과정이 아닌 것은?

① 개혁의 평가
② 개혁안에 대한 분석
③ 개혁의 필요성 인식
④ 개혁의 시행

♥Advice **행정개혁의 4단계** … 개혁의 필요성 인식→개혁안의 작성 및 결정→개혁의 시행→개혁의 평가

6 행정개혁의 기술적 접근방법에 대한 설명으로 옳지 않은 것은?

① 과학적 관리법의 원리를 적용한다.
② 사무관리 개선에 목표를 두고 행정수행과정을 중시한다.
③ 고전적 조직이론을 바탕으로 한다.
④ OR, SA, EDPS, MIS 등의 기법을 사용한다.

♥Advice ③ 구조적 접근방법의 이론적 배경이다.

7 행정개혁의 사회·규범적 저항극복 방안으로 옳지 않은 것은?

① 적당한 상징조작

② 사회·심리적 지원을 통한 자발적 협력

③ 합리적인 인사배치

④ 목표에 대한 사명감의 고취

Advice ③ 공리적·기술적 저항극복 방안의 하나이다.

8 다음 중 OECD 주요국가의 정부혁신의 공통점으로 볼 수 없는 것은?

① 인력감축 및 조직구조의 개편

② 중앙인사기관의 권한 확대

③ 성과 중심으로의 전환

④ 지방정부·국제기구 등과 정부간 협력증진

Advice ①③④ 외에 비용가치의 증대, 책임과 통제의 강화, 권한위임과 융통성의 부여, 중앙의 전략 및 정책능력 강화 등의 공통점이 있다.

9 다음 중 감축관리의 촉진요인으로 볼 수 없는 것은?

① 자원의 한정성   ② 정책유효성의 변화

③ 정치적 취약성   ④ 조직구성원의 심리적 저항

Advice ④ 감축관리의 저해요인이다.

Answer 3.④ 4.① 5.② 6.③ 7.③ 8.② 9.④

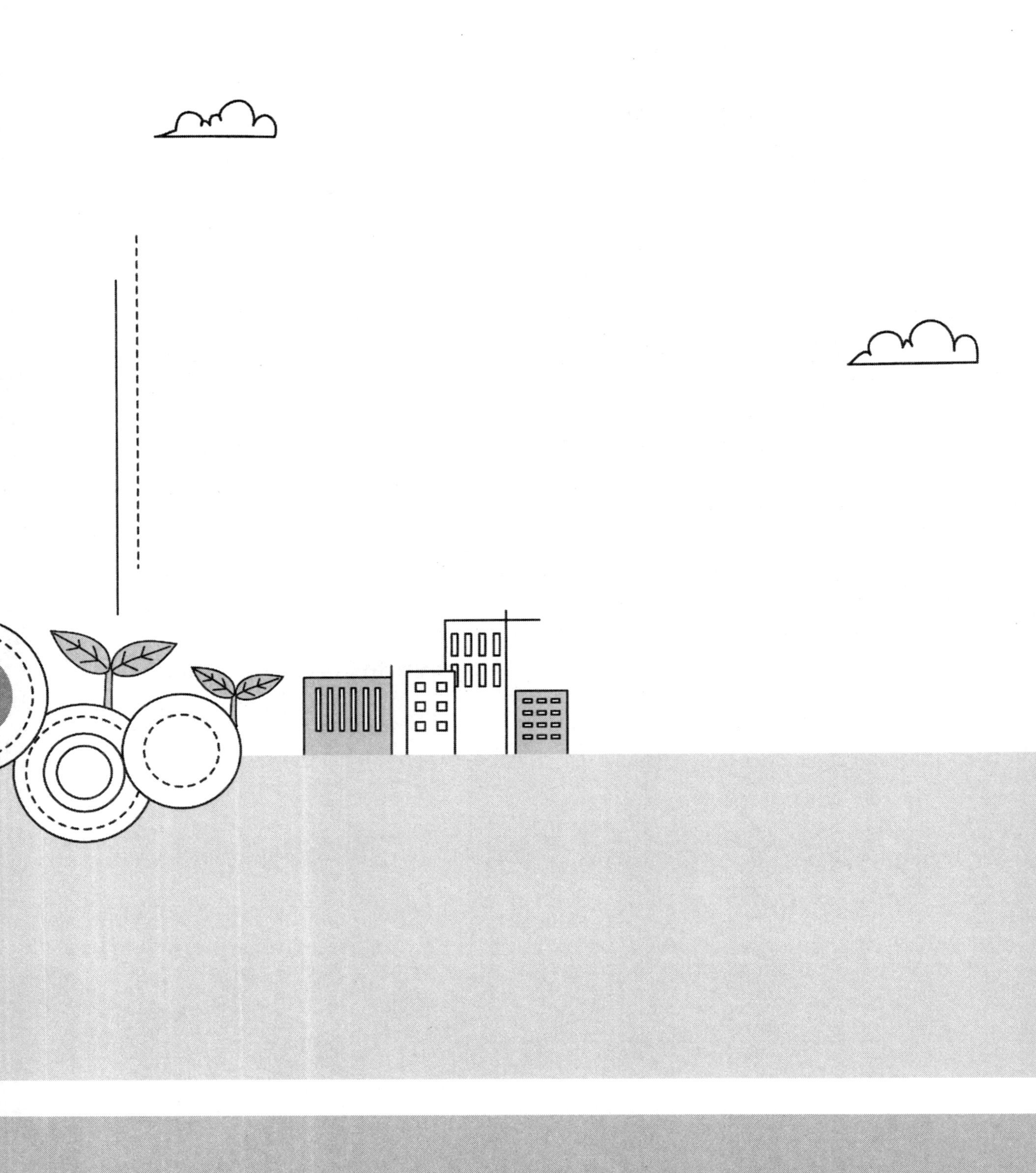

지방행정론

지방자치단체와 국가와의 관계

Section 1 집권과 분권

(1) 집권과 분권의 개념

조직의 상위계층이나 상급기관에 의사결정권과 권한·책임이 집중되어 있는 현상을 집권이라 하며, 하위계층이나 하급기관에 의사결정권과 권한·책임이 위임·분산되어 있는 현상을 분권이라 한다. 집권은 조직관리에 있어 통합성과 능률성을 향상시킬 수 있으며 분권은 자율성과 민주성을 제고시킬 수 있다. 집권과 분권은 상대적 구분이다.

(2) 유형

① 행정상의 유형 ··· 조직 상·하간의 권한 집중과 위임에 따른 유형이다.

② 정치상의 유형 ··· 중앙집권과 지방분권의 개념이다.

(3) 촉진요인

① 집권화 촉진요인

  ㉠ 교통·통신의 발달로 행정이 집권화된다.

  ㉡ 행정의 능률성 향상으로 집권화가 촉진된다.

  ㉢ 하위조직의 능력이 부족하여 집권화가 촉진된다.

  ㉣ 지도자의 강력한 리더십이 집권화를 촉진하는 계기가 된다.

  ㉤ 행정의 획일적·통일적 처리 요구가 있어 집권화가 촉진된다.

  ㉥ 소규모 영세조직과 신설조직의 경우에는 집권화가 유리하다.

  ㉦ 위기 존재시 신속한 결정을 위하여 집권화가 촉진된다.

  ㉧ 특정 활동의 강조와 특정분야의 전문화는 집권화를 촉진한다.

② 분권화 촉진요인

  ㉠ 신속한 업무처리로 분권화가 촉진된다.

  ㉡ 유능한 관리자 양성은 분권화를 촉진시킨다.

  ㉢ 행정의 민주성 확보는 분권화를 촉진시킨다.

  ㉣ 민주적 통제의 강화는 분권화를 촉진시킨다.

  ㉤ 대규모 조직과 기성조직은 분권화를 촉진시킨다.

문. 다음 중 행정의 분권화를 촉진 시키는 요인이 아닌 것은?

▶ 2003. 3. 16 중앙선거관리위원회

① 불확실한 상황
② 위기가 존재하는 경우
③ 행정의 민주화 촉진
④ 부하의 능력발전과 행정관리자의 양성

답 ②

ⓑ 지역실정에 맞는 행정의 구현은 분권화를 촉진시킨다.

ⓢ 주변상황의 불확실성과 동태성은 분권화를 촉진시킨다.

ⓞ 권한위임을 통한 부하의 사기앙양과 창의력의 계발 및 책임감의 강화는 분권화의 요인이 된다.

(4) 권한의 위임

① 필요성

　㉠ 최고관리층의 업무부담 감소가 요구된다.

　㉡ 행정절차의 간소화로 업무처리의 신속·능률성이 확보된다.

　㉢ 하급관리자의 양성과 하급자의 사기앙양에 도움이 된다.

② 권한위임의 원칙

　㉠ 위임의 양에 관한 원칙

　　• 전단계의 원칙 : 권한위임은 모든 단계에서 이루어져야 한다.

　　• 대폭의 원칙 : 예외적 사항을 제외한 모든 사항이 위임되어야 한다.

　㉡ 위임의 방법에 관한 원칙

　　• 명확성의 원칙 : 위임을 할 때는 명확한 법적 근거를 가지고 권한의 한계를 명확히 해야 한다.

　　• 계층성의 원칙 : 권한위임은 계층제를 따라 이루어져야 하며 중복위임은 불가하다.

　　• 권한·책임의 상응의 원칙 : 권한위임은 권한과 책임이 일치해야 한다.

　㉢ 위임의 효과에 관한 원칙

　　• 자기명의화의 원칙 : 위임받은 자는 자기 명의와 책임하에서 권한을 행사하여야 한다.

　　• 감독·보고관계의 원칙 : 위임받은 자는 위임자에게 사항의 처리에 대해 보고하고 감독받아야 한다.

　　• 재위임 가능의 원칙 : 위임된 권한은 특별한 사유가 없는 이상 재위임이 가능해야 한다.

③ 한계

　㉠ 전소관사무위임의 불가 : 일부소관사무만이 위임이 가능하다.

　㉡ 조정권위임의 불가 : 조정권은 위임할 수 없다.

　㉢ 완전책임면제의 불가 : 지휘·감독의 책임이 남아 있으므로 위임한 사항에 대해서도 완전책임면제가 되지 않는다.

　㉣ 명문적 금지사항 위임의 불가 : 법령이 정하고 있는 위임·재위임 금지사항에 대하여는 위임할 수 없다.

문. 다음 중 중앙행정기관의 권한을 지방으로 이양하는 데 있어서의 원칙이 아닌 것은?
▶ 2003. 6. 1 전라남도
① 자치단체의 능력·여건·의사존중의 원칙
② 관련사무의 전부이양금지의 원칙
③ 지방자치단체의 능력 초과시의 광역지방자치단체로의 이양원칙
④ 행정적·재정적 지원병행의 원칙
☞ ②

문. 중앙집권과 지방분권의 측정지표로 활용할 수 없는 것은?
▶ 2008. 9. 27 하반기 지방직
① 지방에 설치되어 있는 국가 소속 특별지방행정관서의 종류와 수
② 지방자치단체의 단체위임사무와 기관위임사무의 비율
③ 지방자치단체 중요 직위의 신임 방식
④ 국가와 지방자치단체의 민원사무 처리의 비율
☞ ②

Section 2 중앙집권과 지방분권

(1) 의의

① **중앙집권** ⋯ 통치상 또는 행정상의 의사결정이 비교적 중앙에 집중되어 있는 경우를 말한다.

② **지방분권** ⋯ 통치상 또는 행정상의 의사결정이 지방정부에 분산되어 있는 경우를 말한다.

(2) 중앙집권의 장·단점

① 장점

　㉠ 행정관리의 전문화가 이루어진다.

　㉡ 국가위기에 신속한 대처가 가능하다.

　㉢ 자원배분의 합리화(규모의 경제)를 이룰 수 있다.

　㉣ 대규모의 물질적·정신적 사업에 유리하다.

　㉤ 행정의 통일성, 안정성, 능률성에 기여한다.

　㉥ 광역적·거시적·전국적인 국가사업을 추진할 수 있다.

　㉦ 급변하는 행정수요에 대한 소요재원 확보가 가능하다.

② 단점

　㉠ 행정절차가 복잡해진다.

　㉡ 중앙정부의 행정부담이 가중된다.

　㉢ 행정수요의 지역적 특수성이 무시된다.

　㉣ 공동체 의식, 자치의식 등이 결여되기 쉽다.

　㉤ 참여의식의 저하, 지방 민주화 저해 등의 현상이 나타난다.

　㉥ 지나친 획일화가 될 수 있다.

　㉦ 민주통제 약화, 권위주의적·전제주의적 경향이 나타난다.

(3) 신중앙집권화와 신지방분권화

① 신중앙집권화

　㉠ 개념

　　• 지방자치를 발전시켜 온 영·미 등에서 행정국가화, 광역화, 국제화 등으로 중앙집권이 새로이 일어나는 현상이다.

　　• 기존의 지방자치를 부정하는 것이 아니라 지방정부와 기능적으로 협력하고 조화를 모색하기에 민주성과 능률성의 조화로서 등장하였다.

　㉡ 촉진요인

　　• 행정사무의 양적 증가와 질적인 전문성의 한계로 인한다.

　　• 과학기술과 교통·통신이 발달하였다.

문. 다음 중 신중앙집권화에 대한 설명으로 옳은 것은?
　　　　　　　▶ 2005. 6. 5 경상남도

① 주로 후진국에서 나타나는 현상이다.

② 교통과 컴퓨터가 발달하면 나타나는 권력의 집권성을 의미한다.

③ 국제화와 세계화의 대두로 인해 신중앙집권화가 촉진되었다.

④ 오랫동안 분권적인 국가에서 생기는 비권력적 집권성이다.

☞ ④

- • 중앙재정에의 의존도가 높아졌다.
- • 국민생활권의 확대와 경제규제의 필요성이 대두되었다.
- • 국민의 최저수준 유지의 필요성이 요구되었다.
- • 행정의 민주화 · 능률화의 조화가 필요하였다.
ⓒ 특징
- • 능률성과 민주성이 조화되는 이념이다.
- • 비권력적 · 협력적 · 수평적 · 기능적 집권에 해당한다.

② 신지방분권화
ⓐ 개념 : 중앙집권적 성향이 강했던 프랑스 등에서 정보화, 국제화, 도시화, 지역 불균형 등으로 1980년대 이후 나타난 지방분권화 경향이다(미국의 Home Rule운동).
ⓑ 촉진요인
- • 정보화의 확산이 지방분권을 가져온다.
- • 도시화의 진전으로 인해 나타난다.
- • 중앙집권화의 폐해로 인한 지역 간 불균형이 대두되었다.
- • 국제화 · 세계화의 추세로 활동영역이 확대되었다.
ⓒ 특징
- • 능률성과 민주성이 조화된다.
- • 상대적 · 참여적 · 협조적 · 적극적 분권이다.
- • 국가는 기본정책결정을 담당하고, 지방은 집행을 담당한다.
- • 국가의 사전적 · 권력적 관여를 배제하고, 지식적 · 사후적 관여만 한다.

Section 3 일선기관

(1) 의의

① 개념 … 중앙행정기관이 지방에서의 그 소관사무를 처리하기 위하여 그 하부기관으로서 지방에 설치한 행정기관을 의미한다.

② 중요성
ⓐ 행정기능의 확대 · 분화에 따라 일선기관이 신설 · 확대되는 경향이 두드러지게 나타나고 있다.
ⓑ 일선기관은 직접적인 대민접촉을 통하여 행정목적이 실현되는 현장이다.
ⓒ 행정이 국가발전의 주도적 역할을 담당하게 됨에 따라 일선기관의 기능도 적극적으로 추진 · 집행하는 방향으로 전환되어 가고 있다.
ⓓ 정책이 지역적 실정 · 특수성에 맞게 집행되도록 한다.

문. 새로운 시대적 요구에 부응하기 위하여 상대적 의미의 지방분권화를 실현하려는 노력이 세계도처에서 확산되고 있다. 다음 중 신지방분권화의 촉진요인으로 옳지 않은 것은?

▶ 2007. 7. 8 서울특별시

① 중앙집권에 따른 과밀과소의 폐해
② 탈냉전체제로의 국제정세 변화
③ 국민적 최저수준 유지의 필요성
④ 정보화의 진전에 따른 재택근무의 보편화
⑤ 대량문화의 보급에 따른 개성상실의 회복 지향

☞ ③

문. 특별지방행정기관에 대한 설명으로 옳지 않은 것은?

▶ 2015. 4. 18 인사혁신처

① 관할지역 주민들의 직접적인 통제와 참여가 용이하기 때문에 책임행정을 실현할 수 있다.
② 출입국관리, 공정거래, 근로조건 등 국가적 통일성이 요구되는 업무를 수행한다.
③ 현장의 정보를 중앙정부에 전달하거나 중앙정부와 지방자치단체 사이의 매개 역할을 수행하기도 한다.
④ 국가의 사무를 집행하기 위해 중앙정부에서 설치한 일선행정기관으로 자치권을 가지고 있지 않다.

☞ ①

(2) 일선기관의 장·단점

① 장점

 ㉠ 권한 및 책임의 분산으로 중앙의 일상적 업무부담을 감소시킨다.

 ㉡ 중앙관서는 정책 및 기획의 수립·결정에 주력할 수 있다.

 ㉢ 사무배분의 기준·업무수행절차·행정기술의 획일성·통일성을 기할 수 있다.

 ㉣ 인접구역과의 유기적인 상호협조관계를 확립할 수 있다.

② 단점

 ㉠ 중앙과 일선 간의 조정·통솔이 어려워진다.

 ㉡ 인원과 예산의 증가를 초래한다.

 ㉢ 신속한 결정이 곤란하고 행정절차를 복잡하게 한다.

> **포인트쌤 일선기관의 관할구역설정기준**(J.W. Fesler)
> ㉠ **통솔범위**: 통솔범위가 지나치게 넓은 경우에는 효과적인 지휘·감독이 어려워지며 의사소통이 곤란하게 된다.
> ㉡ **업무의 성질**: 담당할 업무의 성질을 고려하여야 한다.
> ㉢ **업무량**: 적정하고 균등한 업무량이 배분되는 방향으로 관할구역을 확정하여야 한다.
> ㉣ **유관기관의 구역**: 횡적 연락이나 협조관계를 고려하여 일선기관의 업무와 밀접한 관계가 있는 사설기관의 구역을 고려해야 한다.
> ㉤ **행정상의 편의**: 상급기관과의 업무상 연락이나 의사소통의 편의, 특히 주민들의 행정상의 편의 등이 고려되어야 한다.
> ㉥ **정치적 요인**: 행정상의 합리성을 기준으로 하여 설정되지만은 않으며, 이해관계를 가진 집단이나 정치세력의 압력·영향 등 정치적 요인도 고려되어야 한다.

문. 기초지방자치단체 구역 설정시 일반적 기준으로 고려되지 않는 것은?

▶ 2013. 7. 27 안전행정부

① 재원조달 능력
② 주민 편의성
③ 노령화 지수
④ 공동체와 생활권

☞ ③

지방자치단체와 국가와의 관계

1 다음은 분권화에 대하여 설명한 것이다. 옳지 않은 것은?

① 신속한 사무처리에 기여한다.
② 규모의 경제를 실현한다.
③ 규모가 클수록 분권화된다.
④ 위기의 존재는 집권화를 촉진한다.

Advice 집권화 · 분권화 촉진요인

집권화 촉진요인	분권화 촉진요인
• 교통 · 통신의 발달 • 행정의 능률성 향상 • 하위조직의 능력 부족 • 지도자의 강력한 리더십 • 행정의 획일적 · 통일적 처리 요구 • 소규모 영세조직과 신설조직의 경우 • 위기 존재시 신속한 결정을 위하여 • 특정 활동의 강조와 특정분야의 전문화	• 신속한 업무처리 • 유능한 관리자 양성 • 행정의 민주성 확보 • 민주적 통제의 강화 • 대규모 조직과 기성조직 • 지역실정에 맞는 행정의 구현 • 주변상황의 불확실성과 동태성 • 권한위임을 통한 부하의 사기앙양과 창의력의 계발 및 책임감의 강화

2 다음 중 행정의 집권과 분권에 대한 설명으로 옳지 않은 것은?

① 집권은 의사결정의 권한이 중앙정부, 상위계층, 상급기관에 집중 · 유보되어 있는 것이다.
② 분권은 하위계층이나 하급기관에 의사결정권과 권한의 책임이 위임 · 분산되어 있는 현상이다.
③ 집권과 분권은 절대적 개념이다.
④ 집권은 조직관리에 있어서 통합성과 능률성을 향상시킬 수 있다.

Advice ③ 집권과 분권은 절대적 개념이 아니라 상대적 개념이며, 집권과 분권은 각각 장 · 단점이 있으므로 보완 · 균형되어야 한다.

3 다음 중 행정 분권화의 촉진요인으로 볼 수 없는 것은?

① 상황의 불확실성과 동태성
② 행정의 능률성 향상
③ 행정의 민주성 확보
④ 민주적 통제의 강화

Advice ② 집권화 촉진의 요인이다.

1.②   2.③   3.②

4 다음의 권한위임의 원칙 중 위임의 효과에 관한 원칙을 모두 고르면?

> ㉠ 명확성의 원칙   ㉡ 전단계의 원칙
> ㉢ 자기명의화의 원칙   ㉣ 대폭의 원칙
> ㉤ 감독·보고 관계의 원칙   ㉥ 계층성의 원칙
> ㉦ 재위임 가능의 원칙

① ㉠㉢㉤   ② ㉢㉤㉦
③ ㉡㉣㉥   ④ ㉢㉤㉦

♀Advice   ㉠㉥ 위임의 방법에 관한 원칙   ㉡㉣ 위임의 양의 원칙

5 다음 중 권한의 위임에 관한 내용으로 옳지 않은 것은?

① 권한의 위임은 최고 관리층의 업무부담을 감소하여 본래의 업무에 충실할 수 있게 한다.
② 권한의 위임은 일정한 부분의 단계에 있어서만 이루어져야 한다는 단계의 원칙이 있다.
③ 권한위임은 계층제에 따라 위임되어야 하며 중복위임이 되어서는 안된다는 계층성의 원칙을 가
지고 있다.
④ 권한위임은 권한과 책임이 일치해야 한다.

♀Advice   **위임의 양에 관한 원칙**
> ㉠ **전단계의 원칙**: 권한위임은 모든 단계에 걸쳐서 이루어져야 함
> ㉡ **대폭의 원칙**: 예외적 사항을 제외한 모든 일상적 사항은 위임되어야 함

6 신중앙집권화 국가에서 중앙과 지방과의 관계는?

① 권력적 후견관계   ② 자율적 권력관계
③ 수직적 권력관계   ④ 기능적 협동관계

♀Advice   신중앙집권화 국가에서 중앙과 지방과의 관계는 상호 협동적 관계이다.

7 우리나라의 중앙통제의 바람직한 방향으로 적합하지 않은 것은?

① 기술적 방식의 행정통제 강화　　　　② 지식적 방법의 행정통제 강화

③ 입법·사법·행정통제의 분화　　　　④ 중앙·지방 간의 수직적 관계 강화

　Advice　④ 통제의 방향은 수직적 관계에서 수평적 관계로의 전환이 바람직하다.

8 다음 중 일선기관에 과도한 권한을 위임할 경우 나타나는 현상으로 볼 수 없는 것은?

① 행정절차가 번잡해진다.　　　　② 이익단체의 압력이 심하다.

③ 수단이 목표로 전환될 수 있다.　　　　④ 자원과 시간이 많이 든다.

　Advice　권한을 위임할 경우 중앙의 소관사무를 처리하는 일선기관은 중앙사무량의 감소, 통일적 기술운용, 중앙행정기
관이 정책·기획기능에 전념하게 되고, 인접구역과 협력적 관계를 수립할 수 있는 장점이 있다. 반면, 인원기
구의 증가에 따른 경비증가, 행정절차의 번잡과 신속결정의 곤란, 중앙과의 마찰 등의 단점도 야기된다.
③ 수단의 목표전환은 권한의 위임과 관련이 없다.

9 지방자치를 발전시켜 온 영·미 등에서 행정국가화, 광역화, 국제화 등으로 새롭게 등장하는 신중앙집권화
에 대한 설명으로 옳지 않은 것은?

① 능률성과 민주성이 조화되는 이념이다.

② 행정사무의 양적 증가와 질적인 전문성의 한계로 인한다.

③ 중앙재정에의 의존도가 높아졌다.

④ 권력적·수직적·기능적 집권에 해당한다.

　Advice　④ 신중앙집권화는 비권력적·협력적·수평적·기능적 집권에 해당한다.

Answer　4.② 5.② 6.④ 7.④ 8.③ 9.④

02

지방자치

Section 1 지방자치의 의의

(1) 개념

① **광의**(자치행정 + 위임행정 + 관치행정) … 직접행정, 관치행정, 중앙집권을 포함하는 것으로 일정한 지역에서 수행하는 일체의 행정을 말한다.

② **협의**(자치행정 + 위임행정) … 위임행정, 단체자치로서 지자체가 처리하는 사무를 말한다.

③ **최협의**(자치행정) … 자치행정, 주민자치로서 일정한 지역과 주민을 기초로 하는 공공단체가 그 지역이 원하는 사무를 처리하는 과정을 말한다.

(2) 필요성 및 특징

① **필요성**
  ㉠ 정치적 필요성
  - 독재정치의 방파제 역할을 한다.
  - 민주주의 이념의 실현 수단이 된다.
  - 정국혼란의 지방확산 방지의 효과가 있다.
  - 민주주의 훈련장(주민의 정치교육)이 된다.
  ㉡ 행정적·기술적 필요성
  - 행정의 민주성을 제고한다.
  - 정책의 지역적 실험이 용이하다.
  - 지역실정에 맞는 행정수행이 요구된다.
  - 중앙과 지방의 능률적 업무분담이 요구된다.

② **특징** … 지역행정, 생활행정(급부행정, 복지행정), 대화행정(일선행정), 자치행정, 종합행정의 특징을 갖는다.

(3) 구성요소

① **구역** … 자치권이 미치는 공간적 범위를 말한다.

② **주민** … 인적 구성요소이다.

③ **자치권**
  ㉠ 자치입법권 : 지방자치단체가 자치권의 한 발현으로서 스스로 법규를 정립할 수 있는 권한을 말한다. 조례(지방의회에서 제정)와 규칙(자치단체의 장이 제정)이 있다.

   ⓛ **자치재정권** : 자기사무를 수행하는 데 필요한 경비를 충당하기 위해 자주적으로 재원을 조달·관리하는 권능을 말한다.

   ⓒ **자치행정권** : 자기의 독자적 사무를 가지고 원칙적으로 국가의 관여를 받지 않고 사무를 자주적으로 처리할 수 있는 권능을 말한다.

   ⓔ **자치조직권** : 지방자치단체가 자기의 조직을 국가의 관여로부터 벗어나 자주적으로 결정하는 권능을 말한다.

  ④ **공공사무**

   ㉠ **고유사무**

   ㉡ **위임사무** : 기관위임사무와 단체위임사무가 있다.

  ⑤ **자치기구**

   ㉠ **의결기관** : 지방의회

   ㉡ **집행기관** : 자치단체의 장 및 예하기관

(4) 유형

기준	주민자치(영미형)	단체자치(대륙형)
자치권의 유래	고유권설(자연권설)	전래권설(국권설)
자치의 의미	정치적 의미	법률적 의미
사상	민주주의 사상	지방분권 사상
정부형태	기관통합형(의회제)	기관대립형(시장제)
우월적 지위	의결기관 우월주의	집행기관 우월주의
사무구분	고유, 위임사무 불구분	고유, 위임사무 구분
중앙통제방식	입법, 사법 통제	행정적 통제
재원	독립세	부가세
자치의 초점	주민과 지방정부의 관계	지방정부와 중앙정부의 관계
자치권의 범위	광범	협소
성격	단일적 성격(자치단체)	이중적 성격(자치단체, 중앙정부의 하급기관)
중앙과 지방의 관계	협조관계	지배적, 권력적 관계

(5) 지방자치와 민주주의의 관계

① 상관관계 인정설(Panter-Brick)

  ㉠ 지방자치에 대해 자연적 고유권을 인정하는 19세기 의회민주주의나 영·미의 주민자치 입장이다.

  ㉡ 지방자치는 민주주의의 보호수단이자 전제조건이라고 본다.

  ㉢ 중앙의 전제·독재정치에 대한 방파제 역할을 하여 민주적 풍토형성에 기여하였다.

문. 우리나라 지방행정체제와 관련된 내용으로 옳지 않은 것은?
▶ 2013. 7. 27 안전행정부

① 자치구의 자치권 범위는 시·군의 경우와 같다.
② 특별시·광역시·도는 같은 수준의 자치행정계층이다.
③ 광역시가 아닌 시라도 인구 50만 이상의 경우에는 자치구가 아닌 구를 둘 수 있다.
④ 군은 광역시나 도의 관할 구역 안에 둔다.

☞ ①

문. 우리나라 지방자치제에 대한 설명으로 옳지 않은 것은?
▶ 2012. 5. 12 상반기 지방직

① 지방자치단체와 지방의회는 기관대립형이다.
② 지방자치단체는 법인으로 한다.
③ 주민투표제, 주민감사청구제, 주민소환제를 실시하고 있다.
④ 자치입법권, 자치조직권, 자치재정권, 자치사법권을 인정하고 있다.

☞ ④

지방자치와 민주주의의 관계에 관한 학자들의 견해 

    ㉠ J. Bryce : 지방자치를 실시하는 것이 민주주의의 최량의 학교이며, 그 성공을 위한 확실한 보증이며, 지방자치는 민주주의의 원천일 뿐만 아니라 학교이다.

    ㉡ Tocqueville : 지방자치제도와 자유와의 관계는 초등학교와 교육에 대한 관계와 같다.

② **상관관계 부정설**(G. Langrod)

    ㉠ 자연적 고유권으로서의 지방자치권을 부인하는 대륙형 단체자치나 20세기 현대행정의 입장이다.

    ㉡ 지방자치의 실제운영은 주민이 아닌 전문직원이 수행하는 것이라고 본다.

    ㉢ 현대 산업사회 하에서 엄격한 지방자치가 오히려 행정적 장애로 작용할 수 있다고 본다.

    ㉣ 민주주의와 지방자치와의 상관관계는 유럽 소수국가의 역사적 유산에 불과하다고 한다.

    ㉤ 현대 민주국가는 중앙정부에 대항적인 지방자치의 민주적 의의와 타당성을 상실했다고 본다.

Section 2. 지방자치단체의 종류와 계층구조

(1) 종류

① **보통지방자치단체** … 특별시 · 광역시 · 도, 특별자치도 · 시 · 군 · 자치구가 있다.

② **특별지방자치단체** … 특수한 광역적 사무를 처리하기 위해 설치된 자치단체(자치단체조합)로 특별일선기관과는 구별된다.

(2) 계층구조

① **단층제**

    ㉠ 개념 : 하나의 구역 안의 모든 지방적 사무를 도맡아 처리하는 단일의 보통지방자치단체만 있는 경우를 말한다.

    ㉡ 장점

       • 행정책임이 명확하다.

       • 신속한 행정 도모가 가능하다.

       • 지역의 특수성 · 개별성을 존중할 수 있다.

       • 행정비용 낭비 제거 및 능률 증진에 효과적이다.

       • 국가의 정책을 신속히 반영할 수 있다.

    ㉢ 단점

       • 중앙집권화를 야기할 우려가 있다.

       • 광역행정사무 처리에 부적합하다.

       • 국토가 넓고 인구가 많은 나라에서는 채택이 곤란하다.

문. 현행 지방자치법에 관한 기술 중 옳지 않은 것은?

▶ 2007. 4. 28 경기도

① 시도의회의 연간 회의 총일수를 제한하고 있지 않다.

② 광역시와 시의 설치기준을 주민의 수 등으로 법정하고 있다.

③ 특별시를 서울시에 한해서만 인정하고 있지는 않다.

④ 주민소송과 주민소환제도의 분장 등 주민직접참정제도의 다양화를 꾀하고 있다.

☞ ②

문. 우리나라 지방자치단체의 계층구조의 문제점으로 볼 수 없는 것은?

▶ 2008. 7. 20 서울특별시

① 시 · 도, 시 · 군간 협력 행정이 미흡하여 갈등을 증대시킨다.

② 시 · 군 · 구에 대한 시 · 도의 통제 기능으로 인해 갈등이 발생한다.

③ 다층 구조로 인해 행정비용이 증대되고 의사전달 왜곡이 발생한다.

④ 도와 시 · 군간 엄격한 기능분리로 행정의 비효율성이 발생한다.

⑤ 동일 지역 내 행정기관의 난립으로 인해 책임성의 확보가 어렵다.

☞ ④

② 다층제

　㉠ 개념 : 일정한 구역에 기초자치단체와 중간자치단체가 여러 개 있는 경우, 즉 하나의 일반지방자치단체가 다른 일반지방자치단체를 그 구역 안에 포괄하고 있어서 지방자치단체가 중첩되어 있는 경우를 말한다.

　㉡ 장점
　　• 국가의 감독기능을 유지할 수 있다.
　　• 중간자치단체가 기초자치단체 보완기능을 한다.
　　• 기초자치단체와 중간자치단체 간에 행정기능의 분업적 수행이 가능하다.

　㉢ 단점
　　• 행정책임이 모호하다.
　　• 행정사무의 중첩현상이 초래된다.
　　• 각 지역의 개별성·특수성을 경시할 수 있다.
　　• 행정의 지연, 경비 낭비, 비능률 야기 등의 단점이 있다.

(3) 기관구성형태

① **기관통합형** … 의결기능과 집행기능을 단일기관에 귀속시키는 형태로 영국의 시정위원회, 미국의 위원회형이 이에 속한다.

② **기관대립형** … 의결기능과 집행기능을 각각 다른 기관에 분리하여, 이들 상호간의 견제와 균형에 의하여 자치행정을 운영하는 형태이다.

③ **절충형** … 집행기관과 의결기관이 별도로 설치되어 있으나 대립되지 않는 유형으로 네덜란드, 노르웨이, 스웨덴, 덴마크에서 채택하고 있다.

Section 3　집행기관과 지방의회

(1) 집행기관

① **개념** … 지방자치단체의 집행기관이란 '자치단체의 목적과 기능을 구체적·적극적으로 실현하며, 당해 자치단체의 의사를 대외적으로 표시하는 기관'을 말한다. 현행 지방자치법은 집행기관으로서 지방자치단체의 장을 두고, 별도로 시·도에 교육·체육·과학 기타 학예와 같은 특별사무를 관장하는 교육감을 두어 하나의 지방자치단체 안에 두 계통의 집행기관을 병립시키고 있다. 그러나 일반적으로 집행기관이라 함은 의결기관인 지방의회와 대비적으로 인정된 기관을 의미한다.

문. 지방자치단체의 계층구조에 대한 설명으로 옳지 않은 것은?
▶ 2011. 4. 9 행정안전부

① 계층구조는 각 국가의 정치형태, 면적, 인구 등에 따라 다양한 형태를 갖는다.
② 중층제에서는 단층제에서보다 기초자치단체와 중앙정부의 의사소통이 원활하지 못할 수 있다.
③ 단층제는 중층제보다 중복행정으로 인한 행정지연의 낭비를 줄일 수 있다.
④ 중층제는 단층제보다 행정책임을 보다 명확하게 할 수 있다.
☞ ④

문. 우리나라의 지방자치제도에 대한 설명으로 옳지 않은 것은?
▶ 2015. 3. 14 사회복지직

① 지방의회는 법률에 위배되는 내용을 포함한 조례를 제정할 수 없다.
② 지방의회는 지방자치단체의 장을 감시하고 통제하는 기능을 하지만, 지방자치단체의 장에 대한 불신임권은 갖고 있지 않다.
③ 우리나라 지방자치단체의 기관구성 형태는 기관통합형이다.
④ 조례안이 지방의회에서 의결되면 의장은 의결된 날부터 5일 이내에 그 지방자치단체의 장에게 이를 이송하여야 한다.
☞ ③

② 구성 및 선임방법

　㉠ 독임제

　　• 선거제 : 주민직선제(미국의 시장 – 의회형, 일본의 자치단체), 지방의회가 선출하는 간선제(프랑스의 Commune), 지방의회의 장이 집행기관인 제도(프랑스의 데빠르뜨망 및 레종)

　　• 임명제 : 지방의회에 의한 임명제(미국의 의회 – 지배인형, 독일의 Gemeinde 관리관형), 국가에 의한 임명제(1982년 이전의 프랑스의 도지사)

　㉡ 합의제 : 합의제 집행기관은 집행권의 자의적 행사로부터 민주적인 자치행정을 보장하기 위하여 구성된다. 선임방법으로는 주민직선제(위원회형, 감독위원회형)와 지방의회에 의하여 임명 또는 지명되는 방법(집행위원회형)이 있다.

　㉢ 우리나라의 선임방법 : 우리나라의 집행기관은 독임제로 구성되어 있다. 집행기관인 지방자치단체의 장의 선임방법은 정치여건의 변화에 따라 간선제, 직선제, 임명제 등의 방법을 번갈아 채택하여 왔으나 현행지방자치법에서는 모든 자치단체장을 주민직선에 의해 선출하도록 규정하고 있다.

(2) 지방자치단체의 장

① **자치단체장의 신분** … 지방자치법은 '특별시에 특별시장, 광역시에 광역시장, 도에 도지사를 두고, 시에 시장, 군에 군수, 자치구에 구청장을 둔다'고 규정하고 있다. 이러한 자치단체장은 주민의 보통 · 평등 · 직접 · 비밀선거에 의하여 선출되는 정무직 지방공무원이다.

　㉠ **피선거권** : 선거일 현재 계속하여 60일 이상 당해 자치단체의 관할구역 안에 주민등록이 된 주민으로서 선거권이 있는 25세 이상인 자이다. 모든 자치단체장의 선거에는 정당추천제가 허용되고 있으며, 무투표당선은 인정되지 않고 있다.

　㉡ **겸직 및 영리행위금지**

　　• 대통령, 국회의원, 헌법재판소재판관, 각급 선거관리위원회위원, 지방의회의원, 교육위원회의 교육위원

　　• 국가공무원과 지방공무원

　　• 다른 법령의 규정에 의하여 공무원의 신분을 가지는 직

　　• 정부투자기관(한국방송공사와 한국은행 포함)의 임 · 직원

　　• 농업협동조합 · 수산업협동조합 · 축산업협동조합 · 임업협동조합 · 의료보험조합 · 엽연초생산협동조합 · 인삼협동조합의 임 · 직원

　　• 교원

　　• 지방공사와 지방공단의 임 · 직원

　　• 기타 다른 법률이 겸임할 수 없도록 정하는 직 등이며, 재임 중 당해 자치단체와 영리를 목적으로 하는 거래를 하거나 당해 자치단체와 관계있는 영리사업에 종사할 수 없다.

문. 우리나라의 지방자치에 관한 설명 중 옳지 않은 것은?

▶ 2006. 4. 22 경기도

① 지방자치단체의 장은 지방채를 발행하고자 하는 경우에는 재정상황 및 채무규모 등을 고려하여 대통령령이 정하는 지방채발행 한도액의 범위 안에서 지방의회의 의결을 얻어야 한다.

② 시 · 군 및 자치구의 관할구역 경계변경은 법률로 정한다.

③ 지방의회의 행정사무감사는 매년 1회 시 · 도에 있어서는 10일, 시 · 군 및 자치구에 있어서는 7일의 범위 내에서 한다.

④ 지방의회의 의결에 대한 재의요구에 대하여 재의의 결과 재적의원 과반수의 출석과 출석의원 3분의 2 이상의 찬성으로 전과 같은 의결을 하면 그 의결사항은 확정된다.

☞ ②

ⓒ **임기** : 자치단체장의 임기는 4년이고, 임기는 전임자의 임기만료일의 다음 날로부터 개시되며, 계속 재임은 3기에 한한다.

ⓔ **신분 소멸** : 자치단체장은 사임, 당연퇴직, 임기만료, 선거무효, 당선무효, 사망 등에 의하여 그 신분이 소멸된다. 자치단체장이 그 직을 사임하고자 할 때에는 당해 지방의회의 의장에게 미리 사임일을 기재한 서면으로 통지, 사임통지서에 기재된 사임 일에 사임된다.

ⓜ **신분보호**
- 체포 또는 구금된 지방자치단체의 장이 있을 경우에는 관계 수사기관의 장은 지체 없이 영장의 사본을 첨부하여 당해 자치단체에 이를 통지하여야 하며, 통지받은 자치단체는 즉시 행정자치부장관에게 보고하여야 한다.
- 지방자치단체의 장이 확정판결을 받은 때에는 각급 법원장은 지체 없이 이를 당해 자치단체에 통지하여야 하며, 통지받은 자치단체는 즉시 행정자치부장관에게 보고하여야 한다.
- 시 · 군 및 자치구가 행정자치부장관에게 보고하는 경우에는 시 · 도지사를 거쳐야 한다.

② **자치단체장의 지위**
ⓐ 지방자치단체의 대표기관
ⓑ 주민의 대표기관
ⓒ 지방자치단체의 집행기관
ⓓ 국가의 하부기관

③ **자치단체장의 권한**
ⓐ **통할 · 대표권** : 자치단체장은 대내적으로 행정기능 전반을 종합 · 조정하고, 대외적으로 자치단체의 의사를 표시할 수 있는 권한을 가진다. 다만 교육 · 체육 기타 학예사무에 관하여는 통할권이 제한된다.
ⓑ **사무의 관리 · 집행권** : 자치단체장은 당해 지방자치단체의 사무와 법령에 의하여 위임된 기관위임사무를 관리하고 집행한다.
ⓒ **지휘 · 감독권** : 자치단체장은 그 관할구역 안에 있는 각급 행정청과 지방자치단체를 지휘 · 감독한다.
ⓓ **규칙제정권** : 자치단체장은 법령 또는 조례가 위임한 범위 안에서 그 권한에 속하는 사무에 관하여 규칙을 제정할 수 있다.
ⓔ **임면권** : 자치단체장은 소속직원을 지휘 · 감독하고 법령이 정하는 바에 의하여 그 임면 · 교육훈련 · 복무 · 징계 등에 관한 사항을 처리한다.
ⓕ **사무위임권** : 권한의 수직적 위임 · 위탁, 권한의 수평적 위탁, 권한의 민간위탁, 권한의 재위임
ⓖ **지방의회에 관한 권한** : 총선거 후 최초로 집회되는 임시회 및 일반임시회의 소집요구권, 의회출석 및 진술권, 재의요구 및 제소권, 의안의 발의권, 부의안건의 공고권, 지방의회 사무직원의 임명권, 조례공포권, 선결처분권 등이 있다.

◎ 재정에 관한 권한 : 기타 재정에 관한 권한으로 예산편성권과 집행권 및 지방채발행권 등이 있다.

(3) 보조기관

① 개념 … 집행기관의 보조기관이라 함은 자치단체장이 당해 지방자치단체의 목적을 실현하기 위하여 의사를 결정하고 표시할 때 이를 보조하는 권한을 갖는 내부적 행정기관을 말한다.

② 부단체장

　㉠ 부단체장의 정수 : 부단체장의 정수는 특별시에 있어서는 3인, 광역시와 도는 2인(인구 800만 이상인 경우 3인)을 초과하지 않는 범위 안에서 대통령령으로 정하며, 시 · 군 및 자치구에 있어서는 1인으로 한다.

　㉡ 부단체장의 신분 : 특별시와 광역시의 부시장, 도의 부지사는 정무직 또는 일반직 국가공무원으로 보하되, 그 직급은 대통령령으로 정하며 시 · 도지사의 제청으로 행정안전부장관을 거쳐 대통령이 30일 이내에 그 임명절차를 종료하여야 한다. 다만 부단체장을 2인 이상 두는 경우에 1인은 정무직 또는 별정직 지방공무원, 자격기준은 당해 자치단체의 조례로 정한다.

자치단체의 장			정무직 지방공무원	
광역자치단체 부단체장	서울특별시	행정부시장2명	정무직 국가공무원	시 · 도 사무총괄, 소속공무원 감독
		정무부시장1명	정무직 지방공무원	시 · 도지사 보좌
	광역시 · 도 · 특별자치도	행정부시장 · 부지사 1명(인구8백 만 이상은 2명)	고위공무원단에 속하는 일반직 국가공무원	시 · 도 사무총괄, 소속공무원 감독
		정무부시장 · 부지사 1명	별정직 1급 상당 지방공무원 또는 지방관리관	시 · 도지사 보좌
기초자치단체 부단체장 1명			일반직 지방공무원(2 ~ 4급)	
자치구가 아닌 구의 구청장, 읍 · 면 · 동장			일반직 지방공무원	

(4) 지방의회

① 개념

　㉠ 지방의회란 근대적 의미의 대표의 관념에 기초한 지방자치단체의 의사기관으로서 원칙적으로 주민의 공선에 의하여 선출된 의원을 그 구성원으로 하여 성립하는 합의제기관을 의미한다(최창호).

　• 전통적 : 입법기능과 행정통제기능을 수행, 권력의 중추적 역할을 담당

　• 현재 : 정부기능의 양적 확대 · 강화, 질적 전문화 · 기술화 및 행정환경의 급속한 변화로 권능저하

ⓒ 지방의회의 의장 또는 부의장이 법령을 위반하거나 정당한 이유 없이 직무를 수행하지 않을 경우에는 재적의원 4분의 1 이상의 발의와 재적의원 과반수의 찬성으로 불신임의결을 행할 수 있다. 불신임의결이 있는 때에는 의장 또는 부의장은 해임되며, 내각불신임권과 의회해산권은 인정되지 않는다.

포인트업 지방의회와 국회의 비교
- ㉠ **공통점**: 국민(주민)의 직선에 의하여 선출된 의원으로 구성되는 합의제기관, 의결기관
- ㉡ **차이점**
  - 국회는 입법을 비롯한 모든 활동의 대상과 범위가 전국가적·전국민적, 지방의회는 해당 자치단체의 구역과 지역주민에게만 한정
  - 국회는 국가의 기본법인 헌법과 필요한 모든 법률을 제정, 지방의회는 당해 구역만을 관할하는 조례 제정
  - 국회의원은 면책특권·불체포특권 등의 특권을 누리나, 지방의원은 불인정
  - 기초자치단체의 경우 지방의원선거에 정당이 개입할 수 없다.
  - 지방의회는 회기면에서도 국회와 다르다.
  - 국회는 국가의 유일한 입법기관인 데 반하여, 지방의회는 유일한 입법기관이 아니다.

② **지방의회의 지위**

㉠ **헌법상의 기관**: 지방자치단체에 의회를 두고, 지방의회의 조직·권한·의원의 선거에 관한 사항은 법률로 정한다〈헌법 제118조〉.

㉡ **주민대표기관**: 자치단체의 주민이 선출한 의원으로 구성, 주민의 복리증진을 위해 노력하여야 한다.

㉢ **의사결정기관**: 지방행정사무를 독자적으로 결정, 의결기관, 정책기관으로서의 지위를 갖는다.

㉣ **입법기관**: 법령의 범위 안에서 당해사무에 관하여 조례를 제정할 수 있는 권능을 가진다.

㉤ **비판·감시기관**: 자기지배의 원칙, 자기통제의 원칙에 의하여 자신의 결정사항에 대한 행정의 집행을 감시·비판할 수 있는 지위에 있다.

③ **지방의회의 기능**

㉠ **의결사항**
- 조례의 제정 및 개폐
- 예산의 심의·확정
- 결산의 승인
- 법령에 규정된 것을 제외한 사용료·수수료·분담금·지방세 또는 가입금의 부과와 징수
- 기금의 설치·운용
- 대통령령으로 정하는 중요재산의 취득·처분
- 대통령령으로 정하는 공공시설의 설치·처분
- 법령과 조례에 규정된 것을 제외한 예산 외 의무부담이나 권리의 포기
- 청원의 수리와 처리
- 외국 지방자치단체와의 교류협력에 관한 사항

문. 「지방자치법」상 지방의회의 의결사항으로 옳은 것만을 모두 고른 것은?

▶ 2013. 8. 24 제1회 지방직

㉠ 예산의 심의·확정
㉡ 법령에 규정된 수수료의 부과 및 징수
㉢ 외국 지방자치단체와의 교류협력에 관한 사항

① ㉠, ㉡
② ㉠, ㉢
③ ㉠, ㉡, ㉢
④ ㉡, ㉢

답 ②

문. 우리나라 지방의회의 의결 사항을 모두 고른 것은?

▶ 2008. 9. 27 하반기 지방직

㉠ 선결처분
㉡ 예산심의
㉢ 기금의 설치 운용
㉣ 조례제정
㉤ 청원처리

① ㉠㉡㉢   ② ㉡㉣㉤
③ ㉡㉢㉣㉤   ④ ㉠㉡㉢㉣㉤

답 ③

ⓛ **행정사무 감사 및 조사권**: 지방의회는 매년 1회 해당 지방자치단체의 사무에 대하여 시·도에서는 14일, 시·군 및 자치구에서는 9일의 각 범위에서 감사를 실시하고, 지방자치단체의 사무 중 특정 사안에 관하여 본회의 의결로 본회의 또는 위원회로 하여금 조사하게 할 수 있다. 조사를 발의하고자 할 때에는 이유를 명시한 서면으로 하여야 하며, 재적의원 3분의 1이상의 연서가 있어야 한다.[시행 2011.10.15]

ⓒ **서류 제출요구**: 본회의 또는 위원회는 그 의결로 안건의 심의와 직접 관련된 서류의 제출을 해당 지방자치단체의 장에 대하여 요구할 수 있다.

ⓔ **행정사무 처리 상황의 보고와 질문 응답**

 **포인트립 지방자치단체의 장과 지방의회의 권한 비교**

지방자치단체의 장의 권한	지방의회의 권한
재의요구 및 제소권	서류제출 요구권
선결처분권	행정사무 감사 및 조사권
의안발의권	행정사무 처리 상황의 보고와 질문, 응답권
임시회소집 요구권	예산·결산승인권
의회해산권 없음	단체장에 대한 불신임의결권 없음

Section 4 지방자치단체의 사무

(1) 구분

① **고유사무** … 지방자치단체가 자기의 의사와 책임하에 자주적으로 처리하는 사무로 중앙으로부터 사후 교정적 감독을 받는다. 비용은 지방자치단체가 전액 부담하고, 지방자치단체의 존립관련사무와 지방 공공복리에 관련된 사무가 해당한다.

② **단체위임사무** … 국가 또는 상급단체의 사무가 법령에 의하여 지방자치단체에 위임되어 중앙의 교정적인 감독하에 처리되는 사무로 국가가 비용을 일부 부담한다. 보건소 운영, 예방접종사무, 시·군의 재해구호사무, 도의 국도 유지·보수사무 등이 해당한다.

③ **기관위임사무** … 국가 또는 상급단체의 사무가 법령의 근거없이 상황에 따라 지방자치단체로 위임되어 지방의회의 간섭을 배제하고 상급단체의 사전적·전면적 감독을 받으며 처리하는 사무로 국가가 비용을 전액부담한다. 병역, 인구조사, 경찰, 선거에 관련된 사무가 해당한다.

(2) 사무배분의 원칙

① **현지성의 원칙** … 사무배분이 지역주민의 직접적인 통제가 가능하도록 이루어져야 한다.

문. 중앙정부와 지방자치단체간 또는 광역자치단체와 기초자치단체 간 기능배분을 설명하는 내용으로 옳지 않은 것은?

▶ 2009. 5. 23 상반기 지방직

① 책임명확화의원칙 – 비경합의원칙
② 현지성의원칙 – 기초자치단체우선의 원칙
③ 종합성의원칙 – 특별지방행정기관 우선의 원칙
④ 경제성의원칙 – 능률적집행의원칙

☞ ③

문. 기관위임사무에 대한 설명으로 옳지 않은 것은?

▶ 2015. 4. 18 인사혁신처

① 법령에 의하여 국가 또는 상급지방자치단체로부터 지방자치단체의 장에게 위임된 사무를 말한다.
② 국가와 지방자치단체 사이의 행정적 책임의 소재를 명확하게 해준다.
③ 지방자치단체를 국가의 하급기관으로 전락시키는 요인으로 작용할 수 있다.
④ 전국적으로 획일적인 행정을 강조함으로써 지방적 특수성이 희생되기도 한다.

☞ ②

② **경제성(능률성)의 원칙** … 자치단체의 규모, 인력, 재원, 인구수 등을 고려하여 광역자치단체와 기초자치단체 간의 사무배분이 능률을 극대화할 수 있는 방향으로 이루어져야 한다.

③ **공평성의 원칙** … 사무배분은 지방자치단체 간에 공평성 또는 형평성을 확보하는 방향으로 이루어져야 한다.

④ **행정책임 명확화의 원칙** … 특정사무를 전적으로 특정한 광역자치단체 또는 기초자치단체에 배분하여 사무(기능)가 상호간에 중복되지 않도록 함으로써 책임소재를 명확히 한다.

⑤ **종합성의 원칙** … 행정이 국민에게 편의를 주고 능률적으로 처리되려면 종합적으로 행해져야 하고, 기획에서뿐만 아니라 실시단계에서도 중요하다.

 Section 5

지방재정

(1) 개념

지방자치단체가 그 존립목적인 주민의 복지향상을 실현하기 위하여 필요한 재원 확보 및 확보된 재원을 구체적으로 집행하는 일련의 경제활동을 말한다.

(2) 특성

① **다양성** … 주체의 다양성, 재원의 다양성, 규모의 다양성이 있다.

② **응익성** … 주민의 이익에 상용하는 재정부담이어야 한다.

③ **타율성** … 중앙재정에의 의존성이 강하다.

④ **비탄력성** … 지방자치단체의 경비에는 의무적 경비가 많다.

(3) 지방수입의 분류

① **자치단체의 자주성 정도**

　㉠ 자주재원 : 지방자치단체가 스스로 조달하는 재원으로 지방세 수입, 세외수입 등이 있다.

　㉡ 의존재원 : 국가나 상급자치단체에 의존하여 확보하는 재원으로 지방교부세, 국고보조금 등이 있다.

② **용도의 제한 여부**

　㉠ 일반재원 : 용도의 제한없이 자유롭게 지출할 수 있는 재원으로 지방세, 세외수입, 지방교부세 등이 있다.

　㉡ 특정재원 : 지출용도가 정해져 있는 재원으로 국고보조금이 해당된다.

문. 지방재정조정제도에 대한 설명으로 가장 타당한 것은?
▶ 2007. 4. 14 중앙인사위원회

① 지방교부세는 보통교부세와 특별교부세의 두 가지로 구성되어 있다.

② 특별교부세는 보통교부세의 기능을 보완하는 것으로 보통교부세를 교부받지 못하는 지방자치단체는 특별교부세를 교부받을 수 없다.

③ 국고보조금은 지방재정의 자율성을 약화시키지만 지방정부간 재정력 격차를 현저하게 완화시키는 기능을 한다.

④ 지방교부세 총액은 법률에 의해 정해지지만 국고보조금의 규모는 중앙정부의 재정여건, 예산정책 등을 고려하여 중앙정부에서 결정한다.

☞ ④

문. 지방재정과 관련된 지표 중에서 재정자주도에 대한 설명으로 옳은 것은?
▶ 2013. 9. 7 서울특별시

① 지방정부의 전체 재원에 대한 자주재원의 비율

② 통합재정수지상 자주재원의 비율

③ 기준재정수요액 대비 기준재정수입액의 비율

④ 지방정부 일반회계 세입에서 자주재원과 지방교부세를 합한 일반재원의 비중

⑤ 지방채를 자체재원에 포함시켜 계산한 지방재정자립도

☞ ④

③ 규칙적 확보 여부
- ㉠ 경상수입 : 매년 규칙적·안정적으로 확보할 수 있는 재원으로 지방세, 사용료, 수수료, 보통교부세 등이 있다.
- ㉡ 임시수입 : 불규칙적·임시적·가변적으로 확보할 수 있는 재원으로 특별교부세, 부동산 매각 수입, 지방채 수입, 이월금 등이 있다.

포인트탑 4대 지방수입 … 지방세, 세외수입, 지방교부세, 국고보조금

(4) 지방재정자립도

① 개념 … 지방자치단체의 세입구조를 지방세 수입, 세외수입, 지방교부세, 보조금으로 분류할 경우 그 중에서 지방세 수입과 세외수입이 세입총액에서 차지하는 비율을 의미한다.

$$지방재정자립도 = \frac{자주재원(지방세·세외수입)}{세입총액(지방세·세외수입, 지방교부세, 보조금 등)} \times 100(\%)$$

② 주요 변수
- ㉠ 주민 1인당 지방세 부담능력
- ㉡ 재정규모
- ㉢ 자주재원 비율
- ㉣ 세출규모 중 투자비 총액의 비중
- ㉤ 잠재적 재원능력(자치단체 소유재산 등)
- ㉦ 개발재정수요(적을수록 재정력 강화)
- ㉧ 국가와 지방자치단체 간 기능배분과 재원배분 관계(일치할수록 재정력 강화)

③ 지방재정자립도 산출방식의 문제점
- ㉠ 지방정부의 재정규모를 고려하지 않기 때문에 지방정부의 재정능력을 파악할 수 없다. 재정자립도가 같다고 해서 지방정부의 재정능력까지 동일한 것은 아니기 때문이다.
- ㉡ 지방정부의 세출구조를 고려하지 않기 때문에 재정자립도에 의해 지방재정의 탄력성을 파악하기 곤란하다.
- ㉢ 지방교부세의 일차적 취지는 지방정부의 재정적 자주성 제고이기 때문에 지방교부세가 증가할수록 재정자립성이 증대해야 하는데도 불구하고 현행 재정자립도 산출방식에 의하면 재정자립도가 하락하는 것으로 예상되므로 지방교부세제도와 상충한다.

(5) 지방세

① **개념** … 지방자치단체의 운영에 소요되는 필요경비는 가능한 한 지방재원으로 조달하는 것이 바람직한바, 그 주종을 이루는 것이 바로 지방세이다. 지방세란 지방자치단체가 그 기능을 수행하는 데 소요되는 일반적 경비를 조달하기 위하여 당해구역 내의 주민, 재산 기타 일정한 행위를 하는 자로부터 직접적·개별적인 보상 없이 강제적으로 부과·징수하는 재화를 말한다.

② **지방세의 특징**
　㉠ 강제적 부과·징수
　㉡ 직접적인 대상 없는 징수
　㉢ 일반적 경비의 조달을 위한 징수 : 벌금, 과태료 등 위법행위에 대한 제재를 목적으로 징수되는 금전적 급부와 구별
　㉣ 금전상의 표시·징수

③ **지방세의 원칙** … 지방세에는 조세의 일반원칙 외에도 부담분임의 원칙, 응익과세의 원칙, 보편성의 원칙, 안정성의 원칙, 정착성의 원칙, 세제자주권의 원칙 등의 고유원칙이 있다.
　㉠ **재정수입의 측면**
　　• 충분성의 원칙 : 지방재정수요를 충족시키는 데 충분한 수입이 확보될 수 있어야 한다.
　　• 보편성의 원칙 : 각 지방자치단체의 수입이 보편적으로 존재할 것, 즉 세원이 특정지역에 편재하지 않고 어느 지역에 있어서도 존재하며 세수입의 기대가 가능하여야 한다는 것이다.
　　• 정착성의 원칙 : 세원은 가급적 이동이 적고 일정한 지역 내에 정착하고 있을 것, 이를 국지성 또는 지역성의 원칙이라고도 한다.
　　• 신장성의 원칙 : 지방자치단체의 수입이 지방자치단체의 발전에 따라 증가될 것, 지방자치단체의 재정수요는 경제발전과 국민소득수준의 상승에 따라 팽창하므로 지방자치단체의 세입도 이에 따라 증가할 필요가 있다는 것이다.
　　• 안정성의 원칙 : 세수가 매년 안정적으로 수입되고 연도간의 세수변동이 적어야 한다는 원칙이다.
　　• 신축성(탄력성)의 원칙 : 지방자치단체가 재정수요의 변화에 따라 탄력적으로 대응할 수 있어야 한다는 원칙이다. 탄력세율제도는 신축성의 원칙과 관련된다. 탄력세율은 정부나 지방자치단체가 법률로 정한 기본세율을 탄력적으로 변경하여 운영하는 세율을 말한다. 지방세에서의 탄력세율은 경기조절 기능의 수행보다는 지역 간의 선호나 특성의 차이를 반영함으로써 자원배분의 효율성을 제고하는 데 목적이 있다.
　㉡ **주민부담의 측면**
　　• 부담분임의 원칙 : 전주민이 널리 지방세를 부담할 것, 주민자치의 관점에서 지방자치단체의 구역 안에 거주하는 주민이 자치단체의 행정활동에 소요되는 비용부담을 널리 분담하여야 한다는 것

문. 지방세 세원확보 원칙과 우리나라 지방자치단체의 현실적인 문제점을 연결한 것으로 옳지 않은 것은?
　　　▶ 2012. 4. 7 행정안전부
① 충분성-지방세 수입이 지방사무의 양에 비교하여 충분하지 못하다.
② 안정성-소득과세 중심으로 세원 확보가 매우 불안정하다.
③ 보편성-수도권과 비수도권의 세원이 심각하게 불균형적이다.
④ 자율성-지방세의 세목설정 권한이 인정되지 않기 때문에 자율성이 상대적으로 떨어진다.
　　　☞ ②

- **응익성의 원칙** : 조세부담의 배분에 있어서 지불능력보다도 공공서비스로 부터의 편익 양을 기준으로 할 것
- **효율성의 원칙** : 시장의 효율적인 선택행위를 침해하지 말 것
- **부담보편의 원칙** : 동등한 지위에 있는 자에게는 동등하게 과세하고, 조세감면의 폭을 너무 넓혀서는 안 된다.

ⓒ 세무행정의 측면

- **자주성의 원칙** : 지방자치를 위해서는 지방자치단체가 과세행정상 자주성을 가질 수 있을 것
- **편의 및 최소비용의 원칙** : 징세가 간편하고 경비가 적게 들 것
- **확실성의 원칙** : 징세가 확실히 실행될 것
- **지방세 우선의 원칙** : 지방자치단체의 징수금은 다른 공과금과 기타의 채권에 우선하여 징수한다.

포인트립 지방세의 원칙

재정수입의 측면	정착성, 신장성, 신축성, 안정성, 보편성, 충분성
주민부담의 측면	부담분임(전체 주민이 부담), 부담보편(동일 지위 동등 과세), 응익성, 효율성
세무행정의 측면	자주성, 편의 및 최소비용, 확실성, 정착성

현 지방세의 세목

구분		내용
보통세	취득세	부동산, 차량, 기계장비, 입목, 항공기, 선박, 광업권, 어업권, 골프회원권, 콘도미니엄회원권, 종합체육시설이용회원권 또는 요트회원권의 취득에 대하여 그 취득자에게 부과하는 거래과세
	등록면허세	재산권(부동산, 선박, 자동차, 항공기)이나 권리(광업권, 어업권, 특허권)의 취득, 이전, 변경, 소멸 등을 공부(公簿)에 등기 또는 등록하는 경우에 이를 받은 자에게 부과하는 조세이고, 면허라는 행정처분을 과세객체로 하여 부과하는 수수료를 지칭하는 것으로 등록면허세의 부과는 수허자의 주소·사무소 또는 영업소의 소재지 관할도지사 및 구청장이 연 1회 과세한다(양조업면허, 고급호텔면허, 단 자격면허는 제외).
	주민세	다수의 주민에게 부담시켜 세제를 통하여 부담분임의 정신을 구현하는데 의의가 있고 균등할 및 소득할에 의해서 과세는는 인세(人稅)이다.
		균등할 / **소득할**
		당해 자치단체 내에 주소를 둔 개인과 사무소 또는 사업소를 둔 법인 및 개인에게 균등하게 부과하는 과세 / 소득세·법인세·농업소득세의 납세의무가 있는 개인과 법인에게 부과하는 부가세적 성질을 갖는 소득과세
	재산세	토지, 건축물, 주택, 선박 및 항공기 등의 소유자 재산에 부과한다.

문. 다음 설명에 해당하는 지방세의 원칙은?

▶ 2015. 3. 14 사회복지직

- 납세자의 지불능력보다는 공공서비스의 수혜정도를 기준으로 한다.
- 세외수입 역시 이 원칙의 적용을 받는다.

① 신장성의 원칙
② 응익성의 원칙
③ 안정성의 원칙
④ 부담분임의 원칙

답 ②

문. 다음 중 지방세에 해당하지 않는 것은?

▶ 2013. 9. 7 서울특별시

① 자동차세
② 재산세
③ 등록세
④ 취득세
⑤ 교육세

답 ⑤

<table>
<tr><th colspan="2">구분</th><th>내용</th></tr>
<tr><td rowspan="5">보통세</td><td>자동차세</td><td>시·군(도와 자치구 제외)내 자동차에 부과되는 세금으로, 자동차의 종류(승용/승합/화물), 용도(영업용/비영업용), 배기량과 크기(화물적재적량)에 따라 차등적으로 부과된다. 자동차의 수익성·재산가치에 대해 과세하는 조세인 동시에 도로손상부담금으로서의 성격도 지닌다. 국방·경호·경비·교통순찰·소방의 목적으로 이용되는 자동차와 환자수송·청소·오물제거·도로공사의 목적으로 이용되는 국가와 자치단체의 자동차, 그 밖의 주한외교기관이 사용하는 자동차 등은 비과세한다.</td></tr>
<tr><td>레저세</td><td>경륜 및 경정, 경마, 그 밖의 법률의 규정에 의하여 승자투표권·승마투표권 등을 발매하고 투표적중자에게 환급금 등을 교부하는 행위로서 대통령령이 정하는 것에 해당하는 사업을 영위하는 자에게 부과하는 소비과세다.</td></tr>
<tr><td>지방소비세</td><td>2010.1.1 신설됨. 국세로서 용역과 재화의 공급 및 수입에 대해 부과되는 부가가치세의 일정부분을 지방으로 돌려주는 제도이다. 이명박 정부 출범이후 종합부동산세를 완화하면서 부동산교부세가 줄어들어 지방정부의 재정에 타격을 입어 이를 보완하기 위해서다. 부가가치세의 5%다.</td></tr>
<tr><td>지방소득세</td><td>2010.1.1 신설됨. 이전의 주민세 소득할과 사업소세 종업원할을 합친 새로운 세목으로 명칭을 변경했다. 소득분은 국세인 소득세액과 법인세액을 과세표준으로 해 일정 세율을 곱해 산정하고, 종업원분은 종업원에게 지불한 월급여 총액을 과세표준으로 해 산정·부과된다.</td></tr>
<tr><td>담배소비세</td><td>국내 및 외국산 담배를 과세대상으로 하여 특별시·광역시와 시·군에 납부된다. 1988년 도입되어 지방세의 중요 부분을 이룬다.</td></tr>
<tr><td rowspan="2">목적세</td><td>지역자원
시설세</td><td>2011.1.1 신설됨. 구 지역개발세와 구 공동시설세를 합친 새로운 세목이다. 지역의 균형개발 및 수질개선과 수자원보호 등에 소요되는 재원을 확보하거나(구 지역개발세) 소방시설, 오물처리시설, 수리시설 및 그 밖의 공공시설에 필요한 비용을 충당하기 위하여(구 공동시설세) 특별시·광역시·도에서 부과한다.</td></tr>
<tr><td>지방교육세</td><td>2001년 신설됨. 지방교육의 질적 향상에 필요한 지방 교육재정의 확충에 소요되는 재원을 확보하기 위해 부과하는 조세로서 부가세이다.
등록세(자동차에 대한 등록세 제외), 레저세, 주민세(균등할), 재산세, 비영업용 승용차에 대한 자동차세, 담배소비세의 납세자에게 추가로 과세된다.</td></tr>
</table>

(6) 세외수입

① **개념** … 세외수입은 일반적으로 지방자치단체의 자체수입 중에서 지방세수입을 제외한 나머지 수입을 지칭하는 것이다. 최근에 와서 대부분의 국가는 주민들의 큰 저항 없이 징수할 수 있는 세외수입에 눈을 돌리고 있다. 우리나라의 경우도 동일세목에 동일세율의 적용이 갖는 한계점으로 인하여 자치단체들이 그들의 수입을 실질적으로 늘릴 수 있는 세외수입에 크게 의존함으로써 그 중요성이 인정되고 있다. 세외수입은 분류범위에 따라 개념이 매우 넓다. 세외수입이 지방재정에서 2008년까지 24.5%로 증가했다가 이후 2009년과 2010년에 감소되었다.

② **세외수입의 특성**
  - ㉠ **자주재원** : 자치단체의 행정의 자율성과 재정적 자립수준을 높여주는 역할을 한다.
  - ㉡ **잠재수입원** : 자치단체 스스로의 노력 여하에 따라 확대·개발이 상대적으로 용이한 잠재수입원이다.
  - ㉢ **대상적(代償的) 성격** : 공공시설의 사용, 행정서비스의 제공 등 특정서비스에 대한 반대급부로서 응익적 요소를 내포하여 조세수입과는 달리 재원조달에 있어 마찰이나 저항이 적다.
  - ㉣ **수입의 불규칙성** : 지역의 입지조건이나 경제적 환경, 특정사업의 추진, 지방자치단체의 노력 여하에 따라 수입의 규모가 달라질 수 있기 때문에 지역 간·회계연도 간 분포상황 및 구조가 불규칙적이고 불균등할 경우가 많다.
  - ㉤ **비도(費度)의 지정** : 세외수입은 수입의 근거에 따라 경비의 용도가 지정되는 경우가 많아 지방자치단체의 구체적 활동과 직접 연결되어 있다.
  - ㉥ **수입의 다양성** : 세외수입은 수입의 근거나 종류 및 형태가 매우 다양하다.
  - ㉦ **현금·증지수입** : 세외수입은 그 수입형태를 현금으로 하지만 수입증지(사용료·수수료의 징수)로도 징수한다.

(7) 지방채

① **개념** : 지방자치단체(특별시·광역시·도·특별자치도, 시·군·자치구, 지방자치단체조합)가 부족한 재원을 보전하기 위하여 과세권을 실질적인 담보로 하여 증권발행 또는 증서차입의 형식에 의해 외부로부터 조달하는 차입자금으로써 상환이 복수회계연도(2년 이상)에 걸쳐서 이루어진다. 이러한 지방채는 지방세입원의 하나로서 필요에 따라서는 비교적 탄력적·기동적으로 재원을 조달할 수 있는 반면에 거치기간 이후에는 '공채비'라고 하는 경직성 채무로서 경비를 지출해야만 하는 양면성을 지니고 있다.

② **지방채의 발행**
  - ㉠ **일반적인 지방채 발행 주체 및 요건** : 지방자치단체의 장은 그 지방자치단체의 항구적 이익이 되거나 긴급한 재난복구 등의 필요가 있는 때에는 재

정 상황 및 채무규모 등을 고려하여 대통령령으로 정하는 지방채 발행 한도액의 범위에서 지방의회의 의결을 얻어 지방채를 발행할 수 있다.

ⓒ **행정자치부장관의 승인이 필요한 경우**

- **외채발행** : 지방채 발행 한도액의 범위 안이라도 외채를 발행하는 경우에는 지방의회의 의결을 거치기 전에 행정자치부장관의 승인을 얻어야 한다.
- **한도액 초과발생** : 다음의 경우에는 행정자치부장관의 승인을 얻은 범위 안에서 지방의회의 의결을 얻어 지방채 발행 한도액의 범위를 초과하여 지방채를 발행할 수 있다.
  - 천재 · 지변으로 인한 재해 등 예측할 수 없는 세입결함의 보전
  - 재해예방 및 복구사업
  - 그 밖에 주민의 복지증진 등을 위하여 특히 필요하다고 인정되는 사업
- **지방자치단체조합의 지방채 발행** : 지방자치단체조합의 장은 그 조합의 항구적 이익이 되거나 긴급한 재난복구 등의 필요가 있는 때 또는 지방자치단체에 대부할 필요가 있는 때에는 조합의 구성원인 각 지방자치단체의 지방의회의 의결을 얻어 지방채를 발행할 수 있다.

(8) 국고보조금

① **개념** … 국가의 중앙정부(기획재정부)가 특정행정 수준을 유지하거나 특정사업의 수행과 관련해 용도를 지정하여 자치단체의 재정사정상 필요하다고 인정될 때 그 자치단체의 행정수행에 소요되는 경비의 일부 또는 전부를 교부하는 자금으로 중앙정부와 지방정부간 수직적 불균형을 조정해주는 제도이며 보조금의 예산 및 관리에 관한 법률에 근거를 두고 있다.

② **국고보조금의 특징**

ⓐ **특정재원** : 비도가 정해져 있는 특정재원으로서 사용목적이 개별적 사무에 한정되어 국가의 감독 · 통제는 많아 지방통제수단으로서의 성격이 강하다. 비도의 제한이 없는 지방세(목적세 제외), 지방교부세(특별교부세 제외) 등의 일반재원과 구별된다.

ⓑ **의존재원** : 국가로부터 교부되는 의존재원으로서 지방세, 사용료, 수수료 등 자치단체 스스로 징수하는 자주재원과 구별된다.

ⓒ **경상재원** : 매년 경상적으로 수입되는 경상수입으로서 지방자치단체의 수입 중 재산매각수입, 기부금, 이월금과 같은 임시수입과 구별된다.

ⓓ **무상재원** : 그에 상당한 반대급부가 수반되지 않는 일방적인 급부금으로서 무상재원이다. 따라서 국가가 국고보조금을 교부할 때에는 법령 또는 조례가 정하는 경우와 국가시책 상 부득이한 경우 외에는 자치단체에게 재정 부담을 지시할 수 없다. 중앙관서의 장이 자치단체의 부담을 수반하는 보조금의 예산을 요구하고자 할 때에는 행정자치부장관과 보조사업계획에 대하여 협의하여야 하며, 협의신청을 받은 행정자치부장관은 그 의견서를 당해 회계연도의 전년도 5월 31일까지 기획재정부장관과 관계 중앙관서의 장에게 제출하여야 한다.

③ 국고보조금의 종류
  ⊙ 협의의 보조금(주로 자치사무와 관련됨) : 국가적인 견지에서 일정한 시책을 추진·장려·조장하거나(장려적 보조금) 또는 지방자치단체의 재정사정상 특히 필요하다고 인정될 때(지방재정 보조금) 국가가 지방자치단체에게 임의로 교부하는 국고지출금으로 예산의 범위 내에서 지급된다.
    예 각종 사회복지시설에 대한 보조금, 농업시책에 대한 장려적 보조금 등
  ⓛ 부담금(주로 단체위임사무와 관련됨) : 지방자치단체 또는 그 기관이 법령에 의하여 처리하여야 할 사무로서 국가와 지방자치단체 상호간에 이해관계가 있고, 또한 그 원활한 사무 처리를 위하여 국가가 그 경비를 부담하지 않으면 안 될 때에 그 전부 또는 일부를 부담하는 국고지출금으로서 의무적 성질을 가진다.
    예 생활보호비보조금, 재난복구비보조금 등
  ⓒ 교부금 : 본래 국가가 스스로 수행하여야 할 사무를 지방자치단체 또는 그 기관에 위임하여 수행하는 경우에 그 소요되는 경비에 충당하기 위하여 교부되는 국고지출금으로서 국가가 소요비용의 전부를 부담한다.
    예 병사교부금, 민방위교부금, 선거사무보조금 등
④ 국고보조금제도의 개선방안 … 목적달성에 적합하지 않는 국고보조금의 정리 및 폐지, 동일 또는 유사한 목적이나 기능을 가진 사업보조금의 통합, 낮은 국고보조율의 인상, 차등보조율제도의 실효성 제고, 보조사업 선정의 합리화 및 보조단가의 적정화 등을 지적할 수 있다.

지방교부세와 국고보조금 비교

구분	지방교부세	국고보조금
근거	지방교부세법	보조금의 예산 및 관리에 관한 법률
주무부처	행정자치부, 국민안전처	기획재정부
재원	내국세의 19.24%, 종합부동산세의 전액, 담배에 부과되는 개별소비세의 20%	국가의 일반회계 또는 특별회계예산
용도	자치단체의 기본행정 수요경비 충당(용도지정 불가능)	국가시책 및 목적 사업경비 충당(용도지정 가능)
배정방식	재정부족액(법정기준)	국가시책 및 계획과 정책적 고려
기능	재정의 형평화	자원배분기능
비도제한	제한 없음	엄격(사업별 용도지정)
지방비부담	없음(정액보조)	있음(대부분 정률보조) • 기준보조율 • 차등보조율(기존보조율을 가감)
성격	일반재원, 공유적 독립재원	특정재원, 의존재원
재량정도	많음	거의 없음

구분	지방교부세	국고보조금
예산편성	법령이 정하는 재원을 예산에 계상(예산편성상의 재량여지 없음)	회계연도별로 국회의심의 과정을 거쳐 예산으로 확정 (예산편성상의 재량여지 있음)
불균형시정	• 수직적 불균형 시정(국가와 자치단체 간) • 수평적 불균형 시정(자치단체 간)	수직적 불균형 시정
종류	• 보통교부세 : 내국세 19.24%×97% • 특별교부세 : 내국세 19.24%×3% • 부동산교부세 : 종합부동산세 총액 • 소방안전교부세 : 담배에 부과하는 개별소비세 총액의 20%	• 협의의 보조금(고유사무 장려) • 부담금(단체위임사무 – 공동부담) • 교부금(기관위임사무 – 국가전액)

(9) 지방교부세

① 개념

    ㉠ 지방교부세는 지방자치단체 간의 수평적 재정적 불균형을 시정하기 위하여 국가가 내국세의 일정비율을 일정 기준에 따라 각 자치단체에 교부하는 자금이다. 내국세의 법정비율을 교부하므로 단순 교부금이 아니라 자치단체의 공유적 독립재원 성격을 가진다.

    ㉡ 지방세의 대체적 성격이고 변형된 지방세며, 간접과세형의 지방세다. 국가가 지방자치단체(지방자치단체조합 포함)에 당해 연도 내국세총액[국세 – (관세 + 목적세 + 종합부동산세 + 다른 법률에 의하여 특별회계의 재원으로 사용되는 세목)]의 19.24%에 해당하는 금액을 교부하는 재원이다.

    ㉢ 용도가 정해지지 않은 보통교부세가 지방교부세의 대부분이므로 비용의 용도를 자치단체가 자유롭게 결정할 수 있는 일반재원이라는 점과 지방비부담이 없다는 점에서 용도가 정해지고 지방비부담을 요구하는 국고보조금과 다르다.

② 지방교부세의 특징

    ㉠ **공유적 독립재원** : 중앙정부가 국세로 징수하나 지방자치단체의 세입이나 마찬가지의 자율성을 누린다.

    ㉡ **비도제한의 금지** : 지방자치단체의 일반재원으로 사용되며 교부된 지방교부세(특별교부세 제외)는 중앙정부의 통제 여지가 적다.

③ 지방교부세의 기능

    ㉠ 자치단체 간 재원균형화 기능

    ㉡ 자치단체의 재원보장기능

    ㉢ 자치단체의 재정자율성 제고기능

포인트탑 교부세 재원배분방식

　　㉠ **수요적산방식**: 각 지방자치단체의 재정부족액을 합산한 것을 당해 연도의 교부세 총액으로 결정하여 이를 국가예산에 계상하는 방식

　　㉡ **정액계상방식**: 미리 정해진 방식에 따라 교부세총액을 국가예산에 계상하고 이를 각 지방자치단체에 배분하는 방식(종류에는 국세 중의 일부세목에 대한 일정비율이나 내국세의 일정비율 또는 국가예산 중 세출액의 일정비율을 교부세 총액으로 하는 방식이 있다.)

　　㉢ **혼합방식**: 수요적산방식과 정액계상방식의 혼합형으로서 일정비율을 기준으로 하여 상·하한선을 법정 폭으로 정하고, 그 범위 내에서 예산형편에 따라 교부세 총액을 결정하는 방식

④ **지방교부세의 종류**

㉠ 보통교부세(교부세 총액의 100분의 97)

- 해마다 기준재정수입액이 기준재정수요액에 못 미치는 지방자치단체에 그 미달액을 기초로 교부한다. 행정자치부장관이 자치단체(지방자치단체조합 포함)를 대상으로 그 미달액을 기초로 하여 교부세총액(내국세총액의 19.24%)의 97%(100분의 97)에 해당하는 금액을 교부하는 재원을 말하며, 연 4분기별로 나누어 교부된다.

- 다만 자치구에 대해서는 특별시 또는 광역시에 합산하여 산정하고, 이를 당해 특별시 또는 광역시에 일괄적으로 교부한다. 매 연도의 기준재정수입액이 기준재정 수요액에 미달하는 자치단체에 대하여 그 미달액을 기초로 교부하되, 교부세 총액이 재정부족액을 정확히 계산하지는 못하므로 이를 조정하기 위한 비율인 조정률을 계산하여 보통교부세액이 산정된다.

- 재정력지수(기준재정 수입액 / 기준재정 수요액)가 1이 넘는 자치단체(서울시, 부산시, 경기도, 인천시 등)는 보통교부세가 교부되지 않는다.

포인트탑 보통교부세의 산정

　　보통교부세 = 재정부족(미달액) × 조정률

　　㉠ 재정부족액 = 기준재정수요액 − 기준재정수입액

　　㉡ 조정률 = 보통교부세 총액 ÷ 재정부족액 총액

　　㉢ 기준재정수요액 = 기초수요액 + 보정수요액

　　　- 기초수요액: Σ(측정항목별 단위수치 × 보정계수 × 단위비용)

　　　- 보정수요액: 교육비특별회계전출금, 일반재정보전금

　　㉣ 기준재정수입액 = 기초수입액 + 보정수입액

　　　- 기초수입액: 당해 자치단체의 표준세율에 의한 보통세 수입액의 80%

　　　- 보정수입액: 목적세, 일반재정보전금, 전전년도 지방세 정산분

㉡ 특별교부세(교부세 총액의 100분의 3)

- 보통교부세의 획일적인 산정방법으로 포착할 수 없는 특별한 재정수요를 보완하는 특정재원으로 행정자치부장관 또는 국민안전처장관이 교부세총액(내국세총액의 19.24%)의 3%(100분의 3) 금액을 연중 수시로 교부할 수 있으며, 지역현안수요, 재해대책수요, 시책수요에 의한 특별교부세에는 그 사용에 관하여 조건을 붙이거나 용도를 제한할 수 있다.

- 행정자치부장관 또는 국민안전처장관은 지방자치단체의 장이 특별교부세의 교부신청을 하는 경우 이를 심사해서 특별교부세를 교부하며 행정자치부장관이 필요하다고 인정하는 경우에는 신청이 없는 경우에도 일정한 기준을 정하여 특별교부세를 교부할 수 있다.
- 자치단체장은 교부조건이나 용도를 변경하여 특별교부세를 사용코자 할 때에는 미리 행정자치부장관 또는 국민안전처장관의 승인을 얻어야 하고 자치단체장이 교부조건이나 용도를 위반 시 그 반환을 명하거나 다음에 교부할 특별교부세에서 감액할 수 있다. 따라서 이러한 특별교부세에 있어서는 행정자치부장관 또는 국민안천저장관의 판단과 재량이 많이 개입되며, 정치적 관계나 각종 로비가 크게 작용한다.
- 특별교부세의 교부대상별 교부기준은 다음과 같다.
  - 지방공공시설의 설치 등으로 인하여 특별한 재정수요가 있는 경우
  - 각종 재난 및 안전관리 등으로 인하여 드는 지방비 부담분을 보전할 필요가 있는 경우
  - 지역경제 활성화, 주민생활 안정, 지방행정기능 강화, 국가적 행사 관련 시책, 지방행정 및 재정운용 실적이 우수한 지방자치단체에 대한 재정지원 또는 그 밖의 주요 시책으로 인하여 특별한 재정수요가 있는 경우
  - 위의 지방행정 및 재정운용 실적이 우수한 지방자치단체란 행정·재정 분야 운용실적에 대하여 국가가 실시하는 평가에서 우수한 성과를 거둔 지방자치단체, 주민복지, 지역경제, 지역개발, 민원서비스, 정보화 등의 분야에서 우수한 실적을 거둔 지방자치단체, 그 밖에 국가정책의 추진에 적극적으로 협력하는 등의 사유로 행정자치부장관이 인정하는 지방자치단체 등이 있다.

ⓒ 부동산교부세 : 종합부동산세 총액을 예산에 매년 계상하여 지방자치단체에 전액 교부하되, 교부기준은 지방자치단체의 재정여건과 지방세 운영 상황 등을 감안하여 대통령령으로 정한다(종합부동산세 총액 + 종합부동산 예산액과 결산액의 차액 정산액).

ⓔ 소방안전교부세 : 국민안전처장관은 지방자치단체의 소방 및 안전시설의 확충, 안전관리 강화 등을 위하여 개별소비세법에 따라 담배에 부과하는 개별소비세 총액의 20%(100분의 20)에 해당하는 금액을 예산에 매년 계상하여 지방자치단체에 전액 교부한다. 소방안전교부세의 교부기준은 지방자치단체의 소방 및 안전시설 현황, 소방 및 안전시설 투자 소요, 재난예방 및 안전강화 노력, 재정여건 등을 고려하여 대통령령으로 정한다.

⑽ 상급자치단체에 의한 재정조정제도

① 시·군 조정교부금(의존재원)〈지방재정법 제29조〉

　㉠ 시·도지사(특별시장 제외)는 다음의 금액의 27퍼센트(인구 50만 이상의 시와 자치구가 아닌 구가 설치되어 있는 시의 경우에는 47퍼센트)에 해당하는 금액을 관할 시·군 간의 재정력 격차를 조정하기 위한 재원으로 확보해야 한다.

　　• 시·군에서 징수하는 광역시세·도세(화력발전·원자력발전에 대한 지역자원시설세, 특정부동산에 대한 지역자원시설세 및 지방교육세 제외)의 총액

　　• 해당 시·도(특별시 제외)의 지방소비세액을 전년도 말의 해당 시·도의 인구로 나눈 금액에 전년도 말의 시·군의 인구를 곱한 금액

　㉡ 시·도지사는 재정보전금의 재원을 인구, 징수실적(지방소비세 제외), 해당 시·군의 재정사정, 그 밖에 대통령령으로 정하는 기준에 따라 해당 시·도의 관할구역의 시·군에 배분하고, 화력발전·원자력발전에 대한 지역자원시설세의 65%에 해당하는 금액(지방세기본법에 따른 징수교부금을 교부한 경우에는 그 금액을 뺀 금액을 말한다)을 화력발전소·원자력발전소가 있는 시·군에 배분하여야 한다.

　㉢ 종류

　　• 일반조정교부금(총액 90%) : 시·군의 행정운영에 필요한 재원을 보전하는 등 일반적 재정수요를 충당하기 위한 교부금이다. 일반조정교부금 총액의 50%는 해당 시·군의 인구수에 따라 배분하고 30%는 광역시세·도세 징수실적에 따라 배분하며, 20%는 재정력지수가 1미만인 시·군을 대상으로 1에서 해당 시·군의 재정력지수를 뺀 값을 기준으로 배분한다. 즉 인구수, 도세징수실적, 재정력 등을 고려한다.

　　• 특별조정교부금(총액 10%) : 시·군의 지역개발사업 등 시책을 추진하는 등 특정한 재정수요에 충당하기 위한 교부금이며, 특별조정교부금은 보조사업의 재원으로 사용할 수 없다.

② 자치구 조정교부금(의존재원)〈지방재정법 제29의2조〉

　㉠ 의의

　　• 특별시장이나 광역시장이 시세(市稅) 수입 중의 일정액을 확보하여 조례로 정하는 바에 따라 해당 지방자치단체의 관할 구역 안의 자치구 상호 간의 재원을 조정해야 하는 제도로 운영권한은 특별시·광역시에 있으며 자율성과 신축성이 보장되어 있다.

　　• 국가의 지방교부세와 유사한 수평적 재정조정제도로서 1988년 지방자치법의 개정으로 특별시와 광역시의 행정구가 자치구로 전환되면서 도입된 자치구 간 재정조정제도이다(현재는 지방재정법에 규정되어있다). 재원은 시세 중 지방세기본법에 따른 보통세로 하며, 교부율·산정방법 및 교부시기 등은 각 특별시·광역시 조례에 따라 다르다.

ⓛ **종류** : 자치구 조정교부금의 구성은 시·군 조정교부금의 구성과 같으며 일반조정교부금은 자치구 일반조정교부금, 특별조정교부금은 자치구 특별조정교부금으로 본다.

> **포인트탕** 조정교부금 제도 개선(2014.5.28 개정)
>
> ㉠ 광역지방자치단체가 재정력 격차를 완화하기 위하여 기초지방자치단체에 교부하는 재정보전금과 조정교부금의 명칭을 조정교부금으로 통일함.
>
> ㉡ 「지방자치법」에서 규정하던 자치구간 조정교부금을 「지방재정법」에서 함께 규율하도록 함.
>
> ㉢ 조정교부금은 일반교부금과 특별교부금으로 구분하여 운영하며, 특별교부금은 보조사업 재원으로 활용할 수 없도록 함.

③ **징수교부금**(세외수입)〈지방세기본법 제67조〉

㉠ **징수교부율** : 법 제67조 제2항에 따른 교부율(시·군 및 자치구에서 징수하여 특별시·광역시 및 도에 납입한 징수금액에 대한 각 시·군 및 자치구별 분배 금액의 합계액의 비율을 말한다)은 100분의 3으로 한다.

㉡ **징수교부금 교부기준** : 법 제67조 제2항에 따른 시·군 및 자치구별 교부기준(징수교부금으로 확정된 도세 징수금의 일정부분을 각 시·군 및 자치구에 분배하는 기준을 말한다)은 각 시·군 및 자치구에서 징수한 도세 징수금액의 100분의 3으로 한다. 다만, 지역실정을 고려하여 필요할 경우 조례로 징수금액 외에 징수건수를 반영하는 등 교부기준을 달리 정할 수 있으며, 징수건수를 반영할 경우 레저세의 징수건수는 포함하지 아니한다.

Section 6 우리나라의 주민참여제도

(1) 주민참여의 현황

과거 우리나라의 주민참여는 사후 저항적 참여가 대부분이었지만 각종 위원회·반상회·공청회로부터 현재는 주민투표(referendum), 주민발의(initiative), 그리고 주민소환(recall) 모두 시행되고 있다. 2009년 2월 주민투표법을 개정하여 국내거소신고를 한 재외국민에게도 주민투표권을 인정한데 이어, 2009년 4월 지방자치법을 개정하여 국내거주 외국인과 국내거소 신고를 한 재외국민에게도 주민발의와 주민감사청구를 인정하였고, 그 외에 재정부문에서 주민참여예산제도를 시행하고 있다.

문. 우리나라 주민참여제도의 법제화 순서로 옳은 것은?
▶ 2011. 4. 9 행정안전부

① 조례제정·개폐청구제도 → 주민투표제도 → 주민소송제도 → 주민소환제도

② 주민투표제도 → 주민감사청구제도 → 주민소송제도 → 주민소환제도

③ 주민소송제도 → 주민투표제도 → 주민감사청구제도 → 주민소환제도

④ 주민감사청구제도 → 주민소송제도 → 주민투표제도 → 조례제정·개폐청구제도

☞ ①

(2) 주민투표법(2004. 7)

① 연혁

　　㉠ 1994년 3월 이전의 지방자치법 : 주민투표제도 불인정

　　㉡ 1994년 3월 개정한 지방자치법 : 지방자치단체의 장으로 하여금 지방자치
　　　단체의 폐치·분합 또는 주민에게 과도한 부담을 주거나 중대한 영향을
　　　미치는 주요 결정사항에 대해서는 주민투표 실시, 2004년 7월까지 실행
　　　되지 못함

② 주민투표권자 … 19세 이상 주민 중 투표인명부 작성 기준일 현재 그 지방자
　치단체의 관할구역에 주민등록이 되어 있는 사람, 국내거소 신고가 되어 있
　는 재외국민, 대한민국에 계속 거주할 자격을 갖춘 외국인으로서 조례로 정
　한 사람

③ 주민투표 대상 … 지방자치단체의 주요 결정사항, 국가정책에 관한 사항

④ 주민투표 불가사항

　　㉠ 법령에 위반되거나 재판 중인 사항, 국가 또는 다른 지방자치단체의 권
　　　한 또는 사무에 속하는 사항

　　㉡ 자치단체의 예산·회계·계약 및 재산관리에 관한 사항과 지방세·사용
　　　료·수수료·분담금 등 각종 공과금의 부과 또는 감면에 관한 사항

　　㉢ 행정기구의 설치·변경, 공무원의 인사·정원 등 신분과 보수에 관한 사항

　　㉣ 다른 법률에 의하여 주민투표가 직접 의사결정주체로서 참여할 수 있는
　　　공공시설의 설치에 관한 사항

　　㉤ 동일한 사항(그 사항과 취지가 동일한 경우 포함)에 대하여 주민투표가
　　　실시된 후 2년이 경과되지 아니한 사항

⑤ 주민투표의 실시요건

　　㉠ 중앙행정기관의 장은 지방자치단체의 폐치·분합 또는 구역변경, 주요
　　　시설의 설치 등 국가정책의 수립에 관하여 주민의 의견을 듣기 위하여
　　　필요하다고 인정하는 때에는 주민투표의 실시구역을 정하여 관계 지방자
　　　치단체의 장에게 주민투표의 실시를 요구할 수 있다. 지방자치단체의 장
　　　은 주민투표의 실시를 요구받은 때에는 지체 없이 이를 공표하여야 하
　　　며, 공표 일부터 30일 이내에 그 지방의회의 의견을 들어야 한다.

　　㉡ 지방자치단체의 장은 주민(19세 이상 국내거소 신고 재외국민과 거주 외
　　　국인 포함한 주민투표권자 총수의 20분의 1 이상 5분의 1 이하의 범위
　　　안에서 조례로 정하는 수 이상의 서명으로 단체장에게 청구) 또는 지방
　　　의회(재적의원 과반수 출석과 출석의원 3분의 2 이상의 찬성으로 지방자
　　　치단체장에게 청구)의 청구에 의하거나, 단체장의 직권(지방의회의 재적
　　　의원 과반수 출석과 출석의원 과반수의 동의 필요)으로 주민투표를 실시
　　　할 수 있다.

문. 주민에게 과도한 부담을 주거나 중대한 영향을 미치는 지방자치단체의 주요 결정사항으로서 그 지방자치단체의 조례로 정하는 사항은 주민투표에 부칠 수 있다. 이에 대한 설명으로 옳지 않은 것은?

▶ 2014. 3. 22 지방직

① 지방자치단체장은 주민 또는 지방의회의 청구에 의하거나 직권에 의해 주민투표를 실시할 수 있다.

② 「지방자치법」은 주민투표의 대상·발의자·발의요건, 그 밖의 투표절차 등에 관한 사항은 따로 법률로 정하도록 규정하고 있다.

③ 지방자치단체장 및 지방의회는 주민투표 결과 확정된 사항에 대해 원칙적으로 2년 이내에는 이를 변경하거나 새로운 결정을 할 수 없다.

④ 주민투표에 부쳐진 사항은 주민투표권자 총수의 3분의 1 이상의 투표와 유효 투표수 3분의 2 이상의 득표로 확정된다.

☞ ④

⑥ **주민투표결과의 확정** … 주민투표권자 총수의 3분의 1 이상의 투표와 유효투표수의 과반수 득표로 확정된다. 지방자치단체의 장 및 지방의회는 주민투표 결과 확정된 사항에 대하여 2년 이내에는 이를 변경하거나 새로운 결정을 할 수 없다. 전체 투표수가 주민투표권자 총수의 3분의 1에 미달될 때에는 개표를 하지 아니한다.

⑦ **주의사항** … 지방자치시대를 맞아 주민투표법(2004년) 이전에도 사실상 주민투표는 시행되었다(1996년 광주북구청 동 통합과 1998년 여수시·여천시·여천군 통합). 지방자치법에서는 자치단체장만 주민투표를 실시할 수 있으나, 주민투표법은 주민에 의한 주민투표 발의도 인정한다.

⑧ **실사례** … 2005년 7월 27일 고도의 자치권 부여를 내용으로 하는 제주특별자치도 설치 및 국제자유도시 조성을 위한 특별법 제정의 일환으로 제주도 행정구역 구조개편을 위한 '1개 광역자치단체 − 4개 기초자치단체(제주시, 서귀포시, 북제주군, 남제주군)'를 '단일 광역자치도' 체제로 단순화시키는 혁신안이 주민투표를 실시해 통과됨으로써 2006년 지방선거부터 통합되어 2개 행정시(제주시, 서귀포시)로 전환되고 도지사가 시장을 임명하였다.

⑨ **기타** … 지방자치단체의 장은 주민투표의 전부 또는 일부 무효의 판결이 확정된 때에는 그 날부터 20일 이내에 무효로 된 투표구의 재투표를 실시하여야 하며, 관할구역에서 공직선거법의 규정에 의한 선거가 실시되는 때에는 그 선거의 선거일 전 60일부터 선거일까지의 기간 동안에는 주민투표를 발의할 수 없다.

(3) 주민발안제도(조례 제정과 개폐 청구)

주민이 직접 조례의 제정 및 개폐를 청구할 수 있는 제도로 1998년 8월 지방자치법 개정으로 도입되었다.

① **청구권자** … 19세 이상 주민으로서 해당 자치단체의 관할구역에 주민등록이 되어 있는 사람, 재외동포의 출입국과 법적 지위에 관한 법률에 따라 해당 자치단체의 국내거소신고인명부에 올라 있는 재외국민, 출입국관리법에 따른 영주의 체류 자격 취득일 후 3년이 경과한 외국인으로서 해당자치단체의 외국인등록대장에 올라 있는 사람(2009년 4월 개정 및 당해 10월 2일 시행된 지방자치법 개정).

② **청구요건** … 선거권이 있는 19세 이상 주민이 시·도와 인구 50만 이상 대도시에서는 19세 이상 주민총수의 100분의 1 이상 70분의 1 이하, 시·군·자치구에서는 19세 이상 주민총수의 50분의 1 이상 20분의 1 이하의 범위 안에서 조례로 정하는 주민 수 이상의 연서(서명)로 당해 지방자치단체장에게 조례의 제정이나 개폐를 청구할 수 있다.

③ **청구대상** … 종전에 주민은 청구할 수 있을 뿐 조례안의 작성은 단체장이 하였으나, 현행법은 청구인의 대표자가 조례의 제정·개폐안을 작성하여 자치단체장에게 청구한다.

④ **청구불가사항**
    ㉠ 법령을 위반한 사항
    ㉡ 지방세·사용료·수수료·부담금의 부과·징수 또는 감면에 관한 사항
    ㉢ 행정기구의 설치·변경에 관한 사항 또는 공공시설의 설치를 반대하는 사항

⑤ **처리**
    ㉠ 자치단체장은 청구를 접수한 날로부터 5일 이내에 그 내용을 공표하고 10일간 청구인명부를 공개 장소에 비치하여 열람할 수 있게 한다.
    ㉡ 열람기안 안에 청구인명부에 대한 이의신청이 없거나 이의신청에 대한 결정이 완료된 때에 유효서명 총수가 청구가능 요건을 갖춘 때에는 청구를 수리한다.
    ㉢ 청구를 수리한 날로부터 60일 이내에 조례의 제정 또는 개폐 안을 지방의회에 부의하여야 하며, 그 결과를 청구인의 대표자에게 알려야 한다.

지방자치법 일부개정(2011.7.14 공포, 2011.10.15 시행) … 지방의회가 실시하는 행정사무감사 및 조사의 실효성을 높이기 위하여 행정사무감사 기간을 연장하고, 서류제출 거부 및 선거거부 등에 대한 벌칙을 신설하며, 행정사무 감사 및 조사 결과에 따른 후속조치 근거를 마련하여 지방의회의 대 집행부 견제기능이 충실히 수행될 수 있도록 하는 한편, 임시회 소집공고일 단축, 조례안에 대한 예고제도 도입, 단체장이 제출하는 의안에 대한 비용추계제도 도입 등 지방의회 및 지방자치단체 운영상의 효율성을 높이기 위한 제도적 장치를 보완하고자 하는 것이다.

㉠ 지방의회는 주민청구조례안을 의결하기 전에 청구인의 대표자를 회의에 참석시켜 그 청구취지를 들을 수 있도록 함
㉡ 행정사무감사의 기간을 시·도의 경우에는 현행 10일에서 14일로, 시·군·구의 경우에는 현행 7일에서 9일로 각각 연장함
㉢ 위원회는 본회의의 의결이 있거나 의장 또는 위원장이 필요하다고 인정할 때, 재적위원 3분의 1 이상의 요구가 있을 때 개회하도록 함
㉣ 의원이 조례안을 발의하는 때에는 발의의원과 찬성의원을 구분하되, 해당 조례안의 제명의 부제로 발의의원의 성명을 기재하도록 함
㉤ 지방자치단체의 장이 예산 또는 기금상의 조치를 수반하는 의안을 발의할 경우에는 그 의안의 시행에 수반될 것으로 예상되는 비용에 대한 추계서와 이에 상응하는 재원조달방안에 관한 자료를 의안에 첨부하도록 함
㉥ 지방자치단체의 장 등의 협의체가 정부에 의견을 제출하는 경우 관계 중앙행정기관의 장은 2개월 이내에 타당성을 검토하여 그 결과를 통보하도록 함

(4) 주민소환〈주민소환에 관한 법률, 2007년 5월 25일 시행〉

지방자치법 제20조, 주민소환에 관한 법률에 따르면 주민소환제는 청구사유에 제한을 두지 않고 있어, 이 제도는 사법적인 절차가 아니라 정치적 절차로 설정되어 있다고 할 수 있다. 지방분권특별법(2004.1)에서 도입을 명문화해 2006년 5월 주민소환에 관한 법률이 제정되면서 도입되어, 2006년 7월부터 제주특별자치도에서 시행되었고, 2007년 5월 25일부터 전국적으로 시행되었다.

① **청구권자** … 19세 이상의 주민(해당 자치단체의 관할구역에 주민등록 되어 있는 사람)과 19세 이상의 외국인(영주의 체류자격 취득 후 3년이 경과한 자 중 해당 자치단체의 외국인등록대장에 올라 있는 사람). 단, 주민소환 투표권자에는 재외국민이 포함되어 있지 않다.

② **주민소환 대상** … 선출직 공직자로 자치단체장(특별시장·광역시장·도지사, 시장·군수·구청장)과 지방의회의원(시·도의회 의원과 시·군·구의원 해당, 그러나 비례대표의원은 선출직이 아니므로 제외)과 교육감과 교육의원에 대하여 일정 주민의 서명으로 그 소환사유를 서면에 구체적으로 명시하여, 관할선거관리위원회에 주민소환 투표의 실시를 청구할 수 있다.

③ **청구 인적 요건**

특별시장·광역시장·도지사	해당 지방자치단체의 주민소환 투표청구권자 총수의 100분의 10이상
시장·군수·자치구의 구청장	해당 지방자치단체의 주민소환 투표청구권자 총수의 100분의 15이상
지역구 시·도의원과 지역구 자치구·시·군 의원	해당 지방의회의원의 선거구 안의 주민소환 투표청구권자 총수의 100분의 20이상

④ **청구 내용적 요건** … 주민소환을 청구할 수 있는 사유는 법령에 규정이 없어 제한이 없다. 이는 주민소환이 선거와 같이 정치적 행위로 선출직 공직자에 대한 주민의 정치적 판단에 따른 것으로 보지만 소환의 남용에 따른 행정공백, 국책사업의 지연, 지역갈등 폭증, 막대한 선거비용 등 여러 가지 부작용도 있어 소환사유를 규정해야 한다는 의견도 적지 않다.

⑤ **소환청구의 제한**
　　㉠ 선출직 공직자의 임기 개시일로부터 1년이 경과하지 아니한 때
　　㉡ 임기 만료일로부터 1년 미만인 때
　　㉢ 해당 선출직 공직자에 대한 주민소환 투표 실시일로부터 1년 이내인 경우 주민소환 투표를 청구할 수 없다.

⑥ **주민소환 투표결과의 확정 및 효력** … 주민소환 투표권자 총수의 3분의 1 이상의 투표와 유효투표총수 과반수의 찬성으로 확정되며, 전체 주민소환 투표자 수가 주민소환 투표권자 총수의 3분의 1에 미달할 때에는 개표를 하지 아니한다. 주민소환이 확정된 때에는 투표대상 선출직 공직자는 결과 공표된 시점부터 그 직을 상실한다. 그 직을 상실한 자는 해당 보궐선거 후보자로 등록될 수 없다.

⑦ 주민소환 투표의 소송

　　㉠ 주민소환 투표의 효력에 관하여 이의가 있는 당해 선출직 공직자 또는 주민소환 투표권자(주민소환 투표권자 총수의 100분의 1 이상의 서명을 받아야 함)는 주민소환 투표 결과가 공표된 날부터 14일 이내에 관할선거관리위원회 위원장을 피소청인으로 하여 지방의원 또는 시장·군수·구청장 주민소환 투표에 있어서는 시·도 선거관리위원회에, 시·도지사 주민소환 투표에 있어서는 관할 고등법원에, 시·도지사 주민소환 투표에 있어서는 중앙선거관리위원회에 소청할 수 있다.

　　㉡ 소청에 대한 결정에 관하여 불복이 있는 소청인은 관할선거관리위원회 위원장을 피고로 하여 그 결정서를 받은 날로부터 10일 이내에 지방의원 또는 시장·군수·구청장 주민소환 투표에 있어서는 관할 고등법원에, 시·도지사 주민소환 투표에 있어서는 대법원에 소를 제기할 수 있다.

포인트법 주민투표 및 주민소환 투표의 효력에 대한 이의가 있을 시 불복절차

구분	기초자치단체(시·군·구)	광역자치단체(시·도)
소청(14일 이내)	시·도선거관리위원회	중앙선거관리위원회
소 제기(10일 이내)	고등법원	대법원

⑧ 주민소환 투표 실 사례

　　㉠ 2004년 7월 광주의 시민단체가 연합해 광주시 공직자소환조례 제정안을 제출해 광주시의회를 통과했으나, 상위법령에 근거 없음을 이유로 행정안전부가 반대해 시 집행부가 무효임을 주장하는 소를 대법원에 제출해 2004년 10월 무효 확정판결을 받은 바 있다.

　　㉡ 2007년 12월 광역화장장 유치 문제로 하남시장과 시의원 4명을 대상으로 처음 발의되었는데 그 결과 시장에 대해서는 투표율이 3분의 1에 못 미쳐 무효화되었고, 2명의 시의원은 투표율이 37%가 되어 주민소환이 이루어졌다.

　　㉢ 2009년 6월 서귀포시 강정마을에 해군기지를 건설한다는 정부계획을 제주특별자치도가 받아들인 것에 반대하는 주민소환 투표가 청구되었지만 2009년 8월 11%의 투표율로 소환이 무산되었다.

(5) 주민감사청구

주민감사청구제도는 자치단체와 그 장의 권한에 속하는 사무처리가 법령에 위반되거나 공익을 현저히 해한다고 판단될 때 19세 이상 주민 일정 수 이상의 서명을 받아 상급정부에 감사를 청구할 수 있는 제도이다.

① 청구권자

　　㉠ 19세 이상 주민으로서 해당 자치단체의 관할구역에 주민등록이 되어 있는 사람

　　㉡ 재외동포의 출입국과 법적 지위에 관한 법률에 따라 해당 자치단체의 국내거소신고 인명부에 올라 있는 재외국민

ⓒ 출입국관리법에 따른 영주의 체류 자격취득일 후 3년이 경과한 외국인으로서 해당 자치단체의 외국인등록대장에 올라 있는 사람(2009년 4월 개정 및 당해 10월 2일 시행된 지방자치법 개정)

② **감사청구 요건** … 광역시 · 도는 500명, 50만 이상 대도시는 300명, 시 · 군 · 자치구는 200명을 초과하지 아니하는 범위 안에서 당해 자치단체의 조례로 정하는 19세 이상 주민 수 이상의 연서로, 감사를 청구할 수 있다.

③ **감사청구 기관** … 광역시 · 도는 주무장관에게, 시 · 군 · 자치구는 광역시 · 도지사에게 청구한다. 그러나 청구 내용이 둘 이상의 부처와 관련되거나 주무부장관이 불분명한 경우에 행정안전부장관에게 감사를 청구할 수 있다. 행정안전부장관은 관계 부처와 협의를 거쳐 처리, 주무부처를 지정하고 그 부처로 하여금 관계 부처 간 협의를 통해 주민감사청구를 일괄 처리하도록 요청할 수 있다.

④ **감사청구 사유** … 당해 자치단체와 그 장의 권한에 속하는 사무의 처리가 법령에 위반되거나 공익을 현저히 해한다고 인정되는 경우에는 감사를 청구할 수 있다.

⑤ **감사청구 불가기간** … 사무처리가 있었던 날이나 끝난 날부터 2년이 지나면 제기할 수 없다.

⑥ **감사청구 제한사항** … 수사 또는 재판에 관여하게 되는 사항, 개인의 사생활을 침해할 우려가 있는 사항, 다른 기관에서 감사하였거나 감사중인 사항(새로운 사항이 발견된 경우는 가능), 동일사항에 대하여 소송이 계속 중이거나 판결이 확정된 사항

⑦ **감사청구 처리** … 주무부장관 또는 시 · 도지사는 감사청구를 수리한 날부터 60일 이내에 감사 청구된 사항에 대하여 감사를 종료해야 하며, 그 감사결과를 청구인의 대표자와 당해 지방자치단체장에게 서면으로 통지하고 이를 공표해야 한다.

(6) 주민소송제도

주민소송제도는 자치단체의 업무에 대하여 감사청구한 주민이 그 감사결과에 불복이 있는 경우 감사결과를 통지받은 날로부터 90일 이내에 당해 자치단체장을 상대로 관할 행정법원에 주민소송을 제기할 수 있다. 예산의 편성과 집행에 대해 집행기관 내부의 자율적 통제에 한계가 있다고 보고 주민의 직접 참여를 위해 2006년 1월부터 시행되고 있다.

① 주민소송 대상과 요건
    ㉠ 공금지출에 관한 사항
    ㉡ 재산의 취득 · 관리 · 처분에 관한 사항
    ㉢ 당해 자치단체를 당사자로 하는 매매 · 임차 · 도급 그 밖의 계약의 체결 · 이행에 관한 사항 또는 지방세 · 사용료 · 수수료 · 과태료 등 공금의 부과 · 징수를 게을리 한 사항을 감사청구한 주민은 주무부장관 또는

문. 지방자치단체의 예산이 불법 · 부당하게 지출된 경우 공무원의 책임을 확보하는데 가장 효과적인 주민통제제도는?
▶ 2011. 6. 11 서울특별시
① 주민감사청구
② 납세자소송
③ 이익단체 활동
④ 주민참여예산
⑤ 주민투표제도
☞ ②

시 · 도지사가 감사청구를 수리한 날부터 60일을 경과하여도 감사를 종료
하지 아니한 경우

ⓔ 감사결과 또는 감사결과에 따른 조치요구에 불복이 있는 경우

ⓜ 감사결과에 따른 조치요구를 단체장이 이행하지 아니한 경우

ⓗ 조치요구에 대한 단체장의 이행조치에 불복이 있는 경우에, 감사 청구한
사항과 관련 있는 '위법한 행위나 업무를 게을리 한 사실'에 대하여 당해
지방자치단체의 장을 상대방으로 하여 소송을 제기할 수 있다.

② **주민소송의 원고와 피고** … 제소대상을 감사청구한 주민이라면 누구나 원고가
되며, 1인에 의한 제소도 가능하다. 피고는 해당 지방자치단체의 장이 된다.

③ **주민소송의 유형**

ⓐ **중지소송** : 당해 행위를 계속할 경우 회복이 곤란한 손해를 발생시킬 우려
가 있는 경우 당해 행위의 전부 또는 일부의 중지를 구하는 소송

ⓑ **처분의 취소 또는 무효확인소송** : 행정처분인 당해 행위의 취소 또는 변경
을 요구하거나 그 행위의 효력 유무 또는 존재 여부의 확인을 구하는 소
송, 게을리 한 사실의 위법 확인을 구하는 소송

ⓒ **이행청구 또는 변상명령요구소송** : 당해 지방자치단체의 장 및 직원, 지방
의회의원, 당해 행위와 관련이 있는 상대방에게 손해배상청구 또는 부당
이득반환청구를 할 것을 요구하는 소송, 단 당해 단체장은 손해배상 또
는 부당이득반환의 청구를 명하는 판결이 확정된 날로부터 60일 이내를
기한으로 하여 해당 당사자에게 판결에 의해 결정된 손해배상금 또는 부
당이득반환금의 지불을 청구하여야 한다. 지불하여야 할 당사자가 단체
장인 경우 당해 지방의회 의장이 그 지불을 청구한다.

④ **주민소송의 절차**

ⓐ **원고적격** : 주민감사청구를 한 주민에 한하여 주민소송을 제기할 수 있도
록 하였다(주민감사청구 전치주의). 개인적으로 또는 집단적으로 모두 가
능하며, 직접적인 피해와 상관없이 해당 지역주민으로서 주민감사를 청
구한 주민이라면 가능하다.

ⓑ **소송의 제한**

• 중지청구소송은 해당 행위를 중지할 경우 생명이나 신체에 중대한 위해
가 생길 우려가 있거나 그 밖에 공공복리를 현저하게 저해할 우려가 있
으면 제기할 수 없다.

• 해당 감사 결과나 조치요구 내용에 대한 통지를 받은 날 등으로부터 90
일 이내에 제기하여야 한다.

• 당사자는 법원의 허가를 받지 아니하고는 소의 취하, 소송의 화해 또는
청구의 포기를 할 수 없다.

• 주민소송에 관하여는 이 법에 규정된 것 외에는 행정소송법에 따른다.

(7) 주민청원

헌법은 모든 국민이 국가기관에 대하여 문서로 청원할 권리가 있음을 보장하고 있다. 지방자치법에 따르면 주민이 조례 및 규칙의 개폐나 공공시책의 개선 등 자치단체의 지방행정에 대한 요구나 희망 또는 정치적 의사를 표시하고자 할 때에는 지방의회 의원의 소개를 받아 지방의회에 청원할 수 있도록 하고 있다.

(8) 주민참여예산제

주민참여예산제도는 지방의회가 예산안을 의결하기 전에 집행부의 예산편성 과정에 주민이나 그 대표, 또는 주민의 이익을 대변할 수 있는 전문가 등이 간담회, 공청회, 서면 또는 인터넷 설문조사, 사업공모 등을 통해 참여하는 제도이다.

① **조례** ··· 2004년 광주시 북구 의회가 최초로 주민참여예산조례를 제정함으로써 도입되었다.

② **법률** ··· 지방재정법을 개정해 지방자치단체의 장이 지방예산편성을 함에 있어 대통령령이 정하는 바에 따라 주민이 참여할 수 있는 절차를 마련하여 2006년 1월부터 시행하였다.

③ **대통령령** ··· 지방재정법 시행령 제46조 지방예산 편성과정에의 주민참여 절차에 지방예산 편성과정에 공청회 또는 간담회, 서면 또는 인터넷 설문조사, 사업공모, 그 밖에 주민의견 수렴에 적합하다고 인정하는 조례로 주민이 참여할 수 있고, 지방자치단체의 장은 위의 규정에 의해 수렴된 주민의견을 검토하고 그 결과를 예산편성시 반영할 수 있고, 그 밖에 주민참여예산의 범위 · 주민의견수렴에 관한 절차 · 운영방법 등 구체적인 사항은 지방자치단체의 조례로 정한다.

Section 7 광역행정

(1) 개념

기존의 행정구역 또는 지방자치단체의 구역을 초월하여 발생되는 행정수요를 통일적 · 종합적이고 현지성에 맞게 계획적으로 처리함으로써 행정의 능률성 · 경제성 · 합목적성을 확보하기 위한 지방행정의 한 양식을 말한다. 중앙집권과 지방분권의 조화를 꾀하기 위한 제도로서, 광역주의에 입각하면서도 중앙집권화에는 미치지 않는 지역수준에서 행정을 처리하게 하려는 것이다.

(2) 촉진요인과 저해요인

① 촉진요인

    ㉠ 사회·경제권역의 확대와 균질화로 광역이 촉진된다.

    ㉡ 광역화·평준화된 서비스의 요구가 광역행정을 촉진시킨다.

    ㉢ 급격한 대도시화로 광역행정이 요구된다.

    ㉣ 균형잡힌 지역개발의 필요성이 대두되면서 광역행정이 요구된다.

    ㉤ 경제적 행정에 대한 요청이 있음으로 광역행정이 촉진된다.

    ㉥ 중앙집권주의와 지방분권주의의 조화로 광역행정이 촉진된다.

② 저해요인

    ㉠ 권위주의적이고 수직적·종적인 사회·문화적 요인이 광역행정을 저해한다.

    ㉡ 지방자치의 경험부족, 기능배분 불명확의 정치·행정적 요인이 광역행정을 저해한다.

    ㉢ 국토면적의 협소, 자치단체의 거대화, 전통적 중앙집권체제 등의 역사·지리적 요인이 광역행정을 저해한다.

    ㉣ 행정발전속도의 둔화가 광역행정을 저해한다.

(3) 장·단점

① 장점

    ㉠ 국가와 지방 간의 협력관계를 통한 행정사무의 재배분이 가능하다.

    ㉡ 주민의 사회·경제적 생활권과 행정권이 일치한다.

    ㉢ 국가적 차원에서 지방조직 재구성으로 능률적 행정이 이루어진다.

    ㉣ 지역 간 균형발전 및 지역개발 촉진이 이루어진다.

    ㉤ 종합개발·계획행정의 효과적 수행이 이루어진다.

    ㉥ 주민의 문화적 수준·복지증진이 이루어진다.

② 단점

    ㉠ 지방자치를 저해한다.

    ㉡ 공동체의식의 약화를 초래한다.

    ㉢ 재정적 책임부담과 이익형성 간의 불일치를 초래한다.

    ㉣ 특수여건이 고려되지 않아 비능률을 초래한다.

    ㉤ 혐오시설로 인한 지역 간 이해충돌 우려가 있다.

(4) 광역행정의 방식

① 처리주체별 방식

    ㉠ 하급자치단체 방식: 기초자치단체 수준에서의 광역행정방식이다.

    ㉡ 상급자치단체 방식: 광역행정의 본질적 의의의 수준에 해당한다.

    ㉢ 지방일선기관에 의한 방식: 국가의 지방행정기관에 의한 광역행정방식이다.

문. 특별지방행정기관에 대한 설명으로 옳지 않은 것은?

▶ 2008. 7. 20 서울특별시

① 전국적 통일성을 요구하는 기능은 특별지방행정기관이 맡는 것이 바람직하다.

② 지방자치단체의 하급행정기관은 특별지방행정기관이 아니다.

③ 특별지방행정기관 중 일부는 지방자치단체의 소관사무를 처리함과 동시에 중앙정부의 소관사무도 처리한다.

④ 특별지방행정기관은 지방행정의 종합성을 저해할 우려가 있다.

⑤ 특별지방행정기관은 소속기관의 관할 내에서 지방자치단체의 행정사무를 관장하는 기관이다.

☞ ⑤

문. 다음 광역행정의 접근 중 '연합체'를 설명한 것은?

▶ 2004. 5. 30 국회사무처(8급)

① 수 개의 군소정당을 통폐합하여 단일정부화한다.

② 중심도시에 도시화된 인접지역을 편입한다.

③ 2개 이상의 자치단체가 복수의 서비스를 제공하기 위하여 협정을 체결한다.

④ 지방자치단체 간의 협의기구로 집행력이 없다.

⑤ 2개 이상의 자치단체가 각각의 법인격을 유지한 채 광역적인 사무를 처리하기 위하여 새로운 광역자치단체를 설치한다.

☞ ⑤

문. 특별지방행정기관의 남설에 따른 폐단이라고 할 수 없는 것은?

▶ 2007. 4. 14 중앙인사위원회

① 공무원 수의 팽창

② 업무의 중복 추진

③ 지역종합행정 수행의 장애

④ 국가 업무의 통일적 수행 저해

☞ ④

② 처리수단별 방식

  ㉠ 연합

    • 둘 이상의 지방자치단체가 독립적인 법인격을 유지하면서 연합하여 새로운 광역행정기구를 설치하고 광역행정에 대한 일체의 업무를 담당하는 방식이다.

    • 토론토의 도시연합, 영국의 대런던 회의, 위그페그 도시연합, 일본 동경·오사카 도시연합 등이 해당한다.

  ㉡ 합병

    • 둘 이상의 지방자치단체가 종래의 법인격을 통·폐합시켜 광역을 단위로 하는 새로운 법인격을 창설(가장 강력)하는 것이다.

    • 광역도시문제를 신속히 처리하며 비용을 절약할 수 있다는 것이 이점이며, 단점으로 주민들의 일체감이 희박해지고 기초자치단체의 역할을 경시하는 경향이 있다.

    • 광역구, 시·군 통폐합이 해당한다.

  ㉢ 공동처리

    • 둘 이상의 지방자치단체가 행정협의회를 구성하여 계획과 조정사무를 담당하게 하고 집행은 참여단체가 개별적으로 담당하는 방식이다.

    • 일부사무조합, 협의회, 사무위탁, 기관의 공동설치, 연락회의, 직원파견, 우리나라의 행정협의회가 해당한다.

  ㉣ 특별구역 설치

    • 특정한 행정업무만을 광역적으로 처리하기 위하여 기존의 일반행정구역 또는 자치구역과는 별도로 특별구역을 설정하여 처리하는 방식이다.

    • 교육구, 소방구, 상수도 특별구역, 항만관리구가 해당한다.

  ㉤ 권한·지위 흡수 : 상급자치단체가 하급자치단체의 또는 국가가 상급자치단체의 권한·지위를 흡수하는 방식이다.

  ㉥ 특별행정기관(일선기관)의 설치

    • 특정 광역행정사무를 처리하기 위해 인접 자치단체 간의 합의에 의해 일반행정기관과 별도로 하급행정기관을 설치하는 것이다.

    • 영·미의 항만청, 지방국토관리청, 지방병무청 등이 해당한다.

③ 처리사업별 방식

  ㉠ 특정사업방식

    • 특정사업을 광역적 입장에서 다루는 방식이다.

    • 특별구역 설치, 특별행정기관 설치, 권한흡수, 특정사업이관, 공동처리 등이 해당한다.

  ㉡ 종합사업방식

    • 종합사업을 광역적으로 처리하는 방식이다.

    • 연합, 합병, 지위흡수 등이 해당한다.

문. 둘 이상의 지방자치단체가 종래의 법인격을 통·폐합시켜 광역을 단위로 하는 새로운 법인격을 창설하는 광역행정 방식은?

▶ 2011. 6. 11 서울특별시

① 연합
② 합병
③ 공동처리
④ 특별구역 설치
⑤ 권한·지위 흡수

☞ ②

(5) 우리나라의 광역행정

① **광역행정제도** … 우리나라의 지방자치법에는 지방자치단체조합의 설치, 행정협의회의 구성 등을 규정하고 있다. 그 외 기초자치단체지위의 흡수, 구역변경에 의한 방법, 사무위탁, 특별구, 특별행정기관에 의한 방법, 행정응원 등이 존재한다.

② **문제점**

   ⊙ 군은 기초자치단체의 구역이 아닌 중앙하급행정기관으로 획정되어 그 규모가 방대하다.

   ⊙ 국토면적에 비하여 중앙자치단체인 도의 규모가 너무 크고 도시행정협의회는 독립된 법인격을 가지고 있지 못하여 실제로 다루어지는 광역행정 사무도 극히 사소한 문제에 국한된다.

   ⊙ 권위주의 사회, 수직적·종적 문화라는 한계가 있다.

   ⊙ 지방자치의 경험 부족, 광역과 기초 간 기능배분 모호 등의 문제가 있다.

   ⊙ 지방자치단체가 자치단체로서 기능하기보다는 국가의 하급기관으로서의 지위에 위치한다.

Section 8 도시행정

(1) 도시행정

① **개념** … 도시자치단체가 도시의 건전한 발전과 공공복리의 증진을 위해 행하는 일체의 정치적·행정적 작용이다. 도시행정의 주체는 도시자치단체 내지 도시정부이며 지방행정·지방자치단체와 실질적인 상관관계를 가진다.

② **특성**

   ⊙ 광역도시 행정화

   ⊙ 도시행정 통신의 신속성

   ⊙ 도시경제 또는 사회환경의 변화성

   ⊙ 도시행정 대상의 다량성 및 다양성

   ⊙ 도시행정기술의 고도화·전문화

   ⊙ 도시행정 수요의 양적 증가·질적 향상

(2) 도시화

① **개념** … 기계문명이 발달됨에 따라 진행되어 온 인구의 도시집중과 인구집중을 통해 일어난 부수적인 도시의 여러가지 변화를 의미한다.

문. 다음 중 가도시화의 원인으로 볼 수 없는 것은?

▶ 2005. 4. 16 강원도

① 도시의 흡인요인 부재
② 농촌의 추출요인 부재
③ 산업화 이전의 도시화
④ 병리적 도시화

☞ ②

② 요인
  ㉠ **직접요인(도시의 흡인력)**
  • 과학기술의 발달로 도시화가 촉진된다.
  • 보다 많은 사회적 기회의 제공이라는 유인으로 도시화가 촉진된다.
  • 도시편중기능의 팽창으로 도시화가 촉진된다.
  • 도시산업의 발전으로 도시화가 이루어진다.
  • 정치 · 경제 · 학문 · 문화의 도시집중으로 도시화가 촉진된다.
  ㉡ **간접요인(농촌의 압출력)**
  • 도시와 농촌의 소득격차로 인해 도시로 모이게 된다.
  • 농업의 기계화로 잉여인력 발생하여 도시로 유입된다.
  • 매스컴에 의한 자극 등으로 이촌향도경향이 발생한다.
  • 대가족주의의 붕괴로 도시화가 촉진된다.

③ **도시화의 과정**
  ㉠ **집중적 도시화** : 교외지역은 정체되고 중심도시는 인구와 산업의 집중으로 급격히 팽창하는 현상이다.
  ㉡ **분산적 도시화** : 도시집중이 계속되어 인구 · 산업이 주변지역으로 분산되어 나가는 도시화 현상이다.
  ㉢ **역도시화** : 분산적 도시화 현상의 결과로 도시의 쇠퇴현상을 말한다.
  ㉣ **가도시화** : 도시의 견인요인 없이 추출요인이 일방적으로 작용하여 나타나는 병리적 도시화로서 이는 도시의 공업화와 무관하게 도시화가 진행되므로 도시의 고용능력한계를 벗어난 인구밀집은 주택 · 교통 · 실업문제 등 각종 사회 · 경제적 도시문제를 야기한다.

02

지방자치

1 우리나라 지방자치법에서 지방자치단체장 및 보조기관에 규정한 내용으로 볼 수 없는 것은?

① 지방자치단체의 장이 공소 제기된 후 구금상태에 있는 경우 지방자치단체장의 권한 대행이 이루어진다.

② 지방공무원의 정원은 인건비 등 행정자치부령으로 정하는 기준에 따라 그 지방자치단체의 조례로 정한다.

③ 특별시의 부시장의 정수는 대통령령으로 정한다.

④ 지방자치단체장의 임기는 4년이며 재임은 3기에 한한다.

　Advice　행정기구의 설치와 지방공무원의 정원은 인건비 등 대통령령으로 정하는 기준에 따라 그 지방자치단체의 조례로 정한다〈지방자치법 제112조 제2항〉.

2 지방자치단체의 기관구성에 관한 설명으로 가장 옳지 않은 것은?

① 기관통합형은 의원내각제와 비교적 유사하다.

② 기관대립형은 대통령중심제와 비교적 유사하다.

③ 기관통합형에서는 임기동안 지방자치행정에 대한 효율성과 책임성을 확보할 수 있다.

④ 기관통합형에서는 의회와 집행기관 간 견제와 균형을 통하여 민주성을 확보할 수 있다.

　Advice　④ 의회와 집행기관 간 견제와 균형을 통하여 민주성을 확보할 수 있는 것은 의결기관인 의회와 집행기관인 단체장이 분리되어 있는 기관대립형의 장점이다. 기관통합형은 의결기관인 의회와 집행기관인 단체장이 분리되어 있지 않아 견제와 균형이 잘 이루어지지 않는다.

3 지방자치단체장·지방의원의 직권남용·직무유기 등 위법·부당행위뿐만 아니라 정책적 실수나 다른 정치적 이유로도 주민이 소환투표를 청구할 수 있는 지방자치에서의 주민참여방식은?

① 주민청원　　　　　　　　　　　② 주민투표

③ 주민소환　　　　　　　　　　　④ 주민발의

　Advice　**주민소환** … 유권자 일정 수 이상의 연서에 의하여 지방자치단체의 장, 의회의원, 기타 주요 지방공직자의 해직이나 의회의 해산 등을 임기 만료 전에 청구하여 주민투표로서 결정하는 제도를 말한다.

4 지방자치단체의 예산이 불법·부당하게 지출된 경우 공무원의 책임을 확보하는 데 가장 효과적인 주민통제 제도는?

① 주민감사청구   ② 납세자소송
③ 이익단체 활동   ④ 주민참여예산

> **Advice** 주민소송제도(납세자소송)는 중앙정부나 지방자치단체의 위법한 재무회계행위 또는 게을리 하는 행위를 견제하여 지방자치단체 및 주민 공동의 이익을 보호하기 위한 것으로, 주민 또는 납세자에게 원고적격을 인정하는 공익소송 제도이다. 우리나라는 2006년부터 지방자치법 개정에 의해 시행하고 있다.

5 재정수입면에서 본 지방세의 원칙이라고 할 수 없는 것은?

① 신축성의 원칙   ② 안정성의 원칙
③ 충분성의 원칙   ④ 형평성의 원칙

> **Advice** ④ 재정수입면에서 볼 때 형평성의 원칙은 적절하지 않다. 이는 주민부담면에서의 원칙에 해당한다.
> ※ **지방세의 일반 원칙**
> ㉠ **재정수입면** : 충분성, 정착성, 보편성, 신축성, 안정성
> ㉡ **재정부담면** : 평등성, 응익성, 효율성, 부담분임성
> ㉢ **세무행정면** : 자주성, 계획성, 편의성, 국지성

6 둘 이상의 지방자치단체가 종래의 법인격을 통·폐합시켜 광역을 단위로 하는 새로운 법인격을 창설하는 광역행정 방식은?

① 연합   ② 합병
③ 공동처리   ④ 특별구역 설치

> **Advice** 문제는 합병에 대한 설명이다. 합병은 광역도시문제를 신속히 처리하고 비용을 절약할 수 있지만, 주민들의 일체감이 희박해지고 기초자치단체의 역할을 경시하는 단점이 있다. 광역구, 시·군 통폐합 등이 해당한다.
> ① **연합** : 둘 이상의 지방자치단체가 독립적인 법인격을 유지하면서 연합하여 새로운 광역행정기구를 설치하고 광역행정에 대한 일체의 업무를 담당하는 방식이다.
> ③ **공동처리** : 둘 이상의 지방자치단체가 행정협의회를 구성하여 계획과 조정사무를 담당하게 하고 집행은 참여단체가 개별적으로 담당하는 방식이다.
> ④ **특별구역 설치** : 특정한 행정업무만을 광역적으로 처리하기 위하여 기존의 일반행정구역 또는 자치구역과는 별도로 특별구역을 설정하여 처리하는 방식이다.

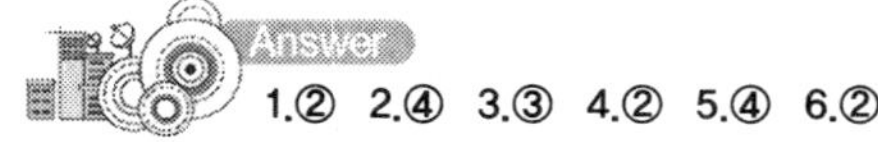

7 다음 중 우리나라의 지방자치단체에서 수행하는 고유사무와 위임사무에 관한 설명으로 옳지 않은 것은?

① 지방자치단체에서 수행하는 사무 중에서 가장 비중이 큰 것은 기관위임사무이다.

② 고유사무와 위임사무의 구분이 애매하여 갈등의 소지가 많아 책임과 역할에 관한 명확한 구분이 필요하다.

③ 고유사무는 지방자치단체의 존립을 목적으로 하는 사무를 의미한다.

④ 단체위임사무는 상급자치단체와 하급자치단체가 서로 합의하여 위임사무의 내용을 결정하는 것을 말한다.

　Advice　④ 단체위임사무는 국가 또는 상급단체의 사무가 법령에 의하여 지방자치단체에 위임되어 중앙의 교정적인 감독하에 처리되는 사무로 국가가 비용을 일부 부담한다. 보건소 운영, 예방접종사무, 시·군의 재해구호사무, 도의 국도 유지·보수사무 등이 해당한다.

8 주민의 세대간 비용부담을 공평하게 하는 지방자치단체의 재원은?

① 지방세　　　　　　　　　　② 지방양여금
③ 지방교부세　　　　　　　　④ 지방채

　Advice　④ 자본예산 등 지방채 발행은 수익사업을 통하여 재원을 상환하게 되므로 수익자부담주의에 의하여 이용자나 세대간에 비용을 공평하게 부담하게 하는 장점이 있다.

9 다음은 포괄적 사무배분방식과 관련한 설명이다. 부적합한 것은?

① 국가사무와 자치사무의 구분이 모호한 경우가 있다.

② 사무배분에 있어 지방자치단체의 특성을 고려할 수 있다.

③ 배분방식이 간단하고 간편하다.

④ 운영에 있어 유연성을 확보할 수 있다.

　Advice　② 주민자치하의 개별적 수권방식의 장점이다.

※ **수권주의 방식**

　㉠ **대륙계의 포괄적 수권방식**: 지방자치단체의 특성이나 사무의 성격을 따져보지 않고 일괄적으로 사무를 배분해 주는 방식이다.

　㉡ **영미계의 개별적 수권방식**: 특수성의 원리에 의거하여 자치단체의 특성과 여건에 따라 개별적으로 사무를 지정해 주는 배분방식이다.

　㉢ 우리나라에서 채택하고 있는 포괄적 수권방식

장점	단점
• 융통성(유연성)이 있다. • 간편하다.	• 자주성을 위협할 우려가 있다. • 지역적 특성을 살릴 수 없다.

10 지방자치제 실시에 대한 기대효과로 옳지 않은 것은?

① 지역 간 협조체제를 강화한다.
② 행정의 전문성을 높인다.
③ 세수입을 효율적으로 사용할 수 있다.
④ 지역의 경쟁성과 창의성을 고양하는 데 기여한다.

> ♀Advice ① 지역이기주의에 따른 집단 간의 대립이 유발된다.

11 다음 광역행정의 순기능에 대한 설명으로 옳지 않은 것은?

① 행정사무의 재배분이 가능하다.
② 주민의 사회·경제적 생활권과 행정권이 일치한다.
③ 지방자치를 촉진시킨다.
④ 지역 간 균형발전 및 지역개발 촉진이 이루어진다.

> ♀Advice ③ 광역행정은 지방자치를 저해하는 문제점이 있다.
>
> ※ **광역행정의 순기능**
> ㉠ 국가와 지방 간의 협력관계를 통한 행정사무의 재배분이 가능
> ㉡ 주민의 사회·경제적 생활권과 행정권이 일치
> ㉢ 국가적 차원에서 지방조직 재구성으로 능률적 행정이 이루어짐
> ㉣ 지역 간 균형발전 및 지역개발 촉진이 이루어짐
> ㉤ 종합개발·계획행정의 효과적 수행이 이루어짐
> ㉥ 주민의 문화적 수준·복지증진이 이루어짐

12 다음 중 지방자치의 구성요소로 볼 수 없는 것은?

① 구역　　　　　　　　　② 주민
③ 자치권　　　　　　　　④ 지방공무원

> ♀Advice **지방자치의 구성요소**
> ㉠ **구역** : 자치권이 미치는 공간적 범위
> ㉡ **주민** : 인적구성요소
> ㉢ **자치권** : 자치입법권, 자치재정권, 자치행정권, 자치조직권
> ㉣ **공공사무** : 고유사무, 위임사무
> ㉤ **자치기구** : 자치단체의 장 및 예하기관

Answer 7.④ 8.④ 9.② 10.① 11.③ 12.④

13 다음 중 지방자치의 정치적 필요성에 대한 설명으로 옳지 않은 것은?

① 행정의 통제 및 민주화 촉진

② 독재 및 전제정치에 대한 방어기능

③ 정국혼란의 지방확산 방지의 효과

④ 민주주의의 훈련장

💡Advice ① 지방자치의 행정·기술적 필요성이다.

14 다음은 지방자치와 관련한 설명이다. 옳지 않은 것은?

① 규칙은 고유사무, 단체위임사무, 조례에 의해 위임된 사항에 관하여 지방자치단체의 장이 제정한다.

② 훈령이란 상급기관이 하급기관에게 권한행사를 지휘하기 위하여 장기간 발하는 명령이다.

③ 지시란 상급기관이 하급기관에 대하여 개별적·구체적으로 발하는 명령이다.

④ 지방자치법은 법률의 위임에 의해 제정된 지방자치에 관한 법이다.

💡Advice ④ 지방자치법은 헌법에 근거하여(위임에 의해) 국회에서 제정되는 법률 형식의 법규이다.

※ **지방자치** … 지방자치란 극히 다의적인 개념이다. 그러나 지방자치의 가장 보편적인 정의를 내려본다면 지방자치란 일정한 지역을 기초로 하는 단체가 자기의 사무, 즉 지역의 행정을 그 지역주민의 의사에 따라서 자기의 기관과 재원에 의하여 독자적으로 수행하는 행위라 할 수 있다.

15 지방자치의 특징으로 볼 수 없는 것은?

① 대화행정 　　　　　　　　② 복지행정

③ 광역행정 　　　　　　　　④ 종합행정

💡Advice **지방자치의 특징** … 지역행정, 생활행정(급부행정, 복지행정), 대화행정(일선행정), 자치행정, 종합행정의 특징을 갖는다.

16 우리나라 광역행정의 문제점으로 볼 수 없는 것은?

① 군은 기초자치단체의 구역이 아닌 중앙하급행정기관으로 확정되어 그 규모가 방대하다.

② 국토면적에 비해 중앙자치단체인 도의 규모가 너무 크다.

③ 실제로 다루어지는 광역행정사무가 너무 방대하고 중요하다.

④ 권위주의 사회, 수직적·종적 문화라는 한계가 있다.

💡Advice ③ 실제로 광역행정의 사무가 극히 사소한 문제에 국한된다.

17 국가 또는 상급지방자치단체로부터 지방자치단체의 장 기타 집행기관에 위임되는 사무로 볼 수 없는 것은?

① 재해구호사무
② 징병, 호적사무
③ 인구조사사무
④ 국세조사

    Advice ① 단체위임사무이다.

    ※ 기관위임사무
       ⊙ 개념 : 법령의 규정에 의하여 국가 또는 상급지방자치단체로부터 지방자치단체의 장 기타 집행기관에 위임되는 사무(포괄적 수권)
       ⓛ 종류 : 징병, 호적사무(법규·판례상에서는 자치사무로, 실제상은 기관위임사무로 처리), 민방위, 선거, 인구조사사무, 경찰, 소방(시·군·자치구), 지적, 국세조사, 산업통계, 공유수면매립, 상공업진흥, 경제계획사무 등

18 다음 중 지방의회의 권한을 모두 고르면?

⊙ 의결권	ⓛ 규칙제정권
ⓒ 의사표시권	ⓔ 행정사무 감사 및 조사권
ⓜ 예산 및 조례안 제안	ⓗ 임명권
ⓢ 청원수리권	

① ⊙ⓛⓒⓔ
② ⊙ⓒⓔⓢ
③ ⊙ⓒⓗⓢ
④ ⊙ⓗⓜⓢ

    Advice ⓛⓜⓗ 지방자치단체장의 권한

19 다음 중 지방재정의 특성으로 볼 수 없는 것은?

① 다양성
② 독립성
③ 응익성
④ 타율성

    Advice ② 지방자치단체는 자치재정권을 가지고 있지만, 국가로부터 일정한 법규의 범위 내에서 통제를 받기 때문에 제한적 독립성을 띤다.

13.① 14.④ 15.③ 16.③ 17.① 18.② 19.②

공무원 기출문제집

서원각 기출문제집으로 시험 출제경향 파악하자!

▲ **기출문제 정복하기**

전 직렬 공통 필수과목
일반행정직
사회복지직
교육행정직

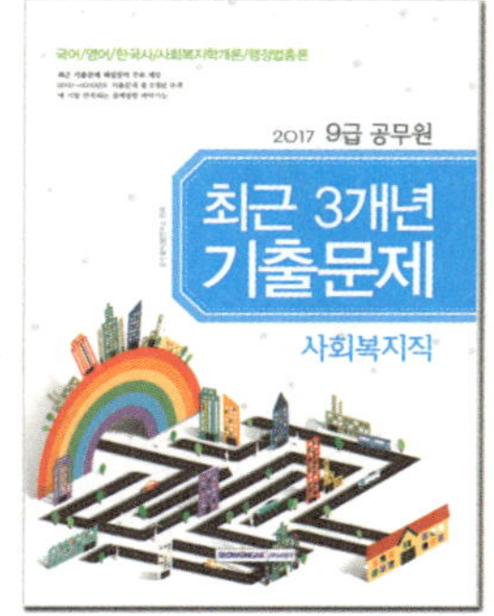

▲ **최근 3개년 기출문제**

필수과목/행정직
교육행정직/사회복지직

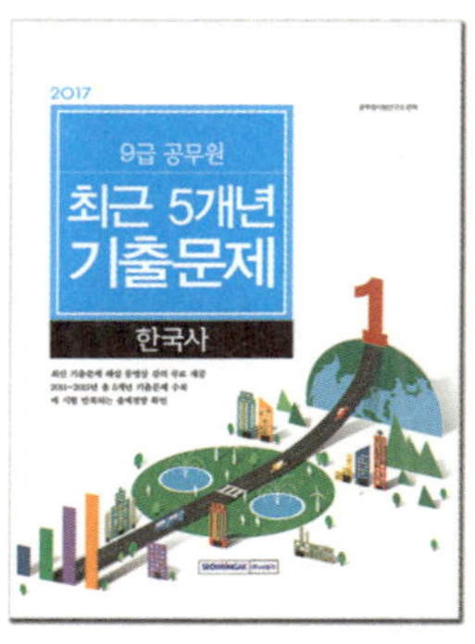

▲ **최근 5개년 기출문제**

국어/영어/한국사/사회
행정법총론/행정학개론
교육학개론

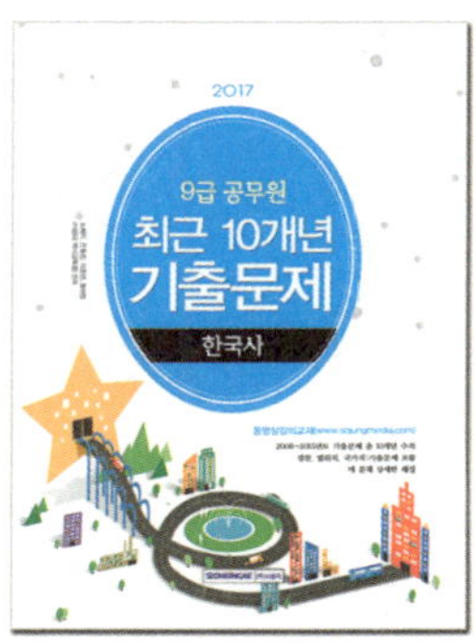

▲ **최근 10개년 기출문제**

국어/영어/한국사/사회
행정법총론/행정학개론
교육학개론

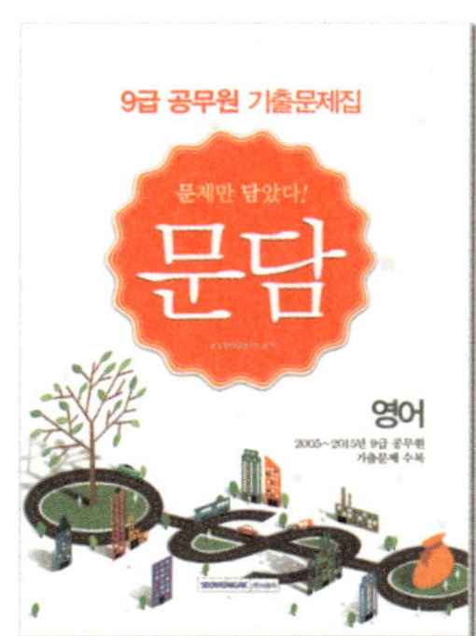

▲ **문제만 담았다!**

영어/한국사/사회
행정법총론/행정학개론
교육학개론

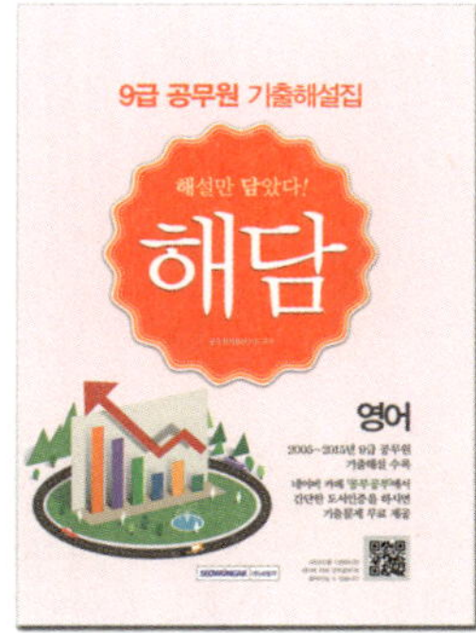

▲ **해설만 담았다!**

국어/영어/한국사/사회
행정법총론/행정학개론
교육학개론

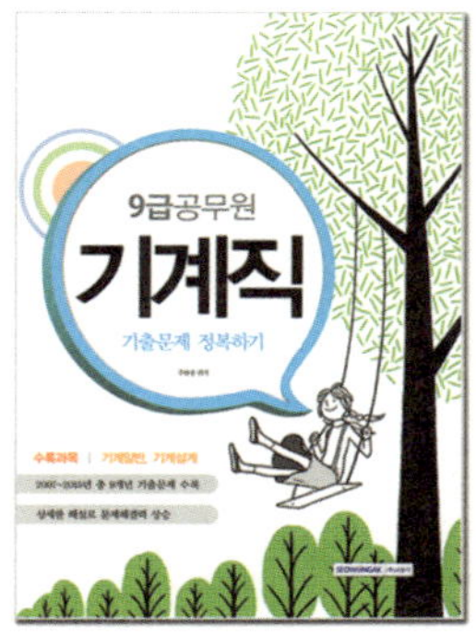

▲ **기출문제 정복하기**

9급 건축직/7급 건축직/
기계직

▲ **서울시 공무원**

필수과목 기출문제 정복하기

네이버 카페 검색창에서 '**공무공부**'를 검색하셔서 네이버 카페 공무공부에 가입하시면 각종 시험 정보를 보실 수 있습니다.

상식키우기

서원각과 함께하는 상식키우기!

▲ 공사공단 일반상식

▲ 시사일반상식

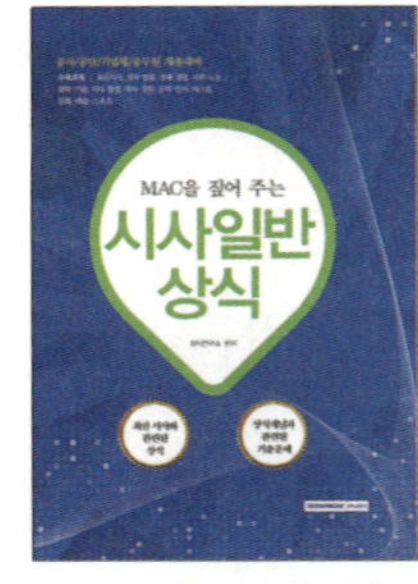

▲ MAC을 짚어 주는
시사일반상식

▼ **공사/시사 일반상식**

정치·법률, 경제·경영, 사회·노동,
과학·기술, 지리·환경, 세계사·철학,
문학·한자, 매스컴, 문화·예술·스포츠
관련 상식을 중요한 것만 모아 수록하였다.

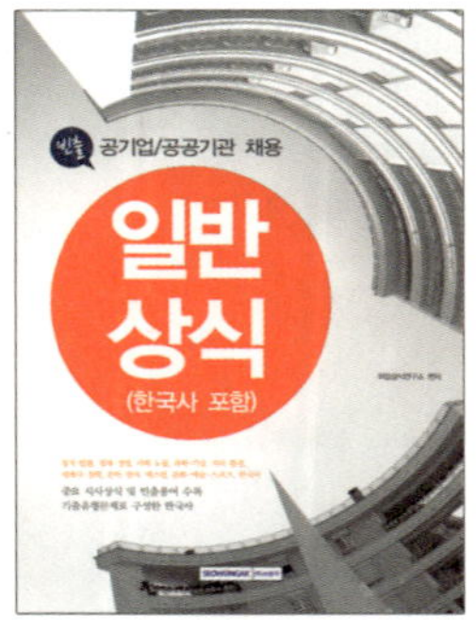

▲ 공기업/공공기관 채용
빈출 일반상식

▼ **공기업/공공기관 채용 시리즈**

공기업과 공공기관 채용시험에 나올 법한 상식만을 모았다!
정치·법률, 경제·경영, 사회·노동, 과학·기술, 지리·환경,
세계사·철학, 문학·한자, 매스컴, 문화·예술·스포츠 관련 상식을
중요한 것만 모아 수록하였다. 또한 한국사의 기출유형문제를
정리하여 포함하였다.

빈출 일반상식 – 중요 시사상식 및 빈출용어 수록
간추린 일반상식 – 출제가 예상되는 문제와 해설 수록

▲ 경제용어사전

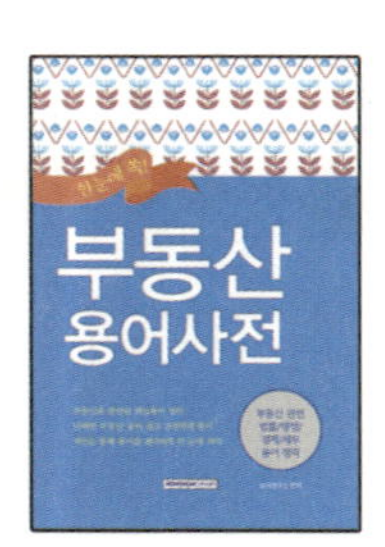

▲ 부동산용어사전

▼ **한눈에 쏙! 시리즈**

경제용어사전 – 단기간에 완성하는 경제용어 및 금융상식
시사용어사전 – 시사용어 및 시사 상식을 한눈에 쏙
부동산용어사전 – 부동산과 관련된 핵심 용어를 쉽고 간결하게 정리